Jacques Van Roey, Docteur en Philosophie et Lettres, est professeur de linguistique anglaise et directeur de l'Institut des Langues Vivantes à l'Université Catholique de Louvain. Ses travaux, qui concernent principalement la grammaire et la lexicologie contrastive, comprennent également une grammaire de l'anglais intitulée *English Grammar — Advanced level* (1982).

Sylviane Granger, Docteur en Philosophie et Lettres et chargée d'enseignement à l'Université Catholique de Louvain, concentre ses activités d'enseignement et de recherches sur l'étude contrastive du français et de l'anglais.

Helen Swallow, diplômée de l'Université de Cambridge et chargée d'enseignement à l'Université Catholique de Louvain, a une longue expérience dans les domaines de la lexicographie et de la traduction.

Jacques Van Roey, Ph. D., is Professor of English and Director of the Modern Language Institute at the Catholic University of Louvain. His published works deal mainly with grammar and contrastive lexicology; they include an *English Grammar — Advanced Level* (1982).

Sylviane Granger, Ph. D., is a lecturer in the English Language Department of the Catholic University of Louvain. Her teaching and research activities centre around contrastive studies in French and English.

Helen Swallow is a graduate of Girton College, Cambridge, and a lecturer in the English Language Department of the Catholic University of Louvain. She has wide experience in the fields of translation and lexicography.

Dictionnaire des
Dictionary of
# faux amis
*français-anglais*
*English-French*

CHEZ LE MÊME ÉDITEUR :

Jean-Pierre ATTAL : *Grammaire et usage de l'anglais.*
Henri VAN HOOF : *Traduire l'anglais. Théorie et pratique.*

Cette publication est le fruit d'une recherche subventionnée par le Fonds de la Recherche scientifique fondamentale collective d'Initiative ministérielle.

JACQUES VAN ROEY
SYLVIANE GRANGER
HELEN SWALLOW

---

# Dictionnaire des
# ~
# Dictionary of
# faux amis

## *français-anglais*
## ~
## *English-French*

Deuxième édition – Second edition

**DUCULOT**

RÉIMPRESSION 1993

Toutes reproductions ou adaptations d'un extrait quelconque de ce livre par quelque procédé que ce soit et notamment par photocopie ou microfilm, réservées pour tous pays.

© Éditions DUCULOT, Paris – Louvain-la-Neuve (1991)
*(Imprimé en Belgique sur les presses Duculot)*

D. 1991, 0035.03
Dépôt légal : juin 1993
ISBN 2-8011-0937-1
(ISSN 2-8011-0765-4, 1$^{re}$ édition)

C'est le premier effet de la tendance au moindre effort et de la paresse linguistique : on aimerait calquer la langue étrangère sur la langue maternelle.

Charles BALLY.

# AVANT-PROPOS

Les contrastes entre le français et l'anglais, tant du point de vue de la grammaire que du vocabulaire, ont toujours constitué un des domaines de recherche privilégiés du Centre d'Études Anglaises de l'Université Catholique de Louvain, au sein duquel nous exerçons nos activités de recherche et d'enseignement de l'anglais aux francophones.

Le contact presque quotidien avec des erreurs dues aux faux amis — tant chez les francophones que chez les anglophones — nous a tout naturellement conduits à orienter nos recherches vers la publication d'un dictionnaire des faux amis français-anglais. Cette initiative fut favorablement accueillie et encouragée par le Ministère de l'Éducation Nationale et de la Culture Française.

Le livre que nous sommes heureux de présenter ici est le fruit d'une étroite et harmonieuse collaboration entre les trois auteurs pendant plus de cinq années. Chaque paire de mots a fait l'objet de multiples séances de travail, autour d'une table, dans un petit bureau sous les toits du Collège Erasme à Louvain-la-Neuve. Nous avions comme ambition de produire un ouvrage qui, tout en étant très pratique, présenterait une analyse détaillée des différences existant entre les faux amis à tous les niveaux : sens, niveau de langue, emploi grammatical, possibilités combinatoires et expressions idiomatiques. La conception originale du dictionnaire, qui donne priorité absolue aux exemples, complétés, si nécessaire, de notes explicatives, nous a permis de satisfaire cette double exigence de clarté et d'exhaustivité.

Que soient ici remerciés tous ceux qui ont contribué d'une manière ou d'une autre à la réalisation de notre dictionnaire : Myriam Van den Bosch et Chantal Borighem qui, en leur qualité d'assistantes, y ont pris une part essentielle ; Judy Vigurs, Isabelle Wachters, Susan Matkoski et Brigitte Couvreur, qui ont relu attentivement tout le manuscrit et suggéré de précieuses modifications ; Hélène Minet, qui a dactylographié une partie du manuscrit. Nous avons également plaisir à reconnaître notre dette vis-à-vis des nombreux étudiants dont les travaux de fin d'études nous ont aidés à approfondir davantage le problème des faux amis, et vis-à-vis de ceux de nos collègues et amis qui ont bien voulu nous servir d'informateurs occasionnels. Enfin, nous voulons dire notre reconnaissance aux membres de nos familles dont la compréhension et la patience, souvent mises à rude épreuve, n'ont jamais fait défaut.

En dépit du soin que nous nous sommes efforcés d'apporter à cet ouvrage, nos lecteurs attentifs y découvriront sans doute certaines erreurs ou omissions. Il va de soi que nous en prenons la pleine responsabilité et que nous ne considérerions nullement comme des ' faux amis ' ceux qui auraient l'amabilité de nous les signaler.

LES AUTEURS

Université Catholique de Louvain
Collège Erasme
Place Blaise Pascal, 1
1348 Louvain-la-Neuve

# FOREWORD

Contrastive studies in French and English, seen from the point of view of both grammar and vocabulary, have always been one of the main areas of research at the Centre for English Studies of the Catholic University of Louvain, where the authors are engaged in research and the teaching of English to French-speaking students.

Exposure on an almost daily basis to mistakes arising from an inadequate knowledge of the intricacies of " faux amis " on the part of both French- and English-speakers has made us very aware of the problem, so that we were led quite naturally towards the idea of compiling a dictionary of " faux amis ". This project was welcomed and encouraged by the Ministère de l'Éducation Nationale et de la Culture Française.

The dictionary is the result of a close and harmonious collaboration between the three authors extending over a period of more than five years. Each entry was discussed at length — and on many occasions — around a table in a small office in the Collège Erasme at Louvain-la-Neuve. Our aim was to produce a work which would give a detailed analysis, in a practical and easily read form, of the differences which exist between " faux amis " at all levels : meaning, register, grammatical usage, combinatory possibilities and idioms. The dictionary's innovative form, based primarily on examples supplemented where necessary with explanatory notes, has enabled us to achieve this twofold aim of clarity and comprehensiveness.

We would like to thank all the people who have contributed in different ways to the making of this dictionary : Myriam Van den Bosch and Chantal Borighem who, in their capacity of research assistants, played an important role ; Judy Vigurs, Isabelle Wachters and Susan Matkoski, who read the whole manuscript and made valuable suggestions ; Hélène Minet, who typed part of the manuscript. We also have pleasure in thanking all those students whose final dissertations provided new angles on the subject of " faux amis ", and those friends and colleagues who acted as occasional informants. And finally we would like to thank our families, whose patience and understanding were sorely tried, but never failed.

Despite the care with which we have prepared this dictionary, attentive readers are sure to discover some errors and omissions. It goes without saying that we take full responsibility for these, and would in no way regard any reader kind enough to bring them to our attention as a "false friend".

# INTRODUCTION GÉNÉRALE

## 1. Les faux amis

Les échanges lexicaux font partie intégrante de la vie des langues : ils témoignent des rapports politiques, économiques ou culturels qu'ont entretenus à travers les siècles les peuples qui les parlent.

Entre le français et l'anglais, ces échanges ont été particulièrement abondants. Non pas tellement en ce qui concerne les emprunts du français à l'anglais, dont le nombre a toujours été relativement faible, même si, sous la pression du vocabulaire technique et de l'« anglomanie » d'après-guerre, il n'a cessé de croître à l'époque moderne. C'est dans l'autre sens que l'emprunt s'est produit sur une grande échelle. Tout d'abord, comme on le sait, à partir de 1066, lorsque la conquête territoriale des Normands s'est soldée sur le plan linguistique par une invasion massive de mots français dans la langue anglaise. Si ensuite, à partir de 1400, le mot « invasion » ne convient certes plus, l'apport lexical du français reste néanmoins considérable jusque vers 1850.

Si l'on ajoute à ces échanges le fait que l'anglais, à l'époque de la christianisation mais aussi au temps de la Renaissance, adopta bon nombre de vocables directement du latin, ancêtre du français, il n'est guère étonnant que les vocabulaires français et anglais comptent des milliers de « mots communs », c'est-à-dire des mots qui, dans leur forme écrite tout au moins, frappent par leur ressemblance ou sont même identiques.

C'est précisément cette ressemblance formelle qui constitue très souvent un piège redoutable pour le francophone ou l'anglophone qui étudie ou pratique « la langue de l'autre ». En effet, une fois adopté par sa « nouvelle langue », le mot d'emprunt y commence une nouvelle vie et y cherche sa place. Si son contenu sémantique est d'ordre technique ou spécialisé, il conservera fréquemment son sens original. Dans la plupart des autres cas, ce contenu se modifiera cependant, partiellement ou totalement, dans des sens différents et à des degrés divers. Ainsi, du point de vue conceptuel, il peut y avoir des glissements de sens plus ou moins importants, comme il peut y avoir spécialisation ou généralisation, perte de sens dans les cas de polysémie ou, au contraire, acquisition de nouvelles acceptions. Ainsi aussi, pour ce qui est de la valeur stylistique, on observera des changements de niveau de langue ou de registre. Il arrive fréquemment qu'un mot stylistiquement ' neutre ' en français, c'est-à-dire appartenant au langage courant, soit limité en anglais à un registre particulier : soutenu, littéraire, technique (médical, juridique, etc.). Finalement, les caractéristiques combinatoires et les emplois idiomatiques peuvent varier considérablement d'un mot sosie à l'autre.

C'est à ces paires de mots français et anglais d'origine commune, où l'homonymie suggère à tort la synonymie, que nous avons réservé ici le terme de « faux amis ». Nous en excluons par conséquent les cas de pure coïncidence formelle, tels que *pain/pain* ou *chat/chat*.

## 2. L'objectif

Cet ouvrage a été inspiré par un souci didactique. Il s'adresse à tous ceux qui étudient ou pratiquent la langue anglaise ou qui, tout simplement, s'y intéressent. Il leur présente sous une forme originale et pratique les convergences et les divergences de sens et d'emploi des faux amis les plus fréquents et les plus trompeurs, complétant et affinant en cela l'analyse offerte par les dictionnaires bilingues traditionnels. Ceci implique que, abstraction faite du langage purement technique ou hautement spécialisé, toutes les différences ou nuances pertinentes d'ordre sémantique, stylistique ou d'emploi idiomatique sont signalées et illustrées par l'exemple.

En outre, la conception même de cet ouvrage, ainsi que l'inclusion de deux index (anglais et français) et de la transcription phonétique des faux amis anglais et français, font de ce dictionnaire un outil précieux pour les anglophones désireux de perfectionner leur connaissance de la langue française.

## 3. La méthode

Voici les caractéristiques de notre ouvrage qui reflètent la méthode suivie :
— Les paires de faux amis sont traitées en parallèle, c'est-à-dire que les emplois communs ou divergents se trouvent face à face, en deux colonnes.

— Les différents sens sont répartis, selon le cas, sur deux ou trois sections, signalées par les chiffres romains I, II et III. Sous I, on trouvera le ou les cas où les mots en question se révèlent être de « vrais amis », c'est-à-dire le ou les sens où ces mots sont des équivalents de traduction. Sous II sont regroupés les sens et les emplois où le mot français ne peut être traduit par son « sosie » anglais. La section III présente le cas inverse : le vocable anglais n'exprime pas le même sens que son correspondant formel français.
— À l'intérieur des sections principales, les différents sens sont indiqués par les chiffres arabes 1,2,3... Ces sens peuvent à leur tour faire l'objet de différenciations sémantiques secondaires. Il est à remarquer que, dans la distinction de ces nuances de signification ou d'emploi, nous poussons souvent l'analyse plus loin que ne le font les dictionnaires bilingues ou même unilingues. Ceci s'explique par les besoins de notre démarche contrastive et notre souci d'être le plus complet possible dans l'indication des équivalents de traduction.
— Dans l'état actuel de l'art lexicographique, le sens d'un mot est généralement expliqué par diverses techniques, dont la définition et la synonymie sont les plus courantes. Les spécialistes sont de plus en plus conscients des limites de ces techniques lorsqu'il s'agit de dictionnaires à but pédagogique, et insistent sur l'importance des exemples clairs et non ambigus. Nous avons radicalement opté pour cette formule dans cet ouvrage, de sorte que le lecteur trouvera les sens des faux amis « expliqués » par l'emploi dans des contextes aussi pertinents que possible, avec la traduction en regard. Il est clair cependant que même les exemples les mieux choisis ne peuvent, dans certains cas, préciser de manière exhaustive la portée d'un sens ou les limites d'un emploi. Dans ces cas, nous avons eu recours à des notes au bas des articles concernés. Ces notes (qui sont aussi partiellement destinées à signaler les emplois idiomatiques) font donc partie intégrante de notre description du sens et de l'emploi et ne pourraient être négligées par l'utilisateur de ce dictionnaire.

# GENERAL INTRODUCTION

## 1. Faux amis

Lexical exchange is an integral part of the life of languages; it bears witness to the political, economic and cultural links forged over the centuries by the people who speak them.

Such exchanges between French and English have been particularly numerous. Not so much in the case of borrowings by French from English, always relatively small in number, even though their number has been growing steadily in our modern age under the influence both of the spread of technical vocabulary and the post-war "mania" for things English. Large-scale borrowing has taken place mainly in the opposite direction. First of all, as is well known, in the period following 1066, when the Norman Conquest was consolidated by a massive invasion of the English language by French words. While the word "invasion" would no longer be an accurate term to use after 1400, the lexical contribution of French was nevertheless considerable until about 1850.

If one adds to these direct borrowings from French the fact that English borrowed a good many words directly from Latin, the ancestor of French during both the period of Christianisation and the Renaissance, it is hardly surprising that French and English should have thousands of "shared words", that is to say words which, in their written form at least, are strikingly similar or even identical.

It is this formal resemblance which often constitutes a dangerous trap for the native speaker of French or English studying or using the "other language". For, having once been taken over, the borrowed word begins a new life and finds a new niche in its adoptive language. If its semantic content is technical or specialised, its original meaning may well be retained. But in most other cases this content will change, partially or totally, into different meanings and to differing degrees. So, from the conceptual point of view, there can be greater or lesser shifts in meaning, as well as specialisation or generalisation, loss of meanings in the case of polysemous words or, at the other end of the scale, the acquisition of new meanings. At a stylistic level, changes in the level of language or register can also be observed. It often happens that a word which in French is stylistically "neutral", that is to say in everyday use, is limited in English to a particular register: formal, literary, technical (medical, legal, etc.). Finally, combinatory characteristics and idiomatic uses of a given word can vary considerably between the two languages.

We confine the use of the term "faux amis" to pairs of words in French and English which have a common origin, whose homonymy misleadingly suggests synonymy. We thus exclude words whose formal similarity is purely coincidental, such as *pain/pain* ou *chat/chat*.

## 2. Our aim

The aim of this work is a didactic one. It is intended for everybody who studies or uses the French and English languages or is, quite simply, interested in them. It offers them, in an original and usable form, an analysis of the similarities and differences in meaning and usage between the most frequent and misleading "faux amis", supplementing and broadening the analysis offered by bilingual dictionaries of the traditional kind. This means that, apart from purely technical or highly specialised language, all relevant differences and nuances at the semantic, stylistic and idiomatic levels are indicated and illustrated by examples.

The structure of this dictionary, as well as the fact that it contains two indexes (a French and an English one) and a phonetic transcription of the "faux amis" in both languages, make it an invaluable work of reference for English-speakers wishing to perfect their knowledge of the French language.

## 3. Our method

The following characteristics of this dictionary reflect the method used :
— The pairs of "faux amis" are treated in parallel, i.e. common or divergent uses are to be found in two parallel columns on the same page.

— The various meanings are divided among two or three sections marked with the Roman numerals I, II and III. Section I contains the sense or senses in which the words in question are "good friends", i.e. in which the words are translational equivalents. Section II contains the senses/uses in which the French word cannot be translated by its English "twin"; section III presents the reverse situation: the senses/uses in which the English word is not translated by its French "twin".
— Within these main divisions, the different meanings are designated by Arabic numerals 1, 2, 3, etc. These meanings can, in their turn, show secondary semantic differentiation. In distinguishing between these nuances of meaning and usage, our analysis often goes further than traditional bilingual, or even monolingual, dictionaries. This can be explained by the demands of the contrastive process and our desire to give as comprehensive an account as possible of translational equivalents.
— At the present stage of the art of lexicography, the meaning of a word is generally made clear in various ways, of which definition and synonymy are the most usual. Specialists are becoming increasingly aware of the limitations of these techniques in the case of dictionaries with a pedagogical aim, and stressing the importance of clear, unambiguous examples. In this dictionary we have come down very firmly on the side of such a formula, so that the user will find the meanings of the "faux amis" explained by their use in contexts which are as meaningful as possible, with a translation directly opposite. It is nevertheless obvious that even the best examples cannot always make completely clear the scope of a sense or the limits of a particular usage. In such cases we have added notes which directly follow the entry concerned. These notes (which also serve the purpose of giving idiomatic uses) thus form an integral part of our description of the meaning and use of the words, which the user would ignore at his peril.

# GUIDE D'UTILISATION DU DICTIONNAIRE

Le lecteur trouvera à la page LIII un article type présenté en entier sous forme schématique. Pour faciliter l'utilisation du dictionnaire, ce schéma a été reproduit sur un encart cartonné.

## 1. LES TROIS SECTIONS

Les différents emplois des faux amis sont répartis en trois sections signalées par les chiffres romains I, II, III.

### 1.1. Section I

La section I est une zone d'équivalence : elle regroupe les sens où les deux mots sosies sont des équivalents de traduction. Pour les paires de mots CONDUCTEUR/CONDUCTOR (un sens équivalent) et TRONC/TRUNK (deux sens équivalents), cette section se présente de la façon suivante :

| | |
|---|---|
| I 1. Le cuivre est un bon **conducteur** d'électricité | Copper is a good **conductor** of electricity |

| | |
|---|---|
| I 1. Plusieurs **troncs** d'arbres se trouvaient en travers de la route | There were several tree **trunks** lying across the road |
| 2. Un **tronc** de femme a été découvert dans la Seine hier | The **trunk** of a woman was found yesterday in the Seine |

XXI

Les faux amis sont imprimés en caractères gras, le mot français dans la colonne de gauche, le mot anglais dans la colonne de droite.

Comme les faux amis n'ont souvent aucun sens en commun, cette section est fréquemment vide. C'est le cas, par exemple, pour LIBRAIRIE/ LIBRARY, MÂCHER/TO MASH, FASTIDIEUX/ FASTIDIOUS. Une section I vide signale donc immédiatement au lecteur qu'il a affaire à des ' faux amis complets '.

## 1.2. Section II

La section II est la première zone de divergence : elle regroupe les emplois du mot français qui ne peuvent pas être traduits par le mot sosie anglais. Par exemple :

| | |
|---|---|
| II 2. Taisez-vous, les enfants ! Vous dérangez le **conducteur** | Be quiet, children ! You're disturbing the **driver** |

| | |
|---|---|
| II 3. Le sacristain découvrit qu'on avait volé de l'argent dans le **tronc** à l'entrée de l'église | The verger discovered that the **offertory box** by the church door had been robbed |

Dans cette section, le mot sosie français figure à nouveau dans la colonne de gauche en caractères gras ; les équivalents de traduction en anglais sont imprimés en gras dans la colonne de droite.

Comme une bonne traduction impose souvent une importante transformation de la structure de départ, il n'est pas toujours aisé de localiser dans la phrase anglaise *le* mot qui traduit le faux ami français. Dans ce cas, nous avons pris comme principe de présenter en caractères gras le(s) mot(s) dont le contenu se rapproche le plus de celui qui est exprimé par le faux ami français. Le terme ' équivalent ' est donc à prendre dans un sens très relatif dans des cas tels que :

| | |
|---|---|
| J'ai beaucoup de **sympathie** pour eux. Je regrette vraiment qu'ils doivent s'en aller | I **like** them very much. I'm really sorry they have to go |
| Quand j'ai été engagé dans le département, il a été le seul à me témoigner de la **sympathie** | When I started in the department he was the only one who was **friendly** to me |
| Toute sa personne inspirait la **sympathie** | He was thoroughly **likeable**/a thoroughly **likeable** person |

Il arrive que la section II reste vide, le sens de certaines paires de faux amis se répartissant uniquement sur les sections I et III. Cette situation, dans l'ensemble assez rare, se retrouve, par exemple, dans MÉDECINE/ MEDICINE, PASSABLE/PASSABLE, RÉSUMÉ/ RÉSUMÉ.

## 1.3. Section III

La section III est la deuxième zone de divergence : elle regroupe les sens du faux amis anglais qui ne peuvent pas être rendus par le mot apparenté français. Par exemple :

| | | |
|---|---|---|
| III | 3. A bus **conductor** was attacked by three hooligans last night | Un **contrôleur**/un **receveur** d'autobus a été attaqué par trois voyous la nuit dernière |
| | 4. Pierre Boulez is not only a very famous composer, he is also a brilliant **conductor** | Pierre Boulez n'est pas seulement un compositeur très célèbre. C'est aussi un brillant **chef d'orchestre** |

| | | |
|---|---|---|
| III | 4. I doubt if this **trunk** will be big enough to hold all my things | Je doute que cette **malle** soit suffisamment grande pour y mettre toutes mes affaires |
| | 5. *(US)* I need a car with a large **trunk** | J'ai besoin d'une voiture avec un grand **coffre** |
| | 6. The elephant took the bread with its **trunk** | L'éléphant a pris le pain avec sa **trompe** |
| | 7. Has anyone seen Robert's (bathing/swimming) **trunks** *(pl)* ? | Est-ce que quelqu'un a vu le **slip de bain**/le **maillot (de bain)** de Robert ? |

Dans cette section, le faux ami anglais figure dans la colonne de gauche, ses équivalents de traduction en français dans la colonne de droite. La remarque faite précédemment au sujet du sens très relatif à donner au terme ' équivalent ' vaut également dans ce cas, comme il apparaît clairement dans les exemples suivants :

| We don't have much of a **social life** | Nous ne sortons pas beaucoup/ Nous ne menons pas une vie très **mondaine** |

| The au pair **combined** doing the ironing with watching television | La fille au pair faisait le repassage **tout en** regardant la télévision |

Il arrive fréquemment que cette section reste vide, les sens des paires de mots se répartissant uniquement sur les sections I et II (voir : ABANDONNER/TO ABANDON, BOUTON/BUTTON, PONCTUEL/ PUNCTUAL).

## 2. LES EXEMPLES

### 2.1. Contexte clair et approprié au registre

Dans un dictionnaire où l'illustration est privilégiée par rapport à la définition, on se doit d'apporter un soin tout particulier à la qualité des exemples. Ceux-ci doivent être explicites, c'est-à-dire faire ressortir clairement le sens du mot que l'on veut illustrer. L'insertion du faux ami dans un contexte clair et non ambigu rend l'adjonction d'une définition tout à fait superflue. Ainsi, par exemple, les sens de *appartement* et *bœuf* ressortent clairement si le contexte dans lequel ces mots sont insérés est suffisamment ' parlant ' :

| | | |
|---|---|---|
| I | 1. La duchesse les reçut dans ses **appartements** *(pl)* privés | The duchess received them in her private **apartments** *(pl)* |
| II | 2. Cet immeuble est divisé en douze **appartements** | This building is divided into twelve **flats** |

| | | |
|---|---|---|
| I  1. | Qu'y a-t-il au menu ce soir ?<br>— Du rôti de **bœuf** | What's on the menu tonight ?<br>— Roast **beef** |
| II 2. | Dans certains pays, les charrues sont encore tirées par des **bœufs** | In some countries ploughs are still drawn by **oxen** (*sg :* **ox**) |

Il faut en outre que le contexte dans lequel le mot est inséré reflète le registre auquel le mot appartient. On rencontre trop souvent dans les dictionnaires des mots familiers insérés dans des contextes plutôt soutenus (ou vice versa) ou des mots techniques insérés dans des contextes relevant du langage courant. C'est cette conformité ou non conformité du contexte qui fait qu'un exemple ' sonne vrai ' ou ' faux '. Les exemples suivants illustrent notre souci d'insérer les faux amis dans leur ' juste ' contexte : familier pour *se barrer*, soutenu pour *nourrir*.

| | |
|---|---|
| Paulo **s'est barré**\* avec le fric | Sid's **pushed off**\* with the lolly |

| | |
|---|---|
| À cette époque de sa vie, l'auteur **nourrissait**° une haine farouche pour tous ses compatriotes | At that period of his life, the author **nourished**° a fierce hatred for his compatriots |

## 2.2. Le trait oblique /

Le trait oblique signale un choix entre plusieurs équivalents de traduction.

| | |
|---|---|
| Le blessé **prononça** quelques paroles incompréhensibles avant de s'évanouir | The wounded man **spoke/said** some inaudible words and then fainted |

| | |
|---|---|
| Tu ne vois pas que tu la **troubles** avec tes questions indiscrètes ? | Can't you see you're **making** her **nervous**/you're **flustering** her with your indiscreet questions ? |

Le trait oblique indique qu'on a le choix entre *spoke some inaudible words* et *said some inaudible words,* dans le premier exemple, et *you're making her nervous* et *you're flustering her,* dans le second.

## 2.3. Parenthèses ( ) et crochets [ ]

Les parenthèses figurant à l'intérieur des exemples indiquent que les mots ou parties de mots qu'elles contiennent sont facultatifs.

| | |
|---|---|
| *(Relig)* Jésus a **ressuscité** Lazare | Jesus **raised** Lazarus **(from the dead)** |
| *(Relig)* Jésus **ressuscita** le troisième jour après sa mort | Jesus **rose (from the dead)** on the third day |

| | |
|---|---|
| Pourquoi ne plantes-tu pas des **salades** dans ton potager ? | Why don't you plant some **lettuce(s)** in your vegetable garden ? |

Les crochets permettent d'illustrer — au sein d'un seul et même exemple — plusieurs contextes où le mot peut être employé. En d'autres termes, ils permettent d'illustrer plusieurs possibilités combinatoires du mot.

| | |
|---|---|
| Ils **affrontèrent** l'ennemi [le danger] avec un courage admirable | They **confronted/faced** the enemy [the danger] with admirable courage |

| | |
|---|---|
| Il était écrit : « **défense** d'entrer [de fumer, de stationner] » | It said : " **no** entry [**no** smoking, **no** parking] " |

| | |
|---|---|
| Tous les **accès** de la ville [de l'immeuble] sont surveillés | All the **approaches/means of access** to the town [**entrances** to the building] are under surveillance |

Il est très important d'illustrer chacun des sens des faux amis dans un aussi grand nombre de contextes que possible, surtout quand un changement de contexte donne lieu à une traduction différente, comme c'est le cas dans le dernier des trois exemples ci-dessus.

## 3. LES SENS

### 3.1. Chiffres arabes 1,2,3... et gloses explicatives ( = ······ )

La numérotation en chiffres arabes introduit les différents sens des faux amis. Comme nous l'avons indiqué précédemment, ces sens ne sont pas définis mais illustrés par un ou plusieurs exemples clairs. Cependant, nous n'avons pas hésité à faire une entorse à ce principe quand il nous semblait que cela pouvait aider le lecteur. Certains exemples sont dès lors suivis d'une glose indiquant le sens du faux ami. Celle-ci, imprimée en petits caractères, est contenue dans des parenthèses et précédée du signe = . Nous avons principalement eu recours à cette pratique lorsque les sens sont assez proches les uns des autres et donc difficiles à distinguer. C'est le cas, par exemple, pour l'adjectif *faux* :

| | |
|---|---|
| 1. Tu devrais le voir quand il a enlevé sa **fausse** barbe [ses **fausses** dents]<br>( = postiche) | You should see him when he takes off his **false** beard [takes out his **false** teeth] |
| 2. Je me demande qui a fait courir cette **fausse** rumeur<br>( = mensonger) | I wonder who started that **false** rumour |
| 3. Tes calculs sont tous **faux**. Pourquoi n'emploies-tu pas ta calculatrice ?<br>( = inexact, pas juste) | All your calculations are **wrong**. Why don't you use your calculator ? |

### 3.2. Le signe de renvoi ⇨

Il n'est pas rare que ce qui constitue un seul et même sens dans une langue soit ' coupé en deux ' dans l'autre langue, c'est-à-dire qu'il y constitue deux sens distincts réalisés par deux mots différents. Prenons le cas de BOUQUET/BOUQUET :

| | |
|---|---|
| 2. On offrit un **bouquet** à la vedette du spectacle | The star of the show was presented with a **bouquet** [a]<br>⇨ 3 |
| 3. Le petit garçon donna un **bouquet** de fleurs des champs à sa mère | The little boy gave his mother a **bunch** of wild flowers |

XXVII

Le mot français *bouquet* ne peut être traduit par *bouquet* en anglais que lorsqu'il s'agit d'un arrangement de fleurs assez élaboré, comme on peut en acheter chez le fleuriste, par exemple. Dans les autres cas, on emploie *bunch* (ceci est expliqué dans la note a). Dans ce cas, les chiffres arabes 2 et 3 ne désignent pas à proprement parler des sens différents mais plutôt des nuances de sens que l'on doit distinguer pour rendre compte de l'anglais. Le signe ⇨ 3 signale donc au lecteur que dans le sens 2, le mot *bouquet* n'est pas toujours traduit par le mot sosie en anglais et il renvoie le lecteur au point 3 pour une autre traduction.

## 4. LES SIGLES GRAMMATICAUX

Pour employer correctement un mot, il ne suffit pas de connaître son sens ; il faut également disposer d'un certain nombre de renseignements concernant son comportement grammatical. Dans notre dictionnaire, ces renseignements sont fournis par des sigles, adjoints — lorsque cela est nécessaire — aux faux amis ou aux équivalents de traduction. Les sigles grammaticaux les plus importants sont :

*(nd)*
signale que le nom qui précède est non dénombrable (c'est-à-dire qu'il ne s'emploie pas au pluriel et ne se construit pas avec un article indéfini ou un numéral)

| He always takes his father's **advice** *(nd)* | Il suit toujours les **conseils** de son père |
|---|---|

*(pl)*
signale que le nom qui précède est toujours au pluriel

| Je vais faire mes **provisions** *(pl)* au village. Tu n'as besoin de rien ? | I'm going **shopping** in the village. Do you need anything ? |
|---|---|

*(attrib) (épith)*
signalent que l'adjectif qui précède s'emploie uniquement en fonction d'attribut *(attrib)* ou uniquement en fonction d'épithète *(épith)*

| Nous ne faisons payer à ces jeunes artistes qu'un loyer **symbolique** de 500 F par mois | We only make these young artists pay a **token** *(épith)*/**nominal** rent of £60 a month |
|---|---|

*(souvent pass) (pass)*
signalent que le verbe qui précède se rencontre souvent *(souvent pass)* ou toujours *(pass)* à la forme ' être + participe passé ' / ' be + past participle '

| Son adhésion nous est **acquise** *(pass)* | We can **count on/depend on** his support |
|---|---|
| Le premier ministre est entièrement **acquis** *(pass)* à notre cause | We have the Prime Minister entirely **on** our **side**/We have the Prime Minister's whole-hearted **support** |

*(nég)*
signale un emploi uniquement négatif.

| *(nég)* Ce type ne m'a pas l'air très **catholique** *. Je ne m'y fierais pas | That chap looks a bit **dubious** to me/is a bit **shady-looking** *. I wouldn't trust him |
|---|---|

Les autres sigles grammaticaux sont repris dans la liste générale des signes conventionnels et abréviations du dictionnaire (p. LVII).

## 5. LES MARQUES D'USAGE

### 5.1. Niveaux de langue

### 5.1.1. L'astérisque * et la pastille blanche °

L'astérisque placé après un mot ou une expression marque un usage familier ; le double astérisque ** marque un usage très familier, voire grossier, à employer avec la plus grande prudence. La pastille blanche, par contre, indique que le mot ou l'expression en question appartient à un registre soutenu.

| | |
|---|---|
| Les enfants ont **liquidé** * la tarte en moins de deux | The children **finished off/ polished off** * the pie in no time flat |

| | |
|---|---|
| The concept of infinity is beyond the **compass**° *(nd)* of the human mind | Le concept d'infini est hors de **portée** de l'esprit humain |

## 5.1.2. Autres marques de niveau

Outre l'astérisque et la pastille, un certain nombre d'abréviations marquent le niveau de langue. Les plus fréquemment employées sont : *(litt)* : littéraire, *(vx)* : vieux et *(vieilli)*.

Le niveau de langue étant une question de degré, c'est-à-dire de ' plus ou moins ', on emploie également des signes tels que *(plus familièrement)* ou *(moins familièrement)* (voir aussi 5.2. : *plus/moins couramment*).

## 5.2. Fréquence d'emploi

Il arrive très souvent que les faux amis puissent être employés dans les deux langues dans un sens donné mais que le mot français soit très fréquemment employé, alors que le mot anglais ne l'est que rarement ou, en tout cas, moins souvent. Ces renseignements concernant la fréquence lexicale sont très souvent absents dans les dictionnaires bilingues, ce qui amène les utilisateurs à employer des mots qui existent certes, mais qui sont peu courants. Les marques de fréquence utilisées dans ce dictionnaire sont :

*(aussi)*
aussi fréquent dans ce sens

*(souvent)*
souvent employé dans ce sens

*(plus souvent)*
plus souvent employé dans ce sens

*(moins souvent)*
moins souvent employé dans ce sens

*(rarement)*
rare dans ce sens

*(plus rarement)*
plus rare dans ce sens

*(plus couramment)*
plus fréquent et plus familier

*(moins couramment)*
moins fréquent et moins familier

| | |
|---|---|
| Il y a au moins 400 **places** dans ce cinéma | There are at least 400 **places** in this cinema<br>(*aussi :* **seats**) |

| | |
|---|---|
| Elle tomba dans un **profond** sommeil et ne se réveilla que dix heures plus tard | She fell into a **profound** sleep and didn't wake up for ten hours<br>(*plus souvent :* **deep**) |

| | |
|---|---|
| Ajouter le porto et le **zeste** d'orange finement râpé | Add the port and the finely grated orange **rind**<br>(*rarement :* **zest**) |

| | |
|---|---|
| Le prix du **pétrole** ne cesse d'augmenter | The price of **oil**/ *(moins couramment)* **petroleum** is constantly going up |

On ne saurait trop insister sur l'importance de ces marques de fréquence, particulièrement dans un dictionnaire des faux amis français/anglais, puisque les deux mots sosies expriment souvent le même sens mais avec des fréquences d'emploi très diverses.

## 5.3. Domaines

Les abréviations telles que *(Mil)* : militaire, *(Jur)* : juridique, *(TV)* : télévision, *(Polit)* : politique, etc. restreignent l'emploi d'un mot à un domaine précis.

| | |
|---|---|
| *(Admin, Jur)* Pour plus de détails, voir **pièces** ci-jointes | For further details see attached **documents** |

| | |
|---|---|
| *(Mil)* Le lieutenant ordonna de serrer les **rangs** | The lieutenant gave the order to close **ranks** |

| | |
|---|---|
| Vous pourrez suivre le match en direct sur notre **antenne** dès 20 heures | The match will be broadcast live on this *(TV)* **channel**/*(Radio)* **station** starting at 8 o'clock |

Tout comme les marques de fréquence, les indications de domaine sont d'une importance capitale dans ce dictionnaire, puisqu'il arrive fréquemment que le faux ami français appartienne au langage courant, alors que son équivalent anglais est limité à un domaine particulier (voir : RANG/RANK, FORMAT/FORMAT, MARCHER/TO MARCH, etc.).

Le lecteur trouvera à la page LVII une liste complète de ces abréviations.

## 5.4. Variétés géographiques

Les variétés géographiques du français et de l'anglais que nous avons adoptées pour rédiger le dictionnaire sont l'anglais britannique et le français de France. Cependant, nous avons systématiquement indiqué les variantes américaines et belges des faux amis et des équivalents de traduction (mots imprimés en gras dans le texte). Nous avons employé les abréviations suivantes :

*(Brit)*
emploi britannique

*(US)*
emploi américain

*(Belg)*
emploi belge

*(Fr)*
emploi restreint au français de France (inusité en Belgique)

| *(Brit)* My son is top of his **form** this year | Cette année, mon fils est premier de sa **classe** |

| Il y avait une **file** d'au moins cinquante personnes devant le cinéma | There was a *(Brit)* **queue**/*(US)* **line** of at least fifty people outside the cinema |

| *(Belg)* Je **bloque**\* (mon anglais) depuis plus d'une semaine | I've been **revising** (my English) for more than a week |

L'absence de marque de variété géographique indique, pour le français, que le terme est employé aussi bien en France qu'en Belgique, pour l'anglais, qu'il s'emploie tant en Grande-Bretagne qu'aux États-Unis.

## 5.5. Autres marques d'usage

D'autres marques d'usage indiquent s'il s'agit d'un emploi littéral *(lit)* ou figuré *(fig)*, péjoratif *(péj)* ou euphémistique *(euphém)*, humoristique *(humor)*, etc. (voir liste p. LVII).

## 6. LES NOTES

### 6.1. Fonction

Le rôle rempli par les notes dans ce dictionnaire est bien plus important qu'il ne l'est généralement. Les notes permettent d'affiner l'analyse des faux amis en précisant les différences entre les deux mots au niveau du sens, du comportement grammatical, des collocations, des expressions idiomatiques. Elles permettent aussi de préciser les différences entre les équivalents de traduction. Loin de constituer, comme c'est généralement le cas, un ajout intéressant mais nullement indispensable à la bonne compréhension du texte, elles font partie intégrante de l'article.

L'appel de note se fait au moyen de lettres minuscules a,b,c... placées immédiatement après l'exemple qui nécessite une information. Un appel de note placé après le dernier exemple d'un même sens (le sens 1, par exemple) peut renvoyer à une note qui concerne l'ensemble des exemples illustrant ce sens. Les notes elles-mêmes sont placées à la fin de la description de chaque paire de faux amis. Les commentaires ainsi que les sigles, imprimés en caractères romains, se distinguent clairement des exemples, qui figurent en italiques.

L'exemple suivant illustre bien la variété de renseignements contenus dans ces notes :

---

a. En anglais, **voyage** n'est employé que lorsqu'il s'agit d'un voyage en mer ou dans l'espace *(a **voyage** to the moon)*.

b. – **Travel** désigne l'action de voyager, alors que **journey** fait référence à un voyage particulier, un trajet. **Trip** s'emploie dans le cas d'un voyage considéré dans son ensemble, c'est-à-dire le trajet aller-retour et le séjour.
 – *Faire bon **voyage** : to have a good journey/trip ; bon **voyage** ! : have a good journey/trip !, bon **voyage** ! ; **voyage** organisé : package tour,* (Brit) *package holiday ; **voyage** de noces : honeymoon ; récit de **voyages** : travel book, travelogue*

c. Le mot **travel** peut être employé au pluriel lorsqu'il est précédé d'un adjectif possessif ; il est alors synonyme de ' pérégrinations '.

---

## 6.2. Le losange ◊

Le losange placé devant une note signifie que celle-ci ne se rapporte à aucun des sens illustrés dans l'article. Par exemple :

---

◊ (Anat) *Muscles, nerfs **volontaires** : **voluntary** muscles, nerves*

---

## 6.3. Collocations et gloses explicatives

Un des rôles importants des notes est de préciser les possibilités combinatoires ou ' collocations ' des faux amis et des équivalents de traduction. Celles-ci figurent entre parenthèses et sont imprimées en caractères maigres.

> c. **Se bloquer ;** (roue) *to lock ;* (machine) *to jam ;* (porte) *to jam, to get stuck, to stick ;* (frein) *to jam, to lock*

Le même type de caractères est employé pour les gloses explicatives.

> a. **Crayon** (= dessin au crayon) : *pencil drawing ;* **crayon** *(à sourcils) : eyebrow pencil*

Il peut arriver qu'un terme ou une expression soit intraduisible à cause d'une différence culturelle : l'objet, le concept... exprimé par ce terme ou cette expression n'existe pas dans l'autre culture. Dans ce cas, l'explication, qui est donnée à la place d'une traduction, est également imprimée en caractères maigres.

> b. (TV) *Carré/rectangle* **blanc** *:* TV symbol indicating that a programme is not recommended for children or people of a nervous disposition

> ◊ (Brit) *University* **extension** *courses :* cours publics organisés par l'université (p. ex. cours du soir, d'été)

## 7. LES SOUS-ENTRÉES

Pour certaines paires de faux amis, telles que INJURIEUX/INJURIOUS, le lecteur trouvera l'indication suivante :

> **INJURIEUX / INJURIOUS**
>
> voir : **INJURE / INJURY**

Cette indication signifie que la paire de mots INJURIEUX/INJURIOUS, apparentée à INJURE/INJURY, n'est traitée que succinctement dans le dictionnaire, à la fin de l'analyse d'INJURE/INJURY. Ces descriptions moins détaillées sont signalées par un carré blanc □.

> □ **Injurieux : abusive, offensive, insulting**
> **Injurious (to) : préjudiciable (à), nuisible (à)**

## 8. LES INDEX

### 8.1. La prononciation des faux amis

Les faux amis ne diffèrent pas seulement par le sens ; ils sont aussi souvent prononcés très différemment. Comparez, par exemple, les prononciations française et anglaise des mots suivants :

| | | |
|---|---|---|
| facile | fasil | 'fæsaɪl |
| patron | patʀɔ̃ | 'peɪtrən |
| formidable | fɔʀmidabl(ə) | 'fɔːmɪdəbl |

(voir : transcriptions phonétiques française et anglaise, p. 737 et 747)

Les différences résident non seulement dans la prononciation des sons mais aussi — et cela constitue une difficulté importante pour les francophones — dans l'accentuation. Il nous a donc semblé utile d'inclure à la fin du dictionnaire la transcription phonétique de tous les faux amis — anglais et français — analysés dans le dictionnaire. Les variétés décrites sont le français de France et l'anglais britannique. Les variantes américaines sont mentionnées occasionnellement, surtout lorsque l'accentuation est différente. La notation phonétique que nous avons adoptée est celle de l'Association Phonétique Internationale (voir tableaux p. 735 et 736).

### 8.2. Index des faux amis et des équivalents de traduction

Afin que le lecteur — francophone ou anglophone — puisse tirer pleinement parti de tous les renseignements contenus dans le dictionnaire, nous avons inclus deux index, l'un français, l'autre anglais, qui reprennent tous les faux amis traités dans le dictionnaire ainsi que la plupart des équivalents de traduction. Les faux amis traités dans le dictionnaire ainsi que les numéros des pages où se situe cette description sont imprimés en caractères gras. Ainsi, par exemple,

**difficile** : **222**, 301

signifie que *difficile* est traité de façon complète à la page 222 et se retrouve comme équivalent de traduction à la page 301.

# USER'S GUIDE TO THE DICTIONARY

The reader will find on page LV a sample entry presented in diagram form. For ease of consultation, this has been reproduced on a cardboard insert.

## 1. THE THREE SECTIONS

The different meanings of the "faux amis" are divided into three sections headed I, II and III.

### 1.1. Section I

Section I is the area of equivalence: in it are given the senses in which the two "faux amis" are translational equivalents. In the cases of the entries for CONDUCTEUR/CONDUCTOR (one common sense) and TRONC/TRUNK (two common senses), section I looks like this:

| | |
|---|---|
| I 1. Le cuivre est un bon **conducteur** d'électricité | Copper is a good **conductor** of electricity |

| | |
|---|---|
| I 1. Plusieurs **troncs** d'arbres se trouvaient en travers de la route | There were several tree **trunks** lying across the road |
| 2. Un **tronc** de femme a été découvert dans la Seine hier | The **trunk** of a woman was found yesterday in the Seine |

The "faux amis" are printed in bold type, the French word in the left-hand column, the English word in the right-hand column.

Since the "faux amis" frequently have no shared meaning, this section is often absent. This is true, for example, of LIBRAIRIE/LIBRARY, MÂCHER/TO MASH and FASTIDIEUX/FASTIDIOUS. The absence of section I thus tells the user immediately that this is a case of "completely false friends".

## 1.2. Section II

Section II is the first area of divergence: it contains the senses of the French word which cannot be translated by its English twin. For instance:

| | |
|---|---|
| II 2. Taisez-vous, les enfants ! Vous dérangez le **conducteur** | Be quiet, children ! You're disturbing the **driver** |

| | |
|---|---|
| II 3. Le sacristain découvrit qu'on avait volé de l'argent dans le **tronc** à l'entrée de l'église | The verger discovered that the **offertory box** by the church door had been robbed |

In this section the French word again appears in the left-hand column in bold print; the English translational equivalent appears in the right-hand column in bold print.

Since a good translation often requires a radical transformation of the original structure, it is not always easy to pinpoint *the* word in the English sentence that translates the French "faux ami". In such cases we have adopted the principle of printing in bold type the word or words whose semantic content comes closest to that of the French "faux ami". The term "equivalent" is thus to be understood in a very broad sense in cases such as :

| | |
|---|---|
| J'ai beaucoup de **sympathie** pour eux. Je regrette vraiment qu'ils doivent s'en aller | I **like** them very much. I'm really sorry they have to go |
| Quand j'ai été engagé dans le département, il a été le seul à me témoigner de la **sympathie** | When I started in the department he was the only one who was **friendly** to me |
| Toute sa personne inspirait la **sympathie** | He was thoroughly **likeable**/a thoroughly **likeable** person |

Section II is sometimes absent, the senses of some pairs of false friends being confined to sections I and III. This situation, which is fairly rare, can be found, for instance, in the entries for MÉDECINE/MEDICINE, PASSABLE/PASSABLE, RÉSUMÉ/RÉSUMÉ.

## 1.3. Section III

Section III is the second area of divergence : it contains the senses of the English "faux ami" which cannot be rendered by its French twin.

| | | |
|---|---|---|
| III | 3. A bus **conductor** was attacked by three hooligans last night | Un **contrôleur**/un **receveur** d'autobus a été attaqué par trois voyous la nuit dernière |
| | 4. Pierre Boulez is not only a very famous composer, he is also a brilliant **conductor** | Pierre Boulez n'est pas seulement un compositeur très célèbre. C'est aussi un brillant **chef d'orchestre** |

| | | |
|---|---|---|
| III | 4. I doubt if this **trunk** will be big enough to hold all my things | Je doute que cette **malle** soit suffisamment grande pour y mettre toutes mes affaires |
| | 5. *(US)* I need a car with a large **trunk** | J'ai besoin d'une voiture avec un grand **coffre** |
| | 6. The elephant took the bread with its **trunk** | L'éléphant a pris le pain avec sa **trompe** |
| | 7. Has anyone seen Robert's (bathing/swimming) **trunks** *(pl)* ? | Est-ce que quelqu'un a vu le **slip de bain**/le **maillot (de bain)** de Robert ? |

In this section the English "false friend" appears in the left-hand column, its French equivalents in the right-hand column. The remark previously made on the broad sense in which the term "equivalent" should be understood also holds true here, as the following examples clearly show:

| We don't have much of a **social** life | Nous ne sortons pas beaucoup/ Nous ne menons pas une vie très **mondaine** |

| The au pair **combined** doing the ironing with watching television | La fille au pair faisait le repassage **tout en** regardant la télévision |

It often happens that this section is absent, the meanings of the pairs of words being confined to sections I and II (see: ABANDONNER/TO ABANDON, BOUTON/BUTTON, PONCTUEL/PUNCTUAL).

## 2. THE EXAMPLES

### 2.1. Clear and appropriate examples

In a dictionary which gives illustration precedence over definition, particular care must be taken over the quality of the examples. They must be explicit, that is to say they must make absolutely clear the meaning of the word they are intended to illustrate. If the "faux ami" is placed in a clear and unambiguous context, no definition is needed. So, for example, the sense of the words *appartement* and *bœuf* is clearly apparent if the context into which they are put is sufficently meaningful.

| I 1. La duchesse les reçut dans ses **appartements** *(pl)* privés | The duchess received them in her private **apartments** *(pl)* |
| II 2. Cet immeuble est divisé en douze **appartements** | This building is divided into twelve **flats** |

| | | |
|---|---|---|
| I | 1. Qu'y a-t-il au menu ce soir ?<br>— Du rôti de **bœuf** | What's on the menu tonight ?<br>— Roast **beef** |
| II | 2. Dans certains pays, les charrues sont encore tirées par des **bœufs** | In some countries ploughs are still drawn by **oxen** (*sg :* **ox**) |

The context in which the word appears must also reflect the register to which the word belongs. One all too frequently encounters in dictionaries colloquial words in formal contexts (and vice versa) or technical words in contexts of an everyday kind. It is this appropriateness, or lack of appropriateness, of the context which makes an example ring true or false. The following examples show the care we have taken to put the " faux amis " into the ' right context ' (colloquial in the case of *se barrer*, formal in the case of *nourrir*.)

| | |
|---|---|
| Paulo **s**'est **barré**\* avec le fric | Sid's **pushed off**\* with the lolly |

| | |
|---|---|
| À cette époque de sa vie, l'auteur **nourrissait**° une haine farouche pour tous ses compatriotes | At that period of his life, the author **nourished**° a fierce hatred for his compatriots |

## 2.2. The slash /

The slash indicates a choice between several translational equivalents.

| | |
|---|---|
| Le blessé **prononça** quelques paroles incompréhensibles avant de s'évanouir | The wounded man **spoke/said** some inaudible words and then fainted |

| | |
|---|---|
| Tu ne vois pas que tu la **troubles** avec tes questions indiscrètes ? | Can't you see you're **making** her **nervous**/you're **flustering** her with your indiscreet questions ? |

The slash indicates that there is a choice between *spoke some inaudible words* and *said some inaudible words,* in the first example, and *you're making her nervous* and *you're flustering her,* in the second.

## 2.3. Brackets ( ) and square brackets [ ]

The brackets within examples indicate that the words or parts of words they contain are optional.

| | |
|---|---|
| *(Relig)* Jésus a **ressuscité** Lazare | Jesus **raised** Lazarus **(from the dead)** |
| *(Relig)* Jésus **ressuscita** le troisième jour après sa mort | Jesus **rose (from the dead)** on the third day |

| | |
|---|---|
| Pourquoi ne plantes-tu pas des **salades** dans ton potager ? | Why don't you plant some **lettuce(s)** in your vegetable garden ? |

The square brackets make it possible to illustrate within a single example several contexts in which the word can be used. In other words, several of the word's combinatory possibilities are shown.

| | |
|---|---|
| Ils **affrontèrent** l'ennemi [le danger] avec un courage admirable | They **confronted/faced** the enemy [the danger] with admirable courage |

| | |
|---|---|
| Il était écrit : « **défense** d'entrer [de fumer, de stationner] » | It said : "**no** entry [**no** smoking, **no** parking]" |

| | |
|---|---|
| Tous les **accès** de la ville [de l'immeuble] sont surveillés | All the **approaches/means of access** to the town [**entrances** to the building] are under surveillance |

It is important to illustrate each meaning of the "faux ami" in as many contexts as possible, particularly when a change of context implies a different translation, as in the last of the three examples shown above.

## 3. THE SENSES

### 3.1. Arabic numerals 1,2,3... and explanatory glosses ( = ······)

The Arabic numerals introduce the different senses of the "faux amis". As explained earlier, these senses are not defined, but illustrated by one or more clear examples. However, we have not hesitated to depart from this principle when we thought this would be helpful to the user. Thus some examples are followed by a gloss giving the meaning of the "faux ami". This gloss appears in brackets in small print, preceded by the sign =. We generally used this device when meanings were very similar and thus hard to differentiate. The adjective 'faux' is a case in point :

---

1. Tu devrais le voir quand il a enlevé sa **fausse** barbe [ses **fausses** dents]
 ( = postiche)

   You should see him when he takes off his **false** beard [takes out his **false** teeth]

2. Je me demande qui a fait courir cette **fausse** rumeur
 ( = mensonger)

   I wonder who started that **false** rumour

3. Tes calculs sont tous **faux**. Pourquoi n'emploies-tu pas ta calculatrice ?
 ( = inexact, pas juste)

   All your calculations are **wrong**. Why don't you use your calculator ?

---

### 3.2. The cross-reference ⇨

It quite frequently happens that what in one language is one single sense of a word, in the other language is 'cut in two', constituting in that language two separate senses, represented by two different words. Take the case of BOUQUET/BOUQUET :

---

2. On offrit un **bouquet** à la vedette du spectacle

   The star of the show was presented with a **bouquet** [a]
   ⇨ 3

3. Le petit garçon donna un **bouquet** de fleurs des champs à sa mère

   The little boy gave his mother a **bunch** of wild flowers

---

XLIII

The French word *bouquet* can only be rendered by *bouquet* in English if the object referred to is a relatively elaborate arrangement of flowers, such as one might buy from a florist. In other cases the word *bunch* is used (this is explained in note a). In this case the Arabic numerals 2 and 3 do not, strictly speaking, designate different senses, but rather sub-senses, which must be defined in order to give an accurate account of the English equivalents. The sign ⇨ 3 thus tells the user that *bouquet* in sense 2 is not always translated by its English twin, and refers him or her to point 3 for a different translation.

## 4. GRAMMATICAL LABELS

In order to use a word correctly, it is necessary to know more than simply its meaning; one also needs a certain amount of information concerning its grammatical behaviour. In this dictionary such information is given in the form of labels, added, where necessary, to the " faux amis " or translational equivalents. The most important grammatical labels are :

*(nd)*
indicates that a noun is uncountable (i.e. it is not used in the plural or with an indefinite article or numeral)

| | |
|---|---|
| He always takes his father's **advice** *(nd)* | Il suit toujours les **conseils** de son père |

*(pl)*
indicates that a noun is always used in the plural

| | |
|---|---|
| Je vais faire mes **provisions** *(pl)* au village. Tu n'as besoin de rien ? | I'm going **shopping** in the village. Do you need anything ? |

*(attrib) (épith)*

indicate that an adjective is used either only predicatively *(attrib)* or only attributively *(épith)*

| Nous ne faisons payer à ces jeunes artistes qu'un loyer **symbolique** de 500 F par mois | We only make these young artists pay a **token** *(épith)*/**nominal** rent of £60 a month |
|---|---|

*(souvent pass) (pass)*

indicate that a verb often *(souvent pass)* or always *(pass)* occurs in the construction ' *être* + participe passé ' / ' *be* + past participle '

| Son adhésion nous est **acquise** *(pass)* | We can **count on/depend on** his support |
|---|---|
| Le premier ministre est entièrement **acquis** *(pass)* à notre cause | We have the Prime Minister entirely **on** our **side**/We have the Prime Minister's whole-hearted **support** |

*(nég)*

indicates an exclusively negative use

| *(nég)* Ce type ne m'a pas l'air très **catholique**\*. Je ne m'y fierais pas | That chap looks a bit **dubious** to me/is a bit **shady-looking**\*. I wouldn't trust him |
|---|---|

The other grammatical labels are listed on page LXI in the list of labels and abbreviations used in the dictionary.

## 5. USAGE LABELS

### 5.1. Register

### 5.1.1. The asterisk * and the circle °

An asterisk after a word or expression denotes a colloquial usage ; a double asterisk \*\* denotes a very colloquial or vulgar usage, to be used

XLV

with the greatest care. The circle denotes that the word or expression in question belongs to a formal register.

| | |
|---|---|
| Les enfants ont **liquidé**\* la tarte en moins de deux | The children **finished off/ polished off**\* the pie in no time flat |

| | |
|---|---|
| The concept of infinity is beyond the **compass**° *(nd)* of the human mind | Le concept d'infini est hors de **portée** de l'esprit humain |

## 5.1.2. Other register labels

Apart from the asterisk and the circle, a certain number of abbreviations are used to indicate register. The most frequent are: *(litt)* : literary, *(vx)* : obsolete and *(vieilli)* : dated.

Register being often a question of degree, in other words of 'more or less', labels such as *(plus familièrement)* (more colloquially) or *(moins familièrement)* (less colloquially) are also used (see also 5.2. : *plus/moins couramment*).

## 5.2. Frequency of use

It often happens that "faux amis" can be used in a given sense in both languages, but that the French word is used very frequently, while the English one is used only rarely or, at least, less often. Information about lexical frequency is very often lacking in bilingual dictionaries, so that their users are pointed in the direction of words which do undeniably exist, but are uncommon. The frequency labels used in this dictionary are :

*(aussi)*
also frequent in this sense

*(souvent)*
often used in this sense

*(plus souvent)*
more often used in this sense

*(moins souvent)*
less often used in this sense

*(rarement)*
rarely used in this sense

*(plus rarement)*
more rarely used in this sense

*(plus couramment)*
more frequent and more colloquial

*(moins couramment)*
less frequent and less colloquial

| | |
|---|---|
| Il y a au moins 400 **places** dans ce cinéma | There are at least 400 **places** in this cinema (*aussi* : **seats**) |

| | |
|---|---|
| Elle tomba dans un **profond** sommeil et ne se réveilla que dix heures plus tard | She fell into a **profound** sleep and didn't wake up for ten hours (*plus souvent* : **deep**) |

| | |
|---|---|
| Ajouter le porto et le **zeste** d'orange finement râpé | Add the port and the finely grated orange **rind** (*rarement* : **zest**) |

| | |
|---|---|
| Le prix du **pétrole** ne cesse d'augmenter | The price of **oil**/ *(moins couramment)* **petroleum** is constantly going up |

We cannot over-emphasize the importance of these frequency labels, particularly in a dictionary of French/English " faux amis ", since the two words often have the same meaning in the two languages but differ greatly in the degree of frequency with which they are used.

## 5.3. Field labels

Abbreviations such as *(Mil)* : military, *(Jur)* : legal, *(TV)* : television, *(Polit)* : politics, etc. restrict the use of a word to a particular field.

| *(Admin, Jur)* Pour plus de détails, voir **pièces** ci-jointes | For further details see attached **documents** |

| *(Mil)* Le lieutenant ordonna de serrer les **rangs** | The lieutenant gave the order to close **ranks** |

| Vous pourrez suivre le match en direct sur notre **antenne** dès 20 heures | The match will be broadcast live on this *(TV)* **channel**/*(Radio)* **station** starting at 8 o'clock |

Like the frequency labels, the field labels are of the greatest importance in this dictionary, as it frequently happens that the French " faux ami " is in common use, while its English equivalent is restricted to a particular field (see : RANG/RANK, FORMAT/FORMAT, MARCHER/TO MARCH, etc.).

The user will find a complete list of these abbreviations on page LXI.

## 5.4. Geographical varieties

The geographical varieties of French and English used in this dictionary are British English and metropolitan French (the French spoken in France). However, American and Belgian variants of the " faux amis " and their translational equivalents (words in bold type in the text) are systematically provided. The following abbreviations are used :

*(Brit)*
British usage

*(US)*
American usage

*(Belg)*
Belgian usage

*(Fr)*
usage confined to metropolitan French (not found in Belgian French)

| *(Brit)* My son is top of his **form** this year | Cette année, mon fils est premier de sa **classe** |

| Il y avait une **file** d'au moins cinquante personnes devant le cinéma | There was a *(Brit)* **queue**/*(US)* **line** of at least fifty people outside the cinema |

| *(Belg)* Je **bloque**\* (mon anglais) depuis plus d'une semaine | I've been **revising** (my English) for more than a week |

The absence of a geographical label indicates in the case of a French word that it is used in both France and Belgium, in the case of an English word that it is used in both Great Britain and the United States.

## 5.5. Other usage labels

Other usage labels indicate that a term is being used in its literal *(lit)* or figurative *(fig)* sense, pejoratively *(péj)*, euphemistically *(euphém)*, humorously *(humor)*, etc. (see list page LXI).

# 6. NOTES

## 6.1. Purpose

The role played by the notes in this dictionary is far more important than is usually the case. They are the vehicle for a thoroughgoing analysis of the differences between the "faux amis" in terms of meaning, syntactical behaviour, collocations and idioms. They also make possible an analysis, when necessary, of the differences between translational equivalents. Far from being an interesting but non-essential addition to the main text, as is usually the case, they form an integral part of the entry.

The note is indicated in the text by a small $_{a,b,c}$... placed immediately after the example to be explained. A reference to a note placed after the last example in a given sense (sense 1, for example) may refer to a note concerning all of the examples illustrating that sense. The notes themselves are found at the end of the description of each pair of "faux amis". The commentaries and labels, printed in Roman type, stand out clearly from the examples, printed in italics.

The following example is a good illustration of the variety of information contained in the notes:

> a. En anglais, **voyage** n'est employé que lorsqu'il s'agit d'un voyage en mer ou dans l'espace *(a **voyage** to the moon).*
> b. – **Travel** désigne l'action de voyager, alors que **journey** fait référence à un voyage particulier, un trajet. **Trip** s'emploie dans le cas d'un voyage considéré dans son ensemble, c'est-à-dire le trajet aller-retour et le séjour.
> – *Faire bon **voyage** : to have a good journey/trip ; bon **voyage** ! : have a good journey/trip !, bon **voyage** ! ; **voyage** organisé : package tour,* (Brit) *package holiday ; **voyage** de noces : honeymoon ; récit de **voyages** : travel book, travelogue*
> c. Le mot **travel** peut être employé au pluriel lorsqu'il est précédé d'un adjectif possessif ; il est alors synonyme de 'pérégrinations'.

## 6.2. The diamond ◊

A diamond placed before a note indicates that it does not refer to any of the senses illustrated in the entry. For example :

> ◊ (Anat) *Muscles, nerfs **volontaires** : **voluntary** muscles, nerves*

## 6.3. Collocations and explanatory glosses

One of the important functions of the notes is to give the combinatory possibilities or 'collocations' of the "faux amis" and their translational equivalents. These are in brackets and printed in light type.

L

> c. **Se bloquer ;** (roue) *to lock ;* (machine) *to jam ;* (porte) *to jam, to get stuck, to stick ;* (frein) *to jam, to lock*

The same type is used for the explanatory glosses.

> a. **Crayon** (= dessin au crayon) : *pencil drawing ;* **crayon** *(à sourcils)* : *eyebrow pencil*

It sometimes happens that a word or expression is untranslatable because of a cultural difference : the object or concept to which the word or expression refers does not exist in the other culture. In such cases the explanation given in lieu of a translation is also printed in light type.

> b. (TV) *Carré/rectangle* **blanc :** TV symbol indicating that a programme is not recommended for children or people of a nervous disposition

> ◊ (Brit) *University* **extension** *courses :* cours publics organisés par l'université (p. ex. cours du soir, d'été)

## 7. SUB-ENTRIES

For some pairs of "faux amis", such as INJURIEUX/INJURIOUS, the user will find an entry of the following kind :

> ### INJURIEUX / INJURIOUS
> voir : INJURE / INJURY

This means that the pair of words INJURIEUX/INJURIOUS, which is related to INJURE/INJURY, is treated only briefly in the dictionary, at the end of the entry on INJURE/INJURY. These less detailed entries are marked with a white square □.

> □ **Injurieux :** abusive, offensive, insulting
> **Injurious** (to) : préjudiciable (à), nuisible (à)

LI

# 8. THE INDEXES

## 8.1. Pronunciation of the "faux amis"

False friends do not only differ in meaning; often they are pronounced very differently as well. Compare, for instance, the French and English pronunciations of the following words:

| | | |
|---|---|---|
| facile | fasil | ˈfæsaɪl |
| patron | patRɔ̃ | ˈpeɪtrən |
| formidable | fɔRmidabl(ə) | ˈfɔːmɪdəbl |

(see French and English phonetic transcriptions, p. 737 et 747)

The differences reside not only in the pronunciation of the sounds but also — a serious problem for French-speakers — in their accentuation. We therefore felt it would be useful to include at the end of the dictionary a phonetic transcription of all the "faux amis" — French and English — treated in it. The varieties described are metropolitan French and British English. American variants are occasionally included, mainly when there is a difference in stress. The phonetic notation used is that of the International Phonetic Association (see tables pp. 735 and 736).

## 8.2. Index of "faux amis" and their translational equivalents

In order that the user of this dictionary — whether French or English — should have easy access to all the information contained in it, we have included two indexes, one English, one French, which list all the "faux amis" treated in the dictionary as well as most of their translational equivalents. The "faux amis" treated in the dictionary and the numbers of the pages where they are described are printed in bold type. So, for example,

| |
|---|
| difficile : **222**, 301 |

means that *difficile* is treated in a complete entry on page 222 and is found as a translational equivalent on page 301.

# PRÉSENTATION SCHÉMATIQUE D'UN ARTICLE TYPE

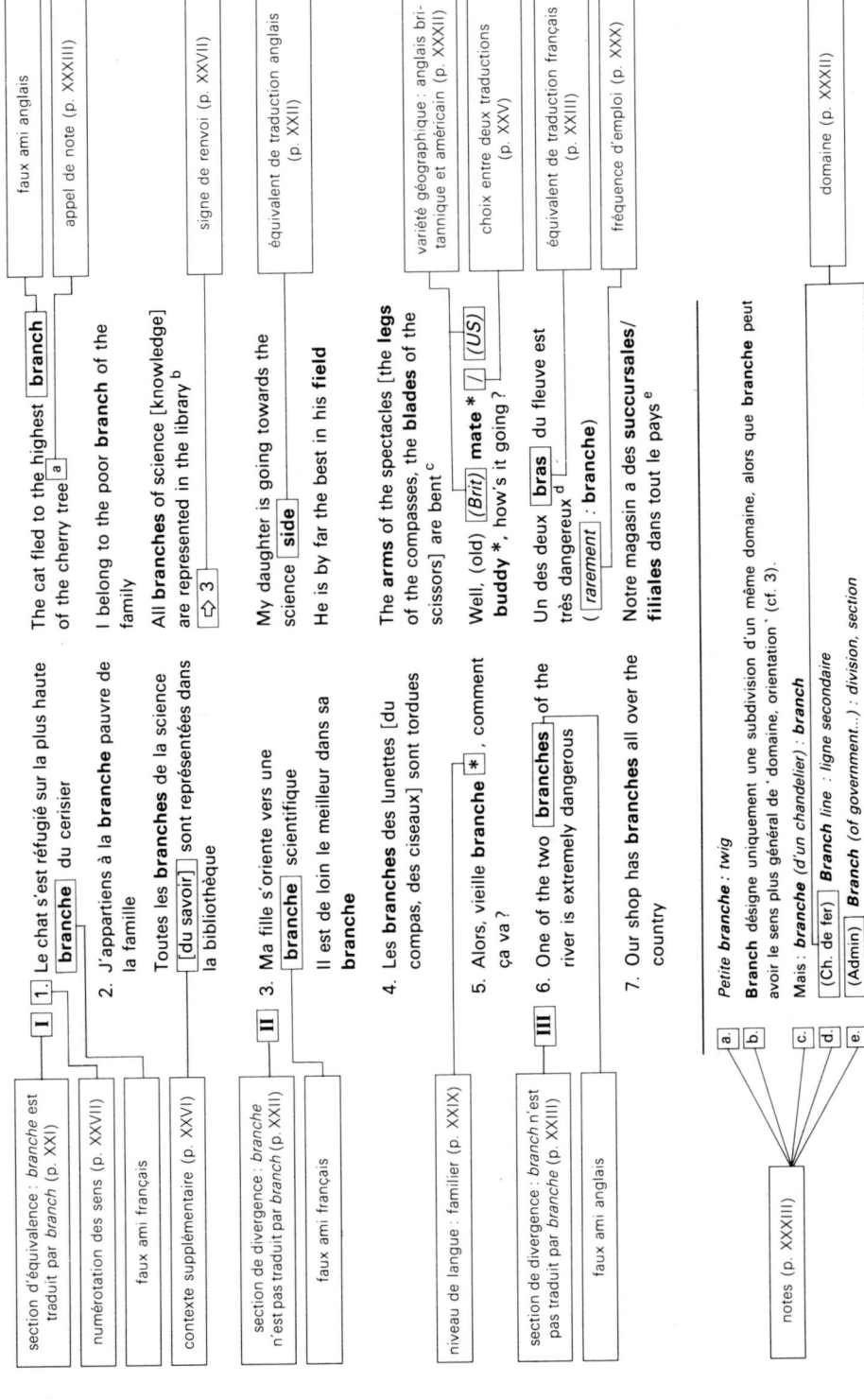

# LABELLED EXAMPLE OF A DICTIONARY ENTRY

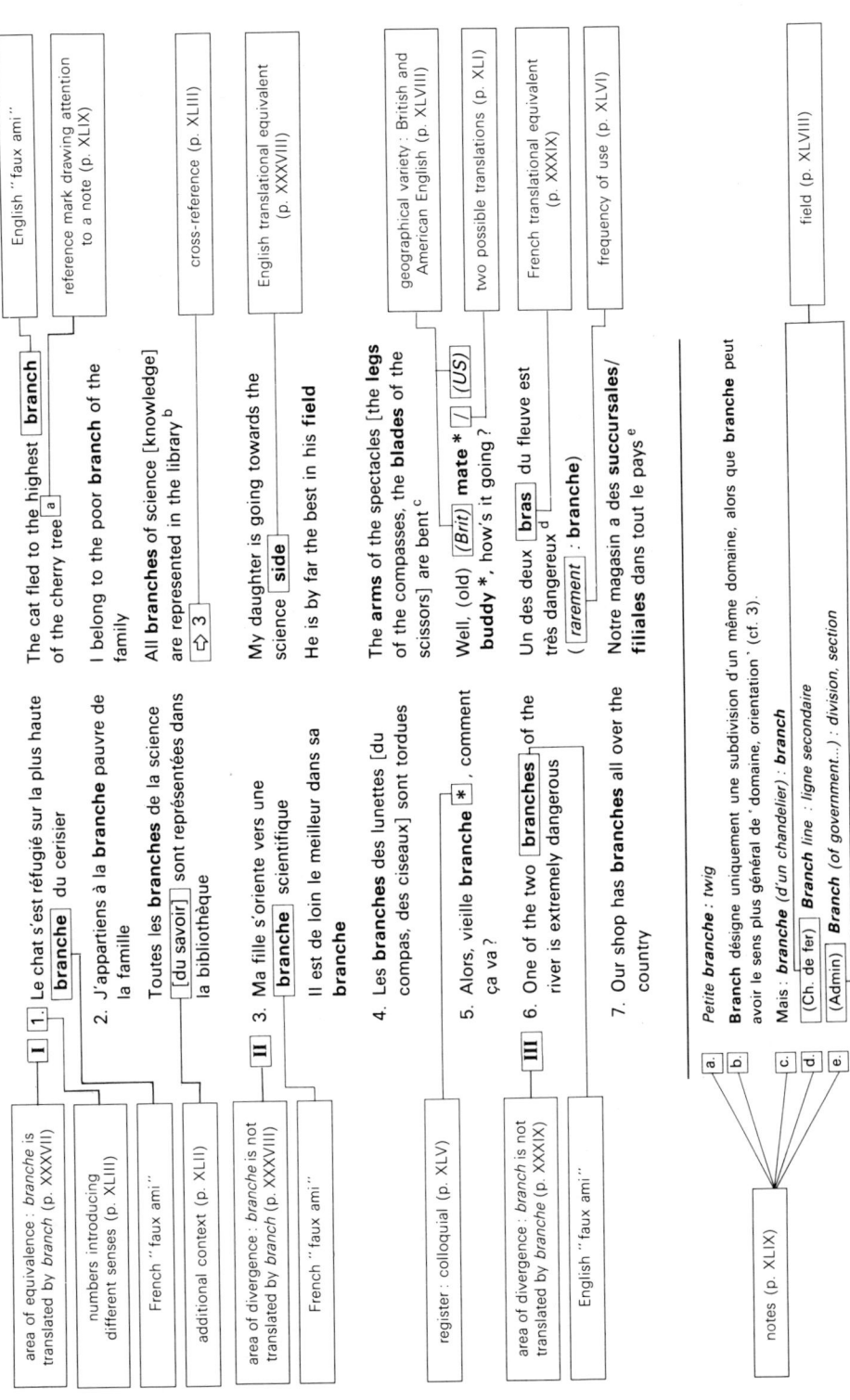

# TABLEAU DES SIGNES CONVENTIONNELS ET ABRÉVIATIONS DU DICTIONNAIRE

| | |
|---|---|
| I | section regroupant les emplois que les faux amis anglais et français ont en commun (p. XXI) |
| II | section regroupant les emplois propres au faux ami français (p. XXII) |
| III | section regroupant les emplois propres au faux ami anglais (p. XXIII) |
| 1.,2.,... | numéros correspondant à un sens (ou parfois, à un sous-sens ou un type d'emploi particulier) (p. XXVII) |
| [ ] | contient des possibilités combinatoires supplémentaires du faux ami (p. XXVI) |
| ⇨ 1,2... | signe de renvoi destiné à attirer l'attention sur un autre équivalent de traduction très important (p. XXVII) |
| * | placé après un mot ou une expression, marque un niveau de langue familier (p. XXIX) |
| ** | placé après un mot ou une expression, marque un emploi très familier, voire grossier (p. XXIX) |
| ° | placé après un mot ou une expression, marque un niveau de langue soutenu (p. XXIX) |
| ◊ | introduit une note qui ne se rapporte à aucun des sens illustrés dans l'article (p. XXXIV) |
| □ | introduit une paire de faux amis liée par la forme et/ou le sens à l'entrée principale mais traitée plus succinctement que celle-ci (p. XXXV) |
| = | introduit une glose explicative |
| ≃ | introduit un équivalent de traduction qui n'est qu'approximatif en raison d'une différence culturelle |
| A | faux amis anglais |
| abrév | abréviation |
| absol | construction absolue du verbe |
| Acoust | Acoustique |
| Admin | Administration |
| adj | adjectif |
| adv | adverbe |
| Aéron | Aéronautique |

| | |
|---|---|
| Alpin | Alpinisme |
| Anat | Anatomie |
| Anthrop | Anthropologie |
| Antiq | Antiquité |
| Archit | Architecture |
| arg | argot |
| Astron | Astronomie |
| Astronaut | Astronautique |
| attrib | 1) fonction d'attribut |
| | 2) (adjectif) employé uniquement comme attribut |
| Auto | Automobile |
| Aviat | Aviation |
| Bactériol | Bactériologie |
| Balist | Balistique |
| Banque | Banque |
| Belg | belgicisme |
| Biol | Biologie |
| Bot | Botanique |
| Brit | emploi britannique |
| Cartes | Cartes (jeu) |
| Cathol | Catholique |
| Ch. de fer | Chemin de fer |
| Chim | Chimie |
| Cin | Cinéma |
| Comm | Commercial |
| compl | complément |
| Compt | Comptabilité |
| Cout | Couture |
| Culin | Culinaire |
| Écon | Économie |
| Électr | Électricité |
| épith | 1) fonction d'épithète |
| | 2) (adjectif) employé uniquement comme épithète |
| euphém | euphémisme |
| f. | féminin |
| F | faux ami français |
| fig | figuré (emploi figuré opposé à emploi littéral) |
| Fin | Finances |
| Foot | Football |
| Fr | emploi restreint au français de France (inusité en Belgique) |
| gén | général |
| Gram | Grammaire |
| Gym | Gymnastique |
| Hippisme | Hippisme |
| Hist | Histoire |
| Hist. antique | Histoire antique |
| Hist. polit. | Histoire politique |
| Hortic | Horticulture |

| | |
|---|---|
| humor | humoristique |
| Imprim | Imprimerie |
| inf | infinitif |
| Informat | Informatique |
| iron | ironique |
| Jeux | Jeux |
| Jur | Juridique |
| Législ. soc. | Législation sociale |
| Ling | Linguistique |
| lit | littéral (emploi littéral opposé à emploi figuré) |
| litt | littéraire |
| Littér | Littérature |
| Log | Logique |
| m. | masculin |
| Mar | Maritime |
| Math | Mathématiques |
| Mécan | Mécanique |
| Méd | Médical |
| Météor | Météorologie |
| Mil | Militaire |
| Moto | Motocyclette |
| Mus | Musique |
| n. | nom |
| nd | (nom) non dénombrable |
| nég | emploi négatif (d'un verbe,...) |
| néol | néologisme |
| n.f. | nom féminin |
| n.m. | nom masculin |
| Opéra | Opéra |
| pass | verbe uniquement employé à la forme passive |
| Patinage | Patinage |
| Pédag | Pédagogie |
| péj | péjoratif |
| Pharm | Pharmacie |
| Philo | Philosophie |
| Phonét | Phonétique |
| Phot | Photographie |
| Phys | Physique |
| pl | 1) pluriel<br>2) (nom) toujours pluriel |
| Poésie | Poésie |
| Polit | Politique |
| Prot | Protestant |
| Presse | Presse |
| Psychan | Psychanalyse |
| Psychol | Psychologie |
| qqch | quelque chose |
| qqn | quelqu'un |

| | |
|---|---|
| Rad | Radio |
| Relig | Religion |
| sb | somebody |
| Sc | Sciences |
| Scol | Scolaire |
| sg | 1) singulier |
| | 2) (nom) toujours singulier |
| Signalisation routière | Signalisation routière |
| souvent pass | verbe souvent employé à la forme passive |
| Sports | Sports |
| sth | something |
| Techn | Technique |
| Télécomm | Télécommunication |
| Théât | Théâtre |
| Tricot | Tricot |
| TV | Télévision |
| Univ | Université |
| US | emploi américain |
| vieilli | vieilli (mot qui n'est plus employé dans le langage courant mais qui est encore compréhensible) |
| v.intr | verbe intransitif |
| v.tr | verbe transitif |
| vulg | vulgaire |
| vx | vieux (mot de l'ancienne langue, incompréhensible ou peu compréhensible de nos jours) |
| Zool | Zoologie |

# LIST OF ABBREVIATIONS, FIELD LABELS AND STYLE LABELS

| | |
|---|---|
| I | section giving the senses in which the two "faux amis" are translational equivalents (p. XXVII) |
| II | section containing the senses of the French "faux ami" which cannot be translated by its English twin (p. XXXVIII) |
| III | section containing the senses of the English "faux ami" which cannot be translated by its French twin (p. XXXIX) |
| 1.,2.,... | numbers corresponding to a sense (or, occasionally, a sub-sense or specific usage) (p. XLIII) |
| [ ] | enclose additional combinatory possibilities of the "faux ami" (p. XLII) |
| ⇨ 1,2... | cross-reference drawing the user's attention to another very important translational equivalent (p. XLIII) |
| * | follows a word or expression used in a colloquial register (p. XLV) |
| ** | follows a word or expression used in a very colloquial, or vulgar, register (p. XLV) |
| ° | follows a word or expression used in a formal register (p. XLV) |
| ◊ | introduces a note which does not refer to any of the senses illustrated in the entry (p. L) |
| □ | introduces a pair of "faux amis" related by form and/or meaning to the main entry, but treated in less detail (p. LI) |
| = | introduces an explanatory gloss |
| ≃ | introduces a translational equivalent which, because of a cultural difference, can only be approximate |
| A | English "faux ami" |
| abrév | abbreviation |
| absol | absolute use of the verb |
| Acoust | Acoustics |
| Admin | Administration |
| adj | adjective |
| adv | adverb |
| Aéron | Aeronautics |

| | |
|---|---|
| Alpin | Mountaineering |
| Anat | Anatomy |
| Anthrop | Anthropology |
| Antiq | Classical antiquity |
| Archit | Architecture |
| arg | slang |
| Astron | Astronomy |
| Astronaut | Astronautics |
| attrib | 1) predicative function |
| | 2) (adjective) used only predicatively |
| Auto | Automobile |
| Aviat | Aviation |
| Bactériol | Bacteriology |
| Balist | Ballistics |
| Banque | Banking |
| Belg | Belgian usage |
| Biol | Biology |
| Bot | Botany |
| Brit | British usage |
| Cartes | Cards |
| Cathol | Catholic |
| Ch. de fer | Railways |
| Chim | Chemistry |
| Cin | Cinema |
| Comm | Commercial |
| compl | complement |
| Compt | Accounting |
| Cout | Sewing |
| Culin | Cookery |
| Écon | Economics |
| Électr | Electricity |
| épith | 1) attributive function |
| | 2) (adjective) used only attributively |
| euphém | euphemism |
| f. | feminine |
| F | French faux ami |
| fig | figurative(ly) |
| Fin | Finance |
| Foot | Football |
| Fr | restricted to metropolitan France (not used in Belgium) |
| gén | general |
| Gram | Grammar |
| Gym | Gymnastics |
| Hippisme | Horse riding |
| Hist | History |
| Hist. antique | Ancient history |
| Hist. polit. | Political history |
| Hortic | Horticulture |

| | |
|---|---|
| humor | humorous |
| Imprim | Printing |
| inf | infinitive |
| Informat | Data processing |
| iron | ironical |
| Jeux | Games, gambling |
| Jur | Law, legal |
| Législ. soc. | Social legislation |
| Ling | Linguistics |
| lit | literal(ly) |
| litt | literary |
| Littér | Literature |
| Log | Logic |
| m. | masculine |
| Mar | Maritime |
| Math | Mathematics |
| Mécan | Mechanical engineering |
| Méd | Medical |
| Météor | Meteorology |
| Mil | Military |
| Moto | Motorcycling |
| Mus | Music |
| n. | noun |
| nd | uncountable (noun) |
| nég | negative use (of a verb, etc.) |
| néol | neologism |
| n.f. | feminine noun |
| n.m. | masculine noun |
| Opéra | Opera |
| pass | verb used only in the passive |
| Patinage | Skating |
| Pédag | Education |
| péj | pejorative |
| Pharm | Pharmacy |
| Philo | Philosophy |
| Phonét | Phonetics |
| Phot | Photography |
| Phys | Physics |
| pl | 1) plural<br>2) (noun) used always in the plural |
| Poésie | Poetry |
| Polit | Politics |
| Prot | Protestant |
| Presse | Journalism |
| Psychan | Psychoanalysis |
| Psychol | Psychology |
| qqch | quelque chose |
| qqn | quelqu'un |

| | |
|---|---|
| Rad | Radio |
| Relig | Religion |
| sb | somebody |
| Sc | Science |
| Scol | School |
| sg | 1) singular |
| | 2) (noun) always used in the singular |
| Signalisation routière | Road sign |
| souvent pass | verb often used in the passive |
| Sports | Sport |
| sth | something |
| Techn | Technical |
| Télécomm | Telecommunications |
| Théât | Theatre |
| Tricot | Knitting |
| TV | Television |
| Univ | University |
| US | American usage |
| vieilli | old-fashioned (denotes an old-fashioned term which, though no longer in wide current use, is still understood) |
| v.intr | intransitive verb |
| v.tr | transitive verb |
| vulg | vulgar |
| vx | obsolete (denotes an obsolete term which is no longer widely understood) |
| Zool | Zoology |

DICTIONNAIRE

DICTIONARY

## (S')ABANDONNER / TO ABANDON (ONESELF)

**I** 1. Notre voisin a **abandonné** sa femme et ses trois enfants

Our next-door neighbour has **abandoned** his wife and three children

Les fugitifs furent forcés d'**abandonner** la maison en flammes

The fugitives were forced to **abandon** the burning house [a]

2. Faute de moyens, ils ont dû **abandonner** leur projet

They had to **abandon** their project for lack of funds
(*aussi*: **give up**)

Nous avons **abandonné** les recherches [tout espoir de le retrouver]

We **abandoned** the search [all hope of finding him] [b]
(*aussi*: **gave up**)
⇨ 3

**II** 3. Au grand désespoir de ses parents, Jean a **abandonné** l'enseignement [la compétition]

To the despair of his parents John has **given up** teaching [competitive sport]

Les ouvriers refusent d'**abandonner** leurs privilèges

The workers refuse to **give up/relinquish** their privileges

Le souverain a **abandonné** le pouvoir à quarante ans

The sovereign **relinquished** power at the age of forty

Après trois tours de circuit, le coureur a **abandonné** (la course)

After three laps, the runner **retired** (from the race) [c]

4. Ma grand-mère a **abandonné** toute sa fortune à un orphelinat

My grandmother **gave/donated/left** all her wealth to an orphanage [d]

Certaines personnes **abandonnent** toujours aux autres le soin de prendre les décisions importantes

Some people always **leave it** to others to take important decisions

5. Il **s'abandonnait** de plus en plus à la paresse [la rêverie]

He **gave himself up** increasingly to laziness [day-dreaming]

Accablé par ce nouveau coup du sort, il **s'abandonna** au désespoir

Crushed by the latest blow fate had dealt him, he **gave way** to despair
(*aussi*: **abandoned himself**) [e]

---

a. – Mais : *ses forces l'abandonnèrent* : his strength failed/deserted him ; to **abandon** ship : évacuer le bateau
 – Comparez : *maison abandonnée* : deserted house
  **abandoned** factory : usine désaffectée

b. Mais : *the match was **abandoned** because of the fog :* on arrêta le match à cause du brouillard
c. **Abandonner** *la partie/la lutte :* to give up the struggle
d. **To leave** s'emploie lorsque **abandonner** a le sens de 'léguer'.
e. – Lorsqu'il s'agit d'un sentiment, **to abandon oneself** est possible.
   – **S'abandonner** *au sommeil :* to let sleep overcome one, to yield to (the desire to) sleep
   – (vieilli ou litt) (absol) **S'abandonner :** (s'épancher) *to open one's heart, pour out one's feelings ;* (se donner à un homme) *to yield*

## ABSENCE / ABSENCE

I  1. En mon **absence**, il s'occupe toujours de la maison

He always looks after the house during my **absence**

En cas d'**absences** trop nombreuses, l'élève est renvoyé

In the case of frequent **absences** the pupil will be expelled

II  2. Son **absence** de goût [d'imagination] me laisse pantois

His **lack** of taste [imagination] takes my breath away [a]

3. Face à l'examinateur, l'étudiant émotif a souvent des **absences** de mémoire
(*plus couramment :* **trous**)

The nervous student's **mind** often **goes blank** when he is faced with the examiner

Il se fait vieux et il a parfois des **absences**

He is getting old and his **mind wanders** at times

a. Mais : *en l'**absence** de (preuves...) :* in the **absence** of (proof...)

## ABUS / ABUSE

I  1. Nous ne pouvons pas tolérer cet **abus** de pouvoir [d'autorité]

We cannot tolerate this **abuse** of power [authority] [a]

2. Un règlement aussi vague, c'est la porte ouverte à tous les **abus**

Such vague regulations leave the way clear for all kinds of **abuses**

| | | | |
|---|---|---|---|
| II | 3. | L'**abus** de cigarettes [de viandes rouges, de sucreries] nuit à la santé | **Excessive** smoking/**overindulgence** in cigarettes [**overindulgence** in red meat, sweets] is harmful to the health [b] |
| III | 4. | As she went down the stairs she continued to shower him with **abuse** *(nd)* | Tout en descendant l'escalier, elle continua à le couvrir d'**injures**/d'**insultes** [c] |
| | 5. | There has been an alarming increase in child **abuse** *(nd)* [sexual **abuse**] over the last few years | Il y a eu une augmentation alarmante des **mauvais traitements** infligés aux enfants/des **sévices** exercés sur les enfants [des **violences** sexuelles] ces dernières années |

a. Mais : ***abus** de confiance* : *breach of confidence/trust*
b. Mais : ***abus** de stupéfiants, d'alcool* : *drug, alcohol **abuse*** (nd)
c. *A term of **abuse*** : *une injure, une insulte*
◊ *Il y a de l'**abus** !\** : *that's going a bit (too) far !\**

## (S')ABUSER / TO ABUSE

| | | | |
|---|---|---|---|
| I | 1. | N'**abusez** pas des privilèges qui vous sont accordés [de votre autorité, de votre pouvoir] | Do not **abuse** the privileges you have been given [your authority, your power] [a]<br>⇨ 2, 3 |
| II | 2. | Je ne voudrais pas **abuser** de votre gentillesse [de votre temps] | I don't want to **take advantage** of/**impose** on your kindness [**take up** your time] [b] |
| | | Il est injuste d'**abuser** ainsi de ses amis en leur faisant faire toutes les sales besognes | It's not fair to **take advantage** of your friends by giving them all the nasty jobs to do |
| | 3. | N'**abuse** pas de ces médicaments. Cela pourrait nuire à ta santé | Don't **take too many** of those drugs/Don't **overuse** those drugs. They might damage your health [c] (*moins souvent* : **abuse**) |

|     |     |                                                                                                                              |                                                                                                                  |
| --- | --- | ---------------------------------------------------------------------------------------------------------------------------- | ---------------------------------------------------------------------------------------------------------------- |
|     | 4.  | Le prévenu a avoué qu'il avait étranglé la jeune femme après avoir **abusé** d'elle                                          | The accused admitted to strangling the young woman after having **(sexually) assaulted** her                     |
|     | 5.  | Ne vous laissez pas **abuser**° par toutes ces belles paroles !                                                              | Don't be **deceived/taken in** by all those fine words                                                           |
|     |     | Votre fils **s'abuse**° s'il pense qu'il va réussir (*plus couramment :* **se fait des illusions**)                          | If your son thinks he's going to pass his exams, he's **deceiving himself/deluding himself** [d]                 |
| III | 6.  | She started to **abuse** her husband in the middle of the party, which was very embarrassing                                 | En plein milieu de la soirée, elle a commencé à **insulter/injurier** son mari. C'était extrêmement gênant       |
|     | 7.  | The prisoners complained of having been physically **abused** and drugged                                                    | Les prisonniers se sont plaints d'avoir été **maltraités/violentés** et drogués                                  |

a. **To abuse** a un champ d'application beaucoup plus restreint que son correspondant français (cf. 2, 3).
b. (absol) *Je ne voudrais pas **abuser** : I don't want to impose; arriver sans prévenir avec ses cinq enfants, vraiment elle **abuse** !\* : she's going a bit far\*/pushing it a bit\*, arriving without warning with her five children !*
c. ***Abuser** du tabac, de l'alcool : to smoke, drink too much/to excess ; **abuser** de ses forces : to overtax one's strength, to overdo it*
d. *Si je ne m'**abuse** : if I'm not mistaken*

## ACCÉDER / TO ACCEDE

|    |     |                                                                      |                                                                                                |
| -- | --- | -------------------------------------------------------------------- | ---------------------------------------------------------------------------------------------- |
| I  | 1.  | Il nous est impossible d'**accéder** à votre demande                 | It is impossible for us to **accede**° to your request [a] (*plus souvent :* **comply** with)  |
|    | 2.  | La reine Victoria **accéda** au trône en 1837                        | Queen Victoria **acceded**° to the throne in 1837 [b] (*plus souvent :* **succeeded** to)      |
| II | 3.  | On **accède** au château par une allée majestueuse                   | The castle is **reached** by way of a stately avenue                                           |

Épuisés mais heureux, ils **accédèrent** au sommet

Exhausted but happy, they **reached** the summit [c]

---

a. *Accéder° aux vœux de qqn : **to accede** to°/meet with/comply with sb's wishes*
b. *Mais : **accéder** à un poste : to rise to a position ; **accéder** à l'indépendance : to attain independence*
c. *Accéder directement à un lieu : to have direct access to a place*

## ACCEPTER / TO ACCEPT

**I** 1. Je ne puis **accepter** un tel cadeau [votre proposition]

I can't **accept** a gift like that [your offer] [a]

Il l'a demandée en mariage et elle a **accepté**

He asked her to marry him and she **accepted** (him/his offer)
⇨ 4

2. Il ne pouvait **accepter** son échec après tout le travail qu'il avait réalisé

He could not **accept** his failure after all the work he had done

3. Il a fallu des mois pour qu'il soit **accepté** dans sa nouvelle classe

It was several months before he was **accepted** by his new class

**II** 4. David a **accepté** de venir nous aider demain

David has **agreed** to come and help us tomorrow

Je n'**accepterai** pas que tu partes

I won't **agree** to your leaving/I won't **allow** you to leave

5. Je n'**accepte** pas qu'on me parle sur ce ton

I **refuse** to/**will not** be spoken to like that

Je ne suis pas de ces femmes qui **acceptent** tout de leur mari

I'm not one of those women who **put up with/take** anything from their husbands

**III** 6. We have to **accept** that this is the only way out

Nous devons **admettre** que c'est la seule façon de s'en sortir

I **accept** your account of the accident

J'**admets/je suis prêt à croire** votre version de l'accident

5

| | |
|---|---|
| It is **accepted** that John will take over his father's business | Il est **acquis** que Jean reprendra l'affaire de son père [b] |

---

a. Mais : *to **accept** goods* : prendre livraison de marchandises
b. *It's an **accepted** fact* : c'est un fait acquis/reconnu

## ACCÈS / ACCESS

**I** 1. Ce souterrain donne **accès** aux caves du château

This underground passage gives **access** *(nd)* to the cellars of the castle

Seuls les membres de la maison royale avaient **accès** auprès du roi

Only members of the royal household had **access** *(nd)* to the king

En Allemagne de l'Ouest, on a dû limiter l'**accès** à certains cours universitaires

In West Germany **access** *(nd)* to some university courses has had to be restricted [a]

**II** 2. Tous les **accès** de la ville [de l'immeuble] sont surveillés

All the **approaches/means of access** to the town [**entrances** to the building] are under surveillance

3. Il est sujet à de fréquents **accès** de colère

He is given to frequent **fits/outbursts** of anger [b]

Ces **accès** de fièvre l'affaiblirent considérablement

These **bouts/attacks** of fever left him severely weakened

---

a. Mais : *donner **accès** (à une profession...)* : to open the door (to a profession...) ; *d'**accès** facile* : (lieu) *(easily) accessible*, (livre,...) *easily understood* ; ***accès** interdit* : no entry, no admittance
b. – Rarement : (vieilli, litt) **access**
   – **Accès** *de mélancolie* : bout of melancholia ; *d'enthousiasme* : fit/burst of enthusiasm ; *de folie* : fit/attack of madness
◊ – (Informat) **Accès** : access
   – (Jur) (en cas de divorce) **Access** : droit de visite

## ACCIDENT / ACCIDENT

**I** 1. Ses parents sont morts dans un **accident** de la route

His parents were killed in a road **accident** [a]

**II** 2. Sa mauvaise note en chimie n'était qu'un **accident** (*aussi :* **accident de parcours** *)

His bad mark in chemistry was just a(n) **(isolated) mishap**/an **isolated occurrence**

3. J'ai eu un petit **accident** de santé au début de l'année, mais je vais tout à fait bien maintenant

I had a bit of **trouble** *(nd)* with my health at the beginning of the year but I'm fine now [b]

---

a. – Le mot **crash** est également employé, surtout pour des accidents violents. Notez également : **accident** d'avion : air/plane crash
– **Accident** de travail : industrial **accident**

b. – (A) **Accident** appartient au langage spécialisé de la médecine.
– **Accident** secondaire : complication

◊ – **Accident** de terrain : undulation ; **accidents** de terrain ( = irrégularité) : unevenness, irregularity (of the ground/terrain)
– By **accident** : accidentellement, par hasard, par **accident**
– A chapter of **accidents** : une série de malheurs/de mésaventures, une série noire

## (S')ACCOMPLIR / TO ACCOMPLISH

**II** 1. Il a **accompli** ce travail à la satisfaction générale

He's **performed/carried out** this job to everybody's satisfaction

Les scouts sont supposés **accomplir** une bonne action chaque jour

Scouts are supposed to **do** a good deed every day

Ils ont **accompli** leur devoir mais à quel prix !

They **performed** their duty but at what cost !

Il est en train d'**accomplir** son service militaire [son apprentissage]

He's **doing** his military service [**serving** his apprenticeship] [a]

2. De grands changements **se** sont **accomplis** dans ce domaine depuis les années vingt

Great changes have **taken place** in this field since the twenties

Son souhait **s'**est **accompli**

His wish **was fulfilled/came true**

7

| | | |
|---|---|---|
| III | 3. We've been talking for hours and we've **accomplished** nothing | Nous discutons depuis des heures et nous ne sommes **arrivés** à rien [b] |

a. – Dans le sens de "terminer", accomplir sera traduit par **to complete** : *il faut avoir accompli son service militaire pour pouvoir poser sa candidature : you cannot apply unless you have completed your military service.*
– Mais : *mission accomplie : mission **accomplished***
b. – Dans ce sens, **to accomplish** s'emploie principalement dans les expressions : **to accomplish** nothing, something, a great deal, a lot.
– Notez également : **to accomplish°** a task : *mener une tâche à bonne fin* ; **to accomplish°** one's aim : *atteindre son but, arriver à ses fins*
◊ *Il a cinquante ans **accomplis** : he's over/turned fifty*

## (S')ACCUSER / TO ACCUSE

| | | | |
|---|---|---|---|
| I | 1. | *(Jur)* Le chauffeur a été **accusé** du meurtre de la comtesse (= inculper) | The chauffeur was **accused** of the murder of the countess (*aussi :* **charged** with, **indicted** for) |
| | 2. | François m'a **accusé** d'avoir volé son stylo | François **accused** me of stealing his pen [a] |
| II | 3. | **Accuser** le sort des malheurs qu'on subit est une façon de fuir ses responsabilités | **Blaming** fate for one's misfortunes is a way of evading one's own responsibilities |
| | 4. | Cette robe moulante **accuse** ses rondeurs | That clinging dress **emphasizes/ accentuates** her curves |
| | | La lumière **accusait** les traits fatigués du malade | The light **showed up** the sick man's drawn features |
| | | Sa tendance à l'égoïsme **s'accusait** avec l'âge | His tendency to selfishness was **becoming more marked/becoming more pronounced** as he grew older |
| | 5. | Le thermomètre **accuse** une baisse de la température | The thermometer **shows/registers** a fall in temperature |

| | |
|---|---|
| Il **accuse** la fatigue de ces longs mois de travail | He is **showing** the strain of all those months of work [b] |

a. – Mais : tout l'*accuse* : *everything points to his guilt/to him* ; *s'accuser* de qqch, d'avoir fait qqch : *to confess to sth, to having done sth*
   – *He stands accused of murder and is awaiting trial* : il a été **accusé**/inculpé de meurtre et il attend le procès
b. ***Accuser** la quarantaine* : *to show (all of) one's forty years, to look (all of) forty* ; ***accuser** le coup\** : (physiquement) (coup) *to stagger under the blow,* (fatigue) *to show the strain* ; (moralement) *to show that the blow has struck home*
◊ (Comm) ***Accuser** réception (de)* : *to acknowledge receipt (of)*

## ACHÈVEMENT / ACHIEVEMENT

**II** 1. L'**achèvement** des travaux est prévu pour fin 1990

   L'autoroute est en voie d'**achèvement**

   The **completion** of the work is planned for the end of 1990

   The motorway is nearing **completion**

**III** 2. The **achievement** *(nd)* of the goals he had set himself left him only half-satisfied

   I've always been fascinated by the **achievements** of great mountaineers like Hillary

   Finishing the book in less than a year was a tremendous **achievement**

   It was one of the greatest **achievements** of his career

   Il n'était qu'à moitié satisfait d'avoir **atteint** les objectifs qu'il s'était fixés

   J'ai toujours été fasciné par les **exploits** de grands alpinistes tels que Hillary

   Il a fini le livre en moins d'un an. C'est une belle **performance** !

   C'est une des plus belles **réalisations** de sa carrière

## (S')ACHEVER / TO ACHIEVE

**II** 1. **Achevez** d'abord votre déjeuner. Nous discuterons ensuite

   J'**achève** de ranger ma chambre et j'arrive

   **Finish** your lunch first. We'll talk afterwards

   I'll **finish** tidying my bedroom and then I'll come

|  |  | Déçu par ses contemporains, il décida d'**achever** ses jours dans un monastère | Disappointed by his contemporaries, he decided to **end** his days in a monastery |

Le film **s'achève** sur une scène désopilante — The film **ends** with a hilarious scene [a]

2. Comme le cheval avait la jambe fracturée, ils ont dû l'**achever** — As the horse had a broken leg, they were forced to **destroy** it

Les bandits **achevèrent** le gardien pour éviter d'être reconnus — The gangsters **finished off** the guard to avoid being recognized

3. Cette longue marche m'a littéralement **achevé** — That long walk has really **finished** * me

Cette mauvaise nouvelle va l'**achever**. Il vaut mieux ne rien lui dire pour le moment — The bad news will **finish** him **off** */will **be the last straw**. We'd better not say anything for the moment

**III** 4. You will never **achieve** anything if you don't take life more seriously — Tu n'**arriveras**/ne **parviendras** jamais à rien si tu ne prends pas les choses plus au sérieux

After years of struggle, Vincent finally **achieved** fame [his aim] — Après des années de lutte, Vincent a finalement **acquis** la célébrité [**atteint** son but]

Will he ever **achieve** the success he deserves ? — **Remportera**-t-il jamais le succès qu'il mérite ?

---

a. Le jour **s'achève** : the day is coming to an end/is drawing to its close ; (Rad, TV) ainsi **s'achèvent** nos émissions de la journée : that brings to an end our programmes for today

◊ Cette remarque **acheva** de m'irriter : that remark brought my irritation to a head/really did irritate me ; cet argument **acheva** de me convaincre : this argument was all that was needed finally to convince me

## ACOMPTE / ACCOUNT

**II** 1. Le vendeur m'a demandé de verser un **acompte** lors de la commande — The salesman asked me to pay a **deposit** when I placed the order

| | | | |
|---|---|---|---|
| III | 2. | I read an **account** of the accident in the newspaper | J'ai lu un **compte rendu** de l'accident dans le journal [a] |
| | 3. | I want to open an **account** at your bank | Je désire ouvrir un **compte** à votre banque |
| | | I asked the shop assistant to charge the purchases to my **account** | J'ai demandé à la vendeuse de porter ces achats sur mon **compte** [b] |
| | 4. | If you had someone to help you with the **accounts** *(pl)*, you'd have less trouble with the Inland Revenue | Si tu avais quelqu'un pour t'aider à tenir les **comptes**/la **comptabilité,** tu aurais moins de problèmes avec le fisc |

a. By all **accounts** : *d'après l'opinion générale, au dire de tous*
b. (fig) *To have an* **account** *to settle with sb* : *avoir un compte à régler avec qqn*
◊ *Of no* **account** : *sans importance ; to turn sth to good* **account** : *tirer parti de qqch ; on* **account** *of* : *à cause de ; on no* **account** : *en aucun cas, sous aucun prétexte ; to take sth into* **account** */to take* **account** *of sth* : *tenir compte de qqch*

## (S')ACQUÉRIR / TO ACQUIRE

| | | | |
|---|---|---|---|
| I | 1. | Mes beaux-parents ont récemment **acquis** une maison de campagne | My parents-in-law have recently **acquired** a house in the country [a] |
| | 2. | Ces stages en entreprise permettent aux jeunes d'**acquérir** une solide expérience | These periods in industry give young people an opportunity to **acquire** sound practical experience |
| | | En l'espace de quelques années, il a **acquis** une réputation internationale | In the space of a few years he **acquired** an international reputation [b]<br>⇨ 3 |
| II | 3. | Cette peinture a **acquis** beaucoup de valeur en peu de temps | This painting has **gained/increased** greatly in value in a very short time |
| | | Ce détail a **acquis** de l'importance à mesure que l'enquête avançait | This detail **took on/assumed** some importance as the enquiry advanced |

11

4. Cet acte de bravoure lui a **acquis** l'estime de ses chefs
     This courageous act **won** him the respect of his superiors [c]

  5. Son adhésion nous est **acquise** *(pass)*
     We can **count on/depend on** his support

     Le premier ministre est entièrement **acquis** *(pass)* à notre cause
     We have the Prime Minister entirely **on** our **side**/We have the Prime Minister's whole-hearted **support**

  6. Il est **acquis** *(pass)* que cette maison reviendra à son fils
     It is **accepted** that the house will go to his son [d]

---

a. Mais : **acquérir** qqch par succession : to inherit sth
b. – Mais : **acquérir** la certitude de : to become certain of ; **acquérir** la preuve de : to gain proof of ; **acquérir** le respect de : to gain/win the respect of
   – He **acquired** a taste for beer : il a pris goût à la bière
   – Notez que, contrairement à **acquérir, to acquire** ne s'emploie pas avec un sujet inanimé (cf. 3).
c. **S'acquérir** l'estime de ses chefs : to gain (oneself)/win (oneself) the respect of one's superiors
d. Un fait **acquis** : an accepted fact ; tenir qqch pour **acquis** : to take sth for granted
◊ Some people don't like caviar. It's an **acquired** taste : il y a des gens qui n'aiment pas le caviar. Il faut s'habituer au goût/c'est un goût qui **s'acquiert**

## ACTUEL / ACTUAL

**II**  1. Le gouvernement **actuel** court au désastre
           The **present** government is heading for disaster

        Les taux d'intérêt **actuels** n'incitent pas les gens à construire
           **Present/current** interest rates do not encourage people to build [a]

        2. Cette pièce, écrite en 1890, reste très **actuelle**
           The play, written in 1890, is still very **topical** today

**III** 3. The **actual** *(épith)* cost of the repairs exceeded all the estimates
           Le coût **réel** des réparations a dépassé toutes les estimations

        Could you quote his **actual** *(épith)* words ?
           Pourriez-vous citer ses paroles **exactes** ?

        The **actual** *(épith)* village is three kilometres from here
           Le village **proprement dit** est à trois kilomètres d'ici [b]

---

a. Le monde **actuel** : today's world ; à l'heure/l'époque **actuelle** : nowadays, in this day and age
b. In **actual** fact : en fait, en réalité

## ACTUELLEMENT / ACTUALLY

II  1. **Actuellement**, il est encore trop tôt pour se prononcer sur l'état du patient

**At present/at the moment** it's too early to give an opinion on the patient's condition

Ces rites d'initiation se pratiquent encore **actuellement** dans certains pays d'Afrique

These initiation rites still take place **nowadays** in some African countries

On assiste **actuellement** à une recrudescence de la pauvreté dans les villes

**Currently/at the moment** we are experiencing an upsurge of poverty in the cities

III  2. What did he **actually** say?

Qu'a-t-il dit **au juste/exactement/en fait**?

Do you mean to say that he **actually** apologised?

Tu veux dire qu'il s'est **vraiment** excusé?

He not only went up to the snake but he **actually** picked it up with his bare hands

Il ne s'est pas seulement approché du serpent. Il est **allé jusqu'à** le prendre à mains nues

**Actually,** I don't like champagne very much

**À vrai dire/en fait,** je n'aime pas beaucoup le champagne

## ADDITION / ADDITION

I  1. L'**addition** de ce témoignage au dossier de l'accusé ne peut que jouer en sa faveur
(*plus souvent :* **adjonction**)

The **addition** *(nd)* of this testimony to the defendant's file can only work in his favour

L'**addition** de sucre adoucit le goût un peu aigre de la préparation
(*plus souvent :* **adjonction**)

The **addition** *(nd)* of sugar sweetens the slightly sour taste of the mixture [a]

2. *(Math)* L'**addition** est une des quatre opérations fondamentales

**Addition** *(nd)* is one of the four basic operations

Il est fort en **additions** mais les multiplications, c'est une autre affaire!

He is good at **addition** *(nd)* but multiplication is another matter! [b]
(*aussi :* **adding up**)

13

II  3. Garçon, pourriez-vous m'apporter l'**addition**, s'il vous plaît ?

Waiter, would you bring me the **bill**, please ?

a. – Notez que le mot anglais **addition** peut également désigner une chose ou une personne ajoutée : *your thesis will be a useful **addition** to our linguistic series* : votre thèse enrichira notre série linguistique ; *they've had an **addition** to the family* : leur famille s'est agrandie ; ***addition** (to a text)* : ajout, **addition** *(à un texte)*
– In **addition** : en outre, de plus ; in **addition** to : outre, en plus de

b. (A) **Addition** étant non dénombrable, on aura recours au mot **sum** (= opération, calcul) dans les emplois dénombrables : *vérifier une **addition*** : *to check a sum*.

## ADÉQUAT / ADEQUATE

II  1. On prévoit des encombrements sur les routes, mais des mesures **adéquates** ont été prises

Some congestion on the roads is expected, but **appropriate** measures have been taken

Il ne trouvait pas les mots **adéquats** pour décrire ce qu'il ressentait

He couldn't find **suitable/appropriate** words to express what he felt

Une bonne définition doit être **adéquate** à l'objet défini

A good definition must **fit** the object defined

III  2. Have you ordered an **adequate** supply of coal for the winter ?

As-tu commandé **assez** de charbon/une quantité **suffisante** de charbon pour l'hiver ?

He doesn't earn a large salary but it is **adequate** for his needs

Il ne gagne pas un salaire important mais cela **suffit** à ses besoins

3. Her first performance was **adequate** but far from brilliant

Sa première audition était **acceptable** mais loin d'être brillante

The accommodation was modest but **adequate**

Le logement était modeste mais **correct**

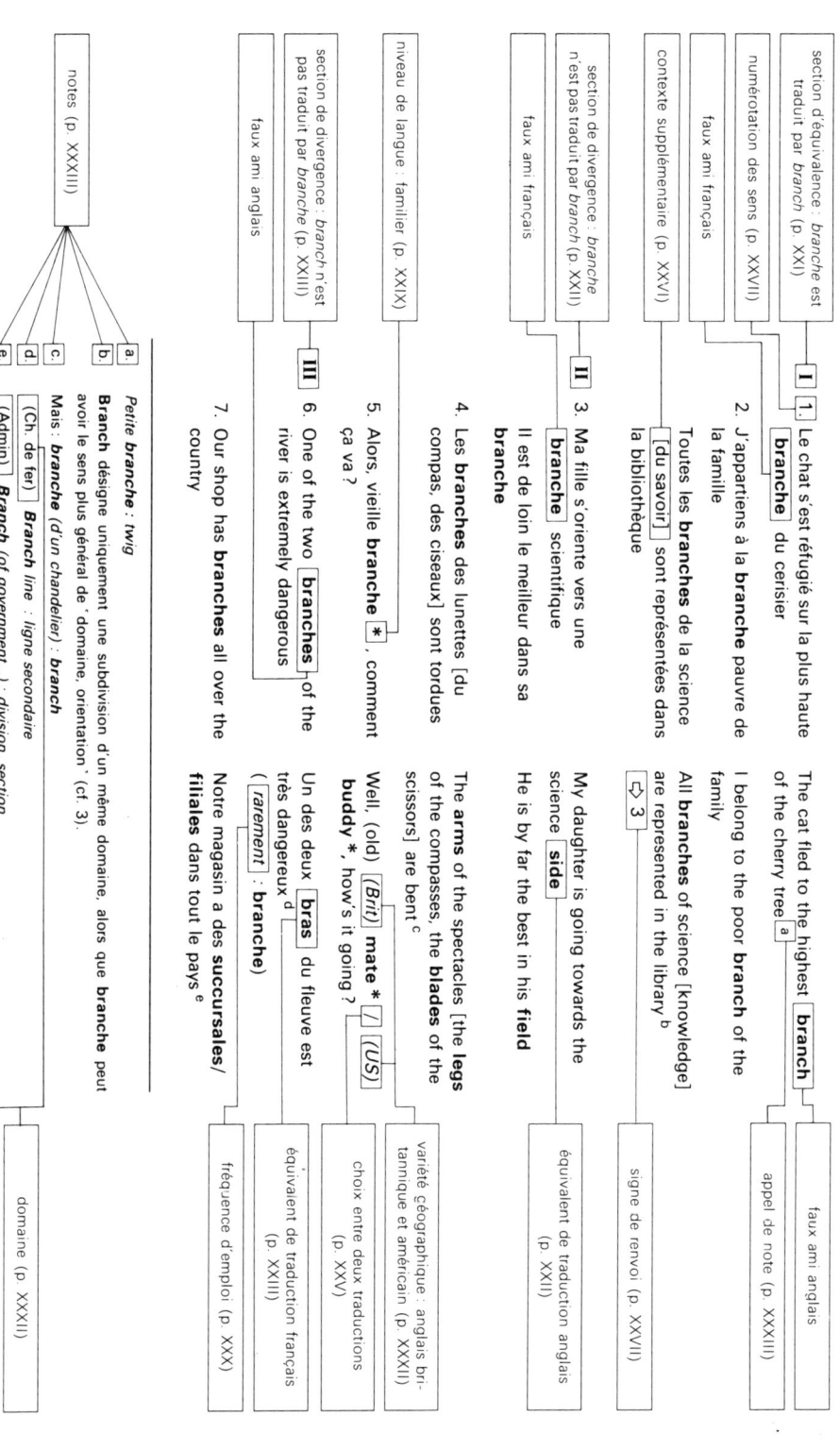

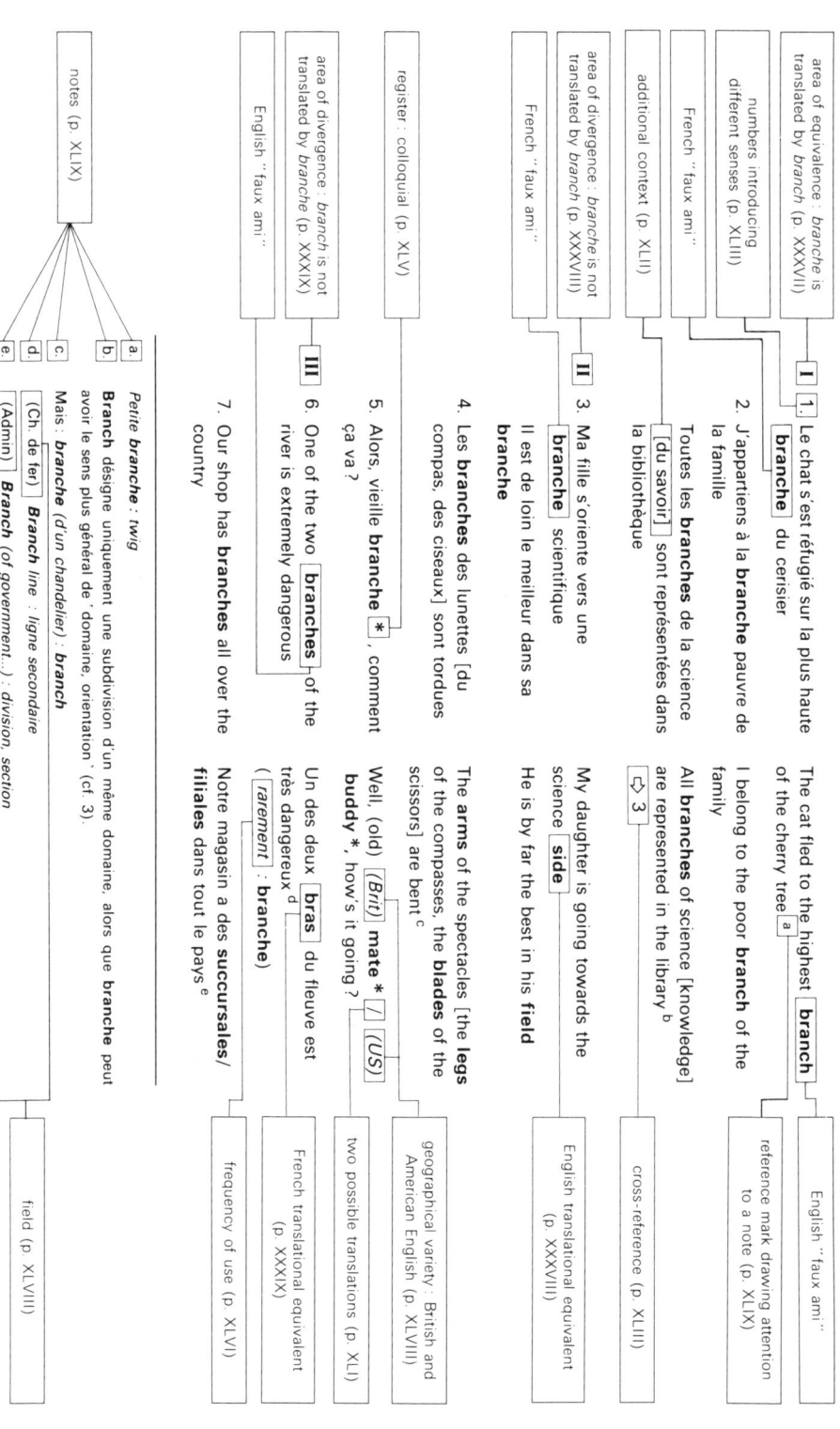

## ADMINISTRER / TO ADMINISTER

I   1. Je ne pense pas que ces guérilleros seront capables de bien **administrer** le pays

I don't think those guerrillas will be capable of **administering** the country effectively

     On n'a jamais eu à se plaindre de la façon dont notre maire a **administré** la commune

We have never had any cause to complain about the way the mayor has **administered** the borough

  2. Nous n'**administrons** ce médicament qu'aux patients les plus gravement atteints

We only **administer°** this drug to the most severely affected patients (*plus couramment :* **give**)

     Le prêtre est arrivé trop tard pour lui **administrer** les derniers sacrements/pour l'**administrer**

The priest arrived too late to **administer°** the last rites to him [a] (*plus couramment :* **give** him the last rites)

II   3. Quand j'étais jeune, mon père m'a **administré*** des raclées que je ne suis pas près d'oublier

When I was young my father **gave** me some spankings that I'm not likely to forget in a hurry [b]

---

a.   ***Administrer** le baptême à qqn :* to baptise/christen sb ; (sans compl) *seuls les prêtres peuvent administrer le baptême :* only priests can **administer** baptism
b.   **To administer** *(a blow, a punishment, a beating)* s'emploie dans un style soutenu.
◊   – (Jur) ***Administrer** une preuve :* to produce a piece of evidence
    – (Jur) **To administer** *an oath to sb :* faire prêter serment à qqn

## ADRESSE / ADDRESS

I   1. Voici mon **adresse** : 15, rue Carnaby

My **address** is 15, Carnaby Street

II   2. Avec beaucoup d'**adresse**, le magicien fit disparaître les deux colombes

With great **dexterity/deftness/skill** the magician made the two doves vanish

Le ministre des Finances a contré les attaques de ses adversaires avec une **adresse** surprenante

The Chancellor countered his opponents' attacks with amazing **skill**
(*plus rarement :* **address°**)

**III** 3. The headmaster gave an **address** at the prizegiving ceremony

Le directeur prononça un **discours**/ une **allocution** lors de la cérémonie de remise des prix

◊ *What's the correct form of* **address** *for the Queen of England ? :* quel est le titre exact à employer pour s'adresser à la reine d'Angleterre ?

## AFFAIRE / AFFAIR

**I** 1. Le roi ne s'occupe plus guère des **affaires** *(pl)* de l'État

The king no longer deals much with **affairs** *(pl)* of state

Ce journal ne réserve que peu de place aux **affaires** *(pl)* étrangères

This newspaper devotes very little space to foreign **affairs** *(pl)* ᵃ

2. Ils n'ont jamais découvert le fin fond de cette **affaire** mystérieuse

They never got to the bottom of the mysterious **affair** ᵇ

**II** 3. J'ai encore deux ou trois **affaires** urgentes à régler

I've still got two or three urgent **matters** to settle

Occupez-vous de vos **affaires** !

Mind your own **business** *(nd)* ! ᶜ

4. *(Jur)* L'**affaire** n'a jamais été élucidée

The **case** has never been solved

5. Nous sommes parvenus à conclure l'**affaire** dans les délais prévus

We managed to conclude the **deal** in the time agreed

Je pense que nous avons fait une (bonne) **affaire** en achetant cette voiture d'occasion

I think we got a (good) **bargain** when we bought that second-hand car

6. Il est à la tête d'une grosse **affaire** d'import-export

He runs a large import-export **firm/business/concern**

7. Son oncle est dans les **affaires** *(pl)*

His uncle is in **business**

Les **affaires** *(pl)* sont calmes à cette époque de l'année

**Business** is slow at this time of year

|   |   |   |
|---|---|---|
|   | Il gère les **affaires** *(pl)* de son père | He runs his father's **business affairs** *(pl)* |
|   | 8. Mon fils prend soin de ses **affaires** *(pl)* | My son takes care of his **things/belongings** |
|   | 9. On aime ou on n'aime pas. C'est une **affaire** de goût | Either you like it or you don't. It's a **matter/question** of taste |
| III | 10. They say he had an **affair** with a dancer | On dit qu'il a eu une **liaison/aventure** avec une danseuse |
|   | 11. *(Brit)* Her hat was a strange **affair**\*! | Son chapeau, c'était un drôle de **truc**\*/**machin**\*! |

a. Mais : *Ministère des* **affaires** *étrangères :* Foreign Office ; *Ministère des* **affaires** *économiques :* Department of Trade and Industry
b. **Affair** a souvent une connotation de mystère ou de scandale (comparez 3 et 4).
c. **Affair** est possible dans certaines expressions : *to interfere in other people's affairs ; that's my affair ; to put one's affairs in order*. Dans les deux premiers cas, **business** est aussi courant.
◊ Avoir **affaire** à qqn : *to be dealing with sb* (ex. *we are dealing with a madman*), *to have to do with sb* (ex. *I never had a lot to do with him*), *to be dealt with by sb/to see sb* (ex. *I was dealt with by the secretary, I saw the secretary*) ; être à son **affaire** : *to be in one's element* ; tirer qqn d'**affaire** : *to help sb out* ; se tirer d'**affaire** : *to manage* ; être hors d'**affaire** : *to be out of the wood*\*/(US) *woods*\*, (malade) *to be over the worst, to be out of danger* ; j'ai là votre **affaire** : *I've got just what you want, I've got just the thing (for you)* ; cela fera l'**affaire** : *that will do* ; j'en fais mon **affaire** : *I'll see to it, I'll take care of it*

## AFFECTER / TO AFFECT

| | | |
|---|---|---|
| I | 1. Nous avons été très **affectés** par la triste nouvelle | We were deeply **affected** by the sad news |
|   | 2. Ce médicament peut **affecter** le foie | This drug may **affect** the liver |
|   | La paralysie a **affecté** tout son côté droit | The paralysis has **affected** the whole of his right side [a] |
|   | Cette dispute a **affecté** leur relation | This quarrel has **affected** their relationship |
|   | Les hommes ne semblaient pas **affectés** par la chaleur et la poussière | The men did not seem **affected** by the heat and dust<br>⇨ 7 |

| | 3. | Il **affectait** une grande joie, mais en fait, il était profondément malheureux | He **affected** great joy but in fact he was deeply unhappy [b] |

| II | 4. | Comme convenu, nous **affecterons** les fonds récoltés à la restauration de l'église | As agreed, we will **allocate/assign** the sum collected to the restoration of the church |
| | | Les nouveaux locaux seront **affectés** au service après-vente | The new premises will be **allocated/assigned** to the after-sales service department |
| | 5. | Il a demandé à être **affecté** au service des soins intensifs | He asked to be **appointed** to the intensive care unit |
| | | *(Mil)* Ce soldat a récemment été **affecté** à Lille | This soldier has recently been **posted**/*(US)* **assigned** to Lille |
| | 6. | *(Math)* Pour montrer qu'un nombre est positif, on l'**affecte** du signe + | To show that a number is positive it must **be modified** with/**bear** a plus sign |

| III | 7. | The rise in interest rates doesn't **affect** me at all | L'augmentation des taux d'intérêt ne me **touche** en rien |
| | | Smoking **affects** the health | Le tabac **nuit** à la santé |
| | | This year's crops have been badly **affected** by frost | Les récoltes de cette année ont fort **souffert** du gel |

a. Mais : *il est **affecté** d'un léger strabisme* : he suffers from/has a slight squint
b. Mais : ***affecter** de grands airs* : to put on airs ; *an **affected** person* : une personne maniérée
◊ ***Affecter** la forme (d'un cône, etc.)* : to be shaped like/be in the shape of (a cone, etc.)

## AFFECTION / AFFECTION

| I | 1. | Elle a beaucoup d'**affection** pour Jean mais elle n'est pas amoureuse de lui | She feels (a) great **affection** for John but she isn't in love with him [a] |

| II | 2. Sa femme souffre d'une **affection** chronique des reins | His wife suffers from a chronic kidney **disorder/complaint/ disease** |

a. – Prendre qqn en **affection** : to become fond of sb
– To transfer one's **affection(s)** to sb : reporter son **affection** sur qqn

## (S')AFFIRMER / TO AFFIRM

| I | 1. Malgré les nombreux témoignages accablants, il a **affirmé** qu'il était absent le jour du crime | In spite of the overwhelming evidence to the contrary, he **affirmed**° that he was absent on the day of the crime [a] (*plus souvent :* **maintained**) ⇨ 2 |

| II | 2. Le ministre **affirme** que la baisse du chômage est due aux nouvelles mesures prises par le gouvernement | The minister **contends/asserts/ maintains** that the drop in unemployment is due to the government's new measures |
| | J'**affirme** que cet étudiant est absolument incapable de rédiger un texte sans fautes | I **assure** you that this student is completely incapable of writing a text without any mistakes [b] |
| | Je n'oserais l'**affirmer** mais il me semble avoir vu le voleur | I couldn't **swear to** it/I can't **be (absolutely) positive about** it, but I think I saw the burglar |
| | 3. Les adolescents portent souvent des vêtements extravagants dans le but d'**affirmer** leur personnalité | Adolescents often wear outrageous things in an effort to **assert** their personalities |
| | Son talent **s'affirme** de jour en jour | His talent is **asserting itself** more every day |
| | Il **s'affirme** comme l'un de nos meilleurs joueurs de tennis | He is **establishing himself** as one of our best tennis players |

a. Le verbe **to affirm** appartient au langage soutenu. Il signifie ˝déclarer avec constance et fermeté˝ et implique généralement une opposition à ce que d'autres affirment ou supposent. Le verbe **affirmer** a un champ d'application beaucoup plus large (cf. 2).

b. **Contend, assert** et **maintain** s'emploient lorsqu'on exprime une opinion ; **assure** s'emploie lorsqu'on certifie quelque chose dont on peut témoigner personnellement.

◊ (Jur) *To affirm :* faire une déclaration solennelle (tenant lieu de serment)

## AFFLUENCE / AFFLUENCE

II   1. Les soldes ont attiré une telle **affluence** que nous pouvons espérer combler une partie de notre déficit

The sales have attracted so **many people**/such **large crowds (of people)** that we hope to make up part of our deficit

À cette heure-là, l'**affluence** est toujours très importante dans le hall de la gare

At that time of day there is always a **large crowd of people**/there are always **a great many people** in the station concourse/the station concourse is always very **crowded** [a]

III   2. When I visited South America I was shocked by the contrast between poverty and **affluence** *(nd)*

Lors de ma visite en Amérique du Sud, j'ai été choquée par le contraste entre la pauvreté des uns et la **richesse** des autres

a. *Heures d'affluence :* (train, circulation) *rush hours, peak hours ;* (magasin) *peak shopping time, busy time*

## (S')AFFRONTER / TO AFFRONT

II   1. Je frissonnais à l'idée que je devais **affronter** le froid

I shuddered at the thought that I had to **face/brave** the cold

Ils **affrontèrent** l'ennemi [le danger] avec un courage admirable

They **confronted/faced** the enemy [the danger] with admirable courage

2. Ces deux partis **se** sont **affrontés** aux dernières élections

These two parties **confronted each other/came up against each other** at the last elections [a]

Deux théories **s'affrontent** et il est bien difficile d'opter pour l'une ou pour l'autre

There are two **conflicting** theories, and it's very difficult to choose between them

| | | | |
|---|---|---|---|
| III | 3. | The director's wife was most **affronted** *(souvent pass)* at not being seated next to the guest of honour | La femme du directeur a été extrêmement **froissée/vexée** qu'on ne l'ait pas placée à la droite de l'invité d'honneur |

a. *S'affronter* militairement : to be in/come into armed conflict

## ÂGE / AGE

| | | | |
|---|---|---|---|
| I | 1. | Son fils a quitté la maison à l'**âge** de quinze ans | Her son left home at the **age** of fifteen [a] |
| | | Ne t'en fais pas ! C'est l'**âge** ingrat. Ça lui passera | Don't worry. He's at the difficult **age**. He'll get over it |
| | 2. | Courbée par l'**âge**, la vieille dame avançait péniblement | Bent with **age**, the old lady walked with difficulty |
| III | 3. | We live in an **age** which is obsessed by speed | Nous vivons à une **époque** où les gens sont obsédés par la vitesse [b] |
| | 4. | I haven't seen him for/in **ages**\* !/It's **ages**\*/It's an **age**\* since I last saw him ! | Il y a une **éternité**/des **siècles**\* que je ne l'ai vu ! |

a. – Notez les nombreuses expressions où **âge** n'est pas traduit par **age** : *quel âge a-t-il ? : how old is he ? ; enfant en bas âge : young child ;* (homme, femme) *d'un certain âge : elderly, oldish ; être dans la force de l'âge : to be in the prime of life ; prendre de l'âge : to be getting on (in years) ; paraître plus que son âge : to look older than one's years ; avec l'âge : as he (she...) grows older/gets older ; être en âge de (comprendre...) : to be old enough to (understand...) ; âge adulte : adult years, adulthood ; troisième âge :* (période) *years of retirement,* (néol) *third age,* (groupe) *senior citizens ; personne du troisième âge : senior citizen*
 – *To come of age, be of age : devenir, être majeur ; to be under age : ne pas avoir l'âge légal ; be your age ! : ne sois pas stupide !, sois raisonnable !*
b. Âge n'est courant dans ce sens que dans quelques expressions : *l'âge de la pierre, du bronze : the Stone, Bronze Age ; l'âge d'or : the golden age.*
◊ The Middle **Ages** : le Moyen **Âge**

## AGENDA / AGENDA

II    1. Prends note du rendez-vous dans ton **agenda**  
        Make a note of the appointment in your **diary**/*(US)* **memorandum book** [a]

III    2. What's on the **agenda** for today's meeting ?  
        Qu'y a-t-il à l'**ordre du jour**/au **programme** de la réunion d'aujourd'hui ?

      3. I have a very full **agenda** for the coming weeks  
        J'ai un **emploi du temps**/un **programme** très chargé pour les semaines à venir

---

a. Notez qu'en anglais américain, on emploie aussi le mot **agenda**.

## AGENT / AGENT

I    1. *(Sc)* L'acide chromique est un **agent** oxydant  
        Chromic acid is an oxidizing **agent** [a]

     2. Je n'ai aucune confiance en cet **agent** d'assurances [cet **agent** immobilier]  
        I've got no confidence in that insurance **agent** [estate **agent**/*(US)* real estate **agent**] [b]

     3. On a découvert que c'était un **agent** double  
        They discovered he was a double **agent** [c]

II    4. L'**agent (de police)** emmena le voleur au commissariat (*aussi* : *(Fr)* le **gardien de la paix**)  
        The **policeman** took the thief to the police station

---

a. *Cleaning* **agent** : *produit d'entretien*  
b. **Agent** *de change* : *stockbroker* ; (Mil) **agent** *de liaison* : *liaison officer* ; *Fiat [Ford...]* **agent** : *concessionnaire Fiat [Ford...]*  
c. **Agent** *(secret)* : *(secret)* **agent**

◊ – (F) **Agent** *provocateur* : (A) **agent** *provocateur*  
    – *To be a free* **agent** : *être libre, avoir toute liberté d'action*

## (S')AGGRAVER / TO AGGRAVATE

I    1. La persistance du froid a **aggravé** la situation déjà précaire des réfugiés

The continuing cold weather **aggravated** the already precarious situation of the refugees (*plus couramment :* **made... worse**)

       Le traitement à la cortisone a **aggravé** son état

The cortisone treatment **aggravated** his condition [a] (*plus couramment :* **made... worse**)
⇨ 2

II    2. L'état du malade [la situation internationale] **s'est** considérablement **aggravé(e)** ces derniers jours

The patient's condition [the international situation] has **got** significantly **worse** in the last few days

III    3. She really **aggravates** * me with all her airs and graces

Elle m'**agace**/me **tape sur les nerfs** * avec ses grands airs

---

a. Mais : *aggraver la colère, le mécontentement de qqn :* to increase sb's anger, dissatisfaction ; *aggraver son cas :* to make things worse, (crime, délit) to compound one's offence

## (S')AGITER / TO AGITATE

I    1. Le retard de sa fille l'**agitait** tellement qu'elle dut prendre un calmant

Her daughter's lateness **agitated** her so much that she had to take a tranquillizer [a]

       Ne t'**agite** pas ainsi ! Nous devons tous essayer de garder notre calme

Don't get so **agitated** ! We must all try to keep calm

II    2. As-tu **agité** la bouteille de jus de fruit ?

Have you **shaken** the bottle of fruit juice ? [b]

       Le garde-chasse **agita** le bras [son mouchoir] pour nous appeler

The gamekeeper **waved** his arm [his handkerchief] to summon us

| | | Le chien [le cheval] agitait sa queue | The dog **wagged** its tail [the horse **whisked/flicked** its tail] |
|---|---|---|---|
| | 3. | Ne **t'agite** pas ainsi sur ta chaise. Tu m'énerves ! | Don't **fidget (about)/wriggle about** on your chair like that. It gets on my nerves [c] |
| | | Elle **s'agite** beaucoup mais sans résultat | She **rushes about** a lot but she doesn't achieve anything |
| | 4. | Je suis inquiète. La mer commence à **s'agiter** | I'm worried. The sea's beginning to **get rough** |
| | | Le peuple affamé **s'agite** de plus en plus | The hungry population is **growing more and more restless** |
| III | 5. | The miners are **agitating** for improved working conditions | Les mineurs **font/mènent une campagne** pour de meilleures conditions de travail |

a. – Notez qu'en anglais comme en français, le participe passé est plus courant : *elle était très agitée : she was very agitated.*
 – Lorsque **agiter** signifie 'occuper entièrement le cœur, les pensées de qqn', on n'emploie pas **to agitate** en anglais : *une violente colère l'agitait : he was violently angry, he was in the grip of violent anger ; ces souvenirs l'agitaient : these memories troubled her deeply.*
b. **To agitate** s'emploie parfois dans un langage technique : *to agitate a liquid.*
c. *S'agiter dans son sommeil : to toss and turn/to thrash around in one's sleep*
◊ **Agiter°** *la question de : to discuss/to air° the question of ; agiter la menace (du divorce, de sa démission...) : to threaten sb (with divorce, one's resignation...)*

## AGONIE / AGONY

| | | | |
|---|---|---|---|
| II | 1. | Ce vieux docteur a assisté à beaucoup d'**agonies** | The old doctor has witnessed many **deaths** [a] |
| | | Son **agonie** fut longue et pénible | He died a slow and painful **death** |
| III | 2. | When you think of the **agony** suffered by their victims, you almost feel like bringing back the death penalty | Quand on pense aux **souffrances atroces** endurées par les victimes, on aurait presque envie de rétablir la peine de mort |
| | | She was in **agony** with/suffering **agonies** from her broken leg | Elle était en proie à des **douleurs atroces**/elle souffrait le **martyre** à cause de sa jambe cassée |

He was in **agonies** /in an **agony** of doubt   Il était **torturé** par le doute [b]

a. – Aussi : (litt) *death/mortal/final* **agony**
   – *Être à l'***agonie** *:* (personne) *to be dying, to be on one's deathbed, to be in extremis°* ; (règne, humanité...) *to be in its death throes*
b. (Brit) (Presse) **Agony** *column\** : *courrier du cœur ;* **agony** *aunt\** : journaliste qui tient la rubrique du courrier du cœur
◊ *To pile on the* **agony**\* : *dramatiser*

## AGONISANT / AGONIZING

II 1. Le spectacle de ces soldats **agonisants** était intolérable   The sight of the **dying** soldiers was unbearable

III 2. The pain was **agonizing** but fortunately it didn't last long   La douleur était **atroce** mais heureusement, ce ne fut pas long [a]

She had to make the **agonizing** decision to leave her family in order to live in a free country   Elle a dû prendre la décision **déchirante** de quitter sa famille pour aller s'établir dans un pays démocratique

They spent an **agonizing** six hours in the hijacked plane   Ils ont connu six heures **d'angoisse** dans l'avion détourné

a. *To suffer* **agonizing** *pain :* souffrir atrocement, souffrir le martyre

## AGRÉABLE / AGREEABLE

I 1. Nous avons trouvé un endroit **agréable** pour passer nos vacances   We found an **agreeable°** place in which to spend our holidays (*plus souvent :* **nice, pleasant**)

Ses fils sont très **agréables** mais sa fille est très antipathique   Her sons are very **agreeable°** but her daughter is most unfriendly [a] (*plus souvent :* **nice, pleasant**)

25

| | | | |
|---|---|---|---|
| III | 2. | Mr Granger would be the right man for the job, if he's **agreeable**° *(attrib)* | M. Granger serait la personne toute indiquée pour faire ce travail, s'il est **d'accord** |
| | | To my great surprise he was **agreeable**° *(attrib)* to lending us his car | À ma grande surprise, il a **consenti** à nous prêter sa voiture |
| | | The terms were not **agreeable**° *(attrib)* to him | Les conditions ne lui **convenaient** pas |

a. – Mais : *il me serait **agréable** de...* : *I should be pleased to...*
– (qqch) ***Agréable** à l'œil, au toucher* : *pleasing to the eye, pleasant to the touch*

## AGRÉMENT / AGREEMENT

| | | | |
|---|---|---|---|
| II | 1. | Je soumettrai le document à l'**agrément**° du ministre | I will submit the document for the Minister's **approval/consent** |
| | 2. | Avez-vous trouvé de l'**agrément** à cette lecture ? | Did reading that book give you any **pleasure** ?/Did you derive any **pleasure/enjoyment** from reading that book ? [a] |
| | | C'est un des **agréments** de la vie à la campagne | That's one of the **pleasures** of living in the country |
| III | 3. | They are in **agreement** *(nd)* on this subject | Ils sont d'**accord** à ce sujet |
| | 4. | The Camp David **Agreement** was signed in 1978 | L'**accord** de Camp David a été signé en 1978 |
| | 5. | *(Gram)* This is one of the rare cases where there is no **agreement** *(nd)* between the verb and its subject | C'est un des rares cas où il n'y a pas d'**accord** entre le verbe et son sujet |

a. *Plein d'**agrément*** : *pleasant, charming, attractive ; sans **agrément*** : *unattractive ; voyage d'**agrément*** : *pleasure trip*

◊ (US) (sujet : qqch) *To be in **agreement** with sth* : *être en accord/en harmonie avec qqch, s'accorder avec qqch*

# AIDE (f.) / AID [a]

**I** 1. L'**aide** aux pays en voie de développement est loin d'être suffisante

The **aid** (nd) given to developing countries is far from sufficient

L'**aide** médicale apportée par la Croix-Rouge est inestimable

The medical **aid** (nd) provided by the Red Cross is invaluable [b]

⇨ 2

**II** 2. Je ne crois pas que j'aurai besoin de votre **aide**

I don't think I'll need your **help**

Elle appela à l'**aide** mais personne ne l'entendit

She called for **help** but nobody heard her [c]

**III** 3. My grandfather refuses to wear a hearing **aid**

Mon grand-père refuse de porter un **appareil** acoustique

Language teachers often use audio-visual **aids**

Les professeurs de langues emploient souvent des **moyens/supports** audiovisuels

---

a. **Aide** (m., f.), qui signifie 'personne qui aide', correspond à l'anglais **assistant**. L'anglais emploie aussi parfois le mot **aide**, principalement dans un contexte politique : *the President and his aides*.
b. Le mot **aid** est d'un emploi beaucoup plus limité que son correspondant français. Il s'emploie surtout dans le sens d''aide matérielle (financière, médicale, alimentaire...) apportée à un pays, une entreprise en difficulté'.
c. – Le mot **aid** n'est pas exclu mais il appartient à la langue soutenue et est surtout fréquent dans quelques locutions : *to come/go to sb's aid* (plus couramment : *to help sb*) : venir en **aide** à qqn, venir à l'**aide** de qqn ; *with the aid of* (plus couramment : *with the help of*) : à l'**aide** de (qqch), avec l'**aide** de (qqn) ; *first aid* : premiers secours/soins ; *in aid of (the blind...)* : au profit/bénéfice (des aveugles...)
– *À l'aide !* : help !
◊ – (Jur) *Aide judiciaire* : legal **aid** ; (Législ. soc.) **aide** sociale ≃ (Brit) *social security*, (US) *welfare* ; **aide** médicale : *free medical care*, (US) *Medicaid*
– (Brit) *What are all those pockets in aid of?\** : à quoi servent toutes ces poches ? ; *what's your new dress in aid of?\** : et ta nouvelle robe, c'est en quel honneur ?\*

---

# AIR / AIR

**I** 1. Le ballon s'éleva dans l'**air**/les **airs**

The balloon rose into the **air** [a]

2. Ouvrons la fenêtre pour avoir un peu d'**air** frais

Let's open the window and let in some fresh **air** [b]

27

|      |     |                                                              |                                                                                                                                  |
|------|-----|--------------------------------------------------------------|----------------------------------------------------------------------------------------------------------------------------------|
|      | 3.  | Il l'écoutait d'un **air** ennuyé [dégoûté, perplexe]        | He listened to him with an **air** of boredom [disgust, bewilderment] [c] (*plus souvent :* with a bored, disgusted, bewildered **expression**) |
| II   | 4.  | Écoute cet **air** ! Ça ne te rappelle rien ?                | Listen to that **tune**/*(moins couramment)* **melody**. Doesn't it remind you of anything ? [d] (*rarement :* air)              |
| III  | 5.  | It would be quicker to send the letter by **air**            | Envoie ta lettre par **avion**. C'est plus rapide                                                                                |
|      | 6.  | The minister will be on the **air** from 8 to 9 p.m.         | Le ministre parlera à la **radio**/sera à l'**antenne** de 20 à 21 h                                                             |

a. (fig) *Dans l'air :* (changement, idée, sentiment) *in the air ;* (dispute, orage) *brewing ;* (grippe) *about*
b. *Prendre l'air : to go out for a breath of (fresh) air, to take the air°*
c. *Prendre un air de (martyre...) : to put on a (martyred...) expression ; prendre de grands airs : to put on airs (and graces) ; avoir l'air (de) :* ( + adj) *to look, to seem ;* ( + nom) *to look like ;* ( + inf) *to seem*
d. (Opéra) *aria*

## ALLIANCE / ALLIANCE

|     |     |                                                                                                                       |                                                                                                                   |
|-----|-----|-----------------------------------------------------------------------------------------------------------------------|-------------------------------------------------------------------------------------------------------------------|
| I   | 1.  | L'**alliance** conclue entre les deux pays ne fit pas long feu                                                        | The **alliance** between the two countries was short-lived                                                        |
| II  | 2.  | Ce que j'aimais le plus en elle, c'était cette **alliance°** surprenante de profondeur et de frivolité                | What I liked most about her was that surprising **combination** of profoundness and frivolity                     |
|     | 3.  | Jamais les parents de Martin n'accepteront cette **alliance°**. Ils trouvent que Claire n'est pas assez bien pour leur fils chéri ! | Martin's parents will never accept that **union°/marriage**. They don't think Claire's good enough for their beloved son ! [a] |
|     | 4.  | Une fois le divorce prononcé, elle décida de ne plus porter son **alliance**                                          | Once she had got her divorce, she decided not to wear her **wedding ring** any more                               |

a. *Neveu par alliance : nephew by marriage*

## ALLUSION / ALLUSION

I  1. Dans son discours, il a fait plusieurs **allusions** à Aristote

He made a number of **allusions** to Aristotle in his speech
(*aussi :* **references**)

J'ai trouvé ses **allusions** à mon handicap tout à fait déplacées

I thought his **allusions** to my handicap were quite uncalled for [a]
(*aussi :* **references**)

II  2. Quand je lui ai dit qu'on était le 14 février, il a tout de suite saisi l'**allusion** et est allé m'acheter un bouquet de fleurs

When I said it was the 14th of February he took the **hint** straight away and went and bought me a bunch of flowers [b]

---

a.  Faire **allusion** à : to allude to, to refer to
b.  **Hint** s'emploie lorsqu'on fait une allusion afin d'amener son interlocuteur à agir d'une certaine manière (dans ce cas-ci, à acheter des fleurs).

## (S')ALTÉRER / TO ALTER

II  1. Ce mensonge a **altéré** notre amitié

This lie **affected** our friendship

Les excès avaient **altéré** sa santé

Overindulgence had **impaired/ affected** his health

Les changements de température **altèrent** le vin

Changes of temperature **affect the quality of** wine/**impair the quality of** wine

La plupart des lessives **altèrent** les couleurs

Most detergents **fade** colours [a]

2. La déposition de votre client **altère** gravement la vérité ( = dénaturer, fausser)

Your client's statement seriously **distorts** the truth

Il était évident qu'on avait **altéré** le document

The document had obviously been **tampered with**

3. Comme cette longue marche l'avait **altéré**, il décida de s'arrêter à la prochaine auberge
(*plus couramment :* lui avait **donné soif**)

As the long walk had **made** him **thirsty,** he decided to stop at the next inn [b]

| | | | |
|---|---|---|---|
| III | 4. | We had to **alter** our programme because of the President's death | Nous avons dû **changer/modifier** notre programme en raison de la mort du Président |
| | | She's **altered** a lot in the last few years | Elle a beaucoup **changé** ces dernières années |
| | 5. | This skirt's too big round the waist. Could you **alter** it? | Cette jupe est trop large à la taille. Pourriez-vous **faire la retouche**/la **retoucher**? |

---

a. – **Altérer** signifie 'changer en mal' alors que **to alter** signifie tout simplement 'changer' (cf. 4).
 – **S'altérer** : (amitié, relations, santé) *to deteriorate*; (vin, viande) (Brit) *to go off*, (US) *to spoil*; (couleurs) *to fade*; (voix) *to be distorted, to break*; (visage) *to crumple*
b. (litt) *Être **altéré** de sang, de gloire* : *to thirst for blood, glory*
◊ (US) (euphém) **To alter**\* : *châtrer, castrer*

## AMATEUR /AMATEUR

| | | | |
|---|---|---|---|
| I | 1. | Ce n'est qu'un **amateur** mais il peint drôlement bien | He's only an **amateur** but his painting's really good |
| | | Le tournoi de golf n'est ouvert qu'aux **amateurs** | The golf tournament is only open to **amateurs** |
| | 2. | *(péj)* Ce n'est qu'une bande d'**amateurs**. Je n'aurais jamais dû leur faire confiance | They're just a bunch of **amateurs**. I should never have trusted them [a] |
| II | 3. | Dans notre famille, je suis le seul **amateur** de bonne cuisine [de musique] | I'm the only **lover** of good food [music **lover**] in my family [b] |
| | 4. | Mon père n'a pas encore trouvé d'**amateur** pour sa Jaguar | My father hasn't found a **taker** for his Jaguar yet [c] |

---

a. Mais : *travail d'**amateur*** : *amateurish work*; *faire qqch en **amateur*** : *to do sth amateurishly*, (sens 1) *to do sth as a hobby*
b. Notez également : ***amateur** (d'art)* : *art lover*; ***amateur** de cinéma* : *cinemagoer, film fan/buff*; ***amateur** de concerts* : *concertgoer*; *être (très) **amateur** de* : *to be (very) fond of/keen\* on*
c. *Non merci ! Je ne suis pas **amateur** !* : *no thanks, I'm not interested !*

## AMOUREUX / AMOROUS

**II** 1. Il est secrètement **amoureux** de la fille de son patron

He is secretly **in love** with his boss's daughter

Prends garde ! Une femme **amoureuse** est capable de tout

Look out ! A woman **in love** is capable of anything

Si vous êtes **amoureux** de musique classique, écoutez la troisième chaîne

If you're a **lover** of classical music, you should listen to Radio 3

2. Les jeunes mariés échangèrent des regards **amoureux** pendant tout le repas

The newly-weds exchanged **loving** glances throughout the meal [a]

**III** 3. He's a very **amorous** young man

Ce jeune homme est très **porté à l'amour**/est **de tempérament très ardent**

When he's had a few drinks he gets **amorous**

Quand il a bu un verre, il devient **entreprenant** [b]

---

a. Vie *amoureuse* : love life
b. L'adjectif **amorous** concerne toujours l'amour physique. Il n'y a pas de correspondant direct en français. Il se traduira selon le cas par **voluptueux, porté à l'amour, entreprenant, (de tempérament) ardent** et éventuellement par **amoureux**. Il ne s'emploie pas dans le langage plus technique de la sexologie : *jeu amoureux* : love play ; *désir amoureux* : sexual desire.

## AMPUTER / TO AMPUTATE

**I** 1. On a dû l'**amputer** (de la jambe gauche)

They had to **amputate** (his left leg) [a]

**II** 2. Les contraintes d'édition nous ont obligés à **amputer** le manuscrit d'une centaine de pages

Editorial constraints forced us to **cut (out)** about a hundred pages of the manuscript

Le gouvernement a **amputé** notre budget de trois millions de francs

The government **cut (back)** our budget by three million francs

| | |
|---|---|
| Après la guerre, le pays fut **amputé** d'une partie de son territoire | After the war the country was **deprived** of part of its territory |

a. Aussi : *his leg was amputated* : on l'a **amputé** de la jambe

## AMUSEMENT / AMUSEMENT

voir : (S')AMUSER / TO AMUSE (ONESELF)

## (S')AMUSER / TO AMUSE (ONESELF)

I    1. Les films de Laurel et Hardy m'**amusent** toujours autant que dans ma jeunesse ( = faire rire) — Laurel and Hardy films still **amuse** me just as much as they did when I was young [a]

II    2. Est-ce que ça vous **amuserait** de venir avec nous en ville cet après-midi ? ( = plaire) — Would you **like** to come into town with us this afternoon ?

Ça ne m'**amuse** guère d'aller à toutes ces réunions — I don't **like** going to all those meetings one bit/I'm not a bit **keen on** * going to all those meetings [b]

3. Nous nous sommes bien **amusés** à la soirée dansante chez les Price — We **had** great **fun**/we **had a good time**/we really **enjoyed ourselves** at the Prices' dance

Au revoir, les enfants. **Amusez-vous** bien ! — Goodbye, children. **Have a good time/Enjoy yourselves** ! [c]

4. Les enfants **se** sont **amusés** avec le chien tout l'après-midi ( = jouer) — The children **played** with the dog all afternoon

David, tu es encore en train de t'**amuser** au lieu de travailler — David, are you still **playing (around/about)** instead of working ?

5. Pendant que tu **amuseras** le caissier, je m'emparerai de l'argent — While you **distract** the cashier/**distract** the cashier's **attention**/**keep** the cashier **busy**, I'll take the money

**III** 6. If Ann's got to stay in bed for a week we'll have to think of something to **amuse** her (*aussi :* keep her **amused**)

Si Anne doit garder le lit pendant une semaine, il va falloir trouver quelque chose pour l'**occuper**/lui **faire passer le temps**

Can't you find something to **amuse yourself** (with) instead of bothering me all the time ?

Tu ne pourrais pas trouver de quoi **t'occuper** au lieu de m'embêter toutes les deux minutes ?

---

a. – **Amuser** a parfois le sens plus général de "distraire agréablement", auquel cas l'anglais emploie plutôt le verbe **to entertain** : *que comptes-tu faire pour amuser les enfants cet après-midi ? : how are you going to entertain the children this afternoon ?*
– *I'm not amused : je ne trouve pas ça drôle*
b. *Si ça t'amuse :* if it makes you happy
c. *Si tu crois que je vais m'amuser à tout écrire à la main, tu te fais des illusions !* : if you think I've got nothing better to do than write this out by hand, you've got another think coming !
◊ – *Ne t'amuse pas à recommencer :* don't you ever do that again
– *Ne vous amusez pas en route :* don't dawdle\*/hang about\* on the way
☐ (F) Amusement : amusement
(A) Amusement : amusement, divertissement, passe-temps ; amusement arcade : galerie/salle de jeux, (Belg) luna park ; **amusement** park : parc d'attractions

## ANCIEN / ANCIENT

**I** 1. Les civilisations **anciennes** m'ont toujours passionné (= antique)

I've always been fascinated by **ancient** civilizations [a]

**II** 2. Ils ont passé des succès du moment et aussi des chansons plus **anciennes** (= vieux)

They played some modern hits and also some **older** songs [b]

Ce château est très **ancien**. Il a été construit dans la première moitié du XVIII$^e$ siècle

This castle is very **old**. It was built in the first half of the 18th century

3. C'est un grand amateur de meubles **anciens** (= antiquités)

He loves **antique** furniture

4. Il est plus **ancien** que moi dans la firme

He's been with the firm longer than I have

5. L'**ancien** président de la République demande l'asile politique

The **previous/former/ex**-President of the Republic is seeking political asylum [c]

| | | |
|---|---|---|
| | J'aimerais bien revoir mon **ancienne** école | I'd love to see my **old** school again |
| | Il y aura un dîner pour les **anciens** (élèves) du lycée samedi prochain | There will be a dinner for **former** pupils of the school/the **old boys**/the **old girls**/*(US)* the **alumni** next Saturday |
| III 6. | An **ancient*** servant opened the door | Une **vieille** servante ouvrit la porte |
| | You should have seen him drive past in his **ancient*** 2 CV | Si tu l'avais vu passer dans son **antique** 2 CV/sa **vieille** 2 CV/dans sa 2 CV **antédiluvienne*** |

a. – **Ancient** se rapporte toujours à une époque très éloignée alors que **ancien** peut se rapporter à un passé plus récent (cf. 2). Pour rendre très clairement le sens de l'adjectif **ancient**, il faudra parfois avoir recours à d'autres adjectifs moins ambigus en français, tels que **antique** ou **ancestral**.
– *Ancient Rome, Greece...* : la Rome antique, la Grèce antique ; *ancient monument* : monument historique ; (fig) *that's ancient history* : c'est de l'histoire ancienne

b. Une amitié déjà **ancienne** : an old/a long-standing friendship

c. – **Previous** implique que la personne ou la chose précédente a été remplacée par une autre. Contrairement à *my former job, my previous job* implique donc que l'on a un nouveau travail.
– *Ancien combattant* : war-veteran, ex-serviceman

◊ – Comparez : *dans l'ancien temps* : in the old days*, in days gone by
   in **ancient** times : dans l'antiquité
– L'*Ancien* Testament : the Old Testament ; l'**ancien** continent : the Old World

## ANGINE / ANGINA

| | | |
|---|---|---|
| II 1. | J'ai fait venir le médecin et il a dit que c'était une **angine** | I called the doctor and he said it was **tonsillitis** |
| III 2. | My grandmother has suffered from **angina (pectoris)** for a number of years | Ma grand-mère souffre d'**angine de poitrine** depuis plusieurs années |

## ANGLE / ANGLE

I    1. Un **angle** de 90° est un **angle** droit    An **angle** of 90° is a right **angle** [a]

     2. Essaie de voir le problème sous un autre **angle**    Try to look at the problem from another **angle** [b]

II    3. Vous trouverez une boîte aux lettres à l'**angle** de l'avenue du Parc et de l'avenue des Acacias    You'll find a letterbox on the **corner** of Park Lane and Acacia Avenue

     Elle colla le timbre soigneusement dans l'**angle** supérieur droit de l'enveloppe    She stuck the stamp carefully in the top right-hand **corner** of the envelope

---

a. Aussi : *faire **angle** avec : to stand at an **angle** to ; **angle** mort :* (Balist) *dead **angle**,* (Auto) *blind spot ;* (Phot) *(objectif à) grand **angle** : wide-**angle** lens*
b. Mais : *what **angle** are you going to take in your article ? : quelle position/quel point de vue comptez-vous adopter dans votre article ?*
◊ *Arrondir les **angles** : to smooth things over*

## ANIMATION / ANIMATION

I    1. Les enfants parlaient avec **animation** de leurs vacances de neige    The children spoke with **animation** about their skiing holiday

     Je fus frappé par l'**animation** inhabituelle de son visage    I was struck by the unusual **animation** of her face

   2. *(Cin)* Dans son livre, il décrit en détail les différentes techniques de l'**animation**    In his book he gives a detailed description of the different **animation** techniques [a]

II    3. Ce quartier, si morne le jour, est plein d'**animation** la nuit    This area, which is so dull in the daytime, is full of **life** at night

     Je regrettais l'**animation** des rues de Paris    I missed the **(hustle and) bustle** of the streets of Paris [b]

     Cette nouvelle provoqua une brusque **animation** au bureau du parti    This news caused a sudden **commotion** at the party headquarters

|   |   |   |
|---|---|---|
|   | 4. Nous recherchons une personne dynamique pour s'occuper de l'**animation** dans un club du 3ᵉ âge | We are looking for a dynamic person to take charge of **leisure activities** in a senior citizens' club |

a. Mais : *film d'**animation** : animated film*
b. *Mettre de l'**animation** dans un dîner : to put some life into a dinner party, to liven a dinner party up*
◊ (Méd) *Suspended **animation** : arrêt temporaire des fonctions vitales*

## ANIMÉ / ANIMATED [a]

|   |   |   |   |
|---|---|---|---|
| I | 1. | À la fin du débat, une discussion **animée** s'engagea entre les participants | At the end of the debate an **animated** discussion arose between the members of the panel |
|   |   | Il était plus **animé** que de coutume | He was more **animated** than usual [b] |
| II | 2. | J'aime me promener dans les rues **animées** de Paris | I love walking in the **busy/lively** streets of Paris |
|   |   | Liège est une ville très **animée** | Liège is a very **busy/lively** town |
|   |   | La soirée fut très **animée** | The party was very **lively** |

a. ***Animé** (= doué de vie) : animate (ex. êtres **animés** : animate beings)*
b. *Animated s'emploie dans le sens de ʿacharné, vif, excitéʾ et non dans celui de ʿplein d'activité, de mouvement, où on ne s'ennuie pasʾ (cf. 2).*
◊ *Dessin **animé** : (animated) cartoon, cartoon film*

## ANNIVERSAIRE / ANNIVERSARY

|   |   |   |   |
|---|---|---|---|
| I | 1. | Dimanche, c'est l'**anniversaire** de mariage de mes parents [de la mort de Lénine] (= anniversaire d'un événement) | It's my parents' wedding **anniversary** [the **anniversary** of Lenin's death] on Sunday |

| | | | |
|---|---|---|---|
| II | 2. | Que veux-tu que j'achète pour ton **anniversaire**? (= anniversaire d'une personne) | What would you like for your **birthday**? |

## (S')ANNONCER / TO ANNOUNCE (ONESELF)

| | | | |
|---|---|---|---|
| I | 1. | La directrice **annonça** qu'il n'y aurait pas de cours le lendemain | The headmistress **announced** that there would be no lessons the following day |
| | | Le gouvernement a **annoncé** des réductions d'impôts ⇨ 3 | The government has **announced** tax cuts [a] |
| | 2. | Qui dois-je **annoncer**? demanda le domestique | "Whom shall I **announce**?" the servant asked |
| | | Il **s'annonce** toujours en frappant trois fois | He always **announces himself** by knocking three times |
| | | Quand le présentateur **annonça** le chanteur suivant, le public se mit à applaudir à tout rompre | When the compère **announced** the next singer, the audience broke into loud applause |
| II | 3. | Je lui ai **annoncé** que son père avait été licencié | I **told** him that his father had been made redundant [b] |
| | | On a **annoncé** à la radio/la radio a **annoncé** qu'on allait avoir un beau week-end pascal | They **said** on the radio that the weather would be fine over the Easter weekend |
| | | La vente publique a-t-elle déjà été **annoncée**? (= publier par un avis) | Has the sale been **advertised** yet? |
| | 4. | On **annonce** une reprise des affaires avant la fin de l'année (= prévoir) | They are **predicting/forecasting** that business will pick up by the end of the year |
| | 5. | La sonnerie **annonce** la pause de midi | The bell **signals** the beginning of the lunch break (*moins souvent*: **announces**) |
| | | Le retour des hirondelles **annonce** le printemps | The return of the swallows **is a sign of** spring/**heralds**° the spring (*aussi*: **announces the arrival of** spring) |

37

|  |  |
|---|---|
| L'augmentation du chômage **annonce** souvent des troubles sociaux | An increase in unemployment often **foreshadows/heralds**° social unrest ᶜ |
| 6. Une crise importante **s'annonce** au sein du gouvernement | A serious governmental crisis **is approaching/is on the way** |
| Le froid devenait plus vif. L'hiver **s'annonçait** | It was getting colder. Winter **was on its way** |
| 7. Comment cela **s'annonce-t-il** ? | How **is** it **shaping (up)** */**coming along** * ? |
| Cela **s'annonce** bien [plutôt mal] | It **looks** promising [doesn't **look** very promising] |

a. – **To announce** signifie ʿfaire une annonce publique à caractère officielʾ. Par contre, **annoncer** est parfois quasiment synonyme de ʿdireʾ et sera alors traduit par **to tell, to say** (cf. 3). Notez cependant l'emploi familier et quelque peu péjoratif de **to announce** dans des cas tels que : *my au pair suddenly announced she was going to leave the next day*.
 – **To announce** (an engagement, a birth...) : **annoncer**, faire part de
b. **Annoncer** la nouvelle à qqn : *to tell sb the news*, (mauvaise nouvelle) *to break the news to sb*
c. – **To foreshadow** n'est utilisé que pour un mauvais présage.
 – *Ça n'annonce rien de bon : it bodes no good, it's not a very good sign*
◊ (Cartes) **Annoncer** : *to declare* ; (fig) **annoncer** la couleur : *to lay one's cards on the table, to say where one stands*

## ANTENNE / ANTENNA ᵃ

**I** 1. Le papillon était immobile. Seules ses **antennes** bougeaient

The butterfly sat motionless, only its **antennae** moving ᵇ (*aussi* : **feelers**)

**II** 2. Maintenant que nous avons la télédistribution, nous n'avons plus besoin d'**antenne**

Now that we've got cable television we don't need an **aerial** any more ᶜ (*US* : **antenna**)

3. Vous pourrez suivre le match en direct sur notre **antenne** dès 20 heures

The match will be broadcast live on this *(TV)* **channel**/*(Radio)* **station** starting at 8 o'clock ᵈ

4. Notre entreprise a une **antenne** parisienne en plein seizième arrondissement

Our firm has a Paris **office/agency** in the heart of the 16th arrondissement ᵉ

|   |   |
|---|---|
| 5. Une **antenne** de l'Université de Boston s'est installée récemment dans la capitale | A **branch**/an **offshoot** of Boston University has recently been established in the capital |

a. Pluriel : (sens 1) **antennae**, (sens 2) **antennas**
b. (fig) Avoir des **antennes** : to have a sixth sense ; avoir des **antennes** quelque part : to have contacts somewhere
c. En anglais britannique, **antenna** est un terme technique qui s'emploie notamment pour les radars.
d. Être à l'**antenne** : to be on the air ; passer à l'**antenne** : to go on the air ; je rends l'**antenne** au studio : I'll return you to the studio ; je donne l'**antenne** à Lyon : and now we'll go over to Lyons
e. (Mil) **Antenne** chirurgicale : advanced surgical unit

## ANTIQUE / ANTIQUE

| | | |
|---|---|---|
| II | 1. Lors de récentes fouilles en Grèce, on a découvert des statuettes **antiques** | Recent excavations in Greece have brought to light some **ancient** statuettes (*rarement :* **antique**) |
| | 2. Avec son costume d'avant-guerre et son **antique** chapeau, il ne passait pas inaperçu | In his pre-war suit and his **ancient/antiquated** hat he stuck out like a sore thumb |
| III | 3. She loves **antique** furniture but can't afford to buy any | Elle aime les meubles **anciens** mais ne peut se les permettre |

## ANTIQUITÉ / ANTIQUITY

| | | |
|---|---|---|
| I | 1. Cette coutume remonte à la plus haute **antiquité** ( = temps très ancien) | This custom goes back to remote **antiquity** [a] |
| | 2. Hercule est un des grands héros de l'**antiquité** | Hercules was one of the great heroes of **antiquity** [b] (*plus souvent :* **classical antiquity**) |
| | 3. Tu dois absolument aller voir les **antiquités** *(pl)* égyptiennes au British Museum | You absolutely must go and see the Egyptian **antiquities** *(pl)* in the British Museum |

| | | | |
|---|---|---|---|
| II | 4. | Sa maison est pleine d'**antiquités** *(pl)* | His house is full of **antiques** [c] |
| | | *(iron)* Tu as vu sa moto ? C'est une vraie **antiquité** ! | Have you seen his motorbike ? It's a real **antique** ! |
| III | 5. | It's not like him to brag about the **antiquity** of his family | Il n'est pas du genre à se vanter de l'**ancienneté** de sa famille |
| | | There's no doubt about the **antiquity** of this vase | L'**ancienneté** de ce vase est indubitable [d] |

a. Mais : *de toute **antiquité**° : since time immemorial*
b. Lorsque le mot **antiquité** est accompagné d'un adjectif, l'anglais emploie d'autres expressions : *antiquité grecque : ancient Greek civilization, ancient Greece.*
c. *Magasin, marchand d'**antiquités** : antique shop, antique dealer*
d. **Antiquité** est vieilli dans ce sens.

## ANXIEUX / ANXIOUS

| | | | |
|---|---|---|---|
| I | 1. | Sa mère est très **anxieuse** de nature | His mother is very **anxious** by nature |
| | | Le visage **anxieux,** il faisait les cent pas dans le couloir | With an **anxious** expression on his face, he paced up and down the corridor<br>⇨ 2 |
| III | 2. | When he didn't come back, I began to grow **anxious** | Ne le voyant pas revenir, je commençai à **m'inquiéter** |
| | | The striking workers are **anxious** about the company's future | Les ouvriers en grève **s'inquiètent** de l'avenir de la firme/l'avenir de la firme **préoccupe/inquiète** les ouvriers en grève |
| | 3. | We lived through some **anxious** hours waiting for the doctor's verdict | Nous avons vécu des heures **d'angoisse** en attendant le verdict du médecin [a] |
| | 4. | Why don't you bring your wife with you ? We're **anxious** *(attrib)* to meet her | Pourquoi n'amènes-tu pas ta femme ? Nous sommes **impatients** de la rencontrer |

| | |
|---|---|
| He was **anxious** *(attrib)* that his guests should have all they needed | Il **tenait beaucoup** à ce que ses hôtes ne manquent de rien |
| We're not very **anxious** *(attrib)* to see our old landlady again. We still owe her money | Nous ne sommes pas **pressés**/ nous n'**avons** pas très **envie** de revoir notre ancienne propriétaire. Nous lui devons toujours de l'argent [b] |

a. L'adjectif **anxieux** se rencontre parfois mais il est plus rare : ex. *une attente anxieuse*.
b. **Anxieux** appartient à un style soutenu ou littéraire.

## APPARTEMENT / APARTMENT

I    1. La duchesse les reçut dans ses **appartements** *(pl)* privés
         The duchess received them in her private **apartments** *(pl)*

II    2. Cet immeuble est divisé en douze **appartements**
         This building is divided into twelve **flats** [a]

a. – (US, parfois Brit) *apartment ;* (US) *apartment* building/house : immeuble
   – Plante d'*appartement* : house plant ; chien d'*appartement* : lapdog

## APPEL / APPEAL

I    1. Notre **appel** aux pays riches n'a pas été entendu
         Our **appeal** to the rich countries has remained unanswered

        Ils ont déjà lancé plusieurs **appels** au profit des victimes du séisme
         They have already made several **appeals** on behalf of the earthquake victims [a]

      2. *(Jur)* L'avocat va sûrement conseiller à son client d'interjeter **appel**
         The solicitor will certainly advise his client to lodge an **appeal** [b]

| | | | |
|---|---|---|---|
| II | 3. | Le bruit de la fête foraine couvrait nos **appels** | The noise from the funfair drowned our **calls** |
| | | J'ai reçu trois **appels (téléphoniques)** de Londres ce matin | I had three **((tele)phone) calls** from London this morning [c] |
| | | Il n'a pas pu résister à l'**appel** du large [de l'inconnu] | He couldn't resist the **call** of the sea [of the unknown] |
| | 4. | *(Scol, Mil)* Il n'était pas présent à l'**appel** ce matin | He wasn't present *(Scol)* for the **register**/*(Mil)* at **roll call** this morning [d] |
| III | 5. | Those soap operas have lost all their **appeal** *(nd)* for me | Ces feuilletons à l'eau de rose n'ont plus aucun **attrait** pour moi |

a. – Le nom **appeal** ne s'emploie que pour une demande pressante d'aide, d'argent, etc. Il comporte souvent l'idée de supplication, de prière : ex. *with a look of **appeal*** : d'un air suppliant/implorant.
 – Notez cependant : ***appel** à la révolte, aux armes* : call to rebellion, arms

b. – **Appeal** correspond dans certains cas à **recours en cassation**.
 – (fig) *Décision sans **appel*** : final/irrevocable decision

c. *Faire un **appel** du regard à qqn* : to throw sb an appealing glance ; *faire un **appel** du pied à qqn* : to make a covert request to sb ; *faire un **appel** de phares* : to flash one's headlights

d. *Faire l'**appel*** : (Scol) *to call the register*, (Mil) *to call the roll* ; (Mil) ***appel** (sous les drapeaux)* : call-up, (US) draft

◊ *Faire **appel** (à la générosité de qqn)* : to make an **appeal** to, to appeal to (sb's generosity) ; *(aux pompiers,...) to call on (the fire brigade,...)* ; *cela fait **appel** à des connaissances scientifiques poussées* : this calls for advanced scientific knowledge

## APPOINTEMENTS / APPOINTMENT

| | | | |
|---|---|---|---|
| II | 1. | Il touche régulièrement ses **appointements** *(pl)* | He receives his **salary** regularly |
| III | 2. | I have an **appointment** with the dentist at 9 o'clock | J'ai (un) **rendez-vous** chez le dentiste à 9 heures |
| | 3. | My nephew got a good **appointment** with a German company (*plus couramment :* **job**) | Mon neveu a obtenu une bonne **place**/un bon **poste** dans une firme allemande |

| | |
|---|---|
| His **appointment** as manager surprised us all | Sa **désignation/nomination** comme directeur nous a tous surpris |
| 4. I was impressed by the exquisite **appointments**° *(pl)* of the room | J'étais impressionnée par l'**aménagement** raffiné de la pièce |

◊ (Comm) By **appointment** to Her Majesty the Queen : Fournisseur de S.M. la Reine

## APPRÉCIER / TO APPRECIATE

**I** 1. J'**apprécie** la bonne musique [le bon vin]

I **appreciate** good music [good wine]

Quand on a vécu loin de tout pendant un an, on **apprécie** le confort moderne

When one has been away from civilization for a year, one **appreciates** the comforts of modern life [a]
(*aussi :* **values**)

**II** 2. L'huissier a **apprécié** la valeur du mobilier à 3 millions de francs

The bailiff **estimated/assessed** the value of the furniture/**valued** the furniture at £3,000

Dans l'obscurité, il est difficile d'**apprécier** les distances

It is difficult to **estimate/judge** distances in the dark

À l'heure actuelle, il est encore difficile d'**apprécier** l'importance de la révolte [l'étendue des dégâts]

At the moment it is still difficult to **estimate/assess** the importance of the revolt [the extent of the damage] [b]

**III** 3. I **appreciate** the efforts you've made

Je vous **suis reconnaissant** des efforts que vous avez fournis

4. I **appreciate** your concern but there's nothing I can do for you

Je **comprends** votre inquiétude mais je ne peux rien faire pour vous

Do you **appreciate** the dangers of this expedition ?

Te **rends**-tu **compte** des dangers de cette expédition ?

I fully **appreciate** that it was impossible for him to come, but he could have told me

Je **me rends** parfaitement **compte** qu'il lui était impossible de venir mais il aurait pu me prévenir

| | | |
|---|---|---|
| | 5. Houses have **appreciated (in value)** over the last ten years | Ces dix dernières années, les maisons ont **pris de la valeur** [c] |

a. **To appreciate** et **apprécier** ont tous deux le sens de ʽreconnaître la valeur, les qualités deʼ. En outre, **apprécier** peut tout simplement signifier ʽaimer, trouver agréableʼ, auquel cas on a recours en anglais à des verbes tels que **to like, to enjoy** : *ma grand-mère apprécie beaucoup les sucreries : my grandmother very much likes/enjoys sweets ; j'ai beaucoup apprécié ce film : I very much liked/enjoyed that film.*
b. Notez la différence entre **apprécier** *l'importance, la valeur...* (= déterminer) et **to appreciate** *the importance, value...* (= comprendre, cf. 4).
c. Mais : (Fin) *the dollar appreciated : le dollar s'est apprécié/a monté*

## (S')APPROCHER / TO APPROACH

I  1. Les grandes vacances **approchent** ! <br>( = se rapprocher dans le temps)  
The summer holidays are **approaching** ! <br>(*plus couramment :* are **getting nearer/closer**)

2. Le navire **approche** de la côte anglaise  
The ship is **approaching** the English coast [a] <br>(*plus couramment :* is **getting near**) <br>⇨ 4

3. Son interprétation **(s')approchait** de la perfection  
His performance **approached** perfection <br>(*plus couramment :* **came close to**)

Ma tante **approche** (de) la quarantaine  
My aunt is **approaching** forty [b] <br>(*plus couramment :* (*Brit*) is **getting on** for forty, (*US*) is **going on** forty)

II  4. Il avait froid et **s'approcha** du feu  
He was cold and **went nearer/closer** to the fire

L'enfant **s'approcha** de moi prudemment. On aurait dit qu'elle avait peur  
The child **came up** to me warily. She seemed to be afraid

Ne l'**approche** pas !/Ne t'**approche** pas de lui ! Il a la grippe  
Don't **go near** him !/**Keep away** from him ! He's got flu

**Approche(-toi)** ! Je ne vais pas te manger !  
**Come here** ! I won't eat you !

| | | | |
|---|---|---|---|
| | 5. | **Approche** ton fauteuil de la télévision | **Bring/move** your chair **closer** to the television |
| | 6. | Il **approche** tous les jours les grands de ce monde | He **comes in(to)** daily **contact with** great public figures |
| | | Le directeur est très difficile à **approcher** | It's very difficult to **get in contact with** the managing director |
| III | 7. | It all depends on how you **approach** the subject | Tout dépend de la façon dont on **aborde** le sujet |
| | 8. | I've already **approached** him several times on this matter | Je l'ai déjà **sollicité** à plusieurs reprises à ce sujet |
| | | My son doesn't dare to **approach** his boss about a rise | Mon fils n'ose pas **s'adresser** à son patron **pour** lui **demander** une augmentation/n'ose pas parler d'une augmentation à son patron |
| | | A man **approached** me in the street and asked me to take part in a survey | Un homme m'a **abordé** dans la rue et m'a demandé de participer à une enquête |
| | | He has been **approached** about taking the job | Il a été **pressenti** pour le poste |

a. – Le verbe **to approach** est d'un emploi beaucoup plus restreint que son correspondant français. Il signifie ʿfaire route vers, avancer versʾ et implique donc une idée de progression. Le verbe **approcher** peut avoir ce sens mais il peut également signifier ʿvenir se mettre près deʾ (cf. 4).
   – Nous **approchons** du but : (promenade, expédition) we're nearly there, (travail) we've nearly finished, we're nearly there, we're nearing the end
b.   It was **approaching** midnight : il était près de minuit

## APTE / APT

| | | | |
|---|---|---|---|
| II | 1. | Je ne crois pas que cet élève soit **apte** à faire des études universitaires | I don't think this pupil is **capable** of taking a degree |
| | | Les médecins l'ont jugé **apte** au service militaire | The doctors judged him **fit** for military service |
| | | Pensez-vous qu'il soit **apte** à ce genre d'emploi ? | Do you think he is **suited** to this kind of work ? |

| | | | |
|---|---|---|---|
| III | 2. | Cotton is **apt** to shrink when washed | Le coton **a tendance** à rétrécir au lavage |
| | | He's **apt** to work too hard | Il **a tendance** à se surmener |
| | 3. | He's an **apt**° student (*plus souvent :* **clever, able**) | C'est un élève **doué/intelligent** |
| | | He's very **apt**° at mental arithmetic (*plus souvent :* very **good** at) | Il est très **fort** en/**doué** pour le calcul mental |
| | 4. | The speaker made some very **apt** comments on the government's economic policy | Le conférencier a fait des commentaires très **pertinents** sur la politique économique du gouvernement |

◊ (Jur) **Apte** à hériter : fit to inherit

## ARGUMENT / ARGUMENT

| | | | |
|---|---|---|---|
| I | 1. | Ses **arguments** ne m'ont qu'à moitié convaincue | I was only half convinced by his **arguments** |
| III | 2. | I have endless **arguments** with my husband about the custody of the children | J'ai des **disputes** continuelles avec mon mari au sujet de la garde des enfants |
| | 3. | The **argument** about the arms race is more heated than ever | Le **débat** sur la course aux armements n'a jamais été aussi passionné que maintenant |
| | | The decision is open to **argument** *(nd)* | La décision est sujette à **discussion** [a] |

a. It is beyond **argument** : c'est indiscutable ; for the sake of **argument** : à titre d'exemple
◊ **Argument** (d'un livre, d'un film) : synopsis, (rarement) **argument**

# ARME / ARMS

I    1. Je ne pense pas que l'ennemi ait assez d'**armes** pour soutenir le siège

I don't think the enemy has enough **arms** *(pl)* to withstand the siege

La police surveille un dépôt d'**armes**

The police are watching an **arms** *(pl)* depot [a]
⇨ 3

2. J'ai acheté un coussin brodé aux **armes** *(pl)* de la ville

I bought a cushion embroidered with the **(coat of) arms** *(pl)* of the town

II    3. On n'a jamais retrouvé l'**arme** du crime

The murder **weapon** was never found

L'armée adverse a fait l'acquisition d'une nouvelle **arme** très sophistiquée

The enemy army has acquired a very sophisticated new **weapon**

Il chargea son **arme** et la mit sur la table de nuit

He loaded his **gun** and put it on the bedside table

Ces photos constituent une **arme** redoutable contre lui. Il nous les faut à tout prix !

Those photographs would be a powerful **weapon** against him. We must have them at all costs ! [b]

4. *(Mil)* J'ai été à l'armée en même temps que lui mais nous n'appartenions pas à la même **arme**

I was in the forces at the same time as he was but we didn't belong to the same **branch of the services** [c]

---

a. Le mot **arms** ne s'emploie que comme collectif dans le sens de ʿarmes de guerreʾ. Dans les autres cas, on emploie le mot **weapon** (cf. 3). **Arms** est fréquemment employé comme épithète et dans des expressions figées telles que : *to lay down one's* ***arms*** : *déposer/rendre les* ***armes*** *; to take up* ***arms*** *: prendre les* ***armes*** *; small* ***arms*** ≃ ***armes*** *à feu portatives de petite taille.*
Notez que **arms** sera souvent traduit par **armement** : *reduction of* ***arms*** *: réduction des armements ;* ***arms*** *race : course aux armements.*
Notez également l'expression : *to be up in* ***arms*** *over/against sth\** : *partir en guerre contre qqch, s'élever contre qqch, s'énerver à cause de qqch*
b. **Arme** *atomique : atomic weapon ;* ***arme*** *à feu : firearm ;* ***arme*** *blanche : steel weapon*
c. **Arm** (sg) s'emploie surtout dans des composés, souvent avec majuscule : ex. *the Fleet Air* ***Arm*** *: l'Aéronavale.*
◊ *– Passer l'****arme**** à gauche\** : *to kick the bucket\* ; partir avec* ***armes*** *et bagages\* : to leave with bag and baggage ; faire ses premières* ***armes*** *: to make one's debut*
*– (Sports) Maître d'****armes**** : fencing master*

47

## (S')ARRANGER / TO ARRANGE

**I** 1. Sophie **arrangea** les fleurs dans le vase [les meubles différemment] (*aussi :* **disposa**)

Sophie **arranged** the flowers in the vase [the furniture differently] [a]

2. Il a **arrangé** la partition pour violon et piano

He **arranged** the score for violin and piano

**II** 3. Ce ne sont pas mes affaires. **Arrangez** ça entre vous !

It's none of my business. **Settle** it/**sort** it **out** among yourselves !

Chaque fois que vous êtes dans le pétrin, c'est moi qui dois **arranger** les choses

Every time you're in trouble, I have to **sort** things **out**

Les affaires ne **se** sont pas **arrangées** comme prévu

Things didn't **work out** as we'd hoped

Tu verras, quand je reviendrai, tout **s'arrangera**

You'll see, when I get back everything will **be all right**

**Arrangez-vous** avec le patron. Je ne veux rien avoir à faire là-dedans

You'll have to **come to an agreement/come to an arrangement/sort it out** with the boss. I don't want anything to do with it [b]

Le temps n'a pas l'air de **s'arranger**

The weather doesn't seem to be **getting any better**

4. On se voit demain à 17 heures si cela vous **arrange**

We'll meet tomorrow at 5 o'clock if that **suits** you/if that's **convenient for** you

Ça **s'arrange** bien. Je n'ai pas de cours à cette heure-là

That's very **convenient/fits in** nicely. I don't have to teach at that time

5. Il faut faire **arranger** ta voiture. Le chauffage ne marche plus

You'll have to have your car **fixed**\*/*(Brit)* **put right**. The heater doesn't work any more

Cette robe est trop grande mais il y a moyen de l'**arranger**

The dress is too big but we can **alter** it

Ils ont acheté une vieille maison qu'ils vont faire **arranger**

They've bought an old house which they're going to **renovate/do up**\*

6. On m'a attaqué en rue et regarde comme ces salauds m'ont **arrangé**\* !

I got attacked in the street and just look **what a mess** the sods **have made of** me\* !

| | | |
|---|---|---|
| | Te voilà bien **arrangé**\* ! Je parie que tu t'es encore battu | You're **in a** right old **mess**\* ! I bet you've been fighting again |
| 7. | On s'est fait **arranger**\*. Ils nous ont fait payer le double du prix normal | We were **had**\*/**done**\*/(Brit) **diddled**\*. They charged us double the normal price |
| 8. | Vous n'avez besoin de rien ? — Non merci. On **s'arrangera** avec ce qu'on a | Do you need anything ? — No, thank you. We'll **make do** with what we've got |
| 9. | J'ai beaucoup à faire mais je **m'arrangerai** | I've got a lot to do but I'll **manage somehow/find a way/work something out** <sup>c</sup> |
| | Il **s'arrange** toujours pour voir sa femme à l'heure du déjeuner | He always **manages somehow/contrives somehow** to see his wife at lunchtime |
| | **Arrange-toi** pour être à l'heure | **Make sure** you're on time |
| | *(iron)* Roger **s'arrange** toujours pour renverser son café | Roger always **manages** to spill his coffee |

**III**  10. The books are **arranged** in alphabetical order — Les livres sont **rangés** par ordre alphabétique

He **arranged** his papers before starting to work — Il **mit** ses papiers **en ordre**/**rangea** ses papiers avant de se mettre au travail

11. I've **arranged** a little birthday party for Henry — J'ai **organisé** une petite fête d'anniversaire pour Henri

We'll have to **arrange** a date — Nous devrons **fixer** une date

A meeting has been **arranged** for Friday — Une réunion est **prévue** pour vendredi <sup>d</sup>

They had **arranged** to meet at 4 o'clock — Ils avaient **convenu** de se rencontrer à 4 heures

I've **arranged** for the goods to be delivered tomorrow — J'ai **fait le nécessaire** pour que/j'ai **pris des dispositions** pour que les marchandises soient livrées demain

---

a. **Arranger** peut également signifier 'ajuster' : ***arranger** sa jupe, sa cravate* : *to straighten one's skirt, one's tie* ; ***arranger** sa coiffure* : *to tidy (up) one's hair* ; ***arrange-toi** un peu !* : *tidy yourself up a bit !*

b. – ***S'arranger** à l'amiable* : *to come to an amicable agreement, to settle out of court*
   – *Ce qui n'**arrange** pas les choses* : *which doesn't help matters*

c. ***Arrangez-vous** comme vous voulez, mais...* : *I don't mind how you do it, but...*

d. Le verbe **arranger** peut également signifier 'organiser', mais il implique une difficulté à surmonter (p.ex. *je n'ai pas pu **arranger** la réunion*). Notez également : ***arranger** sa vie, son emploi du temps* : *to organize one's life, one's time*.

49

## ARRÊT / ARREST

II  1. L'**arrêt** des machines a eu des conséquences désastreuses

The **stopping** of the machines had disastrous consequences [a]

Ne descendez pas avant l'**arrêt** complet du car

Don't get out of the coach until it **has stopped** completely/it has **come to a** complete **standstill**/it has **come to a halt**

J'aurais dû prévoir plus d'**arrêts** pendant le voyage

I should have planned more **stops** during the journey

2. J'avais toujours pensé qu'il y avait un **arrêt (d'autobus)** ici

I always thought there was a **(bus) stop** here

3. *(Jur)* Nous devons attendre que la Cour rende son **arrêt**

We have to wait for the Court to pass **judgement** [b]

III  4. The police made several **arrests** last night

La nuit dernière, la police a procédé à plusieurs **arrestations**

You are under **arrest** *(nd)*

Vous êtes en état d'**arrestation** [c]

---

a. – **Arrest** est rare dans ce sens et relève principalement du langage technique : ex. : *cardiac arrest,* (plus couramment) *heart failure :* **arrêt** *de cœur.*
   – **Arrêt** *des hostilités : cessation of hostilities ;* (Sports) **arrêt** *du ballon : save ; sans* **arrêt** *:* (sans interruption) *without stopping, non-stop,* (très fréquemment) *continually, constantly*

b.   **Arrêt** *de mort : death sentence/penalty ;* (fig) *il a signé son* **arrêt** *de mort : he has signed his death warrant*

c. – Notez que **arrêts** (pl) s'emploie dans le domaine militaire : *mettre un officier aux* **arrêts** *: to put an officer under arrest ;* **arrêts** *simples, de rigueur : open, close arrest.*
   – *Maison d'***arrêt** *: prison (for prisoners on remand) ; mandat d'***arrêt** *: warrant for sb's arrest*
   – *To be under house* **arrest** *: être en résidence surveillée*

◊  *Chien d'***arrêt** *: pointer*

## (S')ARRÊTER / TO ARREST

I  1. La police n'a pas encore **arrêté** les terroristes

The police haven't **arrested** the terrorists yet

II  2. **Arrête** la machine quand tu auras fini de t'en servir

**Stop** the machine when you've finished using it

| | | |
|---|---|---|
| | Nous **nous** sommes **arrêtés** dans un petit restaurant le long de la route [à Paris pour deux jours] | We **stopped** at a roadside restaurant [we **stopped (off\*)** in Paris for two days] |
| | Une voiture **s'**est **arrêtée** devant la maison | A car **stopped** in front of the house |
| | Ma montre **(s')**est **arrêtée** | My watch has **stopped** |
| | Ils ont dû **arrêter** la production laitière pour éviter les surplus | They had to **stop** milk production to avoid surpluses [a] |
| 3. | Mon petit-fils a dû **arrêter** le tennis [ses études] pour raisons de santé | My grandson had to **give up** (playing) tennis [**give up** his studies] for health reasons |
| | Son père a **arrêté** de fumer dès qu'il a appris qu'il était malade | His father **gave up/stopped** smoking as soon as he found out he was ill |
| 4. | Il nous reste à **arrêter** le lieu et la date de la réunion suivante | It remains to **decide on/fix** the time and place of the next meeting |
| | On ne peut plus rien y changer. Il a déjà **arrêté** son choix | There's nothing more we can do. He's already **made** his choice [b] |
| | Son choix **s'**est **arrêté** sur deux très belles estampes japonaises | His choice **fell** on two very fine Japanese etchings [c] |

| | | | |
|---|---|---|---|
| III | 5. | Something strange **arrested**° his attention. He stepped forward to see what it was (*plus souvent* : **caught, attracted**) | Une chose étrange **attira/retint** son attention. Il s'approcha pour voir ce que c'était |

a. Notez que **to arrest** s'emploie dans la langue soutenue dans le sens d'"enrayer, entraver" : ex. **to arrest** growth, **to arrest** (the progress of) a disease.
b. Ma décision est **arrêtée** : my mind is made up
c. S'arrêter à des détails : to pay too much attention to details ; s'arrêter aux apparences : to judge by appearances alone
◊ (Cout) Arrêter un point : to fasten off a stitch ; (Tricot) arrêter les mailles : to cast off

## ARRIVER / TO ARRIVE

| | | | |
|---|---|---|---|
| I | 1. | Nous sommes **arrivés** en Angleterre vers midi | We **arrived** in England at about midday (*plus couramment* : **got to** England) |

51

| | | |
|---|---|---|
| | On **arrive** à quelle heure ? Les enfants sont de plus en plus impatients | What time do we **arrive** ? The children are getting more and more impatient (*plus couramment :* **get there**) |
| | Les invités **arrivent** dans quelques minutes. Tu ferais bien de t'apprêter | The guests will be **arriving** in a few minutes. It's time you got ready (*plus couramment :* will **be here**) |
| | Le courrier [la cargaison] n'est pas encore **arrivé(e)** | The post [the shipment] hasn't **arrived** yet [a] (*plus couramment :* **come**) |
| 2. | Le jour du départ est enfin **arrivé** | The day of our departure has finally **arrived** [b] (*plus couramment :* **come**) |
| II 3. | Où est ma secrétaire ? Ah ! la voilà qui **arrive** ! | Where's my secretary ? Ah, here she **comes** ! |
| | J'**arrive**, papa. Attends une minute ! | (I'm) just **coming**, Dad. Wait a minute ! |
| 4. | Mon fils de huit ans m'**arrive** déjà à l'épaule | My eight-year-old son already **comes up** to my shoulder |
| | Quand je l'aperçus, l'eau lui **arrivait** déjà à la taille | When I saw him, the water **was** already **up** to his waist [c] |
| 5. | Il est **arrivé** à un âge où l'on se désintéresse des biens matériels | He has **reached** an age/**got** to an age when one is not interested in material possessions (*moins couramment :* **arrived** at) |
| | Certains pensent qu'il **arrivera** à ses fins mais moi, je pense qu'il n'**arrivera** jamais à rien | Some people think he will **achieve** his ends, but I don't think he will ever **achieve** anything/**get** anywhere |
| 6. | Pour **arriver** (dans la vie), il faut travailler | To **succeed** (in life)/**get on** (in life) one has to work |
| | Il veut **arriver** à tout prix | He wants to **succeed** at all costs [d] |
| 7. | Je n'**arrive** pas à retrouver les feuilles que tu m'as prêtées | I (just) **can't** find the notes you lent me |
| | Je n'**arrive** pas à comprendre ce qui s'est passé | I **can't** understand/(*moins couramment*) I **fail** to understand what happened |
| | Penses-tu que tu **arriveras** à faire ton devoir toute seule ? | Do you think you'll **manage** to do your homework by yourself ? |
| 8. | Il faut que je te raconte ce qui m'est **arrivé** hier soir | I must tell you what **happened** to me yesterday evening |

| | | |
|---|---|---|
| | Ce genre de choses **arrive** tous les jours | Things like that **happen** every day |
| | Il lui est **arrivé** une drôle d'aventure [un accident] | A strange thing **happened** to him [he **had** an accident] |
| 9. | Il m'**arrive** d'oublier/il **arrive** que j'oublie d'éteindre les phares de la voiture | I **sometimes** forget to switch off the headlights of the car |
| | Il m'**arrive** souvent de tomber en panne d'essence | I often run out of petrol |
| 10. | C'est triste de devoir en **arriver** là mais nous devons appliquer le règlement et vous sanctionner | It's a pity it has to **come to this**, but we must apply the rules and punish you |
| | J'en **arrive** (parfois) à me demander si Dieu existe ! | I'm **beginning** to wonder whether God exists |
| | Comment peut-on en **arriver** là ? | How can one be **reduced** to that ? |

III 11. Her baby **arrived** yesterday — Son enfant est **né** hier

12. After hours of discussion we **arrived** at a decision [at a price] — Après des heures de discussion, nous sommes **parvenus** à une décision [nous sommes **tombés d'accord** sur un prix] [e]

---

a. Le verbe **to arrive** a un sens plus restreint que le verbe français **arriver**. Il signifie ʿatteindre une destinationʾ et non ʿapprocher, venir vers quelqu'unʾ (cf. 3).
b. Dans ce cas, **to arrive** s'emploie principalement aux temps du passé. À d'autres temps, **to come** est souvent la seule possibilité : ex. *I can't believe that day will ever come.*
c. (fig) *Il ne t'arrive pas à la cheville* : (Brit) *he's not a patch on you\*, he can't hold a candle to you\**
d. Mais : *être arrivé, se croire arrivé* : *to have arrived, to think one has arrived*
e. Mais : *to arrive at a conclusion* : *arriver à une conclusion*
◊ *Vous vouliez que je parle des salaires. J'y arrive* : *you asked me to talk about pay. I'm coming to that/I'm getting to that*

---

# ASSASSINER / TO ASSASSINATE

I 1. Qui a **assassiné** le président ? — Who **assassinated** the President ? [a]
⇨ 2

53

II   2. On n'a pas encore trouvé l'homme qui a **assassiné** quatre jeunes gens dans le métro

The man who **murdered** four young people on the underground has not been found yet

---

a. **To assassinate** est utilisé lorsqu'il s'agit du meurtre d'une personnalité bien connue, particulièrement d'un homme politique ou d'un souverain.

## ASSISTANCE / ASSISTANCE

I   1. Je n'ai jamais refusé de prêter **assistance** à une personne dans le besoin

I have never refused to give **assistance**° to anyone in need [a]

II   2. L'**assistance** au cours devient de plus en plus irrégulière (*aussi :* **présence**)

**Attendance** at lectures is getting more and more irregular

    3. Il ne lui a pas fallu plus d'un quart d'heure pour charmer toute l'**assistance**

In the space of fifteen minutes he had the whole **audience** under his spell [b]

---

a. – *To come to sb's* **assistance**° : venir à l'aide de qqn/en aide à qqn/au secours de qqn ; *to be of* **assistance**° *to sb :* être utile à qqn, aider qqn
 – (Jur) *Non-***assistance** *à personne en danger* ≃ *failure to render* **assistance** *to a person in danger*
b. (Relig : assemblée des fidèles) *congregation*
◊ (Jur) **Assistance** *judiciaire : legal aid ;* (Legisl. soc.) l'**assistance** *(publique)* (ancienne dénomination de *aide sociale*) : (Brit) *national assistance* (ancienne dénomination de *social security)/*(US) *welfare*

## ASSISTER / TO ASSIST

I   1. Pour cette opération délicate, le chirurgien sera **assisté** par quatre spécialistes en microchirurgie
(= seconder)

The surgeon will be **assisted**° in this delicate operation by four experts in microsurgery
(*plus couramment :* **helped**)

|   |   |   |   |
|---|---|---|---|
| | Je suis **assisté** dans mon travail par deux secrétaires temps plein | I am **assisted**° in my work by two full-time secretaries (*plus couramment:* **helped**) ⇨ 4 | |

| | | | |
|---|---|---|---|
| II | 2. | Je dois avouer que j'ai **assisté** à cette conférence plus par obligation que par intérêt | I must admit that I **went to**/*(moins couramment)* **attended** the lecture more from a sense of obligation than because I was interested [a] |
| | | Ceux qui ont **assisté** à cette scène ont le devoir de témoigner | It is the duty of those who **were present** at/**witnessed** the scene to give evidence |
| | 3. | Le prêtre l'**assista** dans ses derniers moments | The priest **supported/comforted/succoured**° her in her dying moments |

| | | | |
|---|---|---|---|
| III | 4. | The bellboy **assisted**° her in carrying her suitcases (*plus couramment:* **helped** her to carry...) | Le chasseur l'**aida** à porter ses valises |
| | | I've lost my passport. Can you **assist**° me? (*plus couramment:* **help**) | J'ai perdu mon passeport. Pouvez-vous m'**aider**? |

---

a. **Assister** à un spectacle, un match : to go to/to be at a show, a match
◊ (euphém) A man is **assisting** the police with their inquiries : un homme est interrogé par la police dans le cadre de l'enquête

## ASSORTI / ASSORTED

| | | | |
|---|---|---|---|
| I | 1. | Pourrais-tu m'acheter un paquet de biscuits **assortis**? | Will you buy me a packet of **assorted** biscuits? [a] |
| II | 2. | J'aimerais trouver des rideaux **assortis** au papier peint du salon | I'd like to find some curtains to **go with/match** the living-room wallpaper |

| | | |
|---|---|---|
| | Pour son anniversaire, je compte lui offrir une cravate avec une pochette **assortie** | I'm going to give him a tie with a **matching** handkerchief for his birthday [b] |
| 3. | Même **assorti** de ces clauses restrictives, le contrat reste inacceptable | Even **accompanied** by these restrictive clauses, the contract remains unacceptable |
| 4. | Il est difficile de trouver un magasin mieux **assorti** que celui-ci | It's difficult to find a better **stocked** shop than this one |

---

a. Mais : **assorted** nails, Christmas cards... : assortiment de clous, de cartes de Noël...
b. Couple bien **assorti** : couple who are well suited to one another, well-matched couple ; couple mal **assorti** : ill-assorted couple

## ASSURANCE / ASSURANCE

| | | | |
|---|---|---|---|
| I | 1. | Jamais je ne l'avais entendu parler avec autant d'**assurance** | I had never heard him speak with so much **assurance** (nd) |
| | | Quand elle aperçut son mari dans la salle, elle perdit toute son **assurance** [elle prit de l'**assurance**] | When she saw her husband in the room, she lost all her **assurance** (nd) [she gained in **assurance** (nd)] (plus souvent : **self-assurance, self-confidence**) |
| | 2. | Le ministre m'a donné l'**assurance** que mon dossier serait traité en priorité | The minister gave me his **assurance** that my file would be given priority |
| | | Bien sûr, avant d'engager une telle somme, j'ai demandé des **assurances** et je les ai reçues | Before investing such a sum I naturally asked for **assurances**, and I got them [a] |
| II | 3. | Si seulement nous avions pris une **assurance** contre le vol [une **assurance**-incendie] | If only we'd taken out an **insurance (policy)** against theft [a fire **insurance**] [b] |
| | | La meilleure chose à faire, c'est de prévenir l'**assurance** le plus vite possible | The best thing to do is to inform the **insurance company** as quickly as possible |

| | |
|---|---|
| Son père travaille dans les **assurances** | His father is in **insurance** *(nd)*/in the **insurance business** |

a. (À la fin d'une lettre) *Veuillez agréer l'**assurance** de ma considération distinguée :* Yours faithfully, Yours sincerely
b. ***Assurance**-vie :* life insurance, (Brit) (moins souvent) *life **assurance** ;* (Législ. soc.) ***assurances** sociales* ≃ national insurance ; ***assurance** invalidité :* health insurance

## (S')ASSURER / TO ASSURE

**I**   1. Le docteur m'a **assuré** que le jogging n'était pas du tout dangereux pour mon mari

The doctor **assured** me that jogging was not at all dangerous for my husband [a]

2. Plusieurs de mes collègues m'ont **assuré** de leur reconnaissance et de leur amitié

Several of my colleagues **assured** me of their gratitude and friendship

**II**   3. Je vous conseille d'**assurer** la maison contre le vol et l'incendie

I advise you to **insure** the house/have the house **insured** against theft and fire

Nous nous sommes **assurés** contre l'incendie [sur la vie]

We **insured ourselves** against fire [we **insured** our lives/**took out a** life **insurance**] [b]

4. L'orateur **assura** ses lunettes sur son nez et se mit à parler

The speaker **fixed** his glasses **firmly** on his nose and began his talk

Le trapéziste **assura** une dernière fois sa prise et s'élança

The trapeze artist **checked** that his grip was **firm** and launched himself into the air

Il s'**assura** sur ses jambes et souleva l'haltère sans effort apparent

He **steadied himself** on his legs/**took up a firm stance** and lifted the weight with no apparent effort [c]

5. L'armée **assure** le ravitaillement des victimes

The army is **providing** supplies for the victims [d]

6. Que ne ferais-je pas pour **assurer** le bonheur de mes enfants ?
( = rendre sûr, stable)

I would do anything to **ensure** my children's happiness
(*moins souvent :* assure)

Certaines personnes économisent toute leur vie pour **assurer** leurs vieux jours

Some people save all their lives to **provide for** their old age [e]

7. L'État **assure** une retraite aux travailleurs pensionnés
   (= procurer, garantir)

   Son succès dans le monde des affaires a **assuré** une vie aisée [une bonne situation] à son fils

   The State **guarantees** a pension to retired workers/**provides** a pension for retired workers

   His success in the business world **ensured** his son of a comfortable life [**secured** a good position for his son] [f]
   (*moins souvent:* **assured** his son of a comfortable life, a good position)

8. **Assure-toi** que les robinets de gaz sont bien fermés

   Nous ferions bien de nous **assurer** de l'exactitude de cette information

   **Check/make sure** that the gas is turned right off

   We'd better **check/make sure** that the information is accurate

---

a. Notez que **to assure** s'emploie toujours dans la structure **to assure sb (that)** : «*Je n'ai jamais vu cet homme*» assura-t-elle : " I've never seen that man", she **assured** me [us...].
b. En anglais britannique, on emploie parfois **to assure** (one's life)/to take out a life assurance dans le cas d'une assurance-vie.
c. (vx, Techn) **Assurer** une poutre, un volet : to secure a beam, a shutter ; (Alpin) **assurer** : to belay
d. — Le groupe formé par **assurer** (= pourvoir à, effectuer) et son complément est généralement traduit par un seul verbe en anglais : **assurer** la liaison entre : to fly between ; **assurer** la surveillance de : to guard ; **assurer** la protection de : to protect.
   — Notez également : *une permanence est* **assurée** *le week-end :* (hôpital, pompiers...) there is someone on duty at weekends, (bureau) the office is manned at weekends ; (Jur) **assurer** sa propre défense : to conduct one's own defence
e. (fig) **Assurer** ses arrières : to make sure one has sth to fall back on
f. **S'assurer** une retraite confortable : to ensure/secure a comfortable pension for oneself, (moins souvent) **to assure oneself** of a comfortable pension ; **s'assurer** l'aide de qqn : to secure sb's help, to make sure of sb's help
◊ — Soyez **assuré** que... : you can rest **assured** that...
   — (litt) **S'assurer** (d'un voleur...) : to apprehend (a thief...)

## (S')ATTACHER / TO ATTACH (ONESELF)

I 1. Elle est vivement **attachée** à ses grands-parents [aux vieilles coutumes, à cette région]

   Certaines personnes **s'attachent** trop à leurs animaux domestiques

   She's deeply **attached** to her grandparents [to old customs, this area]

   Some people become/get too **attached** to their pets

2. Il ne faut pas **attacher** trop d'importance à ce que l'on raconte dans les journaux

   One should not **attach** too much importance to what they say in the newspapers [a]

|     |     |     |     |
| --- | --- | --- | --- | --- |

3. Il est **attaché** au Ministère de l'Agriculture

He's **attached** to the Ministry of Agriculture [b]

**II** 4. Les ravisseurs avaient **attaché** leur ôtage à une chaise

The kidnappers had **tied** their hostage to a chair

Si tu avais **attaché** le chien comme il faut, il ne se serait pas enfui

If you had **tied** the dog **up** properly, it wouldn't have escaped

Prends cette ficelle pour **attacher** les vieux journaux

Use this string to **tie up** the old papers

La police avait oublié d'**attacher** les pieds du prisonnier et celui-ci s'échappa à la première occasion

The policemen had forgotten to **tie** the prisoner's feet **(together)** and he escaped at the first opportunity

Il y a beaucoup de vent. Il vaudrait mieux **attacher** les volets

There's a strong wind. We'd better **fasten/secure** the shutters [c]

5. Tu as oublié d'**attacher** ta robe

You've forgotten to **do up** your dress [d]

Tu n'as pas **attaché** le dernier bouton [ta ceinture, tes lacets]

You haven't **done up** your bottom button [**fastened** your belt, **tied** your shoelaces]

Veuillez **attacher** vos ceintures, s'il vous plaît. Nous allons décoller dans quelques instants

Please **fasten** your seat belts. We are about to take off

6. J'achète toujours ce riz-là. Il n'**attache** jamais

I always buy this kind of rice. It never **sticks**

7. Les sentiments qui l'**attachent** à ce pays l'ont empêché de partir

The feelings which **bind** him to this country have prevented him from leaving

8. L'avocat s'est **attaché** à prouver l'innocence de son client

The lawyer **applied himself** to proving his client's innocence

Cet étudiant s'**attache** trop aux détails

This student **pays** too much **attention** to details

**III** 9. We've still got to **attach** the trailer to the car [this handle to the door]

Nous devons encore **accrocher** la remorque à la voiture [**fixer** la poignée de la porte] [e]

**Attached**° please find my C.V.

Veuillez trouver **ci-joint** une copie de mon curriculum vitae

This school is **attached** *(pass)* to a university

Cette école est **rattachée** à une université

10. Anthony **attached himself** to the group of tourists being shown round the cathedral

Anthony **se joignit** au groupe de touristes qui visitait la cathédrale [f]

11. The board considers that no blame can be **attached**° to the accountant

Le conseil d'entreprise estime qu'aucune faute ne peut être **imputée** au comptable

---

a. **Attacher** du prix à qqch : **to attach** great value to sth, (Brit) to set great store by sth
b. Mais : (Mil) to be **attached** to a unit : être affecté à une unité
c. – **To tie (up)** implique l'usage d'une corde ou d'un lien similaire, alors que **to fasten** est plus général.
   – Notez également : **attacher** qqch avec du scotch : **to stick** ; avec des épingles : **to pin** ; avec des agrafes : **to staple**
d. Cette robe **s'attache** derrière : this dress does up at the back
e. Le verbe **to attach** a un sens assez général : il signifie ˝joindre, fixer une chose à une autre˝. Il ne s'emploie pas avec des personnes comme complément et est le plus souvent suivi du complément prépositionnel avec **to**. Par contre, **attacher** (cf. 4) implique l'emploi d'un lien (corde, chaîne, etc.), auquel cas l'équivalent anglais le plus courant est **to tie (up)**.
f. **To attach oneself** to sb : **s'attacher** aux pas de qqn, ne pas lâcher qqn

## (S')ATTENDRE / TO ATTEND

**II** 1. Je vous **attendrai** dans le hall de l'hôtel jusqu'à 7 heures

I'll **wait for** you in the hotel foyer until 7 o'clock

Nous **attendons** le moment favorable pour vendre nos dollars

We're **waiting for** the right moment to sell our dollars [a]

2. Une voiture vous **attendra** à la gare (= être prêt)

There will be a car **waiting for** you at the station

Un excellent repas nous **attendait**

An excellent meal was **waiting for** us/**awaited**° us

3. Une grosse déception l'**attendait** (= être destiné)

A big disappointment **was in store for** him/**awaited**° him

S'il avait su ce qui l'**attendait** à la maison, il serait probablement resté où il était

If he had known what was **waiting for** him/what **awaited**° him at home he would probably have stayed where he was

4. Je ne savais pas qu'elle **attendait** un bébé

I didn't know she was **expecting** a baby/she was **expecting** *

5. Je vous préviendrai dès qu'il sera rentré de voyage. On l'**attend** d'un jour à l'autre

I'll let you know as soon as he gets back. We're **expecting** him any day [b]

| | | |
|---|---|---|
| | Qu'**attendez**-vous de moi ? | What do you **expect** of me ? |
| 6. | Je ne **m'attendais** pas à un tel accueil de sa part | I didn't **expect** a welcome like that from him |
| | Ne **t'attends** pas à ce que je fasse tout le travail à ta place | Don't **expect** me to do all the work for you [c] |

III 
7. I'm sorry I was not able to **attend** the lecture [the meeting] — Je suis désolé de ne pas avoir pu **assister** à la conférence [à la réunion]

Do your children still **attend** school [church] ? — Vos enfants **vont**-ils encore à l'école [à la messe] ? [d]

8. The doctor who had **attended** her during her last illness was called as a witness — Le médecin qui l'avait **soignée** juste avant sa mort fut appelé à comparaître comme témoin

9. The President was **attended** by several bodyguards — Le président était **accompagné** par plusieurs gardes du corps

10. The shop assistant asked the lady if she was being **attended** to — Le vendeur demanda à la dame si l'on **s'occupait** d'elle/si on la **servait**

I will **attend** to the matter as soon as I can — Je **m'occuperai** de cette affaire dès que possible

11. **Attend** carefully to what the teacher is going to say (*plus couramment :* **listen**) — **Fais** bien **attention/sois attentif** à ce que le professeur va dire

You're not **attending** ! (*plus couramment :* **listening, paying attention**) — Tu n'**écoutes** pas !/Tu ne **fais** pas **attention** !

12. Our project was **attended**° by great dangers [risks] — Notre projet **comportait** de grands dangers [risques]

Success **attended**° my efforts — Mes efforts furent **couronnés** de succès

---

a. *Attendre son tour :* to wait one's turn ; *attendre son heure :* to bide one's time ; *faire **attendre** qqn :* to keep sb waiting ; *se faire **attendre** :* to keep people waiting, to be a long time coming ; *aller **attendre** qqn à la gare :* to meet sb off the train ; *attendre qqch avec impatience :* to look forward to sth

b. *On ne vous **attendait** plus ! :* we thought you weren't coming !, we'd given you up !

c. *Il faut s'attendre à tout :* we should be prepared for anything ; *comme il fallait s'y attendre... :* as was to be expected, predictably enough... ; ***attends-toi*** à des problèmes : be prepared for problems

d. The class was well **attended** : le cours fut très suivi

◊ *Tu peux toujours **attendre** !\* :* you've got a hope !\*, you'll be lucky !\* ; *attendez voir :* let me see, let's see, let's think ; *attendre qqn au tournant\* :* to wait for a chance to catch sb out/a chance to trip sb up ; *en attendant :* in the meantime

# ATTENTIF / ATTENTIVE

**I** 1. Je n'ai pas à me plaindre. Mes élèves sont très **attentifs**     I can't complain. My pupils are very **attentive** [a]

**II** 2. Cesse de regarder par la fenêtre. Sois un peu plus **attentif** à ta lecture     Stop looking out of the window. **Pay** a bit more **attention** to your book

      Le garde était **attentif** au moindre bruit [au moindre mouvement]     The guard was **alert** to the slightest sound [**on the watch/on the lookout** for the slightest movement] [b]

    3. Le syndicat est **attentif** aux problèmes des ouvriers ( = à l'écoute de )     The union is **alert** to/**alive** to the problems of the workers

      Nous sommes **attentifs** aux intérêts de la société ( = soucieux de )     We are **mindful** of the company's interests [c]

    4. Nous devons être **attentifs** à ne blesser personne     We must be **careful/take care** not to hurt anyone [d]

**III** 5. How could the old lady fail to be charmed by her nephew, who was always so kind and **attentive**?     Comment la vieille dame pouvait-elle résister à son neveu, qui était toujours si gentil et **attentionné/prévenant**? [e]

---

a. Notez que *être attentif à qqch* ne sera pas traduit par *to be attentive to sth* (cf. 2).

b. Mais : *sois donc attentif* : pay attention ; *prêter une oreille attentive* : to listen carefully/attentively ; *regarder qqn d'un œil attentif* : to watch sb closely/attentively ; *examen attentif* : close/careful examination

c. Notez cependant : *to be attentive to sb's needs* : *être attentif aux besoins de qqn*

d. *Attentif à plaire* : anxious to please

e. L'adjectif français **attentif** s'emploie dans un sens proche de **attentive**, mais il appartient à un style littéraire et n'exprime pas toujours l'idée de déférence qu'implique l'adjectif anglais : ex. *le plus adorable des companions et le plus **attentif** des amants* : the most charming of companions and the most considerate of lovers.

## (S')ATTRIBUER / TO ATTRIBUE

**I**    1. On **attribue** à tort cette pièce à Molière [cette invention à Newton]

This play is wrongly **attributed** *(souvent pass)* to Molière [this invention is wrongly **attributed** to Newton]

      2. Mon père **attribue** son succès à la chance plutôt qu'à son savoir-faire

My father **attributes** his success to luck rather than to skill (*plus couramment :* **puts** his success **down** to)

         Jean **attribue** l'échec de son projet à un manque de moyens financiers

John **attributes** the failure of his project to a lack of financial means (*plus couramment :* **puts** the failure... **down** to)

**II**    3. Plusieurs œuvres caritatives ont décidé d'**attribuer** d'importantes sommes d'argent au projet d'irrigation

Several charities have decided to **allocate** large sums of money to the irrigation project

         Une part importante de l'héritage fut **attribuée** à la fidèle servante de la comtesse

A large part of the fortune was **left/bequeathed** to the countess's faithful servant

         Le jury **attribua** le premier prix à un cinéaste londonien

The jury **awarded** the first prize to a London film-maker

         On lui a **attribué** une fonction importante dans l'organisation

He was **assigned** an important post in the organization [a]

      4. Il **s'est attribué** toutes sortes de titres de noblesse auxquels il n'a pas droit

He's **given himself/claimed for himself** all kinds of titles which he has no right to

         Comment M. Blanc ose-t-il **s'attribuer** le mérite de l'entreprise alors qu'il n'y a même pas contribué ?

How dare Mr. White **claim** the credit for the whole thing when he didn't do anything towards it ?

---

a.  *Attribuer un rôle à un acteur :* to cast an actor in a role ; ***attribuer** de l'importance à qqch :* to attach importance to sth ; *un sens à qqch :* to ascribe a meaning to sth ; *des qualités à qqn :* to credit sb with virtues ; *des défauts à qqn :* to accuse sb of shortcomings

## AUDIENCE / AUDIENCE

I   1. Le Pape lui a accordé une **audience** d'une heure

The Pope granted him an hour-long **audience**

II   2. Ce projet a trouvé **audience** auprès du ministre

This plan met with a **favourable reception** from the minister

Ce parti [ce pasteur] jouit d'une énorme **audience** dans la région

This party [this minister] has a large **following** in the area

Beaucoup d'universitaires publient en anglais afin d'élargir l'**audience** de leurs travaux

Many academics publish in English in order to widen the **readership** for their works
(*moins souvent :* **audience**)

  3. *(Jur)* L'**audience** s'est terminée par la lecture de la sentence

The **hearing** ended with the reading of the sentence [a]

III   4. The rapturous **audience** gave him a standing ovation

Le **public**/la **salle**/l'**auditoire**/ l'**assistance** en délire se leva/les **spectateurs** en délire se levèrent pour l'ovationner

A huge **audience** watched yesterday evening's debate

De nombreux **téléspectateurs** ont suivi le débat d'hier soir [b]

---

a. *Salle d'audience :* courtroom
b. — Sous l'influence de l'anglais, le mot français **audience** s'emploie de plus en plus dans le sens de "nombre de personnes touchées par les médias (surtout radio et télévision)" : ex. *indice d'audience/d'écoute :* audience rating
  — We were a captive **audience** : nous étions bien obligés d'écouter

## AVANCE / ADVANCE

voir : **AVANCER / TO ADVANCE**

## (S')AVANCER / TO ADVANCE

**I** 1. *(Mil)* L'armée **avance** sur Paris — The army is **advancing** on Paris [a]

2. La théorie [l'hypothèse] qu'il **avance** me paraît défendable — The theory [the hypothesis] he is **advancing**° seems tenable [b] (*plus couramment :* is **putting forward**)

3. Le directeur a accepté de lui **avancer** la moitié de son salaire — The manager agreed to **advance** him half his salary [c]

**II** 4. Il faudrait **avancer** (la date de) notre prochaine réunion — We should **bring forward**/*(US)* **move up** (the date of) our next meeting (*moins souvent :* **advance** the date of our next meeting)

5. Ce bus **avance** tellement lentement que je me demande si on arrivera à temps — This bus is **moving** so slowly/is **making** such slow **progress** that I wonder if we'll get there in time

Le policier nous demanda d'**avancer** — The policeman asked us to **move along**

**Avance** donc, mon petit ! N'aie pas peur ! — **Come closer,** dear ! Don't be afraid !

L'homme **s'avança** vers moi, l'air menaçant — The man **came towards** me looking threatening

6. Mon roman **avance** bien. Je suis contente — My novel is **progressing** well/is **coming along** well. I'm pleased [d]

Pour le moment, je n'**avance** guère dans mon travail — I'm not **making** much **progress**/ **getting on** very well with my work at the moment

7. Si tu veux, je peux repasser le linge. Cela t'**avancera** (dans ton travail) — I can do the ironing, if you like. That will **help** you **along**

Je me suis bien **avancé**. J'ai fait tous mes devoirs pour la semaine prochaine — I've **got** well **ahead**. I've done all my homework for next week

8. Le moins timide des deux **avança** son assiette et redemanda du potage — The less timid of the two **held out** his plate and asked for more soup

**Avance** un peu la table ! — **Move** the table **forward** a bit !

Le directeur la pria de s'asseoir et lui **avança** un siège — The manager asked her to sit down and **pulled up** a chair for her

|  |  |  |
|---|---|---|
|  | Si tu **avances** ce pion-là, tu perdras à coup sûr | If you **move** that pawn **forward**, you're sure to lose |
| 9. | Est-ce la semaine prochaine qu'on **avance** les horloges d'une heure ? | Is it next week that the clocks are **put forward**/ *(Brit)* **put on** an hour ? |
|  | Ta montre retarde de dix minutes. Tu devrais l'**avancer** | Your watch is ten minutes slow. You should **put** it **on** |
|  | Ta montre **avance**/tu **avances** (de dix minutes) | Your watch **is**/you're* (ten minutes) **fast** |
|  | Ma montre **avance** de dix minutes par jour | My watch **gains** ten minutes a day |
| 10. | Les rochers (**s'**)**avancent** sur la mer | The rocks **jut out** into the sea |
| 11. | Ne penses-tu pas qu'il **s'est** trop **avancé** en promettant l'argent pour la semaine prochaine ? | Don't you think it **was** rather **rash** of him to promise the money for next week ? |
|  | Je **m'avance** peut-être en disant ça | Maybe it's **rash** of me to say that/ Maybe I'm **sticking my neck out**\* by saying that |
| III 12. | Mankind has **advanced** in his knowledge of the universe since that time | Depuis lors, l'humanité a **progressé** dans sa connaissance de l'univers |
|  | He did everything in his power to **advance** the cause of European understanding | Il a fait tout ce qui était en son pouvoir pour **promouvoir** la cause de la solidarité européenne |
| 13. | Your thoughtless remarks will not **advance**° our interests [our cause] | Vos propos inconsidérés ne **serviront** pas nos intérêts [notre cause] |

---

a. (Par extension) *He **advanced** determinedly upon us : il marcha sur nous d'un air décidé*
b. Mais : *je ne suis pas sûr de ce que j'avance : I'm not sure of what I'm saying*
c. *Peux-tu m'avancer 100 francs* ( = prêter) ? : *could you lend me 100 francs ?*
d. – **To advance** s'emploie dans le sens plus neutre de ˚se dérouler˚ (sans idée de progrès) : ex. *as the night [the enquiry] **advanced** : au fur et à mesure que la nuit [l'enquête] **avançait**.*
 – ***Avancer** en âge : to be getting on in years, to be getting on*\* ; ***avancer** en grade : to be promoted, to get promotion*
 – *Faire **avancer** :* (travail, enquête) *to speed up,* (science, connaissances) *to further,* **to advance**
◊ – *Cela ne t'**avance** à rien de crier : shouting won't get you anywhere, you won't get anywhere by shouting ; cela t'**avancera** à quoi de crier ? : where will shouting get you ?*
 – *Te voilà bien **avancé**, maintenant !*\* *: that's got you a long way !*\*, (Brit) *a fat lot of good*/(US) *a whole lot of good that's done you !*\*
☐ **Avance** (n.) : **advance**. Notez cependant : **avance** (sur un concurrent) : **lead** ; **advance** (in medicine, etc.) (souvent pl) : **progrès**

# AVANTAGEUX / ADVANTAGEOUS

**I** 1. Le fait qu'il est le fils du patron le met dans une position particulièrement **avantageuse**
(*souvent :* **favorable**)

The fact that he is the boss's son puts him in a particularly **advantageous** position [a]
⇨ 2, 3

**II** 2. Ces actions constituent un placement très **avantageux**

These shares are a very **profitable** investment

Nous sommes parvenus à obtenir des conditions de vente très **avantageuses**

We managed to secure very **favourable** terms of sale

3. J'achète toujours le café au kilo. C'est plus **avantageux**
(= économique)

I always buy coffee by the kilo. It's more **economical**

Les huîtres sont très **avantageuses** à cette époque de l'année/sont vendues à un prix très **avantageux** à cette époque de l'année

Oysters are very **reasonable**/are very **good value**/are sold at a very **reasonable/attractive** price at this time of year

4. Prenant un air **avantageux**, il commanda du champagne pour deux

With a **self-important** air he ordered champagne for two

Il a une idée trop **avantageuse** de lui-même

He's got too **high** an opinion of himself

5. Il a le don de présenter les choses sous un jour **avantageux**

He has the knack of presenting things in a **favourable** light

---

a. L'adjectif **advantageous** ne s'emploie que dans le sens général de ʿqui procure un avantage, favorableʾ, alors que l'adjectif **avantageux** a généralement le sens plus restreint de ʿqui procure un profit pécuniaire, profitableʾ (cf. 2) ou ʿéconomiqueʾ (cf. 3).

# AVARE / AVARICIOUS

**I** 1. Méfiant et **avare** de nature, il inspirait de l'antipathie à tout son entourage

His distrustful, **avaricious**° nature had earned him the dislike of all he encountered
(*plus couramment:* **mean, miserly**)

67

II    2.   Mon patron a toujours été un homme **avare** de compliments

         Il est **avare** de son temps

         My boss has always been **sparing** of praise [a]

         He **gives sparingly** of his time

---

a.   Mais : (nég) *il n'est pas **avare** de compliments : he's lavish with praise ; il n'est pas **avare** de son temps : he gives freely of his time*

## AVENTURE / ADVENTURE

I    1.   Pendant plus d'une heure, l'explorateur nous raconta ses **aventures** dans la jungle amazonienne

         For more than an hour the explorer told us about his **adventures** in the Amazonian jungle

         Pour ma mère, prendre le train, c'est toute une **aventure** !

         Going on the train is quite an **adventure** for my mother [a]
         ⇨ 3

   2.   Son esprit d'**aventure** lui faisait prendre des risques de plus en plus grands

         His spirit of **adventure** *(nd)* prompted him to take ever greater risks [b]

II   3.   Je ferais tout pour oublier cette fâcheuse **aventure**

         I'd do anything to forget that unfortunate **experience**

         Il m'est arrivé une drôle d'**aventure** ce matin

         A funny **thing** happened to me this morning

   4.   Il a récemment eu une **aventure** avec l'institutrice de son fils

         He's recently had an **affair** with his son's teacher

---

a. – Le nom *adventure* a un sens plus restreint qu'*aventure*. Il désigne toujours une entreprise audacieuse, risquée, alors qu'*aventure* peut tout simplement désigner un événement (souvent surprenant) concernant une personne (cf. 3).
    – *Roman, film d'**aventures** : adventure story, film*
b.   *Tenter l'**aventure** : to try one's luck*
◊   – *Marcher à l'**aventure** : to walk aimlessly ; si d'**aventure**° : if by any chance*
    – *Dire la bonne **aventure** (à qqn) : to tell fortunes, to tell sb's fortune ; diseur/diseuse de bonne **aventure** : fortune-teller*

## AVERTIR / TO AVERT

II    1. Sa secrétaire a téléphoné pour nous **avertir** qu'il arriverait à deux heures

His secretary rang to **inform** us that he would arrive at two o'clock

**Avertissez**-moi dès que vous aurez décidé ( = prévenir, aviser)

Let me **know** as soon as you've made up your mind

2. **Avertissez**-le du danger qu'il court

**Warn** him of the danger he's in

Je t'**avertis** : si tu fais ça encore une fois, tu auras de mes nouvelles ( = mettre en garde)

I'm **warning** you ! If you do that again, there'll be trouble

III    3. The little girl **averted** her eyes from the wounded dog

La petite fille **détourna** les yeux du chien blessé [a]

4. Such a catastrophe could have been **averted** by reinforcing security measures

Une telle catastrophe aurait pu être **évitée** si on avait renforcé les mesures de sécurité

---

a.    *To avert* suspicion : *écarter les soupçons*

---

## AVERTISSEMENT / ADVERTISEMENT

II    1. Il ne tint aucun compte des **avertissements** du médecin et mourut deux mois plus tard

He neglected the doctor's **warnings** and died two months later

2. C'est déjà son deuxième **avertissement**. S'il ne se calme pas, l'arbitre va finir par l'expulser

That's already his second **warning/caution**. If he doesn't control himself, the referee will send him off

Mon fils a eu un **avertissement** à la fin du trimestre

My son got a **warning** at the end of term

3. Que dit cet auteur dans son **avertissement (au lecteur)** ?

What does this author say in his **foreword** ?

| | | | |
|---|---|---|---|
| III | 4. If you want to find a job, put an **advertisement** in the paper (*aussi*: **ad**\*, *(surtout Brit)* **advert**\*) | | Si tu veux trouver un emploi, mets une **annonce** dans le journal |
| | I saw an **advertisement** for that washing machine on television [in the paper] (*aussi*: **ad**\*, *(surtout Brit)* **advert**\*) | | J'ai vu une **publicité/réclame** pour cette machine à laver à la télévision [dans le journal] [a] |

a. Aussi: (TV) *message/spot publicitaire*
◊ (Comm) *Dernier* **avertissement** : final demand

## AVIS / ADVICE

| | | | |
|---|---|---|---|
| II | 1. Il ne donne jamais son **avis**. Il a peur de se mouiller | | He never gives his **opinion**. He's afraid of committing himself [a] |
| | 2. N'avez-vous pas vu l'**avis** de décès dans le journal [l'**avis** sur la porte] ? | | Didn't you see the death **announcement/notice** in the paper [the **notice** on the door] ? [b] |
| III | 3. He always takes his father's **advice** *(nd)* | | Il suit toujours les **conseils** de son père [c] |

a. Changer d'**avis** : to change one's mind ; être d'**avis** que/de : to be of the opinion that, to think that ; à mon **avis** : in my opinion ; prendre l'**avis** d'une commission : to consult a committee ; la commission a émis un **avis** favorable [défavorable] : the commission has come out in favour of... [against...]
b. **Avis** de réception : acknowledgement (of receipt) ; (Comm) lettre d'**avis** : advice note ; jusqu'à nouvel **avis** : until further notice
c. A piece of **advice** : un conseil ; to take legal **advice** : consulter un homme de loi, prendre l'**avis** d'un homme de loi

## AVOCAT / ADVOCATE

II  1. Si j'étais toi, j'irais d'abord consulter un **avocat**
       — If I were you I would consult a **lawyer**/*(Brit)* **solicitor** first

    Si l'accusé avait eu un meilleur **avocat**, il aurait certainement obtenu un non-lieu
       — If the defendant had had a better *(Brit)* **barrister**/*(US)* **attorney**, the case would certainly have been dismissed [a]

III 2. He's always been a fierce **advocate** of capital punishment
       — Il a toujours été un farouche **défenseur** de la peine de mort [b]

---

a. – Les **barristers** plaident devant les tribunaux tandis que les **solicitors** préparent les dossiers et plaident uniquement devant les juridictions de moindre importance.
   – Notez que le mot **advocate** existe mais il est rarement employé, à part en Écosse, où il a le sens de ' barrister '.

b. Le mot **avocat** existe dans ce sens mais il est assez rare. Il se retrouve surtout dans l'expression : *se faire l'avocat d'une cause* : to advocate, champion, plead a cause ; *se faire l'avocat de qqn* : to plead sb's cause.

◊ *L'avocat du diable* : the devil's **advocate**

## AXE / AXIS [a]

I   1. *(Astron)* L'**axe** de la Terre est une ligne imaginaire qui joint les deux pôles
       — The earth's **axis** is an imaginary line that joins the two poles [b]

II  2. Le Ministre des Finances a défini les grands **axes** de sa politique budgétaire
       — The Chancellor set out the **broad lines**/the **main lines** of his budgetary policy

    3. La circulation est difficile sur les grands **axes** [sur l'**axe** Paris-Lyon]
       — Traffic is slow on the **trunk roads**/**main roads** [on the **main** Paris-Lyons **road**]

---

a. (A) *Axe :* (F) *hache*
b. Aussi : (Anat, Math) *axe : axis ;* mais : (Techn) *axe (d'une roue) : axle*

## BACHELIER / BACHELOR

II  1. Seuls les **bacheliers** peuvent s'inscrire au concours

Only **people who have passed the baccalaureat** can enter for the exam
($\simeq$ *(Brit)* **people with A levels**)

III  2. My brother is a confirmed **bachelor**

Mon frère est un **célibataire** endurci

3. Our new assistant lecturer is a **Bachelor** of Arts (*abrév :* **B.A.**). He intends to do a Ph.D.

Notre nouvel assitant est **licencié** ès lettres. Il a l'intention de faire un doctorat

## BAGAGE / BAGGAGE

II  1. Mets tes **bagages** dans le coffre. Nous partons

Put your **luggage** *(nd)* in the boot. We're going [a]

Elle avait pour tout **bagage** un petit sac à main

Her only **luggage** *(nd)* was a small handbag

2. Il n'a pas un **bagage** scientifique suffisant pour entreprendre ces études

His scientific **background** is too limited for him to embark on such studies

III  3. *(vieilli)* I told the little **baggage**\* never to set foot in my house again

J'ai dit à cette petite **garce**\* de ne plus jamais mettre les pieds dans ma maison

---

a. – (US, rarement Brit) ***baggage***
 – ***Bagages*** *à main :* hand luggage ; *plier* ***bagage*** *:* to pack up and go

## BAL / BALL

voir aussi : **BALLE / BALL**

I    1. Pour son premier **bal,** la princesse portait une robe de satin blanc

For her first **ball** the princess wore a white satin dress

Que diriez-vous d'un **bal** costumé ?

What about a fancy dress **ball** ? [a]

II    2. La fête se termina par un **bal** sur la place du village

The festivities ended with a **dance** in the village square

---

a. **Ball** désigne toujours une réunion de grand apparat tandis que **bal** peut désigner une réunion populaire (cf. 2).
◊    They had a **ball** !* : ils se sont bien marrés !*, c'est fou ce qu'ils se sont amusés !

## BALANCE / BALANCE

I    1. Le pharmacien déposa délicatement la poudre sur la **balance**

The chemist put the powder carefully on the **balance** [a]
⇨ 3

     2. Au cours du conseil des ministres, il a surtout été question de la **balance** commerciale [de la **balance** des paiements]

The **balance** of trade [the **balance** of payments] was the main subject of discussion at the Cabinet meeting [b]

II    3. Je voudrais peser ce paquet de farine. As-tu une **balance** ?

I want to weigh this flour. Have you got a **pair of scales**/any **scales** *(pl)* ?

     Elle se mit sur la **balance** pour voir si elle avait perdu du poids

She got on the **scales** *(pl)*/ **weighing machine** to see if she'd lost any weight [c]

     4. Quel est ton signe du zodiaque ?
— **Balance**

What's your sign of the zodiac ?
— **Libra**

III    5. The tightrope walker lost his **balance**

Le funambule perdit l'**équilibre**

| | |
|---|---|
| 6. His mother's optimism acts as a **balance** to his father's pessimism | L'optimisme de la mère **fait contrepoids** au pessimisme du père/**compense** le pessimisme du père |
| 7. What's my **(bank) balance**? | Quelle est la **position** de mon compte?/Quel est le **solde** de mon compte? [d] |

a. Le nom anglais **balance** s'emploie pour désigner une balance de précision, utilisée pour peser les préparations pharmaceutiques, l'or, l'argent, etc.
b. Dans ce sens, on emploie souvent **équilibre** en français : ex. *the budgetary, economic **balance*** : *l'équilibre budgétaire, économique*.
c. – **Scales** désigne plutôt un pèse-personne tandis que **weighing machine** désigne une balance plus grande (comme on en trouve dans les pharmacies, par exemple).
  – *Faire pencher la **balance*** : *to tip the scales/**balance** ; peser (lourd) dans la **balance*** : *to carry (a lot of) weight*
d. *Credit **balance*** : *solde créditeur ; debit **balance*** : *solde débiteur ; **balance** sheet : bilan*
◊ *On **balance*** : *tout bien pesé, tout compte fait ; to strike a **balance** between two things* : *trouver le juste milieu/un compromis entre deux choses*

## (SE) BALANCER / TO BALANCE

II 1. L'enfant était assis et **balançait** les jambes  
 The child sat **swinging** his legs [a]

 Si tu **balances** le berceau quelques minutes, elle s'endormira  
 If you **rock** the cradle for a few minutes she'll fall asleep

 Le bateau était **balancé** par les vagues  
 The boat was **rocked** by the waves

 2. Il a **balancé*** son livre par la fenêtre  
 He **chucked*** his book out of the window

 Le directeur de l'usine l'a **balancé***  
 The manager of the factory **gave him the boot*/the push***

 Il a été **balancé*** de l'école [du café]  
 He was **thrown out*/kicked out*** of the school [of the pub]

 3. J'ai **balancé*** ta vieille veste de tweed. Elle était toute mitée  
 I've **chucked out*** your old tweed jacket. It was all moth-eaten

 L'ambiance au bureau est tellement détestable que j'ai parfois envie de tout **balancer***  
 The atmosphere at the office is so terrible that I sometimes feel like **chucking** it all **in***

 4. Si tu savais ce qu'il m'a **balancé*** comme horreurs!  
 If you knew what dreadful things he **said** to me!

|   |   |   |   |
|---|---|---|---|
|   | 5. | Tu ne vas quand même pas me **balancer*** aux flics ! | Surely you're not going to **squeal on*** me/*(Brit)* **shop*** me ! |
| III | 6. | Can you **balance** a jug of water on your head ? | Peux-tu **tenir/mettre** une cruche **en équilibre** sur ta tête ? |
|   | 7. | I must go and have the wheels of my car **balanced** | Je dois faire **équilibrer** les roues de ma voiture |
|   | 8. | Do you think that will be enough to **balance** the weight of the bucket ? | Crois-tu que cela suffira pour **contrebalancer** le poids du seau ? |
|   |   | The profit we make in one shop **balances** the loss we make in the other | Le profit que l'on fait dans un magasin **compense** la perte que l'on fait dans l'autre ᵇ |
|   | 9. | The government did not manage to **balance** the budget | Le gouvernement n'est pas parvenu à **équilibrer** le budget ᶜ |

---

a. *Se balancer sur une chaise* : to rock backwards and forwards on a chair ; *se balancer sur une balançoire* : to swing
b. *To balance the advantages against the disadvantages* : mettre en balance les avantages et les inconvénients
c. Mais : (Compt) **to balance** the accounts/books : *balancer un compte, dresser le bilan* ; the accounts **balance** : *profits et pertes se balancent/s'équilibrent*
◊ – *Je m'en balance !* * : I don't give a damn (about it) !*, I couldn't care less (about it) !*
 – Comparez : *she's a well-balanced person* : elle est très équilibrée
  elle est bien **balancée** !* : she's got a smashing figure !*
 – (vieilli ou litt) ***Balancer*** ( = hésiter) : *to hesitate, to waver*

## BALLE / BALL

voir aussi : **BAL / BALL**

|   |   |   |   |
|---|---|---|---|
| I | 1. | Je me suis acheté de nouvelles **balles** de tennis | I've bought some new tennis **balls** ᵃ |
|   | 2. | Tu as vu ça ? Quelle belle **balle** ! C'est un vrai champion ( = coup) | Did you see that ? What a good **ball** ! He's a real champion ᵇ (*plus souvent :* **shot**) |
| II | 3. | Il ne restait plus que deux **balles** dans le revolver | There were only two **bullets** left in the revolver |

| | | On a retrouvé son corps criblé de **balles** | They found his body riddled with **bullet holes** |
|---|---|---|---|
| | 4. | Les **balles** de coton s'entassaient dans le camion | The **bales** of cotton piled up in the lorry |
| | 5. | Ça m'a coûté cent **balles*** ! | It cost me a hundred **francs** ! |
| III | 6. | The kitten was playing with a **ball** of wool | Le chaton jouait avec une **pelote** de laine |
| | | The teacher gave each child a **ball** of clay | L'institutrice donna à chacun des enfants une **boule** d'argile |
| | 7. | A rusty nail had made a deep cut in the **ball** of his foot [of his thumb] | Un clou rouillé avait profondément entaillé sa **plante** de pied [la **partie charnue** de son pouce] |
| | 8. | She kicked him in the **balls**** | Elle lui donna un coup de pied dans les **couilles**** |
| | | What a load of **balls**** ! | Quelles **conneries**** ! |

a. – Mais : (rugby, basket, football...) **ballon**
   – (fig) *Saisir la **balle** au bond* : to jump at the opportunity
   – (fig) *To play **ball****  : jouer le jeu ;* (fig) *it's a whole new **ball** game* * : c'est tout à fait différent
b. Mais : **balle** *de jeu, de set, de match : game, set, match point ; faire des **balles** : to have a knock-up, to knock up*
◊ *Il a une bonne **balle*** ! : he's got a friendly face, he looks a decent sort of chap

## BALLON / BALLOON

| | | | |
|---|---|---|---|
| I | 1. | Ce roman raconte un voyage autour du monde en **ballon** | This novel is about a journey round the world by **(hot-air) balloon** |
| | 2. | Ils avaient décoré la pièce avec des guirlandes et des **ballons** de toutes les couleurs | They had decorated the room with gaily coloured paper-chains and **balloons** |
| II | 3. | Mon fils a demandé un **ballon** de rugby pour Noël | My son has asked for a rugby **ball** for Christmas |
| | 4. | Le maire commanda un **ballon** de rouge | The mayor asked for a **glass** of red wine [a] |

| | | | |
|---|---|---|---|
| III | 5. | The children were asked to fill in the **(speech) balloons** in the cartoon | On a demandé aux enfants de remplir les **bulles** de la bande dessinée (*rarement :* **ballons**) |

---

a. Verre **ballon :** (vin) *wine glass ;* (cognac) *brandy glass,* (moins souvent) *balloon*

## BANC / BANK [a]

| | | | |
|---|---|---|---|
| II | 1. | Ils étaient assis sur un **banc** au fond du jardin | They were sitting on a **bench** at the bottom of the garden |
| | | L'instituteur lui désigna un **banc** situé près du radiateur | The teacher showed him a **desk/seat** near the radiator |
| | | *(Jur)* Le juge se tourna vers le **banc** des accusés [des témoins] | The judge turned towards the **dock** [the witness **box**/*(US)* witness **stand**] |
| | 2. | Les pêcheurs cherchaient des **bancs** de poissons | The fishermen were looking for **shoals/schools** of fish [b] |
| III | 3. | They had left their equipment on the river **bank** | Ils avaient laissé leur équipement sur la **berge**/sur la **rive**/au **bord** de la rivière |
| | | The river has overflowed its **banks** *(pl)* | Le fleuve est sorti de son **lit** |
| | 4. | Climb up the **bank**. There's a lovely view from up there | Grimpe sur le **talus**. On a une vue magnifique de là-haut |
| | | The **bank** in the road makes the bend less dangerous | Le **remblai** rend le virage moins dangereux |

---

a. Lorsque le mot anglais **bank** désigne une institution financière, il correspond au mot français **banque**.
b. Mais : *un banc d'huîtres :* an oyster **bank**/bed
◊ – **Banc** de sable : sandbank ; **banc** de brouillard : **bank** of fog, fog patch
 – **Bank** of clouds : amoncellement de nuages

## BANDIT / BANDIT

I   1. Après avoir détroussé tous les voyageurs, les **bandits** regagnèrent leur repère
(*aussi :* **brigands**)

After robbing all the passengers of their valuables, the **bandits** returned to their den [a]
⇨ 2

II   2. J'ai vu trois **bandits** s'introduire dans la banque. Ils portaient des cagoules

I saw three **gangsters** going into the bank. They were wearing hoods

3. Ce garagiste est un **bandit** ! Il n'est pas près de me revoir

That garage man's a **crook** */ **shark** * ! I shan't go back there in a hurry

4. Son **bandit** * de fils a encore saccagé toutes mes laitues

His **rascal** of a son has ruined all my lettuces again

Alors, vieux **bandit** * ! Toujours à courir le jupon ?

Well, you old **rascal,** chasing after the women as usual ?

---

a. (A) **Bandit** ne s'emploie que dans le cas de brigands attaquant, en bande, des trains, des voyageurs, etc.

◊ One-armed **bandit** * : machine à sous, ≃ jackpot

## BAPTISER / TO BAPTIZE

I   1. Le bébé a été **baptisé** à l'église Sainte-Marie

The baby was **baptized** at Saint Mary's Church [a]
(*plus souvent :* **christened**)

II   2. C'est la princesse de Galles qui a **baptisé** le nouveau paquebot

The Princess of Wales **launched** the new liner [b]

L'évêque a accepté de venir **baptiser** notre nouvelle cloche

The bishop has agreed to come and **dedicate/bless** our new bell

3. Le maire **baptisa** la rue du nom de son prédécesseur

The mayor **named/called** the street after his predecessor

4. Comme c'était toujours lui qui détenait l'argent, ils l'avaient **baptisé** ' le banquier '

As he was the one who always kept the money, they **christened/nicknamed** him ' The Banker '

La pièce qu'il avait **baptisée** ' le bureau ' n'était qu'une petite mansarde

The room he **called** ' the study ' was just a little attic

---

a. **To baptize** est un terme qui est principalement employé par les gens d'Église. Notez que pour les baptêmes d'adultes, on emploie toujours **to baptize** et pas **to christen**.
b. Lorsque le nom du bateau est mentionné, on emploie **to name** ou **to christen** : *the ship was named/christened the Queen Mary*.
◊ **Baptiser*** du vin : to water (down) wine

## BAR / BAR

voir : **BARRE / BAR**

## BARAQUE / BARRACKS

II 1. Lorsque la pluie se mit à tomber, les ouvriers se réfugièrent dans la **baraque** située au bout du chantier

When it started to rain, the workmen took shelter in the **shed/hut** at the far end of the building site [a]

2. N'achète pas cette **baraque***. Elle ne vaut pas un clou !

Don't buy that **old place/shack***. It's not worth tuppence !

*(fig)* J'en ai marre de cette **baraque*** !

I'm sick of this **dump*/hole*** !

3. Ils ont une de ces **baraques*** ! Cela a dû leur coûter une fortune

They've got a **fantastic great place** ! It must have cost a fortune

III 4. Soldiers must be back in **barracks** *(pl)* by 10 o'clock every night

Les soldats doivent être de retour à la **caserne** tous les soirs avant 10 heures

His house is cold and bare. It's a real **barracks*** *(pl)* of a place !

Sa maison est froide et austère. C'est une vraie **caserne** !

---

a. *Baraque foraine* : fairground stall/booth

# BARRE / BAR [a]

**I**  1. L'homme le frappa plusieurs fois avec une **barre** de fer [d'acier]

The man hit him several times with an iron **bar** [a steel **bar**] [b]

**II**  2. *(Jur)* Juste au moment où elle quittait la **barre (des témoins)**, le juge la rappela

Just as she was leaving the *(Brit)* **witness box**/*(US)* **witness stand**, the judge called her back [c]
⇨ 9

3. Le matelot vint remplacer le capitaine à la **barre**

The sailor came to take over from the captain at the **helm** [d]

4. Tu pourrais tout de même tracer les **barres** de fraction à la règle

You could at least draw the fraction **lines** with a ruler [e]

Chaque jour, le prisonnier fait une **barre** sur le mur

Every day the prisoner draws a **line/stroke** on the wall

5. Le dollar est descendu au-dessous de la **barre** des 125 yens

The dollar has gone below the **level** of 125 yen/the 125 yen **mark**

**III**  6. One of the **bars** of the cage was broken and the monkey escaped

Un des **barreaux** de la cage était cassé et le singe s'est échappé

7. The conductor gave the first ten **bars**

Le chef d'orchestre donna les dix premières **mesures**

8. His poor health was a **bar** to his ambitions

Sa mauvaise santé était un **obstacle**/une **entrave** à ses ambitions [f]

9. *(Brit) (Jur)* He was called to the **Bar** in 1953

Il fut reçu au **barreau** en 1953 [g]

---

a. Le mot **barre** existe également en anglais mais il est limité au domaine de la danse : ex. *la danseuse s'exerçait quatre heures par jour à la **barre** : the dancer practised at the **barre** for four hours a day.*
b. – *A **bar** of chocolate* : une tablette/plaque/**barre** de chocolat
   – (Gym) ***Barre** fixe* : *horizontal **bar** ; **barres** parallèles* : *parallel **bars***
c. – *Se présenter/comparaître à la **barre*** : *to appear as a witness* ; *être appelé à la **barre*** : *to be called as a witness*
   – *The prisoner at the **bar*** : *l'accusé*
d. Pour un petit bateau, on emploie aussi le mot **tiller**.
e. *Tu as oublié la **barre** du t* : *you forgot to cross the t* ; (Imprim) ***barre** (oblique)* : *slash, stroke*

f. *Toll bar* : barrière de péage ; (Brit) *colour bar* : discrimination raciale
g. (US) *To be called to the bar* : devenir juriste, entamer une carrière juridique
◊ − (Mar) **Barre** : (amas de sable) *bar*, (ressac) *surf*
  − *Avoir barre(s) sur qqn* : *to have a hold over sb, to have power over sb* ; *avoir une barre sur l'estomac* * : *to have indigestion/stomach-ache*
☐ (A) **Bar** : (F) **Bar, café, bistrot**

## (SE) BARRER / TO BAR

**II** 1. Un camion renversé **barrait** la route
An overturned lorry was **blocking/obstructing** the road (*moins souvent* : barring)

Suite à cet accident, la police avait **barré** la route
Because of the accident the police had **closed** the road [a]

2. Il serait plus prudent de **barrer** ton chèque
It would be wiser to **cross** your cheque

3. Il avait **barré** des mots par-ci par-là dans sa copie
He had **crossed out** words here and there on the page

4. Ce navire est facile à **barrer**
This boat is easy to **steer/cox** [b]

5. Paulo s'est **barré*** avec le fric
Sid's **pushed off*** with the lolly [c]

**III** 6. John has been **barred** from the club for his bad behaviour
Jean a été **exclu** du club à cause de sa mauvaise conduite

He **barred** smoking in his shop
Il **interdisait** qu'on fume dans son magasin [d]

---

a. − *Route barrée* : *road closed* ; *il me barrait la route* : (lit) *he was blocking my way*/(moins souvent) *barring my way*, (fig) *he was standing in my way*
  − *To bar the way to (progress, success)* : faire obstacle au (progrès, succès)
b. *To cox* n'est employé que dans le domaine de l'aviron.
c. *Barre-toi !** : *beat it*, clear off**, (Brit) *hop it* ! 
d. *No holds barred** : tous les coups sont permis
◊ *Il est mal barré** : *he's got off to a bad start*

## BARRIÈRE / BARRIER

I    1. La police avait dressé des barrières pour séparer les supporters des deux équipes

The police had put up **barriers** to separate the rival fans [a]
⇨ 4

     2. Les hautes montagnes formaient une **barrière** naturelle entre les deux pays

The high mountains formed a natural **barrier** between the two countries

     3. Nous avons toujours prôné la suppression des **barrières** douanières et de toute autre **barrière** entre les peuples

We have always advocated removing trade **barriers** and all other **barriers** between nations [b]

II    4. Il ouvrit la **barrière** et se dirigea vers la maison

He opened the **gate** and went towards the house

Un des enfants s'est blessé en escaladant la **barrière** de l'enclos

One of the children hurt himself climbing over the paddock **fence** [c]

---

a. (Auto) *Crash barrier* : *glissière de sécurité*
b. Mais : ***barrier* to** *(progress, promotion...)* : *obstacle/entrave à*
c. – **Gate** est une clôture mobile, **fence** une clôture fixe.
     – (Ch. de fer) ***Barrière*** *(de passage à niveau)* : *barrier, gate ;* (Ch. de fer) ***(ticket) barrier*** : *portillon (d'accès)*
     – (fig) *Être de l'autre côté de la **barrière*** : *to be on the other side of the fence*
◊    *Sound **barrier*** : *mur du son ; **barrier** cream* : *crème protectrice*

## BASE / BASE

I    1. La **base** de la statue est en pierre

The **base** of the statue is made of stone

La **base** du triangle mesure dix centimètres

The **base** of the triangle is ten centimetres long

     2. Le lieutenant a rejoint la **base** aérienne [navale]

The lieutenant returned to the air **base** [the naval **base**] [a]

     3. *(Chim)* Quelle est la différence entre une **base** et un acide ?

What is the difference between a **base** and an acid ?

|   |   |   |
|---|---|---|
|   | 4. *(Math)* La plupart des ordinateurs travaillent en **base** 2 | Most computers work to **base** 2 |
|   | 5. Ce dessert est à **base** d'œufs | This dessert has eggs as its **base** |
| II | 6. Ses croyances sont fondées sur des **bases** solides (= fondement) | His beliefs have a firm **basis** [b] |
|   | Ce savant a posé les **bases** de la chimie | This scientist laid the **foundations** of chemistry |
|   | 7. Qu'en dit la **base** ? — Les délégués syndicaux doivent encore la consulter | What do the **rank and file** say ? — The trade union representatives still have to consult them |

a. – En anglais, le mot **base** peut être utilisé dans d'autres contextes : *the company's **base*** : *le siège de la société* ; *when we were on holiday we made Bournemouth our **base** and went on trips from there* : *pendant les vacances, nous avons fait des excursions à partir de Bournemouth.*
   – (Alpin) **Base (camp)** : *camp de base*
b. – Notez que **base** s'emploie dans ce sens dans certains composés : ex. *tax **base*** : *assiette de l'impôt* ; *power **base*** : *assiette/assise politique.*
   – *De **base*** : *basic* (ex. *vocabulaire de **base*** : *basic vocabulary*) ; *sur la **base** de* : *on the basis of*
   – (Informat) **Base** *de données* : *database*

## BASSIN / BASIN

|   |   |   |
|---|---|---|
| I | 1. Apporte-moi un **bassin** pour que je puisse me laver les mains (*plus souvent* : une **cuvette**, une **bassine**) | Bring me a **basin** so that I can wash my hands [a] |
|   | 2. Ce port a un **bassin** à marée extrêmement profond | This port has a very deep tidal **basin** (*souvent* : **dock**) |
|   | 3. Cette espèce d'orchidée se retrouve dans tout le **bassin** de l'Amazone | This species of orchid is found throughout the Amazon **Basin** |
| II | 4. Les **bassins** de Versailles sont de toute beauté | The **ornamental lakes/ornamental ponds** of Versailles are very beautiful [b] |

| | | |
|---|---|---|
| | 5. L'accouchement a été pénible car la patiente avait le **bassin** très étroit | The delivery was painful because the patient had a very narrow **pelvis** |
| III | 6. He took some milk and poured it into the **basin** of flour | Il prit un peu de lait et le versa dans le **bol** de farine [c] |

a. (Méd) *Bassin* (Belg : *panne*) : *bedpan*
b. – Mais : *bassin* / (plus souvent) *vasque (d'une fontaine)* : *basin*
   – (Belg) *Bassin de natation* : *swimming pool*
c. (Brit) *Sugar basin* : *sucrier*

## BÉNÉFICE / BENEFIT

| | | |
|---|---|---|
| I | 1. En faisant cela, elle perdra tout le **bénéfice** de ses efforts | By doing that she will lose all the **benefit** she has gained from her efforts [a] |
| | Ils lui ont laissé le **bénéfice** du doute | They gave him the **benefit** of the doubt |
| II | 2. Grâce à cette machine, nos **bénéfices** se sont considérablement accrus | Thanks to this machine our **profits** have risen considerably |
| III | 3. She draws unemployment [maternity] **benefit** *(nd)* | Elle touche une **allocation** de chômage [de maternité] |
| | 4. The **benefit (performance)** for handicapped children raised £5,000 | La **représentation de bienfaisance** au profit des enfants handicapés a rapporté 40 000 francs |

a. Bien que le sens de 'profit, avantage,' existe dans les deux langues, il est important de faire remarquer que **bénéfice** et **benefit** sont rarement traduisibles l'un par l'autre car les expressions idiomatiques dans lesquelles on retrouve ces mots ne sont pas les mêmes dans les deux langues : *au **bénéfice** des aveugles* : *in aid of the blind* ; *un divorce à son **bénéfice*** : *a divorce in her favour* ; *to have the **benefit** of sth* : *bénéficier de qqch* ; *for your [his...] **benefit*** : *pour vous [lui...]*. Notez également que **bénéfice** ne s'emploie pas au pluriel dans ce sens : *the **benefits** of science* : *les bienfaits de la science*.

## BÉNÉFICIER / TO BENEFIT

I    1. Ces nouvelles mesures **bénéficieront** à toute la région (*aussi*: **profiteront** à)

These new measures will **benefit** the whole area [a]

II    2. Ce peintre **bénéficie** d'une réputation mondiale

This painter **has/enjoys** a worldwide reputation

Le prisonnier **bénéficie** d'un traitement de faveur [de certains avantages]

The prisoner **receives/enjoys** preferential treatment [**enjoys** certain advantages]

Contrairement à ses frères, il a **bénéficié** d'une bonne éducation

Unlike his brothers, he has **had the benefit of**/has **enjoyed** a good education

Dans ce magasin, vous **bénéficierez** d'une remise de 10 %

You will **receive/get** a 10 % discount in this shop [b]

III    3. Your son doesn't seem to have **benefited** at all from his stay abroad

Votre fils ne semble avoir **tiré** aucun **profit** de son séjour à l'étranger

I can see the advantages of the scheme for the students, but how would we **benefit**?

Je vois bien quels avantages le projet présente pour les étudiants, mais quel **avantage/profit** en retirerions-nous ?/mais qu'est-ce que nous y **gagnerions** ?

a.    Notez que, outre le sens de 'profiter à', **to benefit** peut aussi avoir le sens de 'tirer profit de' (cf. 3). Bien que ce sens ne soit pas toujours exclu en français, **bénéficier** a le plus souvent le sens plus passif de 'avoir, jouir de' (cf. 2).
b.    (Jur) **Bénéficier** d'un non-lieu : to be (unconditionally) discharged ; **bénéficier** de circonstances atténuantes : to be granted mitigating/extenuating circumstances ; il **bénéficia** de l'indulgence du jury : the jury showed leniency towards him

## BÉNÉVOLE / BENEVOLENT

II    1. La Croix-Rouge demande des infirmières **bénévoles** pour l'étranger

The Red Cross is looking for **voluntary** nurses to go abroad

Elle travaille à titre de **bénévole** dans une maison de retraite

She does **voluntary** work in an old people's home

| | | | |
|---|---|---|---|
| III | 2. | He looked at his pupils with a **benevolent** gaze | Il regardait ses élèves d'un air **bienveillant** |
| | | On that beautiful spring morning I was feeling **benevolent** towards the whole world | Par cette belle matinée de printemps, je me sentais **bien disposé** envers tout le monde |
| | 3. | The village women have founded a **benevolent** society | Les femmes du village ont créé une association **de bienfaisance** |
| | | A **benevolent** donor sent us enough money to organize a trip for the orphans | Un donateur **généreux/charitable** nous a envoyé assez d'argent pour organiser un voyage pour les orphelins |

## BÉNIN / BENIGN

| | | | |
|---|---|---|---|
| II | 1. | Ils ont été victimes d'un accident heureusement **bénin** | They had an accident, but fortunately, only a **slight** *(épith)*/ **minor** *(épith)* one |
| | | Une punition aussi **bénigne** n'aura certainement pas un grand effet de dissuasion | Such a **mild** punishment will certainly not act as a deterrent |
| | | Quelques formes **bénignes** de malaria ont été découvertes dans la région | Some **mild/harmless** forms of malaria have been discovered in this area [a] |
| III | 2. | A **benign** old man told us the way | Un vieux monsieur **affable/bienveillant** nous a indiqué la route |
| | | He welcomed the children with a **benign** smile | Il accueillit les enfants avec un sourire **bienveillant** |
| | 3. | The climate of Tenerife is **benign** and attracts many tourists | Le climat de Ténériffe est **doux** et attire de nombreux touristes |

---

a. L'adjectif **benign** existe dans ce sens mais il appartient au jargon médical. Il est cependant courant dans le cas d'une tumeur : *a **benign** tumour.*

## BIZARRE / BIZARRE

II  1. Il a toujours des idées **bizarres** à propos de tout

He always has **odd/strange/funny*** ideas about everything

J'ai une voisine assez **bizarre**. Elle vit seule avec une vingtaine de chats

I've got rather a **strange/odd/peculiar** neighbour. She lives on her own with about twenty cats

Il ne m'a pas encore téléphoné. Comme c'est **bizarre** !

He hasn't phoned yet. Isn't that **odd/strange/funny*** ?

III  2. The most **bizarre** story is that of the boy who changed sex and caused a scandal by marrying her cook's boyfriend

L'histoire la plus **étrange/insolite** est celle du garçon qui changea de sexe et fit scandale en épousant l'ami de sa cuisinière [a]

---

a. Bien qu'il ne soit pas exclu de trouver des cas où (F) **bizarre** et (A) **bizarre** soient équivalents, dans la majorité des cas, (A) **bizarre** a un sens plus fort. Il correspond plus exactement à des adjectifs tels que : **étrange, insolite, fantastique, excentrique, extravagant.**

## BLÂMER / TO BLAME

I  1. Peut-on vraiment le **blâmer** d'avoir donné sa démission ?
(*plus souvent :* lui **reprocher**)

Can one really **blame** him for resigning ? [a]
⇨ 2

II  2. Les journalistes ne manqueront pas de le **blâmer** pour ses idées pacifistes

The press will certainly **criticize** him for/**take** him **to task** for his pacifist ideas

Les syndicats des mineurs ont **blâmé** l'attitude inflexible du patronat

The miners' unions **condemned** the inflexible attitude of the management

3. Il a été **blâmé** par le conseil de discipline de son club
(*souvent :* a **reçu un blâme**)

He was **reprimanded** by/**received a reprimand** from the disciplinary committee of his club

III  4. He **blamed** his brother for the bankruptcy/He **blamed** the bankruptcy on his brother

Il a **rejeté la responsabilité** de la faillite sur son frère

They **blamed** the early frost for the bad harvest

Ils ont **attribué** leur mauvaise récolte aux gelées précoces

Whenever there is an accident at that crossroads they **blame** the local authority

Chaque fois qu'il y a un accident à ce carrefour, ils **incriminent/mettent en cause** les autorités locales

---

a. Contrairement au verbe **blâmer, to blame** n'est courant dans ce sens qu'à la forme négative ou interrogative (comparez 2) et dans certaines expressions : he was greatly to **blame** for doing that : il a eu grand tort de faire cela ; I'm not to **blame** : ce n'est pas de ma faute ; you have only yourself to **blame** : tu ne peux t'en prendre qu'à toi-même ; he's left his wife and I don't **blame** him : il a quitté sa femme et je le comprends.

## BLANC / BLANK

I  1. C'est la première fois sur quatre ans d'études que j'ai dû remettre une copie **blanche**

It's the first time in four years at university that I've had to hand in a **blank** exam paper

Les bulletins de vote **blancs** ne comptent pas

**Blank** voting slips do not count [a]

II  2. Ma fille refuse de porter une robe **blanche** à son mariage

My daughter refuses to wear a **white** dress for her wedding

Un majordome aux cheveux tout **blancs** m'ouvrit la porte

The door was opened by a **white**-haired butler [b]

3. Ces événements marquèrent la fin de la domination **blanche** en Afrique

These events marked the end of **white** domination in Africa [c]

4. Il est très **blanc** ces derniers temps. Il travaille trop

He's very **pale** these days. He works too hard

Il était **blanc** de peur [de rage]

He was **white** with fear [with rage]

5. Je préfère le vin [le raisin, le pain, la viande, la sauce] **blanc(he)**

I prefer **white** wine [grapes, bread, meat, sauce] [d]

6. J'étais tellement anxieuse avant l'examen que j'ai passé une nuit **blanche**

I was so nervous before the exam that I spent a **sleepless** night

|   |   |   |
|---|---|---|
|   | Un mariage **blanc** peut être annulé par l'Église | An **unconsummated** marriage can be annulled by the Church |
|   | C'était une opération **blanche**. Le principal est que nous n'ayons pas perdu d'argent | It was a **break-even** deal. The main thing is that we didn't make a loss |
|   | Il annonça d'une voix **blanche** que son fils s'était suicidé | He told us in a **toneless** voice that his son had committed suicide |
|   | 7. Il est sorti **blanc** (comme neige) de cette affaire | He came out of it as **pure** as the driven snow |
| III | 8. He gave me a **blank** look | Il me regarda **d'un air perplexe/ sans avoir l'air de comprendre** |

a. – Donner carte **blanche** à qqn : to give sb carte **blanche**
   – Notez que dans ce sens, l'anglais est plus large : **blank** cassette : cassette vierge ; **blank** cheque : chèque en blanc ; **blank** wall : mur aveugle ; **blank** cartridge : cartouche à blanc ; my mind went **blank** : j'ai eu le trou complet, c'était le vide total, je ne me souvenais plus de rien.
b. (TV) Carré/rectangle **blanc** : TV symbol indicating that a programme is not recommended for children or people of a nervous disposition
c. De race **blanche** : white, Caucasian
d. Faire chou **blanc** : to draw a blank
◊ (Poésie) Vers **blanc** : blank verse

## BLOC / BLOCK [a]

|   |   |   |   |
|---|---|---|---|
| I | 1. | De gros **blocs** de pierre barraient l'entrée du tunnel | Large **blocks** of stone barred the entrance to the tunnel |
| II | 2. | Ces éléments [entreprises] forment un **bloc** | These elements form a **unit** [These companies make up a **group**] |
|   | 3. | J'ai sorti mon **bloc** de papier à lettres et j'ai attendu que l'inspiration me vienne | I got out my writing **pad** and waited for inspiration |
|   | 4. | Les policiers lui ont fait passer la nuit au **bloc*** | The police put him in the **cells** for the night |
| III | 5. | The whole **block** was destroyed by the fire | Tout le **pâté de maisons** fut détruit par l'incendie [b] |

89

| | |
|---|---|
| The club bought a **block** of tickets [booked a **block** of seats] for a musical | Le club a acheté une **série** de tickets [a réservé une **série** de places] pour une comédie musicale [c] |
| 6. In spite of the police road **blocks**, the prisoner managed to escape | Malgré les **barrages** (routiers) de la police, le prisonnier est parvenu à s'échapper |
| She's got a mental **block** about figures | Dès qu'on parle de chiffres, elle fait un **blocage** [d] |

---

a. – Le mot **bloc** existe également en anglais mais il n'est employé que dans le domaine politique : *the communist **bloc** : le **bloc** communiste*.
   – Notez également l'expression : *en **bloc** :* ex. *he rejected all the demands en **bloc** : il a repoussé en **bloc** toutes les revendications*.
b. *To go for a walk round the **block** : aller faire un tour dans le quartier ;* (US) *he lives three **blocks** away : il habite trois rues plus loin*
c. *A **block** of shares : une tranche d'actions*
d. ***Block** (in a pipe,...) : obstruction (dans un tuyau,...)*
◊ – ***Block** of flats : immeuble (à usage d'habitation) ; office **block** : immeuble de bureaux ; tower **block** : (immeuble) tour*
   – *I'll knock your **block** off !\* : je vais te casser la figure !\**
   – *He's a chip off the old **block**\* : c'est bien le fils de son père*

## (SE) BLOQUER / TO BLOCK

**I**   1. Un bouchon de 4 km **bloque** la route

        Les manifestants **bloquaient** l'entrée

        A 4-mile traffic jam is **blocking** the road

        The demonstrators were **blocking** the entrance [a]

**II**   2. Nous avons été **bloqués** par un accident sur l'autoroute

        We were **held up** by an accident on the motorway [b]

    3. À cause de cette grippe, j'ai été **bloquée** à la maison pendant une semaine

        I was **stuck** indoors for a week with that flu

    4. On dirait qu'ils font tout pour **bloquer** les négociations

        It's as if they were doing everything possible to **hold up** the negotiations/**bring** the negotiations **to a standstill**
(*moins souvent :* **to block** the negotiations)

| | | | |
|---|---|---|---|
| | 5. | Tu n'y arriveras jamais : la roue [la machine, la porte, le frein] est **bloqué(e)** | You'll never manage ; the wheel is **locked** [the machine is **jammed**, the door, brake is **jammed/stuck**] [c] |
| | 6. | Suite à la crise économique, les salaires ont été **bloqués** | Because of the economic crisis, wages were **frozen** |
| | | J'ai demandé à la banque de **bloquer** le compte de mon fils | I asked the bank to **freeze** my son's account [d] |
| | 7. | J'ai intentionnellement **bloqué** toutes mes dépenses en début de mois | I intentionally **grouped** all my expenses at the beginning of the month |
| | 8. | Ne lui pose pas de questions directes. Cela risquerait de la **bloquer** | Don't ask her any direct questions. It might **inhibit** her |
| | 9. | *(Belg)* Je **bloque**\* (mon anglais) depuis plus d'une semaine | I've been **revising** (my English) for more than a week |
| III | 10. | If you keep throwing rubbish down the sink, it'll get **blocked (up)** | Si tu continues à jeter des détritus dans l'évier, tu vas finir par le **boucher**/il va finir par **se boucher** [e] |

a. – Mais : (Mil) *les bateaux bloquaient le port : the ships blockaded the harbour ; **to block** sb's way : barrer la route à qqn*
 – (Sports) ***Bloquer** le ballon : **to block** the ball*
b. ***Bloqué** par la neige, le brouillard : snowbound, fogbound*
c. ***Se bloquer :*** (roue) *to lock ;* (machine) *to jam ;* (porte) *to jam, to get stuck, to stick ;* (frein) *to jam, to lock*
d. ***Bloquer** un chèque : to stop a cheque*
e. ***To block** one's ears : se boucher les oreilles ; **to block** the view : boucher la vue*

## BŒUF / BEEF

| | | | |
|---|---|---|---|
| I | 1. | Qu'y a-t-il au menu ce soir ?<br>— Du rôti de **bœuf** | What's on the menu tonight ?<br>— Roast **beef** |
| II | 2. | Dans certains pays, les charrues sont encore tirées par des **bœufs** | In some countries ploughs are still drawn by **oxen** *(sg : **ox**)* |

Il a un grand troupeau de **bœufs** He has a large herd of **bullocks/steers** [a]

---

a. **Ox** désigne un bœuf de trait, **bullock/steer**, un bœuf de boucherie.
◊ – Fort comme un **bœuf** : as strong as a horse/an ox
– To have a **beef*** about sth : rouspéter* à propos de qqch

## BOMBE / BOMB

**I** 1. Une **bombe** a éclaté dans l'ambassade. A **bomb** went off in the embassy [a]

**II** 2. Cet insecticide est disponible en **bombe** ou en poudre. This insecticide is available as a(n) **(aerosol) spray** or a powder

3. Si le cavalier avait porté sa **bombe**, il aurait eu la tête protégée. If the rider had been wearing his **riding hat/riding cap** his head would have been protected

---

a. – The **bomb** : la **bombe** atomique ; letter **bomb** : lettre piégée ; stink **bomb** : boule puante
– (Brit) To go like a **bomb*** : être du tonnerre* ; (Brit) to cost a **bomb*** : coûter les yeux de la tête* ; (US) to be a **bomb*** : être un four*/un fiasco
– Faire l'effet d'une **bombe** : to come as a bombshell
◊ – (Culin) **Bombe** glacée : ice-cream cake, (de forme sphérique) **bombe** glacée
– Faire la **bombe*** : (vie de plaisirs) to live it up*, (partie de plaisir) to have a rave-up*

## BONNET / BONNET

**I** 1. Tu devrais mettre le **bonnet** au bébé. Il fait froid. You ought to put the baby's **bonnet** on. It's cold [a]
⇨ 2

**II** 2. Le skieur portait un **bonnet** et une écharpe de laine pour se protéger du froid. The skier was wearing a woollen **cap/hat** and scarf to protect him against the cold [b]

| | | | |
|---|---|---|---|
| | 3. Les **bonnets** de ce soutien-gorge sont trop grands | | The **cups** of this bra are too large |
| III | 4. *(Brit)* The mechanic lifted the **bonnet** to check the oil level | | Le garagiste souleva le **capot** pour vérifier le niveau d'huile |

a. En anglais, le mot **bonnet** ne s'emploie que pour désigner un chapeau à brides (cf. 2).
b. **Bonnet** d'âne, de bain, de nuit : *dunce's cap, bathing cap/hat, nightcap*
◊ – (Écosse) **Bonnet** : *béret (à pompons)*
  – *C'est* **bonnet** *blanc et blanc* **bonnet** *: it's all one,* (Brit) *it's six of one and half a dozen of the other**
  – (Brit) *To have a bee in one's* **bonnet** *about sth** *: être obnubilé/obsédé par qqch, faire de qqch une idée fixe*


## BORDER / TO BORDER

| | | | |
|---|---|---|---|
| I | 1. Son manteau est **bordé** de fourrure | | Her coat is **bordered** with fur (*plus souvent :* **edged**) |
| | La route est bordée d'arbres [de maisons] | | The road is **bordered** by trees [houses] (*plus souvent :* **lined** with) |
| | Un sentier **borde** la rivière | | A path **borders** the river [a] (*plus souvent :* **runs alongside**) |
| II | 2. Je pense avec nostalgie au temps où ma mère venait me **border** tous les soirs (dans mon lit) | | I have happy memories of the time when my mother came and **tucked** me **in/up** every night |
| | Tu viens m'aider à **border** le lit ? | | Will you come and help me **tuck in** the bedclothes ? |
| III | 3. The estate **borders (on)** the forest | | Le domaine **est situé en bordure de/confine** à la forêt |
| | France **borders (on)** Germany | | La France **est un pays limitrophe** de l'Allemagne/La France et l'Allemagne **se touchent** |

| | |
|---|---|
| 4. This proposal **borders** on the absurd | Cette proposition **frise/frôle/confine** à l'absurde |

---

a. – Parterre **bordé** de roses : a flowerbed **bordered** with roses
   – Lorsque (F) **border** ne signifie pas ʿlonger, s'étendre le long deʾ, mais tout simplement ʿse trouver au bord deʾ, on emploie **to stand beside** : la seule maison qui les intéresse est celle qui **borde** la route : the only house that interests them is the one (that stands) beside the road.

## BOUQUET / BOUQUET

| | | | |
|---|---|---|---|
| I | 1. | Ce vin a du **bouquet** | This wine has a good **bouquet** |
| | 2. | On offrit un **bouquet** à la vedette du spectacle | The star of the show was presented with a **bouquet** [a] ⇨ 3 |
| II | 3. | Le petit garçon donna un **bouquet** de fleurs des champs à sa mère | The little boy gave his mother a **bunch** of wild flowers [b] |
| | 4. | As-tu vu le feu d'artifice ? — Oui, mais je suis parti avant le **bouquet** final | Did you see the fireworks ? — Yes, but I left before the **finale** |
| | | Ça alors, c'est le **bouquet** ! | Well, that's the **last straw** ! |
| III | 5. | Don't expect any **bouquets** from him. He takes everything we do for granted | Ne t'attends pas à des **compliments** de sa part/à ce qu'il te couvre de **fleurs**. Pour lui, c'est tout à fait normal qu'on fasse tout ce travail |

---

a. – En anglais, **bouquet** ne s'emploie que pour un arrangement de fleurs assez élaboré, comme on peut en acheter chez un fleuriste, par exemple (comparez 3).
   – Pour un bouquet élaboré mais assez petit, on emploie le mot **posy**.

b. *Bouquet* d'arbres : clump of trees ; *bouquet* de persil : bunch of parsley ; (Culin) *bouquet* garni : **bouquet** garni

## BOUTIQUE / BOUTIQUE

I   1. Ma fille achète tous ses vêtements dans des **boutiques** mais moi, je préfère les grands magasins

My daughter buys all her clothes from **boutiques** but I prefer the big stores [a]

II   2. Il y a une petite **boutique** au village où on trouve absolument de tout

There's a little **shop** in the village where you can get absolutely anything [b]

    3. *(péj)* Je ne vais sûrement pas faire long feu dans cette **boutique**\*!
( = baraque, boîte)

I'm certainly not going to stay in this **dump**\* for very long!

---

a. (A) **Boutique** désigne exclusivement des petits magasins où sont vendus des vêtements à la mode.
b.   - **Boutique** franche : duty-free/tax-free shop
    - (fig) Fermer **boutique** : to shut up shop, to close down
◊   - Parler **boutique** : to talk shop
    - **Boutique** de droit : law centre

## BOUTON / BUTTON

I   1. Pourrais-tu me coudre ce **bouton**?

Could you sew this **button** on for me? [a]

    2. Quand on pousse sur ce **bouton**, l'enregistreur se met en marche

When you press this **button** the tape recorder starts [b]

II   3. J'ai un horrible **bouton** sur le nez et je dois passer à la télévision ce soir

I've got a horrible **spot/pimple** on my nose and I'm on television this evening [c]

    4. Les roses sont déjà en **bouton**

The roses are already in **bud** [d]

---

a. **Bouton** de col : collar stud; **bouton** de manchette : cufflink
b. S'il s'agit d'un bouton que l'on tourne, on emploie le mot **knob** : ex. **bouton** de porte : doorknob; **bouton** de radio : knob of a radio.
c. **Pimple** ne s'emploie pas dans le cas d'une éruption (varicelle, allergie, etc.).
d. **Bouton** de rose : rosebud
◊   (US) **Button** : badge

# BRANCHE / BRANCH

**I** 1. Le chat s'est réfugié sur la plus haute **branche** du cerisier

The cat fled to the highest **branch** of the cherry tree [a]

2. J'appartiens à la **branche** pauvre de la famille

I belong to the poor **branch** of the family

Toutes les **branches** de la science [du savoir] sont représentées dans la bibliothèque

All **branches** of science [knowledge] are represented in the library [b]
⇨ 3

**II** 3. Ma fille s'oriente vers une **branche** scientifique

My daughter is going towards the science **side**

Il est de loin le meilleur dans sa **branche**

He is by far the best in his **field**

4. Les **branches** des lunettes [du compas, des ciseaux] sont tordues

The **arms** of the spectacles [the **legs** of the compasses, the **blades** of the scissors] are bent [c]

5. Alors, vieille **branche**\*, comment ça va ?

Well, (old) *(Brit)* **mate**\*/*(US)* **buddy**\*, how's it going ?

**III** 6. One of the two **branches** of the river is extremely dangerous

Un des deux **bras** du fleuve est très dangereux [d]
(*rarement :* **branche**)

7. Our shop has **branches** all over the country

Notre magasin a des **succursales/filiales** dans tout le pays [e]

---

a. Petite **branche** : twig
b. **Branch** désigne uniquement une subdivision d'un même domaine alors que **branche** peut avoir le sens plus général de ʿdomaine, orientationʾ (cf. 3).
c. Mais : **branche** *(d'un chandelier)* : **branch**
d. (Ch. de fer) **Branch** line : ligne secondaire
e. (Admin) **Branch** (of government...) : division, section

## BRAVE / BRAVE

**II** 1. Dominique est un **brave** garçon. Il ne ferait pas de mal à une mouche

Bien qu'ils soient un peu bizarres, les Johnson sont de **braves** gens

Il est bien **brave**, mais je lui reproche un peu son manque de dynamisme

Dominique is a **good/nice** chap. He wouldn't hurt a fly

The Johnsons might be a bit odd but they are **honest/decent** people

He's **well-meaning**/he's **not a bad** (Brit) chap*/(US) guy*/He's **nice enough** but I wish he was a bit more dynamic

**III** 2. A **brave** man dived into the water to rescue the drowning child

It was **brave** of you to tell him the truth

Un homme **courageux** plongea pour sauver l'enfant de la noyade

C'était **courageux** de ta part de lui dire la vérité [a]

---

a. (F) **Brave** (= courageux) s'emploie surtout dans le sens de ″courageux au combat, devant l'ennemi″ : ex. *les soldats furent particulièrement **braves**.*

## BRUSQUE / BRUSQUE

**I** 1. Ma tante est un peu **brusque**, mais elle a bon cœur (= bourru, rude)

My aunt is rather **brusque** but she's very kind-hearted [a] (*aussi :* **abrupt, curt**)

**II** 2. Le changement **brusque** de température nous a pris au dépourvu (= subit, soudain)

Un mouvement **brusque** risque d'effrayer le cheval

The **sudden** change of temperature took us by surprise

A **sudden** movement might frighten the horse

---

a. Mais : *il a les gestes très **brusques** : he's very rough in his movements*
◊ *Un virage **brusque** : a sharp bend*

## BRUTAL / BRUTAL

I   1. Le gardien était un homme **brutal** et sans pitié

The guard was a **brutal**, pitiless man [a]
⇨ 2

II  2. Il est très **brutal** avec ses camarades de classe [avec ses enfants]

He's very **rough** with his schoolfriends [**violent** with his children]

Le rugby est un jeu très **brutal**

Rugby is a very **rough** game

3. Il a été très **brutal** dans sa réponse

He was very **blunt** in his reply

La franchise **brutale** de cet homme nous a tous choqués

The **blunt** frankness of the man shocked us all
(*aussi :* **brutal**)

4. Cet arrêt **brutal** nous fit tous plonger en avant

This **sudden** stop hurled us all forward

Une chute **brutale** des prix pétroliers aurait des conséquences désastreuses pour l'économie du pays

A **sudden/sharp** fall in oil prices would have disastrous consequences for the economy of the country

---

a. (A) **Brutal** a toujours un sens très fort. Il implique nécessairement de la cruauté, de la méchanceté. Notez également que *être brutal avec qqn* ne se traduit pas par l'adjectif **brutal** (cf. 2). On peut éventuellement avoir recours à l'adverbe **brutally** : ex. *to treat sb brutally*.

☐ **Brutaliser** : (qqn) **to bully, to knock about ;** (qqch) **to ill-treat, to manhandle**
**To brutalize : rendre brutal/violent, faire (de qqn) une brute, endurcir**

## BRUTALISER / TO BRUTALIZE

voir : **BRUTAL / BRUTAL**

## BUFFET / BUFFET

I   1. Un **buffet** met souvent plus d'ambiance qu'un repas traditionnel

A **buffet (lunch/supper)** often creates a much better atmosphere than a traditional type of meal

Le **buffet** froid était délicieux

The cold **buffet** was excellent

2. Il nous reste encore dix minutes avant que le train ne parte. Allons prendre un verre au **buffet (de la gare)**
We've still got ten minutes before the train leaves. Let's have a drink at the **(station) buffet** [a]

II 3. Sur le **buffet** en acajou se trouvaient deux magnifiques chandeliers en argent
Two splendid silver candelabras stood on the mahogany **sideboard** [b]

---

a. (Ch. de fer) **Buffet** car : wagon-bar
b. – Le terme **buffet** est d'un usage courant en américain alors qu'en anglais britannique, il n'est employé que par les antiquaires ou les amateurs d'antiquités.
– **Buffet** de cuisine : kitchen dresser, kitchen cabinet

## BUILDING / BUILDING

II 1. Ils ont construit des **buildings** partout, même dans les quartiers les plus anciens de la ville
They've built *(Brit)* **tower blocks**/*(Brit)* **high-rise blocks**/ *(US)* **towers**/*(US)* **high-rises** everywhere, even in the oldest parts of the town [a]

III 2. I've always had a marked preference for older **buildings**
J'ai toujours eu une nette préférence pour les **constructions/bâtiments** plus ancien(ne)s

All the public [historic] **buildings** in town will be closed for a week
Tous les **édifices** publics [les **monuments** historiques] de la ville seront fermés pendant une semaine

3. The **building** of the new bridge will take years
La **construction** du nouveau pont prendra des années [b]

---

a. Alors qu'en Belgique, le mot **building** reste usuel, il a tendance à vieillir en France, où il est remplacé par **immeuble** ou **tour**. Notez qu'en Belgique, **building** peut aussi s'employer pour des immeubles modernes relativement peu élevés et sera alors traduit par **block of flats** (habitation), **office block** (bureaux).
b. **Building** site : chantier (de construction) ; the **building** trade : la construction, le bâtiment ; **building** society ≃ société de crédit immobilier

## CABINE / CABIN

I  1. *(Mar)* Combien de **cabines** y a-t-il sur ce paquebot ?

How many **cabins** are there on that liner ?

2. *(Aviat)* L'avant de la **cabine** est réservé aux non-fumeurs

The front part of the **cabin** is reserved for non-smokers [a]

II  3. Veuillez vous déshabiller dans la **cabine** et attendre d'être appelé pour vos radios

Please undress in the **cubicle** and wait to be called for your X-rays

J'ai oublié mon maillot de bain dans la **cabine**

I've left my bathing suit in the **cubicle/beach hut** [b]

On ne peut emporter que trois articles dans la **cabine** d'essayage

Only three articles may be taken into the fitting **room**

4. Toutes les **cabines** téléphoniques de Birmingham ont été saccagées

All the **(tele)phone boxes/call boxes** in Birmingham have been vandalized [c]

Il y a dix-huit **cabines** dans le laboratoire de langues

There are eighteen **booths** in the language laboratory

III  5. He lives in a log **cabin** in the middle of the forest

Il vit dans une **cabane** en rondins au milieu de la forêt

---

a. – Aussi : (Astronaut) **cabine** : cabin
   – Mais : (train, camion) **cabine** : *(driver's) cab ;* (Aviat) **cabine** de pilotage : (petit avion) *cockpit,* (grand avion) *flightdeck ;* **cabine** (d'ascenseur) : (Brit) *(lift) cage,* (US) *(elevator) car/cab*
b. (piscine) *cubicle ;* (plage) *beach hut*
c. (US, parfois Brit) : *telephone booth*

## CABINET / CABINET

I  1. *(Polit)* Il a été membre du **cabinet** de 1932 à 1940

He was a member of the **Cabinet** from 1932 to 1940 [a]

| | | | |
|---|---|---|---|
| II | 2. | *(Polit)* Le ministre de l'Agriculture a convoqué son **cabinet** pour une réunion de la plus haute importance | The Minister of Agriculture called his **staff/advisers** *(pl)* together for a meeting of the greatest importance [b] *(US :* **cabinet***)* |
| | 3. | Le **cabinet** du docteur [du notaire, de l'avocat] est au premier étage | The doctor's **surgery/consulting room***/(US)* the doctor's **office** is on the first floor [the lawyer's **office** is, the barrister's **chambers** *(pl)* are on the first floor] |
| | 4. | Le docteur Samuel a le **cabinet** le plus important de la ville | Doctor Samuel has the largest **practice** in town |
| | 5. | Elle n'en a pas pour longtemps. Elle est allée aux **cabinets** *(pl)* | She won't be long. She's gone to the **toilet/lavatory/***(Brit)* **loo** * |
| III | 6. | My collection of snuffboxes is in that **(display) cabinet** by the window | Ma collection de tabatières est exposée dans cette **vitrine** près de la fenêtre [c] |

a. En français, le mot **cabinet** désigne l'ensemble des ministres tandis qu'en anglais, il désigne le groupe des ministres les plus importants. En conséquence, (F) **cabinet** sera parfois traduit par **government** : ex. **cabinet** *de coalition : coalition government ;* renverser le **cabinet** *: to overthrow the government.* D'autre part, (A) **cabinet** sera parfois traduit par **ministériel/des ministres** : ex. **cabinet** *meeting : Conseil des ministres ;* in **cabinet** *: au Conseil des ministres ;* **cabinet** *reshuffle : remaniement ministériel.*
b. Chef de **cabinet** *: Principal Private Secretary*
c. – Cocktail **cabinet** *: bar* (= meuble) ; *kitchen* **cabinet** *: buffet de cuisine ; filing* **cabinet** *: classeur ;* **cabinet** *maker : ébéniste*
 – (Histoire du mobilier) **Cabinet** (= buffet ancien à tiroirs) : **cabinet**
◊ **Cabinet** *de débarras :* (Brit) *box room,* (Brit) *lumber room,* (US) *storage room ;* **cabinet** *de toilette : (small) bathroom ;* **cabinet** *de travail* ° *: study*

## CAKE / CAKE

voir : GÂTEAU / GÂTEAU

## CALENDRIER / CALENDAR

| | | | |
|---|---|---|---|
| I | 1. | Aujourd'hui, presque tout le monde utilise le **calendrier** grégorien | Today nearly everybody uses the Gregorian **calendar** [a] |

101

| | 2. Chaque année, le facteur nous donne un **calendrier** | The postman gives us a **calendar** every year |
|---|---|---|
| II | 3. Il a respecté le **calendrier** qu'il s'était fixé | He kept to the **timetable/schedule/programme** he had decided on |

a. **Calendar** year : année civile

## CALME / CALM

| | | | |
|---|---|---|---|
| I | 1. | La mer est **calme** maintenant. Les bateaux de pêche vont pouvoir quitter le port | The sea is **calm** now. The fishing boats can leave the harbour |
| | | Après quelques orages, le temps redeviendra **calme** | After a few storms, the weather will become **calm** again [a] |
| | 2. | C'est un homme très **calme**. Il reste toujours maître de lui-même | He is a very **calm** man. He never loses his self-control [b] |
| | | D'une voix **calme**, l'aumônier tenta de raisonner les mutins | In a **calm** voice the chaplain tried to reason with the rebellious prisoners |
| | 3. | Après plusieurs jours de troubles, la situation est à nouveau **calme** dans le pays (= sans tension) | After several days of unrest the situation in the country is **calm** again |
| II | 4. | Notre quartier est toujours très **calme** (= sans agitation et sans bruit) | Our neighbourhood is always very **quiet/peaceful** |
| | | Je rêve d'une petite vie bien **calme** loin de tout souci quotidien | I dream of a **quiet/peaceful** life far away from everyday worries |
| | 5. | Le marché de l'or est particulièrement **calme** depuis quelques jours | The gold market has been very **quiet** for several days |

6. C'est la première fois depuis des années que les affaires sont si **calmes**

It's the first time in years that business has been so **quiet/ slack/ slow**

---

a. Mais : *une nuit calme* (= sans bruit, sans vent) : *a still night*
b. – Le mot **calm** signifie 'serein'. Il ne s'emploie pas dans le sens de 'pas bruyant': *les enfants ont été très calmes ; on ne les a pas entendus de toute la journée : the children have been very quiet ; we haven't heard a sound from them all day* (voir aussi 4).
– Notez également : *le malade est calme maintenant* (= il souffre moins) : *the patient's much quieter now*

## (SE) CALMER / TO CALM (ONESELF)

**I** 1. Il essaya de la **calmer** en lui donnant un petit verre de whisky

He tried to **calm** her **(down)** by giving her some whisky [a]

Après cette dispute, il m'a fallu une heure pour **me calmer**

It took me an hour to **calm myself** after the argument
(*plus souvent :* **calm down**) [b]

**II** 2. Aucun des médicaments que vous avez prescrits n'a **calmé** la douleur

None of the medicines you prescribed **relieved/soothed** the pain

Peu à peu, la douleur s'est **calmée** [mon mal de tête s'est **calmé**]

Gradually the pain **wore off/ lessened/abated**° [my headache **got better/abated**°]

Ce qu'il nous faudrait, c'est une noix de coco. Cela **calmerait** et notre faim et notre soif

What we need is a coconut. That would **satisfy** our hunger and **quench** our thirst

3. Ce ne sont pas ces quelques paroles qui **calmeront** mon inquiétude

It will take more than a few words like that to **allay** my anxiety
(*parfois :* **calm**)

Sa colère [son inquiétude] ne tarda pas à **se calmer**

His anger [anxiety] soon **abated**°

|   |   |   |
|---|---|---|
|   | 4. Il vaudrait mieux attendre que le vent [la tempête, la pluie, la mer] se calme | It would be better to wait until the wind **dies down/abates**° [the storm **dies down/abates**°, the rain **eases off**, the sea **gets calmer**] |

a. Lorsqu'il s'agit de calmer qqn, **to calm down** est toujours possible et souvent même préférable lorsqu'il s'agit de personnes en colère ou révoltées : *calmer les manifestants : to calm the demonstrators down, to pacify the demonstrators*. Notez également : *calmer une émeute : to quell a riot*
b. **To calm oneself/to calm down** s'emploient dans le sens de ꞌs'apaiser, reprendre son sang-froidꞌ et non dans le sens de ꞌfaire moins de bruitꞌ : *on n'entend plus rien ; les enfants se sont calmés : it's very peaceful all of a sudden ; the children have quietened down*.
◊ *Attends un peu, je vais te calmer\* ! : just you wait, I'll soon shut you up\* !*

## CAMÉRA / CAMERA

| I | 1. Le présentateur ne savait pas vers quelle **caméra** il devait se tourner | The newsreader didn't know which **camera** he should face [a] |
|---|---|---|
| III | 2. Don't forget your **camera**. The scenery's wonderful | N'oublie pas ton **appareil photo(graphique)**. Les paysages sont de toute beauté |

a. Lorsqu'il s'agit de caméras pour amateurs, on emploie (Brit) *cine camera*/(US) *home-movie camera*.
◊ (Jur) *In camera : à huis clos, en privé*

## CAMPAGNE / CAMPAIGN

| I | 1. Le comité a décidé de mener une **campagne** contre la peine de mort | The committee has decided to conduct a **campaign** against capital punishment [a] |
|---|---|---|
|   | 2. *(Mil)* Au cours d'histoire, nous avons étudié en détail les **campagnes** de Napoléon | We studied Napoleon's **campaigns** in detail in our history lessons |

II  3. Notre commission a joué un rôle prépondérant dans la préservation de la **campagne** anglaise

Our commission has played an enormous part in conserving the English **countryside**

J'ai toujours rêvé de vivre à la **campagne**. La vie en ville est trop trépidante pour moi

I've always dreamt of living in the **country**. Town life is too hectic for me [b]

---

a. (Pol) Faire **campagne** pour un candidat : to campaign/canvass on behalf of a candidate
b. Le mot **country** s'emploie surtout lorsqu'on oppose, de façon explicite ou non, la campagne à un autre environnement (la ville, la mer, la montagne). Il est très fréquent dans les composés : ex. country house, country road.

## CANDIDE / CANDID

II  1. La question **candide** de la nouvelle recrue fit rire toute l'assemblée

The new recruit's **innocent/ ingenuous/naive** question made everyone laugh

La petite fille me regardait de ses grands yeux **candides**

The little girl looked at me with her great big **innocent** eyes

III  2. I'm going to be absolutely **candid** with you

Je vais être tout à fait **franc** avec vous

---

◊  (TV) **Candid** camera : la caméra cachée/invisible

## CANON / CANNON [a]

I  1. (Hist) Au début du XIV$^e$ siècle, on commença à employer des **canons** en Europe, principalement pour des opérations de siège

Early in the 14th century **cannon(s)** began to be used throughout Europe, especially in siege operations [b]
⇨ 2

105

| | | | |
|---|---|---|---|
| II | 2. | Bien qu'équipés de nombreux **canons,** les cuirassés se sont révélés très vulnérables à l'aviation ennemie | Although armed with many **guns,** battleships proved to be very vulnerable to enemy aircraft [c] |
| | 3. | Le bandit avait scié le **canon** de son fusil | The gangster had sawn off the **barrel** of his shotgun |

---

a. (A) **Canon** : chanoine ; (Mus, Relig) **canon** : canon
b. Chair à canon : **cannon** fodder
c. **Cannon** s'emploie parfois pour désigner les canons dont sont pourvus les avions militaires.
◊ **Canon*** ( = verre de vin) : glass (of wine)

## CAPITAL (adj.) / CAPITAL

| | | | |
|---|---|---|---|
| I | 1. | J'ai toujours été contre la peine **capitale** (aussi : **de mort**) | I've always been against **capital punishment** [a] |
| II | 2. | C'est un argument **capital,** qui influencera certainement notre décision | It's a **fundamental** point, which will certainly influence our decision |
| | | Il a joué un rôle **capital** au sommet de Tokyo | He played a **major** (épith) role at the Tokyo summit |
| | | Le témoignage de cette femme est **capital.** Il faut la faire protéger par la police | This woman's evidence is **vital/crucial.** We must put her under police protection |
| | | Il est **capital** que nous prenions des sanctions économiques contre ce pays | It is **of paramount/capital importance**/it is **absolutely essential**/it is **vital** that we take economic sanctions against this country [b] |
| III | 3. | Please write your name in **capital** letters | Écrivez votre nom en lettres **majuscules** [c] |
| | 4. | (vieilli) A picnic ! What a **capital** idea ! | Un pique-nique ! Quelle idée **formidable** ! |

---

a. – Mais : le meurtrier fut condamné à la peine **capitale** : the murderer was sentenced to death
   **capital** crime : crime puni de mort/passible de la peine de mort

b. Notez également : *erreur* **capitale** *: grave*/(moins souvent) **capital** *error*
c. Moins couramment : *capitale* (n.)
◊ – *Les sept péchés* **capitaux** *: the seven deadly sins*
 – *Capital city : capitale* (n.)

## CAR / CAR

II   1. Le club du troisième âge organise une excursion à Lourdes en **car** (*aussi :* **autocar**)

The Senior Citizens' Club is organizing a **coach**/*(US)* **bus** trip to Lourdes [a]

III   2. Do you go to school by **car** or by bus ?

Vas-tu à l'école en **voiture/auto** ou en bus ?

3. They added a sleeping **car** [a dining **car**] at York

Ils ont ajouté un **wagon-lit** [un **wagon-restaurant**] à York [b]

---

a. En France, le mot **car** est également employé pour des transports interurbains réguliers (Belg : **autobus**), auquel cas on emploie en anglais le mot **bus**.
 Notez également : **car** *de ramassage scolaire : school bus ;* **car** *de police : police van*
b. En anglais britannique, **car** ne s'emploie dans le sens de ʿwagonʾ que dans des composés, ce qui n'est pas le cas en américain : ex. *(US) the railroad bought two hundred new* **cars** *: la compagnie ferroviaire a acheté deux cents nouveaux wagons.*

## CARACTÈRE / CHARACTER

I   1. Elle a le même **caractère** que sa mère

She's got a **character** like her mother's [a]

2. Le **caractère** difficile de cette mission n'échappe à personne

The difficult **character** of this mission is obvious to everyone

3. Seuls des hommes de **caractère** pourraient survivre dans des conditions pareilles

Only men of **character** could survive in such conditions

Cette maison n'a aucun **caractère**

That house has no **character**

4. Les mots clés sont imprimés en gros **caractères**

The key words are printed in large **characters** [b]

|  |  | Les **caractères** chinois sont parfois appelés idéogrammes | Chinese **characters** are sometimes called ideograms |
|---|---|---|---|
| II | 5. | En génétique, on oppose les **caractères** héréditaires aux **caractères** acquis | In genetics, hereditary **characteristics/features** are contrasted with acquired ones |
| III | 6. | Who is the main **character** in the play ? | Quel est le **personnage** principal de la pièce ? |
|  | 7. | She's quite a **character**\* ! There's never a dull moment when she's around ! | C'est un **numéro**\*/un **phénomène**\* ! On ne s'ennuie jamais avec elle |
|  | 8. | *(péj)* Who's that **character**\* talking to Fred ? | Qui est cet **individu**/ce **type**\* qui parle avec Fred ? |
|  | 9. | All these rumours gave him a bad **character** (*plus souvent :* **reputation**) | Toutes ces rumeurs lui ont fait une mauvaise **réputation** |

a. Dans ce sens-ci, on rencontre fréquemment le mot anglais **nature** ou des composés avec **-natured** : *avoir un **caractère** ouvert : to have an outgoing nature ; avoir un **caractère** fermé : to have a withdrawn nature ; avoir bon, mauvais **caractère** : to be good-, ill-natured.*
b. Lorsqu'on fait référence à l'ensemble d'un texte imprimé, on emploiera plutôt **type** (nd) ou **print** (nd) : *le livre était écrit en gros **caractères** : the book was written in large print/type.*
◊ (Théât) **Character** actor : *acteur de genre*

## CARGO / CARGO

| II | 1. | Les douaniers découvrirent une quantité énorme de marijuana dans la soute du **cargo** | The customs officers discovered a huge quantity of marijuana in the hold of the **freighter** |
|---|---|---|---|
| III | 2. | It was not very far from here that the ship sank with its **cargo** of gold and precious stones | Ce n'est pas très loin d'ici que le bateau a coulé avec toute sa **cargaison**/tout son **chargement** d'or et de pierres précieuses |

## CARPETTE / CARPET

II  1. Il y avait une **carpette** en peau de mouton de chaque côté du lit — There was a sheepskin **rug** on each side of the bed

    2. *(péj)* Quelle **carpette**\*, ce type ! — That chap's a real **doormat**\* ! [a]

III  3. We need a new **carpet** for the sitting-room — Il faut un nouveau **tapis** pour le salon

      They lay down under an oak tree on a **carpet** of moss — Ils s'étendirent au pied d'un chêne sur un **tapis** de mousse

---

a. *S'aplatir comme une **carpette** devant qqn : to crawl to sb*

## CARTE / CARD

I  1. J'ai perdu ma **carte** d'identité [de crédit, d'étudiant] — I've lost my identity [credit, student] **card** [a]

    Lorsque je suis en vacances, j'envoie toujours des **cartes (postales)** à tous mes amis — When I'm on holiday I always send **(post)cards** to all my friends

    Il m'a donné sa **carte (de visite)** et m'a dit qu'il espérait me revoir bientôt — He gave me his **(visiting) card** and said he hoped to see me again soon

  2. Je déteste jouer aux **cartes** avec lui. Il est tellement mauvais joueur ! — I hate playing **cards** with him. He's such a bad loser ! [b]

II  3. Si nous avions une **carte** plus détaillée de la région, nous ne devrions pas demander notre chemin toutes les cinq minutes — If we had a more detailed **map** of the area we wouldn't have to ask the way every five minutes [c]

    4. À en juger d'après la **carte**, il n'y a pas beaucoup de choix dans ce restaurant — To judge by the **menu** there isn't a great deal of choice in this restaurant [d]

| III | 5. | To make this model you need some **card** *(nd)* and some string | Pour faire cette maquette, il faut vous procurer du **carton** et de la ficelle |
|---|---|---|---|
| | 6. | Students are not allowed to remove **cards** from the library's card index (*aussi:* **index cards, record cards**) | Il est interdit aux étudiants de sortir des **fiches** du fichier de la bibliothèque |
| | 7. | *(vieilli)* My uncle's a real **card**\*! He can tell jokes for hours on end | Mon oncle est un **rigolo**\*/est **comique/marrant**\*! Il peut raconter des blagues des heures durant |

a. Mais : (Ch. de fer) **carte** *d'abonnement :* season ticket ; donner **carte** blanche à qqn : to give sb **carte** blanche, give sb a free hand
b. – Aussi : *jouer* **cartes** *sur table :* to put one's **cards** on the table
   – Mais : *to play one's* **cards** *right :* bien mener son jeu/sa barque ; *to hold all the* **cards** : avoir tous les atouts dans son jeu/dans sa main
c. (Mar, Météor) *chart*
d. Mais : *(manger)* à la **carte** : (to eat) à la **carte** ; **carte** des vins ; wine list
◊ *It's very much on the* **cards** *that/(US)* in the **cards** that... : il y a de grandes chances que..., il est très probable que...

## CAS / CASE [a]

| I | 1. | Dans un **cas** comme celui-là, il faut appeler la police | In a **case** like that one should call the police [b] |
|---|---|---|---|
| | | C'était un **cas** de légitime défense [de force majeure] | It was a **case** of self-defence [of force majeure] [c] |
| | 2. | Cette année-là, il y eut plusieurs **cas** de méningite | That year there were several **cases** of meningitis |
| | | Cette assistante sociale s'occupe de deux **cas** complexes | The social worker is working on two complex **cases** [d] |
| | 3. | Cette fille, c'est vraiment un **cas**\*! | That girl's a real **case**\*! |
| | 4. | *(Ling)* Les **cas** constituent un point important dans l'apprentissage d'une langue telle que l'allemand | The **cases** are an important point in the learning of a language such as German |
| II | 5. | Il a neigé au mois de mai. C'est un **cas** rare (= événement) | It snowed in May. That's a rare **occurrence** |

| | | | |
|---|---|---|---|
| III | 6. | (Jur) The Gordon **case** has been withdrawn from this court | Le tribunal a été dessaisi de l'**affaire** Gordon |
| | | It's not an easy **case** to plead | Ce n'est pas une **cause** facile à plaider |
| | | No barrister can expect to win all his **cases** | Aucun avocat ne peut s'attendre à gagner tous ses **procès** |
| | 7. | He made out a good **case** for reducing direct taxation | Il a présenté de bons **arguments** en faveur d'une diminution des impôts directs |

---

a. Nous ne traiterons pas ici de l'homonyme anglais **case,** qui correspond à **valise, caisse, boîte, étui.**
b. – En aucun **cas** : on no account, under no circumstances ; en tout **cas** : in any **case** ; en ce **cas** : in that **case** ; au **cas** où : in **case** ; selon le cas : as the **case** may be
  – A **case** in point : un bon exemple, un exemple typique
c. Mais : **cas** de conscience : moral dilemma
d. (Méd) **Case** history : antécédents médicaux, dossier médical
◊ Faire grand **cas** de : to attach great importance to, to set great store by ; ne faire aucun **cas** de : to pay no attention to, to take no notice of

---

## CASSEROLE / CASSEROLE

| | | | |
|---|---|---|---|
| II | 1. | Si tu veux réchauffer les haricots, prends la petite **casserole** bleue | Use the small blue **(sauce)pan** if you want to warm up the beans [a] |
| III | 2. | Put the meat and vegetables in a buttered **casserole (dish)** | Mettez la viande et les légumes dans une **cocotte** beurrée |
| | 3. | When I have a dinner party I usually make a **casserole,** so I can stay with my guests | Quand je reçois, je prépare d'habitude un **plat mijoté**/un **ragoût (en cocotte)** de façon à pouvoir rester avec mes invités |

---

a. Notez que le mot **casserole** désigne en France un récipient à manche alors qu'en Belgique, il désigne un récipient à deux poignées. Les deux sortes de récipients s'appellent en anglais **(sauce)pan.**

## CATALOGUER / TO CATALOGUE

I  1. Elle a **catalogué** tous les livres de la bibliothèque par ordre alphabétique

She **catalogued** all the books in the library in alphabetical order

Ce produit est tout nouveau et il n'a pas encore été **catalogué**

This product is absolutely new and is not yet **catalogued** (*aussi :* **listed**)

II  2. Le patron t'a **catalogué**. Pour lui, tu es un menteur

The boss has **labelled** you/has **pigeonholed** you/has **put a label on** you. As far as he's concerned, you're a liar

## CATHOLIQUE / CATHOLIC

I  1. Mes enfants ont toujours fréquenté des écoles **catholiques**

My children always went to **(Roman) Catholic** schools [a]

Je suis **catholique**, mais mon épouse est athée

I am **(Roman) Catholic**/a **(Roman) Catholic** *(n.)* but my wife's an atheist

II  2. *(nég)* Ce type ne m'a pas l'air très **catholique\***. Je ne m'y fierais pas

That chap looks a bit **dubious** to me/is a bit **shady-looking\***. I wouldn't trust him

*(nég)* Toute cette affaire ne me semble pas très **catholique\*** !

The whole business seems a bit **fishy\*/shady\*** to me

III  3. He has more **catholic** interests [views] than his son

Il a des intérêts plus **éclectiques** [un esprit plus **large**] que son fils

---

a. (vx ou Relig) ***catholique*** ( = universel) : ***catholic***

## CAVE / CAVE

**II** 1. Il alla à la **cave** chercher une bouteille de vin

He went down to the **cellar** to get a bottle of wine

J'aimerais me constituer une bonne **cave**

I'd like to build up a good **cellar**

**III** 2. Thousands of years ago man lived in **caves**

Il y a des milliers d'années, l'homme vivait dans des **cavernes**

The smugglers had hidden their booty in a **cave**

Les contrebandiers avaient caché leur butin dans une **grotte**

## CERTIFIER / TO CERTIFY

**I** 1. Je **certifie** que Madame Dupont présente tous les symptômes de la grossesse

I **certify** that Mrs. Jones shows all the symptoms of pregnancy

Par ce document, je **certifie** que j'ai assisté à la signature du testament

I hereby **certify** that I witnessed the signing of the will [a]
⇨ 2

**II** 2. Je peux te **certifier** que ce qu'il dit est correct

I can **assure** you that what he says is correct

Le plombier m'a **certifié** qu'il viendrait avant la fin de la semaine

The plumber **assured** me/**guaranteed** that he would come before the end of the week

**III** 3. *(Brit)* He was **certified** and confined to a mental hospital

On le **déclara atteint d'aliénation mentale** et il fut interné [b]

---

a. – **To certify** ne s'emploie que lorsqu'on atteste qqch de façon officielle, souvent par écrit.
   – Mais : **certifier** une signature, un document : to authenticate a signature, a document
   – Copie **certifiée** conforme (à l'original) : **certified** copy of the original
b. He ought to be **certified**\* : il est bon à enfermer\*
◊ (US) **Certified** (teacher, accountant...) : (professeur, comptable...) diplômé

## CHAÎNE / CHAIN

**I** 1. J'avais fixé une **chaîne** à la porte mais ça n'a pas empêché les voleurs d'entrer

I had put a **chain** on the door but it didn't stop the thieves from getting in

Pour mon anniversaire, mes parents m'ont offert une **chaîne** en or

My parents gave me a gold **chain** for my birthday [a]

2. Il est propriétaire d'une **chaîne** de restaurants

He owns a **chain** of restaurants/a restaurant **chain** [b]

**II** 3. C'est la **chaîne** de montagnes la plus haute du monde

It's the highest mountain **range** in the world
(*rarement :* **chain**)

4. Certaines usines ont des **chaînes (de fabrication/de montage)** complètement automatisées

Some factories have fully automated **production lines/ assembly lines**

Pour travailler à la **chaîne,** il faut avoir les nerfs très solides

You need strong nerves to work on a **production line**/an **assembly line**

5. Allons écouter le disque chez moi. J'ai une nouvelle **chaîne (hi-fi/ stéréo)** absolument fabuleuse

Let's go and listen to the record over at my place. I've got a really fantastic new **stereo (system)/** some really fantastic new **stereo equipment** *(nd)*

6. Il paraît qu'ils vont créer une nouvelle **chaîne** qui ne passera que des clips-vidéo

It seems they're going to start a new **channel** which will show nothing but video clips

**III** 7. My meeting with the Chinese started a strange **chain** of events

Ma rencontre avec le Chinois a déclenché toute une **série** d'événements étranges

---

a. *Réaction en* **chaîne** : **chain** *reaction ; to* **chain**-*smoke :* fumer cigarette sur cigarette
b. **Chain** *store :* magasin à succursales (multiples)
◊ *To pull the* **chain**\* : tirer la chasse (d'eau)

114

# CHANCE / CHANCE

**I**    1. Il y a peu de **chances** *(pl)* [de grandes **chances**] pour que tu sois engagé

There's little **chance** [a good **chance**] that they'll take you on

Elle a une **chance** sur deux de réussir

She's got a fifty-fifty **chance** of passing

Je trouve qu'il faudrait encore lui donner une **chance**

I think we should give him another **chance**

C'était la **chance** de sa vie ! Il est fou de ne pas avoir accepté

It was the **chance** of a lifetime ! He was crazy to turn it down [a]

**II**    2. J'ai trouvé un trèfle à quatre feuilles. J'espère que cela me portera **chance**

I've found a four-leaved clover. I hope it will bring me **luck**

J'ai eu la **chance** de rencontrer le président Kennedy

I was **lucky/fortunate** enough to meet President Kennedy

Souhaite-moi bonne **chance** !

Wish me (good) **luck** ! [b]

**III**    3. He never misses a **chance** to criticize his mother-in-law

Il ne rate jamais une **occasion** de critiquer sa belle-mère

4. You're taking a **chance** by not listening to him

Tu prends un **risque** en ne l'écoutant pas

5. It was not (by) **chance** *(nd)* that he came

Ce n'est pas par **hasard** qu'il est venu

She never leaves anything to **chance** *(nd)*

Elle ne laisse jamais rien au **hasard** [c]

---

a.   *Il a ses **chances*** : he stands some **chance** of winning ; *profiter pleinement de ses **chances*** : to make the most of one's opportunities ; *négociations de la dernière **chance*** : last-ditch negotiations

b.   *Jour de **chance*** : lucky day ; *bonne **chance** !* : good luck ! ; *pas de **chance** !* : bad/hard luck !

c.   *A **chance** meeting* : une rencontre fortuite

◊   Comparez : *par **chance*** : luckily, fortunately
                  *by **chance*** : par hasard

## CHANDELIER / CHANDELIER

II  1. Sur le buffet était posé un **chandelier** en argent massif

On the sideboard stood a solid silver **candlestick/candelabra** [a]

III  2. The ballroom was lit by ten magnificent crystal **chandeliers**

La salle de bal était éclairée par dix magnifiques **lustres** de cristal

---

a. **Candelabra** ne s'emploie que pour un chandelier à plusieurs branches.

## CHANTER / TO CHANT

II  1. Je vais te **chanter** ma nouvelle chanson

I am going to **sing** you my new song

Mon fils aîné **chante** juste, mais mon plus jeune **chante** faux

My elder son **sings** in tune but my younger one **sings** out of tune [a]

2. Homère **chante** les exploits d'Ulysse, l'amour et la nature

Homer **sings of** Ulysses' exploits, of love and nature [b]

3. Qu'est-ce que tu nous **chantes** * là ?

What are you **talking about** ?/ What's **all this rubbish** * ?

4. Cela ne me **chante** * guère de sortir ce soir

I don't really **feel like**/I don't really **fancy** * going out tonight

Vas-y si ça te **chante** * !

You can go if you **feel like it**

III  5. Each morning the monks **chanted** their prayers

Tous les matins, les moines **psalmodiaient** leurs prières

6. The crowd was **chanting** "Ban the Bomb"

La foule **scandait** « Non à la bombe atomique »

The children **chanted** their two-times table

Les enfants **récitaient en chœur** leur table de deux

---

a. – Notez également : (oiseau, bouilloire) *to sing*; (coq) *to crow*; (ruisseau) *to babble*; (grillon) *to chirp*
    – Il **chante** en parlant : he's got a singsong voice/accent, he speaks with a lilt
    – C'est comme si on **chantait** !* : you might as well talk to the wall !*

b. **Chanter** les louanges de qqn : to sing sb's praises ; **chanter** victoire : to rejoice (at one's victory)

◊ Faire **chanter** qqn : to blackmail sb

## CHAPITRE / CHAPTER

I    1. Dans le dernier **chapitre**, l'auteur résume les idées maîtresses du livre    In the last **chapter** the author summarizes the main ideas of the book [a]

2. C'est un **chapitre** de ma vie dont je préférerais ne pas parler    It's a **chapter** of my life I would prefer not to talk about

3. *(Relig)* Réunis en **chapitre**, les chanoines élirent le nouveau doyen    The canons met in **chapter** to elect the new dean

II    4. Je sais que de nombreux parlementaires se sont déjà prononcés sur ce **chapitre**    I know that many MPs have already voiced an opinion on that **subject/issue**

Ma mère est intraitable sur le **chapitre** des convenances    My mother is uncompromising in **matters** of propriety

---

a.  – Mais: *chapitre du budget*: item; *des statuts*: section
    – *To give/quote* ***chapter*** *and verse*: citer ses références/ses autorités
◊  – (Brit) *A* ***chapter*** *of accidents*: une série de catastrophes/de malheurs, une série noire
    – (US) ***Chapter*** *(of a society, club...)*: branche, section

## CHARGE / CHARGE

I    1. La **charge** (d'explosifs) était tellement puissante que l'avion fut pulvérisé    The (explosive) **charge** was so powerful that the plane was blown to pieces

2. La **charge** de la cavalerie leur assura la victoire    The cavalry **charge** ensured their victory [a]

II    3. La remorque n'est certainement pas assez solide pour une telle **charge** de bois    The trailer is certainly not strong enough to take a **load** of wood like this

S'occuper du ménage après l'école constitue une **charge** trop lourde pour un enfant de son âge    Doing the housework after school is too heavy a **burden**/is **too much** for a child of her age

| | | |
|---|---|---|
| | 4. Avec les lourdes **charges** *(pl)* familiales qu'il a, il ne pourra probablement pas nous prêter cette somme | His family **expenses** are so high that he is unlikely to be able to lend us that amount of money |
| | Dans notre pays, les **charges** *(pl)* sociales sont très élevées et de nombreuses entreprises ne peuvent plus y faire face | Social security **contributions** are very high in this country and many firms can no longer meet them [b] |
| | 5. On lui a confié la **charge** de retrouver tous les témoins de l'accident | He was given the **responsibility** of finding all the witnesses of the accident [c] |
| | Je me suis acquitté de cette **charge** du mieux que je pouvais | I've carried out this **task** as best I could |
| | Il a occupé de hautes **charges** au sein de plusieurs gouvernements | He has held high **office** *(nd)* in several governments |
| | 6. Les munitions trouvées à son domicile constituent une nouvelle **charge** contre lui | The ammunition found in his house provides further **evidence** *(nd)* against him [d] |
| III | 7. The **charges** for telephone calls are generally lower at night | Le **tarif** des communications téléphoniques est généralement moins élevé la nuit |
| | The advertising **charges** were much higher than we'd thought | Les **frais** de publicité étaient beaucoup plus élevés que nous ne l'avions pensé [e] |
| | 8. He was imprisoned on a **charge** of murder | Il a été mis en prison sous l'**inculpation** de meurtre |
| | The prosecutor has dropped one of the three **charges** | Le procureur a renoncé à l'un des trois **chefs d'accusation** |
| | We intend to bring a **charge** against the surgeon | Nous avons l'intention de porter **plainte** contre le chirurgien [f] |

a. (fig) *Revenir à la charge* : to have another try/another go*
b. – Mais : **charges** (locatives) ≃ *maintenance/service charges (and tenant's rates)*
  – *Être à (la) charge de* : *ce garçon est à la charge de ses parents* : this boy is supported by his parents/is dependent upon his parents ; *l'entretien de la chaudière est à charge du locataire* : maintenance of the boiler is to be paid for by the tenant/is chargeable to the tenant ; *enfants à charge* : dependent children
c. – Notez que le mot anglais **charge** a ce sens de 'responsabilité' mais seulement dans certaines expressions : *to be in charge (of)* : être responsable (de), avoir la **charge** (de) ; *to be in sb's charge* : être sous la responsabilité de qqn ; *to take charge of* : prendre en **charge**, s'occuper de, se charger de.
  – Notez également que (A) **charge** peut désigner une personne dont on a la charge : ex. *the nurse took her charges for a walk*.

d. Témoin à **charge** : witness for the prosecution
e. Free of **charge** : gratuit
f. To press **charges** (against sb) : engager des poursuites (judiciaires) contre qqn, poursuivre qqn (en justice)
◊ À **charge** pour vous de payer : on condition that/provided that you pay ; à **charge** de revanche : on condition that you do the same for me, on condition that you let me do the same for you some time

## (SE) CHARGER / TO CHARGE

**I** 1. Les soldats ont **chargé** (l'ennemi)

The soldiers **charged** ((at) the enemy)

Le matador attend que le taureau **charge**

The matador waits for the bull to **charge** [a]

2. On l'a **chargé** d'une mission importante

He was **charged**° with an important mission

On l'a **chargé** d'organiser la réunion

He was **charged**° with (the task of) organizing the meeting
(*plus souvent :* was **given the job** of, was **asked** to)
⇨ 4

**II** 3. Allez vous préparer. Je vais **charger** la voiture

Go and get ready. I'll go and **load (up)** the car [b]

Les déménageurs sont en train de **charger** les meubles (dans le camion)

The removal men are **loading** the furniture (into the van) [c]

La camionnette du ferrailleur était **chargée** *(pass)* d'objets hétéroclites

The scrap merchant's van was **laden** with an odd assortment of objects

4. Le chef du personnel s'est **chargé** de prévenir le directeur

The personnel manager has **undertaken** to tell the director

Il s'est **chargé** d'une mission impossible

He has **taken on** an impossible task

Ne t'en fais pas pour les courses. Je m'en **charge**

Don't worry about the shopping. I'll **see to** it/I'll **take care of** it

5. N'oublie pas de **charger** le poêle avant de monter

Don't forget to **stoke (up)** the stove before you go to bed

Fais attention ! Le révolver [cet appareil photographique] est **chargé**

Be careful. The revolver [camera] is **loaded** [d]

| | |
|---|---|
| 6. Ce plat **charge** l'estomac | This dish **lies heavy on** the stomach |
| Le remords **charge** sa conscience | Remorse **lies heavy on** his conscience |
| 7. J'ai demandé à ma secrétaire de ne pas trop **charger** mon horaire [le début de la semaine, le vendredi] | I asked my secretary not to **overload** my schedule [at the beginning of the week, on Friday] (*aussi :* to **keep** my schedule **light**) |
| Mon emploi du temps est très **chargé** | I've got a very **busy** schedule/a very **full** programme |
| 8. Le chauffeur de taxi a **chargé** un client dans Oxford Street | The taxi driver **picked up** a fare in Oxford Street |
| 9. Cet auteur a tendance à **charger** ses descriptions | This author tends to **overdo** the descriptions [e] |
| 10. Au cours de l'audience, il a **chargé** son complice au maximum | During the hearing he **put** as much **blame** as possible on his accomplice |

**III** 

| | |
|---|---|
| 11. What did they **charge** you for breakfast and lunch? | Que t'ont-ils **compté/fait payer/ demandé** pour le petit déjeuner et le déjeuner ? |
| Don't forget to **charge** the meal to my account/ *(US)* **to charge** the meal | N'oubliez pas de **mettre** le repas sur mon compte |
| 12. He was **charged** with murder | Il fut **inculpé/accusé** de meurtre |
| 13. *(surtout US)* Critics **charge** that this practice might unleash a wave of panic | Les détracteurs **font remarquer** qu'une telle pratique pourrait provoquer une vague de panique |
| He **charged** that the accountant had falsified the books | Il **accusa** le comptable d'avoir falsifié les comptes |

---

a. Par extension : *he charged out of the room, down the stairs... : il sortit de la pièce en coup de vent, il descendit les escaliers quatre à quatre*
b. ***Charger** trop la voiture, le lave-vaisselle : to overload*
c. *Il **chargea** le sac sur son épaule* (= soulever) *: he lifted/heaved the sack onto his shoulder*
d. Mais : (batterie) ***(se) charger : to charge (up)***
e. ***Charger** un rôle, son/ses rôle(s) : to overact, to ham it up* \*

## CHARME / CHARM

I    1. Il a hérité du **charme** de son père — He's inherited his father's **charm**

J'ai été séduit par le **charme** de cette petite ville de province — I was seduced by the **charm** of that little provincial town [a]

II    2. Le téléphone sonna. Le **charme** était rompu ( = enchantement) — The phone rang. The **spell** was broken

J'étais encore sous le **charme** de la musique de Sibelius — I was still under the **spell** of Sibelius's music

III    3. She thought that nothing could happen to her as long as she wore that **charm** round her neck — Elle pensait que rien ne pouvait lui arriver tant qu'elle portait ce **fétiche**/cette **amulette** autour du cou [b/c]

4. When they heard the old woman muttering **charms,** they knew she was a witch — Lorsqu'ils entendirent les **incantations** de la vieille femme, ils réalisèrent que c'était une sorcière [b]

---

a.    Faire du **charme** à qqn : to flirt with sb
b.    Le mot **charme** est archaïque ou littéraire dans ce sens.
c.    **Charm** bracelet : bracelet à breloques
◊    Se porter comme un **charme** : to be as fit as a fiddle ; to work like a **charm** : marcher à merveille

## CHASSE / CHASE

II    1. Ne me dis pas que la **chasse** est un sport. Ça me fait bondir ! — Don't tell me **hunting** is a sport. It makes my blood boil ! [a]

Chaque année, je vais à la **chasse** avec mon père — I go **hunting/shooting** with my father every year [b]

2. Ceci est une **chasse** privée. N'avez-vous pas vu les pancartes ? — This is a private **hunting ground/shooting ground**. Didn't you see the notices ?

3. La **chasse** ne s'ouvre que dans une semaine — The **hunting season/shooting season** doesn't start for another week [c]

|     |                                                                                   |                                                                                      |
| --- | --------------------------------------------------------------------------------- | ------------------------------------------------------------------------------------ |
|     | 4. La **chasse** est passée par ici il y a peu de temps                           | The **hunt**/the **shooting party** passed this way a short time ago                 |
|     | 5. *(Aviat)* La **chasse** passa à l'attaque à minuit                             | The **fighters** moved into the attack at midnight [d]                               |
| III | 6. After a dramatic **chase** the gangsters finally gave themselves up            | Après une **poursuite** mouvementée, les bandits se sont finalement rendus [e]       |

a. Dans la langue soignée, on emploie parfois le mot **chase** toujours accompagné de l'article défini : *the pleasures of the* **chase**°.
b. – **Shooting** ne s'emploie que lorsqu'on chasse le petit gibier au fusil (ex. *duck shooting*).
 – Notez également : **chasse** *à l'homme : manhunt ;* (Polit) **chasse** *aux sorcières : witch-hunt ;* **chasse** *aux occasions : bargain hunting*
c. La **chasse** *est ouverte, fermée :* (Brit) *it is the open season, the close season ;* (US) *it is open season, closed season*
d. *Avion de* **chasse** *: fighter ; pilote de* **chasse** *: fighter pilot*
e. – **Chasse** ne s'emploie dans ce sens que dans quelques expressions : *donner la* **chasse** *à/prendre en* **chasse** *(un bandit, une voiture ) : to give* **chase** *to, to chase after ; faire la* **chasse** *(aux moustiques, aux abus) : to chase (mosquitoes), to hunt down/track down (abuses).*
 – *To send sb on a wild-goose* **chase** *: mettre qqn sur une mauvaise piste, faire courir qqn pour rien*
◊ **Chasse** *(d'eau) : flush ; tirer la* **chasse** *: to pull the chain\*, to flush the lavatory*

## CHASSER / TO CHASE

|     |                                                                                     |                                                                                              |
| --- | ----------------------------------------------------------------------------------- | -------------------------------------------------------------------------------------------- |
| I   | 1. Je dois souvent **chasser** le chien [les enfants] de mon jardin                 | I often have to **chase** the dog [the children] out of my garden [a]  ⇨ 3                   |
| II  | 2. Il est formellement interdit de **chasser** le cerf à cette époque de l'année   | It is strictly forbidden to **hunt** deer at this time of the year                           |
|     | Mon grand-père a toujours aimé **chasser**                                          | My grandfather always loved **(to go) hunting/shooting** [b]                                 |
|     | 3. Le vent du nord a **chassé** les nuages                                          | The north wind **drove away/blew away** the clouds                                           |
|     | Pour **chasser** les mauvaises odeurs, rien de tel que le nouveau vaporisateur Aroma ! | There's nothing like our new Aroma spray for **dispelling/getting rid of** smells !       |
|     | La marée noire a **chassé** les touristes de la plage                               | The oil slick has **driven** the tourists **off** the beach                                  |

|   |   | Cette bonne nouvelle a **chassé** tous ses soucis | This good news **dispelled/drove away** all his worries |
|---|---|---|---|
|   |   | Il faut **chasser** cette idée de ta tête | You must **dismiss** that idea **from** your head/**get** that idea **out of** your head |
|   | 4. | Il a menacé de **chasser** son fils (de la maison) | He threatened to **throw** his son **out** |
|   |   | Je vous **chasse** ! Je n'aurais jamais dû vous engager | You're **dismissed** ! I should never have taken you on in the first place |
|   |   | Si on l'écoutait, on **chasserait** tous les immigrés du pays | If we listened to him, we'd **expel** all the immigrants from the country |
|   | 5. | Sur le verglas, les roues arrières ont **chassé** et la voiture a heurté un cycliste | The rear wheels **skidded** on the ice and the car hit a cyclist |
| III | 6. | The police **chased** the thief but did not catch him | La police **poursuivit** le voleur mais ne l'attrapa pas ᶜ |
|   | 7. | The boys went **chasing** down the street | Les garçons ont **descendu** la rue **à toute vitesse** |
|   |   | I **chased** around the garden trying to catch the rabbit | J'ai **couru** partout dans le jardin pour essayer d'attraper le lapin |

a. **To chase** ne s'emploie que dans le sens de ʿpoursuivre une personne ou un animal en vue de l'expulserʾ. Notez cependant qu'en l'absence d'un complément de lieu, on emploie **to send away/ chase away**.
b. **To hunt** est utilisé pour du gros gibier (cerfs, lions, etc.) tandis que **to shoot** est le terme employé lorsqu'il s'agit de petit gibier (canards, lapins, pigeons, faisans, etc.).
c. *He's always **chasing** (after) women* : il court toujours après les femmes
◊ **To chase** (silver...) : ciseler, repousser (de l'argent...)

## CHAUFFEUR / CHAUFFEUR

| I | 1. | Pourriez-vous demander à mon **chauffeur** de m'attendre dans la voiture ? | Would you ask my **chauffeur** to wait for me in the car ? ᵃ |
|---|---|---|---|

II    2. Il y a de plus en plus de femmes **chauffeurs** de camion [d'autobus]     There are more and more women lorry [bus] **drivers** [b]

---

a. En anglais, **chauffeur** ne s'emploie que pour un chauffeur privé.
b. *Chauffeur du dimanche* : Sunday driver

## CHEMINÉE / CHIMNEY

I    1. Lors de la dernière tempête, le vent a fait tomber de nombreuses **cheminées**     A lot of **chimneys** were blown down during the latest storm [a]

II    2. Les enfants étaient assis devant la **cheminée** et regardaient danser les flammes     The children were sitting in front of the **fireplace,** watching the flames flickering

         Où sont mes clés ? J'aurais pourtant juré les avoir laissées sur la **cheminée**     Where are my keys ? I could have sworn I left them on the **mantelpiece**

---

a. Mais : (bateau, locomotive) *funnel*/(US) *smokestack ; to smoke like a **chimney**\** : fumer comme une locomotive\*/un sapeur\**

◊   – (Alpin) ***Cheminée*** : *chimney*
    – (Techn) ***Cheminée*** *d'aération* : *ventilation shaft*

## CHIFFON / CHIFFON

II    1. Il me faudrait un vieux **chiffon** pour essuyer mes pinceaux     I need an old **(piece of) rag** to wipe my paintbrushes

         Il y en a de la poussière ici ! Tu n'as pas un **chiffon** ?     There's a lot of dust here ! Have you got a **duster** ?

    2. Votre feuille d'examen était un tel **chiffon** que je n'avais vraiment pas envie de la corriger     Your exam paper was such a **mess** that I really didn't feel like correcting it

| | | | |
|---|---|---|---|
| III | 3. | The princess was wearing a blue **chiffon** *(nd)* dress with a matching hat | La princesse portait une robe en **mousseline (de soie)** bleue avec un chapeau assorti |

◊ Parler **chiffons** : to talk (about) clothes

## CHIMISTE / CHEMIST

| | | | |
|---|---|---|---|
| I | 1. | Mon envie de devenir **chimiste** remonte au jour où mon père m'offrit mon premier microscope | My desire to be a **chemist** goes back to the day when my father gave me my first microscope |
| III | 2. | *(Brit)* The **chemist** says this painkiller can only be bought on prescription | Le **pharmacien** prétend que ce calmant ne se vend que sur ordonnance |
| | | *(Brit)* There's a **chemist('s)** in the next village (*aussi :* **chemist's shop**) | Il y a une **pharmacie** dans le village d'à côté |

## CHIPS / CHIP(S) [a]

| | | | |
|---|---|---|---|
| II | 1. | N'oublie pas d'acheter quelques paquets de **chips** pour le picnic ! | Don't forget to buy a few packets of *(Brit)* **crisps** for the picnic ! [b] |
| III | 2. | *(Brit)* If you're hungry, go to the chip shop and buy yourself a bag of **chips** | Si tu as faim, va à la friterie et achète-toi une portion de **(pommes) frites** [c] |

a. Notez que le mot anglais **chip** a d'autres sens dont nous ne traiterons pas ici : *chip (of metal, wood...)* : fragment, morceau, copeau ; *chip (in a cup...)* : ébréchure ; (Jeux) *chip* : jeton ; (Informat) **(silicon) chip** : puce.
b. Notez qu'en américain, on emploie le mot **(potato) chips**.
c. (US) **French fries**

## CHOC / SHOCK

**I** 1. Elle a perdu ses deux enfants dans un accident d'auto et ce **choc** a fortement ébranlé sa santé

She lost her two children in a car accident and the **shock** shattered her health

La nouvelle de son licenciement nous a donné un **choc**

The news of his dismissal came as a **shock** to us [a]

2. La voiture a heurté un arbre et, sous le **choc**, le conducteur a eu la nuque brisée

The car ran into a tree and the **shock** of the collision broke the driver's neck

On a senti le **choc** de l'explosion à des kilomètres de là

The **shock** of the explosion was felt for miles around [b]

⇨ 3, 4

**II** 3. Étant donné la vitesse à laquelle les deux voitures roulaient, le **choc** était inévitable

In view of the speed the two cars were travelling at, the **crash/smash** was inevitable

Un inconnu me bouscula et le **choc** me fit lâcher mon sac

A stranger jostled against me and the **jolt** made me drop my bag

4. On n'entendait plus que le **choc** des marteaux [des épées, des verres, des grelons sur le toit]

The only sound to be heard, was the **clang(ing)** of hammers [of swords, the **chink/clink** of glasses, the **drumming** of hailstones on the roof]

5. Le **choc** entre les deux bandes rivales fut très violent

The **clash** between the two rival gangs was very violent

Le **choc** des opinions n'est pas toujours une mauvaise chose

A **clash/a conflict** of opinions is not always a bad thing

**III** 6. If you touch this wire you're sure to get a **shock** (*aussi :* an **electric shock**)

Si tu touches ce fil, tu peux être sûr que tu auras une **décharge (électrique)**

---

a. – **Shock** recouvre des émotions plus diverses que **choc** et sera, selon le cas, traduit par des mots tels que **saisissement, peur, horreur, répugnance**.
– (Méd) *État de* **choc** *:* (state of) **shock** (nd) ; **choc** opératoire *: post-operative* **shock**

b. – Contrairement à son correspondant français, **shock** désigne uniquement l'effet produit par une collision ou secousse violente et non la collision elle-même (cf. 3). **Choc** désigne également le bruit qui en résulte, auquel cas l'anglais a recours à de nombreux mots, qui varient selon le type de bruit (cf. 4).
– **Shock** *waves : ondes de* **choc** *;* (Auto) **shock** *absorber : amortisseur*

◊ *Troupes de* **choc** *: shock troops; traitement de* **choc** *: shock treatment; mesures, formule* **choc** *:* **shock** *measures, formula; prix* **choc** *: bargain price, drastic reduction*

☐ **Choquant : shocking**
**Shocking :** (conduite, film...) **choquant, scandaleux ;** (crime) **atroce, odieux ;** (nouvelle) **atroce, bouleversant ;** (prix) **scandaleux, exorbitant ;** (temps) **épouvantable ;** (repas) **infecte**

## CHOQUANT / SHOCKING

voir : CHOC / SHOCK

## CIMETIÈRE / CEMETERY

I  1. Le convoi funèbre se dirigea vers le **cimetière** municipal

The funeral procession made its way towards the municipal **cemetery** [a]
⇨ 2

II  2. Ma grand-mère voulait être enterrée dans le **cimetière** de son village natal

My grandmother wanted to be buried in the **churchyard** of her native village

3. Connais-tu ce **cimetière** de voitures près de la gare ?

Do you know that car **dump**/that **scrapyard**/*(US)* that auto **graveyard** near the station ?

---

a. Notez que pour un cimetière attenant à une église, on emploie le terme **churchyard** (cf. 2). **Graveyard** est un terme général qui peut s'employer pour n'importe quel cimetière.

## CIRCULATION / CIRCULATION

I  1. Comme les ventilateurs du tunnel étaient en panne, la **circulation** de l'air ne se faisait pas bien

As the ventilators in the tunnel had broken down, the **circulation** of air was impaired

Le gouvernement a décidé de mettre un terme à la libre **circulation** des devises

The government have decided to put an end to the free **circulation** of currency [a]

|     |    |                                                                                          |                                                                                           |
| --- | -- | ---------------------------------------------------------------------------------------- | ----------------------------------------------------------------------------------------- |
|     |    | Ne reste pas trop longtemps debout. C'est mauvais pour la **circulation (du sang)**      | Don't stand for too long. It impedes the **circulation** *(nd)* **(of the blood)**        |
|     |    | Ma mère a une très mauvaise **circulation (du sang)**                                    | My mother has very poor **circulation** *(nd)*                                            |
| II  | 2. | Il y a toujours beaucoup de **circulation** ici en fin d'après-midi                      | There's always a lot of **traffic** here in the late afternoon [b]                        |
| III | 3. | This magazine used to have a very high **circulation** in the sixties                    | Ce magazine avait un très gros **tirage** dans les années soixante                        |

a. – Mais : **circulation** *(des biens, des marchandises, des travailleurs)* : *movement ;* **circulation** *(of news, rumour)* : *propagation*
  – *Mettre en* **circulation** *:* (argent) *to put into* **circulation** *;* (livre, voiture) *to bring out, to put on the market ;* (nouvelle, rumeur) *to spread, to circulate*
b. Accident de la **circulation** *:* road accident ; **circulation** aérienne : air traffic ; **circulation** des trains : running of trains
◊ He's back in **circulation**\* : *il est de nouveau sur pied, il est à nouveau dans le circuit*

## CIRCULER / TO CIRCULATE

|     |    |                                                                                       |                                                                                                                            |
| --- | -- | ------------------------------------------------------------------------------------- | -------------------------------------------------------------------------------------------------------------------------- |
| I   | 1. | Il fut un temps où les médecins ne savaient pas que le sang **circule** dans le corps | There was a time when doctors did not know that the blood **circulates** around the body                                   |
|     |    | Lorsqu'il y a trop de calcaire, l'eau **circule** mal dans les canalisations          | When the pipes are too clogged up, the water doesn't **circulate** properly                                                |
|     | 2. | En temps de récession, les capitaux [les marchandises] **circulent** lentement        | In times of recession, capital **circulates** slowly [goods **circulate** slowly]                                          |
|     |    | Des rumeurs alarmantes **circulent** à son sujet                                      | There are alarming rumours **circulating**° about him [a] (*plus couramment :* **going round**)                            |
| II  | 3. | Les voitures **circulent** à vive allure dans cette rue                               | The cars **go/move** fast in this street                                                                                   |

| | |
|---|---|
| Les bus **circulent** jour et nuit en été | The buses **run** day and night in summer |
| **Circulez** ! Il n'y a rien à voir ! | **Move along there** please ! There's nothing to see |
| La pétition a **circulé** pendant plusieurs jours | The petition was **passed round/ handed round** for several days [b] |

a. Notez l'emploi transitif de **to circulate** : *to circulate (money, goods)* : faire **circuler** ; *to circulate (news, rumours)* : faire **circuler**, répandre, propager.
b. *Faire **circuler*** : (voiture, piétons) *to move on* ; (plat, pétition...) *to hand round, pass round* ; *défense de **circuler** sur les pelouses* : keep off the grass ; *défense de **circuler** sur les travaux* : work in progress, keep out
◊ *To **circulate**\** (at a cocktail party) ≃ aller de groupe en groupe, parler avec les invités, s'occuper de ses invités

## CITÉ / CITY

| | | | |
|---|---|---|---|
| I | 1. | *(litt)* Paris est une magnifique **cité** *(plus couramment :* **ville***)* | Paris is a marvellous **city** [a] |
| | | La **cité** entière accueillit le pape avec enthousiasme *(plus couramment :* **ville***)* | The whole **city** gave the Pope an enthusiastic welcome [a] |
| | 2. | À Londres, la **Cité** est le centre des affaires | The **City** is London's business centre [b] |
| II | 3. | Il paraît qu'ils vont bientôt construire une **cité (ouvrière)** aux abords de la zone industrielle | Apparently they're soon going to build a *(Brit)* **housing estate**/ *(US)* **housing project** near the industrial estate [c] |

a. – **City** désigne une ville importante, qui est souvent le siège d'un évêché et qui, historiquement parlant, était dotée de certains privilèges. Le mot français **cité** peut désigner des villes de moindre importance. Si c'est le cas, on le traduira par **town**.
 – *Inner **city*** : centre d'une zone urbaine ; *Vatican **City*** : Cité du Vatican
b. Notez : *he is (something) in the **City*** : il est dans la finance
c. ***Cité**-dortoir* : dormitory town ; ***cité**-jardin* : garden city ; ***cité** universitaire* : halls of residence
◊ – *Avoir droit de **cité*** : to be established, accepted
 – **Cité** peut désigner le quartier le plus ancien de certaines villes : *la **Cité** de Carcassonne* : the old part of Carcassonne. En anglais, ce sens n'existe que dans le cas de *"the **City** of London"*.
 – (Hist antique) ***Cité*** : city(-state)

# CLAIR / CLEAR

**I**  1. Par temps **clair,** on peut voir la côte anglaise

On a **clear** day/in **clear** weather you can see the coast of England

Rincez les verres à l'eau **claire**

Rinse the glasses in **clear** water

2. Le professeur dictait d'une voix **claire** les questions d'examen

The teacher dictated the examination questions in a **clear** voice

3. Ton exposé n'est pas très **clair.** Tu devrais simplifier un peu

Your talk is not very **clear.** You should simplify it a bit

Si je n'ai pas été **clair,** dites-le moi

Tell me if I didn't make myself **clear**

4. Il est **clair** qu'il confond

It is **clear** that he's mixing things up [a]
(*aussi :* **obvious**)

**II**  5. Son teint **clair** contrastait avec ses vêtements foncés

Her **light(-coloured)** complexion stood out against her black clothes [b]

Un papier **clair** égaiera votre salle à manger

A **light(-coloured)** wallpaper will make your dining room look brighter

Ne prends pas du bleu **clair.** Ça ne te va pas

Don't have **light** blue. It doesn't suit you [c]

6. Sa chambre se trouve au nord et n'est pas très **claire**

His room faces north and isn't very **light**

Il fait **clair** très tôt en été

It gets **light** very early in summer

7. Si votre sauce est trop **claire,** rajoutez un peu de maïzena

If your sauce is too **thin,** add a little cornflour [d]

**III**  8. The details on the photograph are not very **clear**

Les détails de la photo ne sont pas très **nets**

It's difficult to achieve **clear,** even type on an old typewriter

Il est difficile d'avoir une frappe **nette** et régulière avec une vieille machine à écrire

9. I'm not **clear** about where she lives

Je ne **sais** pas **très bien** où elle habite

10. We prefer to travel at night when the roads are **clear**

Nous préférons voyager la nuit quand les routes sont **dégagées**

|  |  |
|---|---|
| Tomorrow seems to be **clear**. We could have lunch together then | **Je suis libre** demain/**je n'ai rien de prévu** pour demain. On pourrait manger ensemble [e] |
| 11. The candidate won the seat with a **clear** majority | Le candidat a été élu à une **nette** majorité |
| We made a **clear** profit of 10,000 dollars last year | Nous avons réalisé un bénéfice **net** de 10 000 dollars l'an passé [f] |

a. *C'est **clair** comme de l'eau de roche* : it's crystal **clear** ; (nég) *cette affaire n'est pas **claire*** : there's something slightly suspicious/fishy* about all this ; (iron) it's as **clear** as mud : *c'est la bouteille à encre*
b. Comparez : **clear** complexion/skin : *peau nette*
c. Mais : **clear** red : *rouge vif*
d. Mais : **clear** soup : *bouillon, consommé* ; **clear** honey : *miel liquide*
e. The coast is **clear** ! : *la voie est libre !* ; to be **clear** of (the town) ; *être sorti/hors de (la ville)*, (debts) *être débarrassé de (ses dettes), être **libre** de (dettes)*
f. Three **clear** days : *trois jours pleins*
◊ To have a **clear** conscience : *avoir la conscience tranquille*

## CLAIREMENT / CLEARLY

| | | | |
|---|---|---|---|
| I | 1. | Je voyais **clairement** une silhouette dans le lointain | I could **clearly** see a figure in the distance |
| | | Je ne pense pas qu'il aurait pu répondre plus **clairement** à vos questions | I don't think he could have answered your questions any more **clearly** |
| III | 2. | There's **clearly** been some mistake | Il y a **manifestement** eu une erreur |

## CLERC / CLERK

| | | | |
|---|---|---|---|
| I | 1. | Mon oncle est **clerc** de notaire à Londres | My uncle is a lawyer's **clerk** in London [a] |

| | | | |
|---|---|---|---|
| III | 2. | He works as a **clerk** for an insurance firm | Il travaille comme **employé de bureau** dans une compagnie d'assurances [b] |
| | 3. | *(US)* Some new **(sales)clerks** have been engaged in this shop | On a engagé de nouveaux **vendeurs**/de nouvelles **vendeuses** dans ce magasin |

a. Mais : **Clerk** *of the Court* : *greffier (du tribunal)* ; *town* **clerk** : *greffier municipal*
b. Notez aussi : *bank* **clerk** ; *employé de banque* ; (Brit) *filing* **clerk**/(US) *file* **clerk** : *documentaliste* ; **clerk** *of works* : *conducteur de travaux* ; (US) *desk* **clerk** : *réceptionniste (d'hôtel)*
◊ – *Être grand* **clerc**° *en la matière* : *to be an expert on the subject*
 – *Pas de* **clerc**° : *blunder*

## CLIENT / CLIENT

| | | | |
|---|---|---|---|
| I | 1. | Cet avocat a trop de **clients**. Il devrait prendre un associé | That lawyer has too many **clients**. He should take a partner [a] ⇨ 2 |
| II | 2. | À cette heure-là, le magasin était plein de **clients** | At that time of day the shop was full of **customers** [b] |
| | | Le parking est réservé aux **clients** de l'hôtel [du café] | The car park is for hotel **guests** [for **patrons**] only |
| | | Le chauffeur de taxi déclara qu'il avait déposé son **client** au Louvre | The taxi driver said he had put down his **passenger/fare** at the Louvre |
| | 3. | La maison ne fait crédit qu'aux **clients** (= habitués) | Credit is given to **regular customers** only |
| | 4. | *(péj)* Ton voisin, c'est un drôle de **client**\* ! | Your neighbour's an odd **customer**\* ! |

a. Le mot anglais **client** désigne généralement non pas un acheteur mais le bénéficiaire d'un service (avocat, banque, coiffeur, service social, etc.).
b. Pour se distinguer des magasins plus "ordinaires", certains commerçants emploient parfois le terme **client**.
◊ *Je ne suis pas* **client** *!\** : *I'm not interested !*

## COLLECTER / TO COLLECT (ONESELF)

**I**   1. Il **collecte** des fonds pour construire une maison pour des handicapés

He's **collecting** funds to build a home for the handicapped [a]

    2. Tous les matins, un camion **collecte** le lait de ferme en ferme

Every morning a lorry goes from farm to farm **collecting** the milk
➪ 4

**III**   3. I only **collect** French and English stamps

Je ne **collectionne** que les timbres de France et d'Angleterre

    4. Sir, are you going to **collect** our homework at the end of the lesson ?

Monsieur, est-ce que vous allez **ramasser/relever** nos devoirs à la fin de l'heure ?

The farmer's wife **collects** the eggs every day

La fermière **ramasse** les œufs tous les jours

The post is **collected** twice a day

La **levée** est **faite/se fait** deux fois par jour

    5. I'll **collect** you [the book, the luggage] at eight o'clock this evening

Je **passerai** te **prendre** [je **passerai prendre** le livre, les valises] à huit heures du soir

    6. Can you **collect** some information [documents, evidence] ?

Peux-tu **recueillir/rassembler** des informations [des documents, des preuves] ?

    7. The Inland Revenue is the body responsible for **collecting** taxes

Le fisc est chargé de **percevoir** les impôts

The landlord **collects** the rent at the end of the month

Le propriétaire **encaisse** les loyers à la fin du mois

    8. A crowd **collected** to see what had happened

Une foule **se rassembla** pour voir ce qui s'était passé

    9. Once he had **collected himself** he behaved as if nothing had happened

Une fois qu'il **se fut calmé/repris,** il agit comme si de rien n'était [b]

---

a.   Mais : **to collect** (v. intr) : *faire une collecte/la quête,* (plus rarement) **collecter**
b.   **To collect** *one's wits/thoughts : rassembler ses esprits*
◊   – These vases **collect** the dust : *ces vases prennent la poussière*
    – The **collected** works of Shakespeare : *les œuvres complètes de Shakespeare*

## COLLIER / COLLAR

I    1. Si votre chien avait porté un **collier**, il n'aurait pas été envoyé à la fourrière

If your dog had been wearing a **collar** it wouldn't have been sent to the pound

Le cheval avait été gêné par son **collier**

The horse was hampered by its **collar** [a]

II    2. Le fermoir de mon **collier** de perles est cassé

The clasp of my pearl **necklace** is broken [b]

3. Tu sais bien de qui je veux parler. Il a des lunettes et un **collier** ( = collier de barbe)

You know the one I mean. He's got glasses and a **(narrow) beard**

III    4. Surely you're not going to wear that shirt. The **collar**'s filthy !

Tu ne vas tout de même pas porter cette chemise. Le **col** est crasseux !

---

a. (fig) *Reprendre le **collier*** : to get back into harness
b. ***Collier*** ( = chaîne que portent les chevaliers de certains ordres) : *chain ;* ***collier*** *de fleurs* : *garland/chain of flowers*
◊ – (Zool) ***Collier*** ( = plumage, poils autour du cou) : ***collar***
   – (Techn) ***Collier*** *(de serrage...)* : ***collar***

## (SE) COMBINER / TO COMBINE

I    1. *(Chim)* Qu'obtient-on si on **combine** de l'oxygène avec de l'hydrogène ?

What do you get if you **combine** oxygen with hydrogen ? [a]

2. Le peintre avait harmonieusement **combiné** les couleurs

The painter had **combined** the colours harmoniously [b]

II    3. Je me suis efforcé de **combiner** l'horaire [le voyage] de façon à satisfaire tout le monde

I've done my best to **work out** the timetable [**plan/organise** the trip] in a way that will satisfy everybody [c]

|   |   |
|---|---|
| *(péj)* Les gars de cinquième ont encore **combiné** un mauvais coup. Je le sens | I've got a feeling the fifth-formers have **thought up** another trick |

| III | 4. | The Duke of Manfield always **combined** generosity with discretion | Le duc de Manfield **alliait/associait** la générosité à la discrétion |
|---|---|---|---|
|   |   | Some films **combine** education with recreation | Certains films **associent** éducation et délassement/**sont à la fois** éducatifs et récréatifs [d] |
|   |   | Let's go on talking about it in the bar and **combine** business with pleasure | Si on continuait cette conversation au bar, on **joindrait** l'utile à l'agréable |
|   |   | The au pair **combined** doing the ironing with watching television | La fille au pair faisait le repassage **tout en** regardant la télévision |
|   | 5. | The two countries **combined** against the invader | Les deux pays **se** sont **unis/se** sont **alliés** contre l'envahisseur |
|   |   | Everything **combined** to make the show a failure | Tout **concourait** à faire rater le spectacle |

a. *Se combiner : to combine*
b. Mais : *les couleurs se combinent bien :* the colours go well together/work well together
c. *Un plan bien combiné :* a well thought-out plan
d. On rencontre parfois le verbe **combiner** dans ce sens : ex. *il est difficile de combiner le travail et la vie de famille :* it's difficult to **combine** work and family life.

## COMIQUE / COMIC

| I | 1. | Je n'aime pas beaucoup les opéras, si ce n'est les opéras **comiques** | I don't like operas very much, apart from **comic** operas |
|---|---|---|---|
|   |   | Pour moi, Charlie Chaplin est le plus grand acteur **comique** qui ait jamais existé | To my mind Charlie Chaplin was the greatest **comic** actor that ever lived [a] (*aussi :* **comedy** actor) |

| II | 2. | Ce film est vraiment très **comique**. Tu dois absolument aller le voir (= drôle, amusant) | It's a very **funny** film. You must go and see it [b] |
|---|---|---|---|

| | |
|---|---|
| Tu ne trouves pas que Pierre est **comique** avec ses nouvelles lunettes ? | Don't you think Peter looks **funny** in his new glasses ? [b] |

a. Le genre **comique** : comedy ; **comic** strip : bande dessinée
b. Rarement : comical

## COMMANDE / COMMAND

voir : (SE) COMMANDER / TO COMMAND

## (SE) COMMANDER / TO COMMAND

**I** 1. Le colonel McIntosh **commande** le troisième bataillon — Colonel McIntosh **commands** the Third Batallion

2. Le roi leur a **commandé** de quitter le pays — The king **commanded** them to leave the country [a]
   ⇨ 5

3. Certains grands hommes **commandent**° notre admiration et notre respect — Some great men **command**° our admiration and respect

4. *(Mil)* La forteresse **commande** l'accès à la Méditerranée — The fortress **commands** the entrance to the Mediterranean [b]

**II** 5. Les gardiens nous ont **commandé** de retourner dans nos cellules immédiatement — The warders **ordered** us (to go) back into our cells immediately

   Je n'aime pas qu'on me **commande** — I don't like being **ordered about/ dictated to**

   C'est moi qui **commande** ici. Il ne faudrait pas l'oublier — I'm in charge/I give the orders/ I'm the boss round here. Don't you forget it [c]

6. J'ai **commandé** (deux pizzas) il y a une demi-heure et j'attends toujours — I **ordered** (two pizzas) half an hour ago and I'm still waiting

| | | |
|---|---|---|
| | Elle a **commandé** une caisse de champagne en France | She **ordered** a case of champagne in France |
| 7. | Ce bouton **commande** la sonnerie d'alarme | This switch **controls** the alarm bell |
| 8. | Il ne **commandait**° plus (à) ses nerfs | He **was** no longer **in control/in command** of his nerves |

**III** 9. With a training like that you'll be able to **command** a high salary — Avec une telle formation, tu pourras **gagner** un salaire élevé

Houses like that **command** high prices — De telles maisons **se vendent** très cher

10. Such an organization **commands**° enormous sums of money — Un tel organisme **a** de vastes sommes d'argent **à sa disposition/ dispose** de vastes sommes d'argent

---

a. To command n'est utilisé que quand le sujet est une personne qui détient l'autorité suprême (p. ex. un roi) ou qui se prend pour telle : ex. *John's just commanded me to fetch his book. Who does he think he is?*

b. *The house commands a view over the bay* : la maison donne sur/a vue sur la baie

c. Notez également : *la prudence nous commande d'attendre* : caution demands/dictates that we wait

◊ (nég) *L'amitié ne se commande pas* : you can't make friends to order ; *Je ne peux pas le sentir. Ça ne se commande pas* : I can't stand him. There's nothing I can do about it

☐ **Commande** (n.) : (Comm) **order** ; (pl) (Aviat, Techn) **controls**
**Command** (n.) : **ordre, commandement** ; **connaissance** (d'une langue)

## COMMODITÉ / COMMODITY

**II** 1. Pour plus de **commodité**, nous regrouperons dorénavant toutes les informations dans un bulletin hebdomadaire
(*souvent :* **facilité**) — For greater **convenience** *(nd)* we shall from now on put all the information together in a weekly newsletter

Nous avons accordé une grande importance à la **commodité** de consultation du manuel — **Ease** of consultation has been one of our priorities in compiling the manual

2. Il n'est pas du genre à pouvoir facilement se passer des **commodités** *(pl)* de la vie moderne — He's not the type of man who can easily do without the **comforts/ convenience** *(nd)* of modern life

| | | La maison, bien que centenaire, est pourvue de toutes les **commodités** *(pl)* (*plus souvent :* tout le **confort moderne**) | Though a hundred years old, the house has all **(modern) conveniences**/every **(modern) comfort** |
|---|---|---|---|
| | | Camp de vacances Marina. **Commodités :** commerces, terrains de tennis, location de bicyclettes... | Marina holiday camp. **Facilities :** shops, tennis courts, bicycle hire,... |
| III | 3. | Fur is one of Russia's important export **commodities** | La fourrure est un **produit**/une **marchandise** d'exportation très important(e) pour la Russie |
| | | The controls on a valuable **commodity** such as caviar are very strict | Pour une **denrée** de prix telle que le caviar, les contrôles sont très stricts [a] |

a. – Household **commodities** : articles de ménage ; (Fin) **commodity** market : marché des matières premières
 – (fig) A rare **commodity** : une denrée rare
◊ (vieilli) **Commodités** ( = lieux d'aisance) : conveniences

## COMPAS / COMPASS

| | | | |
|---|---|---|---|
| I | 1. | *(Mar)* Ils naviguaient au **compas** depuis une dizaine de jours | They had been navigating by the **compass** for about ten days ⇨ 3 |
| | 2. | Tu dessinerais des cercles bien plus réguliers si tu employais un **compas** | You'd draw much more regular circles if you used **compasses** *(pl)* [a] (*plus souvent :* a **pair of compasses**) |
| III | 3. | Without my **compass** I would certainly not have been able to find my way | Sans ma **boussole,** je n'aurais certainement pas pu retrouver mon chemin |
| | 4. | It seems to me impossible to set out the problem in all its complexity within the **compass**° *(nd)* of this talk | Il me semble impossible, dans les **limites**/le **cadre** de cet exposé, de présenter le problème dans toute sa complexité |

| | |
|---|---|
| The concept of infinity is beyond the **compass**° *(nd)* of the human mind | Le concept d'infini est hors de **portée** de l'esprit humain |

a. *Avoir le **compas** dans l'œil* : to have an accurate eye

## COMPÉTITION / COMPETITION

**I** 1. La **compétition** est vive entre les élèves des deux classes
There is strong **competition** *(nd)* between the pupils of these two classes
⇨ 4

**II** 2. L'athlète déclara qu'il ne comptait pas abandonner la **compétition** avant plusieurs années
The athlete announced that he did not intend to give up **competitive sport** for several years [a]

3. Tout au long de l'année, l'école organise de nombreuses **compétitions** sportives
The school organizes many sporting **events** throughout the year [b]

Vers la fin de la **compétition,** tous les participants montraient des signes de fatigue
Towards the end of the **match/race** all the participants were showing signs of fatigue

**III** 4. In the last few years our firm has had to face fierce **competition** *(nd)*
Ces dernières années, notre firme a dû faire face à une très forte **concurrence**

5. When I was young I took part in many beauty [piano] **competitions**
Quand j'étais jeune, j'ai participé à de nombreux **concours** de beauté [de piano]

I always go in for the **competitions** in 'Cosmopolitan'. They have such lovely prizes!
Je participe toujours aux **jeux-concours** dans le « Cosmopolitan ». Ils ont de si beaux prix!

a. *La **compétition** automobile* : motor racing
b. *Une **compétition** automobile* : a motor racing event

## (SE) COMPLÉTER / TO COMPLETE

I   1. Ce livre **complète** ma collection de Dickens

This book **completes** my set of Dickens [a]

2. Veuillez **compléter** ce formulaire selon les indications au verso (*souvent :* **remplir**)

Please **complete** this form according to the instructions overleaf

II   3. Pour **compléter** tes études [tes connaissances], je te conseille de t'inscrire pour un an dans une université américaine

To **supplement** your studies [to **add** to your knowledge] I advise you to enrol at an American university for a year

Sa collection **se complète** peu à peu

His collection is **building up** slowly

4. Ces deux personnes **se complètent** à merveille

Those two people **complement one another** perfectly

III   5. He **completed** the job in two days

Il a **terminé/fini** le travail en deux jours

---

a. – Alors que **to complete** signifie toujours ' rendre complet, ajouter les éléments manquants ', **compléter** peut également signifier ' augmenter, perfectionner, ajouter des éléments manquants ' (cf. 3).
– **Compléter** une somme : to make up a sum
◊ And to **complete** his happiness... : et pour comble de bonheur...

## (SE) COMPOSER / TO COMPOSE (ONESELF)

I   1. Notre groupe est **composé/se compose** de parents, d'élèves et de professeurs

Our group is **composed** *(pass)* of parents, pupils and teachers [a] (*plus souvent :* **is made up** of/ **consists** of)

2. Il a commencé à **composer** (de la musique) à l'âge de six ans

He began to **compose** (music) when he was six years old

II   3. À l'âge de sept ans, il **composait** déjà des poèmes

At the age of seven he was already **writing** poetry

|   |   |
|---|---|
| Il a **composé** son discours une demi-heure à peine avant la réunion | He **wrote** his speech just half an hour before the meeting [b] |
| 4. La fleuriste **composa** un joli bouquet | The florist **made up** a beautiful bouquet |
| Il **composa** un onguent à base de soufre | He **made up** a sulphur-based ointment |
| Tout le monde n'est pas d'accord sur la façon dont on a **composé** la nouvelle équipe de football [le nouveau comité d'entreprise, le jury] | Not everyone agrees with the way they **selected** the new football team [the new works council, the jury] |
| Il faut introduire les pièces avant de **composer** le numéro (de téléphone) | You have to put in the money before you **dial** the number |
| Au fil des années, il s'est **composé** une bibliothèque impressionnante | He's **built up** an impressive library over the years |
| 5. Les élèves sont en train de **composer** (en maths) | The class is **taking**/*(Brit)* **sitting** an exam (a maths exam) |
| 6. Comme il ne pouvait arriver à un accord, il a dû **composer** (avec ses créanciers) | Since he could not reach an agreement he had to **compromise** (with his creditors) |

**III** 7. She needed a few moments to **compose herself** after the row with her husband — Il lui fallut quelques instants pour **se calmer** après la scène de ménage

He **composed** his thoughts and began to write — Il **mit de l'ordre** dans ses pensées et commença à écrire

---

a. À l'actif, on emploiera souvent d'autres verbes en anglais : *les joueurs qui **composent** l'équipe olympique : the players who make up/form the Olympic team.*
b. ***To compose*** *a letter, speech* est possible mais implique un effort de réflexion et de structuration plus intense : ex. *it took him a long time to **compose** his speech, the letter of sympathy.*

◊ – *Se **composer** un visage de circonstance : to assume a suitable expression*
  – (Imprim) ***Composer*** *un texte : to set/*(plus rarement) *to **compose** a text*

## COMPRÉHENSIBLE / COMPREHENSIBLE

**I** 1. Ses cours sont **compréhensibles** mais très ennuyeux — His lectures are **comprehensible** but very dull

| II | 2. | Elle était en proie à un désir de revanche bien **compréhensible** | She was possessed by an **understandable** desire for revenge |

## COMPRÉHENSIF / COMPREHENSIVE

| II | 1. | Tu as de la chance d'avoir des parents aussi **compréhensifs** | You're lucky to have such **understanding** parents |
| III | 2. | His book gives a **comprehensive** description of life in the 14th century | Son livre donne une description **détaillée/complète** de la vie au XIV$^e$ siècle |
| | | He has a **comprehensive** knowledge of architecture | Il a de **vastes** connaissances/des connaissances **étendues** en architecture [a] |

---

a. **Comprehensive** insurance : assurance tous risques/(Belg) omnium
◊ (Brit) **Comprehensive** school : école secondaire qui offre à la fois des enseignements classique et technique

## COMPTER / TO COUNT

| I | 1. | Il n'a que trois ans et il sait déjà **compter** jusqu'à vingt | He's only three and he can already **count** up to twenty [a] |
| | | Veux-tu bien **compter** les personnes présentes dans cette salle ? | Will you please **count** the people in the room ? |
| | 2. | Il y a six personnes sans **compter** [en **comptant**] le chauffeur | There are six people not **counting** [counting] the driver [b] |
| | 3. | La note de français **compte** double par rapport à celle d'anglais | The French mark **counts** for twice as much as the English one |
| | | Les coups en dessous de la ceinture ne **comptent** pas | Punches below the belt don't **count** |
| | 4. | C'est l'intention [le résultat] qui **compte** ( = être important) | It's the thought [the result] that **counts** [c] |
| | 5. | Tu peux toujours **compter** sur moi quand tu as des ennuis | You can always **count** on me when you are in trouble (aussi : **rely** on, **depend** on) |

**II**

6. Avec un salaire réduit, il faut sans cesse **compter** (= être économe)

   On a low salary one has to **watch every penny** [d]

7. Il faut **compter** plusieurs jours [heures, millions] pour finir les travaux

   You must **allow** several days [hours, million pounds] to finish the work

8. Le plombier nous a **compté** 5 000 F pour la réparation

   The plumber **charged** us £60 for the repair

9. Passez à la caisse. On vous **comptera** 500 F pour votre travail

   Go to the cash desk and you will be **paid** £6 for your work

10. Il **compte** de nombreux amis dans le monde des affaires

    He **has** many friends in the business world

    Cette ville **compte** dix mille habitants

    This town **has** ten thousand inhabitants

11. Cette église **compte** parmi les plus belles églises romanes du pays

    This church **is one** of/**ranks** among the finest Romanesque churches in the country (*moins souvent :* **is counted** among)

    Il **compte** parmi nos plus farouches adversaires

    He **is one** of our most violent opponents

12. Mes parents **comptent** partir dans la soirée (= avoir l'intention de)

    My parents are **planning/ intending** to leave tonight

13. Nous **comptons** bien recevoir une réponse avant la fin de la semaine (= s'attendre à, escompter)

    We are **expecting** to receive a reply/we are **reckoning** on a reply by the end of the week

    Je **compte** bien qu'il viendra

    I'm **expecting** him to come [e]

14. Il faut **compter** avec la presse [l'opinion publique]

    You've got to **reckon** with the press [public opinion]/**take** the press [public opinion] **into account**

    Il faut **compter** avec son entêtement [les mauvaises conditions atmosphériques, les embouteillages]

    We must **allow** for his stubbornness [the bad weather conditions, traffic jams]

**III**

15. We must **count** ourselves lucky to be here

    Nous devons nous **estimer** heureux d'être ici

    I **count**° it a great honour to work for you

    Je m'**estime** honorée/j'**estime** que c'est un grand honneur de travailler pour vous

16. His absenteeism **counted** against him when the firm decided to reduce its personnel

Son absentéisme a **joué** contre lui quand la firme a décidé de réduire son personnel

---

a. – *Notez que* **to count** *ne s'emploie que dans le sens de "énumérer la suite des nombres" et non dans le sens de "calculer" : ex.* Combien font 13×13 ? — Ça fait 169. Tu vois je **compte** bien ! : What's 13 times 13 ? – 169. You see how good I am at arithmetic/figures !
 – (nég) *On ne* **compte** *plus ses erreurs/Ses erreurs ne* **se comptent** *plus :* we've lost count of his mistakes ; *à* **compter** *de lundi :* as from Monday, starting from Monday

b. *Mais :* sans **compter** (= et en plus...) : *not to mention, to say nothing of ;* sans **compter** que (= et en plus...) : *not to mention the fact that ;* (= d'autant plus que...) : *especially since ;* le garçon a oublié de **compter** le vin : the waiter's forgotten to include the wine

c. *Notez cependant les expressions suivantes :* trente ans de mariage, ça **compte** ! : thirty years of marriage is quite something ! ; gagner le prix Goncourt, ça **compte** dans la vie d'un jeune écrivain : winning the Prix Goncourt means a lot to a young writer.

d. *Dépenser sans* **compter** : to spend extravagantly, be extravagant

e. *J'y* **compte** *bien ! :* I should hope so !

◊ *Ses jours sont* **comptés** : his days are numbered

## CONCERNER / TO CONCERN

I 1. C'est un avis qui **concerne** tous les membres du personnel

This notice **concerns** all members of staff ᵃ

En ce qui **concerne** le budget, nous avons tout lieu d'être inquiets

As far as the budget is **concerned**, we have good reason to be worried ᵇ

Il n'y a rien dans ce dossier qui **concerne** l'accident

There's nothing **concerning** the accident in this file
(*plus souvent :* **about, relating to**)

II 2. Votre département est-il **concerné** par cette nouvelle mesure gouvernementale ?

Is your department **affected** by this new government measure ?

Les jeunes ne se sentent pas **concernés** par la politique

Young people don't feel that politics **have** anything **to do with** them
(*moins souvent :* don't feel that politics **concern** them)

Il est indispensable que les élèves se sentent **concernés**, sinon ils n'écoutent pas

It is essential for the pupils to feel **(personally) involved,** otherwise they don't listen

III 3. Kate's parents are **concerned** (pass) about her

Don't **concern yourself** about her future

4. We are **concerned** (pass)/we **concern ourselves** only with facts

You mustn't **concern yourself** with other people's affairs

Les parents de Kate **s'inquiètent/ se font du souci** à son sujet

Ne **t'inquiète** pas de son avenir/ Ne **te fais** pas **de souci** pour son avenir

Nous ne **nous intéressons** qu'aux faits/Nous ne **nous occupons** que des faits

Tu ne dois pas **t'occuper/te mêler** des affaires des autres

---

a. Mais : (Admin) to whom it may **concern** : à qui de droit ; (péj) ça ne te **concerne** pas : it's none of your business, it's (got) nothing to do with you
b. Notez que en ce qui me (te...) **concerne** et as far as I'm (you're...) **concerned** sont rarement des équivalents de traduction. Comparez : (même personne) en ce qui me **concerne**, je n'ai pas d'objection : (personally) I have no objection ; (personne différente) as far as I'm **concerned**, they can go whenever they like : pour moi/(moins souvent) en ce qui me **concerne**, ils peuvent partir quand ils veulent.
◊ Comparez : the people **concerned** : les intéressés, les personnes en question, (de plus en plus, sous l'influence de l'anglais) les personnes **concernées**
the **concerned** people : les personnes inquiètes

## CONDAMNER / TO CONDEMN

I 1. L'accusé fut **condamné** à mort [à la prison à vie]

The accused was **condemned** to death [to life imprisonment] a
⇨ 4

2. Son silence [cette preuve] le **condamne**

Les excès de son mari l'ont **condamnée** à une vie de misère

His silence [this evidence] **condemns** him

Her husband's excesses **condemned** her to a life of poverty b

3. L'opposition a **condamné** la politique du gouvernement

Cette expression est **condamnée** par les grammairiens

The opposition **condemned** the government's policy

This expression is **condemned** by the grammarians

145

| II | 4. | Il a été **condamné** (pour vol) à plusieurs reprises | He was **convicted** (of theft) several times |
|---|---|---|---|
| | | En dépit des circonstances atténuantes, elle a été **condamnée** à deux ans de prison ferme | Despite the extenuating circumstances she was **sentenced** to two years' imprisonment |
| | 5. | Le patient s'est rétabli alors que les médecins l'avaient **comdamné** | The patient recovered although the doctors had **given** him **up**/had **declared** his case **to be hopeless** |
| | 6. | Il serait plus prudent de **condamner** cette porte [cette pièce] | It would be wiser to **block up** this door [to **stop using/shut off/close off** this room] [c] |

a. Le verbe **to condemn** est utilisé lorsqu'il s'agit d'une peine très lourde (peine de mort ou emprisonnement très long ou à vie). Quand on parle de *condemned man, condemned cell,* il s'agit d'un ˝condamné à mort˝, de la ˝cellule des condamnés à mort˝.

b. **To condemn** ne s'emploie que lorsque la situation à laquelle on est condamné est particulièrement grave (misère, exil, vie d'infirme, etc.). Dans des cas plus anodins, on traduit autrement : ex. *condamné à de fréquents voyages à l'étranger : forced to make frequent trips abroad.*
  **To condemn** ne s'emploie pas non plus de façon absolue : *si vous faites cela, c'est toute l'entreprise que vous condamnez : if you do that the firm is doomed/you're signing the firm's death warrant.*

c. (Avec des briques) *to brick up ;* (avec des planches) *to board up*

◊ **To condemn** (a house) (as unfit for human habitation) : *déclarer (une maison) inhabitable ;* **to condemn** (meat, etc.) as unfit for human consumption : *déclarer (de la viande, etc.) impropre à la consommation*

## CONDUCTEUR / CONDUCTOR

| I | 1. | Le cuivre est un bon **conducteur** d'électricité | Copper is a good **conductor** of electricity [a] |
|---|---|---|---|
| II | 2. | Taisez-vous, les enfants ! Vous dérangez le **conducteur** | Be quiet, children ! You're disturbing the **driver** |
| III | 3. | A bus **conductor** was attacked by three hooligans last night | Un **contrôleur**/un **receveur** d'autobus a été attaqué par trois voyous la nuit dernière |

| | | |
|---|---|---|
| | 4. Pierre Boulez is not only a very famous composer, he is also a brilliant **conductor** | Pierre Boulez n'est pas seulement un compositeur très célèbre. C'est aussi un brillant **chef d'orchestre** |

a. (Brit) *Lightning **conductor**:* paratonnerre
◊ – *Conducteur* d'hommes: leader; *conducteur* de travaux: clerk of works
 – (US) ***Conductor**:* chef de train

## (SE) CONDUIRE / TO CONDUCT (ONESELF)

| | | | |
|---|---|---|---|
| I | 1. | Le caoutchouc ne **conduit** pas l'électricité | Rubber does not **conduct** electricity |
| II | 2. | Il ne veut pas que sa femme **conduise** (la voiture) | He doesn't want his wife to **drive** (the car) [a] |
| | 3. | Qui **conduit** les enfants à l'école aujourd'hui ? | Who's **taking/driving** the children to school today ? [b] |
| | | Je vais vous **conduire** à votre chambre | I'll **show/take** you to your room |
| | 4. | Où ce chemin [cet escalier] **conduit**-il ? | Where does this road [this staircase] **lead** to/**go** ? |
| | | Prenez le bus 17. Il vous **conduira** directement à la gare | Catch the number 17 bus. It will **take** you straight to the station |
| | 5. | Cette politique nous **conduira** au chômage | This policy will **lead** (us) to unemployment |
| | | Ce détail me **conduit** à penser que ta théorie est fausse | This detail **leads** me to think that your theory is wrong |
| | 6. | Si votre fille ne **se conduit** pas mieux à l'avenir, nous serons obligés de la renvoyer | If your daughter doesn't **behave** better in future, we shall have to expel her (*moins couramment :* **conduct herself**°) |
| | | C'est un rustre. Il ne sait pas **se conduire** (en société) | He's a bit of a country bumpkin. He doesn't know how to **behave** |
| III | 7. | Who's **conducting** (the orchestra) tonight ? | Qui **dirige** (l'orchestre) ce soir ? |

|     |     |     |
| --- | --- | --- |
| | 8. He's always **conducted** his own business affairs | Il a toujours **géré** ses affaires lui-même |
| | The opposition is **conducting** a campaign against pay cuts | L'opposition **mène** une campagne contre les réductions de salaires [c] |

a. *Permis de* **conduire** : *driving licence,* (US) *driving license*
b. – **To drive** *ne s'emploie que lorsqu'il s'agit d'une voiture alors que* **to take** *s'emploie dans tous les cas.*
   – *Mais :* the guide **conducted** us round the art gallery *: le guide nous a fait visiter la galerie d'art ;* **conducted** tour *: visite guidée*
c. *Plus rarement :* **conduire**
◊ **Conduire** *la marche, le convoi, le deuil :* to lead the way, to lead/head the convoy, to lead/head the funeral procession

## CONFÉRENCE / CONFERENCE

| | | | |
| --- | --- | --- | --- |
| I | 1. | Le directeur est en **conférence** pour le moment. Pourriez-vous retéléphoner vers 5 heures ? | The manager's in **conference** *(nd)* at the moment. Could you phone again around 5 o'clock ? |
| | | *(Polit)* La **conférence** au sommet a été annulée à la dernière minute | The summit **conference** was cancelled at the last moment [a]<br>⇨ 3 |
| II | 2. | J'ai assisté à une série de **conférences** passionnantes sur l'Égypte l'année dernière | I went to a fascinating series of **lectures** on Egypt last year [b] |
| III | 3. | The central theme of the Sidney **conference** will be "The Use of the Computer in Language Teaching" | Le thème central du **congrès/colloque** de Sidney sera « L'Emploi de l'Ordinateur dans l'Enseignement des Langues » |

a. *Conférence de presse :* press **conference**
b. *Salle de* **conférences** *: lecture room ;* (Univ) *maître de* **conférences** ≃ *lecturer*

## CONFIDENCE / CONFIDENCE

**I** 1. Ils échangent régulièrement des **confidences**

They regularly exchange **confidences**

Laisse-moi te dire quelque chose en **confidence**

Let me tell you something in **confidence** [a]

**III** 2. I have every **confidence** *(nd)* in my doctor

J'ai entièrement **confiance** en mon médecin [b]

3. **(Self-)confidence** *(nd)* is a great asset in life

La **confiance en soi** est un grand atout dans la vie [c]

---

a. – Mais : *faire une/des **confidence(s)** à qqn : to tell sb a secret, let sb into a secret, to confide in sb*
 – Comparez : *to take sb into one's **confidence** : se confier à qqn*
   *mettre qqn dans la **confidence** : to let sb into the secret*
b. Vote of **confidence** : *vote de confiance* ; vote of no **confidence** : *motion de censure*
c. To lack **(self-)confidence** : *manquer d'assurance/de confiance en soi*
◊ **Confidence** trick/con (trick)*/(US) **confidence** game : *escroquerie*

## (SE) CONFONDRE / TO CONFOUND

**II** 1. Il **confond** toujours le socialisme et le communisme (= mélanger)

He always **confuses/mixes up** socialism and communism/He always **gets** socialism and communism **confused/mixed up**

J'ai **confondu** le sel avec le sucre (= prendre pour)

I **mistook** the salt for the sugar

2. Nos intérêts **se confondent**

Our interests **coincide/are identical**

La mer et le ciel **se confondent** à l'horizon

The sea and the sky **merge** on the horizon

3. Si nous voulons **confondre** cet escroc, il nous faudra des preuves

If we want to **expose/unmask** this crook, we shall need evidence

Si je parvenais à **confondre** ce calomniateur, cela mettrait un terme à ces rumeurs

If I could manage to **expose/silence** this slanderer, it would put an end to the rumours [a]

|   |   |   |   |
|---|---|---|---|
|   | 4. | J'étais **confondu**° (*souvent pass*) devant une telle naïveté | I was **astounded/staggered/left speechless** by such naïveness [b] (*rarement :* **confounded**°) |
|   | 5. | Il **se confondit** en excuses [remerciements] | He apologized **profusely** [he was **profuse** in his thanks/thanked them (me...) **profusely**] |
| III | 6. | The patient's unusual symptoms **confounded**° the doctor | Les symptômes inhabituels que présentait le patient **déconcertaient** le docteur |
|   | 7. | The car's broken down again, **confound** it*! | **Zut alors**\*!/**Quelle barbe**\*! La voiture est de nouveau en panne [c] |

a. Notez l'emploi occasionnel de *to confound* dans le sens de ʿdonner tort à, démentirʾ : *the success of the play **confounded**° the critics.*
b. *Être **confondu** de reconnaissance* : *to be overcome with gratitude*
c. *That **confounded**\* dog* : *ce foutu\* chien*

## CONFORT / COMFORT

|   |   |   |   |
|---|---|---|---|
| I | 1. | Cette voiture est particulièrement appréciée pour son **confort** | This car is highly valued for its **comfort** *(nd)* |
|   |   | Cette maison de campagne a tout le **confort** moderne | This country cottage has every modern **comfort**/all modern **comforts** [a] (*aussi :* all modern **conveniences**) |
| III | 2 | He spoke a few words of **comfort** *(nd)* to the weeping widow | Il adressa quelques mots de **consolation/réconfort** à la veuve éplorée |
|   |   | Religion is his only **comfort** | La religion est son seul **réconfort** [b] |

a. (US) ***Comfort** station* : *toilettes*
b. *Cold **comfort*** : *piètre consolation*
◊ *The fighting was too close for **comfort*** : *la proximité des combats nous inquiétait*

## CONFORTER / TO COMFORT

| | | | |
|---|---|---|---|
| II | 1. | Le scandale a **conforté** l'opposition | The scandal **strengthened/reinforced** the opposition [a] |
| | 2. | Ceci m'a **conforté** dans mon opinion | This **confirmed** (me in) my opinion |
| III | 3. | I tried to **comfort** her after her mother's death | J'ai essayé de la **consoler/réconforter** après la mort de sa mère [b] |

a. Le franc a **conforté** sa position : the franc has consolidated its position
b. **Conforter** est vieilli dans ce sens.

## CONFUS / CONFUSED

| | | | |
|---|---|---|---|
| I | 1. | Un bruit **confus** nous parvenait du fond de la salle | A **confused** noise reached us from the back of the hall |
| | | Ses explications sont tellement **confuses** que je n'y comprends rien | His explanations are so **confused** I don't understand them at all |
| | | Des souvenirs **confus** le troublaient à toute heure de la journée | **Confused** memories troubled him at every hour of the day ⇨ 4 |
| II | 2. | Je suis **confus** d'avoir oublié de vous recontacter | I'm **embarrassed** at having forgotten to contact you again |
| | | Il était **confus** et regrettait visiblement ses paroles | He was **embarrassed**/he was **covered in confusion** and obviously regretted what he'd said (*moins souvent :* **confused**) |
| | 3. | Vraiment, c'est trop. Il ne fallait pas. Je suis **confus** | It's really too much. You shouldn't have. **I don't know what to say/I'm overcome/I'm overwhelmed/I'm at a loss for words** |

| | | | |
|---|---|---|---|
| III | 4. | With all these foreign names I've got to remember I'm sure to get **confused** | Avec tous ces noms étrangers à mémoriser, je vais sûrement **m'embrouiller** |
| | | Children feel **confused** if their environment is constantly changing | Les enfants sont **désorientés** si on les change constamment de milieu |

☐ Confusément : vaguely, indistinctly
Confusedly : de manière confuse

## CONFUSÉMENT / CONFUSEDLY

voir : **CONFUS / CONFUSED**

## CONGELER / TO CONGEAL

| | | | |
|---|---|---|---|
| II | 1. | Le froid intense avait **congelé** toutes nos provisions | The intense cold had **frozen** all our food supplies |
| | | Depuis que la science permet de **congeler** les embryons, les médecins sont confrontés à un grave problème éthique | Since science has made it possible to **freeze** embryos, doctors are faced with a serious ethical problem |
| | 2. | La viande est **congelée** et ensuite transportée par bateaux spéciaux | The meat is **(deep-)frozen** and then transported in special ships |
| III | 3. | Blood **congeals** when it comes into contact with the air | Au contact de l'air, le sang **(se) caille/se fige/se coagule** |
| | | The plates were covered with **congealed** fat | Les assiettes étaient couvertes de graisse **figée** |

## CONGESTION / CONGESTION

| | | | |
|---|---|---|---|
| I | 1. | Quand j'étais petit, j'ai eu une **congestion** pulmonaire | When I was little I had **congestion** *(nd)* of the lungs [a] |

| III | 2. | There's so much **congestion** *(nd)* in town in the mornings that I prefer to take the underground | Il y a tellement d'**embouteillages** en ville le matin que je préfère prendre le métro |
|---|---|---|---|
| | | The prisoners rioted in protest against the **congestion** *(nd)* in the prisons | Les détenus se sont rebellés pour protester contre le **surpeuplement** dans les prisons |

a. Mais : **congestion (cérébrale)** : stroke

## (SE) CONJUGUER / TO CONJUGATE

| I | 1. | *(Gram)* Peux-tu **conjuguer** le verbe ' avoir ' au présent ? | Can you **conjugate** the verb ' to have ' in the present tense ? |
|---|---|---|---|
| | | Ce verbe **se conjugue** avec l'auxiliaire ' être ' | This verb **conjugates**/is **conjugated** with the auxiliary ' to be ' |
| II | 2. | Ce n'est qu'en **conjuguant** nos efforts que nous atteindrons notre but | The only way to achieve our aim is by **combining/joining** forces |

## CONNEXION / CONNECTION

| I | 1. | Il y a une **connexion** évidente entre les deux systèmes de pensée (*plus souvent :* un **lien**, une **relation**) | There is an obvious **connection** between the two systems of thought [a] |
|---|---|---|---|
| | 2. | *(Electr)* L'électricien constata que la plupart des **connexions** étaient défectueuses | The electrician discovered that most of the **connections** were faulty [b] |
| III | 3. | I missed my **connection** and had to wait more than an hour for the next train | J'ai raté ma **correspondance** et j'ai dû attendre le train suivant pendant plus d'une heure |
| | | There are excellent road and railway **connections** in the area | La région dispose d'excellentes **liaisons** routières et ferroviaires |

4. His **connections** *(souvent pl)* in the political world have greatly furthered his career

Ses **relations** dans le monde politique l'ont beaucoup aidé dans sa carrière

5. They're both called Cohen but there's no **connection** *(nd)* between them

Ils s'appellent tous les deux Cohen mais il n'existe aucune **parenté** entre eux

---

a. – *In **connection** with : à propos de, au sujet de ; in this/that **connection** : à ce propos, à ce sujet, dans cet ordre d'idées*
 – *To sever one's **connections** with sb : cesser toute relation avec qqn*
b. Le mot anglais **connection** a un champ d'application plus large que son correspondant français : (Mécan) *raccord(ement), assemblage, engrenage ;* (Télécomm) *raccordement (au réseau).*

## CONSCIENCE / CONSCIENCE

I    1. Il a agi selon sa **conscience**

He acted according to his **conscience**

Vous aurez cela sur la **conscience**

You'll have that on your **conscience** [a]

II    2. L'infirmière resta avec le blessé jusqu'à ce qu'il reprit **conscience**

The nurse stayed with the injured man until he regained **consciousness** [b]

3. La **conscience** de sa responsabilité dans cette affaire lui fit perdre le sommeil

The **consciousness**/the **awareness** of his responsibility in the affair kept him awake at night [c]

4. Il a fait son travail avec beaucoup de **conscience**

He did his work very **conscientiously** [d]

---

a. Notez également : *avoir bonne **conscience**, mauvaise **conscience** : to have a clear **conscience**, a bad/guilty **conscience** ; se donner bonne **conscience** : to ease one's **conscience** ; en (toute) **conscience** : in all **conscience** ; objecteur de **conscience** : conscientious objector*
b. *Perdre **conscience** : to lose consciousness, to faint*
c. *Avoir **conscience** de qqch : to be aware of sth ; avoir **conscience** que : to be aware that, to realize that ; prendre **conscience** de : to become aware of, to realize*
d. ***Conscience** professionnelle : conscientiousness*

## CONSENTIR / TO CONSENT

I    1. Pourquoi ton mari ne **consent**-il pas au mariage de Patricia [à ce que Patricia se marie avec Pierre] ?
         Why won't your husband **consent** to Patricia's marriage [to Patricia marrying Peter] ?

        Le président-directeur général a **consenti** à assister à notre réunion
        The managing director **consented** to attend our meeting

        J'ai eu du mal à le convaincre mais il a fini par **consentir**
        I had difficulty in convincing him, but he **consented** in the end

II    2. Je ne puis vous **consentir** qu'un délai de quinze jours [qu'un prêt de cent dollars]
         I can only **grant** you a fortnight's extension [a loan of a hundred dollars]

◊    *Qui ne dit mot **consent** : we will take silence for consent*

## CONSÉQUENT / CONSEQUENT

II    1. Un jour tu dis oui, le lendemain tu dis non. Tu n'es pas très **conséquent** (avec toi-même)
         One day you say yes, the next you say no. You're not very **consistent**

      2. Une somme d'argent assez **conséquente*** a été retrouvée dans la villa abandonnée
        A **sizeable/considerable** sum of money was found in the abandoned house

        Les dégâts sont assez **conséquents*** [a]
        The damage is quite **considerable**

III    3. The floods and **consequent** loss of the harvest were disastrous for the country's economy
         Les inondations et la perte de la moisson **qui s'en est suivie/qui en a résulté/qu'elles ont causée** ont été un désastre pour l'économie du pays

        The elections **consequent** upon the fall of the government will take place in a month's time
        Les élections **consécutives** à la chute du gouvernement auront lieu dans un mois

---

a.    Cet emploi de l'adjectif **conséquent** est critiqué par les puristes, qui préconisent **important, considérable, élevé**.

◊    *Par **conséquent** : consequently, therefore*

## CONSERVATEUR / CONSERVATIVE

I    1. *(Polit brit)* Ma famille a toujours soutenu le parti **conservateur**

My family has always supported the **Conservative** Party [a]

2. J'ai des parents très **conservateurs**, qui pensent encore toujours que c'est une honte de vivre en concubinage
(*aussi :* **conformistes, traditionalistes**)

I have very **conservative** parents, who still think it's a sin to live with someone without being married [b]

III    3. He said the house was worth £60,000 but I think it's rather a **conservative** estimate

Il dit que la maison vaut six cent mille francs, mais je pense que c'est une estimation assez **prudente/modérée** [c]

---

a. Le correspondant de **conservative** en politique française est **de droite, libéral**.
b. *Conservative clothes, hairstyle :* des vêtements traditionnels, une coiffure traditionnelle
c. At a *conservative* estimate : au bas mot
◊ Agent **conservateur** : preservative (n.)

## CONSERVE / CONSERVE

II    1. Je préfère de loin les surgelés aux **conserves** *(surtout pl)*

I much prefer frozen food to **cans**/*(Brit)* **tins**/**canned food**/*(Brit)* **tinned food**

La cave est remplie de **conserves** *(surtout pl)*

The cellar is full of **cans**/*(Brit)* **tins** [a]

III    2. My mother used to make delicious jams and **conserves** *(surtout pl)* (*plus souvent :* **preserves**)

Ma mère faisait des confitures et des **conserves de fruits** délicieuses

---

a. Boîte de **conserve** : can, (Brit) tin ; mettre en **conserve** : to can, (Brit) to tin ; **conserve** de viande, de poisson : canned/(Brit) tinned meat, fish
◊ De **conserve**° : (to act) in concert ; (to navigate) in convoy, in company

## (SE) CONSERVER / TO CONSERVE

**II** 1. Je **conserve** toutes mes factures dans un classeur

I **keep** all my bills in a file

**Conservez** ce produit à l'abri de la lumière

**Keep** this product away from the light

2. Il n'a jamais pu **conserver** un emploi plus d'un an

He's never **kept/held** a job for more than a year

Il y a des années que nous avons obtenu ce privilège et nous entendons le **conserver**

We've had this privilege for years and we intend to **keep** it/**maintain** it

Il a **conservé** son calme en dépit de la panique générale

He **kept/retained** his calm in spite of the general panic [a]

3. On peut **conserver** des aliments en les congelant

Food can be **preserved** by freezing

La viande fraîche **se conserve** quelques jours au réfrigérateur

Fresh meat **keeps** for several days in the refrigerator [b]

**III** 4. Efforts to **conserve** wild life have increased enormously in the last ten years

Ces dix dernières années, les efforts consentis pour **préserver** les animaux sauvages se sont multipliés

We've been asked to **conserve** electricity as much as possible

On nous a demandé d'**économiser** l'électricité autant que possible [c]

---

a. Quand **conserver** est suivi d'un substantif abstrait, il faut souvent avoir recours à une paraphrase en anglais : ex. *je conserve l'espoir de le revoir* : I still hope/I continue to hope that I'll see him again one day ; *je conserverai longtemps le souvenir de...* : I shall always remember...
b. *Bien conservé pour son âge* : well preserved for his age
c. *To conserve one's energy* : ménager ses efforts

## CONSIDÉRATION / CONSIDERATION

**I** 1. Diverses **considérations** m'ont amené à accepter son offre (= motif)

Various **considerations** led me to accept his offer

Je suis désolé mais je ne puis entrer dans ces **considérations**

I'm sorry but I can't go into those **considerations** [a]

157

| | | | |
|---|---|---|---|
| **II** | 2. | Il se lança dans des **considérations** *(pl)* oiseuses sur la réincarnation, qui n'avaient rien à voir avec le sujet du débat | He launched into idle **reflections** on reincarnation, which had nothing to do with the subject under discussion |
| | 3. | Il jouit de la plus haute **considération** de ses chefs | His superiors hold him in high **esteem**/have the greatest **respect** for him [b] |
| **III** | 4. | Your project is under **consideration** *(nd)* | Votre projet est à l'**étude**/à l'**examen** |
| | | After due **consideration** *(nd)* the family decided not to sue | Après mûre **réflexion,** la famille décida de ne pas engager de poursuites [c] |
| | 5. | He shows great **consideration** *(nd)* [he lacks **consideration** *(nd)*] for his parents | Il a beaucoup d'**égards** [il manque d'**égards**] pour ses parents |
| | | Out of **consideration** *(nd)* for her husband she never broached the subject | Par **égard** pour son mari, elle n'abordait jamais ce sujet |

a. – Mais : *cost is an important **consideration** : le coût est un facteur important*
 – En **considération** de : *in view of*
b. (À la fin d'une lettre) *Veuillez agréer l'assurance de ma **considération** distinguée : Yours faithfully/truly*
c. Mais : *to take into **consideration** : prendre en **considération** ; to be worthy of **consideration** : mériter/être digne de **considération***
◊ For a **consideration** : *moyennant finance/une rémunération*

## (SE) CONSIDÉRER / TO CONSIDER (ONESELF)

| | | | |
|---|---|---|---|
| **I** | 1. | Je le **considère** comme incapable de prendre des décisions | I **consider** him unfit to make decisions |
| | | Il **se considère** comme un champion | He **considers himself** a champion |
| | 2. | Je **considère** que cela nous concerne tous | I **consider** that this concerns all of us (*plus couramment :* **think**) |
| | 3. | Avant de prendre une décision, il faudrait **considérer** les dépenses que cela pourrait entraîner | Before making a decision we should **consider** the expense it might involve [a] |

158

| | | | |
|---|---|---|---|
| II | 4. | Tous les passants le **considéraient** d'un air ahuri | All the passers-by **looked at/gazed at/stared at** him in stupefaction [b] |
| | 5. | On le **considère** beaucoup/il est très (bien) **considéré** dans les milieux financiers | He is **well thought of/highly thought of/held in high regard/held in high esteem** in financial circles |
| III | 6. | We are **considering** leaving England | Nous **envisageons** de quitter l'Angleterre |
| | 7. | **Consider** carefully before taking any action | **Réfléchis** bien avant d'agir |
| | | Can I borrow your car tomorrow? — I'll **consider** it | Puis-je emprunter ta voiture demain? — Je **verrai**/J'y **réfléchirai** [c] |

a. – **To consider** correspond parfois à **tenir compte de, prendre en considération** : ex. *to consider sb's feelings/point of view.*
 – Tout bien **considéré** : all things **considered**
b. **Look at** est neutre, **gaze at** signifie ʿcontemplerʾ et **stare at** ʿfixer, dévisagerʾ.
c. *It's my* **considered** *opinion that...* : tout bien réfléchi, je pense que...

## CONSISTANT / CONSISTENT

| | | | |
|---|---|---|---|
| II | 1. | La peinture ne s'étale pas bien. Elle est trop **consistante** | The paint doesn't spread easily. It's too **thick** |
| | 2. | Dès qu'ils arrivèrent au refuge, on leur servit un repas **consistant** | As soon as they arrived at the mountain hut, they were given a **solid** *(épith)*/**substantial** meal |
| | 3. | Si vous voulez les convaincre, il vous faudra des arguments plus **consistants** | If you want to convince them you'll need more **solid** arguments than that |
| III | 4. | He's not been very **consistent** in his statements | Il n'a pas été très **cohérent/conséquent/logique** dans ses déclarations [a] |

5. There has been a **consistent** *(épith)* improvement in the quality of hospital treatment over the last ten years

Ces dix dernières années, il y a eu une amélioration **constante** des soins donnés dans les hôpitaux

---

a. To be **consistent** with : *être en harmonie avec/conforme à*

## (SE) CONSTITUER / TO CONSTITUTE

**I** 1. Ces cinq départements **constituent** la faculté des Lettres

These five departments **constitute** the Faculty of Arts [a]
(*plus souvent :* **make up, form**)

2. Cette maladie **constitue** un grand danger pour les femmes enceintes

This disease **constitutes** a great danger for pregnant women [b]

**II** 3. Ils ont décidé de **constituer** une société anonyme [un nouveau ministère]

They have decided to **set up/form** a limited company [a new ministry] (*moins couramment :* **constitute°**)

La première chose à faire est de **constituer** un dossier

The first thing to do is to **make up/ put together** a file

Il a mis vingt ans pour se **constituer** une bibliothèque [une collection de timbres]

It took him twenty years to **build up** his library [his stamp collection]

4. *(Jur)* Ma tante a décidé de me **constituer** son héritier

My aunt has decided to **make** me her heir [c]

*(Jur)* Elle a **constitué** à chacun de ses neveux une rente de 100 000 F

She **settled** an annuity of £10,000 on each of her nephews

---

a. Mais : *se constituer de/être constitué de :* to be made up of, consist of
b. Dans ce sens, **constituer** est beaucoup plus souvent employé que to constitute et sera dans de nombreux cas tout simplement traduit par le verbe **to be** : ex. *son âge constitue un handicap :* his age is a handicap.
c. Dans un langage soutenu, on rencontre le verbe to constitute dans un sens proche : ex. **to constitute°** sb director : *nommer qqn directeur.*
◊ *Se constituer prisonnier :* to give oneself up

## CONTEMPLER / TO CONTEMPLATE

I 1. L'artiste **contempla** longuement la sculpture

The artist **contemplated** the sculpture for a long time [a]
(*aussi :* **gazed at**)
⇨ 2

II 2. Il **contempla** avec horreur sa maison en ruine

He **gazed** in horror **at** his ruined house

III 3. She's **contemplating** coming for the weekend

Elle **envisage** de venir passer le week-end

He sat by the fire and **contemplated** (the problem)

Il était assis près du feu et **réfléchissait** (au problème)

---

a. **To contemplate** a une connotation de sérénité qui n'est pas toujours présente en français (cf. 2).

## CONTENT / CONTENT

II 1. Je serais très **contente** de passer quelques jours avec vous

I'd be very **pleased/glad/happy** to spend a few days with you

Il ne fut pas du tout **content** quand il vit qu'on s'était introduit dans son bureau

He wasn't at all **pleased** when he saw someone had been into his office

Je ne suis pas très **content** de ma voiture. Elle consomme beaucoup

I'm not very **pleased** with my car. It uses a lot of petrol [a]

Je suis **content** de vous. Vous ne vous êtes pas laissé faire

I'm **pleased** with you. You didn't let yourself be pushed around

III 2. She's **content** *(attrib)* with very little [with what she has]

Elle **se satisfait/se contente/ s'accommode** de peu [de ce qu'elle a]

| | |
|---|---|
| She's quite **content** *(attrib)* to sit at the window watching the people go by | Elle ne **demande rien de plus** que de rester assise à la fenêtre et regarder les gens passer |
| I'm quite **content** *(attrib)* with the salary I'm getting. I don't need a rise | Mon salaire actuel me **satisfait** tout à fait/me **convient** très bien. Je n'ai pas besoin d'une augmentation |

a.  Mais : *non content de* +inf. : *not content with* +-ing

## CONTESTER / TO CONTEST

I  1. *(Jur)* Il a **contesté** la décision du jury [la succession] — He **contested** the jury's decision [the will]

Nous ne **contestons** pas les faits [ses déclarations] — We're not **contesting** the facts [his statements] (*plus souvent :* **disputing**)

Je ne **conteste** pas que vous ayez joué un rôle important dans cette affaire — I'm not **contesting** that you played an important part in that business [a] (*plus souvent :* **denying**)

II  2. Les jeunes d'aujourd'hui ne pensent qu'à **contester** — Young people nowadays think only of **protesting**/are **anti-everything**

III  3. *(Polit)* Do you think he will **contest** a seat in Parliament ? — Pensez-vous qu'il va **disputer** un siège au Parlement/**se porter candidat** pour un siège au Parlement ?

a.  Mais : (absol) *s'il se met à **contester**, la réunion va s'éterniser :* if he starts arguing the meeting will go on for ever ; (théorie, homme politique) ***conteststé*** : controversial

## CONTINENT (n.) / CONTINENT

I    1. L'Asie est le plus grand des cinq **continents**

       Asia is the largest of the five **continents**

II    2. Une presqu'île est rattachée au **continent** par une étroite bande de terre

       A peninsula is joined to the **mainland** by a narrow strip of land

III    3. *(Brit)* I hate driving on the **continent**! Not only do they drive on the wrong side of the road but they also drive like maniacs!

       J'ai horreur de rouler en **Europe (continentale)**! Non seulement ils roulent du mauvais côté de la route mais, de plus, ils roulent comme des fous! [a]

---

a. Les Britanniques emploient le mot **continent** pour désigner tous les pays d'Europe sauf la Grande-Bretagne.

◊ L'Ancien **Continent**: the Old World; le Nouveau **Continent**: the New World

## CONTRAIRE (adj.) / CONTRARY

II    1. Les deux véhicules roulaient en sens **contraires**

       The two vehicles were going in **opposite** directions [a]

       Deux forces **contraires** s'annulent

       Two **opposing/opposite** forces cancel each other out

       Ils soutiennent des opinions **contraires**

       They hold **opposite/conflicting** views [b]
(*plus rarement*: **contrary**)

       Les deux frères étaient mus par des intérêts **contraires**

       The two brothers were motivated by **conflicting** interests

   2. Le café [ce climat] lui est **contraire**

       Coffee [this climate] **doesn't agree with** him [c]

| | | | |
|---|---|---|---|
| III | 3. | Peter is a **contrary** little thing. He always refuses to do what you tell him | Pierre est un enfant très **contrariant**. Il ne veut jamais faire ce qu'on lui dit |

a. Dans le sens **contraire** des aiguilles d'une montre : (Brit) anticlockwise, (US) counterclockwise
b. – Être **contraire** à : to go against, not to be in accordance with, (plus rarement) to be **contrary** to ; c'est **contraire** au règlement : it's against the rules
 – Sauf avis **contraire** : unless you hear otherwise, unless you hear (anything) to the contrary ; (Pharm) sauf indication **contraire** : unless otherwise indicated
c. Le sort nous est **contraire** : fate is against us
◊ – (Mar) Vent **contraire** : adverse/(moins souvent) **contrary** wind
 – (Prononciation) **Contrary** : (sens 1) ˈkɒntrərɪ, (sens 3) kənˈtrɛərɪ

## (SE) CONTRÔLER / TO CONTROL (ONESELF)

| | | | |
|---|---|---|---|
| I | 1. | Elle ne pouvait plus **contrôler** sa colère [ses nerfs, ses réactions]/**se contrôler** (aussi : **(se) maîtriser, (se) dominer**) | She could no longer **control** her anger [temper, reactions]/**control herself** ⇨ 4 |
| | 2. | (Mil) L'armée **contrôle** la partie sud du pays | The army **controls** the southern part of the country (plus souvent : the southern part of the country is under the control of the army) |
| | | (Econ) Cette société **contrôle** tout le secteur | This firm **controls** the whole sector |
| II | 3. | Nous ne manquerons pas de **contrôler** ses affirmations [son travail, les comptes] | We shall certainly **check/verify** what he says [**check** his work, the accounts] |
| | | Est-ce qu'on a **contrôlé** ton billet ? | Has your ticket been **checked/inspected** ? |
| III | 4. | The fire brigade had little difficulty in **controlling** the fire | Les pompiers n'ont eu aucune difficulté à **maîtriser** le feu |
| | | She can't **control** her pupils | Elle ne sait pas **se faire obéir** de ses élèves/Elle n'a pas d'**autorité sur** ses élèves [a] |

| | |
|---|---|
| 5. The treasurer **controls** the investment of funds | Le trésorier **est responsable** de l'investissement des fonds |
| Before the revolution it was the king who **controlled** the country (*plus souvent :* **was in control of**) | Avant la révolution, c'était le roi qui **dirigeait** le pays/**était à la tête** du pays |
| 6. This button **controls** the pressure | Ce bouton **commande** la pression |
| 7. It became necessary to **control** Japanese car imports | On a dû **limiter/restreindre** l'importation de voitures japonaises |

a. **Contrôler** semble se répandre dans ce sens sous l'influence de l'anglais : ex. *on ne peut plus contrôler l'inflation, la situation.*

☐ **Contrôleur :** (train) **(ticket) inspector, ticket collector,** (bus) **conductor ;** contrôleur des contributions : tax **inspector ;** contrôleur de la navigation aérienne : air-traffic **controller**

## CONTRÔLEUR / CONTROLLER

voir : **(SE) CONTRÔLER / TO CONTROL (ONESELF)**

## CONVENIR / TO CONVENE

| | | |
|---|---|---|
| II | 1. Cette robe ne **convient** pas pour un mariage | That dress **is** not **suitable** for a wedding |
| | 2. Cette date ne me **convient** pas du tout | That date **is** not at all **convenient** for me/**does** not **suit** me at all |
| | Il a choisi un métier qui ne lui **convient** pas du tout | He has chosen a job that doesn't **suit** him at all [a] |
| | 3. Vu les circonstances, il **convient** d'être prudent | In view of the circumstances it **is advisable** to take care/one **should** take care |
| | Il **convient** que les enfants respectent leurs parents | It **is right (and proper)** for children to respect their parents |
| | 4. J'ai eu tort, j'en **conviens** | I was wrong, I **admit** (it) |
| | 5. Les membres de la commission ont **convenu** de se réunir samedi | The committee members **agreed** to meet on Saturday |
| | Il nous reste à **convenir** d'un lieu de rendez-vous | We still have to **agree** on a meeting place [b] |

| | | | |
|---|---|---|---|
| III | 6. | We will **convene** a meeting of all the teachers concerned | Nous **convoquerons** une réunion de tous les professeurs concernés |
| | | The committee will **convene** next month | Le comité **se réunira** le mois prochain |

a. *L'homme qui convient, le mot qui convient... :* the right man, word...
b. *Comme convenu :* as agreed

## CONVERSATION / CONVERSATION

| | | | |
|---|---|---|---|
| I | 1. | Au cours de l'une de nos **conversations,** elle m'a dit qu'elle comptait quitter le pays | During one of our **conversations** she said she intended to leave the country |
| | 2. | Je m'ennuie à mourir avec elle. Elle n'a aucune **conversation** ! | She bores me to death. She's got no **conversation** *(nd)* at all ! [a] |
| II | 3. | Les **conversations** au sommet auxquelles les deux chefs d'État ont participé se sont révélées très fructueuses | The summit **talks** in which the two heads of state took part proved very fruitful |

a. Mais : *elle a de la **conversation** :* she's always got something interesting to say (for herself)
◊ *Dans la **conversation** courante :* in informal speech/language

## CONVICTION / CONVICTION

| | | | |
|---|---|---|---|
| I | 1. | J'ai la ferme **conviction** qu'il a tort | It is my firm **conviction** that he's wrong |
| | | Il a défendu son idée sans grande **conviction** | He defended his idea without much **conviction** *(nd)* [a] |
| | 2. | C'est tout à fait contraire à mes **convictions** *(souvent pl)* religieuses | It's totally against my religious **convictions** [b] (*aussi :* **beliefs**) |

| | | | |
|---|---|---|---|
| III | 3. | It is his fifth **conviction** for armed robbery | C'est sa cinquième **condamnation** pour vol à main armée |
| | | The **conviction** *(nd)* of the bank manager for embezzlement came as no surprise to us | La **condamnation** du directeur de banque pour détournement de fonds ne nous a pas étonnés |

a. Mais : *to carry* **conviction** : *être convaincant* ; *to be open to* **conviction** : *être prêt à se laisser convaincre*
b. Mais : *to have the courage of one's* **convictions** : *avoir le courage de ses opinions*
◊ (Jur) *Pièce à* **conviction** : *exhibit*

## COPIE / COPY

| | | | |
|---|---|---|---|
| I | 1. | Je te conseille de garder une **copie** de ce document | I would advise you to keep a **copy** of this document [a] |
| | | Ce tableau n'est qu'une **copie**. Ça se voit au premier coup d'œil ! | This painting is only a **copy**. You can see that at a glance ! |
| | 2. | Le rédacteur en chef du journal avait l'habitude de me téléphoner quand il manquait de **copie** | The editor would ring me up whenever he was short of **copy** *(nd)* [b] |
| II | 3. | En période d'examens, j'ai toujours des centaines de **copies** à corriger | At exam time I always have hundreds of **papers** to correct [c] |
| | 4. | Le professeur nous a demandé d'acheter des **copies** quadrillées pour la semaine prochaine | The teacher has asked us to buy some squared **paper** *(nd)* for next week |
| III | 5. | I've sent her a **copy** of my latest novel | Je lui ai envoyé un **exemplaire** de mon dernier roman |

a. *Fair* **copy** : *copie au net/au propre* ; *rough* **copy** : *brouillon*
b. – Le mot **copy** est d'un emploi plus courant que son correspondant français et sera parfois plutôt traduit par **article, papier\***. Notez également : *that will make good* **copy** : *ça fera un bon sujet d'article* ; *(advertising)* **copy** : *texte publicitaire*
– *Pisseur de* **copie\*** : *writer who churns out rubbish, hack*
c. **Copie** (= *devoir*) : *(home)work* (nd)

## CORPS / CORPS

voir : **CORPS / CORPSE**

## CORPS / CORPSE

II  1. De façon générale, les femmes prennent plus soin de leur **corps** que les hommes

Generally speaking, women take better care of their **bodies** than men [a]

2. Le **corps** de la reine était exposé sur un lit de parade entouré de fleurs

The Queen's **body** lay on a catafalque surrounded by flowers
⇨ 6

3. En chimie, on distingue les **corps** simples et les **corps** composés

In chemistry a distinction is made between simple and compound **bodies**

4. Heureusement, je n'ai rien dû changer au **corps** du texte. Seules les notes ont dû être remaniées

Luckily I didn't have to make any changes to the **(main) body** of the text. Only the notes had to be revised [b]

5. Ce vin a du **corps**

This wine has plenty of **body** (nd)

III  6. The **corpse** was in an advanced state of decomposition

Le **cadavre** était dans un état de décomposition avancée

---

a. À mi-**corps** : up to/down to the waist ; se battre **corps** à **corps** : to fight hand-to-hand ; **corps** et âme : heart and soul ; à **corps** perdu : headlong ; à son **corps** défendant : against one's will, unwillingly ; (bateau) perdu **corps** et biens : lost with all hands
b. Prendre **corps** : to take shape ; donner **corps** à qqch : to give substance to sth
◊ Dans le sens ʻensemble de personnesʼ, le mot français **corps** correspond généralement à **corps** en anglais : ex. diplomatic **corps**, army **corps**, **corps** de ballet.
Notez cependant : **corps** médical, enseignant : medical, teaching profession ; **corps** électoral : electorate ; **corps** politique : body politic

# CORRECT / CORRECT

**I** 1. J'ai suivi un autre raisonnement mais j'aboutis aussi au résultat **correct**

I followed a different line of reasoning but I've arrived at the **correct** result too

La traduction de ce mot n'est pas tout à fait **correcte**

The translation of this word is not quite **correct** [a]

**II** 2. Il aurait été plus **correct** de me prévenir de votre départ
(= poli, bienséant)

It would have been more **polite** to tell me you were leaving [b]
(*moins souvent :* **correct**)

Les soldats ont reçu l'ordre de rester **corrects** envers la population
(= courtois)

The soldiers were ordered to behave **courteously** towards the population/**treat** the population **with respect**

3. Je ne peux vraiment pas me plaindre de la directrice. Elle a toujours été très **correcte** avec moi
(= régulier, juste)

I really can't complain about the headmistress. She's always been very **fair** with me [c]

Trouvez-vous que c'est **correct** de divulguer des informations aussi confidentielles ? Moi pas !

Do you think it's **right** to divulge such confidential information ? I don't !

4. Le logement était modeste mais **correct**

The accommodation was modest but **adequate**

Par rapport à la qualité, le prix est **correct**

The price is **fair** for that quality

Votre devoir est **correct** sans plus

Your homework is **adequate** but nothing more

---

a. – **To be correct** peut s'employer avec un sujet animé et correspond alors à **avoir raison** : *to be correct in thinking that...* : *avoir raison de croire que...*
 – *What's the* **correct** *time ?* : *quelle est l'heure exacte ?*
b. **Correct** s'emploie parfois en anglais dans le sens de "bienséant, conforme aux bonnes manières, aux usages" : ex. *a* **correct** *young man* : *un jeune homme (bien) comme il faut ; it is* **correct** *to wear a black tie for a funeral* : *il est de rigueur de porter une cravate noire à un enterrement ;* **correct** *procedure* : *procédure d'usage.*
c. **Correct** *en affaires* : *honest (businessman)*

## (SE) CORRESPONDRE / TO CORRESPOND

I   1. Je ne trouve pas de mot français qui **corresponde** au mot anglais ' lemon curd '     I can't find a French word that **corresponds** to the English ' lemon curd '

   2. Son comportement ne **correspond** pas à ses convictions religieuses (= s'accorder avec)     His behaviour does not **correspond** with his religious convictions

     Cet homme ne **correspond** pas du tout à la description donnée par le témoin     This man doesn't **correspond** at all to the witness's description [a] (*aussi*: **answer to/fit** the witness's description)

   3. Je ne la vois pas souvent mais nous **correspondons** de temps à autre     I don't see her very often but we **correspond** from time to time

II   4. Je suis toujours en retard parce que les deux trains ne **(se) correspondent** pas     I'm always late because the two trains don't **connect** (with each other)

   5. Je voudrais deux chambres qui **(se) correspondent**     I'd like two rooms that **communicate**/two **communicating** rooms

     Ces deux mers **(se) correspondent** par un détroit     The two seas **are linked** by a strait

---

a. Mais : *correspondre* aux goûts de qqn : to suit sb's taste ; *correspondre* aux besoins, désirs, exigences de qqn : to meet sb's needs, wishes, requirements

## CORRIGER / TO CORRECT

I   1. Il me faut généralement une semaine pour **corriger** les copies d'examen     It usually takes me a week to **correct** the exam papers [a] (*aussi*: **mark**)

     Veux-tu bien **corriger** mes fautes [ma prononciation, mon orthographe] ?     Will you **correct** my mistakes [my pronunciation, my spelling] ?

     Ces verres **corrigent** la myopie     These lenses **correct** shortsightedness

| | | | |
|---|---|---|---|
| II | 2. | Pourvu que cette aventure le **corrige** de son manque de ponctualité ! | Let's hope this incident will **cure** him of his unpunctuality ! |
| | | Il n'est jamais parvenu à **se corriger** de cette mauvaise habitude | He never managed to **cure himself/rid himself** of this bad habit |
| | 3. | Bien que je sois contre le châtiment corporel, j'admets que cet enfant mérite qu'on le **corrige** une bonne fois | Although I am against corporal punishment I admit that this child deserves **a good hiding** |
| III | 4. | I can't bear being **corrected** all the time when I'm speaking | Je ne supporte pas qu'on me **reprenne** à tout bout de champ quand je parle |
| | | "No, they were all Belgians", he **corrected** (me) | « Non, c'était tous des Belges », **rectifia**-t-il |

a. *Corriger les épreuves d'imprimerie d'un texte :* to **correct** the proofs of a text, to proofread a text
◊ *I stand **corrected** :* je reconnais mon erreur

## COSTUME / COSTUME

| | | | |
|---|---|---|---|
| I | 1. | Il y avait quelques Écossais en **costume** national | There were some Scotsmen in national **costume** |
| | | Dans une pièce de théâtre, le décor et les **costumes** sont importants | In a play the scenery and **costumes** are important |
| II | 2. | Mon père a toujours fait faire ses **costumes** sur mesure | My father always had his **suits** made to measure |

◊ – (Brit) *Bathing **costume** :* maillot de bain (pour femme), (surtout Belg) **costume** de bain ; *en **costume** d'Adam/d'Ève\* :* in one's birthday suit\*
 – ***Costume** jewellery :* bijoux de fantaisie

## COUPLE / COUPLE

I    1. Je n'ai jamais vu de **couple** aussi mal assorti     I've never seen such an ill-assorted **couple** [a] (*aussi:* **pair**)

     2. Une dizaine de **couples** évoluaient gracieusement sur la piste de danse     A dozen **couples** moved gracefully around the dance-floor [b]

II    3. J'élève un **couple** de canaris [de pigeons]     I'm rearing a **pair** of canaries [pigeons]

     4. Un beau **couple** de filous, ces deux-là !     They're a nice **pair** of rogues, those two !

III    5. Don't worry ! I'll return the books to you in a **couple*** of days     Ne t'en fais pas ! Je te rendrai les livres dans **deux ou trois/quelques** jours [c]

---

a. Le nom français **couple** peut parfois désigner le ménage, le mariage. Dans ce cas, il sera traduit autrement en anglais : *leur* ***couple*** *n'a pas résisté à ces épreuves :* their marriage broke down under these pressures ; *problèmes de* ***couple*** *:* marital problems.
b. Mais : (Patinage) *pair*
c. *We had a* ***couple**** *in the bar :* on a bu un verre ou deux au bar

## COURAGE / COURAGE

I    1. Il faut beaucoup de **courage** pour s'attaquer à un membre influent de la mafia     It takes a good deal of **courage** *(nd)* to take on an influential member of the mafia

       Je pense que je n'aurai jamais le **courage** de dire à mon père que je suis enceinte     I don't think I'll ever have the **courage** *(nd)* to tell my father I'm pregnant

       Elle a eu beaucoup de **courage** pendant sa maladie     She showed enormous **courage** *(nd)* throughout her illness [a]

II  2. Je suis tellement fatiguée que je n'ai même plus le **courage** de préparer mes repas

I'm so tired I haven't even got the **energy** to prepare my meals

Votre fils manque de **courage** pour l'étude [s'est mis au travail avec **courage**]

Your son lacks the **will** *(nd)* to work [has set to work with a **will**]

3. Vu ses difficultés financières, je n'ai pas eu le **courage** de le renvoyer (= avoir le cœur de)

In view of his financial difficulties I didn't have the **heart** to dismiss him

---

a. – Le nom anglais **courage** désigne la capacité de faire face au danger, à l'adversité. En français, le sens est plus large puisque **courage** peut tout simplement signifier ˵énergie, enthousiasme, zèle˶ (cf. 2).
– *Prendre [perdre]* **courage** : *to take [lose]* **courage**/*heart*; *prendre son* **courage** *à deux mains* : (sens 1) *j'ai pris mon* **courage** *à deux mains et je lui ai demandé une augmentation* : *I took my courage in both hands/plucked up my courage and went and asked him for a rise*; (sens 2) *j'ai pris mon* **courage** *à deux mains et je me suis mis à ranger mes papiers* : *I finally got down to tidying my papers*
– *Avoir le* **courage** *de ses opinions* : *to have the* **courage** *of one's convictions*

◊ **Courage** ! : (en cas de découragement face à une lourde tâche) *good luck !, don't let it get you down !*; (en cas de tristesse) *cheer up !, chin up !, don't despair !*

## COURAGEUX / COURAGEOUS

I  1. Un homme **courageux** plongea dans l'eau pour sauver l'enfant de la noyade

A **courageous** man dived into the water to save the drowning child (*plus couramment* : **brave**)

Il a tenu un discours particulièrement **courageux** devant le Parlement

He made a particularly **courageous** speech in Parliament [a] (*plus couramment* : **brave**)

II  2. Pendant toute sa maladie, elle a été très **courageuse**

She's been very **brave** throughout her illness

Ta sœur a eu les mêmes problèmes que toi mais elle s'est montrée beaucoup plus **courageuse**

Your sister had the same problems as you but she had a lot more **courage**

3. S'il était un peu plus **courageux**, il réussirait sans problème

If he was a bit more **hard-working** he would pass easily

---

a. L'adjectif anglais **courageous** appartient à un style soutenu (alors que **brave** est stylistiquement neutre). Il désigne principalement la capacité de faire face au danger. Il est beaucoup plus rare lorsqu'il s'agit de faire face à l'adversité, au malheur (cf. 2) et exclu dans le sens de ˵zélé, enthousiaste˶ (cf. 3).

## COURANT / CURRENT

**I**   1. Je voudrais retirer 1 000 francs de mon compte **courant**

I would like to withdraw £100 from my **current** account (*US:* **checking** account)

**II**   2. Il lit et parle l'anglais de manière **courante**

He speaks and reads English **fluently**

     3. C'est un modèle **courant**. Tu le trouveras dans tous les magasins

It's a very **common** model. You'll find it in all the shops

        Est-ce **courant** dans votre pays de travailler le samedi ?

Is it **usual/the usual practice** in your country to work on Saturdays ?

        Le téléphone n'est pas encore d'un usage **courant** dans certains pays

In some countries the telephone is not yet in **everyday/common** use (*parfois :* **current**)

        Ce genre d'accident est **courant**

This kind of accident is **common** [a]

     4. *(Comm)* Votre lettre du 5 **courant** nous est bien parvenue

We acknowledge receipt of your letter of the 5th **of this month**/(Brit) of the 5th **inst.** ◦ [b]

**III**   5. **Current** *(épith)* fashions are often inspired by preceding generations

Les modes **actuelles** sont souvent inspirées par les générations précédentes [c]

        Have you read the **current** *(épith)* issue of Newsweek ?

As-tu lu le **dernier** numéro de Newsweek ?

     6. The shilling is no longer a **current** coin in Britain (*plus souvent :* is no longer **legal tender**)

Le shilling n'a plus **cours** en Grande-Bretagne

---

a. – Mais : *this word is no longer (in)* **current** *(use) : ce mot n'est plus (d'usage)* **courant** ; (theory, fashion) *to be* **current** *: avoir cours*
   – *Dépenses* **courantes** *: day-to-day expenses ; langage* **courant** *: everyday language*
   – *C'est monnaie* **courante** *: it's common practice, it's widespread, it's a common occurrence*
b.  *Expédier les affaires* **courantes** *: to deal with routine business*
c.  **Current** *events : l'actualité ; the* **current** *opinion : l'opinion la plus répandue actuellement, l'avis général du moment*
◊  *Eau* **courante** *: running water ; main* **courante** *: handrail*

174

## COURS / COURSE

**I** 1. Ce projet d'aménagement implique que l'on détourne le **cours** de la rivière

This development project would involve diverting the **course** of the river [a]

2. Cette décision devait radicalement changer le **cours** de la guerre [des opérations, des événements]

This decision would radically change the **course** of the war [operations, events] [b]

3. Est-ce que cette université organise des **cours** de langues orientales ?

Does this university offer **courses** in oriental languages ? [c]

Pour rattraper mon retard, je compte suivre un **cours** par correspondance [un cours de vacances]

In order to catch up I intend to take a correspondence **course** [go on a holiday **course**]
⇨ 4

**II** 4. Il n'y aura pas **cours** de français ce lundi

There will be no French **class**/*(Scol)* **lesson**/*(Univ)* **lecture** this Monday [d]

5. J'ai prêté mon **cours** de physique à Patrick

I've lent my physics **(text-)book/notes** to Patrick [e]

6. *(Fin)* Le **cours** du dollar [du coton] se maintient

The **price** of the dollar/the dollar **rate** [the **price** of cotton/cotton **prices**] remain(s) steady

On donne les **cours** de la Bourse tous les soirs à la radio

Stock Exchange **prices** are given out on the radio every evening [f]

**III** 7. I don't think this is the best **course (of action)** to take

Je ne pense pas que ce soit le meilleur **parti** à prendre

The only **course (of action)** open to me is to write to the ambassador

Je n'ai d'autre **ressource/possibilité** que d'écrire à l'ambassadeur

8. I haven't got the slightest idea what I'm going to serve as a main **course** on Saturday

Je n'ai pas la moindre idée de ce que je vais servir comme **plat** principal samedi [g]

---

a. – **Course** s'emploie dans le sens de ʿchemin que suivent les eaux, litʾ et non dans celui de ʿmouvement de l'eau qui couleʾ, auquel cas on emploie **(to) flow** : ex. *le* **cours** *rapide d'un fleuve* : *the fast flow of a river* ; *fleuve au* **cours** *rapide* : *fast-flowing river*.

Notez cependant : *descendre le **cours** d'un fleuve :  to go down a river ; **cours** d'eau : river,* (petit) *stream*
- **Course** s'emploie en outre dans le domaine de la navigation et équivaut à **cap/route**.
b. – (Enquête...) *suivre son **cours** : to run/take its **course** ; au **cours** de : in the **course** of*
 – Mais : *en **cours** de route : on the way ; (être) en **cours** :* (discussion...) *(to be) in progress ;* (épith) *ongoing*
c. – Le nom **course** désigne une série de leçons sur un sujet donné et non les diverses séances pendant lesquelles se déroule une leçon (cf. 4). Il s'emploie surtout dans un contexte non-scolaire. À l'école, les traductions diffèrent selon le contexte : *être chargé du **cours** de français : to be in charge of French ; il n'y aura plus de **cours** de grec à partir de l'an prochain : as from next year Greek will no longer be taught.*
 – ***Cours** du soir : evening classes* (pl) ; *to go on a (training) **course** : faire un stage*
d. *Avoir **cours** :* (Scol) *to have school/lessons,* (Univ) *to have lectures/classes*
e. Notez que **course** s'emploie dans le cas d'un cours imprimé en plusieurs volumes : ex. *Part Two of the German **course**.*
f. *Avoir **cours** :* (monnaie) *to be legal tender,* (théorie, mode) *to be current*
g. *First **course** : entrée*
◊ – (Scol) ***Cours** privé* (= établissement) : *private school*
 – *Of **course** : évidemment, naturellement ; as a matter of **course** : d'office, automatiquement, tout naturellement ; in due **course** : en temps utile, en son temps ; golf **course** : terrain de golf ; to stay the **course** :* (Sports) *aller jusqu'au bout,* (fig) *tenir bon, tenir le coup ;* (Méd) ***course** of treatment : traitement ; **course** of injections : série de piqûres*

## CRAQUER / TO CRACK

| | | | |
|---|---|---|---|
| II | 1. | Dans cette vieille maison, le parquet **craque** constamment | The floor boards **creak** all the time in that old house |
| | | La neige **craquait** [les feuilles **craquaient**] sous nos pas | The snow **crunched** [the dead leaves **rustled**] beneath our feet |
| | | Il fit **craquer/craqua** une allumette et alluma la bougie | He **struck** a match and lit the candle [a] |
| | 2. | Mon pantalon a **craqué** quand je me suis baissé | My trousers **split** when I bent over |
| | | Ton sac est trop plein. Il va **craquer** | Your bag's too full. It's going to **break** [b] |
| | 3. | Si tu continues à brûler la chandelle par les deux bouts, tu vas **craquer** (= s'effondrer nerveusement) | You'll **crack up** if you go on burning the candle at both ends (*moins souvent :* **crack**) |
| | | Après deux jours d'interrogatoire, il a **craqué** et a révélé le nom de son complice (= céder) | After two days of questioning he **broke down** and revealed the name of his accomplice (*moins souvent :* **cracked**) |
| | 4. | Quand j'ai vu cette robe, j'ai **craqué** * | When I saw that dress I **was finished** */I'd **had it** */I **succumbed** ! |

| | | |
|---|---|---|
| | Dès que Jacques voit une belle blonde aux yeux bleus, il **craque***! | James is a **sucker*** for beautiful blue-eyed blondes |
| III | 5. The glass **cracked** but it didn't break | Le verre **s'est fêlé** mais ne s'est pas cassé |
| | He fell and **cracked** a bone | Il est tombé et s'est **fêlé** un os [c] |
| | 6. They managed to **crack*** the enemy code [the case] | Ils ont réussi à **déchiffrer** le code de l'ennemi [à **résoudre** l'affaire] |
| | 7. His voice **cracked** with emotion | Sa voix **se brisa** sous le coup de l'émotion |

a. – Mais : faire **craquer** ses doigts : **to crack** one's fingers
 – **To crack** a whip : faire claquer un fouet ; (fig) **to crack** the whip : donner des ordres, commander
b. – Plein à **craquer*** : (valise) (épith) bulging, (attrib) bursting, crammed full ; (salle) packed
 – **To crack** nuts : casser des noix ; (fig) it's a hard nut to **crack*** : c'est un problème difficile à résoudre ; he's a hard nut to **crack*** : c'est un type pas commode
c. Aussi : **cracked** (ground, skin...) : crevassé ; **to crack** one's head/one's skull against sth* : se cogner la tête contre qqch
◊ **To crack*** a safe : percer/ouvrir un coffre-fort ; **to crack*** a bottle : ouvrir une bouteille ; (US) **to crack*** a book : ouvrir un livre (pour l'étudier) ; **to crack*** a joke : raconter une blague ; he's **cracked*** : il est cinglé*, il a le cerveau fêlé* ; get **cracking**!* : magne-toi!*, grouille-toi!* ; let's get **cracking**!* : allons-y!, au boulot!*

## CRAYON / CRAYON

| | | |
|---|---|---|
| II | 1. La maîtresse ne veut pas qu'on fasse ses devoirs au **crayon** | The teacher won't let us do our homework in **pencil** [a] |
| III | 2. My aunt has bought me a box of 24 **crayons** | Ma tante m'a acheté une boîte de 24 **crayons de couleur** |

a. **Crayon** (= dessin au crayon) : pencil drawing ; **crayon** (à sourcils) : eyebrow pencil

# CRIER / TO CRY

**II** 1. « Allez-vous en ! », **cria**-t-il
(*souvent :* **s'écria**-t-il)

"Go away", he **shouted/yelled** [a]
(*aussi :* **cried**°)

Je ne parviens pas à me concentrer avec tous ces enfants qui **crient** dans la cour

I can't concentrate with all those children **shouting/yelling** in the playground

Il me **cria** que l'ascenseur était en panne

He **shouted** to me that the lift was out of order

La lumière s'éteignit. En proie à une terreur panique, je me mis à **crier**

The light went out. I was panic-stricken and began to **scream** [b]

Je l'entendis **crier** de douleur [de peur]

I heard him **cry out** in pain [fear]

2. Lorsqu'ils virent arriver leur gardien, tous les singes se mirent à **crier**

When they saw their keeper coming, all the monkeys started to **screech/howl** [c]

3. Cette porte [cette roue] **crie**. Il faudrait mettre de l'huile
(*plus souvent :* **grince**)

That door **creaks/squeaks** [that wheel **squeaks**]. It needs some oil

4. Ma mère **crie** toujours après moi *. J'en ai marre !

My mother's always **nagging** at me */**going on** at me *. I'm fed up with it !

**III** 5. Don't **cry**. I'll buy you a new teddy bear

Ne **pleure** pas. Je t'achèterai un nouveau nounours [d]

---

a. – Le verbe **to cry** appartient à la langue soutenue. Il désigne toujours une réaction spontanée, voire involontaire et s'emploie surtout en incise. Notez également les expressions suivantes : *crier au secours :* **to cry** *for help ;* **crier** *au vol, au meurtre :* **to cry**/*shout "Stop thief ! ", "Murder ! " ;* **crier** *au loup :* **to cry** *wolf ;* **crier** *des marchandises* (pour vendre) : **to cry** *one's wares*.
   – **To shout** implique que l'on prononce des paroles, **to yell** signifie ᶜcrier très fort, hurlerᵓ.
b. **To scream** signifie ᶜpousser des cris aigusᵓ.
c. Aussi : (cochon) *to squeal*, (hibou) *to call/screech*, (perroquet) *to squawk*, (mouette) *to cry/mew/scream*
d. **To cry** *for the moon :* demander la lune
◊ – **Crier** *au scandale, au miracle :* to call it a scandal, a miracle, to hail it as a miracle ; **crier** *au génie :* to hail sb as a genius
   – **Crier** *son innocence :* to protest one's innocence ; **crier** *son indignation :* to protest loudly
   – *For* **crying** *out loud !* * : pour l'amour de Dieu ! *

## CRIME / CRIME

I   1. Dans notre société, trop de **crimes** restent impunis

Too many **crimes** go unpunished in our society [a]

Il a essayé de s'infiltrer dans le milieu du **crime**

He tried to infiltrate the world of **crime** *(nd)*
⇨ 4

2. C'est un **crime** d'abattre cette belle cheminée en marbre

It's a **crime** to pull out that lovely marble fireplace

II   3. L'arme du **crime**, un couteau de chasse, n'a jamais été retrouvée

The **murder** weapon, a hunting knife, was never found [b]

III   4. **Crime** *(nd)* is on the increase in the big cities

La **criminalité** augmente dans les grandes villes

---

a. – (F) **Crime** ne désigne que des infractions très graves qui se jugent en cour d'assises (assassinat, vol à main armée, etc.). Par contre, (A) **crime** peut désigner des infractions moins graves et correspond alors au mot français **délit**.
– **Crime** de guerre : war **crime** ; **crime** contre l'humanité : **crime** against humanity
b. Mais : **crime** passionnel : **crime** passionnel

## (SE) CROISER / TO CROSS (ONESELF)

I   1. La voie ferrée **croise** la route à plusieurs endroits
(*aussi :* **coupe, traverse**)

The railway **crosses** the road in several places

Est-ce que les deux routes **se croisent** quelque part ?

Do the two roads **cross** at any point ?
(*aussi :* **intersect**)

2. Ne **croise** pas les jambes. C'est mauvais pour la circulation

Don't **cross** your legs. It's bad for your circulation [a]

3. Il ne répond pas à mes questions. À mon avis, nos lettres **se sont croisées**/ma lettre a **croisé** la sienne

He hasn't answered my questions. I think our letters must have **crossed**
⇨ 5

|     |     |     |
| --- | --- | --- |
|     | 4. Si l'on **croise** un âne avec un cheval, on obtient un mulet | If you **cross** a donkey with a horse you get a mule [b] |
| II  | 5. Je le **croise** parfois dans la rue mais il ne me dit jamais bonjour | I sometimes **pass** him in the street, but he never says hello |
|     | Nous **nous** sommes **croisés** sur l'autoroute mais je ne pense pas qu'il m'ait vu | We **passed each other** on the motorway but I don't think he saw me |
|     | Les deux trains **se croisèrent** à plus de 200 à l'heure | The two trains **passed each other** going at more than 125 miles an hour [c] |
|     | 6. Depuis une dizaine d'années, ce paquebot **croise** dans le Pacifique sous pavillon panaméen | For the last ten years this liner has been **cruising** in the Pacific under a Panamanian flag |
| III | 7. There is only one track which **crosses** this part of the desert | Il n'y a qu'une seule piste qui **traverse** cette partie du désert |
|     | He **crossed** the Channel in a fishing boat | Il a **traversé** la Manche en bateau de pêche |
|     | Two of the runners **crossed** the finishing line together | Deux des coureurs ont **franchi** la ligne d'arrivée en même temps [d] |
|     | 8. My son always forgets to **cross** his t's | Mon fils oublie toujours de **barrer** ses t/de **mettre la barre** aux t [e] |
|     | (Brit) You'd better **cross** the cheque | Tu ferais mieux de **barrer** le chèque |
|     | 9. Don't **cross** him. He's in a bad mood today | Ne le **contrarie** pas. Il est de mauvaise humeur aujourd'hui [f] |

a. – Aussi : (doigts) **to cross** ; mais : (bras) to fold, (châle....) to fold
 – (fig) I'll keep my fingers **crossed** for you : je penserai à toi, je ferai une petite prière pour toi, je **croise** les doigts ; (fig) se croiser les bras : to lounge around, to sit around doing nothing
 – (fig) **To cross** swords with sb : se frotter à qqn
b. Se croiser : to interbreed
c. Son regard croisa le mien : his eyes met mine ; nos regards **se sont croisés** : our eyes met
d. (fig) We'll **cross** that bridge when we come to it : on s'occupera de ce problème-là quand il se présentera
e. (fig) **To cross** one's t's and dot one's i's : mettre les points sur les i
f. To be **crossed** in love : avoir une déception amoureuse
◊ It **crossed** my mind that... : il m'est venu à l'esprit que...

## CULTE / CULT

I    1. *(Antiq, Anthrop)* Le **culte** d'Isis se répandit rapidement dans le monde antique

The **cult** of Isis quickly spread throughout the ancient world [a]

      2. Il avait le **culte** de l'argent [de la propreté]

He made a **cult** of money [cleanliness] [b]
(*plus souvent :* he **worshipped** money, cleanliness)

II    3. Ce sont des fanatiques. Ils visent principalement les édifices consacrés au **culte**

They're fanatics. Places of **worship** are their main target

      Les représentants de tous les **cultes** étaient rassemblés dans la cathédrale

Representatives of all **denominations**/of all the **churches** were gathered in the cathedral [c]

      C'est une personne très pieuse, qui assiste régulièrement au **culte**

She's a very religious person, who regularly attends **(church) services**

III    4. He ran away from home and joined a strange **cult** in America
(*plus souvent :* **sect**)

Il a quitté sa famille et s'est joint à une **secte** étrange en Amérique

---

a. Mais : **culte** du feu, du soleil : fire-worship, sun-worship
b. Vouer un **culte** à qqn : to (hero-)worship sb ; to be a **cult** figure : être l'objet d'un **culte**, être très populaire
c. Liberté du **culte** : freedom of worship

## CULTURE / CULTURE

I    1. Les villes universitaires comme Louvain ou Heidelberg ont toujours été de grands centres de **culture**

University towns like Louvain and Heidelberg have always been great centres of **culture** *(nd)*

      Comment peut-on être à ce point dépourvu de **culture** ?

How can anyone be so utterly lacking in **culture** *(nd)* ? [a]

|  |  |  |  |
|---|---|---|---|
|  | 2. | Ce n'était pas un simple affrontement entre deux individus. C'était un choc entre deux **cultures** | It wasn't a mere confrontation between two individuals. It was a clash between two **cultures** |
|  |  | La **culture** chinoise me fascine | I'm fascinated by Chinese **culture** (nd) |
| II | 3. | La région vit surtout de la **culture** | The area's main economic activity is (arable) **farming**/is **agriculture** |
|  |  | La **culture** du sol est très difficile à cause de la sécheresse | The **cultivation** of the soil is very difficult because of the drought |
|  |  | La **culture** des céréales [de la vigne] est en nette régression | The **cultivation** of cereals [wine]/cereal-**growing** [wine-growing] is on the decline [b] |
|  | 4. | Le coton est une des **cultures** de base de la région | Cotton is one of the main **crops** in the area |
|  | 5. | De riches **cultures** s'étendaient à perte de vue | Rich **arable land** (nd) stretched away as far as the eye could see |

a. Mais : **culture** littéraire, philosophique,... : knowledge of literature, philosophy... ; **culture** générale : general knowledge ; **culture** physique : physical training, (plus rarement) physical **culture**
b. Notez que le mot anglais **culture** s'emploie pour désigner l'élevage de certains petits animaux : ex. oyster, silkworm **culture** : élevage des huîtres, des vers à soie.
◊ (Biol) **Culture** (de microbes) : **culture** (of bacteria)

## CURE / CURE

|  |  |  |  |
|---|---|---|---|
| I | 1. | Sur ordre du médecin, j'ai fait une **cure (thermale)** à Vichy | I took the **cure** at Vichy on doctor's orders [a] (aussi : took the **waters**) |
| II | 2. | Son fils a déjà fait plusieurs **cures** de désintoxication | His son has already undergone **treatment** (nd) for alcoholism/ drug addiction several times |
|  |  | Après ma maladie, j'ai fait une **cure** de lait [de fruits, de vitamines] | After my illness I went on a milk **diet** [a fruit **diet**, a **course** of vitamins] [b] |
|  | 3. | L'église est fermée. Va chercher la clé à la **cure** | The church is locked. Go and get the key from the (Cathol) **presbytery**/(Prot) **vicarage**/ (Prot) **rectory** |

|       |                                                                                  |                                                                                                   |
| :---- | :------------------------------------------------------------------------------- | :------------------------------------------------------------------------------------------------ |
|       | Notre curé va bientôt nous quitter. Il a obtenu une **cure** de village          | Our vicar will soon be leaving us. He's been given a country **parish**/*(Brit)* **living** [c]   |
| III 4. | We thought the doctors had found a **cure** for cancer but it was a false hope  | Nous pensions que les docteurs avaient trouvé un **remède** contre le cancer mais c'était un faux espoir |
|       | This government has found no **cure** for inflation                              | Le gouvernement n'a pas trouvé de **remède** contre l'inflation                                   |
| 5.    | I'm sorry to say that the chances of a **cure** are very remote                  | Il y a malheureusement très peu de chances de **guérison**                                         |

a. Centre de **cure** *(thermale)* ( = ville) : *spa, health resort*
b. – Mais : **cure** *de repos* : *rest* **cure**
   – **Cure** *d'amaigrissement* : *slimming regime* ; **cure** *de sommeil* : *narcotherapy* (nd) ; (Psychan) **cure** : *therapy* (nd)
   – Dans le cas de ʿ**cure** de silence, d'air frais ʾ, le mot **cure** sera traduit en anglais par une paraphrase : ex. *faire une* **cure** *de silence* : *to spend a period in silence.*
c. The **cure** *of souls*° : *la charge d'âmes*
◊ *N'avoir* **cure** *de qqch*° : *to care little about sth, to have no time for sth*


## CURÉ / CURATE

| II 1. | Tous les dimanches, le **curé** était invité à dîner chez les du Montreuil         | Every Sunday the **parish priest** was invited to dinner at the du Montreuils' [a] |
| :--- | :--------------------------------------------------------------------------------- | :--------------------------------------------------------------------------------- |
| 2.   | *(péj)* Mon grand-père a toujours eu de l'aversion pour les **curés*** ( = le clergé) | My grandfather always loathed the **clergy** [b]                                   |
| III 3. | The Bishop looked back with nostalgia on the days when he had been a humble country **curate** | L'évêque se souvenait avec nostalgie de l'époque où il n'était qu'un simple petit **vicaire** de campagne |

a. – **Parish priest** est un terme général mais il est surtout employé dans le contexte de l'Église catholique. L'équivalent dans l'Église anglicane est **vicar/rector**.
   – Le mot **curé** est parfois employé dans le sens plus général d'ʿecclésiastiqueʾ. Il correspond alors au mot anglais **clergyman**.
b. *Se faire* **curé*** : *to go into the Church* ; *bouffer du* **curé*** : *to be violently anti-clerical*

## DANCING / DANCING

II   1. Ce quartier est très bruyant la nuit car il est plein de **dancings**
This area is very noisy at night because it is full of **dance halls**

III   2. My mother has always liked **dancing** (nd)
Ma mère a toujours aimé la **danse**

Lisa goes to **dancing** (nd) classes every Wednesday
Lisa suit un cours de **danse** chaque mercredi [a]

---

a. Ballet **dancing** : danse classique

## DATE / DATE [a]

I   1. La **date** de la réunion n'est pas encore fixée
The **date** of the meeting has not been fixed yet [b]

2. La révolution est une **date** capitale de leur histoire (= événement)
The Revolution was an important **date** in their history [c]

III   3. She's got a **date*** tonight
Elle a (un) **rendez-vous** ce soir [d]

---

a. Notez également l'homonyme anglais **date** qui correspond à (F) **datte**.
b. – De longue **date** : (adv) for a long time, (adj) long-standing ; de fraîche **date** : recent
   – To **date** : à ce jour, jusqu'ici ; up to **date** : à jour, à la page, dans le vent ; out of **date** : démodé, périmé
c. Faire **date** : to be a milestone (in history), to mark an epoch
d. Le mot anglais **date** désigne le plus souvent un rendez-vous galant. Il peut également désigner la personne avec laquelle on a un tel rendez-vous (surtout en américain) : ex. who's your **date*** tonight ? : avec qui sors-tu ce soir ?

## DATER / TO DATE

I   1. Sa lettre n'est même pas **datée**
His letter isn't even **dated**

2. Les experts n'ont pas réussi à **dater** ce vase
The experts were unable to **date** this vase [a]

|   |   |   |
|---|---|---|
|   | 3. Notre maison **date** du XIX<sup>e</sup> siècle | Our house **dates** from/**dates** back to the 19th century [b] |
|   | 4. Ce costume [cette expression, ce genre de musique] commence à **dater** | This suit [this expression, this kind of music] is beginning to **date** [c] |
| III | 5. *(surtout US)* They've been **dating**\* for months | Ils **sortent ensemble** depuis des mois |
|   | *(surtout US)* Andrew's **dating**\* a new girlfriend, but it won't last | André **sort avec** une nouvelle fille, mais cela ne durera pas |

a. Notez l'emploi familier : *I remember the Queen's coronation. — That **dates** you !* : *Je me souviens du couronnement de la reine. — Cela ne te rajeunit pas !*
b. Mais : *de quand **date** votre première rencontre ?* : *when did you first meet ?*
c. – Aussi : *musique, robe qui **date*** : *dated music, dress*
   – Mais : *his books haven't **dated*** : *ses livres sont toujours au goût du jour*
◊ – *Événement qui **date** :* (dans l'histoire) *memorable/historic event,* (dans la vie d'un homme) *memorable/important event*
   – (Admin) *À **dater** de :* *as from*

## DÉCADE / DECADE

|   |   |   |
|---|---|---|
| I | 1. Il a écrit la majorité de ses poèmes au cours de la dernière **décade** du XIX<sup>e</sup> siècle [a] (*plus souvent :* **décennie**) | He wrote most of his poems during the last **decade** of the 19th century |
| II | 2. Les mois grecs étaient divisés en **décades** [b] | In Ancient Greece the months were divided into **periods of ten days** |

a. Emploi critiqué par les puristes, qui préconisent **décennie**.
b. Principalement employé dans le contexte du calendrier républicain (adopté en France en 1793) qui se subdivisait en périodes de dix jours.

## DÉCENT / DECENT

**I** 1. Cette robe est absolument choquante. Tu n'as pas quelque chose d'un peu plus **décent** ?
That dress is absolutely outrageous. Haven't you got something a bit more **decent** ? [a]
⇨ 3

2. Nous ne demandons pas l'impossible. Nous demandons simplement un niveau de vie **décent**
We are not asking for the impossible. All we want is a **decent** standard of living [b]

**II** 3. Vu les circonstances, il eût été **décent** de vous abstenir
In the circumstances **the right/proper thing (to do)** would have been to abstain

Pensez-vous qu'il soit **décent** de lui téléphoner à cette heure ?
Do you think it would be **all right** to ring her up at this time of day ?

**III** 4. I haven't got anything **decent*** to wear for the wedding
Je n'ai rien de **convenable** à me mettre pour le mariage

She's got quite a **decent*** flat
Son appartement n'est **pas mal**

This wine's not a great vintage but it's quite **decent***
Ce vin n'est pas un grand cru mais il est **tout à fait honnête**/il **se laisse boire**

I haven't had a **decent*** meal in days
Je n'ai pas fait un **bon** repas/un repas **convenable** depuis des jours

5. I've got nothing against them. They're **decent** enough people
Je n'ai rien contre eux. Ce sont de **braves** gens/d'**honnêtes** gens

6. It was **decent*** of him not to charge us anything for the repair
C'était **chic*** de sa part de ne pas nous faire payer la réparation

---

a. *To keep one's language **decent**: surveiller son langage, parler en termes **décents**; are you **decent**? : es-tu en tenue **décente** ?, es-tu habillé ?*
b. Dans ce sens ( = acceptable, conforme à certaines normes généralement acceptées), le mot anglais **decent** a un champ d'application plus large que son correspondant français (cf. 4).

## DÉCEPTION / DECEPTION

voir : **DÉCEVOIR / TO DECEIVE**

## DÉCEVOIR / TO DECEIVE (ONESELF)

**II** 1. Si tu ne viens pas, Anne sera **déçue**

Tu me **déçois** vraiment. Je ne m'attendais pas du tout à cela de ta part

If you don't come Anne will be **disappointed**

I'm very **disappointed** in you. I didn't expect that from you at all

**III** 2. I don't see why I shouldn't trust him. He's never **deceived** me

If you think you can pass exams without working, you're **deceiving yourself**

Je ne vois pas pourquoi je ne lui ferais pas confiance. Il ne m'a jamais **trompé** [a]

Si tu penses que l'on peut réussir ses examens sans étudier, tu **te fais des illusions**

3. She's been **deceiving** her husband for years

Elle **trompe** son mari depuis des années

---

a. *To deceive* sb into doing sth : amener qqn à faire qqch (en le trompant)
☐ Déception : disappointment
Deception : tromperie, duperie, supercherie

## (SE) DÉCHARGER / TO DISCHARGE (ONESELF)

**II** 1. Les enfants, vous venez m'aider à **décharger** la voiture ?

**Décharge** d'abord les planches. On s'occupera des caisses tout à l'heure

Will you come and help me **unload** the car, children ?

**Unload** the planks first. We'll do the boxes later [a]

2. Je propose d'engager quelqu'un afin de **décharger** les vendeurs qui sont complètement débordés

Il a demandé à être **déchargé** de ce travail pour raisons de santé

Si tu ne **te décharges** pas d'une partie de ton travail sur tes collaborateurs, tu ne tiendras jamais le coup

I suggest we take on someone else to **reduce the workload of** the sales personnel, who've already got more work than they can cope with

He asked to be **relieved** of the job for health reasons [b]

If you don't **delegate** some of your work to your assistants, you'll crack up

| | | |
|---|---|---|
| | Il a le don de **se décharger** des sales boulots sur les autres (= se débarrasser de) | He's a past master at **unloading/ (Brit) offloading** all the rotten jobs onto the others |
| | 3. Ce témoignage **décharge** le prévenu [de l'accusation d'homicide volontaire] | This testimony **(partially) exonerates** the accused [**clears** the accused of the murder charge] |
| | 4. Le bandit **déchargea** son revolver sur la foule | The gangster **emptied** his gun into the crowd [c] |
| | Il fit un mouvement brusque et son revolver **se déchargea**, heureusement sans faire de blessés | He made a sudden movement and his gun **went off**, fortunately without injuring anyone (*rarement :* **discharged°**) |
| | 5. Le prince héritier s'est blessé en **déchargeant** son arme | The Crown Prince injured himself while **unloading** his gun |
| | 6. La batterie **s'est déchargée** pendant la nuit | The battery **ran down/went flat** overnight [d] (*plus rarement :* **discharged**) |

| | | | |
|---|---|---|---|
| **III** | 7. | The prisoner was **discharged** on parole | Le prisonnier fut **libéré** sur parole |
| | | My father was **discharged** from hospital yesterday | Mon père **a pu quitter** l'hôpital hier [e] |
| | 8. | The nurse **discharged°** her duties conscientiously | L'infirmière a **accompli** son devoir consciencieusement [f] |
| | 9. | The factory **discharges** its effluent into the river | L'usine **déverse** ses déchets dans la rivière [g] |

---

a. **Décharger** *un navire, la cargaison d'un navire :* to unload a ship, the cargo from a ship (plus rarement : **to discharge°**)
b. **Décharger** *(qqn d'impôts) :* to exempt sb from taxes ; *(qqn d'une dette) :* to release sb from a debt
c. **To discharge°** *a gun* (plus souvent : *to fire a gun*) : tirer
d. *La batterie est* **déchargée :** the battery is flat
e. – **To discharge oneself** *(from hospital) :* quitter l'hôpital de son propre chef
   – (Mil) *To be* **discharged** *(from the army) :* être rendu à la vie civile
f. **To discharge°** *one's debts :* s'acquitter de ses dettes
g. Aussi : **to discharge** smoke : projeter de la fumée
◊ – **Décharger** *sa colère, sa bile sur qqn :* to vent one's anger, spleen on sb
   – (US) **To discharge** *sb :* congédier qqn, renvoyer qqn

## DÉCIDÉ / DECIDED

II    1. C'est un jeune homme très **décidé**. Il sait ce qu'il veut et il l'obtient toujours
       He's a very **determined** young man. He knows what he wants and he always gets it [a]

      2. Je suis **décidé** à porter plainte
       I am **determined** to sue

III    3. The fact that he was the professor's son gave him a **decided** advantage
       Le fait qu'il était le fils du professeur lui conférait un **sérieux/net** avantage

a. L'adjectif **decided** existe dans ce sens mais il est beaucoup moins fréquent. Il s'emploie principalement dans *in a **decided** manner* et ***decided** opinions (opinions bien arrêtées)*.

## DÉCIDÉMENT / DECIDEDLY

II    1. **Décidément**, cette fille est folle
       That girl **really** is crazy/**There's no doubt about it**, that girl's crazy [a]

III    2. He answered so **decidedly** that nobody dared contradict him
       Il répondit si **catégoriquement** que personne n'osa le contredire

        I am most **decidedly** against that suggestion
       Je suis **absolument/résolument** contre cette proposition

      3. Susan's **decidedly** better
       Susan va **nettement/incontestablement** mieux

        I was feeling **decidedly** ill at ease
       Je me sentais **vraiment/réellement** mal à l'aise

a. **Décidément** ne sera parfois pas traduit en anglais mais simplement rendu en accentuant plus fort l'un ou l'autre mot dans la phrase : *décidément, je perds toujours mes affaires !* : *I'm <u>always</u> losing my things !*, *I lose <u>everything</u> !*

## (SE) DÉCLARER / TO DECLARE (ONESELF)

I    1. Le leader syndical a **déclaré** que la grève serait poursuivie

The union leader **declared** that the strike would continue

Va-t-il enfin se décider à **déclarer** son amour/à **se déclarer** ?

Is he ever going to make up his mind to **declare** his love ?

Lorsqu'on le **déclara** vainqueur, il pleura de joie

When he was **declared** the winner he wept for joy [a]
⇨ 4

2. Le directeur **s'est déclaré** satisfait des résultats

The director **declared himself** satisfied with the results

J'ai été extrêmement étonné d'entendre M. Lambert **se déclarer** pour [contre] cette nouvelle mesure

I was amazed to hear Mr Lambert **declare (himself)** in favour of [against] the new measure [b]
(*plus couramment :* **come out** in favour of [against])

3. *(Douane)* Rien à **déclarer** ?

Anything to **declare** ?

Je doute fort qu'il **déclare** tous ses revenus [tous ses employés]

I doubt very much whether he **declares** his whole income [all his employees]

II    4. Je l'ai rencontré hier et il m'a **déclaré** tout de go que le projet ne l'intéressait plus

I met him yesterday and he **told** me straight out that he was no longer interested in the project

5. Vous avez quarante-huit heures pour **déclarer** la naissance [le décès]

You have forty-eight hours in which to **register** the birth [the death]

Penses-tu que cela vaille la peine de **déclarer** le vol à la police ?

Do you think it's worth **reporting** the burglary to the police ?

6. Suite à la grande sécheresse, des incendies de forêt **se** sont **déclarés** dans les Landes

As a result of the severe drought, forest fires have **broken out** in the Landes

La fièvre **s'est déclarée** au milieu de la nuit

The fever **started** in the middle of the night

---

a. – **To declare** ne s'emploie que lorsque **déclarer** signifie 'affirmer publiquement ou officiellement' (comparez 4).
– Notez également : **déclarer** la guerre à : **to declare** war on ; **déclarer** la séance ouverte, close : **to declare** the meeting open, closed
– Mais : (Jur) **déclarer** qqn coupable, innocent : to find sb guilty, innocent

b. *I must* **declare** *myself as being against your proposal :* que les choses soient claires dès le début : je suis contre votre proposition

◊ (vieilli ou iron) *Well, I(do)* **declare** *!* : Ça, par exemple !

## DÉCORER / TO DECORATE

**I**   1. Quand allons-nous **décorer** le salon pour la fête ?
When are we going to **decorate** the living-room for the party ?

Les rues étaient **décorées** de guirlandes lumineuses et de sapins de Noël
The streets were **decorated** with coloured lights and Christmas trees

2. Il a été **décoré** pour son courage pendant la guerre
He was **decorated** for his bravery during the war [a]

**II**   3. Je compte **décorer** mon salon en style Empire
I'm going to **furnish** my drawing room in Empire style

**III**   4. We had the bedroom **decorated** last winter
Nous avons fait **tapisser (et peindre)** la chambre à coucher l'hiver dernier

---

a.   Mais : *il a été **décoré** de la Croix de guerre* : he was awarded the Croix de guerre

## (SE) DÉCOUVRIR / TO DISCOVER

**I**   1. Mon voisin a **découvert** un trésor au fond de son jardin
My neighbour has **discovered** treasure at the bottom of his garden [a]

Personne n'a jamais **découvert** la vérité sur cette affaire
No one ever **discovered** the truth about that affair

J'ai **découvert** Shakespeare à l'âge de trente ans
I **discovered** Shakespeare at the age of thirty

*(Sc)* On n'a pas encore **découvert** de remède contre la sclérose en plaques
No cure has yet been **discovered** for multiple sclerosis

**II**   2. Le bandit a soigneusement évité de se **découvrir** le visage
The gangster carefully avoided **uncovering** his face

| | |
|---|---|
| Elle portait une robe très sexy qui lui **découvrait** le haut des cuisses | She was wearing a very sexy dress that completely **revealed/exposed** her thighs |
| À mon avis, il **s'est découvert** pendant la nuit et il a pris froid | I think he must have **uncovered himself/thrown off his bedclothes** during the night and caught cold |
| Il faudrait **découvrir** le malade. Il a visiblement trop chaud | We must **take off (some of)** the patient's **bedclothes**. He's obviously too hot [b] |

3. En entrant dans l'église, il **se découvrit** — He **took off his hat** as he entered the church

4. Le ciel **se découvre**. On va bientôt pouvoir sortir (*plus souvent :* **se dégage**) — The sky is **clearing**. We'll be able to go out soon

5. Il ne **découvrit** ses projets qu'à ses amis les plus proches (*plus souvent :* **dévoila**) — He only **disclosed/revealed** his plans to his closest friends [c]

6. Soudain, je **découvris** le visage de Jeanne dans la foule (= voir) — I suddenly **saw/spotted/glimpsed** Jean's face in the crowd

**III**

7. I suddenly **discovered** that my watch had stopped — Tout à coup, je **me rendis compte**/je **m'aperçus** que ma montre s'était arrêtée

We went all the way to Wembley, only to **discover** that the match had been postponed — À notre arrivée à Wembley, nous avons **constaté**/nous **nous sommes rendu compte**/nous **nous sommes aperçus** que le match avait été remis

---

a. – Dans le sens de ʿdécouvrir à force de recherches, dénicherʾ, **découvrir** sera plutôt traduit par **to find** (sauf dans le domaine scientifique) : *après de longues recherches, j'ai finalement découvert la maison de mes rêves : after a long search I've finally found my dream house.*
   – *Il craint d'être découvert* ( = percé à jour) : *he's afraid of being found out*

b. Aussi : *découvrir un plat : to take the lid off a dish ; découvrir une statue : to unveil a statue ;* (Échecs) *découvrir son roi : to uncover one's king*

c. (fig) *Découvrir son jeu : to show one's hand*

◊ (Mil) *Découvrir (l'aile gauche, la frontière,...) : to expose (one's left wing, the border,...), to leave (one's left wing, the border,...) uncovered*

## (SE) DÉFENDRE / TO DEFEND (ONESELF)

I 1. Il est de notre devoir de **défendre** le pays contre l'envahisseur

It is our duty to **defend** the country against the invader

Quand les enfants ont attaqué Mathieu, c'est moi qui l'ai **défendu**

When the children attacked Matthew, I was the one who **defended** him

Le vieillard **se défendit** avec un bâton et mit ses agresseurs en fuite

The old man **defended himself** with a stick and drove his attackers away

2. Tout le monde le huait, l'injuriait et personne, pas même le président, n'a essayé de le **défendre**

Everyone was booing him and hurling abuse at him, and no one tried to **defend** him, not even the president [a]
(*plus couramment:* **stand up for** him)

*(Jur)* Il a choisi deux jeunes avocats pour le **défendre**

He has chosen two young lawyers to **defend** him

3. Le physicien continuait à **défendre** sa théorie en dépit des critiques

The physicist went on **defending** his theory in spite of the criticism levelled against him

Mon frère a toujours **défendu** avec acharnement l'honneur de la famille

My brother has always fiercely **defended** the honour of the family [b]
⇨ 4

II 4. C'est une bien noble cause que vous **défendez**. Vous pouvez être fiers de vous

You are **supporting/championing** a noble cause. You should be proud of yourselves

Tout au long de sa carrière, ce journaliste a **défendu** la justice et la liberté

Throughout his career as a journalist he has **championed the cause of/stood up for** justice and freedom

5. Je te **défends** de sortir seule le soir. C'est trop dangereux

I **forbid** you to go out alone at night. It's too dangerous

Le docteur lui a **défendu** le tabac [le sel]

The doctor has **forbidden** him to smoke [to eat salt]

6. Ma fille **se défend**\* bien en maths, mais c'est en français qu'elle est la plus forte

My daughter **does quite well** in maths, but French is her best subject [c]

7. Il s'est toujours **défendu**° d'avoir appartenu à un mouvement néo-nazi

He has always **denied** being a member of any neo-Nazi movement

---

a. – **Se défendre** contre des accusations... : **to defend oneself** against accusations...
  – Cette théorie [idée...] **se défend** : this theory [idea...] is quite defensible/tenable ; ça **se défend\*** : it makes sense
b. **To defend** s'emploie dans le sens de ʿsoutenir contre des accusationsʾ et non dans le sens plus neutre de ʿsoutenir, se faire le champion deʾ (cf. 4).
c. (absol) Elle **se défend\*** : she copes quite well, she manages quite well
◊ – Je ne pus **me défendre**° de rire (plus souvent : m'empêcher de) : I couldn't help laughing
  – (Sports) **To defend** the goal : défendre le goal ; **to defend** a title : défendre un titre

## DÉFENSE / DEFENCE (US : DEFENSE)

I 1. La **défense** du pays a coûté cher en vies humaines

The **defence** of the country cost many lives

Un des buts d'Amnesty International est la **défense** des opprimés

One of the aims of Amnesty International is the **defence** of the oppressed [a]

Une personne atteinte du SIDA n'a aucune **défense** contre la maladie

An Aids sufferer has no **defence** against disease

2. Les **défenses** (pl) de la ville étaient impénétrables

The **defences** (pl) of the town were impenetrable

3. Hélas, lors du procès, la **défense** était plutôt faible

At the trial the **defence** was unfortunately rather weak

Qu'avez-vous à dire pour votre **défense** ?

What do you have to say in your **defence** ?

La parole est à la **défense**

The **(counsel for the) defence** may now speak

4. La **défense** de l'équipe belge de football était privée d'un de ses meilleurs joueurs

The Belgian football team's **defence** was without one of its best players

II 5. Il était écrit : « **défense** d'entrer [de fumer, de stationner] »

It said : "**no** entry [**no** smoking, **no** parking]" [b]

6. Ils tuaient les éléphants pour vendre leurs **défenses**

They killed the elephants in order to sell their **tusks**

| III | 7. A thick woollen coat is a good **defence** against the cold | Un épais manteau de laine constitue une bonne **protection** contre le froid |

a. Prendre la **défense** de qqn : to speak in **defence** of sb, to stand up for sb ; sans **défense** : defenceless (woman...), unprotected (town...) ; être en état de légitime **défense** : to act in self-**defence**
b. Lorsqu'il ne s'agit pas d'avis au public de ce type, **défense** peut être traduit par le substantif **prohibition** ou plus souvent par les verbes **to prohibit/to forbid** : ex. elle a fait de l'auto-stop malgré la **défense** formelle de son père : she hitchhiked although her father had strictly forbidden it.

## (SE) DÉFIER / TO DEFY

| I | 1. Je te **défie** de trouver un meilleur exemple ! | I **defy** you to think of a better example $^a$<br>⇨ 3 |
| | 2. Qu'est-ce qui pousse les alpinistes à toujours **défier** le danger [la mort] ?<br>(*plus souvent :* **braver**) | What makes mountaineers keep on **defying** danger [death] ? |
| | En **défiant** ainsi l'autorité de ses supérieurs, il a perdu toute chance de promotion<br>(*plus souvent :* **bravant**) | By **defying** (the authority of) his superiors he lost all chance of promotion |
| II | 3. Paul m'a **défié** aux échecs [au tennis] (= inviter à se mesurer comme adversaire) | Paul **challenged** me to a game of chess [to a tennis match] |
| | 4. Il s'est toujours **défié**° de tout le monde<br>(*plus couramment :* s'est **méfié**) | He's always **distrusted/ mistrusted** everybody |

a. L'équivalence n'existe que lorsque **défier** signifie ʿmettre au défi d'accomplir une action difficileʾ. Lorsqu'il s'agit d'un acte qui nécessite du courage, on emploiera **to dare** : ex. je vous **défie** de répéter cela en présence du ministre : I dare you to repeat that in front of the minister.
◊ – Prix qui **défie** toute concurrence : unbeatable price ; **défier** le temps : to stand the test of time
 – **To defy** description [classification...] : échapper à toute (tentative de) description [classification...] ; **to defy** sb's attempts : résister aux efforts de qqn

195

## DÉFINI / DEFINITE

I    1. *(Gram)* Il n'y a pas d'articles **définis** en Russe

There are no **definite** articles in Russian

III    2. The best thing would be to decide on a **definite** meeting place

Le mieux serait de se fixer rendez-vous à un endroit **précis/déterminé** [a]

     3. Is it **definite** that the match won't be broadcast?

Est-il **certain** que le match ne sera pas retransmis?

     I'll ask my husband and give you a **definite** answer tomorrow

Je vais demander à mon mari et je vous donnerai une réponse **définitive** demain

     He was absolutely **definite** on that point

Il a été **formel/catégorique** sur ce point

     He has very **definite** ideas on the subject

Il a des idées **bien arrêtées** sur la question

   4. There's been a **definite** swing in public opinion

Il y a eu un **net** retournement de l'opinion publique

     He's made **definite** progress in mathematics

Il a fait des progrès **certains**/de **nets** progrès en mathématiques

---

a. Notez qu'en français, on peut employer **défini** dans les locutions *bien, mal **défini*** : ex. *une tâche bien **définie** : a **definite**/well-defined task; une tâche mal **définie** : a task that is not precisely defined; dans des circonstances mal **définies** : in circumstances which are unclear.*

## DEGRÉ / DEGREE

I    1. Ces pays ont atteint un haut **degré** de civilisation

These countries have reached a high **degree** of civilization

     C'était une brûlure du troisième **degré**

It was a third-**degree** burn

     Les **degrés** de parenté sont parfois bien difficiles à déterminer

The **degrees** of kinship are sometimes difficult to determine [a]

   2. Un angle droit est un angle de 90 **degrés**

A right angle is an angle of 90 **degrees**

| | 3. | La météo annonce 25 **degrés** dans le sud du pays | They forecast 25 **degrees** in the south of the country [b] |

| II | 4. | Il a très rapidement atteint le plus haut **degré** de la hiérarchie (= échelon) | He rapidly reached the highest **grade** in the hierarchy [c] |

| III | 5. | When did you get your **degree**? | Quand as-tu obtenu ton **diplôme (universitaire)**? [d] |
| | | She holds the **degree** of Doctor of Philosophy | Elle a le **titre (universitaire)** de Docteur |

a. – *Prendre une plaisanterie au premier **degré** [au second **degré**] : to take a joke literally [not to take a joke literally] ; c'est un film qu'il faut prendre au second **degré** : it's a film that has a deeper meaning*
 – (Scol) *Enseignement du premier [du second] **degré** : primary [secondary] education*
 – *A **degree** of (optimism, courage...) : un certain (optimisme, courage...) ; to give sb the third **degree**\* : passer qqn à tabac\**
b. **Degree** n'est pas employé pour la teneur en alcool : *alcool à 90 **degrés** : 90 % proof alcohol*.
c. (litt) ***Degrés** (d'un palais, d'une église,...) : steps*
d. **Degree** correspond souvent à **licence** : *science **degree**, **degree** in English : licence de sciences, d'anglais*.

## DÉLAI / DELAY

| II | 1. | Les marchandises vous seront livrées dans les **délais** fixés | The goods will be delivered to you within the **time** agreed |
| | | Renvoyez ces papiers avant l'expiration du **délai** | Send the papers back before the **time limit**/the **deadline** expires [a] |
| | 2. | Des **délais** successifs leur furent accordés pour leur permettre de compléter le dossier | They were allowed further **extensions (of time)** to enable them to complete the file |

| III | 3. | Please excuse the **delay**. We were held up by a last-minute customer | Veuillez nous excuser du **retard**. Nous avons été retenus par un client de dernière minute [b] |

| | |
|---|---|
| Serious **delays** are expected on the A30 | On prévoit de sérieux **ralentissements** sur la Nationale 4 |

a. **Délai** de livraison : delivery time ; à payer dans un **délai** de huit jours : payable within (a period of) eight days ; dans les **délais** : within the time limit ; à bref **délai** : (bientôt) shortly, (sans préavis) at short notice ; dans les meilleurs/les plus brefs **délais** : as soon as possible
b. Mais : without **delay** : sans **délai**

## DÉLIBÉRÉ / DELIBERATE

| | | | |
|---|---|---|---|
| I | 1. | Croyez-moi, il ne s'agit pas d'un accident mais d'un acte **délibéré** (*souvent :* **voulu, intentionnel**) | Believe me, it was no accident. It was a **deliberate** act [a] |
| II | 2. | Il entra dans le bureau d'un pas/d'un air **délibéré** | He entered the office in a **resolute/determined** manner |
| | | Il avait l'intention **délibérée** de faire tomber le gouvernement | It was his **firm/determined** intention to overthrow the government |
| III | 3. | He turned and walked with **deliberate** steps towards the edge of the cliff | Il se retourna et marcha **sans hâte**/à pas **lents**/à pas **mesurés** vers le bord de la falaise |
| | | His speech was always very **deliberate** | Il parlait toujours d'un ton **posé** |

a. De propos **délibéré** : deliberately, on purpose
☐ **Délibérément** : deliberately
   **Deliberately** : exprès, volontairement, délibérément ; posément, lentement

## DÉLIBÉRÉMENT / DELIBERATELY

voir : **DÉLIBÉRÉ / DELIBERATE**

# DÉLICAT / DELICATE

**I**  1. Un parfum **délicat** embaumait toute la pièce

A **delicate** perfume pervaded the room

La chair **délicate** de l'agneau est très prisée sur le continent

The **delicate** meat of the lamb is very popular on the continent

Le toucher **délicat** du pianiste envoûtait le public

The **delicate** touch of the pianist charmed the audience

2. Tu n'apprécierais pas ! Tu n'as pas le palais assez **délicat**

You wouldn't appreciate it ! You haven't got a **delicate** enough palate [a]

3. Elle a une santé **délicate**

Her health is **delicate**

C'est un enfant **délicat** (*aussi* : **fragile**)

She's a **delicate** child

C'est un tissu très **délicat**. Il faut bien respecter les instructions de lavage

It's a very **delicate** fabric. You need to follow the washing instructions carefully

4. Le chirurgien hésitait à effectuer une opération aussi **délicate**

The surgeon hesitated to perform such a **delicate** *(épith)* operation (*plus couramment* : **difficult, tricky** *)

Depuis que la majorité est de droite, le Président est dans une situation très **délicate**

The change to a right-wing majority has put the President in a very **delicate** *(épith)* situation (*plus couramment* : **awkward, tricky** *)

Personne n'osa soulever la question **délicate** des euromissiles

No one dared bring up the **delicate** *(épith)* question of Euromissiles [b] (*aussi* : **sensitive**)

**II**  5. C'était (un geste) très **délicat** de sa part de lui faire parvenir des fleurs

It was very **kind/thoughtful** of him to send flowers

Ce n'était pas très **délicat** de lui signifier son licenciement par lettre recommandée

It wasn't very **tactful/considerate** to give him the news of his dismissal by registered letter

---

a. Mais : ***delicate** instrument* : *instrument sensible*
b. Notez que l'adjectif **delicate** n'est employé qu'en fonction d'épithète. On dira donc de préférence : *c'est très **délicat*** : *it's a very **delicate** matter* ; *c'est assez **délicat** de lui demander un service* ; *je ne lui en rends jamais* : *it's rather embarrassing/awkward to ask him a favour* ; *I never do anything for him.*

## DÉLICIEUX / DELICIOUS

I    1. Une odeur **délicieuse** s'échappait de la cuisine

Ce gâteau est **délicieux** ! Pourrais-tu me donner la recette ?

A **delicious** smell was coming from the kitchen

This cake's **delicious** ! Could you give me the recipe ? [a]

II    2. J'ai une fille **délicieuse** et une femme adorable. Je suis un homme comblé

Elle portait une robe **délicieuse**

Un ruisseau coule derrière la maison. C'est un endroit **délicieux** en été

Il fait vraiment **délicieux** aujourd'hui

I've got a **charming/delightful** daughter and a lovely wife. What more could I wish for ?

She was wearing a **delightful** dress

There is a small stream behind the house. It's a **delightful** place in the summer

The weather's really **lovely/gorgeous** today [b]

---

a. – **Delicious** signifie 'très agréable au goût, à l'odorat'.
    – Mais : *it smells delicious : cela sent (délicieusement) bon*
b.    Rarement : *delicious*

## (SE) DÉLIVRER / TO DELIVER

II    1. Les troupes alliées ont **délivré** tous les prisonniers français

     2. L'arrivée d'un des membres de la famille me **délivra** de cette pénible obligation [d'un gros souci]

     3. C'est ici que l'on **délivre** les passeports [les certificats, les permis de conduire]

The allied troops **freed** all the French prisoners [a]

The arrival of a member of the family **relieved** me of/**released** me from/**freed** me from that painful obligation [**relieved** me of a great worry]

Passports [certificates, driving licences] are **issued** here

III    4. The postman who used to **deliver** our mail died yesterday

Le facteur qui **distribuait** le courrier dans le quartier est mort hier

| | |
|---|---|
| Can you **deliver** this message [this parcel] to John? | Peux-tu **remettre** ce message [ce colis] à Jean? |
| We will **deliver** the goods next week | Nous vous **livrerons** la marchandise la semaine prochaine |
| Does the local grocer **deliver**? | Est-ce que l'épicier du coin **livre à domicile**? [b] |
| 5. The politician **delivered** his speech to a packed hall | Le politicien **prononça** son discours devant une salle bondée [c] |
| 6. That's the doctor who **delivered** my four sons | C'est le docteur qui a **mis au monde** mes quatre fils [d] |
| 7. He **delivered** a blow to his opponent's right shoulder | Il **porta** un coup à l'épaule droite de son adversaire |

a. – **To deliver** est parfois employé dans la langue littéraire : ex. *to be **delivered** from slavery, prison.*
   – Notez également : (Relig) ***délivre**-nous du mal : **deliver** us from evil*
b. (fig) *The government promised to reduce unemployment two years ago and they still haven't **delivered (the goods)***  : *il y a deux ans, le gouvernement a promis de réduire le chômage mais on attend toujours*/*on n'a rien vu venir*/*ils n'ont pas tenu parole*
c. **To deliver** *an ultimatum : lancer un ultimatum*
d. *To be **delivered**° of a son : accoucher d'un fils*

## DEMANDE / DEMAND

I  1. *(Écon)* La loi de l'offre et de la **demande** détermine le prix des produits

The law of supply and **demand (nd)** determines the price of the products

2. Il y a eu une grosse **demande** de poêles à bois l'hiver dernier

There was a great **demand** for wood-burning stoves last winter [a]

II  3. Elle envoya une **demande** d'information à l'office du tourisme

She wrote to the tourist office with a **request** for information [b]

Le catalogue vous sera envoyé sur simple **demande**

The catalogue will be sent to you on **request** [c]

Sa **demande** de dédommagement fut introduite auprès du tribunal (= réclamation)

His **claim** for damages was brought before the court

## (SE) DEMANDER / TO DEMAND

**II** 1. Mon fils a **demandé** un nouveau vélo pour Noël

My son has **asked for** a new bike for Christmas

J'ai oublié de **demander** au vendeur le prix des autoradios

I forgot to **ask** the assistant the price of car radios [a]

Le professeur a **demandé** si tous les parents comptaient assister à la réunion

The teacher **asked** if all the parents were coming to the meeting

Ma nièce a **demandé** une bourse qui lui permettrait de poursuivre ses études

My niece has **applied for** a scholarship which would enable her to carry on with her studies [b]

2. Ce type de plante **demande** beaucoup de lumière

This type of plant **needs**/*(moins couramment)* **requires** a lot of light

Le malade **demande** des soins constants

The patient **needs**/*(moins couramment) **requires** constant care

Cela va me **demander** des heures et des heures de travail

This will **take** me hours and hours of work [c]

3. J'admets que je **demande** beaucoup de mes employés, mais ils savent qu'ils peuvent compter sur moi

I admit that I **ask** a lot of/**expect** a lot of/from my employees but they know they can rely on me

**III** 4. Unfortunately we cannot satisfy all your **demands**

Hélas, nous ne pouvons pas satisfaire à toutes vos **exigences/revendications/réclamations** [d]

I never pay my phone bill until I get the final **demand**

J'attends toujours d'avoir reçu le dernier **avertissement** pour payer ma note de téléphone

---

a. Plusieurs expressions contenant **demand** seront plutôt traduites par le verbe **demander** ou le participe passé **demandé** : ex. *our books are in great demand* : nos livres sont très demandés ; *there's not much demand for typists at the moment* : on ne demande pas beaucoup de dactylos pour le moment.

b. *Demande d'emploi* : *(job) application* ; *faire une demande d'emploi* : *to apply for a job* ; *demande (en mariage)* : *proposal (of marriage)*

c. Mais : *chèque payable sur demande* : *cheque payable on demand* ; *nourrir un enfant à la demande* : *to feed a child on demand, to demand feed a child*

d. *To make demands on sb* : *accaparer qqn* ; *on sb's patience* : *abuser de la patience de qqn* ; *there are many demands on my time* : *je suis très pris, mon emploi du temps est très chargé*

| | | |
|---|---|---|
| | Oh lui, il ne faut pas trop lui en **demander**. Il ne fait que le strict minimum | Oh, I wouldn't **expect** too much of/from him. He doesn't do a stroke more than necessary |
| | 4. Combien **demandent**-ils pour cette maison ? | How much are they **asking** for that house ? |
| | Combien ton plombier **demande**-t-il de l'heure ? | How much an hour does your plumber **charge** ? |
| | 5. Le patron te **demande**. Je te préviens qu'il a l'air plutôt mal luné ! | The boss **wants to see** you/**is asking to see** you. He's not in a very good mood, I warn you ! |
| | Madame Singer, on vous **demande** au téléphone | Mrs Singer, you're **wanted** on the phone |
| | Trois personnes ont **demandé** après toi* ce matin | Three people have **asked for** you/have **asked to speak** to you this morning |
| | 6. On **demande** une caissière dans une grande surface tout près de chez moi | They're **advertising for/looking for** a cashier at a supermarket just round the corner from me [d] |
| | On **demande** beaucoup de diplômés en informatique [ce genre d'article] en ce moment | Graduates in computer science **are in** great **demand** [this type of article **is in** great **demand**] at the moment |
| | 7. Moi, je ne **demande** qu'à vous croire mais vous aurez plus de mal à convaincre les autres | I'm **quite willing/only too willing** to believe you but you'll find it more difficult to convince the others [e] |
| | 8. Je me **demande** si j'ai eu raison d'accepter | I **wonder** if I was right to accept |
| III | 9. The headmaster **demanded** an explanation [**demanded** to be told the truth] | Le directeur **exigea** une explication [**exigea** qu'on lui dise la vérité] |
| | The police are **demanding** the right to strike | La police **revendique** le droit de grève |

a. Le verbe *to ask* s'emploie sans la préposition *for* lorsqu'on demande un renseignement précis : ex. *to ask the time, the price, the way, sb's name, address, age...*

b. – On emploie *to apply for* si l'objet a trait à l'administration (un emploi, un visa, une promotion...).
– *Demander* pardon à qqn : *to apologize to sb* ; *demander* la main de qqn/qqn en mariage : (à l'intéressée) *to propose to sb/to ask for sb's hand (in marriage)*°, (au père) *to ask for sb's hand (in marriage)*° ; puis-je vous *demander* (de me passer) le lait ? : *would you mind passing the milk ?, would you pass the milk, please ?*

c. **To demand** est parfois possible quand le sujet est un nom abstrait : ex. *this work **demands** /* (plus couramment) *needs/takes a great deal of patience.*
d. (Annonce) *On **demande** vendeuse : shop assistant wanted*
e. *Je **demande** à voir !\** : *that I must see !\*, I'll believe that when I see it !\**
◊ *Je vous **demande** un peu !\** : *I ask you !\*, did you ever !\*, honestly !\* ; je ne **demande** pas mieux !\** : *I'd be delighted, I'd be only too pleased ; je ne t'ai rien **demandé** !\** : *I didn't ask for your advice !\*, mind your own business !\**

## DÉMOLIR / TO DEMOLISH

I  1. On va **démolir** tout le quartier pour construire des immeubles de bureaux

They're going to **demolish** the whole area and build office blocks [a]
⇨ 2

II  2. Lors des bombardements de 1944, le château [le quartier] fut entièrement **démoli**

The castle was completely **destroyed** [the area was **flattened**/completely **destroyed**] in the bombing of 1944

La première chose à faire est de **démolir** le mur entre les deux pièces

The first thing to do is to **knock down** the wall between the two rooms

Pour entrer dans la maison, les pompiers ont dû **démolir** la porte

The fire brigade had to **break down** the door in order to get into the house

3. Je ne veux plus que Philippe vienne à la maison. Il **démolit** tous mes jouets ( = casser)

I don't want Philip to come and play any more. He **wrecks** all my toys

Mon fils a complètement **démoli** ma voiture

My son has completely **wrecked** my car

4. En agissant ainsi, tu **démolis** le peu d'influence [d'autorité] que j'ai sur ton fils

By acting like this you're **destroying** what little influence [authority] I have over your son

L'arrivée inopinée de mes parents a **démoli** tous mes projets

The unexpected arrival of my parents **wrecked/ruined** all my plans

Il a réussi à **démolir** (la réputation de) son concurrent en lançant toutes sortes de calomnies à son sujet

He succeeded in **ruining** (the reputation of) his rival by spreading all kinds of lies about him [b]

| | | |
|---|---|---|
| | Tu vas te **démolir** l'estomac [la santé] si tu continues à te nourrir aussi mal | You'll **ruin** your digestion [your health] if you don't change your eating habits |
| 5. | Le chef de la bande est à l'hôpital. Il s'est fait **démolir*** dans un combat de rue | The gang leader's in hospital. He got **beaten up** in a street fight |
| | Tu as regardé la boxe hier ? Robinson a vraiment **démoli*** son adversaire | Did you see the boxing yesterday? Robinson **gave** his opponent a real **thrashing*** c |
| 6. | Ce traitement à la cortisone [cette longue période de privations] l'a complètement **démoli*** | The cortisone treatment [that long period of hardship] **wore** him **out** completely/completely **did for*** him |
| | En 1983, il a été licencié et ce choc l'a complètement **démoli*** | He was made redundant in 1983 and the shock completely **destroyed** him/**did for*** him |

**III** 7. You should have seen the children **demolish*** that birthday cake — Tu aurais dû voir à quelle vitesse les enfants ont **liquidé*** le gâteau d'anniversaire

---

a. **To demolish** s'emploie le plus souvent lorsqu'on détruit une construction ou un ensemble de constructions dans le cadre de l'aménagement de quartiers insalubres, de projets de constructions nouvelles, etc.
b. Mais : **démolir** *(une théorie, une doctrine, des arguments)* : **to demolish** ; *les critiques ont **démoli** son œuvre/l'ont **démoli*** : *the critics **demolished** his work/him*
c. *Je vais lui **démolir** le portrait !*\* : *I'll smash his face in !*\*

## DÉMONSTRATION / DEMONSTRATION

**I** 1. La **démonstration** de sa théorie était peu convaincante — The **demonstration** of his theory was not very convincing ᵃ

2. J'ai demandé à la vendeuse de me faire une **démonstration** de la machine à coudre — I asked the assistant to give me a **demonstration** of the sewing machine

3. Son discours fut suivi de grandes **démonstrations** de joie — His speech was followed by great **demonstrations** of joy

**II** 4. J'ai assisté récemment à une **démonstration** d'escrime — I went to a fencing **exhibition** recently

|     |    |                                                                                          |                                                                                          |
| --- | -- | ---------------------------------------------------------------------------------------- | ---------------------------------------------------------------------------------------- |
|     | 5. | *(Mil)* L'ennemi a été très impressionné par la **démonstration** navale                 | The enemy was very impressed by the **show** of naval strength                           |
|     |    | Leur **démonstration** de force n'a pas eu l'effet escompté                              | Their **show** of force did not have the desired effect                                  |
| III | 6. | They have organized a **demonstration** to protest against the deployment of missiles in Europe | Ils ont organisé une **manifestation** pour protester contre le déploiement de missiles en Europe [b] |

a. Mais : **démonstration** d'un théorème : proof of a theorem
b. En langage familier : (A) *demo* : (F) *manif*

## DÉMONTRER / DEMONSTRATE

|     |    |                                                                                          |                                                                                          |
| --- | -- | ---------------------------------------------------------------------------------------- | ---------------------------------------------------------------------------------------- |
| I   | 1. | Elle tenta de **démontrer** par un long raisonnement que les femmes sont supérieures aux hommes | She tried to **demonstrate** by a long process of reasoning that women are superior to men [a] (*plus couramment :* **show, prove**) |
|     |    | Cet incident **démontre** la nécessité d'une nouvelle loi                                | This incident **demonstrates** the necessity for a new law [b] (*plus couramment :* **shows, proves**) |
| III | 2. | Could you **demonstrate** how this machine works ?                                       | Pourriez-vous nous **montrer** comment fonctionne cette machine ?                        |
|     |    | But the vacuum cleaner worked so well when they **demonstrated** it yesterday !          | Mais cet aspirateur marchait si bien quand ils en ont **fait la démonstration** hier !   |
|     | 3. | The students **demonstrated** against the rise in fees                                   | Les étudiants ont **manifesté**/ont **fait une manifestation** contre la hausse des frais de scolarité |

a. Mais : **démontrer** un théorème : to prove a theorem ; ce qu'il fallait **démontrer** (C.Q.F.D.) : quod erat demonstrandum (Q.E.D.)
b. Lorsqu'il s'agit de sentiments, **démontrer** s'emploie avec un sujet inanimé et **demonstrate** avec un sujet humain : *cette action **démontre** sa bonté, son égoïsme...* : *this action is proof of/is a clear indication of his kindness, selfishness...* ; *she **demonstrated** great kindness, generosity...* : *elle a fait preuve/fait montre d'une grande gentillesse, générosité...*

## DENSE / DENSE

I    1. Un brouillard très **dense** réduisait considérablement la visibilité

         La forêt d'Amazonie est très **dense**

         Une foule **dense** se pressait contre les grilles de Buckingham Palace

     2. Le style très **dense** de cet auteur constitue un défi pour les traducteurs

     3. *(Phys)* Le plomb est plus **dense** que l'aluminium

         A very **dense** fog considerably reduced visibility

         The Amazonian forest is very **dense**

         A **dense** crowd was pressing around the gates of Buckingham Palace

         This author's **dense** prose is a challenge to the translator [a]

         Lead is **denser** than aluminium

III    4. He's so **dense**\*, he probably didn't understand a word I said

         Il est tellement **bouché**\*/**bête** qu'il n'a probablement pas compris un mot de ce que j'ai dit

---

a.    Mais : *un discours* ***dense*** *: a speech packed with ideas/rich in ideas*

## DENTURE / DENTURE

II    1. Ce présentateur de télévision a vraiment une **denture** étincelante !

         Hasn't that television announcer got sparkling **teeth**/a sparkling **set of teeth** ?

III    2. The dentist told me that I would most probably have to wear **dentures** *(souvent pl)* in a few years' time [a]
(*plus couramment :* **(a set of) false teeth**)

         Le dentiste m'a dit que je devrais plus que probablement porter un **dentier**/une **prothèse (dentaire)** dans quelques années

## DÉPENDANCE / DEPENDENCE [a]

I    1. Il y a un rapport de **dépendance** entre les deux idées

The relationship between the two ideas is one of **dependence** *(nd)*

2. La **dépendance** de certaines femmes à l'égard de leur mari me renverse

The **dependence** *(nd)* of some women on their husbands astonishes me [b]

3. L'héroïne entraîne une **dépendance** physique et psychique

The use of heroin leads to physical and mental **dependence** *(nd)*

II    4. Le château a de grandes **dépendances**

The castle has large **outbuildings**

5. Cette île est une **dépendance** de la Guadeloupe

This island is a **dependency** of Guadeloupe

III    6. I wouldn't place any **dependence**° *(nd)* on what she tells you

Je n'accorderais aucun **crédit** à ce qu'elle te dit

---

a. (US) Aussi : *dependance*
b. **Dependence** signifie uniquement ῾manque d'autonomie᾿ alors que **dépendance** a souvent le sens plus fort de ῾subordination, assujettissement᾿, auquel cas on emploiera en anglais **subordination** : ex. *maintenir ses employés dans un état de dépendance :* to keep one's employees in a state of subordination. Notez également : *être sous la dépendance de qqn :* to be under sb's domination/control/authority.

## DÉPORTER / TO DEPORT

I    1. *(Hist)* À cette époque, un grand nombre de criminels anglais étaient **déportés** en Australie

At that time a great many English criminals were **deported** to Australia
(*plus souvent :* **transported**)

II    2. Pendant la guerre, des centaines de milliers de juifs ont été **déportés**

During the war hundreds of thousands of Jews were **sent to concentration camps**

| | | | |
|---|---|---|---|
| | 3. | Le moteur est tombé en panne et nous avons été **déportés** par le courant | The engine failed and we were **carried off course/swept off course** by the strong current |
| | | Une rafale de vent [le choc] a **déporté** la voiture vers la gauche | A gust of wind **blew** the car over to the left [The force of the collision **threw** the car over to the left] |
| III | 4. | The government's decision to **deport** the Tamil refugees met with strong opposition | La décision du gouvernement d'**expulser** les réfugiés tamils a soulevé une vague de protestations |

## DÉPÔT / DEPOT

| | | | |
|---|---|---|---|
| I | 1. | Le conducteur revenait du **dépôt** (d'autobus) | The driver was coming back from the (bus) **depot** |
| | | Il y a un **dépôt** de marchandises à 100 mètres d'ici | There's a goods **depot** 100 yards from here [a] |
| | 2. | *(Mil)* La garnison dut quitter le **dépôt** | The garrison had to leave the **depot** |
| II | 3. | Ils ont fait tout ce qu'ils pouvaient pour empêcher le **dépôt** du projet de loi [de la plainte, du rapport] | They did all they could to prevent the **bringing in**/*(Brit)* **tabling** of the bill [the **lodging** of the complaint, the **handing in** of the report] [b] |
| | 4. | Il a retiré plusieurs de ses **dépôts** bancaires | He has withdrawn several of his bank **deposits** |
| | 5. | Ce produit fait disparaître les **dépôts** de calcaire dans les bouilloires | This product removes fur **deposits** from kettles |
| | | Les crues de la rivière ont laissé sur les rives un **dépôt** très fertile | The floods left very fertile **sediment** *(nd)*/a very fertile **deposit** on the banks of the river |
| | | Il y a un **dépôt** au fond de cette bouteille de Bourgogne | There's some **sediment** *(nd)*/a **deposit** at the bottom of this bottle of Burgundy |

6. Le prévenu passa la nuit au **dépôt**  The defendant spent the night in jail/in the **cells** [c]

---

a. Mais : **dépôt** de munitions : ammunition dump ; **dépôt** d'immondices : (Brit) rubbish tip, (US) garbage dump
b. Le verbe au gérondif qui traduit le mot **dépôt** dans le sens d'"action de déposer" est fonction de l'objet déposé : ex. **dépôt** du courrier : posting ; dépôt d'ordures : dumping, (Brit) tipping.
c. Les mots anglais **jail** et **cells** ne rendent pas la signification bien spécifique de **dépôt** qui est "lieu de détention provisoire (de la Préfecture de Paris)".
◊ (US) **Depot** : (chemin de fer, autobus) gare

## DÉPUTÉ / DEPUTY

II  1. Il a été **député** pendant quinze ans    He was a **Member of Parliament**/an **MP**/(US) a **Representative** for fifteen years [a]

III  2. My **deputy** will deal with routine business during my absence    Mon **remplaçant** expédiera les affaires courantes durant mon absence

Each member of the commission must find himself a **deputy**    Chaque membre de la commission doit se trouver un **suppléant** [b]

He's very busy for the moment. You'd better go and see his **deputy**    Il est très occupé pour le moment. Vous feriez mieux de vous adresser à son **adjoint** [c]

---

a. – Notez que **député** peut être traduit par **deputy** lorsqu'il s'agit d'un député de France ou d'un autre pays francophone : il est **député** de Metz : he is the **deputy**/Member (of Parliament) for Metz
 – **Député** au Parlement européen : member of the European Parliament, (abrév) MEP
b. To act as sb's **deputy** : suppléer, remplacer qqn
c. **Deputy** chairman : vice-président ; **deputy** mayor : adjoint au maire ; **deputy** head : directeur adjoint, sous-directeur (d'une école) ; (US) **deputy (sheriff)** : shérif adjoint

## DÉSAGRÉMENT / DISAGREEMENT

**II** 1. J'espère que l'arrivée inopinée de mon fils ne vous a pas causé trop de **désagrément(s)**

I hope the unexpected arrival of my son did not cause you too much **trouble** *(nd)*/**inconvenience** *(nd)*

C'est un des **désagréments** de la vie à la campagne

It's one of the **annoyances** of/it's part of the **trouble** *(nd)* with living in the country

**III** 2. There is serious **disagreement** *(nd)* within the party with regard to disarmament

Il existe un profond **désaccord** au sein du parti en ce qui concerne le désarmement

I had a **disagreement** with one of my colleagues yesterday

Hier j'ai eu un **différend** avec un de mes collègues

3. There was little **disagreement** *(nd)* between the results of the two blood tests

Il y avait peu de **différence**/d'**écart** entre les résultats des deux prises de sang

## DESCENDRE / TO DESCEND

**I** 1. L'homme **descend** du singe

Man is **descended** *(pass)* from the apes

C'est un bon parti. Il **descend** en ligne directe d'un duc autrichien

He's a good match. He's directly **descended** *(pass)* from an Austrian duke

2. À une certaine époque de sa vie, il est même **descendu** jusqu'à mendier
(*plus souvent :* s'est **abaissé** jusqu'à)

At one time in his life he even **descended** to begging
(*souvent :* **stooped**)

**II** 3. Quelqu'un a sonné et je suis **descendu** pour ouvrir la porte

Someone rang the bell and I **came down/went down** to answer the door

**Descends** de l'arbre [de l'échelle] ! Tu vas tomber

**Come down/get down** from that tree [from/off that ladder] or you'll fall [a]/[b]

211

| | Les cours d'eau qui **descendent** du glacier érodent le flanc de la montagne | The streams which **flow down** from the glacier erode the mountainside [c] |
|---|---|---|
| 4. | L'ascenseur est en panne et je suis incapable de **descendre** les escaliers | The lift has broken down and I can't **go down** the stairs [a] |
| | Je vous déconseille de **descendre** la rivière en canoë | I advise you against **going down** the river by canoe [a] |
| 5. | Arrête la voiture. Je veux **descendre** | Stop the car. I want to **get out** |
| | Mon fils a voulu **descendre** du train en marche et il s'est cassé la jambe | My son tried to **get off/get out of** a moving train and broke his leg [d] |
| 6. | La prochaine fois que je **descends** à Marseille, j'irai rendre visite à tante Olga | Next time I **come down/go down** to Marseilles, I'll go and see Auntie Olga [e] |
| 7. | Chaque fois que nous allons en Provence, nous **descendons** chez des amis [à l'hôtel] | Every time we go to Provence we **stay** with friends [**stay** at a hotel] |
| 8. | Ses cheveux lui **descendent** jusqu'à la taille | Her hair **comes down/reaches** to her waist |
| 9. | Il y a un joli petit chemin de campagne qui **descend** vers la rivière | There's a pretty little lane that **goes down/leads down** to the river [a/f] |
| 10. | C'est dangereux de se baigner quand la mer **descend** | It is dangerous to bathe when the tide is **going out**/is **ebbing** [o] |
| | Le baromètre est **descendu** de deux degrés | The barometer has **fallen/dropped** two degrees |
| 11. | La police est **descendue** dans ce café hier soir (*souvent :* a **fait une descente** dans) | The police **raided** the pub/there was a police **raid** on the pub yesterday evening |
| 12. | Veux-tu bien **descendre** les valises du grenier [de l'armoire] ? | Will you **take/bring** the cases **down** from the loft [**get/lift** the cases **down** from the wardrobe] ? |
| 13. | **Descends** les stores. Je voudrais me reposer un peu | Could you **lower** the blinds/**let down** the blinds ? I'd like to have a little rest |
| 14. | Si tu vends la mèche, je te **descends**\* ! | If you breathe a word I'll **do** you **in**\*/**bump** you **off**\* ! |

|  |  | Ce jour-là, c'était l'euphorie parce que nous avions **descendu*** dix Messerschmitt | We were on top of the world that day because we'd **shot down/brought down*** ten Messerschmitts ᵍ |
|--|--|--|--|
|  | 15. | En un quart d'heure, il a **descendu*** huit bières ! | He **downed*** eight beers in a quarter of an hour ! |

|  |  |  |  |
|--|--|--|--|
| III | 16. | The brigands **descended** (up)on the travellers and stripped them of all their possessions | Les brigands **se jetèrent** sur les voyageurs et les dépouillèrent de tous leurs biens |
|  |  | The children **descended*** on the cake and polished it off in no time flat | Les enfants **se jetèrent** sur le gâteau et le liquidèrent en moins de deux |
|  | 17. | They **descended*** on us at the weekend with their five children | Ils nous sont **tombés dessus*** ce week-end avec leurs cinq enfants |

a. Le verbe **to descend** ne s'emploie que dans un style soutenu.
b. **Descendre** à bicyclette, à pied, en voiture, en parachute... : *to cycle, walk, drive, parachute... down ;* **descendre** en courant, glissant, titubant... : *to run, slide, stagger... down ;* (fig) **descendre** dans la rue : *to take one's protest onto the streets, to go out and demonstrate*
c. L'avion **descend** : *the plane is coming down/is **descending** ;* mon dîner ne **descend*** pas : *my lunch won't go down**
d. Tout le monde **descend** ! : *all change ! ;* **descendre** à terre (d'un navire) : *to go ashore, to get off the ship*
e. **Descendre** en ville : *to go into town,* (US) *to go downtown*
f. **Descendre** en pente douce, forte : *to slope gently down, to drop/fall sharply*
g. **Descendre** qqn (en flammes)* : *to shoot sb down in flames*

## DESCENTE / DESCENT

|  |  |  |  |
|--|--|--|--|
| II | 1. | La **descente** d'une falaise nécessite un matériel sophistiqué | **Climbing down** a cliff requires sophisticated equipment (*moins couramment :* the **descent**° of a cliff) |
|  |  | La **descente** est toujours plus facile que la montée | **Going down** is always much easier than going up ᵃ |
|  | 2. | Après le tournant, il y a une **descente** très abrupte | When you turn the corner there is a very steep (**downward**) **slope** ᵇ (*moins couramment :* **descent**°) |

213

|  |  |  |  |
|---|---|---|---|
|  | 3. | La **descente** des marchandises dans la cale prit un bon bout de temps | **Taking** the goods **down** into the hold took quite a long time |
|  | 4. | Il y a eu des **descentes** de police dans plusieurs cafés de la ville | There have been police **raids** on several bars in the town [c] |
|  |  | Les chenapans avaient fait une **descente*** dans ses provisions | The rascals had made a **raid** on his provisions |
| III | 5. | His mother was an Englishwoman of German **descent** *(nd)* | Sa mère était une Anglaise d'**origine**/de **descendance** allemande |

a. – Notez également : ***descente** en parachute : parachute drop/jump ;* (Ski) *(épreuve de)* ***descente** : downhill (race) ;* ***descente** d'un avion : **descent** of a plane ;* (Méd) ***descente** (d'un organe) : prolapse of an organ*
– *Il l'accueillit à sa **descente** de bateau [d'avion] : he met him* (Brit) *off the boat [plane]/*(US) *at the boat [plane]*
b. *Freiner dans les **descentes** : to brake going downhill ; **descente** d'escalier : staircase, stairs*
c. **Descent** *s'emploie parfois dans le domaine guerrier ou militaire : ex. the **descent** of pirates on the coast.*
◊ – ***Descente** de lit : bedside rug*
– *Avoir une bonne **descente*** *: to be a big drinker*

## DESCRIPTION / DESCRIPTION

|  |  |  |  |
|---|---|---|---|
| I | 1. | Sa **description** du tableau était très fidèle | His **description** of the painting was very accurate [a] |
|  |  | Quand il lit un roman, il s'attarde peu aux **descriptions** | When he reads a novel he doesn't spend much time on the **descriptions** |
| III | 2. | Vehicles of all **descriptions**/of every **description** were parked in the shed | Des véhicules de toutes **sortes**/de tous **genres** étaient garés dans le hangar [b] |

a. *Mais : have you seen a man of that **description** in the neighbourhood ? : avez-vous vu un homme répondant à ce signalement dans les environs ? ; beyond **description** : indescriptible, indicible ; extrêmement, au-delà de toute expression*
b. *L'expression **of some description** signifie 'un quelconque' : buy me a cake of some **description** : achète-moi un gâteau, n'importe lequel.*

## DÉSIGNER / TO DESIGNATE

**I** 1. Le mot « sans-culotte » **désigne** les partisans de la Révolution Française appartenant aux couches les plus populaires/Par le mot « sans-culotte », on **désigne** les partisans...

The term 'sans-culotte' **designates**° the supporters of the French Revolution belonging to the lowest strata of society
(*plus souvent :* **denotes**)

Les croix **désignent** les zones sinistrées par la tempête

The crosses **designate**° the areas stricken by the storm
(*plus souvent :* **mark**)

2. L'inspecteur Rubson a été **désigné** pour mener cette enquête

Inspector Rubson has been **designated**° to direct the inquiry [a]
(*plus souvent :* **appointed**)

**II** 3. Le directeur me **désigna** une chaise et m'invita à m'asseoir

The manager **pointed to** a chair and asked me to sit down

Mon frère **désigna** sur la carte l'endroit où nous allions pique-niquer

My brother **pointed out/indicated** on the map the spot where we were going to have our picnic [b]

Ces témoignages le **désignent** clairement comme l'auteur du crime

These testimonies clearly **indicate** that he is the murderer

4. Ses aptitudes le **désignent** pour cette mission délicate

His particular talents **mark** him **out** for this delicate mission

L'instituteur est tout **désigné** *(pass)* pour faire ce genre de travail

The teacher **is just the man/is the ideal man** for this kind of work

**III** 5. That part of the county has been **designated** (as) a development area

Cette partie du département a été **déclarée** zone à urbaniser en priorité

---

a. Lorsque **désigner** signifie, non pas 'nommer' mais 'choisir', on emploiera **to choose/to give (sb) the job of**/(pour des tâches désagréables) **to pick on**\* : ex. *le professeur a désigné deux élèves pour effacer le tableau :* the teacher chose/picked on\* two pupils to clean the board.
b. **Désigner** qqch à l'attention de qqn : to draw/call sth to sb's attention

215

# DÉSORDRE / DISORDER

**I**    1. Le ministre de l'Éducation s'est plaint du **désordre** dans les universités | The Minister of Education complained about the **disorder** *(nd)* in the universities [a]

**II**    2. De telles idées jettent le **désordre** dans l'esprit des gens | Such ideas throw people's minds into **confusion** *(nd)*

         Votre fils cherche sans cesse à semer le **désordre** dans la classe. Nous ne pouvons pas le tolérer | Your son is constantly trying to create a **disturbance** in the classroom. We can no longer tolerate it

      3. De graves **désordres** *(pl)* ont éclaté après l'allocution du Président | Serious **disturbances** broke out after the President's speech

      4. Ma mère était scandalisée par le **désordre** qui régnait dans ma chambre | My mother was shocked by the **untidiness** *(nd)* of my room (*moins couramment :* **disorder** *(nd)*)

         Quelqu'un avait fouillé dans mes papiers et ils étaient dans un **désordre** épouvantable | Somebody had been searching through my papers and they were in a terrible **muddle/mess** [b] (*moins couramment :* in total **disorder**)

      5. *(litt)* Le livre ne parle jamais des **désordres**/du **désordre** de sa jeunesse | The book doesn't mention the **dissoluteness** *(nd)*/**dissipation** *(nd)* of his youth

**III**    6. She is suffering from a serious stomach **disorder** [intestinal, mental **disorder**] | Elle souffre de graves **troubles** gastriques [intestinaux, mentaux]

         Many skin **disorders** are allergy-related | De nombreuses **affections** cutanées sont d'origine allergique

---

a.   **Disorder** ne s'emploie que dans le cas d'agitation politique ou sociale.
b.   **En désordre** peut souvent être traduit au moyen de l'adjectif **untidy** : *la pièce [son bureau...] était en désordre :* the room [his desk...] was untidy/in a mess ; *ses cheveux étaient en désordre :* her hair was untidy/a mess.

## (SE) DESSINER / TO DESIGN

**II**  1. Un des élèves avait **dessiné** la tête du professeur au tableau

One of the pupils had **drawn** the teacher's face on the blackboard

2. À cet endroit, la route **dessine** un zig-zag

At that point the road **describes** a zigzag

3. Cette année, fini les robe-sacs ! Les robes **dessinent** bien les formes du corps [la taille]

Sacks are out this year ! Dresses are **showing off** the shape of the body [are **accentuating** the waist]

4. Les arbres **se dessinaient** sur le ciel

The trees **stood out** against the sky/**were outlined** against the sky

Lorsque je vis un sourire **se dessiner** sur ses lèvres, je sus que c'était gagné

When I saw a smile **forming** on his lips I knew I'd won

5. Juste au moment où la solution commençait à **se dessiner,** on nous a retiré le projet

Just as the solution was beginning to **take shape,** they took the project away from us

Une tendance à la réconciliation **se dessine,** mais ce n'est pas encore demain qu'un accord sera signé

A tendency to reconciliation is **becoming apparent** but they won't be signing an agreement tomorrow

**III**  6. This car [this range of furniture] was **designed** in Italy

Ce modèle de voiture [cette gamme de meubles] a été **conçu(e)/créé(e)** en Italie [a]

Laurence **designs** for a Parisian fashion house

Laurent **est dessinateur de mode/modéliste** chez un couturier parisien

7. This grammar is **designed** *(pass)* for French speakers

Cette grammaire est **destinée** aux francophones/a été **conçue** pour les francophones

The company has recently launched an advertising campaign **designed** to revive interest in the product

La firme a récemment mis sur pied une campagne de publicité **destinée** à raviver l'intérêt pour le produit

---

a. **To design** signifie ˝concevoir, inventer˝ et éventuellement ˝réaliser graphiquement˝ alors que **dessiner** signifie ˝réaliser graphiquement˝ (cf. 1), ce qui n'exclut pas l'idée de création, d'invention. On peut en déduire que, dans certains cas, **dessiner** et **design** seront des équivalents de traduction : ex. *to design the costumes for a show* : *dessiner/concevoir les costumes pour un spectacle.*

◊ Bouche bien **dessinée** : *well-shaped mouth*

## DESTINATION / DESTINATION

I    1. Il fut emmené vers une **destination** inconnue

He was taken to an unknown **destination** [a]

II    2. La **destination** première de cet appareil m'est inconnue

I don't know what the primary **purpose** of this machine is

---

a. – Arriver/parvenir à **destination** : *to arrive (at one's **destination**), to reach one's **destination***
 – À **destination** de : (avion, train) *for*, (bateau) *bound for*, (passagers) *travelling to*, (lettre) *addressed to*

## (SE) DESTINER / TO DESTINE

I    1. Il faut croire qu'ils étaient **destinés** *(pass)* à passer leurs vieux jours ensemble

It is as if they were **destined** *(pass)* to spend their old age together

Issu de famille noble, il était **destiné** *(pass)* à mourir sur l'échafaud

As a scion of a noble family he was **destined** *(pass)* to die on the scaffold [a]
(*aussi :* **fated, doomed**)

Ce quartier est **destiné** à être démoli

This area is **destined** *(pass)* for demolition
(*plus souvent :* is **(going) to** be demolished)
⇨ 4

II    2. Mon père me **destinait** au barreau [à la médecine]

My father **intended** me for the Bar [for a career in medicine] [b]

L'habileté dont il faisait preuve dans les relations humaines le **destinait** à une carrière dans la diplomatie

His skill in handling people **marked** him **out** for a diplomatic career

La majorité de nos étudiants se **destinent** à l'enseignement

The majority of our students **intend** to go into teaching

3. Je **destine** ma collection de timbres à mon fils aîné

I **intend** my elder son to have my stamp collection

| | |
|---|---|
| Cette remarque ne vous était pas **destinée** | That remark was not **meant/intended** for you [c] |
| 4. La majeure partie des fonds est **destinée** à la recherche pour le cancer | Most of the funds **are intended** for/**will be used** for cancer research |
| Ma mère **destine** cet argent à l'achat d'un four à micro-ondes | My mother has **earmarked** that money to buy a microwave |
| Ces mesures sont **destinées** à améliorer les conditions de vie des mineurs | These measures are **meant/intended/designed** to improve the miners' living conditions |

a. – Dans le sens de ʿêtre amené à (par la volonté du destin), être voué àʾ, **to be destined** a un emploi plus étendu que **être destiné,** comme le montrent les exemples suivants : *to be destined to fail : être voué à l'échec ; it was destined to happen : cela devait arriver ; it was destined that... : il était écrit que..., le sort a voulu que...*
– Notez que **to be destined** ne s'emploie pas dans le sens de ʿavoir telle destination ou fonctionʾ (cf. 4).
b. **To destine** se rencontre parfois dans la langue soutenue, surtout au passif.
c. *Sans connaître le sort qui lui était destiné : not knowing what fate was in store/lay in store for him*
◊ **Destined°** *for (China...) : à destination de (la Chine...)*

## DÉTAIL / DETAIL

| | | |
|---|---|---|
| I | 1. Elle connaissait tous les **détails** de l'affaire | She knew all the **details** of the affair [a] |
| | Ne vous en faites pas. C'est un **détail** ! | Don't worry. It's a mere **detail** ! |
| | Ce peintre soigne les **détails** | This painter pays attention to **detail** *(nd)* |
| II | 2. Son père exigea le **détail** de ses dépenses | His father demanded a **breakdown** of his expenditure |
| | 3. Cette firme fait le gros et le **détail** | This firm deals in wholesale and **retail** [b] |

| | | | |
|---|---|---|---|
| III | 4. | For **details** *(pl)* of our mobile homes, write to the following address | Si vous désirez recevoir des **renseignements** sur/une **documentation** concernant nos caravanes résidentielles, écrivez à l'adresse suivante |

a. *Entrer dans les **détails** : to go into **detail(s)***
b. *Acheter au **détail** : to buy retail ; vendre au **détail** : to sell retail, to retail*
◊ – (Mil) ***Detail** : détachement*
   – (US) ***Detail** man : représentant en pharmacie*

## DIAMANT / DIAMOND

| | | | |
|---|---|---|---|
| I | 1. | Le coffre était rempli de perles fines et de **diamants** | The chest was full of pearls and **diamonds** [a] |
| | 2. | Le voleur avait utilisé un **diamant** de vitrier | The thief had used a glazier's **diamond** |
| III | 3. | The flowerbed was in the shape of a **diamond** | Le parterre avait la forme d'un **losange** |
| | 4. | *(Cartes)* The ace of **diamonds** is master | L'as de **carreau** est maître |

a. – *Noces de **diamant** : **diamond** wedding (anniversary)*
   – (Brit) *He's a rough **diamond**\* / (US) he's a **diamond** in the rough\* ≃ sous ses dehors frustes, c'est un brave garçon*

## DIFFÉRENCE / DIFFERENCE

| | | | |
|---|---|---|---|
| I | 1. | Connais-tu la **différence** entre le rugby et le football américain ? | Do you know the **difference** between rugby and American football ? |
| | | Une **différence** de température, même minime, peut faire rater l'expérience | Even a very small **difference** in temperature can cause the experiment to fail |

220

| | | Partir à sept heures ou à huit heures, ça peut faire une énorme **différence** | It makes an enormous **difference** whether you leave at seven or eight o'clock |
|---|---|---|---|
| | | Tu peux lui donner un steak de bœuf ou de cheval. Il ne fait pas la **différence** | You can give him beef or horsemeat. He can't tell the **difference** [a] |
| | 2. | La **différence** entre 32 et 11 est 21 | The **difference** between 32 and 11 is 21 |
| | | Ne t'en fais pas si c'est un peu plus cher. Je paierai la **différence** | Don't worry if it's a bit more expensive. I'll make up the **difference** [b] |
| III | 3. | Must you always settle your **differences** in public ? | Faut-il vraiment que vous régliez toujours vos **différends** en public ? |
| | | In spite of serious **differences (of opinion)** they were able to find some common ground | En dépit d'importantes **divergences d'opinion**, ils sont parvenus à trouver un terrain d'accord |

a. Mais : *it makes no **difference** : cela ne change rien ; it makes no **difference** to me : cela m'est égal ; that makes all the **difference** : ça change tout ; a dictionary with a **difference** : un dictionnaire pas comme les autres ; à la **différence** de : unlike ; à la **différence** que : except (for the fact) that*
b. Mais : *to split the **difference**\* : couper la poire en deux\**

## DIFFÉRER / TO DIFFER

| I | 1. | Ces jumeaux se ressemblent mais ils **diffèrent** par leur taille | These twins look alike but they **differ** in height |
|---|---|---|---|
| | | Elle aime le rock ; il préfère la musique classique. En tout, leurs goûts **diffèrent** | She likes rock, he prefers classical music. Their tastes **differ** in every respect |
| | | La notion de patriotisme **diffère** selon les pays | The notion of patriotism **differs** from one country to another |
| II | 2. | On ne peut plus **différer** le paiement sans risquer une amende | We can no longer **defer/postpone/put off** payment without risking a fine |
| III | 3. | The two sisters often **differ** | Les deux sœurs **sont** souvent **en désaccord** |

| | |
|---|---|
| My husband often **differs** with me on the question of the children's upbringing | Mon mari et moi **sommes** souvent **en désaccord** sur le chapitre de l'éducation des enfants [a] |

a. – **To differ** peut parfois être traduit par **différer (d'opinion)** : ex. *we **differ** on that question* : *nous **différons** (d'opinion) sur cette question*.
– *I beg to **differ**°* : *permettez-moi de ne pas être de votre avis* ; *to agree to **differ** (on/over sth)* : *reconnaître qu'on ne peut pas se mettre d'accord (au sujet de qqch)*

## DIFFICILE/DIFFICULT

| | | |
|---|---|---|
| I | 1. Il m'est **difficile** de renoncer aux tentations. J'aime tellement les sucreries ! | It is **difficult** for me/I find it **difficult** to resist temptation. I've got such a sweet tooth ! (*aussi :* **hard**) |
| | Ils se trouvent parfois dans des situations financières **difficiles** parce qu'ils voient trop grand | They sometimes find themselves in **difficult** financial situations because of their grandiose ideas |
| | 2. Je ne pense pas que je ferai encore du baby-sitting. Les enfants sont trop **difficiles** de nos jours | I don't think I'll do any more baby-sitting. Children are too **difficult** nowadays [a] |
| | Je comprends qu'elle veuille divorcer. Son mari est tellement **difficile (à vivre)** | I can understand her wanting a divorce. Her husband's so **difficult (to live with/to get on with)** |
| II | 3. J'ai invité Marie mais elle est tellement **difficile** pour la nourriture que je ne sais pas quoi lui préparer | I've invited Mary, but she's so **fussy/finicky** about her food that I don't know what to cook |
| | Vous n'aimez pas cet appartement ? Vous êtes vraiment **difficile** | Don't you like this flat ? You really are **hard to please/difficult to please** |
| | Il ne faut vraiment pas être **difficile** pour passer ses vacances dans un hôtel pareil | Your really can't be **fussy/fastidious** if you're going to stay in a hotel like that |

a. Notez que **difficult** s'appliquant à des personnes correspond parfois plus exactement à **peu commode/pénible***/embêtant*** : ex. *my aunt is a very **difficult** old lady*.
Notez également : *she's being **difficult*** : *elle fait la **difficile**, elle cherche à être désagréable, elle fait des chichis**

## (SE) DIFFUSER / TO DIFFUSE

I  1. Le verre dépoli **diffuse** la lumière

Ces radiateurs ne **diffusent** pas assez de chaleur pour cette grande pièce

Frosted glass **diffuses** the light

These radiators do not **diffuse** enough heat for this big room [a]

II  2. La BBC **diffusera** cette conférence mardi soir

The BBC will **broadcast** this lecture on Tuesday evening [b]

3. Le ministre a demandé que l'on **diffuse** la nouvelle dans les écoles

The minister asked for the news to be **circulated** around the schools

L'invention de l'imprimerie a permis de **diffuser** les connaissances humaines dans le monde entier

The invention of printing allowed human knowledge to be **spread** throughout the world (*aussi*: **diffused**°)

4. Ce livre n'est **diffusé** que dans des librairies spécialisées

This book is only **distributed** by specialist bookshops

---

a. – **To diffuse** s'emploie également pour du poison, du gaz, une odeur; dans ce cas, on emploie en français le verbe **(se) répandre**: *the smell diffused throughout the room.*
 – *Diffused lighting: éclairage indirect*
b. *Programme diffusé en direct: live broadcast*

## (SE) DIGÉRER / TO DIGEST

I  1. Certains aliments **se digèrent** plus facilement que d'autres

Some foods are **digested** more easily than others

Quand on a l'estomac fragile, on doit manger des aliments faciles à **digérer**

If you have a delicate stomach you should eat foods that are easy to **digest** [a]

II  2. Je ne peux plus **digérer*** sa grossièreté envers moi

I can't **stomach/put up with** his rudeness to me any longer

Un échec pareil, c'est dur à **digérer***!

A failure like that is hard to **stomach**

223

| | | |
|---|---|---|
| III | 3. It took me some time to **digest** the implications of the report | Il m'a fallu du temps pour **saisir/ comprendre** les implications du rapport [b] |
| | We are still **digesting** the information, but we'll soon reach a decision | Nous sommes toujours en train **d'essayer de comprendre/** de **réfléchir à/peser** l'information, mais nous prendrons bientôt une décision |

a. – Mais : *je ne digère pas les choux de Bruxelles : brussels sprouts don't agree with me*
 – Le verbe **digérer** à l'intransitif ne se traduira pas par **to digest** : *prendre qqch pour digérer : to take sth to help one's digestion ; je digère mal ces temps-ci : my digestion isn't very good at the moment.*
b. Notez cependant qu'il y a équivalence entre **digérer** et **to digest** dans le sens d'*assimiler par la lecture, l'étude* ʾ : *I shall never manage to digest all these facts : je ne parviendrai jamais à digérer\* toute cette matière.*

## (SE) DIMINUER / TO DIMINISH

| | | |
|---|---|---|
| I | 1. La guerre a beaucoup **diminué** la puissance de ce pays | The war has greatly **diminished**° the power of this country (*plus souvent :* **reduced**) |
| | Ces médicaments **diminuent** la douleur mais ne la suppriment pas totalement | These drugs **diminish**° the pain but do not eliminate it completely [a] (*plus souvent :* **reduce**) |
| | 2. Nos provisions **diminuent** à vue d'œil | Our supplies are **diminishing**°visibly (*plus souvent :* **decreasing**) |
| | La tension de la vie urbaine va s'accroître plutôt que **diminuer** | The strains of city life will increase rather than **diminish**° [b] (*plus souvent :* **decrease**) |
| | 3. Ce scandale l'a **diminué** aux yeux de ses électeurs | This scandal has **diminished** him in the eyes of the electorate [c] |
| II | 4. Le gouvernement a décidé de **diminuer\*** les fonctionnaires | The government has decided to **cut/reduce** civil servants' **salaries** |
| | 5. Cette maladie l'a beaucoup **diminué** | The illness has **weakened** him a lot |

| | |
|---|---|
| Le malade **diminuait** à vue d'œil (*souvent :* **déclinait**) | The sick man was **declining** visibly/was **growing** visibly **weaker** |

---

a. **To diminish** (v. tr) s'emploie principalement avec un sujet inanimé. On aura donc recours à **to reduce** dans des cas tels que : *le propriétaire ne veut pas diminuer le loyer : the landlord won't reduce the rent.*
b. Notez que **to diminish** (v. intr), qui est de toute façon d'un emploi moins fréquent que **diminuer**, est impossible dans un grand nombre de cas : (nombre de jours, de touristes) *to decrease ;* (prix, denrée) *to come down, to go down ;* (température) *to go down, to drop ;* (tempête) *to abate ; (mémoire, vue) to fail ;* les jours **diminuent** *: the days are growing shorter,* (Brit) *the evenings/the nights are drawing in.*
c. **Se diminuer** *: to belittle oneself*
◊ (Tricot) **Diminuer** *: to decrease*

---

## DIRECTEUR / DIRECTOR

| | | | |
|---|---|---|---|
| **I** | 1. | La fondation pour la recherche sur le cancer a élu un nouveau **directeur** | The Foundation for Cancer Research has appointed a new **director** [a] ⇨ 2 |
| **II** | 2. | Le **directeur** de l'usine [de la banque] est absent pour quelques jours | The factory [bank] **manager** is away for a few days [b] |
| **III** | 3. | The **directors** of the company meet once a month | Les **administrateurs** de la firme se réunissent une fois par mois [c] |
| | 4. | Adapting this novel for the screen was no easy task. The **director** made a good job of it | Ce n'était pas facile d'adapter ce roman à l'écran. Le **réalisateur/ metteur en scène** a fait du bon travail [d] |

---

a. Le mot **directeur** est traduit par **director** dans le cadre de certaines organisations telles qu'un institut, une fondation, un centre de langues (voir aussi note b).
b. – Le mot **manager** est un terme très large, qui recouvre des directeurs de tous les niveaux. Le mot **director** est également employé mais il désigne toujours un directeur de haut niveau (directeur responsable vis-à-vis de la direction générale ou faisant partie de celle-ci ou le directeur général lui-même) : ex. **directeur** *des ventes : sales director/manager ;* **directeur** *général : (managing)* **director,** *general manager,* **director** *(general) ;* président-**directeur** *général : chairman and managing* **director.**
   – Notez également : **directeur :** (école) (Brit) *headmaster,* (US) *principal ;* (prison) (Brit) *(prison) governor,* (US) *warden ;* (revue) *editor ;* (thèse) *supervisor*
c. Board of **directors** *: conseil d'administration*
d. **Director** *(of a play) : metteur en scène*

## DIRECTION / DIRECTION

**I** 1. Ils allaient dans la **direction** de Bruxelles

They were going in the **direction** of Brussels

En obéissant à ses parents, il faisait un pas dans la bonne **direction**

By obeying his parents he took a step in the right **direction** [a]

**II** 2. Il a pris la **direction** du projet [des deux équipes, des travaux, du parti, du journal]

He has taken over the **management** of the project [the **management** of both teams, the **supervision** of the works, the **leadership** of the party, the **editorship** of the paper] [b]

3. La **direction** refuse de négocier avec les syndicats

The **management** refuses to negotiate with the unions [c]

4. *(Auto)* Cette voiture a une **direction** assistée

This car has power-assisted **steering**

**III** 5. The actors deplore the fact that the **direction** of the play has been put in the hands of an outsider

Les acteurs regrettent que l'on ait confié la **mise en scène** de la pièce à une personne étrangère à la troupe

6. Ask the policeman for **directions** *(pl)*

Demande des **indications** à l'agent de police

If you'd followed the **directions** *(pl)* the machine would still work

Si tu avais suivi les **instructions**/le **mode d'emploi,** l'appareil fonctionnerait encore

7. He gave a lecture on the new **directions** in literary criticism

Il donna une conférence sur les nouvelles **orientations/tendances** en critique littéraire

---

a. Mais : *l'affaire a pris une nouvelle **direction*** : *the affair took a new turn ; to have a good [poor] sense of **direction*** : *avoir un bon [mauvais] sens de l'orientation ;* (fig) *he has found a new sense of **direction*** : *il sait où il va*

b. – Notez cependant qu'on peut dire : *to be/work under the **direction** of sb.*
– *Assurer la **direction** de :* (usine, firme, département) *to run, to manage ;* (recherche, travaux) *to supervise, to be in charge of ;* (enquête) *to conduct*

c. *La **direction*** (= bureau du directeur) : (firme) *manager's office ;* (école) (Brit) *headmaster's office,* (US) *principal's office ;* (journal) *editor's office*

## (SE) DIRIGER / TO DIRECT

**I** 1. Nous cherchons un ingénieur capable de **diriger** ce genre de travaux [ce genre de recherches, une équipe de vingt ouvriers]

We are looking for an engineer capable of **directing** this kind of work [this kind of research, a team of twenty workers] [a]

⇨ 2

**II** 2. Son beau-père **dirige** l'usine [le service] depuis dix ans

His father-in-law has been **managing/running** the factory [the department] for ten years [b]

Pour **diriger** le pays, il nous faut un homme intègre et entreprenant

We need a man of integrity and enterprise to **run** this country

On m'a choisi pour **diriger** le débat [l'enquête]

I was chosen to **conduct** the debate [the enquiry]

Elle a **dirigé** ce parti [ce mouvement] pendant des années

She **led** the party [the movement] for years

Cette idée **dirige** toute notre action

This idea **governs/rules** all our actions

3. L'orchestre était **dirigé** par Herbert von Karajan

The orchestra was **conducted** by Herbert von Karajan

4. Ce type d'embarcation est difficile à **diriger**

This type of craft is difficult to **steer**

5. Il faut **diriger** ces colis vers l'entrepôt

These parcels must be **sent** to the warehouse

6. Surpris, le bandit **dirigea** son arme sur le bijoutier et tira

Taken by surprise, the thief **aimed/pointed** his gun at the jeweller and fired

Les policiers **dirigèrent** leurs projecteurs vers l'entrée de l'ambassade

The police **trained** their searchlights on/**pointed** their searchlights at the entrance to the embassy [c]
(*moins souvent :* **directed**...at)

7. On aurait dû le **diriger** vers d'autres études

We should have **steered/guided** him towards a different course of study

Nous espérions qu'il ferait le droit, mais il **s'est dirigé** vers la médecine

We hoped he would study law but he **opted** for medicine

|   |   |   |
|---|---|---|
|   | 8. L'homme **se dirigea** vers le fond de la salle | The man **headed** for/**made his way** towards the end of the room |
|   | Le bateau [la voiture] **se dirigea** vers le port | The boat [the car] **headed** for/**made** for the harbour |
|   | 9. Sans ses lunettes, il ne pouvait pas **se diriger** | He couldn't **find his way about** without his glasses [d] |

| III | 10. Who **directed** this play [this film] ? | Qui a **mis en scène** cette pièce [**réalisé** ce film] ? |
|---|---|---|
|   | 11. There's usually a policeman **directing** the traffic here during the rush hour | D'habitude, il y a un policier qui **règle** la circulation ici pendant les heures de pointe |
|   | 12. I was unable to **direct** him (to Oxford Street) | Je n'ai pas pu lui **indiquer le chemin** (vers Oxford Street) |
|   | 13. That remark was not **directed** at you | Cette remarque ne t'était pas **destinée**/ne te **visait** pas |
|   | All complaints should be **directed** to the departmental head | Toutes les plaintes doivent être **adressées** au chef de service |
|   | 14. He **directed**[o] his men to execute his orders | Il **ordonna** à ses hommes d'exécuter ses ordres [e] |

---

a. **To direct** s'emploie surtout dans le sens de ˮsuperviser (un projet, des opérations, un groupe de personnes)ˮ. Outre ce sens, **diriger** peut également signifier ˮgérer, administrer, menerˮ (cf. 2).
b. *Diriger une école* : to run/to head of a school ; *diriger un journal* : to run/to edit a newspaper
c. *Diriger son regard sur/vers qqn, qqch* : to turn one's gaze towards sb, sth, to look towards sb, sth/in the direction of sb, sth ; *diriger son attention sur qqn, qqch* : to turn one's attention to sb, sth ; *diriger ses pas vers un lieu* : to make one's way towards a place, to head for a place
d. (Mar) *Se diriger au radar [sur les étoiles]* : to steer/navigate by radar [by the stars]
e. (Méd) *Take as **directed*** : suivre les indications du médecin

## DISCOTHÈQUE / DISCOTHEQUE

| I | 1. Cette chanson fait un malheur dans les **discothèques** pour le moment (= club) | This song is a big hit in the **discotheques** at the moment (*plus souvent :* **discos**) |
|---|---|---|

| | | |
|---|---|---|
| II | 2. Au fil des ans, il s'est constitué une **discothèque** que tous ses amis lui envient | Over the years he has built up a **record collection** which is the envy of all his friends |
| | 3. Je me suis acheté une **discothèque** en chêne | I've bought myself an oak **record cabinet** |
| | 4. J'emprunte régulièrement des disques à la **discothèque** | I regularly borrow records from the **record library** |

## DISCUSSION / DISCUSSION

| | | |
|---|---|---|
| I | 1. La **discussion** sur ce point du règlement leur prit toute la matinée | The **discussion** (nd) of that point in the regulations took them the whole morning (*aussi :* **discussing** that point) |
| | Ce problème est actuellement en **discussion** | This problem is under **discussion** (nd) at the moment [a] |
| | 2. Pendant la **discussion,** il révéla quelques faits intéressants | During the **discussion** he revealed some interesting facts |
| II | 3. J'ai eu une violente **discussion** avec mon chef de service | I've had a violent **argument/ disagreement/quarrel** with my departmental head |
| | 4. Vous avez intérêt à nous suivre sans **discussion** | You would be well-advised to follow us without **argument/ arguing** |

a. *Prêter à **discussion** : to be debatable*

## DISCUTER / TO DISCUSS

| | | |
|---|---|---|
| I | 1. Nous avons **discuté** de ses projets pour l'année prochaine | We **discussed** his plans for next year |
| | Quand nos maris se rencontrent, ils n'arrêtent pas de **discuter** (de) politique | When our husbands meet they do nothing but **discuss** politics [a]<br>⇨ 2 |

229

| | | | |
|---|---|---|---|
| II | 2. | Ils **discutèrent** joyeusement tout le long du chemin | They **talked/chatted** happily all the way |
| | | Il **discute** avec le directeur depuis plus d'une heure | He's been **talking** to the manager for over an hour |
| | 3. | Personne n'oserait **discuter** son autorité [ses ordres] (= contester) | Nobody would dare **question/ dispute** his authority [his orders] [b] |

a. – Le verbe **to discuss** s'emploie surtout dans le sens de ᵉexaminer avec soin une question, en débattre le pour et le contreᵓ. Dans le sens de ᵉbavarder, parler deᵓ, on emploie plutôt **to talk about** : ex. *de quoi avez-vous **discuté** hier ?* : *what did you talk about yesterday ?*
Notez, en outre, que **to discuss** ne peut pas s'employer sans complément d'objet direct (cf. 2).
– Lorsque **discuter** implique une idée de controverse, de contestation ou de dispute, on emploie souvent **to argue** : ex. *nous avons **discuté** sur ce point pendant deux heures sans arriver à un accord* : *we argued about this point for two hours without reaching any agreement* ; *suivez-nous sans **discuter*** : *follow us and don't argue*.
b. *Ça se **discute*** : *that's debatable* ; *théorie [personnalité] très **discutée*** : *very controversial theory [personality]* ; *question très **discutée*** : *vexed question*

## (SE) DISPOSER / TO DISPOSE

| | | | |
|---|---|---|---|
| I | 1. | Son attitude arrogante ne nous **dispose** pas à la clémence | His arrogant attitude does not **dispose**° us to leniency (*plus couramment :* **incline** us towards) |
| | | Après ce qui s'est passé, je doute qu'elle soit **disposée** à les aider | I doubt if she will feel **disposed**° to help them after what has happened [a] (*plus couramment :* be **willing/ prepared** to) |
| II | 2. | Donne-moi quelques idées pour **disposer** mes nouveaux meubles | Give me some ideas about how I should **arrange** my new furniture [b] |
| | 3. | Vous **disposez** maintenant de tous les éléments nécessaires pour prendre une décision | You now **have** all the information you need to make a decision |
| | | Bien entendu, vous **disposerez** d'une voiture de fonction | Of course you will **have** a company car (**at your disposal**) |
| | | Il **dispose** d'une grosse somme d'argent pour entreprendre son projet | He **has** a large sum of money **available/at his disposal** to start the scheme |

|  |  | Le directeur m'a dit que je pouvais **disposer** de son téléphone | The manager told me I could **use** his phone [c] |
|---|---|---|---|
|  | 4. | Vous pouvez **disposer**. Je n'ai plus besoin de vous pour l'instant | You can **leave/go**. I don't need you for the moment |
|  | 5. | Je **me disposais** à vendre ma maison mais il m'a fait changer d'avis | I was **preparing** to sell my house but he made me change my mind |
|  |  | Je **me disposais** à partir quand il est arrivé | I was **preparing** to leave/**getting ready** to leave when he turned up |
| III | 6. | In the past, many firms **disposed** of their nuclear waste in the sea | Dans le passé, de nombreuses firmes **se débarrassaient** de leurs déchets nucléaires dans la mer |
|  |  | The heiress **disposed** of the family estate | L'héritière a **vendu** le domaine familial |
|  |  | They **disposed** of the problem [of his argument] easily | Ils ont **réglé/expédié** le problème [**démoli** son argument] avec facilité |
|  |  | The children **disposed**\* of the meal in no time | Les enfants ont **expédié/liquidé**\* le repas en moins de deux |

a. – *Être bien [mal]* **disposé** *envers qqn* : to be well-**disposed** [ill-**disposed**] towards sb
 – *You can come for a drive if you feel so* **disposed** : *vous pouvez venir faire un tour si le cœur vous en dit*
b. Mais : **disposer** *des troupes* : to **dispose** troops
c. **Disposez** *de moi comme il vous plaira* : do with me what you will ; *il* **dispose** *de moi comme si j'étais sa servante* : he uses me/orders me around as if I were his servant ; *le droit des peuples à* **disposer** *d'eux-mêmes* : the right of nations to self-determination

## DISPUTE / DISPUTE

| II | 1. | À la maison, il y a de fréquentes **disputes,** mais tout finit toujours par s'arranger | We have a lot of **quarrels** at home, but everything works out all right in the end |
|---|---|---|---|
| III | 2. | There was a lengthy **dispute** over the question in the Senate | Il y a eu une longue **discussion** à ce sujet au Sénat |

231

| | |
|---|---|
| 3. The wage **dispute** has got worse with the withdrawal of the Christmas bonus | Le **conflit** salarial s'est aggravé avec la suppression de la prime de fin d'année |
| There's some **dispute** *(nd)* about the boundaries of the plot of land | Il y a **contestation** sur les limites du terrain [a] |

a. Beyond **dispute** : incontestable

## (SE) DISPUTER / TO DISPUTE

**II** 1. Les enfants **se** sont encore **disputés** (avec les voisins) — The children have **quarrelled/had an argument** (with the neighbours) again

2. Il a **disputé** la première place [le poste] à son rival — He **fought** with his rival **for** the first place [the job] [a]

   Les deux frères **se** sont **disputé** sa main [l'héritage] — The two brothers **fought over/for** her hand [the inheritance]

3. L'équipe de l'école **disputera** le match [la course] dimanche prochain — The school team will **play** the match [**run** the race] next Sunday [b]

   Le match retour **se disputera** en Espagne — The return match will be **played** in Spain

**III** 4. I don't **dispute** his honesty — Je ne **conteste** pas/je ne **mets** pas **en doute** son honnêteté

5. The question was hotly **disputed** in Parliament — On a longuement **discuté de/débattu de** la question au Parlement

---

a. – **To dispute** s'emploie parfois dans un contexte militaire : **to dispute** the victory, **to dispute** every inch of the ground.
   – **(Se) disputer** un siège : to contest a seat
b. **Disputer** un combat : to fight
◊ (Emploi critiqué) **Disputer** qqn* (= gronder qqn) : to tell sb off*

## DISQUE / DISC (surtout US : DISK)

**I** 1. Le soleil ressemble à un **disque** d'or

The sun looks like a golden **disc**

Quelles sont les caractéristiques des freins à **disques** ?

What are the characteristics of **disc** brakes ? [a]

(Informat) Cet ordinateur est fourni avec un lecteur de **disques** souples

This computer comes with a floppy **disc/disk** drive

**II** 2. Ce **disque** des Beatles est introuvable dans le commerce

This Beatles **record** cannot be bought in the shops [b]

3. Qui fut le champion du monde du lancement du **disque** en 1985 ?

Who was the world **discus**-throwing champion in 1985 ?

**III** 4. The dog's name was engraved on a **disc** attached to its collar

Le nom du chien était gravé sur une **médaille** attachée à son collier

---

a. Mais : **disque** d'embrayage : clutch plate
b. – (vieilli) **Disc**\*
   – **Disque** compact : compact **disc** ; (fig) change de **disque** !\* : don't go on about it !\*, stop harping on about it !\*
◊ (Anat) **Disque** (intervertébral) : **disc** ; slipped **disc** : hernie discale

## (SE) DISSIPER / TO DISSIPATE

**I** 1. En l'espace de quelques années, il a **dissipé**° toute sa fortune

In the space of a few years he **dissipated**° his whole fortune [a]

2. Le soleil a rapidement **dissipé** le brouillard

The sun quickly **dissipated**° the fog
(plus souvent : **dispersed**)

Vers midi, la brume **se dissipa**

The mist **dissipated**° at around midday
(plus souvent : **cleared, dispersed**)

| | | | |
|---|---|---|---|
| | 3. | Son arrivée **dissipa** notre crainte [nos soupçons] | Our fear [our suspicion] was **dissipated**° *(souvent pass)* by his arrival ᵇ<br>(*plus souvent :* **allayed, dispelled**) |
| II | 4. | Votre fils **dissipe** tous les élèves de ma classe | Your son **is a distracting influence on/distracts** all the pupils in my class |
| | | Les élèves **se dissipent** souvent en fin de journée | The children often **become unruly** towards the end of the day ᶜ |

a. **To dissipate** *one's energy :* gaspiller son énergie *; **to dissipate** one's efforts :* disperser ses efforts, se disperser *; **dissipated :*** (vie) **dissipé**°*/de débauche,* (personne) *débauché*
b. – Mais : **dissiper** (un malentendu) : *to clear up a misunderstanding ;* (les illusions de qqn) : *to shatter sb's illusions ;* (un mal de tête) : *to ease/to clear a headache*
 – **Se dissiper :** (crainte, soupçon, doute) *be allayed, be dispelled,* (moins souvent) *be **dissipated**° ;* (mal de tête) *to disappear, to wear off*
c. *Élève **dissipé** : unruly pupil*

## DISTINCT / DISTINCT

| | | | |
|---|---|---|---|
| I | 1. | Ce sont deux concepts bien **distincts**. Il ne faut pas les mélanger | These are two **distinct** concepts. One must not confuse them ᵃ |
| | 2. | Il y avait des traces **distinctes** de pas dans l'herbe | There were **distinct** footprints in the grass |
| | | Le bruit devenait de plus en plus **distinct** à mesure que nous approchions de la grange | The sound became more and more **distinct** as we approached the barn ᵇ |
| III | 3. | There was a **distinct** smell of gas coming from the kitchen | Il y avait une **nette** odeur de gaz qui venait de la cuisine |
| | | She greeted us with **distinct** coldness | Elle nous salua avec une froideur **manifeste** |
| | | He had a **distinct** preference for blondes | Il avait une préférence **marquée**/ une **nette** préférence pour les blondes |

a. *As **distinct** from :* par opposition à
b. *Clair et **distinct** :* clear

## DISTINCTEMENT / DISTINCTLY

I   1. Elle articulait **distinctement** les noms des gagnants au micro

She pronounced the names of the winners **distinctly** into the microphone

On voyait **distinctement** une silhouette au fond du jardin

We **distinctly** saw the outline of a figure at the end of the garden

III   2. I **distinctly** remember the day when the President was killed

Je me souviens **très bien** du jour de l'assassinat du président

I told you **distinctly** to be home by midnight

Je t'avais **formellement/clairement** dit de rentrer pour minuit

3. She looked **distinctly** depressed

Elle avait l'air **vraiment** déprimée

The patient is **distinctly** better today

Le patient va **sensiblement** mieux aujourd'hui

## DISTRACTION / DISTRACTION

I   1. La lecture était sa **distraction** favorite

Reading was his favourite **distraction**°
(*plus couramment :* **pastime**)

II   2. Sa **distraction** lui a déjà causé pas mal d'ennuis

His **absent-mindedness** *(nd)* has already caused him many problems

Cette **distraction** lui fut fatale

This **lapse of concentration** proved fatal to him

III   3. I need a place where I can work without any **distractions**

J'ai besoin d'un endroit où je pourrais travailler sans être **distrait/dérangé**

Some people believe that the government staged the scandal as a **distraction** from the country's desperate situation

Certaines personnes croient que le gouvernement a provoqué ce scandale pour **détourner** l'esprit des gens de la situation dramatique du pays

---

◊   To love sb to **distraction** : aimer qqn à la folie ; to drive sb to **distraction** : rendre qqn fou

## (SE) DISTRAIRE / TO DISTRACT

I   1. Ne le **distrais** pas pendant qu'il travaille

Don't **distract** him while he's working [a]

II   2. Il n'y a pas grand-chose dans cette ville pour **distraire** les habitants

There's not much in this town to **entertain** the inhabitants

Tu étudies trop. Il faut **te distraire** de temps en temps

You work too hard. You should **enjoy yourself/relax** from time to time

Pourquoi ne commences-tu pas une collection de timbres ? Cela te **distrairait**

Why don't you start a stamp collection ? It would **take your mind off things**

---

a. *Distraire* qqn de son chagrin : **to distract** sb's mind from his grief (plus souvent : *to take sb's mind off his grief*)

☐ Distrayant : entertaining, diverting°
   Distracting : gênant, perturbateur, qui empêche de travailler

## DISTRAIT / DISTRACTED [a]

II   1. Je ne connais pas de personne plus **distraite** que ma belle-mère

I don't know anybody more **absent-minded** than my mother-in-law [b]

III   2. She gave us a **distracted** look and started crying

Elle nous lança un regard **affolé/égaré** et se mit à pleurer

The **distracted** mother rushed out of the house calling for help

La mère **affolée** sortit précipitamment de la maison et cria à l'aide

She had been waiting for her husband for two hours and was **distracted** with worry/quite **distracted**

Elle attendait son mari depuis deux heures et était **folle** d'inquiétude/**dans tous ses états**

---

a. L'adjectif **distrait** (= absent-minded) est parfois employé en anglais dans un langage soutenu ou soigné.

b. – **Absent-minded** ne s'emploie que lorsqu'il s'agit d'une caractéristique permanente. Dans le cas d'une distraction occasionnelle, on traduira autrement : ex. *J'ai dû être **distrait**. Je n'ai pas vu le tournant : I must have been thinking of other things/My mind must have been elsewhere. I missed the turning.*
 – *Élève **distrait** : inattentive pupil ; Anthony, tu es **distrait** ! : Anthony, you're not attending !/you're not paying attention !*
 – Notez également : *regarder qqch d'un œil **distrait** : to look at sth without giving it one's full attention ; écouter d'une oreille **distraite** : to half-listen to sth, to listen to sth with half an ear*
◊ *To drive sb **distracted**\* : rendre qqn fou*

## DISTRAYANT / DISTRACTING

voir : **(SE) DISTRAIRE / TO DISTRACT**

## DIVERS / DIVERSE

I  1.  Les opinions les plus **diverses** furent émises sur les causes de l'accident

The most **diverse** opinions were put forward concerning the causes of the accident
(*plus couramment :* **varied**)

Ils ont des motifs d'action très **divers**

They have very **diverse** motives [a]
(*plus couramment :* **different**)

II  2.  **Diverses** *(pl)* personnes m'en ont parlé

**Various** people have talked to me about it

J'ai lu **divers** articles qui traitent de ce problème

I've read **various** articles dealing with the problem

a. – L'adjectif anglais **diverse** a comme sens prédominant ʿdifférent, variéʾ. Il correspond donc le plus souvent aux cas où **divers** est un adjectif placé après le nom. Il ne correspond que rarement à **divers** employé comme adjectif indéfini dans le sens de ʿplusieurs (avec une certaine idée de variété)ʾ (cf. 2).
 – **Divers** étant rarement suivi d'un singulier, on emploiera plutôt des adjectifs tels que **varié/diversifié/hétérogène** dans des cas tels que : *a **diverse** collection of objects, a **diverse** group of insects.*

## DOMICILE / DOMICILE

I  1.  *(Jur, Admin)* Toute personne doit avoir un **domicile**. C'est la loi
( = demeure légale et officielle)

Everyone must have a **domicile**. It's the law [a]

| II | 2. | Ils ont déménagé il y a plusieurs années et je ne connais pas leur nouveau **domicile** | They moved several years ago and I don't know what their new **address** is |
|---|---|---|---|
| | | Mes parents ont récemment élu **domicile** à Montmartre | My parents have recently taken up **residence** in Montmartre [b] |

a. Mais : **domicile** d'une société : registered address of a company
b. Dernier **domicile** connu : last known address ; sans **domicile** fixe : of no fixed abode ; quitter le **domicile** conjugal : to leave the marital home
◊ – (Travailler) à **domicile** : (to work) at home
 – Livrer à **domicile** : to deliver

## (SE) DOMINER / TO DOMINATE

| I | 1. | Les plus forts essaient toujours de **dominer** les plus faibles | The strong always try to **dominate** the weak |
|---|---|---|---|
| | | Il ne se laisse pas **dominer** par sa femme | He does not let himself be **dominated** by his wife [a] |
| | 2. | L'église **domine** tout le village | The church **dominates** the whole village [b] |
| | 3. | Son œuvre **domine** toute la littérature du XIX[e] siècle | His work **dominates** the whole of nineteenth-century literature |
| | | La question du chômage a **dominé** tout le débat | The question of unemployment **dominated** the whole debate |
| II | 4. | Ce joueur **domine** largement ses adversaires | This player **towers** way above/completely **outclasses** his opponents |
| | | Nous avons **dominé** pendant la première partie du match | We **were on top**/we **were well ahead** throughout the first part of the match |
| | 5. | Il n'a pas pu **dominer** sa colère [son émotion] | He was unable to **control** his anger [his emotion] |
| | | Tu dois apprendre à **te dominer** | You must learn to **control yourself** |
| | | La police **domine** la situation | The police **are in control of** the situation [c] |

6. Dans ce tableau, le rouge **domine** | Red **predominates/is predominant** in this picture
(= prédominer) |
Les hommes **dominent** dans cette assemblée | Men **predominate/are predominant** at this meeting
(= être plus nombreux) |

a. Mais : **dominer** un peuple [le monde] : to rule a people, to hold sway/dominion over a people [to rule the world] ; **dominer** sur les mers : to rule the seas, to hold dominion over the seas ; la passion qui le **domine** : the passion that rules/governs him
b. – Mais : d'ici on **domine** toute la vallée : from here one has a view over/overlooks the whole valley
   – Il **domine** la foule de la tête : he towers above the crowd ; sa voix **dominait** le tumulte : his voice rose above the tumult
c. **Dominer** son sujet : to have a thorough knowledge/grasp of one's subject

## DOMMAGE / DAMAGE

I  1. Les **dommages** (pl) causés par la tempête sont plus importants qu'on ne l'avait pensé (souvent : **dégâts**) | The **damage** (nd) caused by the storm is greater than we thought [a]

II 2. Je désire à tout prix réparer le **dommage** que j'ai causé à votre famille | I insist upon repairing the **harm** I've caused to your family/the **injury** I've done your family [b]

3. C'est **dommage** que tu doives nous quitter si tôt ! | It's **a pity/a shame** you have to leave so early !

III 4. The famous film star demanded high **damages** (pl) for defamation of character | La célèbre vedette de cinéma a exigé d'importants **dommages et intérêts** pour diffamation [c]

5. (humor) What's the **damage***? Only £250 ! A mere trifle ! | À combien s'élève la **douloureuse***? Un petit 20 000 F ! Une paille !

a. – Brain **damage** : traumatismes cérébraux, lésions cérébrales
   – **Dommages** matériels : material **damage** ; **dommages** corporels : physical injury
b. Mais : to do **damage** to sth : faire du tort, porter préjudice à qqch
c. Mais : war **damages** : **dommages** de guerre

## DONNEUR / DONOR

**I**  1. *(Méd)* Il y a trop peu de **donneurs** de sang dans notre pays

There are not enough blood **donors** in this country

*(Méd)* Dans le cas de transplantation d'organes, le problème principal est de trouver un **donneur** compatible

In the case of organ transplants the main problem is finding a compatible **donor**

**II**  2. *(Cartes)* Chacun à son tour tient le rôle de **donneur**

Each player in turn acts as **dealer**

3. Méfie-toi ! C'est un **donneur**\* ! Il dénoncerait sa propre mère pour de l'argent

Be careful, he's a **squealer**\*/*(Brit)* a **grass**\*. He'd betray his own mother for money

**III**  4. The President personally thanked the generous **donors** who had made the building of the hospital possible

Le président a remercié personnellement les généreux **donateurs** grâce auxquels l'hôpital a pu être construit


## DOSSIER / DOSSIER

**I**  1. Ce journaliste a constitué des **dossiers** sur tous les candidats à la présidence

The journalist compiled **dossiers** on all the presidential candidates [a] (*aussi :* **files**)
⇨ 2, 3

**II**  2. Quand je revins de vacances, une pile de **dossiers** m'attendait sur mon bureau

When I got back from my holidays there was a heap of **files** waiting for me on my desk

J'ai égaré le **dossier** « Assurance-vie »

I've lost the life insurance **file** [b]

3. *(Jur)* C'est un **dossier** très important. Si j'étais toi, je ne le confierais pas à ce jeune avocat

It's a very important **brief**. I wouldn't give it to that young barrister if I were you [c/d]

4. J'apprécie beaucoup l'intérêt que vous portez aux **dossiers** économiques de notre pays

I greatly appreciate the interest you show in our country's economic **problems**

| | Nous consacrerons la séance de demain au **dossier** des surplus agricoles | Tomorrow's session will be devoted to the **issue/question** of agricultural surpluses [d] |
|---|---|---|
| 5. | Il s'appuya au **dossier** de sa chaise | He leant against the **back** of his chair |

a. Le mot anglais **dossier** a un sens beaucoup plus restreint que son correspondant français. Il désigne un ensemble de renseignements aussi complet que possible concernant une personne ou un sujet. Il s'emploie notamment dans le cas de renseignements confidentiels susceptibles de nuire à quelqu'un. Le mot français **dossier** a le sens plus général de ʿensemble de documents se rapportant à un même sujet et placés dans une chemiseʾ (cf. 2).
b. **Dossier** médical : medical history/record ; **dossier** scolaire : school record ; verser une pièce au **dossier** : to file a document
c. (Jur) Rouvrir un **dossier** : to reopen a case
d. Connaître/posséder ses **dossiers** : to be well briefed

## DOUBLE (n.) / DOUBLE

| I | 1. | Je pensais n'obtenir que 500 dollars, mais il m'en a proposé le **double** | I thought I'd only get 500 dollars but he offered me **double** [a] (plus souvent : **twice as much**) |
|---|---|---|---|
| II | 2. | Je vous conseille vivement de garder un **double** de ce document | I strongly advise you to keep a **duplicate/a copy** of this document |
| | | Je croyais qu'on avait un **double** de la clé du garage | I thought we had a **duplicate** of the garage key |
| | | J'ai beaucoup de **doubles** dans ma collection de timbres | I've got lots of **duplicates/swaps*** in my stamp collection |
| III | 3. | If it wasn't you, it was your **double** ! The resemblance was amazing | Si ce n'était pas toi, c'était ton **sosie** ! La ressemblance était frappante [b] |

a. – Il a le **double** de mon âge : he is **double** my age/twice my age ; 6 est le **double** de 3 : 6 is twice 3 ; une couverture pliée en **double** : a blanket folded in half/in two ; j'ai la photo en **double** : I've got the photo in duplicate ; quitte ou **double** : **double** or quits
– On/at the **double** : au pas de course/de gymnastique

b. Le mot français **double** s'emploie parfois dans le sens de "personne qui ressemble à une autre par ses goûts, ses pensées"; il sera alors traduit en anglais par **alter ego**.
 – (A) **Double :** (Ciné) doublure

◊ (Tennis) Un **double** mixte/messieurs/dames : mixed/men's/ladies' **doubles** ; (dés) un **double** (six...) : a **double** (six...)

## (SE) DOUBLER / TO DOUBLE

| | | | |
|---|---|---|---|
| I | 1. | Jean a **doublé** son capital par rapport à l'an passé | John has **doubled** his capital as compared with last year [a] |
| II | 2. | Elle s'est acheté un manteau **doublé** de fourrure | She bought herself a coat **lined** with fur |
| | 3. | Ne **double** pas cette voiture. Il en vient une dans l'autre sens | Don't **overtake/pass** that car. There's one coming the other way [b] |
| | 4. | Un cascadeur l'a **doublé** pour toutes les scènes dangereuses du film | A stuntman **stood in for** him in all the dangerous scenes of the film (moins souvent : **doubled for**) |
| | 5. | Le film a été mal **doublé**. C'est exaspérant ! | This film's very badly **dubbed**. It's infuriating ! |
| | 6. | C'est un pédagogue remarquable **doublé** d'un savant extraordinaire | He is a remarkable teacher **as well as** a great scholar |
| | | Son sens artistique **se double** d'un grand réalisme | His artistic sense is **coupled with/goes hand in hand** with great realism [c] |
| | 7. | Normalement, ce contrat devait nous revenir mais nous avons été **doublés*** par nos concurrents | We were supposed to get the contract, but our competitors **stole a march on** us |
| | 8. | (Belg) Sa fille a dû **doubler** sa classe/a **doublé** parce qu'elle était faible en math | His daughter had to **repeat a year**/(Brit) **stay down a year** /(US) **stay back a year** because she was poor at maths |
| III | 9. | (Théât) Richard Miller **doubles** the parts of king and slave/**doubles** as king and slave in this play | Dans cette pièce, Richard Miller **joue à la fois le rôle** de roi et d'esclave |
| | | This sofa **doubles** as a bed | Ce canapé **sert aussi** de lit |

a. Mais : **doubler** le pas : to quicken one's pace, to speed up
b. Défense de **doubler** : (Brit) no overtaking, (US) no passing

c. Dans un sens moins figuré : *le dispositif **se double** d'un système d'alarme* : this device works/functions in conjunction with an alarm system.

◊ – **To double** one's fists : serrer les poings
– **Doubler** un cap important : to get over an important hurdle, to turn an important corner ; **doubler** le cap des 50 ans : to pass the 50 mark, to turn 50

## DRAMATIQUE / DRAMATIC

I 1. *(Théât)* Cette école offre des cours d'art **dramatique** | This college offers courses in **dramatic** art/in the **dramatic** arts *(plus souvent :* in **drama**)

Il est très connu comme romancier mais il a également excellé dans le genre **dramatique** | He is very well known as a novelist but he also excelled in the **dramatic** genre [a]

II 2. Un accident **dramatique** a coûté la vie à cinq personnes | A **tragic** accident cost five people their lives

L'aventure se termina de façon **dramatique** | The adventure came to a **tragic** end [b]

III 3. How do you account for this **dramatic** rise in prices ? | Comment expliquez-vous cette hausse **spectaculaire/vertigineuse** des prix ?

The doctors were surprised by the **dramatic** improvement in the patient's condition | Les médecins ont été surpris par l'amélioration **spectaculaire** de l'état du patient

4. There are some **dramatic** stunts in the film | Il y a des cascades **spectaculaires** dans le film

There's nothing to match the **dramatic** scenery of the Norwegian fjords | Rien ne peut égaler le paysage **spectaculaire/grandiose** des fjords norvégiens

Daphne made her usual **dramatic** entrance | Comme à son habitude, Daphné fit une entrée **très théâtrale**

There's no need to be so **dramatic** about it. It's only a tiny cut | Il ne faut pas en faire **tout un drame/toute une histoire**. Ce n'est qu'une petite coupure

a. Mais : *auteur **dramatique*** : playwright ; *critique **dramatique*** : drama critic ; *émission **dramatique*** : (radio, TV) play/drama
b. *Ce n'est pas **dramatique** !* : it's not the end of the world !*

## DRAME / DRAMA

II    1. Dans notre édition de 20 heures, nous vous donnerons tous les détails sur ce **drame** effroyable
       We will give you all the details of this terrible **tragedy** in our programme at 8 o'clock [a]

III    2. Edward Gates is about to produce a new **drama**
       Edward Gates est sur le point de mettre en scène une nouvelle **pièce (de théâtre)** [b]

       3. Professor Thomas is a specialist in Japanese **drama** *(nd)*
       Le professeur Thomas est un spécialiste du **théâtre** japonais

       I studied **drama** *(nd)* at university
       J'ai étudié l'**art dramatique** à l'université

       4. The explorer told us about the **drama** of his journey to the North Pole
       L'explorateur nous a raconté les **péripéties** de son voyage au Pôle Nord

       After the **drama** of that match, we needed to relax a bit
       Après la **tension** de ce match, nous avions bien besoin de nous détendre un peu [c]

---

a. *La situation tourna au* **drame** : *the situation took a tragic turn/turned to tragedy ; ce n'est pas un* **drame** ! : *it's not the end of the world !\* ; n'en fais pas un* **drame** ! : *don't make such a fuss about it !*

b. *Le mot* **drame** *peut également désigner une pièce de théâtre mais d'un genre particulier : il s'agit d'une pièce de caractère grave, pathétique. Il n'y a pas d'équivalent anglais exact dans ce sens. On traduira, selon le cas, par* **play**, **drama** *ou* **tragedy**.

c. *Dans d'autres contextes,* **drama** *sera plutôt traduit par* **effervescence, fièvre, exaltation, excitation**.

## DROGUE / DRUG

I    1. L'héroïne est une **drogue** qui provoque de l'accoutumance
       Heroin is a habit-forming **drug**

       La **drogue** a fait son apparition à l'école primaire
       **Drugs** *(pl)* have now appeared in the primary schools [a]

III   2. Certain **drugs,** such as penicillin, frequently give rise to an allergic reaction      Certains **médicaments,** tels que la pénicilline, provoquent fréquemment de l'allergie [b]

---

a.   To take **drugs**/to be on **drugs** : se droguer ; a **drug** addict : un(e) drogué(e), un(e) toxicomane
b.   Le mot **drogue** s'emploie parfois dans le sens de ʿmédicamentʾ avec une connotation péjorative : ex. il devrait essayer de se passer de toutes ces **drogues.**
◊   A **drug** on the market : un article invendable

## ÉCONOMIE / ECONOMY

I   1. Par **économie,** les soirs d'hiver, elle n'allumait la lumière que si elle avait un visiteur      On winter evenings, for the sake of **economy** (nd), she only switched on the light if she had a guest

     Tu ferais une **économie** en allant à vélo plutôt qu'en voiture      Going by bicycle instead of by car would be an **economy** [a] (aussi : a **saving**)

  2. Notre **économie** nationale fut durement touchée par la crise de 1929      Our national **economy** was badly affected by the crisis of 1929

II   3. Tu as certainement quelques petites **économies** sur un compte en banque      You must have some **savings**/ some **money saved up** in a bank account

  4. Il étudie l'**économie** (= sciences économiques)      He is studying **economics**

III   5. Before the Second World War Germany and Italy had totalitarian **economies**      Avant la seconde guerre mondiale, l'Italie et l'Allemagne avaient un **système économique** totalitaire

---

a.   Mais : faire des **économies** : to save money, to economize ; faire une **économie** de temps, de tissu,... : to save time, material,... ; grâce à cela, j'ai fait l'**économie** d'une robe : that saved me (from) having to buy a dress ; le gouvernement aurait pu faire l'**économie** de nouvelles élections : the government could have saved itself another election
◊   **Economy** size : format économique ; (Aviat) **economy** class : classe touriste ; **economy** drive : campagne de restrictions budgétaires

## ÉCONOMIQUE / ECONOMIC

I    1. La situation **économique** de ce pays se dégrade d'année en année

The **economic** situation of that country is deteriorating from one year to the next [a]

II    2. On ne peut pas dire que le train soit un moyen de transport **économique**

You can't say that the train is an **economical** means of transport

Le chauffage central au mazout n'est pas très **économique**

Oil-fired central heating is not very **economical**

III    3. In view of the price of raw materials, such a venture would not be **economic**

Vu le prix des matières premières, une telle entreprise ne serait pas **rentable**

---

a.    Sciences **économiques** : economics

## ÉCONOMISER / TO ECONOMIZE

I    1. S'il y a bien deux choses sur lesquelles je ne veux pas **économiser,** c'est le chauffage et l'électricité

If there are two things I'm not willing to **economize** on, it's heating and electricity
⇨ 3

     2. Nous devrons **économiser** si nous voulons acheter cette maison

We'll have to **economize** if we want to buy that house

II    3. Il faut **économiser** les pommes de terre. Il n'y en a presque plus à la cave

We'll have to **ration** the potatoes. There are hardly any left in the cellar

Tu **économiserais** du temps [de l'argent] si tu faisais tous tes achats dans une grande surface

You would **save** time [money] if you did all your shopping in a supermarket [a]

|   |   |   |
|---|---|---|
|   | 4. Il a déjà **économisé** 100 000 F depuis qu'il travaille | He has already **saved (up)/put aside** £10,000 since he's been working [b] |

a. Notez cependant que **to economize** peut être employé de façon absolue : *you could economize by doing all your shopping in a supermarket.*
b. *Économiser ses forces* : to save one's energy, strength ; *ses paroles* : to be sparing of words ; *de la place* : to save space

## ÉDITER / TO EDIT

|   |   |   |   |
|---|---|---|---|
| II | 1. | Notre dictionnaire ne sera pas **édité** avant la fin de l'année prochaine | Our dictionary will not be **published** until the end of next year |
| III | 2. | He **edited** the manuscript, trying to make as few changes as possible | Il **prépara** le manuscrit/**mit** le manuscrit **au point (pour la publication),** tout en essayant de ne pas trop y apporter de changements [a] |
|   |   | The book [the film] was allegedly **edited** because the Prime Minister took offence at certain parts | Il semblerait qu'on ait **fait des coupures** dans le texte [le film] parce que le premier ministre avait été choqué par certaines parties |
|   | 3. | Who **edits** the Times ? | Qui **est le rédacteur en chef** du Times ? |

a. Le verbe **éditer** s'emploie parfois dans un sens proche du sens anglais. Il peut en effet signifier "préparer un texte pour la publication en l'annotant" : ex. *« Les Pensées » de Pascal éditées par Léon Brunschwicg : Pascal's " Pensées " edited by Léon Brunschwicg.*
◊ – *To edit (a film, tape)* : monter, effectuer un montage
– (Informat) *To edit* : éditer

## ÉDITEUR / EDITOR

|   |   |   |   |
|---|---|---|---|
| I | 1. | Cet homme célèbre fut l'**éditeur** d'une des pièces de Molière | That great man was the **editor** of one of Molière's plays [a] |

|     |     |     |     |
| --- | --- | --- | --- |
|     | 2.  | On m'a demandé d'être l'**éditeur** d'un numéro spécial de la revue, consacré au cinéma italien | I've been asked to act as **editor** for a special issue of the magazine on the Italian cinema [a] |
| II  | 3.  | Ce romancier est à la recherche d'un **éditeur** | This novelist is in search of a **publisher** |
| III | 4.  | He works as an **editor** in a publishing firm | Il travaille comme **réviseur/correcteur(-réviseur)** dans une maison d'édition |
|     | 5.  | I've been offered a job as sports [political, fashion] **editor** | On m'a offert un poste de **rédacteur** sportif [politique, de mode] |
|     |     | Who's the **editor** of that magazine [newspaper] ? | Qui est le **directeur** de ce magazine [le **rédacteur en chef** de ce journal] ? |

a. Le mot **éditeur** ne se traduit par **editor** que lorsqu'il signifie 'celui qui annote un texte (souvent classique) et le fait paraître' (cf. 1) ou 'celui qui est responsable d'un ouvrage collectif, d'un numéro de revue' (cf. 2).

◊ (Cin) *(Film) editor* : monteur

## ÉDITION / EDITION

|     |     |     |     |
| --- | --- | --- | --- |
| I   | 1.  | C'est la dernière **édition** de son livre | It's the latest **edition** of his book |
|     |     | Je préférerais une **édition** de poche | I'd rather have a paperback **edition** |
|     |     | Va m'acheter un journal. Prends l'**édition** du soir si possible | Go and buy me a paper. Get the evening **edition** if you can [a] |
| II  | 2.  | L'université se chargera de l'**édition** de votre manuscrit | The university will undertake the **publishing/publication** of your manuscript |
|     |     | Il travaille dans l'**édition** | He's in **publishing**/the **publishing business** [b] |

3. L'**édition** de ce texte de Chaucer ne fut pas chose aisée (= fait d'annoter et de faire paraître un texte) | The **editing** of this text by Chaucer was not an easy task

a. – *Édition spéciale :* (journal) *special **edition**,* (magazine) *special **issue***
   – *Limited **edition** : édition à tirage limité*
b. *Maison d'**édition** : publishing house, publisher*
◊ *She's a smarter **edition** of her mother : c'est tout à fait sa mère mais en plus distingué*

## ÉDUCATION / EDUCATION

voir : **ÉDUQUER / TO EDUCATE**

## ÉDUQUER / TO EDUCATE

**I** 1. Il appartient aux parents et aux enseignants d'**éduquer** les enfants dans un esprit d'ouverture sur le monde et aux autres | It is the task of parents and teachers to **educate** children to be aware of the world around them and the needs of others [a]

Dans le but d'**éduquer** la classe ouvrière, le gouvernement lança une grande campagne d'alphabétisation | The government launched a vast literacy campaign with the aim of **educating** the working classes

**II** 2. Il y a tellement de livres qui disent comment il faut **éduquer** ses enfants qu'il est facile de s'y perdre | There are so many books telling you how to **bring up** your children that it is easy to get confused [b]

3. Il faut **éduquer**° la volonté [les réflexes] dès le plus jeune âge (*plus couramment :* **former**) | The will [the reflexes] must be **trained** from an early age

**III** 4. He was **educated** *(pass)* at a famous public school | Il a **fait ses études** dans une école privée très réputée

a. L'équivalence n'existe que dans le sens plus général (= assurer une formation tant morale qu'intellectuelle). Lorsque l'accent est mis sur la formation au sein de la famille (= élever), on emploie en anglais le verbe **to bring up** (cf. 2). Notez que **to educate** s'emploie souvent dans le sens plus restreint de ˙donner une formation intellectuelle au sein d'une institution (scolaire, universitaire)˙ (cf. 4).

b. Comparez : *bien éduqué* : well-mannered, well brought up
(well-)*educated* : instruit, cultivé

☐ **Éducation** : (gén) **education**, (par les parents) **upbringing** ; avoir de l'**éducation** : to be well-mannered ; manquer d'**éducation** : to be ill-mannered
**Education** : **éducation, enseignement, instruction** ; college of **education** : école normale

## EFFECTIF *(adj)* / EFFECTIVE

I    1. Votre mutation ne sera **effective** que la semaine prochaine (= en vigueur)    Your transfer will not become **effective** until next week

II    2. Les autorités ne nous ont apporté aucune aide **effective** dans la construction de notre bibliothèque    The local authorities did not give us any **real/material** help in the building of the library

Nous voulons plus que le droit à la parole. Nous revendiquons une participation **effective** dans toutes les décisions    We want more than the right to express an opinion. We demand a **real**/an **actual**/an **active** role in all decision-making [a]

III    3. I know an **effective** remedy for headaches    Je connais un remède **efficace** contre la migraine

4. The closing sentence of his essay is particularly **effective**    Sa dissertation se termine par une formule particulièrement **heureuse**

The flower arrangement against the white wall looks very **effective**    Cette composition florale **fait grand effet/est du plus heureux effet** sur ce fond blanc

---

a. On trouve occasionnellement le mot **effective** employé dans ce sens (ex. *the **effective** strength of the army*), surtout dans un langage plus spécialisé (technique, économique,...).

## EFFECTIVEMENT / EFFECTIVELY

II    1. Tout ceci est **effectivement** arrivé pendant la guerre    All this **really/actually** happened during the war

2. Tu ne trouves pas qu'il a maigri ?
— Oui, **effectivement**    Don't you think he's lost weight ?
— Yes, **I do**

| | | Il m'avait dit qu'il me téléphonerait et **effectivement,** j'ai eu un coup de fil lundi | He said he would ring up and **indeed** I had a phone call on Monday |
|---|---|---|---|
| III | 3. | She can clean the house more **effectively** in three hours than I can in a whole day | Elle nettoie la maison plus **efficacement** en trois heures que moi en une journée |
| | 4. | The hall was very **effectively** decorated with flowers | La décoration florale de la salle des fêtes était particulièrement **réussie** |
| | 5. | In theory we have a staff of twenty but **effectively** we amount to only fifteen | En théorie, nous formons une équipe de vingt personnes, mais **en fait/en pratique,** nous ne sommes que quinze |

## (S')EFFECTUER / TO EFFECT

| | | | |
|---|---|---|---|
| I | 1. | Le gouvernement a décidé d'**effectuer** un certain nombre de réformes [de transformations] dans le système électoral | The government has voted to **effect**° a number of reforms [changes] in the electoral system (*plus couramment :* **carry out**) |
| | | Un contrat écrit doit être établi avant qu'un achat ne puisse être **effectué** | A written contract must be drawn up before a purchase can be **effected**° (*plus couramment :* **completed**) |
| | | Le paiement peut s'**effectuer** de différentes façons | Payment may be **effected**° in a number of different ways [a] (*plus couramment :* **made**) ⇨ 2,3 |
| II | 2. | J'ai **effectué** toutes les démarches nécessaires sans résultat | I've **taken** all the necessary steps but in vain |
| | | Le bus **effectue** deux trajets par jour | The bus **makes/does** two journeys a day |
| | | L'armée israélienne au Liban a **effectué** une mission dangereuse [des manœuvres] | The Israeli army in the Lebanon **carried out** a dangerous mission [manœuvres] |
| | 3. | L'expédition s'est **effectuée** sans incident | The expedition **went off** without incident |

| | |
|---|---|
| Le trajet **s'effectue** en deux heures | The journey **takes** two hours |
| L'opération **s'effectue** en deux temps | The operation is **done/executed/performed** in two steps |

---

a. L'équivalence entre les deux verbes est loin d'être totale ; en plus de la différence de registre, il existe de très nombreux cas où le verbe **effectuer** n'est pas traduit par **to effect** (cf. 2,3) et certains cas où le verbe **to effect°** n'est pas traduit par **effectuer,** entre autres : **to effect°** *a saving : faire une économie ;* **to effect°** *an improvement : apporter une amélioration ;* **to effect°** *a reconciliation between two people : réconcilier deux personnes ;* **to effect°** *an entry : entrer en force ;* **to effect°** *an escape : s'échapper, s'évader.*

◊ (Math) **Effectuer** *une opération, une addition :* to do/to make a calculation, to do a sum

## EFFET / EFFECT

**I** 1. Logiquement, les même causes devraient avoir les mêmes **effets** — Logically the same causes should produce the same **effects**

Les **effets** du médicament [de la grève, de la nouvelle loi] se font déjà sentir — The **effects** of the medicine [the strike, the new law] are already making themselves felt

La réduction des effectifs a eu un **effet** désastreux sur la production — The staff cuts have had a disastrous **effect** on production [a]

2. On peut tirer un **effet** comique de n'importe quelle situation — Any situation can be turned to comic **effect** *(nd)*

Je reproche à cet auteur de sacrifier tout à l'**effet** — My criticism of this author is that he does everything purely for **effect** *(nd)* [b]

**II** 3. Ses mauvaises manières n'ont pas fait très bon **effet** sur la famille — His bad manners didn't make a very good **impression** on the family

Quel **effet** vous a fait notre nouveau recteur ? — What was your **impression** of the new Vice-Chancellor ? [c]

4. Il a oublié ses **effets** *(pl)* civils [militaires] — He has forgotten his civilian **clothes** [his **uniform**] [d]

5. *(Sports)* Ses balles ont toujours beaucoup d'**effet** — His balls always have a lot of **spin** on them

6. *(Fin)* La lettre de change et le billet à ordre sont des **effets** de commerce

A bill of exchange and a promissory note are negotiable **instruments**

---

a. – La dilatation du métal est un **effet** de la chaleur : *the expansion of metal is the result of heat, heat has the **effect** of causing metal to expand, the **effect** of heat is to cause metal to expand*
 – C'est un **effet** du hasard : *it's the result of chance, it's due to chance*
b. – C'est du plaqué mais ça fait beaucoup d'**effet** : *it's only gold-plate but it's very effective ;*
 (Cin) **effets** spéciaux, sonores : *special **effects**, sound **effects** ;* faire des **effets** de jambe : *to show off one's legs ;* comme tout le monde connaissait la blague, il a complètement manqué son (petit) **effet** : *as everyone had heard the joke before, it fell completely flat/ it misfired completely*
c. Ça m'a fait un drôle d'**effet** : *it was strange ;* il me fait l'**effet** d'être un escroc : *he strikes me as a crook*
d. Notez cependant : *personal **effects** :* **effets** personnels, biens personnels
◊ – À cet **effet**° : *to that end°, for that purpose ;* words to that **effect** : *quelque chose de ce genre ;* a letter to the **effect** that... : *une lettre selon laquelle... ;* to no **effect** : *en vain ;* to take **effect** : (médicament) *faire (son) **effet**,* agir, (loi) *prendre **effet**,* entrer en vigueur
 – Comparez : in **effect** : *en fait, en réalité*
  en **effet** : (introduisant une explication) *for, because* (mais souvent pas traduit en anglais) ; (dans une réponse) Je t'avais tout de même prévenu ? — En **effet**, je m'en rappelle maintenant : *I did tell you, didn't I ? — Oh yes, I remember now, you did !*

## ÉGAL / EQUAL

I 1. Il coupa le gâteau en huit parts **égales**

He cut the cake into eight **equal** parts

Prenez deux pierres de poids **égal** et posez-en une à chaque extrémité

Take two stones of **equal** weight and put one at each end [a]

2. Tous les hommes sont **égaux** aux yeux de la loi

All men are **equal** in the eyes of the law [b]

II 3. Le terrain numéro 3 n'est pas très **égal**. Jouons sur le 2

Court number 3 isn't very **even/level**. Let's play on number 2

Il lut son discours d'une voix **égale**

He read his speech in an **even**/a **steady** voice

C'est un homme de caractère **égal**. Avec lui, on n'a jamais de surprises

He's an **even**-tempered/an **equable** man. He never does anything unexpected [c]

4. Depuis la mort de ma femme, tout m'est **égal**

Since my wife died, I **don't care about** anything

| | | |
|---|---|---|
| | Que tu restes ou que tu partes, ça m'est tout à fait **égal** | I **don't care** whether you stay or go |
| | Cela m'est **égal** de partir, maintenant que mes enfants sont mariés | I **don't mind** leaving now that my children are married |
| | Il est débordé pour le moment. — C'est **égal** ! Il ne faut guère de temps pour passer un petit coup de fil | He's got a lot of work at the moment. — I **don't care/even so**, it doesn't take a minute to make a phone call |
| **III** 5. | Is he **equal** to beating the world record ? | Est-il **de force/de taille** à battre le record du monde ? |
| | She did not feel **equal** to telling him the truth | Elle ne se sentait pas **le courage/la force/capable** de lui dire la vérité |
| | Is he **equal** to the task ? | Est-il **à la hauteur** (de la situation) ? |

a. – À **égale** distance entre deux points : equidistant from two points, exactly halfway between two points
 – On **equal** terms : d'**égal** à **égal**, à armes **égales** ; to be on an **equal** footing with sb : être sur un pied d'égalité (avec qqn) ; they are about **equal** : ils se valent ; all things being **equal** : toutes choses **égales** d'ailleurs
b. La justice est **égale** pour tous : the law treats everyone equally
c. Il est resté **égal** à lui-même : he hasn't changed a bit ; il s'est montré/était **égal** à lui-même : he was just as usual

## (S')ÉLARGIR / TO ENLARGE

| | | |
|---|---|---|
| **II** 1. | La circulation sera plus fluide quand on aura **élargi** la route | The traffic will flow more easily when the road has been **widened** |
| | Elle a dû **élargir** sa jupe | She had to **let out** her skirt |
| | À deux kilomètres d'ici, la route **s'élargit** | Two miles from here the road **widens/gets wider** |
| | Mon pull [mon soulier droit] **s**'est **élargi** | My pullover has **stretched/got wider**/(US) **stretched out** [my right shoe has **got wider**] |
| 2. | Par ses lectures, il a **élargi** ses connaissances [son esprit, sa façon de voir les choses] | Through his reading he **widened/ extended** his knowledge [**broadened** his mind, his view of life] |

|  |  | Nous aimerions **élargir** le débat et ne pas en rester à notre première question | We'd like to **broaden the scope of/widen the scope of** the discussion and not stop at our first question |
|---|---|---|---|
|  |  | Vers la fin de la soirée, le débat **s'**est **élargi** | Towards the end of the evening the discussion **broadened (out)/opened up** |
|  |  | Ses connaissances **se** sont **élargies** grâce à ses voyages | His knowledge **broadened/widened** as a result of his travels |
|  | 3. | Cette robe lui **élargit** les épaules [la taille] | That dress **makes** her shoulders **look broader/wider** [**makes** her waist **look fatter**] |
|  |  | Comme votre fils a changé ! Il a **élargi** * ! | Hasn't your son changed ? He's really **broadened out** ! |
|  | 4. | *(Jur)* Le juge a décidé d'**élargir**° le prisonnier (*plus couramment :* **libérer, relâcher**) | The judge decided to **release** the prisoner |
| III | 5. | The neighbours have **enlarged** their house by building on a veranda | Les voisins ont **agrandi** leur maison en y ajoutant une véranda |
|  |  | They've decided to **enlarge** the company | Ils ont décidé d'**agrandir** la société |
|  |  | I'd like to have this photograph of my daughter **enlarged** | J'aimerais faire **agrandir** cette photo de ma fille [a] |
|  | 6. | The minister mentioned tax reform but didn't **enlarge** (up)on the subject | Le ministre aborda la question de la réforme fiscale mais ne **s'étendit** pas sur le sujet/ne **développa** pas le sujet |

---

a. – ***To enlarge*** (v. intr) : *s'agrandir, s'étendre, se développer*
   – (Anat) ***Enlarged*** *pores, glands :* pores dilatés, glandes hypertrophiées

## (S')EMBARQUER / TO EMBARK

| II | 1. | Les passagers sont priés d'**embarquer** une heure avant le départ | Passengers are requested to **board the ship/the plane** one hour before departure [a] |
|---|---|---|---|

2. Le bateau [l'avion] fera escale à Ostende pour **embarquer** des passagers [des marchandises]

   The ship [the plane] will stop over at Ostend to **take** passengers [cargo] **on board** [b]

   Nous partirons dès que les hommes auront **embarqué** la marchandise dans le camion [dans le bateau]

   We'll go as soon as the men have **loaded** the goods onto the lorry [the ship]

3. Le bateau **embarquait** beaucoup d'eau

   The boat was **taking in/shipping** a lot of water [c]

4. La police a fait une descente et a **embarqué**\* trois d'entre eux

   The police made a raid and **carted** three of them **off (to the nick)**\*

5. Je le soupçonne très fort d'avoir **embarqué**\* mes disques des Beatles la dernière fois qu'il est venu

   I've got a strong suspicion that he **went off with/whipped**\*/ **swiped**\* my Beatles records last time he was here

6. Je suis sûr que c'est vous qui avez **embarqué**\* mon fils dans cette sale affaire !

   I'm sure it was you who got my son **involved/mixed up**\* in this nasty business ! [d]

**III** 7. The Americans are planning to **embark** up(on) a new space programme next year

   Les Américains vont **se lancer** dans un nouveau programme spatial l'an prochain

   At the age of forty he **embarked** up(on) a new career [life]

   À l'âge de quarante ans, il **s'est engagé** dans une nouvelle carrière [il a **commencé** une nouvelle vie] [e]

---

a. Le verbe **to embark** (v. intr) s'emploie parfois, mais uniquement dans le cas d'un bateau.
b. Le verbe **to embark** (v. tr) s'emploie parfois, mais uniquement dans le cas d'un bateau.
c. *L'eau embarque dans les cales : water is getting/coming into the holds*
d. **S'embarquer**\* *(dans une affaire louche...) : to get involved/mixed up*\* *(in a shady business) ; je ne savais pas dans quoi je* **m'embarquais**\* *: I didn't know what I was letting myself in for*
e. – **S'embarquer** est possible en français lorsque ce qui est entrepris comprend un risque ou une difficulté : ex. *il s'est embarqué*\* *dans une explication compliquée, dans un troisième mariage : he embarked up(on) a complicated explanation, a third marriage*. Il ne faut toutefois pas perdre de vue qu'il existe une différence de registre entre l'anglais et le français, **s'embarquer** étant familier dans ce sens.
   – Notez également : *affaire bien/mal embarquée : transaction that has got off to a good/bad start*

## (S')EMBRASSER / TO EMBRACE

**I** 1. Il **embrassa**° la religion islamique à l'âge de 34 ans

   He **embraced**° the Islamic religion at the age of 34
   ⇨ 4

2. Ce livre **embrasse**° tous les grands événements politiques des vingt dernières années

   This book **embraces**° all the important political events of the last twenty years [a]

   Il faut trouver une définition qui **embrasse**° tous les exemples en une seule formule

   We must find a definition which **embraces**° all the examples in a single formula

**II** 3. Tous les soirs, mon grand-père **embrassait** tous ses petits-enfants sur le front

   Every evening my grandfather would **kiss** all his grandchildren on the forehead

   Deux amoureux **s'embrassaient** au coin de la rue

   Two lovers stood **kissing (each other)** on the street corner [b]

4. Bien qu'en fait, il voulût **embrasser**° une carrière politique, il devint médecin

   Although he really wanted to **take up** a career in politics, he became a doctor

**III** 5. The two heads of state **embraced** before an enthusiastic crowd

   Les deux chefs d'État **se donnèrent l'accolade** devant la foule enthousiaste

   Overcome by emotion, Jean **embraced** her brother

   Très émue, Jeanne **serra** son frère **dans ses bras/étreignit**° son frère

   The two sisters [the lovers] **embraced**

   Les deux sœurs **se serrèrent dans les bras l'une de l'autre/s'étreignirent**° [les amants **s'enlacèrent**]

6. He eagerly **embraced**° my offer to work with me

   Il a tout de suite **saisi** mon offre de collaboration

   You must **embrace**° any opportunity that presents itself

   Il faut **saisir** toutes les occasions qui se présentent

---

a. L'équivalence entre le français et l'anglais n'est pas totale. Notez les exemples suivants :
   - Son règne **embrasse** une période de cinquante ans : *his reign covers a period of fifty years*
   - The term "deer" **embraces**° *the male and the female animal* : le terme « deer » en anglais comprend/englobe le cerf et la biche
b. (En fin de lettre) *Je t'embrasse* : *with love*
◊ **Embrasser** *du regard* : *to take in at a glance*

257

# ÉMETTRE / TO EMIT

**I** 1. Les gaz et les fumées **émis** par les cheminées de cette usine sont dangereux

The gases and smoke **emitted**° by the chimneys of that factory are dangerous
(*plus couramment :* **given off**)

Cette lampe **émet** une lumière douce

This lamp **emits**° a soft light
(*plus couramment :* **gives**)

Les particules **émises** par le noyau du corps radioactif sont invisibles à l'œil nu

The particles **emitted**° by the nucleus of the radioactive body are invisible to the naked eye

2. Cet instrument **émet** des sons très aigus

This instrument **emits**° very high-pitched sounds

Il **émit** un long gémissement de douleur

He **emitted**° a long groan of pain
(*plus couramment :* **gave, uttered**)

**II** 3. Avant de s'écraser, l'avion **émit** un message de détresse

Before it crashed the plane **sent out** a distress call

Nous **émettons** (nos programmes) sur ondes courtes

Our programmes are **broadcast/transmitted** on short wave

4. La Banque Nationale a **émis** de nouvelles actions [de nouveaux billets]

The National Bank has **issued** new shares [new banknotes]

Il a **émis** plusieurs chèques sans provision

He **drew** several bad cheques

5. Votre collègue a **émis** à ce sujet une hypothèse assez bizarre

Your colleague **put forward** a rather strange hypothesis on that subject

Quelqu'un veut-il **émettre** une objection [une opinion] ?

Does anyone wish to **raise** an objection [**express** an opinion] ?

Le président a **émis** le vœu que tous les membres soient présents à la réunion

The chairman **expressed** the wish that all the members should be present at the meeting

## ÉMIGRER / TO EMIGRATE

I    1. Beaucoup d'Européens ont **émigré** (en Australie) dans l'espoir de trouver une vie meilleure (= s'expatrier)

Many Europeans **emigrated** (to Australia) in the hope of finding a better life [a]

II    2. Les hirondelles **émigrent** en automne

Swallows **migrate** in autumn

---

a. Notez que, contrairement à **to emigrate, émigrer** peut aussi s'employer dans le sens de "quitter sa région pour aller vivre ou travailler dans une autre" : ex. *après la fermeture des charbonnages, de nombreuses familles ont **émigré** vers le nord : after the coalmines closed, many families migrated to the north.*

## ÉMISSION / EMISSION

I    1. La réaction s'accompagne d'une **émission** de chaleur [de fumée, de gaz]

The reaction is accompanied by an **emission** of heat [smoke, gas]

II    2. Nous procéderons prochainement à une nouvelle **émission** de billets de 50 F [de titres, de timbres]

There will shortly be a new **issue** of £5 notes [of shares, stamps]

      3. Quelle est ton **émission** préférée ?

What's your favourite **programme**/ *(US)* **program** ?

Je l'ai vu récemment dans une **émission** télévisée

I saw him recently in a television **programme**/ *(US)* **program**/ **broadcast** [a]

---

a. – **Broadcast** s'emploie surtout dans le cas de la transmission d'un événement tel qu'un match de football, un discours, un mariage, etc.
– *Émission en direct : live broadcast ; émission en différé : recording ; le programme des **émissions** de la semaine, de la soirée : the week's, tonight's programmes*

## ÉNERGÉTIQUE / ENERGETIC

voir : **ÉNERGIQUE / ENERGETIC**

## ÉNERGIQUE / ENERGIC [a]

II  1. Nicolas me donna une poignée de main **énergique**

Nicholas gave me a **vigorous/firm** handshake

L'homme se dirigeait d'un pas **énergique** vers la gare

The man walked towards the station at a **smart/brisk** pace

« Suivez-moi » dit-il, d'un ton **énergique**

"Follow me", he said in a **brisk voice/briskly**

2. Le docteur prescrivit un traitement plus **énergique**

The doctor prescribed a more **drastic** course of treatment

Le gouvernement a pris des mesures **énergiques** contre le terrorisme

The government took **strong/drastic/stringent** measures against terrorism

Nous avons été confrontés à un refus **énergique** de sa part

We met with a **firm** refusal from him

L'intervention de la police n'a pas été assez **énergique**

The action taken by the police was not **forceful/vigorous** enough [b]

3. Pour redresser cette entreprise, il me faut absolument des collaborateurs **énergiques**

I must have **dynamic** associates/associates **with plenty of drive** if I'm going to get this firm on its feet again

III  4. She's got four **energetic** children and by the end of the day she's on her knees

Elle a quatre enfants **débordants d'énergie/pleins de vitalité** et à la fin de la journée, elle est sur les genoux

I don't think I'll play tennis today. I'm not feeling very **energetic**

Je ne pense pas que je jouerai au tennis aujourd'hui. Je ne me sens pas très **en forme/d'attaque**

Squash is a very **energetic** game

Le squash est un sport **où on se dépense beaucoup**

---

a. Nous ne traiterons pas ici de l'adjectif **énergétique**, qui est traduit en anglais par **energy** : ex : *ressources énergétiques : energy resources.*

b. L'adjectif **energetic** peut avoir ce sens (= vigoureux, draconien...) mais cet emploi est relativement rare.

## ÉNERVANT / ENERVATING

II 1. Il n'y a rien de plus **énervant** que de devoir attendre

There's nothing more **annoying/ irritating** than having to wait

Il est **énervant** avec ses histoires belges !

He **gets on my nerves** with his Irish jokes !

III 2. I find this climate very **enervating**

Je trouve ce climat très **débilitant**

## (S')ENGAGER / TO ENGAGE

I 1. La firme a décidé d'**engager** deux nouveaux chauffeurs

The firm has decided to **engage**° two new drivers ᵃ

II 2. Le chauffeur avait **engagé** le camion [s'était **engagé**] dans un chemin étroit

The driver had **driven/turned** his lorry [had **driven/turned**] into a narrow street

Il était tellement ivre qu'il ne pouvait plus **engager** sa clef dans la serrure

He was so drunk that he was unable to **fit/insert** the key into the lock ᵇ

3. Venez voir notre magasin. Cela ne vous **engage** à rien

Come and visit our shop. It won't **commit** you to anything/it will **put** you **under no obligation to buy**

Cette signature vous **engage** à payer la totalité de la somme avant un an [Cette signature vous **engage**]

This signature **commits** you to paying the whole sum within a year [This signature is **binding**]

Sais-tu à quoi tu **t'engages** ?

Do you know what you're **letting yourself in** for ?

Ce pays s'est **engagé** à lutter au côté des alliés

The country **promised/undertook/pledged** to fight on the side of the allies

4. Je vous **engage** à être très prudent/ à la plus grande prudence sur les routes ce soir

I **urge/strongly advise** you to be very careful on the roads tonight

On l'a **engagé** à continuer ses recherches

They **urged/pressed** him to continue his research

| | | |
|---|---|---|
| | 5. La municipalité avait **engagé** d'énormes capitaux pour construire ce complexe sportif | The town council had **laid out** an enormous amount of capital to build the sports centre |
| | Il fallut **engager** toute la force policière dans la manifestation | We had to **put** the whole police force onto the demonstration |
| | Le gouvernement décida de ne pas **engager** le pays dans ce conflit | The government decided not to **involve** the country in this conflict |
| | Il a **engagé** tous ses chevaux dans la course | He **entered** all his horses in the race |
| | 6. Les États-Unis veulent **engager** des négociations [une discussion] avec l'URSS | The United States wants to **enter upon/into** negotiations with the USSR [**open/start (up)** a discussion with the USSR] c |
| | Le pays **s'engage** de nouveau dans une politique dangereuse | The country is **embarking** (up)on a dangerous policy again |
| | La partie **s'engage** bien/est bien **engagée** | The match has **got off to a** good **start** |
| | Les pourparlers **s'engagent** lentement | The negotiations are **beginning** slowly/**getting** slowly **under way** |
| | 7. C'est un lâche. Il refuse de **s'engager** (politiquement) | He's a coward. He refuses to **commit himself** politically/to **take up a** political **stance** |
| III | 8. It turned out that he'd been **engaged**° in espionage for several years | Il s'avéra qu'il **faisait** de l'espionnage depuis plusieurs années |
| | I have never had any desire to **engage**° in politics | Je n'ai jamais eu envie de **faire** de la politique |
| | 9. The managing director is **engaged** at the moment, I'm afraid | Le directeur est **occupé** pour le moment |
| | (Brit) The line [the toilet] is **engaged** | La ligne est **occupée** [les toilettes sont **occupées**] |
| | 10. He's **engaged** [he got **engaged**] to my sister | Il est **fiancé** [s'est **fiancé**] avec ma sœur |
| | 11. The detective's attention was **engaged**° by a small mark on the ceiling | Une petite tache au plafond **retint/éveilla** l'attention du détective |

a. – Plus couramment : (ouvrier) *to take on*, (directeur, secrétaire...) *to appoint;* (US) *to hire*
 – *S'engager comme chauffeur : to take a job as a driver*
 – (Mil) *(S')engager : to enlist, to join up*
b. Notez que **to engage** s'emploie dans certains contextes plus techniques : *the cog wheels* **engage** *: les roues s'engrènent; the mechanism* **engages** *: le mécanisme s'enclenche;* (Auto) *to* **engage** *first*

gear : *se mettre en première vitesse ;* to **engage** *second gear : passer en seconde ;* to **engage** *the clutch : embrayer*

c. – Mais : **engager** *le combat contre l'ennemi :* **to engage** *the enemy (in battle)*
– (Foot) **Engager** *la partie :* to kick off
– Comparez : **engager** *la conversation (avec qqn) :* to start up a conversation (with sb)
  **to engage** *sb in conversation : avoir une conversation avec qqn, parler avec qqn*

## ENGIN / ENGINE

II  1. À quoi sert cet **engin** ?   What's this **device/instrument/machine** for ? [a]

   Il m'a ramené un drôle d'**engin** pour planter les pommes de terre   He's brought me a strange **contraption** for planting potatoes with

III 2. The **engine** of the car [the ship's **engines**] stopped suddenly   Le **moteur** de la voiture s'est arrêté [les **machines** du navire se sont arrêtées] brusquement [b]

   3. The train was pulled by a steam **engine**   Le train était tiré par une **locomotive** à vapeur [c]

---

a. **Engins** *de pêche :* fishing tackle/equipment ; **engins** *de levage :* lifting tackle/gear ; (Mil) **engin** *blindé :* armoured vehicle ; **engin** *spatial :* spacecraft
b. (Aviat) *Jet* **engine** *: moteur à réaction, réacteur*
c. *To sit facing the* **engine** *: être assis dans le sens de la marche ;* fire **engine** *: voiture de pompiers*

## (S')ENNUYER / TO ANNOY

I  1. Tu commences vraiment à m'**ennuyer** avec tes questions (*souvent :* **agacer, énerver, embêter** *）   You're really beginning to **annoy** me with your questions

II 2. Je ne vais pas vous **ennuyer** avec tous ces détails   I won't **bother/trouble** you with all the details

   Est-ce que cela vous **ennuie** si j'ouvre la fenêtre ?   Do you **mind** if I open the window ?/Would it **bother** you if I opened the window ? [a]

3. Il est déjà minuit. Je suis **ennuyé** qu'il ne soit pas encore rentré
(= préoccuper)

It's already midnight. I'm **worried** that he hasn't come home yet

Il y a un petit détail qui m'**ennuie**

There's one little detail that **worries** me/**bothers** me

4. Pierre est très **ennuyé** parce qu'il est parti sans te dire au revoir
(= embarrasser)

Peter's very **embarrassed** because he left without saying goodbye to you

Je suis **ennuyée**. J'ai oublié le numéro de mon cadenas

I'm **in trouble/in a bit of a predicament**. I've forgotten the number of my padlock

Cela m'**ennuierait** de devoir partir sans vous

I **wouldn't like** to have to go without you

5. Cette conférence **ennuyait** tout le monde. Personne n'écoutait

The lecture **bored** everybody/ Everybody was **bored** by the lecture. Nobody was listening

Si je devais rester à la maison tout le temps, je m'**ennuierais**

If I had to stay at home all the time I would **be/get bored**

6. *(litt)* Je m'**ennuie** de toi. Reviens vite

I **miss** you. Come back soon

III 7. He was **annoyed** *(pass)* with his son because he had disobeyed him again

Il était **fâché** contre son fils, qui lui avait une fois de plus désobéi

---

a. Je ne vais pas vous **ennuyer** plus longtemps ; je sais que vous êtes très occupé : I won't keep you any longer ; I know you're very busy ; si cela ne vous **ennuie** pas trop : if you don't mind, if it's not putting you to too much trouble/inconvenience ; ça m'**ennuie**, ce que tu me demandes de faire : what you're asking me to do is rather awkward/a nuisance

## ENTRÉE / ENTRÉE

voir : **ENTRÉE / ENTRY**

## ENTRÉE / ENTRY [a]

**I** 1. Le Pape fit une **entrée** triomphale dans la ville

The Pope made a triumphal **entry** into the city

Depuis 1945, nous célébrons chaque année l'**entrée** des troupes alliées dans la ville

Every year since 1945 we have celebrated the **entry** of the allied troops into the town [b]

**II** 2. Déposez votre valise dans l'**entrée** et suivez-moi, je vous prie !

Please leave your case in the (**entrance**) **hall** and follow me (*US:* **entry, entrance(way)**)

3. L'**entrée** principale de la gare est juste devant vous

The main **entrance** to the station is just in front of you (*US:* **entry**)

4. Il arriva en retard et on lui refusa l'**entrée** du chapiteau (= accès)

He was late and was refused **entrance/admission/admittance** to the big top (*moins souvent:* **entry**)

**Entrée** interdite aux moins de 18 ans

No **admission/admittance** under the age of 18 [c]

5. Je suis parvenu à avoir deux **entrées** pour la représentation de ce soir

I have managed to get two **tickets** for tonight's performance [d]

Les **entrées** nous rapporteront suffisamment pour couvrir tous les frais

The **ticket money**/(*Sports*) the **gate money** will be enough to cover expenses

6. Depuis son **entrée** au parti [au club, à l'université, en sixième] Philippe n'a plus beaucoup de temps libre

Philip hasn't had much free time since he **joined** the party [since he **joined** the club, since he **went** to university, into the 6th form] [e]

7. Comme **entrée**, nous avons pris un cocktail de crevettes

The **starter/first course** was prawn cocktail

8. À l'**entrée**° de la belle saison, les oiseaux migrateurs nous reviennent

At the **beginning**/at the **start** of the warm season the migratory birds come back

**III** 9. At the Olympic Games there was a large **entry** [there were forty **entries**] for the high jump

Aux Jeux Olympiques, il y avait une longue **liste de concurrents**/une forte **participation** [quarante **inscrits**] pour le saut en hauteur [f]

265

10. Most of the **entries** in the diary were illegible — La plupart des **inscriptions** dans l'agenda étaient illisibles [g]

---

a. Le mot **entrée** est employé en anglais dans les deux sens suivants :
   1) plat servi entre les plats principaux d'un banquet ou, plus couramment, plat principal d'un repas ;
   2) fait d'être admis dans un certain milieu : ex. *her beauty gave her an **entrée** into high society* : sa beauté lui a ouvert les portes de la haute société.

b. – **Entry** désigne une entrée de caractère solennel et s'emploie également dans un sens figuré (ex. *his entry into legend ; Great Britain's entry into world politics*). Dans les autres cas, on emploiera plutôt le verbe **to enter** : ex. *à son **entrée**, tout le monde se leva : when he entered everybody stood up.*
   – (Théât) **Entrée (en scène)** : *entrance*

c. – **Entrée** *gratuite : admission free ;* **entrée** *libre :* (musée...) *admission free,* (magasin) *come in and look around (with no obligation to buy)*
   – Notez cependant : *no **entry** :* **entrée** *interdite,* (Signalisation routière) *sens interdit*

d. (fig) *Avoir ses **entrées** chez qqn, quelque part : to have access to sb, to come and go freely somewhere*

e. – Notez cependant : *to gain **entry** to (a club...) : être admis dans (un club...)*
   – *Examen d'**entrée** : entrance examination*

f. **Entry** peut aussi désigner l'objet (ou l'animal) présenté à un concours : ex. *the children's **entries** for the painting competition.*

g. Comparez : *(dictionary)* **entry** : *article (dans un dictionnaire)* et **entrée** *(d'un dictionnaire) : headword/*(US) **entry** *word*

## ENTREPRISE / ENTERPRISE

**I**  1. *(Écon)* L'économie de ce pays est basée sur le système de la libre **entreprise** — The economy of this country is based on free/private **enterprise** *(nd)*

2. Mon oncle Marcel a essayé de traverser la Manche à la nage mais il a échoué dans son **entreprise** — My Uncle Marcel attempted to swim the Channel but failed in the **enterprise** [a]
(*aussi :* **venture**)
⇨ 3

**II**  3. Écrire un dictionnaire est une **entreprise** de longue haleine — Writing a dictionary is a long-term **undertaking/project** (*moins souvent :* **enterprise**)

4. Je dirige une petite **entreprise** avec mon frère — I run a small **firm/business** with my brother (*moins souvent :* **enterprise**)

J'ai contacté plusieurs **entreprises** de déménagement [de transport] et j'attends leurs devis — I've contacted several removal [haulage] **firms** and I'm waiting for their estimates [b]

| | | | |
|---|---|---|---|
| III | 5. | He lacks **enterprise** *(nd)*. He won't go far in business | Il manque d'**esprit d'initiative**/Il n'est pas suffisamment **entreprenant**. Il n'ira pas loin en affaires |

a. Le mot anglais **enterprise** s'emploie surtout pour des entreprises hasardeuses. Il est plus rare dans le sens plus général de ʿce qu'on entreprendʾ (cf. 3).
b. **Entreprise** *privée, publique* : *private, state-run firm/business* ; *petites et moyennes* **entreprises** *(PME)* ≃ *small businesses* ; **entreprise** *nationalisée* : *nationalized company*

## ENVIE / ENVY

| | | | |
|---|---|---|---|
| I | 1. | Son succès suscitait l'**envie** de ses amis | His success aroused the **envy** of his friends [a] |
| II | 2. | Il est certain que cette **envie** de changement n'est que passagère | This **desire/longing** for change is undoubtedly only temporary [b] |
| | 3. | Il ne faut pas arracher les **envies**. Il vaut mieux les couper | You shouldn't tear off **hangnails**. It's better to cut them |

a. *To be green with* **envy** : *être vert de jalousie*
b. – *J'ai* **envie** *de ce tableau* : *I want/would like that picture* ; *j'ai* **envie** *de rester à la maison* : *I want/would like to stay at home, I feel like staying at home* ; *j'ai* **envie** *de boire un verre* : *I'd like/I feel like a drink* ; *avoir* **envie** *de vomir* : *to feel sick* ; *mourir d'***envie** *de faire qqch\** : *to be dying to do sth\**
 – Comparez : — *son jardin fait* **envie** *à tous ses amis* (= *rend jaloux*) : *his garden is the* **envy** *of all his friends, all his friends envy him his garden*
 — *ce tableau me fait* **envie** : *I'd like that picture*
◊ **Envie** *(de femme enceinte)* : *craving* ; **envie** (= *tache de vin, angiome*) : *birthmark*

## ERRER / TO ERR

| | | | |
|---|---|---|---|
| II | 1. | La veuve éplorée **errait** dans le village, l'air hagard | The weeping widow **wandered** around the village looking distraught |
| | 2. | Son regard **errait** sur le paysage | His eyes **roved/wandered** over the scenery |

| | | Il laissa **errer** son imagination [ses pensées] | He let his imagination [his thoughts] **wander/stray** |
| | | Un sourire **errait** sur ses lèvres | A smile **hovered** on/**played** about his lips |
| **III** | 3. | You **erred**° in supposing everyone would be on your side | Tu **t'es trompé** en supposant que tout le monde serait de ton côté ᵃ |
| | | He **erred**° in his judgement | Il a **fait une erreur** de jugement |

a. – **Errer** est vieux ou littéraire dans ce sens.
 – **To err**° is human : l'erreur est humaine
 – **To err** on the side of caution : pécher par excès de prudence, préférer être trop prudent que pas assez

## ESPRIT / SPIRIT

| | | | |
|---|---|---|---|
| **I** | 1. | Dès ses origines, l'homme a fait une distinction entre l'**esprit** et le corps | From earliest times mankind has made a distinction between the **spirit** and the body ᵃ |
| | | *(Rel)* L'**esprit** de Dieu planait sur les eaux | The **spirit** of God moved over the waters ᵇ |
| | 2. | Il affirmait qu'il était medium, qu'il avait le pouvoir d'entrer en contact avec les **esprits** | He claimed to be a medium with the power of calling up **spirits** ᶜ |
| | 3. | Par **esprit** de vengeance, son ex-femme se mit à répandre des fausses rumeurs à son sujet | In a **spirit** of revenge his ex-wife started spreading false rumours about him |
| | | Votre fils manque totalement d'**esprit** d'équipe | Your son is completely lacking in team **spirit** ᵈ |
| | | Ce livre ne correspondait pas à l'**esprit** de l'époque | This book was out of step with the **spirit** of the times ᵉ |
| | 4. | Ceci est tout à fait contraire à l'**esprit** de la loi | This goes entirely against the **spirit** of the law |
| **II** | 5. | Les bandes dessinées, c'est très bien mais on ne peut pas vraiment dire que cela enrichisse l'**esprit** | Comics are all very well but you can hardly claim that they improve the **mind** |
| | | C'est difficile de lui parler. Il a toujours l'**esprit** ailleurs | It's difficult to talk to him. His **mind** is always on other things ᶠ |

|     |     | Pour faire ce genre d'études, il faut avoir l'**esprit** logique | You need a logical **mind** to study this kind of subject |
|---|---|---|---|
|     | 6.  | Il fut un des plus grands **esprits** de son temps | He was one of the greatest **minds** of his time [g] |
|     | 7.  | C'est un homme qui a beaucoup d'**esprit**. Il a réponse à tout | He's a man of great **wit** (nd). He's never at a loss for an answer [h] |
| III | 8.  | They sang with **spirit** (nd) as they marched along | Ils marchaient en chantant avec **entrain** |
|     | 9.  | The prospect of a good meal raised their **spirits** (pl) | La perspective d'un bon repas leur redonna du **courage**/leur remonta le **moral** [i] |
|     | 10. | The doctor advised him not to drink any more **spirits** (pl) | Le docteur lui a conseillé de ne plus boire d'**alcool** |
|     | 11. | The anatomical specimens were preserved in **spirit** (nd) | Les pièces anatomiques étaient conservées dans de l'**alcool** [j] |

a. – **Spirit** ne s'emploie que dans le sens général de ʿprincipe de la vie psychique, tant affective qu'intellectuelleʾ et non dans le sens plus restreint de ʿcapacité ou activité intellectuelleʾ (cf. 5).
   – Notez également : *I'll be with you in spirit* : je serai de cœur avec vous, je serai avec vous en **esprit** ; *the spirit is willing but the flesh is weak* : l'**esprit** est fort mais la chair est faible
b. *Le Saint-Esprit/l'Esprit saint* : The Holy **Spirit/Ghost** ; (humor) *Je ne suis pas un pur esprit !* : I'm only human !
c. **Esprit**, *es-tu là ?* : is there anybody there ?
d. Mais : *esprit de corps* : **esprit** de corps
e. Mais : *to take sth in the right spirit* : prendre qqch en bonne part ; *that's the spirit !* : voilà comment il faut réagir !
f. Mais : *rassembler ses esprits* : to gather one's wits ; *reprendre ses esprits* : to regain consciousness
g. *Calmer les esprits* : to calm people down
h. *Remarque pleine d'esprit* : witty remark ; *faire de l'esprit* : to joke
i. *To be in low spirits* : être déprimé/triste, ne pas avoir le moral ; *to be in good spirits* : être gai/de bonne humeur, avoir le moral ; *to be in high spirits* : être en verve/en train
j. Mais : *spirit(s) of salt* : esprit-de-sel
◊ (Techn) **Spirit** *level* : niveau à bulle (d'air)

## ESSAI / ESSAY

| I | 1. | As-tu lu l'« **Essai** sur la Peinture » de Diderot ? | Have you read Diderot's " **Essay** on Painting " ? |
|---|---|---|---|

269

| | | | |
|---|---|---|---|
| II | 2. | Ses **essais** de plantation de café ont complètement raté | His **attempts** at growing coffee failed completely [a] |
| | | À son troisième **essai**, l'athlète a passé la barre | At his third **try/attempt** the athlete cleared the bar |
| | | Les **essais** sur route ont fait apparaître des problèmes au niveau de la suspension | Road **tests** showed up defects in the suspension [b] |
| | | Les **essais** *(pl)* pour le Grand Prix du Brésil commencent demain | The **trials** *(pl)* for the Brazilian Grand Prix begin tomorrow |
| | 3. | *(Rugby)* Le capitaine de l'équipe marqua un **essai** | The team captain scored a **try** |
| III | 4. | I've got a French **essay** to write for tomorrow and I haven't even started yet | J'ai une **composition/rédaction/dissertation** française à faire pour demain et je n'ai pas encore commencé |

a. **Essay** est possible dans un style soutenu.
b. **Essai** *nucléaire : nuclear test;* pilote d'**essai** *: test pilot;* (Cin) bout d'**essai** *: screen test;* prendre qqn/qqch à l'**essai** *: to take sb/sth on trial*
◊ (Prononciation) **Essay** : (sens 1,4) 'eseɪ, (sens 2) e'seɪ ou 'eseɪ

## (S')ESTIMER / TO ESTIMATE

| | | | |
|---|---|---|---|
| I | 1. | Il est difficile d'**estimer** le temps que prendront les travaux (*aussi :* **évaluer**) | It is difficult to **estimate** how long the work will take |
| | | Ils **estimaient** la longueur de la piste à huit cents mètres (*aussi :* **évaluaient**) | They **estimated** the length of the track at half a mile [a] |
| II | 2. | Elle a fait **estimer** ses bijoux [sa maison] (= expertiser) | She had her jewels [her house] **valued** |
| | 3. | Rares sont ceux qui **estiment** son travail à sa juste valeur | Few people are able to **appreciate** his work at its true value |
| | 4. | Je l'**estime** beaucoup mais je ne crois pas que je voterai pour lui | I **respect** him very much/I **have a great regard** for him but I don't think I'll vote for him |

5. J'**estime** que vous avez assez travaillé pour aujourd'hui

   Je m'**estime** heureux d'avoir échappé au chômage

   I **think/consider** that you've worked enough for today

   I **consider myself** lucky to have escaped unemployment [b]

---

a. To **estimate** for (a repair, a job...) : faire un devis pour (une réparation, un travail...)
b. Je m'**estime** satisfait de mes résultats : I am satisfied with my results

## ÉTAT / STATE

I    1. La Belgique est un des plus petits **États** d'Europe

       Belgium is one of the smallest **states** in Europe [a]

     2. Je crois qu'en Amérique, la loi varie d'un **État** à l'autre

       I think that in America the law varies from **state** to **state**

     3. À sa mort, ses terres sont redevenues propriété de l'**État**

       On his death his land reverted to the **state**

     4. Quel est l'**état** actuel des connaissances dans ce domaine ?

       What is the present **state** of knowledge in this field ?

       Dans quel **état** est le jardin ?

       What **state** is the garden in ? [b]

       Ma mère était dans tous ses **états**. Elle se demandait où j'étais passée

       My mother was in a (terrible) **state**. She was wondering where I'd got to

II    5. Il faut établir un **état** des dépenses

       We must draw up a **statement** of expenses

     6. Il est boulanger de son **état**

       He is a baker by **trade**

III    7. The Queen travelled in **state** (nd)

       La Reine voyageait en **grande pompe** [c]

---

a. Chef d'**État** : head of **state** ; affaires de l'**État** : affairs of **state** ; homme d'**État** : statesman ; raison d'**État** : reasons of **state** ; coup d'**État** : coup (d'**état**)
b. – **État** (de santé) : condition, **state** of health ; **état** des lieux : inventory of fixtures ; **état** des routes : road conditions ; en bon [mauvais] **état** : in good [bad] condition, (maison, route) in a good [bad]

**state** of repair; en **état** de marche : in working order; être en **état** de faire qqch : to be in a (fit) **state** to do sth; déclarer l'**état** d'urgence : to declare a **state** of emergency
- **State** of affairs : situation, circonstances

c. **State** visit : visite officielle ; to lie in **state** : (pour une dépouille mortelle) être exposé solennellement

◊ **État** civil : civil status ; registre de l'**état** civil : register of births, marriages and deaths

## (S')ÉTENDRE / TO EXTEND

**I** 1. Il voulait **étendre** ses terres [ses affaires, son cercle d'amis]

He wanted to **extend** his property [his business affairs, his circle of friends]

2. La forêt **s'étend** tout le long de la rivière jusqu'au village suivant ( = aller jusqu'à)

The forest **extends** all the way along the river as far as the next village
(aussi : **stretches**)

Les travaux **se** sont **étendus** sur une période de deux mois ( = s'étaler)

The roadworks **extended** over a period of two months

**II** 3. Déplace un peu tes pieds. Je voudrais **étendre** mes jambes

Move your feet a bit. I'd like to **stretch** my legs **out** [a]

4. Il **étendit** la carte routière sur la table

He **spread out/opened out** the road map on the table

Où sont les pinces à linge ? Je vais **étendre** la lessive

Where are the pegs ? I want to **hang up/hang out** the washing [b]

5. Elle est tombée évanouie et nous l'avons **étendue** sur le lit

She fainted and we **laid** her on the bed

Nous étions **étendus** à même le sol et nous n'osions pas bouger

We were **lying** on the ground and didn't dare move

Tu es tout pâle. **Étends-toi** sur le divan

You look pale. **Lie down** on the sofa for a few minutes

6. Mon grand-père **étendait** toujours une épaisse couche de beurre sur son pain

My grandfather always used to **spread** a thick layer of butter on his bread

Il faut bien **étendre** la pâte avant de la mettre dans le moule

The pastry must be well **rolled out** before it is put into the baking tin

7. L'épidémie **s'étend** très rapidement ( = se propager)

The epidemic is **spreading** rapidly

| | |
|---|---|
| Grâce à ce cycle de conférences, mes connaissances **se** sont considérablement **étendues** (= s'accroître) | My knowledge has **widened/increased** considerably as a result of this series of lectures |
| Au fur et à mesure que l'empire **s'étendait,** le pouvoir des gouverneurs locaux croissait (= s'agrandir) | As the empire **expanded,** the power of the provincial governors grew |
| 8. Je ne crois pas qu'il soit nécessaire de **s'étendre** sur cette question | I don't think we need to **elaborate on/enlarge** upon this subject |

III 9. The good weather **extended** into October — Le beau temps **s'est prolongé**/a **continué** jusqu'en octobre

10. They decided to **extend** their stay by a week — Ils ont décidé de **prolonger** leur séjour d'une semaine

    My parents are going to **extend** their house — Mes parents vont **agrandir** leur maison

11. The local inhabitants **extended**° a warm welcome to the Pope — La population locale a **réservé** un bon accueil au Pape

    Normally we do not **extend**° credit to minors — En principe, nous ne **consentons** pas de prêt aux mineurs ᶜ

12. I never had the impression I was fully **extended** (souvent pass) at school — Je n'ai jamais eu l'impression qu'on me **poussait à la limite de mes capacités**/qu'on me **faisait donner mon maximum** à l'école

---

a. **To extend** est possible dans un langage technique ou soutenu.
b. **To hang out** signifie ˊpendre à l'extérieurˋ.
c. **To extend**° hospitality, friendship to sb : offrir l'hospitalité, son amitié à qqn

## ÉTRANGER / STRANGER

I 1. En présence d'**étrangers,** il est toujours très poli envers sa mère — He is always very polite to his mother in the presence of **strangers**

   Après tant d'années passées en Amérique, je me sens comme un **étranger** dans ma ville natale — After so many years in America I feel like a **stranger** in my home town ᵃ

273

| | | | |
|---|---|---|---|
| II | 2. | Londres est rempli d'**étrangers** à cette époque de l'année | London is full of **foreigners** at this time of year [b] |
| | | L'inscription des **étrangers** se fait au guichet n° 3 | Registration of **aliens** is dealt with at counter n° 3 [c] |
| | 3. | Les nouvelles de l'**étranger** ne sont guère réjouissantes | The news from **abroad** is not very encouraging [d] |

---

a. Mais : *this person is a complete **stranger** to me : cette personne m'est tout à fait inconnue/étrangère (adj.) ; I can't tell you the way ; I'm a **stranger** here myself : je ne peux pas vous indiquer le chemin ; je ne suis pas d'ici non plus ;* (fig) *he's no **stranger** to misfortune : il sait ce que c'est que le malheur, il a l'habitude du malheur*
b. *Une **étrangère** : a foreign woman/lady ; c'est une **étrangère** : she's a foreigner*
c. Le nom **alien** fait partie du vocabulaire administratif. Il désigne toute personne qui réside dans un pays sans en avoir la nationalité.
d. *À l'**étranger** : abroad ; relations avec l'**étranger** : foreign relations ; correspondant à l'**étranger** : foreign correspondent*

## (S')ÉTRANGLER / TO STRANGLE

| | | | |
|---|---|---|---|
| I | 1. | Le criminel avait **étranglé** sa victime avec une corde | The criminal had **strangled** his victim with a rope [a] |
| II | 2. | Cette hausse des taux d'intérêt risque d'**étrangler** les petits commerçants | This rise in interest rates could **cripple** small businesses [b] |
| | 3. | Le bébé **s'étrangla** en buvant | The baby **choked** on its drink |
| | | À ces mots, il **s'étrangla** de colère [de rire] | On hearing these words, he **choked** with anger [laughter] |
| | | La voix **étranglée** par l'émotion, il nous raconta ce qui s'était passé | He told us what had happened in a voice **choked** with emotion |

---

a. Mais : ***étrangler** un poulet [une oie...] : to wring a chicken's [a goose's...] neck*
b. On rencontre occasionnellement le verbe **to strangle** dans ce sens.
◊ (Méd) *Hernie **étranglée** : strangulated hernia*

## (S')ÉVADER / TO EVADE

II    1. Trois prisonniers **se** sont **évadés** de la prison de Lantin

         Three prisoners have **escaped** from Dartmoor

         C'est le gardien qui a fait **évader** l'ennemi public numéro un

         It was the warder who helped public enemy number one to **escape**

         Elle avait toujours rêvé de **s'évader** du milieu où elle vivait

         She had always dreamt of **escaping** from the environment she lived in

III    2. The prisoners **evaded** their pursuers [capture, punishment, the vigilance of their guards]

         Les prisonniers ont **échappé** à leurs poursuivants [ont **échappé** à la capture, au châtiment, ont **trompé** la vigilance de leurs gardiens]

       3. Anyone trying to **evade** (paying) income tax [to **evade** military service] will be prosecuted

         Quiconque essaie de **frauder** le fisc [de **se dérober** à ses obligations militaires] sera poursuivi en justice

         The manager **evaded** all my questions about the future of the company

         Le directeur **éluda** toutes mes questions sur l'avenir de la société [a]

         He **evaded** his opponent's blow [gaze]

         Il **évita/esquiva** le coup [**évita** le regard] de son adversaire

---

a. He always **evades** the issue : il **élude** toujours la question

## ÉVALUER / TO EVALUATE

I    1. On n'a pas encore **évalué** les conséquences du coup d'État

         The consequences of the coup have not yet been **evaluated**

         Il n'est pas facile d'**évaluer** les capacités de cet étudiant

         It is difficult to **evaluate** this student's abilities [a]

II    2. Un expert a **évalué** ma maison à deux millions de francs

         An expert **valued/assessed** my house at £ 200,000

         On n'a pas encore **évalué** le montant

         The amount has not yet been **assessed**

| | |
|---|---|
| Nous avions **évalué** la durée du trajet à une heure | We had **estimated** the length of the journey at one hour |
| On a **évalué** à vingt mille le nombre de personnes qui ont pris part à la manifestation | The number of people taking part in the demonstration was **estimated** at twenty thousand |

a. Mais : *it is difficult to* **evaluate** *him as a writer* : *il m'est difficile de le juger en tant qu'écrivain/de porter un jugement sur lui en tant qu'écrivain*

◊ *Mal* **évaluer** : *to misjudge*

## ÉVASION / EVASION

| | | | |
|---|---|---|---|
| II | 1. | Dernièrement, il y a eu plusieurs **évasions** de la prison de Louvain | There have been several **escapes** from Louvain Prison recently [a] |
| | 2. | Pour moi, le livre est avant tout un moyen d'**évasion** | For me books are primarily a means of **escape (from reality)**/a form of **escapism** [b] |
| | 3. | *(Fin)* Le gouvernement a pris des mesures pour prévenir l'**évasion** des capitaux (*aussi :* **la fuite**) | The government has taken measures to forestall the **flight** of capital |
| III | 4. | One of the reasons for his dismissal was his constant **evasion** *(nd)* of all responsibility | Une des raisons de son licenciement a été sa **fuite** constante devant les responsabilités |
| | | His **evasion** *(nd)* of the question surprised me | J'ai été surpris qu'il **évite** la question |
| | | The former Prime Minister has been charged with tax **evasion** *(nd)* | L'ancien premier ministre est accusé de **fraude** fiscale [c] |
| | 5. | I'm beginning to get tired of her lies and **evasions** | Je commence à en avoir assez de ses mensonges et de ses **faux-fuyants** |

a. *Tentative d'***évasion** : *escape bid/attempt, attempt/bid to escape ;* **évasion** *réussie [manquée]* : *successful [unsuccessful] escape bid*

b. *Besoin d'***évasion** : *need to escape from reality/to get away from it all ; littérature d'***évasion** : *escapist literature*

c. **Évasion fiscale** existe en français mais contrairement à **fraude fiscale**, cette expression implique l'emploi de moyens légaux pour tenter de diminuer la charge fiscale et correspond plus exactement à **tax avoidance**.

## ÉVENTUEL / EVENTUAL

II  1. Les équipes de secours sont à la recherche d'**éventuels** survivants

The rescue teams are looking for **any possible** survivors/**any** survivors **there may be**

Ils ont décidé de se partager les bénéfices **éventuels**

They decided to share **any possible** profits/**any** profits **there might be**/ the profits, **if any**

2. On parle de lui comme l'**éventuel** successeur du directeur

He's been talked of as a **possible** successor to the director

Considérez-vous M. Thompson comme un client **éventuel** ?

Do you think Mr Thompson might be a **possible/potential/ prospective** customer ?

III  3. The **eventual** reconciliation between the two countries was enthusiastically welcomed by the great powers

La réconciliation **finale** entre les deux pays fut accueillie avec enthousiasme par les grandes puissances

The account of his mistakes and **eventual** failure makes sad reading

Le récit de ses erreurs et de l'échec **qui a suivi/qui s'en est suivi** n'est pas très joyeux

## ÉVENTUELLEMENT / EVENTUALLY

II  1. J'emmènerai ma femme et **éventuellement** mes enfants

I'll bring my wife and **possibly/perhaps** my children

Les récipients peuvent **éventuellement** être réemployés

The containers can be re-used **if so desired/if necessary**

Tu me prêteras ta voiture un de ces jours ? — Éventuellement

Will you lend me your car some time ? — **I might/If I must**

III  2. They hesitated a lot about the project and **eventually** abandoned it

Ils ont beaucoup hésité mais **en fin de compte/finalement,** ils ont abandonné le projet

Even the best shoes **eventually** wear out

Même les meilleures chaussures s'usent **à la longue/finissent par** s'user

## ÉVIDEMMENT / EVIDENTLY

**II** 1. Est-ce que tu reviens à la maison pour Noël ? — **Évidemment** !

Are you coming home for Christmas ? — **Of course** !

**Évidemment,** il aurait été préférable que les enfants soient accompagnés de leurs parents

**Of course/obviously/naturally,** it would have been preferable for the children to be accompanied by their parents

**Évidemment,** il est encore une fois en retard !

He's late again, **of course** !

**III** 2. They've **evidently** decided to move back to England

**À ce qu'il paraît/à ce qu'on dit,** ils ont décidé de retourner en Angleterre

3. He was **evidently** not at ease (*plus souvent :* **obviously**)

Il était **visiblement/manifestement** mal à l'aise

## ÉVIDENCE / EVIDENCE

**II** 1. Ce que vous dites est une **évidence**/est l'**évidence** même

What you say is **obvious/(self-)evident**

Ce sont là deux **évidences** que l'on ne peut nier

These are two **obvious facts** that cannot be denied [a]

**III** 2. You'll need more **evidence** *(nd)* than that to convict him

Si vous voulez le faire condamner, il faudra que vous ayez plus de **preuves**

The porter's **evidence** *(nd)* is vital

Le **témoignage** du portier est capital [b]

3. There was **evidence** *(nd)* that a violent struggle had taken place

Il y avait des **signes**/des **traces** attestant qu'une lutte violente avait eu lieu [c]

---

a. Nier l'**évidence** : to deny the facts/the obvious ; se rendre à l'**évidence** : to face facts ; de toute **évidence** : obviously
b. To give **evidence** : témoigner, déposer ; a piece of **evidence** : une preuve
c. To bear/show **evidence** of : témoigner, attester de

◊ — Comparez : *être en **évidence*** et *to be in **evidence*** :
  — *J'ai laissé la clé bien en **évidence** sur la table* : I left the key on the table in a place where they couldn't miss it/in a conspicuous position
  — Her mother was nowhere in **evidence** : *sa mère n'était pas dans les parages, il n'y avait pas trace de sa mère* ; the army was very much in **evidence** : *l'armée était présente partout*
  — *Mettre en **évidence*** : (fait) to bring to the fore ; (objet) to put in a prominent/conspicuous position ; *se mettre en **évidence*** : to make oneself conspicuous

## ÉVOQUER / TO EVOKE

**I** 1. Cette musique **évoquait** des souvenirs de son enfance

This music **evoked** memories of his childhood

Tous ces noms **évoquent** la splendeur de l'époque romaine

All these names **evoke** the glory of the Roman period [a]

**II** 2. Cette photo ne vous **évoque**-t-elle rien de particulier ?

Does this picture **suggest** anything in particular to you/**remind** you **of** anything particular ?

Tous ces cratères dans la forêt **évoquent** les bombardements qui ont ravagé cette région en 1944

All the craters in the forest **make one think of/bring to mind** the bombings which laid waste this area in 1944

Le rocher **évoque** une tête d'homme

The rock **resembles** a human head/The shape of the rock **suggests** a human head

3. Il y avait longtemps qu'on ne s'était plus revu. On a passé la soirée à **évoquer** des souvenirs [le passé, nos amis disparus]

We hadn't met for a long time and spent the evening **reviving** memories [**recalling** the past, lost friends]

4. La catastrophe du Heysel sera certainement **évoquée** au Conseil des ministres

The Heysel tragedy will certainly be **brought up** at the Cabinet meeting

**Évoquant** l'incendie, le premier ministre a déclaré que c'était la chose le plus horrible qu'il ait jamais vue

**Talking** about the fire, the Prime Minister said it was the most horrible thing he had ever witnessed

Je me contenterai d'**évoquer** les principaux thèmes du livre sans entrer dans les détails

I will simply **touch on/mention** the main themes of the book without going into detail

III 5. The child's skill on the piano **evoked**° the admiration of the audience

Le talent de l'enfant au piano **suscita** l'admiration du public

The headmaster's decision to shorten the holidays **evoked**° a storm of protest

La décision du directeur de raccourcir les vacances **suscita** une vague de protestations

a. Le verbe **to evoke** ( = rappeler) ne s'emploie qu'avec un sujet inanimé, dans des exemples tels que ceux mentionnés en 1. Plus particulièrement, il s'emploie lorsqu'un air de musique, une odeur, un mot fait surgir des souvenirs, des images, souvent accompagnés d'un sentiment de nostalgie.

## EXACT / EXACT

I 1. Ceci est la reproduction **exacte** d'une montre Cartier ( = fidèle)

This is an **exact** reproduction of a Cartier watch

2. Quelle est la valeur **exacte** de ce tableau ? ( = précis)

What's the **exact** value of this painting ?
(*aussi :* **precise**)

Je vois ce que vous voulez dire, mais le terme **exact** m'échappe en ce moment

I see what you mean but the **exact** term escapes me at the moment [a]
(*aussi :* **precise**)

II 3. Toutes ses déclarations sont **exactes**. Je peux en témoigner ( = vrai)

Everything he says is **true/correct/right**. I can vouch for that

Est-il **exact** que vous étiez en voyage la semaine dernière ?
— C'est **exact** !

Is it **true** that you were away last week ? — That's **right/correct** [b]

4. Ton raisonnement est bon mais le résultat n'est pas **exact**

You used the right method but your answer is not **right/correct**

5. Sois **exact** au rendez-vous

Be **punctual/on time** for the appointment

a. – Mais : *avez-vous l'heure **exacte*** ( = juste) ? : *do you have the right/correct time ?*
 – *Can you be more **exact** ?* : *pourriez-vous préciser un peu ? ; to be (more) **exact** : plus exactement*
 – (A) **Exact** sera parfois plutôt traduit par **minutieux/méticuleux** : ex. *an **exact** and painstaking worker*.
b. ***Exact !*** * : *quite right !, absolutely !, exactly !*
◊ *Sciences **exactes*** : ***exact** sciences*

## (S')EXAMINER / TO EXAMINE (ONESELF)

**I** 1. Le docteur **examina** l'enfant mais ne décela rien d'anormal

The doctor **examined** the child but found nothing abnormal

2. Le comité devra **examiner** la situation [votre demande] avant de prendre sa décision

The committee will have to **examine** the situation [your request] before making its decision [a]

3. Après avoir **examiné** l'assiette, l'antiquaire affirma que c'était du Limoges

After **examining** the plate, the antique dealer said it was Limoges

Barbara **s'examina** dans la glace et se découvrit un petit bouton sur le nez

Barbara **examined herself** in the mirror and discovered a small spot on her nose [b]
⇨ 4

**II** 4. Il **examina** l'appartement et le trouva tout à fait à son goût

He **had a (good) look round** the flat and found it suited him perfectly

J'**examinai** les passants pour essayer de repérer mon agresseur

I **looked carefully at/ scrutinized** the passers-by in the hope of spotting my assailant

**III** 5. Pupils will be **examined** in this subject at the end of the first year

Les élèves seront **interrogés** sur cette matière à la fin de la première année [c]

6. *(Jur)* The lawyer **examined** the witnesses on their relationships with the accused

L'avocat **interrogea** les témoins sur leurs relations avec l'accusé

---

a. *To examine°* one's conscience : faire son examen de conscience
b. – **To examine** et **examiner** signifient tous deux °observer attentivement° mais **to examine** ne s'emploie que lorsqu'on examine quelque chose de près (comparez 4).
  – *Examiner* (l'horizon, le ciel) : to scan ; *examiner* qqn de la tête aux pieds : to look sb up and down
c. **Examiner** est vieilli dans ce sens.
◊ *She needs her head examined\** : elle est complètement toquée\*/dingue\*/cinglée\*

281

## EXCITANT (adj.) / EXCITING

II    1. Sans trop savoir comment, il se retrouva dans le rayon lingerie, entouré de dessous **excitants**     Without quite knowing how, he found himself in the lingerie department, surrounded by **sexy** underwear

III    2. Isn't it **exciting**? I've won a trip to China     N'est-ce pas **formidable**? J'ai gagné un voyage en Chine

It's the most **exciting** book I've ever read     C'est le livre le plus **passionnant** que j'aie jamais lu [a]

---

a. Notez que l'emploi d'**excitant** dans ce sens est en train de se répandre sous l'influence de l'anglais.

◊ (F) **Excitant** *(n.)* : stimulant

## EXCITÉ / EXCITED

I    1. Les enfants sont très **excités** ce soir. Ils vont mettre des heures à s'endormir     The children are very **excited** tonight. They'll take hours to go to sleep [a]

Ils étaient tout **excités** à l'idée de partir en vacances     They were very **excited** at the thought of going on holiday

II    2. Visiblement **excité**, il la suivit (= aguiché)     Visibly **aroused**, he followed her [b]

III    3. How do you feel about the prospect of making a film with Meryl Streep? — I'm terribly **excited** about it!     Qu'est-ce que cela vous fait de tourner un film avec Meryl Streep? — Je suis très **enthousiaste**!/Cela m'**enchante**!/Je suis **aux anges***! [c]

---

a. To get **excited** : s'exciter, s'énerver, s'agiter
b. Plus rarement : **excited**
c. It's nothing to get **excited** about : il n'y a pas de quoi en faire un plat*, ce n'est pas extraordinaire

## EXCUSE / EXCUSE

I    1. Avez-vous une **excuse** valable pour justifier votre retard ? (= justification)

Have you got a good **excuse** for being late ?

Il trouve toujours de bonnes **excuses** pour ne pas participer aux réunions (= prétexte)

He always finds good **excuses** for not coming to meetings [a]

II    2. Il m'a insulté. J'éxige des **excuses** (= témoignage de regret)

He insulted me. I demand an **apology**

Je lui priai d'accepter mes **excuses**, mais il fit mine de ne pas m'entendre

I asked him to accept my **apologies** but he pretended not to hear me [b]

---

a. **Prétexte** est parfois la seule traduction possible de (A) **excuse** dans ce sens : *it's only an* **excuse** : *ce n'est qu'un prétexte.*
b. *Faire/présenter des/ses* **excuses** : *to apologize, to make one's apologies,* (plus rarement) *to make one's* **excuses** ; *mille* **excuses** : *I'm awfully sorry*

## (S')EXERCER / TO EXERCISE

I    1. Beaucoup de jeux électroniques sont destinés à **exercer** la mémoire [l'esprit]

Many electronic games are designed to **exercise** the memory [the mind] [a]

II    2. Dans ce manège, nous **exerçons** les chevaux à sauter des fossés de plus de deux mètres de large

In this school we **train** the horses to jump ditches more than two metres wide

Un professeur anglais nous **exerçait** à la traduction simultanée

An English teacher **trained** us in simultaneous interpretation

Il **s'exerce** tous les jours au piano [au lancer du poids]

He *(Brit)* **practises**/*(US)* **practices** the piano [**trains** for the shot put] every day

3. La télévision **exerce** une influence considérable sur le grand public

Television **exerts** a considerable influence on the general public

| | |
|---|---|
| La police soviétique **exerce** un contrôle discret sur les communications téléphoniques internationales | The Russian police **keep** a discreet check on international phone calls |
| Le gouvernement s'est vu obligé d'**exercer** des représailles sur les militants d'extrême gauche | The government was obliged to **take** reprisals against the left-wing militants |
| Cette poutre **exerce** une pression trop forte sur le mur | This beam **is exerting** too much pressure on the wall |
| Nous devons **exercer** une pression sur l'aile gauche du parti | We must **put** pressure on/**bring** pressure **to bear** on the left wing of the party |
| Ces vedettes de la chanson **exercent** une réelle fascination sur les jeunes | These pop stars really **fascinate** the young/**hold** a real fascination for the young [b] |

4. Mon frère **exerce** la médecine [l'acupuncture] dans un quartier chic de Bruxelles
   My brother *(Brit)* **practises**/ *(US)* **practices** medicine [acupuncture] in a fashionable area of Brussels

   Mon voisin est médecin mais il n'**exerce** plus
   My neighbour is a doctor but he **is** no longer **in practice**/is no longer *(Brit)* **practising**/*(US)* **practicing**

   Il **exerce** une fonction importante dans une centrale nucléaire
   He **has** an important post at a nuclear power plant

   Je n'aimerais pas **exercer** la fonction de maire
   I wouldn't like to **hold** the office of mayor [c]

**III** 5. The dog needs to be **exercised** at least once a day
   Il faut **sortir/promener** le chien au moins une fois par jour

   Since I found a job I haven't had much time to **exercise**
   Depuis que j'ai trouvé un emploi, je n'ai plus beaucoup de temps pour **faire de l'exercice**

6. The headmaster was prepared for the question, which had been **exercising** him [his mind] for some time
   Le directeur était préparé à cette question, qui le **préoccupait** depuis un certain temps

---

a. Notez qu'**exercer** signifie ʿmettre en activité (une faculté) de manière régulière pour développerʿ alors que **to exercise** signifie tout simplement ʿmettre en activitéʿ. Cette nuance de sens implique que dans certains cas **exercer** sera traduit par **to train** et **to exercise** par **faire travailler** : *le professeur exerçait la mémoire de ses élèves par des jeux appropriés* : the teacher **trained** the pupils' memories with suitable games ; *this movement exercises the thighs* : ce mouvement **fait travailler** les cuisses.

b. Comme le montrent clairement les exemples, la traduction du verbe **exercer** dans le sens de "faire agir, mettre en usage" est fonction du complément dont il est accompagné. **To exercise** s'emploie dans ce sens dans un nombre plus restreint de cas et appartient à un style plus soutenu qu'**exercer** : ***to exercise*** *power, authority, a right, a talent ;* ***to exercise*** *tact, patience :* faire preuve de *;* ***to exercise*** *care in doing sth :* apporter du soin à faire qqch.

c. Mais : **exercer** *une profession :* **to exercise** *a profession*

## EXONÉRER / TO EXONERATE (ONESELF)

II  1. La nouvelle loi **exonère** de l'impôt toutes les œuvres de bienfaisance

The new law **exempts** all charities from paying tax [a]

III  2. The pupil's confession completely **exonerated** the teacher/**exonerated** the teacher from all blame

L'aveu de l'élève a entièrement **disculpé/innocenté** le professeur/a mis le professeur **hors de cause** [b]

a. (Personne, marchandise) **exonéré** *d'impôts :* (person, commodity) *exempt from tax*
b. **To exonerate oneself :** *se disculper*

## EXPÉRIENCE / EXPERIENCE

I  1. Vous pouvez lui faire confiance. Il a une longue **expérience** en matière d'enseignement

You can trust him. He has a lot of teaching **experience** [a]

2. Ce séjour dans une famille américaine a été une **expérience** très enrichissante pour lui

His stay in an American family was a very rewarding **experience** [b]

II  3. On a déjà fait une série d'**expériences** sur des rats et les résultats sont encourageants

They've already carried out a series of **experiments** on rats and the results are encouraging

Cette **expérience** économique n'a pas donné les résultats escomptés

This economic **experiment** hasn't produced the results we expected

| | |
|---|---|
| La science repose sur l'observation et l'**expérience** | Science is based on observation and **experiment** *(nd)*/ **experimentation** *(nd)* |

a. Sans **expérience** : inexperienced ; je sais par **expérience** que... : I know from **experience** that...
b. – **Expérience** signifie uniquement ᶜacte procurant l'expérience deᵓ, alors que (A) **experience** peut également signifier ᶜce qui arrive à quelqu'unᵓ : ex. I had a strange **experience** the other day : il m'est arrivé une histoire/aventure étrange l'autre jour/quelque chose d'étrange l'autre jour.
– J'en ai fait l'**expérience** moi-même : I've experienced it myself ; **expérience** amoureuse : love affair

## EXPERTISE / EXPERTISE

**II** 1. La compagnie d'assurance a fait procéder à une **expertise** de la maison [des dégâts] — The insurance company has ordered a **valuation** of the house [an **assessment** of the damage]

Selon le rapport d'**expertise**, la moitié des bijoux sont faux — According to the **expert's/valuer's** report half of the jewels are fakes [a]

**III** 2. We hope to secure new contracts in a field where German **expertise** is renowned — Nous espérons obtenir de nouveaux contrats dans un domaine où le **savoir-faire** allemand est réputé

Their **expertise** in fending off interrogation would do credit to the KGB or CIA — Leur **habileté** à esquiver les questions est digne du KGB ou de la CIA

a. **Expertise** médico-légale : (expert) medical evidence

## EXPLOIT / EXPLOIT

**I** 1. Ce livre relate les **exploits** du Roi Arthur et des Chevaliers de la Table ronde — This story relates the **exploits** *(souvent pl)* of King Arthur and the Knights of the Round Table [a]

| | | | |
|---|---|---|---|
| II | 2. | Quel **exploit** ! Evans vient de battre le record du monde de deux secondes ! | What a **feat** !/What an **achievement** ! Evans has just beaten the world record by two seconds ! |
| | | (*iron*) Cela a été un véritable **exploit** de la faire sortir du lit à 6 heures du matin | Getting her out of bed at 6 in the morning was quite a **feat**/an **achievement** ! |

a. (A) **Exploit** ne s'emploie que dans le sens de ˚acte héroïque, haut fait˚ et non dans celui de ˚acte remarquable, performance˚ (cf. 2). Notez également l'emploi ironique : *my children's latest exploits* : les derniers **exploits** de mes enfants ; *amorous exploits* : **exploits** amoureux. (A) **Exploit** étant rare au singulier, on aura recours à d'autres traductions dans ce cas : ex. *on t'a raconté son dernier exploit ?* : have you heard the latest thing he's got up to ?

◊ (Jur) **Exploit** d'huissier : writ

## (S')EXPOSER / TO EXPOSE (ONESELF)

| | | | |
|---|---|---|---|
| I | 1. | Ne pas **exposer** cet aérosol au soleil [à la chaleur] | Do not **expose** this aerosol to sunlight [to heat] |
| | | Le château est très **exposé** au vent [à la pluie] | This castle is very **exposed** to wind [rain] |
| | | S'il **s'expose** trop longtemps au soleil, il le regrettera | If he **exposes himself** to the sun for too long he'll be sorry |
| II | 2. | Le Pape sait très bien qu'il **expose** sa vie en visitant ce pays | The Pope knows very well that he is **risking** his life by visiting this country |
| | | Sa conduite l'**expose**/Il **s'expose** à des critiques [à de grands dangers] | His conduct **lays** him **open**/He **lays himself open** to criticism [great dangers] (*mois souvent* : his conduct **exposes** him, he **exposes himself**) |
| | | Son goût du jeu l'a **exposé** plusieurs fois à perdre sa fortune | His taste for gambling has several times **put** him **in danger** of losing his fortune |
| | | Ce commerçant **s'expose** à faire faillite s'il ne tient pas mieux sa comptabilité | This shopkeeper will **be in danger of** going bankrupt/will be **laying himself open to** bankruptcy if he doesn't keep better accounts |

3. Je vais vous **exposer** les faits tels qu'on me les a relatés — I will **set out/explain** the facts as they were told to me

4. Le marchand **exposait** ses légumes sur des grands plateaux en osier — The stallholder **displayed** his vegetables on large wicker trays

C'est un jeune peintre qui n'a pas encore **exposé** (ses peintures) — He's a young painter who hasn't yet **exhibited** (his paintings)

Le corps du premier ministre était **exposé** dans la cathédrale — The body of the Prime Minister **lay in state** in the cathedral

5. Notre maison est **exposée** au sud — Our house **faces** south/**has a** southerly **aspect** °

**III** 6. This year, evening dresses will leave the shoulders **exposed** — Cette année, les robes du soir **découvrent/dénudent** les épaules

The remains of a Roman villa have been **exposed** in the course of recent excavations — Des fouilles récentes ont **mis au jour** les vestiges d'une villa romaine

The criminal feared he might be **exposed** [his secret might be **exposed**] — Le criminel craignait qu'on ne le **dénonce/démasque** [que son secret ne soit **éventé**]

He wanted to **expose** the scandal to the papers but was afraid of reprisals — Il voulait **révéler/dévoiler** le scandale à la presse mais il craignait des représailles

7. He was arrested for **exposing himself** in an underground car park — Il a été arrêté pour avoir **fait de l'exhibitionnisme** dans un parking souterrain

8. I was **exposed** *(souvent pass)* to foreign languages from an early age — J'ai été **en contact** avec des langues étrangères dès mon plus jeune âge

◊ (Phot) **To expose** (a film) : **exposer**, *impressionner*

## EXPOSITION / EXPOSITION

**II** 1. Cette vitrine est utilisée pour l'**exposition** des nouvelles acquisitions — This showcase is used for the **display** of new acquisitions/for **displaying** new acquisitions

2. L'**exposition** Monet se termine le 14 avril — The Monet **exhibition** ends on the 14th of April [a]

| | | |
|---|---|---|
| | Cette **exposition** agricole prend de plus en plus d'expansion | This agricultural **show** is becoming more and more important [b] |
| | 3. Lorsque nous avons construit notre maison, nous avons fait particulièrement attention à l'**exposition** du salon | When we built our house, we took particular care about the way the living room **faced** |
| | Notre maison a une **exposition** au midi | Our house **faces** south/has a southerly **aspect**◦ |
| | 4. Les longues **expositions** au soleil sont à éviter | Long **(periods of) exposure** to sunlight (are) is to be avoided |
| III | 5. They demanded a clear **exposition** of his political programme | Ils exigèrent un **exposé** clair de son programme politique [c] |

a. Dans le cas d'un artiste toujours en vie, on peut aussi employer le mot **show** : ex. *she's holding her first exhibition/show.*
b. – **Show** s'emploie surtout pour un concours agricole ou horticole.
   – (Surtout US) *Exposition : exposition/foire (commerciale)*
c. Le mot français **exposition** existe aussi dans ce sens mais il est assez rare : ex. *faire l'exposition d'une théorie.*
◊ – (Littér, Mus) *Exposition : exposition*
   – (Phot) *Exposition : exposure*

## EXTENSION / EXTENSION

| | | |
|---|---|---|
| I | 1. Ce mouvement consiste en une flexion et une **extension** des jambes | This movement consists of a flexing and an **extension** of the legs (*plus couramment :* consists of flexing and **stretching** the legs) |
| | 2. Le commerce extérieur a pris une **extension** considérable | There has been a considerable **extension** of foreign trade |
| | Je suis contre l'**extension** de la loi à toute personne âgée de plus de 18 ans | I am against the **extension** of the law to everybody over 18 [a] |
| II | 3. L'**extension** d'un incendie [d'une épidémie] est difficile à enrayer (*souvent :* la **propagation**) | It's difficult to stop the **spread** of a blaze [an epidemic]/to stop a blaze [an epidemic] from **spreading** |

| III | 4. Could you give me **extension** 4274, please? | Pourriez-vous me passer le **poste** 4274, s'il vous plaît? [b] |
|---|---|---|
| | They have two telephone **extensions**, one for each office | Ils ont deux **appareils** téléphoniques **supplémentaires**, un pour chaque bureau |
| | 5. They have built an **extension** (onto their house) | Ils ont construit une **annexe** |
| | The **extension** of the motorway cost far more than was originally intended | Le **prolongement** de l'autoroute a coûté beaucoup plus cher que prévu [c] |
| | 6. He got an **extension** of his holidays | Il a obtenu une **prolongation** de ses vacances [d] |

a. Par *extension* : by *extension*
b. En Belgique, on emploie indifféremment les mots **poste** et **extension**.
c. (Électr) *Extension* cable/lead : rallonge
d. *Extension* of time : délai
◊ (Brit) *University* **extension** *courses* : cours publics organisés par l'université (p. ex. cours du soir, d'été)

## EXTÉNUANT / EXTENUATING

| II | 1. Après cette journée **exténuante**, nous avons passé la nuit dans un refuge | After this **exhausting** day we spent the night in a mountain hut |
|---|---|---|
| III | 2. *(Jur)* In view of the **extenuating** circumstances the judge decided to acquit the defendant | Vu les circonstances **atténuantes**, le juge a décidé d'acquitter l'accusé |

## EXTÉRIEUR (adj.) / EXTERIOR

| I | 1. Les murs **extérieurs** de la prison étaient couverts de slogans | The **exterior** walls of the prison were covered with slogans (*plus couramment* : **outside, outer**) |
|---|---|---|

| | | La décoration **extérieure** était très sobre | The **exterior** decoration was very simple [a] (*plus couramment*: **outside**) |
|---|---|---|---|
| II | 2. | Pour plus de sécurité, il faudrait construire des escaliers **extérieurs** (= situé à l'extérieur) | For safety reasons we should build **outside** staircases [b] |
| | 3. | Les bruits **extérieurs** nous parvenaient par la fenêtre ouverte (= provenant de l'extérieur) | The noise **from outside** reached us through the open window [c] |
| | 4. | L'apparence **extérieure** est souvent trompeuse | **Outward** (*épith*) appearances are often deceptive |
| | | Sa tristesse est toute **extérieure**. C'est de la comédie | Her sadness is all **on the surface**/all **an outward display**. It's nothing but an act |
| | 5. | Pendant deux mois, nous avons été entièrement coupés du monde **extérieur** | We were completely cut off from the **outside** world for two months |
| | | Pensez-vous que vous pourrez réaliser ce projet sans aucune aide **extérieure** ? | Do you think you will be able to carry out this project without any **outside** help? |
| | 6. | Le premier ministre fut interpellé sur la politique **extérieure** de son gouvernement | The Prime Minister was questioned on his government's **foreign** policy |
| | | Le commerce **extérieur** est en chute libre | **Foreign/external** trade is plummeting |

---

a. L'adjectif **exterior** est beaucoup moins courant que son correspondant français. Il s'emploie surtout dans le cas de murs, de surfaces situés vers le dehors (face externe opposée à face interne).
b. Dans ce sens, on emploie parfois le mot **outdoor** (ex. *outdoor aerial, swimming pool, tennis court*).
c. Dans un langage plus technique, on emploie l'adjectif **external** : ex. *this insulation excludes all external noise*.
◊ Boulevard **extérieur** : (Brit) *ring road*, (US) *belt, beltway*; quartiers **extérieurs** : *outer suburbs*

---

## EXTRA *(adj.)* / EXTRA

| | | | |
|---|---|---|---|
| II | 1. | Ton gigot est vraiment **extra*** ! Comment le prépares-tu ? | Your leg of lamb is really **superb*** ! How do you cook it? |

291

|   |   |   |
|---|---|---|
|   | Hier soir, nous avons vu un film **extra*** avec Roger Moore | We saw a **fantastic\*/terrific\*/ great\*** film with Roger Moore in it last night |
|   | 2. *(Comm)* Il y a du beurre **(de qualité) extra** en provenance des Ardennes en promotion | We have **best quality** Ardennes butter on special offer |
| III | 3. We'd better make a few **extra** copies | Nous ferions bien de faire quelques copies **en plus/supplémentaires** [a] |
|   | They hired two **extra** secretaries for the holidays | Ils ont engagé deux secrétaires **supplémentaires** pour les vacances [b] |
|   | Take **extra** care when you go down the steps | Fais **bien** attention quand tu descends les escaliers |
|   | Drinks are **extra**/There is an **extra** charge for drinks | Les boissons sont **en supplément**/ Il faut payer **un supplément** pour les boissons |

a. (Brit) (Foot) ***Extra*** *time : prolongation*
b. An ***extra*** *waiter, help : un extra* (n.)


## EXTRAORDINAIRE / EXTRAORDINARY

|   |   |   |
|---|---|---|
| I | 1. Il y aura une réunion **extraordinaire** de la commission lundi prochain | There will be an **extraordinary** meeting of the committee next Monday [a] |
|   | 2. Il a épousé une femme d'une beauté **extraordinaire** | He married a woman of **extraordinary** beauty |
|   | La représentation a remporté un succès **extraordinaire** | The show was an **extraordinary** success [b] |
| II | 3. Nous avons passé des vacances **extraordinaires** à la Côte d'Azur | We had a **fantastic\*/marvellous/terrific\*** holiday on the Côte d'Azur |
|   | Je trouve qu'Ingrid Bergman est une actrice **extraordinaire** | I think Ingrid Bergman is a **fantastic\*/marvellous/wonderful** actress [c] |

| | | | |
|---|---|---|---|
| III | 4. | He's the most **extraordinary** man I've ever met | C'est l'homme le plus **singulier/bizarre** que j'aie jamais rencontré |
| | | It's an **extraordinary** house with a glass roof and no windows | C'est une maison **bizarre/curieuse/très spéciale** avec un toit en verre et pas de fenêtres |
| | | You mean to say it didn't rain all day? How **extraordinary**! | Quoi? Il n'a pas plu de la journée? C'est **incroyable/inouï**! [d] |

a. *Ambassadeur extraordinaire* : *ambassador extraordinary*
b. **Extraordinary** s'emploie dans un sens intensif (= très grand, intense) avec des substantifs abstraits tels que *kindness, popularity, resemblance* et non dans le sens de ˝merveilleux, excellent˝ (cf. 3).
c. (nég) *Son discours n'était pas extraordinaire* : *his speech was nothing special/nothing to write home about*\*/ (Brit) *not up to much*\*
d. Ce sens (= singulier) existe aussi en français, mais il est moins prédominant qu'en anglais et ne s'emploie que dans les cas où il n'y a pas d'ambiguïté avec le sens 3 : ex. *il m'est arrivé une aventure assez extraordinaire* : *an extraordinary thing happened to me*.

## EXTRAVAGANT / EXTRAVAGANT

| | | | |
|---|---|---|---|
| II | 1. | Il tenait toujours des propos **extravagants** | He was always saying **wild** things/**crazy**\* things |
| | | Avec une robe aussi **extravagante**, elle ne passera pas inaperçue | In a **bizarre/extraordinary** dress like that, she won't go unnoticed |
| | | Il avance toujours des théories tellement **extravagantes** que plus personne ne l'écoute | He always comes out with such **wild/fantastic** theories that nobody pays any attention to him any more [a] |
| | | C'est quelqu'un d'assez **extravagant** | He's rather an **eccentric** person |
| III | 2. | I hope he earns a lot of money. His wife's so **extravagant**/has such **extravagant** tastes | J'espère qu'il gagne beaucoup d'argent. Sa femme est tellement **dépensière**/a des goûts **de luxe**/des goûts **dispendieux**° |
| | | It was **extravagant** of him to buy that Porsche | Il a **fait une folie** en achetant cette Porsche |
| | | Don't be so **extravagant** with the water! | Ne **gaspille** pas l'eau! |

3. The praise lavished on that book by the critics strikes me as a little **extravagant**

   L'éloge que les critiques ont fait de cette œuvre me semble un peu **excessif/exagéré**

   There must be something behind his **extravagant** flattery

   Ses flatteries **outrées/excessives** cachent certainement quelque chose [a]

4. I was struck by the **extravagant** style in which her house was decorated

   J'étais frappée par la décoration très **recherchée/raffinée** de sa maison

---

a. (F) **Extravagant** peut également se rencontrer dans le sens d'"excessif" mais dans des contextes différents : ex. *prix* **extravagant** : *exorbitant price ;* vitesse **extravagante** : *excessive speed.*

## FABRIQUE / FABRIC

II  1. Il est propriétaire d'une **fabrique** de meubles

   He owns a furniture **factory** [a]

III 2. Is there enough **fabric** *(nd)* for a skirt ?
   (*plus couramment :* **material**)

   Y a-t-il suffisamment de **tissu** pour faire une jupe ?

   Our store stocks a wide range of furnishing **fabric(s)**

   Notre magasin a un grand stock de **tissus** d'ameublement

3. The very **fabric** of Soviet society is threatened by such pamphlets

   C'est la **base** même du système soviétique qui se trouve menacée par de tels pamphlets [b]

---

a. *Marque de* **fabrique** : *trade mark*
b. *The* **fabric** *of society :* l'édifice social
◊ **Fabric** *(of a building)* : *charpente, ossature, gros œuvre (d'un bâtiment)*

## FAÇADE / FAÇADE (ou FACADE)

I   1. Il s'arrêta pour admirer la splendide **façade** sculptée de la maison

He stopped to admire the splendid carved **façade** of the house [a]
⇨ 3

2. Derrière une **façade** d'honnêteté, il cachait un esprit fourbe et retors

Behind a **façade** of honesty he hid a wily, treacherous nature

Son assurance n'est qu'une **façade**

His self-assurance is just a **façade** [b]
(*aussi*: **front**)

II   3. Nous allons repeindre la **façade** cet été

We're going to paint the **front of the house** this summer

Le magasin a dix mètres de **façade**

The shop has a **frontage** of ten metres [c]

---

a. On emploie surtout le mot **façade** en anglais lorsqu'on considère la façade du point de vue esthétique, architectural.
b. *(Modestie, luxe...) de façade*: sham (modesty, luxury...) ; *ce magasin d'antiquités est une façade qui cache un important trafic de drogue*: that antique shop is a cover for a large drug-smuggling ring
c. **Frontage** s'emploie lorsqu'on considère la façade du point de vue de sa largeur.

## FACE / FACE

I   1. *(Méd)* Ce type de névralgie est caractérisé par des douleurs violentes d'un côté de la **face**

This kind of neuralgia is characterized by violent pain on one side of the **face**

J'étais entouré de toutes parts par des créatures étranges à la **face** simiesque

I was completely surrounded by strange creatures with ape-like **faces** [a]
⇨ 3

2. Chacune des **faces** du dé avait une couleur différente

Each **face** of the dice was a different colour

Demain, il va tenter d'escalader la **face** nord (de la montagne)

He's going to attempt the ascent of the North **face** (of the mountain) tomorrow [b]

| | | | |
|---|---|---|---|
| III | 3. | I always wash my **face** with baby soap | Je me lave toujours le **visage**/la **figure** avec un savon pour bébés |
| | | There were so many new **faces** I felt a bit lost | Il y avait tellement de nouveaux **visages** que je me sentais un peu perdu <sup>c</sup> |

a. – Contrairement à son correspondant anglais, le mot français **face** est d'un usage très restreint dans ce sens. Outre son emploi dans certaines expressions, il s'emploie, d'une part, dans le domaine médical et d'autre part, dans le langage courant mais dans ce cas, presque toujours avec une connotation péjorative.
– *Face à face* : *face to face* ; *perdre la face* : *to lose face* ; *sauver la face* : *to save face*
b. Mais : *face (of clock)* : *cadran*
   *face (d'un disque)* : *side* ; *face (d'une médaille, d'une monnaie)* : *obverse, front* ; *pile ou face ?* : *heads or tails ?* ; (fig) *sous toutes ses faces* : *from every angle*
c. *To make/pull faces (at)* : *faire des grimaces (à)* ; *to put one's face on\*, to do one's face\** : *se refaire une beauté*
◊ *On the face of it* : *à première vue* ; *to take sth at (its) face value* : *juger qqch sur les apparences, prendre qqch au pied de la lettre* ; (surtout Brit) *to have the face\* to do sth* : *avoir le culot\*/le toupet\* de faire qqch*


## FACILE / FACILE

| | | | |
|---|---|---|---|
| I | 1. | Ce type d'humour est un peu **facile** | This kind of humour is rather **facile** <sup>a</sup> ¨ |
| | | Dommage qu'il n'ait pas renoncé aux effets **faciles** dans son dernier film | It's a pity he couldn't resist using **facile** effects in his latest film |
| II | 2. | Ce travail est trop **facile** pour lui. Il faut lui trouver autre chose | That work's too **easy** for him. We must find him something else <sup>b</sup> |
| | 3. | C'est un plaisir de partir en vacances avec nos voisins. Ce sont des gens de caractère **facile**/des gens **faciles** à vivre | It's a pleasure to go on holiday with our neighbours. They are such **easy-going** people/so **easy** to get on with |
| | | Ce n'est pas un homme **facile**. Il a un caractère très instable | He's not an **easy** man (to live with). He's very unstable |
| | | Mon petit dernier est très **facile**. On ne l'entend jamais | My youngest is very **easy** (to look after). You hardly know he's there |

| | |
|---|---|
| 4. Il a toujours eu la parole [la plume] **facile** | He's always been a **fluent** speaker [writing has always come **easily** to him] |
| Elle a la larme **facile**\* | She cries **easily** c |

a. L'adjectif anglais **facile** correspond parfois en français à **superficiel/creux** (ex. *facile style, writer, piece of writing*).
b. **Facile** *à dire : it's easier said than done*
c. *Avoir la gachette* **facile**\* *: to be trigger-happy*\*
◊ *C'est une femme* **facile** *: she's free with her favours, she sleeps around*\*

## FACILITÉ / FACILITY

| | | | |
|---|---|---|---|
| I | 1. | Il a beaucoup de **facilité** pour les langues [les mathématiques] (= aptitude) | He has (a) great **facility**° in learning languages [in mathematics] (*plus souvent :* a great **aptitude** for) |
| | | Cet enfant s'exprime avec une grande **facilité** | This child expresses himself with great **facility**° a |
| II | 2. | Comme il travaille à l'ambassade, il a toutes **facilités** *(pl)* pour obtenir ces renseignements | As he works at the embassy, he has every **opportunity** to obtain this information |
| | | À l'école, on lui laisse toutes **facilités** *(pl)* pour pratiquer son sport favori | He is given every **opportunity** to practise his favourite sport at his school b |
| | 3. | Ils furent surpris par la **facilité** de la tâche (= simplicité) | They were surprised by the **easiness** of the task (*rarement :* **facility**°) |
| | | Il a gagné la course avec une **facilité** déconcertante | He won the race with astonishing **ease** c |
| III | 4. | I chose this school because it has excellent sports **facilities** *(pl)* | J'ai choisi cette école parce qu'elle dispose d'excellents **équipements** sportifs |
| | | We would like to introduce riding into the curriculum but we don't have the **facilities** *(pl)* | Nous voudrions introduire l'équitation dans le programme mais nous n'avons pas les **installations** nécessaires |

5. The machine is equipped with an automatic self-regulation **facility** / L'appareil est pourvu d'un **dispositif/système** de régulation automatique [d]

---

a. – Mais : (absol) *cet enfant a beaucoup de* **facilité** *: this child shows great ability*
   – (iron) *He has a great* **facility** *for always being right : il a l'art d'avoir toujours raison*
b. (Comm) **Facilités** *de paiement : easy terms ;* (Banque) **facilités** *de caisse : overdraft* **facilities**
c. *Choisir la solution de* **facilité** *: to take the easy way out*
d. *Le mot* **facility** *n'est souvent pas traduisible comme tel en français : ex. this telephone has a number-storing* **facility** *: ce téléphone est pourvu d'une mémoire ; cord-storage* **facility** *: logement pour ranger le cordon.*

## FACULTÉ / FACULTY

**I**
1. Elle a 92 ans et ne jouit plus de toutes ses **facultés** *(pl)* / She is 92 and is no longer in full possession of all her **faculties** [a]

2. Il est professeur à la **faculté** des Lettres / He is a professor in the **Faculty** of Arts [b]

**II**
3. Il a une grande **faculté** de concentration [de mémoire, de travail] (= pouvoir) / He has great **powers** *(pl)* of concentration [great **powers** of memory, a great **capacity** for work]

Ce travail dépasse mes **facultés** / This work is beyond my **powers** *(pl)* [c]

4. Ils lui laissèrent la **faculté** de choisir / They left him the **freedom** to choose/the **possibility** of choosing

*(Jur)* Tout individu majeur a la **faculté** de disposer de ses biens comme bon lui semble / Any person who has reached the age of majority has the **right** to administer his goods as he sees fit

---

a. Mais : *the* **faculty** *of hearing : l'ouïe ; the* **faculty** *of speech : la parole ; the* **faculty** *of reason : la raison*
b. (absol) *La* **Faculté** *: the medical profession*
c. Mais : *he has the* **faculty** *of/a* **faculty** *for putting people at their ease : il a le don/l'art de mettre les gens à l'aise*
◊ (US) **Faculty** *: personnel enseignant, professeurs (d'une école, d'une université)*

## FAMEUSEMENT / FAMOUSLY

II  1. Tu es **fameusement*** en retard. Où étais-tu encore ?

You're **terribly** late/**awfully** late/*(Brit)* you **aren't half*** late. Where have you been ?

Ton fils a **fameusement*** grandi !

Your son has grown **terrifically**/*(Brit)* **hasn't half*** grown !

III  2. He painted murals all over the world, most **famously** in New York

Il a réalisé des peintures murales dans le monde entier ; les plus **célèbres** se trouvent à New York

3. They get on **famously***

Ils s'entendent **à merveille**

He's doing **famously*** in his new job

Il s'en tire **à merveille/rudement bien/fameusement bien** dans son nouveau boulot


## FAMEUX / FAMOUS

I  1. *(iron)* C'est ça, ton **fameux*** professeur d'anglais [ordinateur, cocktail] ?

So that's your **famous*** English teacher [computer, cocktail], is it ? (*aussi* : the teacher [computer, cocktail] **we've heard so much about**)

II  2. C'est un **fameux*** froussard, ton copain !

That friend of yours is **quite** a coward/a **real** coward/*(Brit)* **isn't half*** a coward

Je viens de faire une **fameuse*** gaffe

I've just made **one hell of*** a blunder

C'était une **fameuse*** vaisselle ! Je suis bien contente que tu m'aies aidée

That was **quite** a pile of/**quite** some pile of dishes ! I'm very glad you helped me

3. Il est **fameux***, ton petit vin !

This wine of yours is really **superb/marvellous/wonderful**

*(nég)* Le camping n'était pas **fameux*** !

The camp site was **nothing to write home about***/was **no great shakes***/*(Brit)* wasn't **up to much*** [a]

| | | | |
|---|---|---|---|
| III | 4. | Christophe Lambert is on his way to becoming a **famous** filmstar in the United States | Christophe Lambert est en train de devenir une star de cinéma **célèbre** aux États-Unis |
| | | Many graduates of this university have become **famous** | De nombreux diplômés de notre université sont devenus **célèbres** [b] |

a. (nég) *Il n'est pas **fameux** en latin, en maths* : he's not much good/not all that good at Latin, maths
b. – À cause de l'ambiguïté possible (sens 1,2,3), **fameux** ne s'emploie plus dans le sens de "célèbre" que comme épithète, dans des cas tels que : *une région **fameuse** pour ses fromages, une bataille **fameuse**.*
– ***Famous** last words !* : c'est ce que tu crois !


## FANTAISIE / FANTASY

| | | | |
|---|---|---|---|
| II | 1. | Cette fille manque totalement de **fantaisie** | That girl is totally lacking in **originality** |
| | | La vie de bureau ne laisse pas de place à la **fantaisie** | There is little room for the **unexpected** in office life (*aussi :* Office life is **monotonous/uneventful**) |
| | 2. | Cet enfant est très gâté. Sa mère lui passe toutes ses **fantaisies** *(pl)* | That child is very spoilt. His mother gives in to his every **whim** [a] |
| III | 3. | His mind is full of **fantasies** about becoming famous | Il a des **rêves** de gloire |
| | | Many people are reluctant to talk about their sexual **fantasies** | Beaucoup de gens répugnent à parler de leurs **fantasmes** sexuels |
| | 4. | We all perform brave deeds in **fantasy** *(nd)* from time to time | Nous accomplissons tous de temps à autre des actes courageux en **imagination** |
| | | That is pure **fantasy** *(nd)*. None of it really happened at all | C'est de la pure **imagination**. Rien de tout cela n'est arrivé |
| | | Some children have difficulty in distinguishing **fantasy** *(nd)* from reality | Certains enfants ne font pas bien la différence entre l'**imaginaire** et le réel |

a. – *Il lui a pris la **fantaisie** de...* : he took it into his head to... ; *agir selon sa **fantaisie*** : to act as one's fancy takes one
– *Cette piscine est une **fantaisie** coûteuse* : that swimming-pool is a(n) (wasteful) extravagance
◊ – *Articles, boutons de **fantaisie*** : fancy goods, fancy buttons ; *bijoux de **fantaisie*** : costume jewellery
– ***Fantaisie*** : (Littér) **fantasy**, (Mus) **fantasy/fantasia**

## FARCE / FARCE

I    1. *(Littér)* Il est plus connu comme auteur de **farce(s)** que comme poète

He is better known as a writer of **farce(s)** than as a poet [a]

II    2. Il adore faire des **farces** aux gens

He loves playing **tricks/(practical) jokes** on people [b]

3. J'ai oublié de mettre la **farce** dans la dinde

I've forgotten to put the **stuffing** in the turkey

III    4. That conference was an absolute **farce**

Cette conférence était une vaste **rigolade**

What a **farce**!

Ce n'est **pas sérieux**/C'est **grotesque**! [c]

---

a. *Être le dindon de la farce* : to be made a fool of, to be had*
b. ***Farces** et attrapes* : tricks ; *magasin de **farces** et attrapes* : joke shop
c. Le mot français **farce** se rencontre parfois dans ce sens : ex. *tourner à la **farce*** : to turn into a **farce** ; *la vie est une **farce*** : life is a joke

## FASTIDIEUX / FASTIDIOUS

II    1. Pour vous éviter des démarches **fastidieuses,** consultez d'abord notre catalogue

By consulting our catalogue first, you can avoid all that **tedious/boring/tiresome** traipsing around

Classer du courrier toute la journée, quel travail **fastidieux** !

What a **boring/tedious** job having to sort mail all day long !

III    2. Surely you don't think that a **fastidious** old lady like my aunt would stay in this crummy hotel !

Tu ne t'imagines tout de même pas qu'une personne aussi **difficile** que ma tante accepterait de loger dans cet hôtel minable ! [a]

301

3. His **fastidious** attention to detail makes him an ideal assistant (*plus souvent :* **meticulous, scrupulous**)

Le soin **méticuleux/minutieux** qu'il apporte aux détails fait de lui le collaborateur idéal

---

a. **Fastidious** s'emploie surtout dans le sens de 'difficile sur le chapitre de la propreté' et sera parfois plutôt traduit par **(un/une) maniaque de la propreté**.

## FATAL / FATAL

I 1. La dévaluation du dollar fut **fatale** à l'entreprise

The devaluation of the dollar was **fatal** to/for the firm

Cet oubli lui fut **fatal**

That omission proved **fatal** to/for him [a]

II 2. Ils ne s'entendaient plus depuis bien longtemps. Leur divorce était **fatal**

They had been getting on badly for a long time. Their divorce was **inevitable**

Il était **fatal** qu'elle finisse ainsi

She was **bound/fated** to end up like that/It was **inevitable** that she would end up like that

III 3. There was a **fatal** accident on the M4 last night

Il y a eu un accident **mortel** sur l'autoroute E 40 hier soir

Was it really necessary to tell her she had a **fatal** illness ?

Fallait-il vraiment lui dire qu'elle avait une maladie **mortelle** ? [b]

---

a. Dans d'autres contextes, (A) **fatal** sera plutôt traduit en français par **funeste, néfaste, catastrophique, désastreux...**
b. L'adjectif français **fatal** s'emploie parfois dans ce sens : ex. *coup* **fatal**, *issue* **fatale**.
◊ *Femme/beauté* **fatale** : *femme* **fatale**

## FATALEMENT / FATALLY

II    1. Comme ma mère était très dépensière, nous étions **fatalement** toujours à court d'argent

As my mother was very extravagant, **inevitably** we were always short of money

Comme ils habitaient dans le même immeuble, ils devaient **fatalement** se rencontrer un jour

As they lived in the same building, they were **bound** to meet one day/it was **inevitable** that they would meet one day

III    2. One of the victims was **fatally** injured, the other miraculously escaped death

Une des victimes fut **mortellement** blessée ; l'autre a miraculeusement échappé à la mort [a]

---

a.   **Fatally** ill : condamné, perdu

## FATIGUE / FATIGUE

I    1. Comment parviennent-ils à supporter la **fatigue** et le stress qu'entraînent ces visites officielles ?

How do they cope with the **fatigue** (nd) and strain of these official visits ? [a]
⇨ 2

II    2. Après avoir fait le nettoyage de printemps de la cuisine, je ressentis une **fatigue** apaisante

After spring-cleaning the kitchen I felt a pleasant **tiredness** [b]

Il lui faudra quelques jours pour se remettre de la **fatigue**/des **fatigues** du voyage

He'll need a few days to get over the **tiring effects** of the journey/the **tiring** journey

III    3. *(Mil)* If you go on like that you'll spend your Sunday doing **fatigues** *(pl)*

Si vous continuez comme ça, vous passerez votre dimanche à faire les **corvées**

303

4. *(Mil)* Fidel Castro was wearing his usual green **fatigues** *(pl)* and black boots

Fidel Castro portait comme d'habitude son **treillis** vert et ses bottes noires

a. En anglais, **fatigue** ne s'emploie que dans un style soutenu ou dans le jargon médical et fait le plus souvent référence à un état de grande fatigue.
b. *Tomber de **fatigue**/être mort de **fatigue** : to be dead tired, to be dead beat ; **fatigue** visuelle : eye strain*
◊ (Techn) *__Fatigue__ du métal : metal __fatigue__*

## FAUTE / FAULT

**I** 1. Nous avons raté le train. C'est de ta **faute** !

We've missed the train. It's all your **fault** !

Nous sommes en retard ! — Et à qui la **faute** ?

We're late ! — And whose **fault** is that ? [a]

**II** 2. Il y a plusieurs **fautes** d'orthographe [de frappe] dans ce texte

There are several spelling **mistakes** [typing **errors**] in this text [b]

3. Elle a sciemment caché la vérité. C'est une **faute** grave

She knowingly concealed the truth. That's a serious **offence** [c]

Il a été licencié pour **faute** professionnelle grave

He was dismissed for serious professional **misconduct**

**III** 4. Laziness is his only **fault**

La paresse est son seul **défaut**

There's a **fault** in the hydraulic system

Il y a un **défaut**/une **défectuosité**/une **anomalie** dans le système hydraulique [d]

a. *Être en **faute** : to be at **fault***
b. ***Faute** d'impression : misprint ; **faute** d'inattention : careless mistake, slip ; **faute** de goût : error of taste*
c. *Prendre qqn en **faute** : to catch sb in the act*
d. *To find **fault** with sth/sb : trouver à redire à qqch/critiquer qqn*
◊ – ***Faute** de : for lack/want of ; sans **faute** : without fail ; to a **fault** : à l'excès*
  – (Sports) (Foot) ***Faute** : foul ; faire une **faute** de main : to handle the ball ;* (Tennis) ***faute** : fault ; la balle était **faute** : the ball was out*

## FAUX / FALSE

**I** 1. Tu devrais le voir quand il a enlevé sa **fausse** barbe [ses **fausses** dents] (= postiche)

You should see him when he takes off his **false** beard [takes out his **false** teeth]

Je me demande pourquoi il a mis ce **faux** plafond [cette **fausse** porte]

I wonder why he put in that **false** ceiling [door] [a]

2. Je me demande qui a fait courir cette **fausse** rumeur (= mensonger)

I wonder who started that **false** rumour

On ne l'a jamais retrouvé parce qu'il avait donné une **fausse** adresse [un **faux** nom]

They never found him because he had given a **false** address [name] [b]

**II** 3. Tes calculs sont tous **faux**. Pourquoi n'emploies-tu pas ta calculatrice ? (= inexact, pas juste)

All your calculations are **wrong**. Why don't you use your calculator ?

Excusez-moi. J'au dû faire un **faux** numéro

Excuse me. I must have dialled a **wrong** number

C'est **faux** ! Je n'ai jamais dit ça !

That's **wrong/untrue** ! I never said that

La plupart de ses prédictions se sont révélées **fausses**

Most of his predictions proved to be **wrong**
(*aussi*: **false**) [c]

4. Ce piano est **faux**. Je refuse de jouer
(*souvent*: sonne **faux**)

This piano's **out of tune**. I refuse to play

Son récital était un vrai festival de **fausses** notes !

His recital was one long succession of **wrong** notes !

5. Je ne pouvais plus supporter sa **fausse** compassion à mon égard [sa **fausse** bienveillance, indifférence] (= simulé)

I could no longer stand her **pretence of** sympathy [benevolence, indifference]/her **feigned** sympathy [benevolence, indifference] [d]

6. Il a fait fortune en vendant des **faux** tableaux [des **faux** bijoux, des **fausses** antiquités]

He made a fortune selling **fake** paintings [jewels, antiques] [e]

Tous les **faux** billets d'un dollar ont immédiatement été brûlés

All the **forged/fake/counterfeit** $1 notes were burnt immediately [f]

| | |
|---|---|
| Elle s'est fait avoir par un **faux** médecin [policier, employé du gaz] | She was taken in by a **bogus** doctor [**someone masquerading as/posing as** a policeman, a gasman] |
| 7. Méfie-toi ! Elle est **fausse**. Elle est capable de te dénoncer au patron | Look out ! She's **deceitful/two-faced/not to be trusted**. She might very well report you to the boss (*plus rarement :* **false**) |

a. Mais : *fausse* fenêtre : *blind window ;* **false** *bottom : double fond*
b. **Faux** *témoignage :* **false** *evidence,* (délit) *perjury ; on/under* **false** *pretences : par des moyens frauduleux, sous des prétextes fallacieux*
c. **False** s'emploie parfois dans le sens de ʿnon fondéʾ avec des substantifs tels que : *impression, interpretation, hope, promise, sense of security.*
d. Mais : *fausse* modestie : **false** *modesty*
e. **Faux** peut aussi s'employer sans idée de fraude dans le sens d'ʿartificielʾ : *des perles* **fausses**, *du* **faux** *marbre : imitation pearls, marble.*
f. Mais : *faux passeport (certificat...), signature :* **false**/*forged passport (certificate...), signature*
◊ **Fausse** *couche : miscarriage ;* faire un **faux** pas : *to trip, to stumble,* (fig) *to make a foolish mistake, to commit a* **faux** *pas ;* **faux** *problème : non-problem, non-issue ;* (Sports, fig) **faux** *départ :* **false** *start ;* fausse *alerte :* **false** *alarm ;* faire **faux** bond à qqn : *to let sb down ;* être dans une situation **fausse** : *to be in a* **false** *position ;* (Ling) **faux** ami : **false** *friend, deceptive cognate ; c'est une* **fausse** maigre : *she's not as thin as she looks*

## FÉMININ / FEMININE

| | | | |
|---|---|---|---|
| I | 1. | Paul n'aime que les femmes très **féminines** | Paul only likes very **feminine** women |
| | | Des grosses bottes et un duffelcoat fourré. Ce n'est pas très **féminin** comme tenue ! | Big boots and a fur-lined duffel coat — not a very **feminine** outfit ! |
| | | J'ai été séduit par la grâce (toute) **féminine** de ses gestes | I was charmed by the **feminine** grace of her gestures [a] |
| | | Usant de ruses **féminines,** elle parvint à ses fins | She used all her **feminine** wiles to achieve her ends |
| | 2. | Le mot « perle » est **féminin** | The word 'perle' is **feminine** |
| II | 3. | Nationalité : Français ; Sexe : **féminin** | Nationality : French ; Sex : **female** |

| | |
|---|---|
| Une large proportion de la population **féminine** fume | A large proportion of the **female** population smokes |
| Dans ce film, il y a quatre rôles masculins et un seul rôle **féminin** | There are four male roles and only one **female** one in this film [b] |
| 4. Les revendications **féminines** n'ont plus le retentissement qu'elles avaient il y a dix ans (= venant des femmes) | **Women's** claims no longer have the impact they had ten years ago |
| Jusqu'en 1981, le marché du vêtement **féminin** nous était fermé (= pour femmes) | The market for **women's/ladies'** clothes was closed to us until 1981 |
| Les épreuves **féminines** de natation ont été annulées (= réservé aux femmes) | The **women's/ladies'** swimming contest has been cancelled |
| Les équipes **féminines** de football sont plutôt rares (= composé de femmes) | **Women's/female** football teams are fairly rare |

a. L'adjectif **womanly** s'emploie aussi dans certains cas mais toujours dans un sens élogieux et surtout pour des qualités nobles : ex. *womanly gentleness, solicitude*.

b. **Female** signifie en règle générale 'du sexe féminin' alors que **feminine** signifie 'qui a les caractéristiques de la femme'. Comparez : *a female voice* et *a feminine voice*.

## FERME (n.) / FARM

| | | | |
|---|---|---|---|
| I | 1. | Ils ont beaucoup à faire à la **ferme** à cette époque de l'année (= exploitation agricole) | They've got a lot to do on the **farm** at this time of year |
| II | 2. | Notre rêve, c'est d'acheter une vieille **ferme** et de la restaurer (= habitation des exploitants) | We'd love to buy an old **farmhouse** and renovate it |
| III | 3. | He took us round his trout **farm** [his sheep **farm**, his poultry **farm**] | Il nous a fait visiter son **élevage** de truites [de moutons, de volailles] |

◊ – (Jur) *Donner ses terres à* **ferme** : *to farm out one's land* ; *prendre une propriété à* **ferme** : *to take a (farm) lease on a property*
  – *Health* **farm** : *centre de (re)mise en condition physique*, **ferme** *de santé*
  – *Funny* **farm**\* : *maison de fous*\*

## FICTION / FICTION

I    1. C'est un film où se mêlent la réalité et la **fiction**

        La réalité dépasse souvent la **fiction**

      2. Dans l'ensemble, je lis peu de **fiction**/de livres de **fiction** ; je préfère les biographies

In this film, fact and **fiction** *(nd)* are mixed

Truth is often stranger than **fiction** *(nd)*

On the whole I don't read much **fiction** *(nd)*/many works of **fiction** *(nd)* ; I prefer biographies [a]

III    3. We discussed Victorian **fiction** *(nd)* in our literature class

       My sister loves romantic **fiction** *(nd)*

      4. It's years since he's been the real leader of the project, but the **fiction** is still kept alive

Au cours de littérature, nous avons parlé du **roman** victorien

Ma sœur aime les **romans** à l'eau-de-rose

Cela fait des années qu'il n'est plus le vrai chef du projet, mais on continue à faire courir cette **fable**

---

a.  – (A) *Non-**fiction** : ouvrages généraux (livres d'histoire, biographies, etc.)*
    – (F) *Science-**fiction** :* (A) *science **fiction***

---

## FIÈVRE / FEVER

I    1. La **fièvre** des élections était à son comble lorsque le scandale éclata

Election **fever** *(nd)* was at its height when the scandal broke [a]

II    2. Cela fait trois jours qu'il a 39° de **fièvre**

       Comme elle n'avait pas beaucoup de **fièvre**, je n'ai pas appelé le médecin

He's had a **temperature** of 104° for three days

As she only had a slight **temperature** I didn't call the doctor (*moins couramment :* **fever**)

---

a.  Mais :*parler avec **fièvre** : to speak excitedly ; travailler avec **fièvre** : to work feverishly in a **fever** of excitement : dans un état d'excitation fébrile ; at **fever** pitch : à son comble*

◊  (Méd) ***Fièvre** jaune, typhoïde : yellow, typhoid **fever** ; scarlet **fever** : scarlatine ; hay **fever** : rhume des foins ; glandular **fever** : mononucléose*

## FIGURE / FIGURE

**I**  1. Gandhi est une des grandes **figures** du XX$^e$ siècle

Gandhi was one of the great **figures** of the 20th century [a]

**II**  2. N'oublie pas de te laver la **figure**

Don't forget to wash your **face**

Lorsqu'il apprit la nouvelle, sa **figure** s'allongea (= mine)

When he heard the news his **face** fell [b]

3. Ce livre contient de multiples **figures** destinées à faciliter la compréhension du texte

The book contains numerous **illustrations/diagrams** designed to facilitate the reader's comprehension [c]

**III**  4. Write out the number in **figures**

Écrivez le nombre en **chiffres**

I'm no good at **figures** *(pl)*

Je ne suis pas doué en **calcul/ arithmétique**

What **figure** are they asking for the house?

Quel **prix** demandent-ils pour la maison?

5. I assure you I saw a **figure** coming towards me

Je t'assure que j'ai vu une **forme/** une **silhouette** s'approcher de moi

6. She does exercises to keep her **figure**

Elle fait de la gymnastique pour garder la **ligne** [d]

---

a. Mais: *a figure of fun*: un guignol; *faire figure de (riche, héros...)*: to be thought of as/looked on as (rich, a hero...)
b. *Casser la figure à qqn\**: to smash sb's face in\*; *se casser la figure\**: to come a cropper\*
c. Mais: *voir la figure 4*: see figure 4; *figures géométriques*: geometrical figures
d. *She's got a good/lovely figure*: elle est bien faite/bien roulée\*; *she's a fine figure of a woman*: c'est une belle femme
◊ – *Figure (de style)*: stylistic device; *figure of speech*: métaphore, comparaison, (fig) façon de parler
– (Patinage) *Figures libres*: freestyle; *figures imposées*: compulsory figures; (cartes) *les figures*: (Brit) the court cards, (US) the face cards
– *Figure skating*: patinage artistique

## FILE / FILE [a]

**I** 1. Une **file** de soldats passa devant le palais royal

A **file** of soldiers marched past the royal palace [b]
(*aussi :* **line**)
⇨ 2

**II** 2. Nous nous sommes engagés dans la **file** de voitures qui roulait vers Paris

We joined the **line** of cars heading for Paris

Il y avait une **file** d'au moins cinquante personnes devant le cinéma

There was a *(Brit)* **queue**/*(US)* **line** of at least fifty people outside the cinema [c]

3. Il vaudrait mieux rouler sur la **file** de gauche ( = bande de circulation)

You'd better take the left-hand **lane**

**III** 4. The papers were stored in **files**

Les documents étaient conservés dans des **dossiers/classeurs/fichiers**

We haven't got a **file** on Mr. Jones

Nous n'avons pas de **dossier** concernant M. Legrand [d]

---

a. Nous ne traiterons pas ici de l'homonyme anglais **file,** qui signifie **lime.**
b. Le nom anglais **file** s'emploie surtout lorsqu'il s'agit de soldats ou de personnes qui s'alignent à la manière des soldats (p.ex. des enfants dans une cour d'école). Notez également l'expression : *in single file :* en file indienne.
c. **Queue** n'est employé que dans le cas d'une file de personnes ou de véhicules qui attendent.
 – *Prendre la* **file :** (Brit) *to join the queue,* (US) *to join the line*
d. (US) ***File*** *clerk :* documentaliste
◊ *Se garer en double* ***file :*** *to double-park ;* à la ***file :*** *in succession, one after the other*

## FIN *(adj.)* / FINE

**I** 1. Ce fil est trop **fin** pour coudre des boutons

This thread is too **fine** for sewing on buttons with

Les cheveux **fins** sont difficiles à coiffer

**Fine** hair is difficult to manage [a]

| | | |
|---|---|---|
| | 2. J'adore le sable **fin** de la côte belge | I love the **fine** sand of the Belgian coast [b] |
| | Cette petite pluie **fine** est très désagréable | This **fine** rain is most unpleasant |
| II | 3. Elle étala une **fine** couche de beurre sur son pain | She spread a **thin** layer of butter on her bread |
| | Quelle belle photo ! On y distingue même les branches les plus **fines** | What a lovely photograph ! You can see even the **thinnest** branches |
| | Ma sœur a la taille **fine** [les jambes **fines**, les doigts **fins**] | My sister has a **slim/slender** waist [**slim/slender** legs, **thin/slender** fingers] |
| | Elle a les traits **fins**/un **fin** visage | She has **delicate** features |
| | 4. Dans ce restaurant, on sert des mets très **fins** | This restaurant serves **exquisite/choice** dishes [c] |
| | Ce poisson a un goût très **fin**. Ne le gâchez pas en ajoutant une sauce trop relevée | This fish has a very **delicate** flavour. Don't spoil it with a highly seasoned sauce |
| | Sur le paquet, il était écrit « Beurre **fin**. Produit de France » | It said on the packet ' **Choice** butter/**Best quality** butter. Product of France ' |
| | 5. Cette race de chiens a l'odorat très **fin** (= sensible) | This breed of dog has a very **keen** sense of smell |
| | Quelle **fine** ouïe tu as ! Moi, je n'ai rien entendu | What **sharp** hearing/**sharp** ears/a **keen** sense of hearing you have ! I didn't hear anything |
| | Pour faire ce métier, il faut avoir le palais **fin** | You need a **sensitive** palate to do this job |
| | 6. Il est très **fin**. Il saisira l'allusion | He's very **perceptive**. He'll take the hint [d] |
| | Il fait toujours des observations très **fines** | He always makes very **perceptive/shrewd/astute** remarks |
| | C'est **fin**\* ! Qu'est-ce que je vais faire maintenant ? | That wasn't very clever/ That's **not very clever**. What am I going to do now ? |
| | 7. Nous allons lancer nos plus **fins** limiers à ses trousses | We're going to put our **best** sleuths on his trail [e] |
| III | 8. It's going to be a **fine** afternoon. Let's go for a walk | Il va faire **beau**. Allons nous promener [f] |

311

9. There are some very **fine** paintings in this gallery

   Il y a quelques très **beaux** tableaux dans cette galerie

   Such a brilliant boy should have a **fine** future in store for him

   Un garçon aussi brillant a sûrement un **bel** avenir devant lui

   Your father was a **fine** man. You would do well to emulate him

   Ton père était un homme **remarquable**. Tu ferais bien de le prendre comme exemple

10. How's Cathy today ? — She's **fine**, thank you

    Comment va Cathy aujourd'hui ? — Elle va **bien**, merci

    I could get there by five. — (That's) **fine**

    Je pourrais être là à cinq heures. — **Parfait/très bien/d'accord** [g]

---

a. L'adjectif anglais **fine** ne s'emploie que pour des objets ayant un diamètre très petit, qui ne dépasse généralement pas celui d'un fil (comparez 3 : *branche* **fine**, *doigt* **fin**).
b. *Sel* **fin** : table salt ; *sucre* **fin** : (Brit) caster sugar, (US) **fine** sugar
c. – *Épicerie* **fine** ≃ delicatessen ; *perles* **fines** : real pearls ; *of* **fine** workmanship : d'un travail délicat, de facture délicate
   – Mais : *vins* **fins** : **fine**/choice wines ; (F) **fines** herbes : (A) **fines** herbes, mixed herbs
d. Mais : *a* **fine** nuance, distinction : une nuance, distinction subtile/**fine** ; *the* **finer** points (of an argument...) : les points de détail
e. **Fin** *connaisseur* : connoisseur, expert ; **fin** *gourmet* : gourmet
f. (iron) *I hope it keeps* **fine** *for you !\** : je vous souhaite bonne chance !*
g. *That's all very* **fine** *but...* : c'est bien beau/joli tout ça, mais... ; *you're a* **fine** *one to talk !\** : tu peux parler !*
◊ – *Au* **fin** *fond de* : right at the back of (the drawer...), right at the bottom of (the hole...), in the depths of (the forest,...)
   – *On ne connaîtra jamais le* **fin** *mot de l'histoire* : we'll never know the real story/what really happened, we'll never get to the bottom of it ; *tu as l'air* **fin** *!\** : you look a real idiot !
   – *Not to put too* **fine** *a point on it* : bref ; *the* **fine** *arts* : les beaux arts ; *he's got it down to a* **fine** *art* : il le fait à la perfection
□ **Finement** : finely ; (avec subtilité) **cleverly, shrewdly, with finesse**
   **Finely** : finement ; *(vieilli)* **finely** dressed : **magnifiquement** habillé

## FINAL / FINAL

**I**    1. Les accords **finals** de l'hymne national résonnaient dans le stade

The **final** chords of the national anthem rang through the stadium [a]

**III**    2. Is this the **final** version of the bill ?

Est-ce la version **définitive** du projet de loi ?

| | |
|---|---|
| My decision is **final** and I want to hear no more about it | Ma décision est **irrévocable/sans appel** et je ne veux plus entendre parler de cette affaire |
| I'm not going and that's **final** | Je n'irai pas. **Un point, c'est tout/ Il n'y a pas à revenir là-dessus** |

a. – (F) **Final** signifie ʿqui complète une série ou achève une actionʾ. Outre ce sens, l'adjectif anglais **final** peut aussi signifier ʿqui vient en dernier lieuʾ, auquel cas on emploie en français les adjectifs **dernier/ultime** : ex. *let's have a **final** drink before we part* : *prenons un dernier verre avant de nous séparer* ; *one **final** point* : *enfin, un dernier point* ; *a **final** effort* : *un dernier/ultime effort.*
 – (Ponctuation) *Point **final*** : *full stop*, (US) *period* ; *mettre un point **final** à qqch* : *to put an end to sth*
◊ – (Gram) *Proposition **finale*** : ***final** clause, purpose clause*
 – (Hist) *La solution **finale*** : *the **final** solution*
□ **Finalité** : (but) **aim** ; (fonction) **purpose, function**
 **Finality** : **irrévocabilité, caractère définitif** ; *with **finality*** : *avec **fermeté***

## FINALEMENT / FINALLY

I   1. **Finalement,** ils se sont décidés à partir sans lui

**Finally** they decided to go without him [a]
(*aussi* : **eventually, in the end**)

II  2. **Finalement,** à quoi cela sert-il de se dépêcher puisqu'on nous a donné un nouveau délai ? ( = en dernière analyse, en définitive)

**After all,** what's the use of hurrying when the deadline's already been extended ? [b]

**Finalement,** cela revient au même si on part lundi ou mardi

**When all's said and done/after all,** it doesn't make any difference whether we go on Monday or Tuesday

Qu'est-ce que tu as décidé **finalement** ?

**So** what have you decided **(then)** ?/What have you decided **(then)** ?

**Finalement,** je n'aurais jamais dû accepter ce travail

**Actually** I should never have agreed to do the job

III 3. The horseguards rode past, then the royal family and **finally** the bride and bridegroom

Les gardes à cheval passèrent devant nous, ensuite la famille royale et **enfin/pour terminer/en dernier lieu,** les jeunes mariés

| | |
|---|---|
| 4. The matter is not **finally** settled | L'affaire n'est pas encore **définitivement** réglée |

a. **Finalement** a principalement un sens récapitulatif (= en conclusion) (cf. 2), alors que pour **finally**, le sens principal est temporel (= pour finir) (cf. 3). Il n'y a équivalence entre les deux adverbes que lorsque ces deux sens sont combinés, comme c'est le cas pour l'exemple du 1.
b. **After all** s'emploie lorsqu'il y a une idée d'opposition à ce qui a été fait ou dit.

## FINALITÉ / FINALITY

voir : **FINAL / FINAL**

## FINEMENT / FINELY

voir : **FIN / FINE**

## FINIR / TO FINISH

**I** 1. Le film commence à 8 heures et **finit** à 10 heures

The film starts at 8 o'clock and **finishes** at 10
(*aussi :* **ends**)

Le bal **finit** par une valse

The ball **finished** with a waltz [a]
(*aussi :* **ended**)
⇨ 6

2. Quand tu auras **fini** la vaisselle [tes devoirs], tu pourras regarder la télévision

You can watch television when you've **finished** the washing-up [your homework] [b]

3. Il n'y a plus de gâteau. Nous l'avons **fini** hier soir

There's no more cake. We **finished** it yesterday evening

**Finis** ton assiette !

**Finish** what's on your plate ! [c]

4. J'ai presque **fini** de corriger mes copies

I've nearly **finished** marking my exams [d]

5. Quand tu en auras **fini** avec le dictionnaire, pourrais-tu me le passer ?

Could you pass me the dictionary when you've **finished** with it ?

| | | |
|---|---|---|
| | Quand en auras-tu **fini** avec ta thèse de doctorat ? | When will you have **finished** your thesis ? |
| | On n'en aura donc jamais **fini** avec lui ? | Shall we ever have/be **finished** with him ? [e] |

**II** 6. Le sentier **finissait** là. Il fallait abandonner la voiture — The path **ended** there/**came to an end** there. We had to abandon the car

Les verbes qui **finissent** en -oudre sont difficiles à conjuguer — Verbs **ending** in -oudre are difficult to conjugate

7. S'il continue comme ça, il **finira** en prison [dans la misère] — If he goes on like that he'll **end up** in prison [**end his days** in poverty] [f]

8. Il **finira** bien par accepter le remariage de son père — He'll accept his father's remarriage **eventually/in the end**

Tu **finis** par m'agacer avec tes remarques stupides ! — You're **beginning** to annoy me with your stupid remarks !

**III** 9. That long illness nearly **finished** him **(off)** * — Cette longue maladie a failli l'**achever** *

That walk has **finished** me **(off)** * — Cette marche m'a **achevé** */m'a **mis à plat** *

Then he accused me of lying, and that was what really **finished** * me — Et puis, il m'a accusé de mentir et ça m'a vraiment **achevé** */**donné le coup de grâce** *

10. They'd been going out for months and she **finished** * with him last week — Ils sortaient ensemble depuis des mois et elle a **rompu** avec lui la semaine passée

---

a. – **To finish** (v. intr) s'emploie dans le sens temporel ('arriver à son terme dans le temps') et non dans le sens spatial ('arriver à son terme dans l'espace') (cf. 6).
   – (Sports) **To finish** first : arriver/**finir** premier
b. – Notez que lorsque **finir** signifie 'mener une période à son terme', on emploie plutôt **to end** : finir ses jours, sa vie : to end one's days, one's life.
   – (Vêtement...) bien [mal] **fini** : well [badly] **finished** (garment...)
c. We've **finished** all the paint : nous avons utilisé toute la peinture
d. Dans le sens de 'mettre brusquement à son terme, arrêter', on emploie **to stop** : finissez de vous disputer ! : stop quarrelling !
e. Mais : Cette histoire a assez duré. Il faut en **finir** : This affair has gone on long enough. We'll have to put an end to it/to settle the matter once and for all ; (discussion...) à n'en plus **finir**/qui n'en

*finit* pas : endless, never-ending, interminable (discussion...) ; on n'en *finirait* pas de raconter ses histoires de cœur : one could go on for ever about his love affairs ; elle n'en *finit* pas de se préparer : she takes ages to get ready

f. **Finir** (= mourir) *dans un accident [sur l'échafaud]* : to die in an accident [on the scaffold] ; (film...) *finir bien [mal]* : to have a happy [sad] end, to end happily [sadly] ; *tout ça finira mal* : no good will come of it, it will all end in disaster ; *il finira mal, ce garçon* : that boy will come to no good/will come to a bad end

## FLANELLE / FLANNEL

I  1. Je me suis acheté un beau tailleur en **flanelle** — I've bought myself a lovely **flannel** suit [a]

III  2. *(Brit)* Some people prefer using a sponge to a **(face) flannel** — Certaines personnes préfèrent utiliser une éponge plutôt qu'un **gant de toilette** [b]

3. *(Brit) (légèrement vieilli)* What he said sounded convincing but in fact it was nothing but **flannel**\* *(nd)* — Ce qu'il disait semblait convaincant mais en fait, ce n'était que du **blabla**\*

a. – Notez également : **flannels** (pl) : *pantalon de flanelle*
   – *Flanelle de coton* : brushed cotton, flannelette
b. Notez que **(face) flannel** désigne un simple carré de tissu-éponge, qui n'a pas la forme d'un gant.

## FLOTTER / TO FLOAT

I  1. Ce matériau est semblable au liège. Il a toutes les chances de **flotter** — This material is like cork. It is very likely to **float**

Les poissons empoisonnés **flottaient** à la surface de la rivière — The poisoned fish were **floating** on the surface of the water [a]

2. *(Fin)* Quand le franc a commencé à **flotter,** les exportations ont augmenté — When the pound started to **float**, exports increased [b]

II  3. Le drapeau **flottait** au vent [ses cheveux **flottaient** au vent] — The flag was **waving** in the wind [her hair was **streaming out** in the wind]

|   |   |   |
|---|---|---|
| | Les rideaux **flottaient** par la fenêtre ouverte | The curtains **billowed** out of the open window |
| | 4. Une odeur de frites [un parfum étrange] **flottait** dans l'air | A smell of chips [a strange scent] **hung** in the air |
| | 5. Des gens affamés, dont les vêtements **flottaient**, tendaient leurs mains | Hungry people, their clothes **hanging off** them, held out their hands [c] |
| | 6. Le poète laissait **flotter** son imagination | The poet let his imagination **wander/rove** [d] |
| | Un sourire **flottait** sur ses lèvres | A smile **hovered** on/**played** about his lips |
| | 7. Ça y est ! Il **flotte**\* ! Tu as un parapluie ? | Damn ! It's **raining** ! Have you got an umbrella ? |
| III | 8. The children played for hours trying to **float** paper ships in the bath | Les enfants se sont amusés pendant des heures à essayer de **faire flotter** des bateaux en papier dans la baignoire [e] |
| | Their efforts to **float** the sunken ship were unsuccessful | Leurs efforts pour **remettre à flot/renflouer** l'épave échouèrent |
| | The current **floated** the empty boat to the shore | Le courant **ramena** la barque vide vers le rivage |
| | 9. The idea was first **floated** by the Prime Minister | L'idée fut tout d'abord **suggérée** par le premier ministre |
| | 10. *(Fin)* The General Bank has **floated** a new loan | La Banque Générale a **lancé/émis** un nouvel emprunt [f] |

a. – Dans cet emploi intransitif, **to float** est souvent accompagné d'une particule et/ou d'un complément prépositionnel exprimant le déplacement (dans l'air, sur l'eau). Dans ces cas, le français a souvent recours à d'autres verbes : ex. *the boat **floated** down the river : le bateau descendait la rivière ; little clouds **floated** across the sky : de petits nuages traversaient le ciel ; the raft **floated** away : le radeau partit à la dérive/dériva.*
– Notez également : *to float* : faire la planche
b. *To float* (v. tr) : *faire/laisser flotter*
c. *Il flotte dans ses vêtements\** : *his clothes are far too big for him*
d. Mais : *visions floated before his eyes* : *des visions dansaient devant ses yeux*
e. Mais : (Techn) *to float wood* : *flotter du bois*
f. *To float a company* : *créer une société (en émettant des actions)*
◊ (vx, litt) *Flotter* (= être indécis) : *to waver, to hesitate*

317

## FOLIE / FOLLY

I    1. Être aussi brillant et abandonner, c'est de la **folie** ! (= inconscience)     It's **(sheer) folly** for someone as brilliant as that to give up ! [a] (*plus couramment :* it's **(sheer) madness**/it's **crazy** *)

II    2. Il y a eu plusieurs cas de **folie** dans sa famille     There have been several cases of **madness/insanity** in his family [b]

      3. Elle a la **folie** des vieilles voitures     She's **mad** */**crazy** * about old cars

---

a.    Si l'action déraisonnable est une dépense excessive, on peut également employer une construction avec **extravagant** : ex. *ils ont fait une folie en achetant cette maison : it was wildly extravagant of them to buy that house.* Notez également : *vous avez fait des folies ! : it must have cost you a fortune !*

b.    Aimer qqn à la **folie** : *to love sb to distraction, to be madly in love with sb* ; avoir la **folie** des grandeurs : *to have delusions of grandeur*

◊    **Folie** et **folly** peuvent également désigner un type de bâtiment. **Folie** désigne une riche maison de plaisance dans un style architectural extravagant (en anglais ≃ **pleasure house**). **Folly** désigne un château, temple, etc., souvent assez excentrique, à finalité purement esthétique.

## FONCTION / FUNCTION

I    1. Le foie est un organe vital qui remplit de multiples **fonctions** dans le corps humain     The liver is a vital organ which fulfills many **functions** in the human body

      Cette manette a une **fonction** très importante : elle déclenche l'ouverture des portes     This lever has a very important **function** : it activates the opening of the doors

      La **fonction** principale du secrétaire est de rédiger le procès-verbal des réunions     The main **function** of the secretary is to take the minutes at meetings [a]

II    2. À la suite de ce scandale, il a été démis de ses **fonctions** *(pl)*     As a result of this scandal he was dismissed from his **post**/relieved of his **duties**

|  |  | Vous n'entrerez en **fonction(s)** qu'à la fin du mois, quand Monsieur Erdman partira | You will not take up **office**/your **post/duties** until the end of the month, when Mr Erdman leaves [b] |
|---|---|---|---|
| III | 3. | During my year as mayor I had to attend many **(official) functions** | L'année où j'ai été maire, j'ai dû assister à de nombreuses **cérémonies publiques/officielles** |
|  |  | The hotel has several rooms where private **functions** can be held | Il y a plusieurs pièces dans l'hôtel où on peut donner des **réceptions** privées |

a. – Faire **fonction** de : (personne) il fait **fonction** de directeur : he acts as manager ; (chose) ce rideau fait **fonction** de porte : this curtain acts as a door/serves as a door/does instead of a door
– In his **function** as a judge : en sa qualité de juge
b. – Dans l'exercice de ses **fonctions** : in the exercise of one's duties, (Mil, Pol) in the course of duty ; le cumul des **fonctions** est interdit : it is forbidden to hold more than one post/office at the same time ; cela n'entre pas dans les **fonctions** du ministre : that does not come within the minister's responsibilities/province
– Voiture de **fonction** : company car ; appartement de **fonction** : flat that goes with a job
◊ – En **fonction** de : depending on, according to ; être **fonction** de : to depend on, be conditional on, (rarement) be a **function** of
– (Gram, Math, Chim) **Fonction** : function
– La **Fonction** publique : the civil service


## FONCTIONNER / TO FUNCTION

| I | 1. | Sa rate ne **fonctionne** plus normalement | Her spleen is no longer **functioning** normally (aussi : **working**) |
|---|---|---|---|
|  |  | Mon esprit ne **fonctionne** pas bien le matin | My brain doesn't **function** very well in the mornings (aussi : **work**) |
|  |  | On voit bien que tu ne sais pas comment l'administration **fonctionne** dans ce pays | One can see that you don't know how the civil service **functions** in this country [a] (aussi : **works**) ⇨ 2 |
| II | 2. | La machine à écrire ne **fonctionne** plus bien depuis que je l'ai laissé tomber (= être en état de marche) | The typewriter hasn't **worked** very well since I dropped it (moins couramment : **functioned**) |

| | |
|---|---|
| Cette radio **fonctionne** aussi sur piles | This radio also **works/runs** on batteries [b] (*moins couramment :* **functions**) |
| 3. Lorsque la machine **fonctionne**, il est préférable de ne pas brancher d'autres appareils électriques (= être en train de marcher) | It is preferable not to plug in any other electrical appliances while the machine is **running/is in operation** |
| Cet appartement est mal insonorisé. Quand la télévision **fonctionne** chez les voisins, on entend tout | That flat is badly soundproofed. When the neighbours' television **is on,** you can hear everything |

a. Le verbe **to function** est assez rare avec des sujets tels que des machines et des mécanismes (cf. 2). Il est beaucoup plus courant lorsqu'il s'agit d'organes du corps, d'institutions ou d'organisations.
b. *Faire* **fonctionner** *une machine :* to work/operate a machine

## FONTAINE / FOUNTAIN

| | | | |
|---|---|---|---|
| I | 1. | Sais-tu combien il y a de **fontaines** pour la seule ville de Rome ? | Do you know how many **fountains** there are in Rome alone ? [a] |
| II | 2. | Après quelques années, sans raison apparente, la **fontaine** s'est tarie et nous fûmes privés d'eau (*souvent :* **source**) | After a few years the **spring** dried up for no apparent reason and we were left without water |
| III | 3. | God is the **fountain**° of all goodness (*plus souvent :* **fount**°) | Dieu est la **source** de toute bonté |

a. – **Fountain** correspond parfois plutôt à **jet d'eau** : ex. *my brother has put a* **fountain** *in the middle of his pond.*
 – *Drinking* **fountain** *: fontaine publique, jet d'eau potable*
◊ – (fig, humor) *Cette fille, c'est une vraie* **fontaine** *: that girl turns on the waterworks at the slightest excuse*
 – **Fountain** *pen : stylo (à encre)*
 – (US) *Soda* **fountain** *: buvette, cafétéria*

## FOOTBALL / FOOTBALL

I    1. À l'école, j'étais capitaine de l'équipe de **football**
       I was captain of the **football** team at school [a]
       (*US:* **soccer** team)

III   2. *(Brit)* A **football** is round whereas a rugby ball is oval
       Un **ballon de football** est rond tandis qu'un ballon de rugby est ovale [b]

---

a. En anglais britannique, on emploie également le terme **soccer**, surtout lorsque l'on veut faire la différence entre le football et le rugby : ex. *What do you play at school? Soccer or rugby?*
En américain, le mot **soccer** s'emploie pour faire référence au football européen (qui se joue avec un ballon rond) et le mot **football** pour désigner le football américain (qui se joue avec un ballon ovale).

b. (US) ***Football*** *:* ballon de **football** *(ovale) ;* soccer ball *:* ballon de **football** *(rond)*

## FORCE / FORCE

I    1. Nous fûmes tous surpris par la **force** de l'explosion [du vent, du coup]
       We were all surprised by the **force** of the explosion [the wind, the blow] [a]

     2. La police a dû avoir recours à la **force** pour faire évacuer la salle
       The police had to use **force** *(nd)* to clear the room

     3. Tous ceux qui étaient présents ont été convaincus par la **force** de ses arguments
       Everyone present was convinced by the **force** of his arguments [b]
       (*aussi :* **strength**)

       Elle a une **force** de caractère incroyable
       She has amazing **force** *(nd)* of character
       (*aussi :* **strength**)

     4. Notre syndicat est une **force** que le gouvernement aurait tort de sous-estimer
       Our union is a **force** which the government would be wrong to underestimate

       L'interaction complexe des **forces** sociales et économiques pourrait provoquer un retournement de la situation
       The complex interplay of social and economic **forces** could lead to a sudden swing of the pendulum [c]

|     |     |     |     |
| --- | --- | --- | --- |
|     | 5. | Les manœuvres des **forces** *(pl)* armées ennemies inquiètent la population | The manoeuvres of the enemy armed **forces** *(pl)* are causing anxiety among the civilian population |
|     |     | Un État totalitaire a toujours d'importantes **forces** *(pl)* de police | A totalitarian state always has a large police **force** [d] ⇨ 10 |
| II  | 6.  | C'était un homme d'une **force** phénoménale, un vrai colosse ! | He was a man of phenomenal **strength**, a real giant of a man ! [e] |
|     | 7.  | C'est incroyable comme il a vite repris des **forces** *(pl)* après sa maladie | It's amazing how quickly he got his **strength** back after his illness |
|     | 8.  | Sa grande **force**, c'est son calme (= atout) | His great **strength** is his imperturbability |
|     |     | Leur grande **force**, c'est qu'ils ont le monopole du marché scolaire | Their great **strength** is that they have the monopoly of the school market |
|     | 9.  | Marie est à peu près de la même **force** que moi en maths [au tennis] | Mary's **standard** in maths [at tennis] is about the same as mine [f] (*aussi* : Mary and I are roughly **equal/on a par...**) |
| III | 10. | His father is in the **forces** *(pl)* | Son père est dans l'**armée**/est **militaire** |
|     | 11. | Our sales **force** has doubled in the last five years | Notre **équipe** de vente a doublé en cinq ans [g] |

---

a. *Vent de* **force** *3* : **force** *3 wind*

b. *Par la* **force** *de l'habitude, des choses* : *through* **force** *of habit, circumstance*

c. *Mais* : *he's a great* **force** *in the Party* : *il exerce une influence puissante au sein du parti* ; *that movement is a spent* **force** : *ce mouvement n'a plus l'influence/le pouvoir qu'il avait*

d. *Mais* : *d'importantes* **forces** *de police assuraient le bon déroulement de la manifestation* : *a large police contingent/large contingents of police ensured that the demonstration passed without incident*

e. *Avoir de la* **force** : *to be strong* ; *avoir beaucoup de* **force** : *to have great strength, to be very strong* ; *se sentir la* **force** *de faire qqch* : (physique) *to have the strength to do sth,* (moral) *to feel up to doing sth*

f. *Être de première* **force** : *to be first-rate*

g. *Work/labour* **force** : *effectifs, personnel, main d'œuvre*

◊ – **Force** *de dissuasion (nucléaire)* : *nuclear deterrent* ; *cas de* **force** *majeure* : *case of circumstances beyond one's control, case of* **force** *majeure* ; *dans la* **force** *de l'âge* : *in the prime of life* ; (Phys) **force** *(de gravité...)* : **force** *((of gravity...)*

– *To be in* **force**, *to come into* **force** : *être, entrer en vigueur* ; *to join* **forces** : *s'unir*

## FORMAT / FORMAT

I    1. *(Imprim)* Ce livre existe aussi en **format** in-quarto

This book also exists in quarto **format**
⇨ 2

II    2. Tu veux des photos [des enveloppes, des feuilles] de quel **format** ?

What **size** photos [envelopes, paper] do you want ? [a]

C'est une valise de **format** très pratique. On peut même l'emporter dans l'avion

This suitcase is a very convenient **size**. You can even use it as hand luggage

III    3. Would you mind if we changed the **format** of the article slightly ?

Verriez-vous un inconvénient à ce que nous changions légèrement la **présentation** de l'article ?

The dictionary is available in three different **formats** : paperback, hardback and microfilm

Le dictionnaire est disponible sous trois **formes** : livre broché, livre cartonné et microfilm

4. They have decided to try out a new **format** for that television programme. It was about time !

Ils ont décidé d'essayer une nouvelle **formule** pour ce programme de télévision. Il était temps !

---

a.   On emploie parfois le mot anglais **format** dans un langage plus technique.
◊   (Informat) **Format : format**

## FORME / FORM

I    1. Si on en juge d'après sa **forme**, il semble évident que ce vase soit grec

To judge by its **form** this vase is clearly Greek
(*plus couramment :* **shape**)

La pièce est de **forme** rectangulaire

The room is rectangular in **form**
(*plus couramment :* **shape**)

2. Une **forme** imprécise disparut dans la pénombre (= silhouette)

An indistinct **form** disappeared into the shadows
(*plus couramment :* **shape**)

323

| | 3. | La démocratie est une **forme** de gouvernement parmi d'autres | Democracy is one **form** of government among many [a] |
|---|---|---|---|
| | 4. | Je n'ai rien à redire à la **forme** de ce poème. Quant au fond, c'est une autre histoire ! | I have no quarrel with the **form** of the poem. As to the content, that's quite another story ! [b] |
| | 5. | En anglais comme en français, on distingue la **forme** active du verbe de la **forme** passive | In English, as in French, the active **form** of the verb is distinguished from its passive **form** |
| | 6. | Grâce à mon jogging quotidien, je sens que la **forme** revient petit à petit | Thanks to my daily jogging I feel my **form** is gradually coming back [c] |
| II | 7. | Elle porte toujours des robes qui soulignent ses **formes** *(pl)* | She always wears dresses which accentuate her **curves**/the **curves of her body** |
| | 8. | Avec un homme aussi pointilleux, il est essentiel de respecter les **formes** *(pl)* | With someone as punctilious as him it is vital to respect the **conventions/proprieties** [d] |
| III | 9. | You are requested to fill in the **form** and return it as soon as possible | Vous êtes priés de remplir le **formulaire** et de le renvoyer aussi vite que possible [e] |
| | 10. | *(Brit)* My son is top of his **form** this year | Cette année, mon fils est premier de sa **classe** |
| | 11. | It is considered bad **form** to smoke in church [good **form** to greet the hostess first] | Il est de mauvais **ton** de fumer dans une église [de bon **ton** de saluer d'abord la maîtresse de maison] |
| | 12. | *(Brit)* At school the children used to sit on **forms** (*plus souvent :* **benches**) | À l'école, les enfants étaient assis sur des **bancs** |

---

a. **Form** a un champ d'application plus large que son correspondant français et sera souvent traduit par **sorte** ou **type** : ex. *a suitable* **form** *of gift, different* **forms** *of vegetation*.

b. Notez également : *pour la* **forme** *: as a matter of* **form**, *for* **form's** *sake* ; *en bonne et due* **forme** *: in due* **form**

c. *Je suis en* **forme** *: I feel fine*, (Sports) (Brit) *I'm on* **form**, (US) *I'm in* **form** ; *je ne suis pas en* **forme** *: I don't feel well, I'm a bit under the weather*, (Sports) *I'm off* **form**

d. *Dans les* **formes** *: in the accepted way* ; *refuser en y mettant les* **formes** *: to decline as tactfully as possible*

e. *Tax* **form** *: feuille d'impôts* ; *application* **form** *: formulaire de demande, bulletin de souscription* ; *order* **form** *: bon de commande*

◊ – (Brit) *That man's got* **form**\* *: cet homme a déjà fait de la taule*\*
 – (Hippisme) **Form** *: tableau des performances (d'un cheval)*

## FORMEL / FORMAL

**I** 1. Le critique littéraire a bien fait ressortir les qualités **formelles** du texte
 — The literary critic succeeded in demonstrating the **formal** virtues of the text

**II** 2. Les troupes ont reçu l'ordre **formel** de quitter la capitale libanaise
 — The troops were given **strict** orders to leave the Lebanese capital

 Le ministre a envoyé un démenti **formel** des accusations portées contre lui
 — The minister sent a **definite/positive** denial of the accusations made against him

 Le témoin est **formel** (sur ce point)
 — The witness is **definite** (on this point)/**positive** (on this point) [a]

 3. Nous savions tous que c'était une protestation purement **formelle** (*plus souvent :* **de pure forme**)
 — We all knew it was a protest made purely **for form's sake**/it was a purely **token** *(épith)* protest

**III** 4. He was very **formal** and I didn't know how to behave
 — Il était très **guindé/cérémonieux** et je ne savais comment me comporter

 Some of the letters of condolence I received were very **formal**, others were more personal
 — Parmi les lettres de condoléances que j'ai reçues, certaines étaient très **conventionnelles**, d'autres plus personnelles

 This word is not used in **formal** language
 — Ce mot n'est pas employé dans la langue **soignée**/dans un style **soutenu**

 5. We were invited to a **formal** dinner at the embassy
 — Nous avons été invités à un dîner **officiel** à l'ambassade

 The Queen paid a **formal** call on India's Prime Minister
 — La reine a rendu une visite **officielle** au premier ministre indien

 We are still waiting for a **formal** reply [a **formal** agreement]
 — Nous attendons toujours une réponse **officielle** [un accord **en bonne et due forme**]

---

a. *Interdiction* **formelle** *d'allumer du feu :* lighting fires is strictly prohibited

◊ – **Formal** garden : jardin à la française
 – I didn't have much **formal** education : je n'ai pas fait de longues études, mon éducation scolaire a été assez réduite

## FORMELLEMENT / FORMALLY

I    1. Ce serait un non-sens d'analyser ce poème **formellement** — It would be ridiculous to analyse this poem **formally**

II    2. L'accusé a été **formellement** reconnu par plusieurs témoins — The defendant has been **positively** identified by several witnesses [a]

     Il est **formellement** établi qu'il est coupable — It has been **positively** established that he's guilty

III    3. He's always very **formally** dressed. You'll never see him in jeans — Il est toujours très **strictement** vêtu. Tu ne le verras jamais en jeans

     4. We have not been **formally** notified about the restrictive measures — Nous n'avons pas encore été informés **officiellement** des mesures de restriction

---

[a]. *Il est **formellement** interdit de... : it is strictly forbidden to*

## (SE) FORMER / TO FORM

I    1. Vu le résultat des élections, il ne sera pas facile de **former** un gouvernement — The election results being what they are, it won't be easy to **form** a government

     Ils ont décidé de **former** un comité d'aide aux prisonniers (*souvent :* **constituer, créer**) — They've decided to **form** a committee to help prisoners

   2. Des nuages menaçants **se formaient** à l'horizon — Menacing clouds were **forming** on the horizon

   3. Le manioc **forme** la base de leur alimentation — Cassava **forms** the basis of their diet

     Alice, Paul et Jean **forment** un groupe très uni — Alice, Paul and John **form** a close-knit group

     Les tableaux qui **forment** sa collection viennent des quatre coins du monde — The pictures which **form** his collection come from all over the world [a]
(*souvent :* **make up**)

|  |  | Les deux routes **forment** un angle droit | The two roads **form** a right angle [b] |
|---|---|---|---|
|  | 4. | Les manifestants **formèrent** un cortège Boulevard Raspail | The demonstrators **formed** a procession in Oxford Street |
|  |  | Les élèves **formaient** un cercle autour de l'instituteur | The children **formed** a circle round the teacher |
|  | 5. | En anglais, on **forme** généralement le pluriel des noms en ajoutant un -s | In English the plural of nouns is generally **formed** by adding an -s |
| II | 6. | Cet institut **forme** les meilleurs interprètes | This school **trains** the best interpreters |
|  |  | Cette université a **formé** d'excellents politiciens | This university has **turned out/produced** some excellent politicians [c] |
| III | 7. | The child **formed** a swallow out of clay [out of a piece of wood] | L'enfant **façonna/sculpta** une hirondelle dans de l'argile [dans un morceau de bois] [d] |
|  | 8. | I **formed** the impression that he was not trustworthy | J'ai **eu** l'impression qu'il n'était pas digne de confiance [e] |
|  |  | It is important that children **form** good habits at an early age | Il est important que les enfants **prennent** de bonnes habitudes dès le plus jeune âge |

---

a. – Au passif, on emploiera plutôt **to be made up of/to consist of** : ex. *ce mot est formé de dix lettres* : *the word is made up of/consists of ten letters.*
b. *La rivière forme une boucle* : *the river describes/follows a curve*
c. Mais : *former le goût, le caractère, l'esprit* : **to form**
d. Mais : **to form** *letters, sentences* : *former des lettres, des phrases*
e. – Mais : **to form** *an opinion* : *se former/se faire une opinion*
 – **To form** *a friendship* : *nouer une amitié*
◊ *Former un numéro (de téléphone)* : *to dial a number*

## FORMIDABLE / FORMIDABLE

| II | 1. | Nous avons entendu une détonation **formidable** et ensuite nous avons vu des flammes | We heard a **terrific/tremendous** explosion and then we saw flames |
|---|---|---|---|

|   |   |   |   |
|---|---|---|---|
|   |   | Il a un culot **formidable** : il s'est carrément fait inviter | He's got a **terrific/tremendous** nerve. He just invited himself [a] |
|   | 2. | C'est un type **formidable** ! Je suis sûre qu'il nous aidera | He's a **fantastic***/**great***/ **tremendous*** guy. I'm sure he'll help us |
|   |   | J'ai vu un film **formidable** ! | I saw a **fantastic***/**great***/ **terrific*** film |
|   | 3. | C'est tout de même **formidable*** que vous n'ayez rien osé dire | It's quite **incredible** that you didn't dare to say anything |
|   |   | Il est tout de même **formidable*** ! Il n'a jamais proposé de me rembourser les billets | He's **incredible** ! He never even offered to pay me for the tickets |
| III | 4. | An approaching hurricane is a **formidable** sight | L'approche d'un ouragan est un spectacle **impressionnant** |
|   |   | When they discovered that the enemy had such a **formidable** weapon, they surrendered | Quand ils apprirent que l'ennemi possédait une arme aussi **redoutable,** ils capitulèrent |
|   |   | My grandmother's a **formidable** old lady. You'll have to mind your manners | Ma grand-mère est une vieille dame **redoutable**. Tâche de bien te conduire ! |

a. L'adjectif anglais **formidable** est parfois possible dans le sens de ˮtrès grandˮ (ex. *a formidable* capacity for work, a *formidable* task : une capacité de travail, une tâche **formidable/** *énorme*), mais il appartient à un registre de langage plus soutenu que son correspondant français.

## (SE) FOURNIR / TO FURNISH

|   |   |   |   |
|---|---|---|---|
| II | 1. | Pouvez-vous (me) **fournir** de plus amples renseignements sur votre situation antérieure ? | Can you **provide/supply** (me with) more information about your previous job ? (*plus rarement :* **furnish°**) |
|   |   | Cette nouvelle entreprise **fournira** du travail à une centaine de personnes | This new company will **provide** work for a hundred people |
|   |   | Notre organisation a décidé de **fournir** de l'aide aux mères célibataires | Our organization has decided to **give** help to unmarried mothers |

2. Quelle est la centrale qui **fournit** l'électricité à cette usine ?
(= alimenter en, approvisionner en)

Which power station **supplies** this factory with electricity ?

La femme qui nous **fournissait** le lait autrefois est morte hier

The woman who used to **supply** us with milk died yesterday

3. Vous avez de la bonne marchandise. Chez qui **vous fournissez-vous** ?

You've got good merchandise. Where do you **get** your **supplies** from ?/Who is your **supplier** ?

Je **me fournis** toujours chez le même épicier

I always **buy/get my groceries** from the same place/I always **shop** at the same grocer's

4. Ce vignoble **fournit** du vin de bonne qualité (= produire)

This vineyard **produces** wine of very high quality

5. La famille **fournissait**° à ses besoins
(*plus souvent :* **subvenait, pourvoyait**)

The family **provided** for his needs

C'est sa femme qui **fournit** aux besoins du ménage

His wife **provides** for the needs of the household

**III** 6. This loan will enable me to **furnish** my flat

Ce prêt me permettra de **meubler** mon appartement

◊ *Fournir un effort :* to make an effort

## FRAGILE / FRAGILE

**I** 1. C'est à peine si j'ose épousseter ce vase. Il est tellement **fragile**

I hardly dare dust this vase. It's so **fragile**

Il n'avait pas lu l'étiquette « Attention, **fragile** »

He hadn't seen the label : **Fragile, handle with care** [a]

**II** 2. J'ai une santé de fer. Par contre, ma sœur est très **fragile**

I have an iron constitution whereas my sister's very **delicate** [b]
(*rarement :* **fragile**)

Depuis qu'il est tout petit, il a l'estomac **fragile** [il est **fragile** des bronches]

He's had a **delicate/weak** stomach [a **delicate/weak** chest] ever since he was a child

3. C'est un être **fragile**, qui a continuellement besoin d'être encouragé, rassuré

He's a **vulnerable/insecure** person, who needs constant encouragement and reassurance

4. Une victoire électorale aussi **fragile** est de mauvaise augure

Such a **flimsy** electoral victory augurs ill for the future

Le moindre changement politique pourrait mettre en péril cet équilibre **fragile**

The slightest political change could endanger this **delicate** balance [c]

---

a. L'adjectif anglais **fragile** s'emploie dans le sens de 'qui se brise facilement de par sa nature même' (verre, porcelaine, etc.). Il ne s'emploie pas dans le sens de 'pas solide, pas résistant, qu'on peut endommager facilement': *cette table est trop **fragile** pour supporter ce poids: this table is not strong enough to hold that weight; échaffaudage **fragile**: flimsy/insubstantial scaffolding; mécanisme électronique **fragile**: delicate electronic mechanism; plante **fragile**: delicate plant.*
b. Notez l'emploi de **fragile** dans l'expression familière: *I'm feeling rather **fragile**\* this morning: je me sens un peu vaseux\* ce matin*
c. – Argument **fragile**: flimsy argument; espoir **fragile**: frail hope
   – L'adjectif anglais **fragile**, bien que moins courant que son correspondant français dans ce sens, est cependant possible dans certains cas: ex. ***fragile** peace, economy, happiness.*

## FRAÎCHEMENT / FRESHLY

I  1. Des fruits **fraîchement** cueillis arrivent ici tous les matins

**Freshly** picked fruit arrives here every morning

Tu vois d'ici le tableau : cet instituteur **fraîchement** arrivé de sa campagne natale et cette bande de cancres !
(*aussi* : **nouvellement**)

Can you imagine the picture ? The young teacher **freshly** arrived from the country and that gang of hooligans [a]

II  2. Le ministre a été accueilli assez **fraîchement** par la population rurale

The minister was given a rather **cool** reception by the rural population

---

a. Mais : *une amitié **fraîchement** nouée : a newly-formed friendship*

# FRAIS (adj.) / FRESH

I    1. Ces œufs ne sont pas très **frais**. Tu devrais les jeter

These eggs are not very **fresh**. You ought to throw them away

Mes enfants adorent le pain **frais**

My children love **fresh** bread

2. Tu devrais manger plus de fruits [légumes] **frais** et moins de conserves

You should eat more **fresh** fruit [vegetables] and less canned food

3. Un peu d'air **frais** serait le bienvenu dans cette pièce

We could do with a bit of **fresh** air in this room [a]

4. Je voudrais offrir une eau de toilette. J'aimerais quelque chose de jeune, de **frais**

I'd like to buy some toilet water as a present. I want something young and **fresh**

5. Loin d'être épuisé après la course, je me sentais **frais**, prêt à recommencer

Far from being exhausted at the end of the race, I felt **fresh** and ready to start all over again [b]

6. Ces traces sont toutes **fraîches**. Il ne doit pas être loin.

These tracks are **fresh**. He can't be far away [c]

II    7. Nous cherchions un endroit **frais** pour pique-niquer

We were looking for a **cool** place to have a picnic

C'est agréable, ce petit vent **frais**

This **cool** breeze is rather nice [d]

Il faudrait prévoir des boissons **fraîches**. Il va faire chaud

It's going to be hot. We must get in a supply of **cold** drinks [e]

Mets ton manteau. Il fait **frais** ce matin

Put your coat on. It's a bit **chilly** this morning [f]

8. Nous avons reçu un accueil très **frais**

We received a very **cool/chilly** welcome

Les relations entre ces deux pays sont plutôt **fraîches**

The relations between the two countries are rather **cool/chilly**

9. J'ai oublié le numéro du coffre. Me voilà **frais*** !

I've forgotten the number of the safe. I'm in a **fix***/a **nice mess*** now !

III    10. Whenever a **fresh** government crisis hits the headlines, they all start clamouring for a new policy

À chaque **nouvelle** crise gouvernementale, ils réclament tous un changement de politique [g]

331

| | | |
|---|---|---|
| | 11. Our new maths teacher is **fresh** from university | Notre nouveau professeur de mathématiques est **frais émoulu** de l'université |
| | 12. Trout live in **fresh** water | Les truites vivent en eau **douce** |
| | 13. Don't get **fresh**\* with me, young man ! | Ne soyez pas **impertinent/insolent** (avec moi), jeune homme ! [h] |

a. *I'm going out for some **fresh** air : je sors prendre l'air/prendre le **frais** ; in the **fresh** air : au grand air, en plein air*
b. **Frais** et dispos, **frais** comme une rose : **fresh** as a daisy
c. Peinture **fraîche** : wet paint
d. Mais : (Mar) vent **frais** : **fresh** breeze
e. En plus de **cold**, on emploie parfois l'adjectif **cool** lorsqu'on met l'accent sur l'effet rafraîchissant de la boisson : ex. *je donnerais n'importe quoi pour une bière bien **fraîche** : I'd give anything for a nice cool/cold beer.*
f. **Fresh** s'emploie parfois dans un style familier : ex. *it's a bit **fresh** today.*
g. – To put on **fresh** clothes : se changer ; to put **fresh** courage into sb : redonner courage à qqn ; to break **fresh** ground : faire œuvre de pionnier, faire qqch d'entièrement nouveau
 – Notez également : *she's **fresh** to teaching : elle n'a pas d'expérience dans l'enseignement*
h. Aussi : *to get **fresh**\* with sb : prendre des libertés/des privautés avec qqn, draguer\* qqn*
◊ Argent **frais** : ready cash

## FRANC *(adj.)* / FRANK

| | | |
|---|---|---|
| I | 1. Je vais être **franc** avec vous : vous n'avez pas la moindre chance d'être promu | To be **frank** with you, you haven't got the slightest chance of promotion |
| | N'hésite pas à me donner une réponse **franche** | Don't hesitate to give me a **frank** reply [a] |
| II | 2. Il y avait, dans toute son attitude envers moi, une **franche** hostilité | There was a **definite** hostility in his attitude towards me [b] |
| | 3. Ton assureur est un **franc** scélérat ! (*plus souvent :* **fameux, sacré**\*) | Your insurance agent is a **downright**/an **absolute** scoundrel |

a. – **Frank** s'emploie rarement lorsque **franc** désigne un trait de caractère : *une personne **franche** : a straightforward*/(plus rarement) **frank** *person.*
 – Jouer **franc** jeu : to play fair ; avoir son **franc**-parler : to speak one's mind, to be outspoken
b. Un rouge [un vert...] **franc** : a clear/pure red [green...]

◊ – Avoir les coudées **franches** : to have elbowroom
– Zone **franche** : free zone ; (Comm) **franc** de port (plus souvent : franco (de port)) : (marchandises) carriage-paid, (lettre, paquet) postage paid ; (Foot) coup **franc** : free kick ; (Admin) huit jours **francs** : eight clear days

## FRAUDE / FRAUD

**I** 1. (Jur) Ce banquier a été reconnu coupable de **fraude**. Il vendait des actions qui n'avaient aucune valeur

The banker was found guilty of **fraud**. He had been selling shares worth nothing at all [a]

**III** 2. That man's a **fraud** ! He's no more an earl than I am !

Cet homme est un **imposteur**. Il n'est pas plus comte que moi ! [b]

This slimming cream's a **fraud** ! I haven't lost an inch round the waist

Cette crème amincissante est un **attrape-nigaud**. Je n'ai pas perdu un centimètre de tour de taille

This reform programme is a massive **fraud** !

Ce programme de réformes est une vaste **fumisterie*** !

---

a. – **Fraude** électorale : electoral/election **fraud**
– Mais : **fraude** fiscale : tax evasion ; **fraude** à un examen : cheating ; fabriquer, vendre qqch en **fraude** : to make, sell sth fraudulently ; fumer, lire en **fraude** : to smoke, read secretly ; (faire) passer qqch/qqn en **fraude** : to smuggle sth/sb in, to smuggle sth through the customs
b. (humor) *(You) old fraud !* : sacré farceur !

## FUEL / FUEL

**II** 1. As-tu rentré assez de **fuel(-oil)** pour l'hiver ? (aussi : **mazout**)

Have you got in enough **(heating) oil** for the winter ? [a]

**III** 2. There are various kinds of **fuel** (nd) : wood, coal, gas, etc.

Il existe différentes sortes de **combustibles** : le bois, le charbon, le gaz, etc.

333

|  |  |
|---|---|
| Petrol is the most widely used **fuel** | L'essence est le plus employé des **carburants** [b] |

a. **Fuel(-oil)** *lourd* (navires, industrie...) : **fuel** *oil*
b. To add **fuel** to the flames : *mettre de l'huile sur le feu*

## GAI / GAY

**II** 1. Caroline est une fille **gaie,** toujours de bonne humeur — Caroline is a **cheerful/happy,** good-humoured girl [a]

La soirée a été très **gaie** et s'est terminée très tard — The evening was great **fun** and ended very late [b]

Tu ne pourrais pas nous passer de la musique un peu plus **gaie** ? — Couldn't you put on some more **cheerful** music ?

Pour la chambre de Julie, j'ai choisi un papier peint très clair, très **gai** — I've chosen a light, **bright/cheerful** paper for Julie's room

2. À la fin du repas, nous étions tous un peu **gais** (= émoustillé) — By the end of the meal we were all a bit **merry\*/tipsy\***

3. *(iron)* Ça va être **gai,** les vacances avec tes parents ! — It's going to be **great fun** going on holidays with your parents !

*(iron)* Toutes les boulangeries sont fermées et je n'ai plus de pain. C'est **gai** ! — All the bakers are closed and I haven't got any bread. That's **great/wonderful/marvellous** !

**III** 4. It was some time before I realized that Julian was **gay\*** — Je n'ai pas tout de suite réalisé que Julien était **homosexuel** [c]

---

a. Le sens 4 (= homosexuel) s'étant tellement implanté en anglais, **gay** n'est plus guère employé dans le sens de °joyeux°. Notez cependant : **gay** *Paris* : *le* **gai** *Paris* ; *with* **gay** *abandon* : *sans retenue, avec insouciance, sous l'impulsion du moment*.
b. En Belgique, l'adjectif **gai** est employé non seulement dans le sens de °joyeux, joyeusement animé° mais aussi dans celui de °agréable, plaisant°. Dans ce cas, on emploiera en anglais **nice, pleasant, fun**.
c. L'adjectif **gay** (parfois francisé en **gai**) est en train de se répandre en français : ex. *un restaurant* **gay/gai**.

## GAIN / GAIN

**I**  1. L'amour du **gain** a corrompu de nombreuses personnes

The love of **gain** (nd) has corrupted many people
⇨ 2

**II**  2. Les **gains** (pl) sporadiques de mes enfants ne représentent qu'une goutte d'eau dans l'océan

My children's occasional **earnings** are only a drop in the ocean

J'ai appris que tu as gagné à la loterie. Que comptes-tu faire de tes **gains** (pl) ?

I hear you've won the lottery. What are you going to do with your **winnings**?

Certaines personnes parviennent à faire des **gains** (pl) importants à la Bourse

Some people make large **profits** on the Stock Exchange [a]

3. Le **gain** de la bataille a donné à ce pays la suprématie sur ses voisins

(The) **winning** (of) the battle gave this country supremacy over its neighbours [b]

4. Quel **gain** retire-t-on de l'étude d'une langue morte telle que le latin ?

What **benefit** does one derive from studying a dead language such as Latin ?

5. Cela représenterait un **gain** de place [de temps, d'argent] considérable (= économie)

That would represent a considerable **saving** of space [time, money]

**III**  6. The doctor said that a slight **gain** in weight was to be expected

Le médecin a dit qu'il fallait s'attendre à une légère **augmentation** de poids

(Fin) The Stock Exchange reports **gains** of up to four points

La Bourse annonce des **hausses** allant jusqu'à quatre points

---

a. (A) **Gains** s'emploie dans certaines expressions : *losses and gains : gains et pertes ; illicit gains : gains illicites ; ill-gotten gains : gains mal acquis ; capital gains tax : impôts sur les plus-values.*

b. – Aussi : *gain d'un procès : winning a case ; gain d'un siège (aux élections) :* (obtention) *winning a seat,* (augmentation) *gaining a seat*
 – *Avoir/obtenir gain de cause : to carry one's point, to get satisfaction,* (Jur) *to win one's case ; donner gain de cause à qqn : to decide in favour of sb, to admit that sb is (in the) right,* (Jur) *to find for sb*

## GANG / GANG

**I** 1. La police pense que les trois hold-up ont été commis par le même **gang**

The police think that the three hold-ups were carried out by the same **gang**

**III** 2. The lorry drove a **gang** of workers [prisoners] to the nearby town

Le camion emmenait une **équipe** d'ouvriers [un **convoi** de prisonniers] à la ville voisine

3. My son is going about with a **gang** of youths I thoroughly disapprove of

Mon fils fréquente une **bande** de jeunes qui ne me plaît pas du tout

## GARDE (f.) / GUARD

**I** 1. Je suis allé voir la relève de la **garde** à Buckingham Palace

I went to see the changing of the **guard** at Buckingham Palace

Le sergent ordonna de renforcer la **garde** auprès du coffre

The sergeant gave orders to reinforce the **guard** around the safe [a]

2. La **garde** du fleuret sert à protéger la main de l'escrimeur

The **guard** on the foil protects the fencer's hand [b]

**II** 3. Cette infirmière a une **garde** de douze heures aujourd'hui

The nurse is on **duty** for twelve hours today

J'assure la **garde** de pédiatrie ce week-end

I'm on **duty** on the children's ward this weekend [c]

4. Après avoir veillé son patient toute la nuit, la **garde(-malade)** s'endormit au petit matin

Having sat up all night with her patient, the **nurse** fell asleep in the early hours of the morning

5. Elle confia ses bijoux à la **garde** de son banquier

She entrusted her jewels to her banker's **care/safekeeping**

| | |
|---|---|
| (Jur) Au vu des antécédents du mari, le juge confia la **garde** des enfants à la mère | In view of the husband's history, the judge gave the mother **custody** of the children |

---

a. – La **garde** à cheval : the Horse **Guards** ; être de **garde** : to be on **guard** ; monter la **garde** : to mount **guard**
– Le mot anglais **guard** peut faire référence à un ensemble d'hommes (en français : la **garde**) ou à un seul homme (en français : le **garde**). En cas d'ambiguïté, il est à conseiller de traduire le collectif par le mot **guard** au pluriel : ex. la **garde** emmena le prisonnier : the **guards** took the prisoner away.
b. Mais : enfoncer le poignard jusqu'à la **garde** : to thrust the dagger in up to the hilt
c. Être de **garde** : (médecin, pharmacien) to be on duty ; médecin, pharmacien de **garde** : duty doctor, chemist
◊ (Boxe, Escrime) Se mettre en **garde** : to take one's **guard** ; (fig) se tenir sur ses **gardes** : to be on one's **guard** ; mettre qqn en **garde** (contre) : to put sb on his **guard**, to warn sb (against) ; prendre **garde** (à qqch) : to be careful of sth, to mind sth

## GARDE (m.) / GUARD

| | | |
|---|---|---|
| I | 1. Le roi est toujours entouré de ses **gardes** | The King is always surrounded by his **guards** [a] |
| | Malgré la vigilance de ses **gardes**, le prisonnier a réussi à s'échapper (aussi : **gardiens**) | Despite the vigilance of his **guards** the prisoner succeeded in escaping [b] (aussi : (Brit) **warder**, (US) **warden**) |
| | Il y a souvent dans les parkings des **gardes** armés accompagnés de chiens (aussi : **gardiens**) | There are often armed **(security) guards** with dogs in the carparks |
| II | 2. Le **garde** nous a interdit de marcher sur les pelouses du parc (aussi : **gardien**) | The **keeper** told us not to walk on the grass in the park |
| | Tu es fou de couper du bois ici. Si le **garde (forestier)** passe par ici, tu auras une amende | You're crazy to cut wood here. If the **forest warden** comes by you'll get fined |

| | | | |
|---|---|---|---|
| III | 3. | *(Brit)* Ask the **guard** when we're due to arrive | Demande l'heure d'arrivée au **chef de train** (*Belg :* **garde**) |

a. Le mot anglais **guard** est surtout employé pour des policiers, des soldats, des gardiens de prison (comparez 2).
b. – Lorsque l'on fait plus spécifiquement référence au métier de gardien de prison, on emploiera plutôt le mot (Brit) **warder**/(US) **warden** *(ex. he's a* (Brit) *warder*/(US) *warden at Wormwood Scrubs).*
– **Garde** du corps : *bodyguard*

◊ **Garde**-champêtre ≃ *country policeman ;* **Garde** des Sceaux ≃ (Brit) *Lord Chancellor,* (US) *Attorney General*


## GARDIEN / GUARDIAN

| | | | |
|---|---|---|---|
| I | 1. | Il a souligné le rôle important du Sénat, **gardien** de la constitution | He stressed the important role of the Senate, the **guardian** of the constitution |
| II | 2. | Les **gardiens** de l'usine font leur ronde toutes les trois heures | The **(security) guards** at the factory do their rounds every three hours |
| | | Le **gardien** du musée lui a demandé d'éteindre sa cigarette | The museum **attendant** asked him to put out his cigarette |
| | | Quand j'étais petit, je voulais devenir **gardien** de phare [de zoo, de jardin public] | When I was little, I wanted to be a lighthouse [zoo, park] **keeper** [a] |
| III | 3. | After the death of his parents John was brought up by his **guardian** | Après la mort de ses parents, Jean fut élevé par son **tuteur** |

a. Notez également : **gardien** *de réserve naturelle :* warden of a nature reserve ; **gardien(ne)** *d'immeuble :* caretaker, (US) janitor ; **gardien** *de prison :* (Brit) prison warder, (US) prison warden ; **gardien** *de nuit :* night watchman ; **gardien** *de la paix :* policeman (in town) ; (Sports) **gardien** *de but :* goalkeeper

## GÂTEAU / GÂTEAU

I    1. Comme dessert, je vous conseille le **gâteau** au chocolat

I recommend the chocolate **gâteau** for dessert [a]
⇨ 2

II    2. Maman, qu'est-ce que tu vas faire comme **gâteau** pour mon anniversaire ?

What kind of **cake** are you going to make for my birthday, mummy ?

      3. Il avait acheté trois **gâteaux** : un éclair, un chou à la crème et un chausson

He had bought three **cakes/pastries** : an eclair, a cream puff and a turnover [b]

---

a. – En anglais, le mot **gâteau** désigne un grand gâteau rond garni de crème et souvent de fruits et de noisettes. Coupé en morceaux, il est souvent servi comme dessert dans les restaurants.
     – (fig) *Vouloir sa part du gâteau :* to want one's share of the loot/one's slice of the cake/(US) *a piece of the pie*

b. *Gâteaux secs/petits gâteaux :* (Brit) *biscuits,* (US) *cookies*

◊    *C'est du gâteau !\* : it's a walkover !\*,* (Brit) *it's a piece of cake !\*,* (US) *it's a snap !\**

☐    **Cake** : le mot anglais **cake** est un terme très général qui correspond aux mots français **gâteau**, **tarte** (ex. *cream cake, birthday cake, Christmas cake*).
En français, le mot **cake** est employé dans un sens beaucoup plus restreint ; il désigne un gâteau contenant des raisins secs et des fruits confits (en anglais : **fruit cake**).
En Belgique, **cake** peut également désigner un quatre-quarts (en anglais : **madeira cake**).

## GÉNIAL / GENIAL

II    1. Cet immigré polonais, physicien **génial** s'il en est, fut obligé de travailler dans la clandestinité

This Polish immigrant, a physicist **of genius**/a **brilliant** physicist if ever there was one, was forced to work in secret

      2. Je viens d'avoir une idée **géniale** !

I've just had a **brilliant** idea !

        Mon nouveau professeur d'anglais est **génial\*** !

My new English teacher is **fantastic\*/terrific\*/great\*** ! [a]

III    3. Our **genial** host immediately made us feel at home

Notre **aimable** hôte nous mit tout de suite à l'aise

| | |
|---|---|
| His **genial** face contrasted with the severity of his dress | Sa figure **joviale** contrastait avec l'austérité de sa tenue [b] |

a. *(C'est)* ***génial*** * ! : *(It's)* *terrific*/great*/fantastic*/*(Brit) *brilliant** !
b. Notez également : ***genial*** *climate : climat doux*

## GENTIL / GENTLE [a]

**II** 1. C'est une très **gentille** personne — She's a very **kind/nice** person [b]

J'avais un peu peur de le rencontrer mais il a été très **gentil** avec moi — I was a little afraid of meeting him but he was very **kind/nice** to me

Sois **gentil**. Va me chercher du lait à la cave — Be **a dear**. Go and get me some milk from the cellar [c]

2. Si tu n'es pas **gentil**, papa te grondera (= sage) — If you're not **good**, Daddy will be angry

Les enfants ont été très **gentils** toute la journée — The children have been very **good** all day

3. C'est un petit roman **gentil**, sans plus — It's **quite a nice** novel but it's nothing special

4. Il s'est fait une **gentille** somme en donnant des cours de tennis — He earned a **tidy/fair** sum by giving tennis lessons

**III** 5. I wish that nurse would be a bit more **gentle** with the children — Cette infirmière pourrait être un peu plus **douce** avec les enfants [d]

6. A **gentle** breeze cooled the air — Une brise **légère** rafraîchissait l'atmosphère

It's quite a **gentle** slope but you still have to be careful — C'est une pente assez **douce** mais il faut tout de même faire attention

I tried to drop a **gentle** hint but she didn't react — J'ai essayé de faire une allusion **discrète** mais elle n'a pas eu de réaction

a. Notez les autres mots apparentés : ***genteel*** (adj) : *(prétendûment) distingué, comme il faut*; ***gentile*** : *non-juif*, (Hist) ***gentil***.
b. **Kind** est plus ou moins synonyme de ʿserviableʾ alors que **nice** a un sens plus général (= sympathique, aimable).
c. *Tu serais **gentil** de nous aider* : would you mind helping us?, would you be so kind as to help us?; *tout ça, c'est bien **gentil** mais...* : that's all very fine/well but...
d. (litt) *The **gentle** sex : le sexe faible*

# GERME / GERM

I    1. *(Biol)* Tout être vivant se développe à partir d'un **germe**

       Every living creature develops from a **germ** [a]

    2. *(Bactériol)* Il est urgent de découvrir le **germe** qui est à l'origine de la maladie

       There is an urgent need to identify the **germ** which is at the root of the illness [b]
(*plus souvent :* **pathogen, microbe**)
⇨ 5

II   3. As-tu déjà mangé du poulet aux **germes** de soja ?

       Have you ever had chicken with bean **sprouts** ? [c]

    4. Les **germes** de mécontentement remontent à la réforme de 1978

       The **seeds** of discontent can be traced back to the reform of 1978 [d]

       Ce pamphlet contient en **germe** toute la philosophie marxiste

       This pamphlet contains the **seeds** of the Marxist philosophy/contains the Marxist philosophy in **embryo**
(*moins souvent :* contains the **germs** of)

III  5. Don't kiss me ! I don't want to catch your **germs** !

       Ne m'embrasse pas ! Je n'ai pas envie d'attraper tes **microbes** !

a. **Germ** cell : cellule germinale/reproductrice
b. – Contrairement à son correspondant anglais, le mot **germe** relève plus du domaine spécialisé de la bactériologie que du langage courant (comparez 5).
   – Notez également : *porteur de germe :* **germ** carrier ; **germ** warfare : guerre bactériologique
c. **Germe** de pomme de terre : (œil) eye, (pousse) sprout ; **germe** de blé : wheatgerm (nd)
d. Mais : *germe d'une idée :* **germ** of an idea

# GESTE / GESTURE

I    1. Les Italiens font beaucoup de **gestes** en parlant

       Italians use many **gestures** when they speak [a]

       Son **geste** d'impatience ne passa pas inaperçu (= mouvement)

       His **gesture** of impatience did not go unnoticed
⇨ 3

|   |   |   |
|---|---|---|
|   | 2. Elle m'a prêté l'argent sans hésitation. Je n'ai jamais oublié ce **geste** d'amitié (= acte, preuve) | She lent me the money without hesitation, a **gesture** of friendship I have never forgotten |
|   | Il a payé toutes les dettes de son ami. Il faut avouer que c'est un beau **geste** | He paid all his friend's debts. You must admit that it was a noble **gesture** [b] |
| II | 3. Tous les étudiants étaient fascinés par les **gestes** précis du chirurgien | All the students were fascinated by the surgeon's precise **movements** [c] |

a. **Gesture** n'est employé que pour des gestes qui expriment un sentiment ou une idée.
b. Dans le cas d'une action répréhensible, il n'est pas possible d'employer le mot **gesture** : ex. *un geste lâche : a cowardly act/deed°*.
c. *Faire un **geste** de la tête :* (pour dire « oui ») *to nod (one's head)*, (pour dire « non ») *to shake one's head ; écarter qqch/qqn d'un **geste** (de la main) : to wave sth/sb aside*
◊ – As a **gesture** of protest, friendship : en signe de protestation, en témoignage d'amitié
– *Les faits et **gestes** (de qqn) : (sb's) actions, doings, movements*

## GLOBAL / GLOBAL

|   |   |   |
|---|---|---|
| I | 1. Il est parvenu à avoir une vision **globale** de la situation alors que tous les autres s'embourbaient dans des détails (= d'ensemble, complet) | He was able to take a **global** view of the situation when everyone else was bogged down in details (*plus souvent :* **overall, all-embracing**) |
|   | Ceci est une étude **globale** du sujet | This is a **global** study of the subject [a] (*plus souvent :* **all-embracing, comprehensive**) ⇨ 2 |
| II | 2. Quel est votre revenu **global** annuel ? (= pris en bloc, total) | What is your **total** annual income ? |
|   | On a payé une somme **globale** de 1 000 dollars | We paid a **total** amount of 1,000 dollars |
| III | 3. The spread of Aids is a **global** problem demanding drastic measures | La propagation du Sida est un problème **mondial/planétaire** qui nécessite des mesures draconiennes |

|  |  |
|---|---|
| **Global** warfare was unknown until the twentieth century | La guerre **mondiale** est un phénomène qui n'existait pas avant le XXᵉ siècle |

a. Mais : *résultat **global** (d'une action, d'une enquête...)* : *overall result (of a campaign, survey...)*
◊ *(Pédag) Méthode **globale** (de lecture)* : *word recognition method, look-and-say method*

## GOLFE / GULF

| | | | |
|---|---|---|---|
| I | 1. | Aucun pays n'est indifférent à ce qui se passe dans la région du **Golfe** (Persique) | No country is indifferent to what happens in the (Persian) **Gulf** ᵃ |
| III | 2. | The earthquake caused a deep **gulf** to open in the ground | Le tremblement de terre a creusé un **gouffre/précipice/abîme** profond |
|  |  | The **gulf** between the rich and the poor is becoming wider | Le **fossé** entre les riches et les pauvres s'élargit |

a. – Notez que **gulf** ne s'emploie pratiquement que dans des noms propres. Dans les autres cas, on emploie **inlet, creek**.
– *Le **golfe** du Mexique* : *the **Gulf** of Mexico* ; *le **golfe** de Gascogne* : *the Bay of Biscay*
– *The **Gulf** States* : *les États du **Golfe** (Persique)* ; *les États du **golfe** du Mexique*

## GOMME / GUM

| | | | |
|---|---|---|---|
| I | 1. | De quel arbre provient ce type de **gomme** ? | Which tree does that type of **gum** come from ? ᵃ |
| II | 2. | J'ai fait une erreur. Puis-je emprunter ta **gomme** ? | I've made a mistake. Can I borrow your **rubber**/*(surtout US)* **eraser** ? |
| III | 3. | Look at that tree over there. It's a **gum (tree)** | Regarde cet arbre là-bas. C'est un **gommier** ᵇ |

4. If your **gums** bleed it's because they are not healthy

Si tes **gencives** saignent, c'est qu'elles ne sont pas saines

---

a. Aussi : **gomme** (d'une enveloppe, d'un timbre) : **gum** (of an envelope, a stamp)
b. Notez l'expression : (Brit) *to be up a **gum** tree\** : *être dans le lac\*/le pétrin*
◊ – *Boule de **gomme*** : (contre la toux) *throat pastille*, (bonbon) *fruit **gum**, fruit pastille* ; *du chewing-**gum*** : *(chewing) **gum*** (nd) ; *un chewing-**gum*** : (allongé) *a stick of (chewing) **gum***, (rond) *a ball of (chewing) **gum***
– *Mettre/donner (toute) la **gomme**\** : *to step on it\** ; (idée, chanteur, théorie...) *à la **gomme**\** : *pathetic\*, useless\**
– (Brit) (humor ou régional) *By **gum**!\** : *mince alors !\**

## (SE) GOUVERNER / TO GOVERN

**I** 1. Le roi règne mais ne **gouverne** pas

The king reigns but does not **govern**

Le Président **gouvernait** en tyran

The President **governed** tyrannically [a]

**II** 2. Qui parmi vous se sent capable de **gouverner** ce bateau [cette barque] ?

Which of you feels capable of **steering** this ship [this boat] ?

**III** 3. He was unable to **govern**° his anger [his emotions]
(*plus souvent* : **control**)

Il fut incapable de **maîtriser/contenir/dominer** sa colère [ses émotions] [b]

Never tell him a secret. He can't **govern**° his tongue
(*plus souvent* : **hold**)

Ne lui confie jamais un secret. Il ne sait pas **tenir** sa langue/**contrôler** ses paroles

4. *(Gram)* This preposition **governs** the accusative

Cette préposition **régit** l'accusatif

5. The tides are **governed** by the moon

Les marées sont **régies** par la lune

The rules **governing** the breeding of racehorses are very strict

Les règles qui **régissent** l'élevage des chevaux de course sont très strictes

| | |
|---|---|
| The price of these commodities is **governed** by forces beyond our control | Le prix de ces produits est **déterminé** par des facteurs qui nous échappent [c] |

---

a. Droit des peuples à **se gouverner** eux-mêmes : the right of peoples to self-government
b. **Gouverner** ses sentiments, son cœur... est possible dans un langage littéraire ou vieilli.
c. **Gouverner** est parfois possible dans un style soutenu : ex. trois principes **gouvernent**° notre politique : our policy is **governed** by three broad principles.

## GRADE / GRADE

| | | | |
|---|---|---|---|
| II | 1. | (Mil) Il a obtenu le **grade** de lieutenant | He reached the **rank** of lieutenant [a] (US : aussi : **grade**) |
| | 2. | (Univ) Comment obtient-on le **grade** de docteur ès sciences ? | How does one get the **degree** of Doctor of Science ? [b] |
| III | 3. | Only children of a high **grade** of intelligence pass this test | Seuls les enfants qui ont un **niveau** d'intelligence très élevé réussissent ce test |
| | | He started on the lowest **grade** of the civil service | Il a commencé à l'**échelon** le plus bas de la fonction publique |
| | | There are different **grades** of meat [of fruit] | Il y a différentes **qualités** de viande [de fruits] |
| | | The shop has run out of **grade** C eggs | Le magasin n'a plus d'œufs de **calibre** C [c] |
| | 4. | (US) My son is in the second **grade** | Mon fils est en deuxième **année** |
| | 5. | I'm surprised I got such a good **grade** in French | Je suis étonné d'avoir eu une si bonne **note** en français |

---

a. Monter en **grade** : to be promoted ; en prendre pour son **grade*** : to get a telling-off, to be hauled over the coals*
b. (Belg) **Grade** (= mention) ≃ first- or second-class degree
c. To make the **grade*** : y arriver*, se montrer/être à la hauteur, réussir
◊ – (US) **Grade** : pente, rampe ; (US) **grade** crossing : passage à niveau ; (US) **grade** school : école primaire

345

## GRAIN / GRAIN

I    1. Au cours de la réunion, ils ont discuté des importations de **grains**/du **grain**
(*plus souvent :* de **céréales**)

They discussed **grain** *(nd)* imports during the meeting

       2. Des **grains** de riz [de blé, d'orge] s'échappaient du sac troué

**Grains** of rice [wheat, barley] escaped from the broken sack [a]

       3. Il y avait quelques **grains** de sable [de sel] sur la table

There were a few **grains** of sand [of salt] on the table [b]

       4. Le **grain** de ce bois n'est pas assez fin pour faire des meubles

The **grain** of this wood is not fine enough for making furniture [c]

II    5. Les **grains** de son chapelet étaient en ivoire

The **beads** of her rosary were made of ivory

       6. J'ai senti un **grain** de méchanceté dans sa réponse
(*plus souvent :* **brin**)

I sensed a **touch** of malice in his answer

Si tu avais un **grain** d'amour-propre, tu n'irais pas
(*plus souvent :* **brin**)

If you had the **least bit** of/an **ounce** of pride you wouldn't go [d]

       7. Nous avons essuyé un **grain** et le bateau a chaviré

We met with a **squall** and the boat capsized [e]

---

a.   Mais : **grain** de café : coffee bean ; de poivre : peppercorn ; de moutarde : mustard seed ; de raisin : grape

b.   Mais : **grain** de poussière : speck of dust ; (fig) mettre son **grain** de sel* : to put/to stick one's oar in*

c.   À gros **grains** : coarse-grained ; **grain** de beauté : beauty spot, mole ; with the **grain**, in the direction of the **grain** : dans le sens du fil/des fibres ; (fig) it goes against the **grain** : ce n'est pas dans ma [sa...] nature, ça va à l'encontre de mes [ses...] idées

d.   Mais : un **grain** de bon sens, de vérité : a **grain** of sense, truth

e.   (fig) Veiller au **grain** : to look out for squalls, to keep an eye open for trouble

◊   Avoir un **grain*** : to be a bit touched*, to have a screw loose*

☐   **Graine** : seed

## GRAINE / GRAIN

voir : **GRAIN / GRAIN**

## GRAISSE / GREASE

I    1. Quelle sorte de **graisse** mettent-ils sur les parties mobiles de cette machine ? ( = lubrifiant)

What kind of **grease** do they put on the moving parts of the machine ?

II    2. Il acheta un paquet de **graisse** végétale pour faire frire les croquettes

He bought a packet of vegetable **fat** *(nd)* to fry the croquettes

Le cuisinier avait mis un plat sous le tourne-broche pour recueillir la **graisse**

The cook had put a pan under the spit to catch the **fat** [a] (*aussi :* **grease**)

Les **graisses** animales comme le saindoux ou la crème fraîche sont excessivement riches en calories

Animal **fats** such as lard and cream have an extremely high calorie content

3. Tu dis que c'est tout du muscle. Moi, je crois plutôt que c'est de la **graisse**

You say it's all muscle, but I think it's **fat** *(nd)*

---

a. – Dans le domaine culinaire, le mot qui correspond le plus souvent au mot **graisse** est **fat**. Le mot **grease** n'est employé que dans un nombre limité de cas et il désigne uniquement un corps gras provenant de la cuisson des aliments : ex. *rinse the* **grease** *off those plates before you start washing up.*
    – Notez également : **grease** *marks :* taches de **graisse** *; his cuffs were thick with* **grease** *:* ses poignets étaient noirs de crasse/saleté

◊    *Elbow* **grease**\* *:* huile de coude\*

## GRAND / GRAND

II    1. Ma sœur est plus **grande** que mon frère alors qu'elle est de deux ans sa cadette

My sister's **taller** than my brother although she's two years younger than him

2. Mon **grand** frère s'est fiancé la semaine dernière

   My **elder**/*(plus familièrement)* **big** brother got engaged last week

   Tu es assez **grand** pour prendre cette décision toi-même

   You're **old**/*(plus familièrement)* **big** enough to decide for yourself

   J'ai un petit garçon et deux **grandes** filles

   I have one little boy and two **older/grown-up** daughters [a]

3. Elle habite dans une **grande** maison au milieu de la forêt

   She lives in a **big**/*(moins familièrement)* **large** house in the middle of the forest

   Il me faudrait un **grand** couteau bien aiguisé

   I need a **big**/*(moins familièrement)* **large**, sharp knife [b]

4. Cette année, nous allons faire un **grand** voyage (= long)

   We're going on a **long** journey this year

   Nous avons parcouru de **grandes** distances à pied

   We covered **long/great** distances on foot [c]

5. Un **grand** nombre d'étudiants n'est pas venu au dernier cours

   A **large/great** number of students/a **great many** students missed the last lecture

   La **grande** majorité des téléspectateurs a été déçue par l'allocution du président

   The **great/vast** majority of viewers were disappointed by the president's speech [d]

6. Il ne s'est jamais tout à fait remis de son **grand** chagrin [de sa **grande** déception] (= intense)

   He never fully recovered from his **great** sorrow [disappointment]

   Et tout à coup, au milieu de la nuit, j'ai entendu un **grand** cri

   Suddenly, in the middle of the night, I heard a **loud** cry [e]

7. Nous ne sommes pas de **grands** mangeurs. Nous mangeons à peine deux pains par semaine

   We are not **big** eaters. We hardly eat two loaves of bread a week

   Pierre est un **grand** buveur [fumeur]

   Peter's a **heavy** drinker [smoker]

   Les **grands** blessés [brûlés] sont transportés en hélicoptère vers l'hôpital le plus proche

   The **seriously** injured [burnt] are taken by helicopter to the nearest hospital

   C'est une **grande** malade mais elle a du courage à revendre

   She's **very** ill but her courage is boundless

8. Léonard de Vinci était un **grand** savant mais aussi un **grand** artiste

   Leonardo da Vinci was a **great** scholar but also a **great** artist

| | | |
|---|---|---|
| | Les fiancés attendent le **grand** jour avec impatience | The engaged couple can hardly wait for the **great/big**\* day |
| | Ce n'est pas un très **grand** vin, mais il a tout de même du corps | This is not a **great** wine, but it has character all the same [f] |

| | | | |
|---|---|---|---|
| III | 9. | It was a **grand** reception attended by the whole of Parisian society | C'était une réception **grandiose/ fastueuse/somptueuse** où le tout-Paris était présent [g] |
| | | When I was a child the house seemed **grand** to me but later I realized it was vulgar and showy | Quand j'étais petite, la maison me semblait **somptueuse,** mais je me suis rendu compte par après que c'était du tape à l'œil |
| | | She's got very **grand** ideas but not enough money to put them into practice | Elle a des goûts **de luxe** mais elle n'a pas suffisamment d'argent pour les satisfaire |
| | | (iron) Since she married the mayor's son she's much too **grand** to talk to plebs like us | Depuis qu'elle a épousé le fils du maire, elle est trop **hautaine** pour adresser la parole à des prolétaires comme nous [h] |
| | 10. | (vieilli ou régional) We had a **grand**\* time on the Costa Brava ! | Nous avons passé des vacances **formidables/sensationnelles** à la Costa Brava ! |

---

a. *Quand il sera **grand** :* (enfant) *when he grows up,* (chiot) *when it's fully grown ; une **grande** personne : a grown-up ;* (Scol) *les **grandes** classes : the senior classes ; tu es **grand(e)** maintenant : you're a big boy [girl] now*

b. – *Ouvrir de **grands** yeux, ouvrir la bouche toute **grande** : to open one's eyes [mouth] wide*
 – ***Grand** magasin : department store, big store ; **grande** surface : supermarket ; le **grand** public : the general public*

c. *Les **grandes** vacances : the summer holidays*

d. ***Grande** vitesse : great/high speed ; rouler à **grande** vitesse : to drive very fast ; cette bague est/n'est pas de **grande** valeur : this ring is very valuable/is of no great value*

e. *Par **grand** vent : in a high wind, in strong winds ; pendant les **grands** froids [les **grandes** chaleurs] : when it's very cold [hot], in the cold [hot] season ; un **grand** merci : many thanks, thank you very much indeed*

f. *Les **grandes** puissances : the great powers ; c'est un homme au **grand** cœur : he's a noble-/big-hearted man ; **grande** année : vintage year*

g. (F) ***Grand** est parfois possible mais ne rend souvent pas suffisamment l'idée de faste, de luxe, de splendeur qu'exprime l'adjectif anglais **grand.***

h. *Mais : to give oneself **grand** airs : prendre de **grands** airs*

◊ – *Les **grandes** lignes, les **grands** points (d'un discours...) : the main points (of a speech...)*
 – ***Grand** total : somme globale ; **grand** piano : piano à queue ; **grand** opera : **grand** opéra, opéra sérieux ;* (Sports, Bridge) ***grand** slam : **grand** chelem ; the **grand** finale : le final(e), l'apothéose ;* (US) (Jur) ***grand** jury :* jury décidant de la mise en accusation

## GRAPPE / GRAPE

II    1. Quand j'ai été lui rendre visite à l'hôpital, je lui ai apporté une **grappe** de raisins

When I went to see her in hospital I took her a **bunch** of grapes

Les fleurs des lilas sont groupées en **grappes**

The flowers of the lilac grow in **sprays/clusters** [a]

     2. Des **grappes** d'enfants entouraient les touristes

**Clusters** of children surrounded the tourists

III    3. The doctor advised me against eating **grapes**

Le docteur m'a déconseillé de manger du **raisin**/des **raisins**

a.   **Grappe** de groseilles : cluster of currants

◊   She said she didn't want to get married anyway, but it was obviously sour **grapes** on her part : elle a dit qu'elle ne voulait de toute façon pas se marier, mais elle l'a manifestement dit par dépit

## GRATIFICATION / GRATIFICATION

II    1. La direction a décidé de vous accorder une **gratification** exceptionnelle

The management has decided to grant you a special **bonus**

III    2. I've had the **gratification**° of seeing him climb the rungs of the social ladder

J'ai eu la **satisfaction** de le voir gravir les échelons de l'échelle sociale

Hedonists pursue the **gratification**° of the senses

Les hédonistes recherchent la **satisfaction** de leurs sens

## GRATUITÉ / GRATUITY

II    1. La **gratuité** de l'enseignement est une des grandes victoires sociales du XX$^e$ siècle

**(The availability of) free** education is one of the great social achievements of the 20th century

2. La **gratuité** d'une telle hypothèse ne m'avait pas échappé

The **unfounded nature** of such a hypothesis had not escaped me

J'étais choqué par la **gratuité** de ces accusations

I was shocked by the **gratuitousness** of these accusations

**III** 3. Can't you see the sign over there? It says "No **gratuities**" (*plus couramment*: **tips**)

Tu ne vois pas la pancarte? Il est écrit « Pas de **pourboires** »

◊ (Brit) (Mil) **Gratuity**: *prime de démobilisation*


## GRAVE / GRAVE

**I** 1. D'un air [d'un ton] **grave,** il annonça la triste nouvelle

Looking **grave**/with a **grave** expression [in a **grave** voice], he announced the sad news
(*aussi*: **solemn, serious**)

Un magistrat **grave** et plein de dignité entra dans la salle d'audience

A **grave** and dignified magistrate entered the courtroom
(*aussi*: **solemn, serious**)

**II** 2. Il y a eu un **grave** accident sur l'autoroute Paris-Lille

There has been a **serious** accident on the Paris-Lille motorway

C'est une maladie **grave** mais il existe heureusement des traitements efficaces

It is a **serious** illness but fortunately there are effective remedies available

La situation est **grave** mais pas désespérée

The situation is **serious** but not desperate [a]

3. Elle a une voix très **grave,** presque une voix d'homme

She's got a very **deep** voice, almost like a man's [b]

a. – Notez que l'adjectif **grave** existe dans ce sens en anglais mais il appartient à un langage plus soutenu et désigne un degré plus élevé de gravité que son correspondant français, si bien qu'il équivaut plus précisément à **très grave/très préoccupant**: ex. *this is **grave** news; the situation is **grave**.*
– *Un blessé **grave**: a seriously/critically injured person*; *J'ai cassé le vase. — Ce n'est pas **grave**: I've broken the vase. — Not to worry/it doesn't matter/never mind*
b. Note **grave**: *low note*
◊ Accent **grave**: **grave** accent (Prononciation: grɑ:v)

351

## GRIEF / GRIEF

**II** 1. Si nous devions exposer tous nos **griefs**, la matinée n'y suffirait pas  
If we were to go into all our **grievances**, we'd need more than one morning [a]

**III** 2. Prostrate with **grief** *(nd)*, she felt that life was no longer worth living  
Accablée de **chagrin**, elle ne se sentait plus la force de vivre

Her son's sudden departure for South America was a great **grief** to her  
Le départ inopiné de son fils pour l'Amérique du Sud a été une grande **source de chagrin** pour elle/lui a causé beaucoup de **chagrin** [b]

---

a. Faire **grief** de qqch à qqn : to hold sth against sb  
b. To come to **grief** : (projet...) échouer, (cycliste, cavalier...) faire une chute, avoir un accident ; he came to **grief** in the end : il a fini par avoir des ennuis/se faire avoir, cela s'est mal terminé pour lui  
◊ Good **grief** !* : grands dieux !, mon Dieu !

## GRIL(L) / GRILL

**I** 1. Je préfère les steaks cuits sur le **gril**  
I prefer steak cooked on the **grill** [a]

Mettez le plat sous le **gril** pour le faire gratiner (*aussi* : **grilloir**)  
Put the dish under the **grill** to brown it (*US* : **broiler**)

**III** 2. Have you ever tasted their charcoal **grills** ?  
Avez-vous déjà goûté leurs **grillades** au charbon de bois ? [b]

---

a. Être sur le **gril*** : to be on tenterhooks, to be like a cat on hot bricks*  
b. Mixed **grill** : assortiment de grillades, mixed-**grill**  
◊ (F) **Grill** (aussi : **grill-room**) : steakhouse, (dans un hôtel) **grill(room)**

## GRILLE / GRILLE

**I** 1. La novice [le prisonnier] ne pouvait communiquer avec ses proches qu'au travers d'une **grille**

The novice [the prisoner] could only communicate with her relations through a **grille**

Les fenêtres de la cave étaient munies de solides **grilles** en fer forgé

The cellar windows were fitted with strong wrought-iron **grilles**

(Techn) La **grille** de ventilation d'un réfrigérateur doit être régulièrement dépoussiérée

The ventilation **grille** of a refrigerator must be regularly freed from dust [a]

**II** 2. Tout de suite après le tournant, vous verrez à votre droite une grande **grille** blanche

Straight after the turning you'll see a big white **(metal) gate** on your right

La **grille** du parc est surmontée de fers de lance

The **railings** (souvent pl) around the park are surmounted by spikes

3. L'espion utilisa une **grille** pour décoder le message

The spy used a **grid** to decode the message

Il a rempli la **grille** en un rien de temps. C'est un cruciverbiste remarquable !

He completed the **crossword (puzzle)** very quickly. He's marvellous at crosswords !

C'est M. Leroy qui s'occupe de la **grille** des salaires [des programmes de radio]

Mr King deals with the wage **scale** [the programme **schedule**] [b]

---

a. – Le mot anglais **grille** est d'un emploi plus limité que son correspondant français. Il ne s'emploie pas dans le sens de ˝clôture˝ ou ˝portail˝ (cf. 2).
– *Grille* d'égoût : grating of a drain ; **grille** de foyer : grate ; **grille** du four : oven shelf
– (Auto) *Radiator* **grille** : calandre

b. *Grille* horaire : schedule, timetable

## (SE) GRILLER / TO GRILL

**I** 1. Il est plus sain de (faire) **griller** la viande que de la frire

It's healthier to **grill** meat than to fry it
(*US* : **broil**)
⇨ 2

II 2. On sentait une odeur de café **grillé** [de marrons **grillés**]

There was a smell of **roast(ing)** coffee [chestnuts]

Ce pain est un peu rassis. Il faudra le (faire) **griller**

This bread is a bit stale. We'll have to **toast** it

Que ferais-tu si on te torturait, si on te **grillait** la plante des pieds ? Ne céderais-tu pas ?

What would you do if they tortured you, if they **burnt** the soles of your feet ? Wouldn't you give in ?

3. Si tu fais ça, tu risques de **griller** les fusibles [le moteur]

If you do that you might **blow** the fuses [**burn out** the motor]

4. Philippe Mathieu a été arrêté samedi alors qu'il venait de **griller**\* un feu rouge

Simon Matthews was arrested last Saturday after he had **gone through/jumped** a red light

Le coureur allemand **grilla**\* tous ses adversaires

The German runner **outstripped** all his opponents [a]

5. Je **grille (d'impatience)** de lui raconter ce qui s'est passé

I'm **itching**\*/**dying**\* to tell him what happened

III 6. The police **grilled**\* the demonstrator for two hours before they released him

La police a **cuisiné**\* le manifestant pendant deux heures avant de le relâcher

---

a. **Griller**\* qqn à l'arrivée/de justesse : (Brit) to pip sb at the post\*, (US) to beat sb by a nose

◊ – Il est **grillé**\* ( = démasqué) : his game's up\*, his cover's been blown\*
 – **Griller**\* une cigarette : to have a fag\*
 – **Griller** (une fenêtre) : to put bars on/put a grille on (a window)

# GROS / GROSS

II 1. Un **gros** arbre barrait la route

A **big**/(moins couramment) **large** tree was blocking the road

C'est un **gros** livre. Je ne pense pas que je le lirai jusqu'au bout

It's a **long/thick** book. I don't think I'll finish it

Mets ton **gros** pull pour sortir

Put on your **thick/heavy** pullover to go out

2. Ma sœur est plus **grosse** que moi

My sister's **fatter** than me [a]

3. Tu vas avoir de **gros** ennuis si tu continues

You'll get into **big**/(moins couramment) **serious** trouble if you go on like that

|   |   |   |
|---|---|---|
|   | Il y a plusieurs **grosses** fautes dans votre traduction | There are several **big**/(*moins couramment*) **serious** mistakes in your translation [b] |
|   | Il a hérité d'une **grosse** somme | He inherited a **large** sum of money |
|   | J'ai attrapé un **gros** rhume la semaine dernière | I caught a **heavy/bad** cold last week |
| 4. | Son mari est un **gros** mangeur [buveur] | Her husband is a **big** eater [a **heavy** drinker] [c] |
| 5. | C'est un des plus **gros** actionnaires de la société | He's one of the company's **biggest**/(*moins couramment*) **largest** shareholders |
| 6. | Les costumes étaient confectionnés dans du **gros** drap (= grossier) | The costumes were made of **coarse** cloth [d] |
| 7. | J'ai attendu un **gros** quart d'heure, puis je suis parti | I waited for a **good** quarter of an hour and then I left |

**III**

8. He is guilty of **gross** ingratitude towards his parents — Il a fait preuve d'une ingratitude **choquante** envers ses parents

Such **gross** negligence cannot be overlooked — On ne peut fermer les yeux sur une négligence aussi **flagrante**

9. I was shocked by his **gross** behaviour [language] — J'ai été choquée par son comportement [son langage] **vulgaire**

10. What was our **gross** profit last year? — Quel a été notre bénéfice **brut** l'an passé?

Do you think the salary she mentioned was **gross** or net? — Penses-tu qu'elle parlait de son salaire **brut** ou net? [e]

---

a. **Gross** s'emploie dans le sens de 'très gros, obèse': *that man isn't just fat, he's absolutely gross!*

b. Mais: *grosse erreur* (= lourde de conséquences, grave) (cf. 8): **gross** *error* (ex. *accusing her publicly was a* **gross** *error of judgement*).

c. *Gros bêta\*/malin\*!*: *you silly thing!\*, you're a bright one!\**

d. *C'est un peu gros!\**: *he's [you're...] laying it on a bit thick\*, that's going a bit far, it's a bit unlikely; je le vois venir avec ses gros sabots\**: *I can see him coming a mile off\*; du gros rouge\**: *coarse red wine,* (Brit) *plonk\**

e. **Gross** *National Product* (GNP): *Produit National Brut* (PNB)

◊ – *La mer est* **grosse**: *there is a heavy swell; avoir le cœur* **gros**: *to have a heavy heart; avoir la* **grosse** *tête\**: *to be big-headed\*;* **gros** *mot*: *rude word, swearword;* **gros** *bonnet\*/***grosse** *légume\**: *big shot\*,* (US) *big wheel\**

  – (US) **Gross\***: *dégueulasse\**

## HABITANT / INHABITANT

voir : **HABITER : TO INHABIT**

## HABITER / TO INHABIT

**II** 1. Nous **habitions** (dans) une maison au bord d'un lac

We **lived** in a house beside a lake

Il n'**habite** qu'une partie de la maison ; il loue les autres pièces

He only **lives in/occupies** part of the house and rents out the other rooms

Il aimerait aller **habiter** chez sa fille à la campagne

He'd like to go and **live** with his daughter in the country

2. Un sentiment de culpabilité l'**habitait**° [**habitait**° son cœur]

A feeling of guilt **dwelt**° in him [in his heart]

**III** 3. The Amazonian jungle is **inhabited** by many Indian tribes

Les forêts d'Amazonie sont **peuplées** de nombreuses tribus indiennes [a]

Some 25,000 of these pachyderms **inhabit** Rwindi

Quelque 25 000 de ces pachydermes **peuplent** le Rwindi/Le Rwindi **abrite** quelque 25 000 de ces pachydermes

---

a. – **Habiter** signifie principalement ʿavoir pour adresse, résidenceʾ. Le verbe anglais **to inhabit** est moins précis et signifie plutôt ʿoccuper, vivre quelque part de façon permanente, avoir pour habitatʾ. Il a pour sujet un groupe d'individus, d'animaux et pour objet une région, un pays. Bien qu'**habiter** ne soit pas tout à fait exclu dans ce sens, des traductions telles que **peupler/vivre** rendent mieux le sens du verbe anglais.
– Notez cependant : *is this island [this house] inhabited ?* : cette île [cette maison] est-elle **habitée ?**
☐ **Habitant :** (maison) **occupant, occupier,** (ville, pays) **inhabitant**

## HAGARD / HAGGARD

**II** 1. Les survivants erraient au milieu des ruines, l'air **hagard**

The survivors wandered among the ruins, looking **stunned/dazed**

| | | | |
|---|---|---|---|
| III | 2. | She looked **haggard**. You could see she was ready to drop with fatigue | Elle avait les traits **tirés**. On voyait qu'elle était épuisée |
| | | His **haggard** face bore witness to the hardships he had had to endure | Son visage **décharné/ravagé/creusé** témoignait des privations qu'on lui avait fait subir |

## HALL / HALL

| | | | |
|---|---|---|---|
| II | 1. | Nous avons convenu de nous retrouver dans le **hall** de l'hôtel [de la gare] | We agreed to meet in the hotel **foyer/lobby** [the station **concourse**/the arrival (*ou* departure) **hall** of the station] |
| III | 2. | I've left my coat in the **hall** | J'ai laissé mon manteau dans l'**entrée**/le **vestibule** [a] (*Belg*: **hall**) |
| | 3. | There will be a meeting in the church **hall** [the lecture **hall**] | Il y aura une réunion dans la **salle** paroissiale [la **salle** de conférence] |
| | 4. | Every Christmas the villagers were invited to a party at the **Hall** | Chaque année, à Noël, les villageois étaient invités à une fête au **manoir**/au **château** |
| | 5. | (*Univ*) The first-year students live in **hall** (*aussi*: in the **hall** of residence) | Les étudiants de première année logent au **pavillon universitaire**/au **foyer d'étudiants** [b] |

a. En France, **hall** n'est employé que lorsqu'il s'agit d'un grand vestibule (par exemple, dans un château, une grande villa).
b. Dining **hall**: *réfectoire*; (Brit) (Univ) *to dine in* **hall**: *dîner au réfectoire*
◊ Town **hall**: *hôtel de ville*

## HASARD / HAZARD

| | | | |
|---|---|---|---|
| II | 1. | Elle ne laisse jamais rien au **hasard** | She never leaves anything to **chance** *(nd)* [a] |

|  |  |  |  |
|---|---|---|---|
|  | 2. | C'est un pur **hasard** que je sois encore ici | It's a complete **coincidence**/it's quite **by chance** that I'm still here |
|  |  | Un fâcheux **hasard** a fait qu'ils se sont rencontrés le tout premier jour des vacances | An unfortunate **chance** brought them together on the very first day of the holidays |
|  |  | Les **hasards** de la carrière de médecin l'avaient mis en contact avec cet enfant | The **fortunes** of a doctor's career had brought him into contact with the child |
| III | 3. | This constitutes a **hazard** for children | Ceci constitue un **danger** pour les enfants |
|  |  | Sorry, but it's one of the occupational **hazards** of the job | Désolé, mais ce sont les **risques** du métier ᵇ |

a. *Jeu de **hasard** : game of chance ; par **hasard** :* (fortuitement) *by chance/*(US) *by **hazard**,* (éventuellement) *by any chance ;* (iron) *comme par **hasard** : would you believe it ? ; au **hasard** : at random ; à tout **hasard*** ( = au cas où) : *on the off-chance*

b. – Mais : *the **hazards** of war : les **hasards**° de la guerre*
 – *Health **hazard** : risque pour la santé ; environmental **hazard** : nuisance ;* (Auto) ***hazard** warning lights : signal de détresse*

☐ **Hasardeux :** (aléatoire, douteux) **uncertain, dubious, doubtful ;** (risqué) **risky, chancy\* ;** (litt : dangereux) **hazardous**
**Hazardous :** dangereux, (rarement) hasardeux°


## HASARDEUX / HAZARDOUS

voir : **HASARD / HAZARD**


## HERBE / HERB

|  |  |  |  |
|---|---|---|---|
| I | 1. | Le thym est une **herbe** aromatique | Thyme is an aromatic **herb** ᵃ |
| II | 2. | Fatigués, les enfants se couchèrent dans l'**herbe** | As they were tired, the children lay down on the **grass** *(nd)* |

| | |
|---|---|
| Ils étaient cachés dans les hautes **herbes** | They were hiding in the tall **grass(es)** [b] |

a. – Quand le mot **herb** est employé sans qualificatif, il se traduit plutôt par **épice** : ex. *I've got a lot of herbs in the cupboard* : *j'ai beaucoup d'épices dans mon armoire.*
  – *Medicinal* **herb** : *plante/herbe médicinale* ; **herb** *tea* : *tisane* ; (Culin) *fines* **herbes** : *mixed* **herbs, fines herbes**
b. – *Mauvaise* **herbe** : *weed* ; (fig) *couper l'***herbe** *sous le pied de qqn* : *to cut the ground from under sb's feet*
◊ – *En* **herbe** : (blé...) *green, unripe,* (artiste...) *budding* (épith)
  – (arg) **Herbe** (= marijuana) : *grass, pot*


## HÉRITAGE / HERITAGE

| | | |
|---|---|---|
| I | 1. Nous avons le devoir de sauvegarder cet **héritage** spirituel et culturel | It is our duty to preserve this spiritual and cultural **heritage** [a] |
| | Je ne voudrais pas que notre génération laisse aux générations futures un **héritage** de violence et de honte | I would not like our generation to leave a **heritage** of violence and shame to future generations (*plus souvent :* **legacy**) |
| II | 2. Il a dilapidé tout son **héritage** en moins d'un an | He squandered all his **inheritance** in less than a year [b] |

a. Mais : *national* **heritage** : *patrimoine national*
b. *Faire un* **héritage** : *to come into an inheritance*


## HISTOIRE / HISTORY

| | | |
|---|---|---|
| I | 1. J'estime que les écoliers devraient connaître un peu mieux l'**histoire** de leur pays | I think that schoolchildren should know a bit more about the **history** of their country [a] |
| | La philosophie et l'**histoire** sont les branches que je préfère | Philosophy and **history** are my favourite subjects |
| | 2. L'**histoire** de ce château est très intéressante | This castle has a very interesting **history** |

359

| | | | |
|---|---|---|---|
| II | 3. | Chaque soir, ma maman me raconte une **histoire** | My mummy tells me a **story** every evening |
| | | Je n'ai pas vu ce film. Tu pourrais me raconter l'**histoire** en quelques mots ? | I haven't seen that film. Could you tell me the **story/plot** in a few words ? |
| | 4. | Moi, je crois qu'il vous a raconté des **histoires**\*. Il n'a jamais mis les pieds en Inde | I think what he told you was a load of **bunkum**\*/**eyewash**\*/I think he was *(Brit)* having you on/*(US)* putting you on. He's never been anywhere near India [b] |
| | | On raconte que votre mari vous donne mille dollars par jour. C'est vrai ? — Non, non, c'est des **histoires**\* ! | They say your husband gives you a thousand dollars a day. Is it true ? — No, no, it's a load of **rubbish**\* ! |
| | 5. | Il vaut mieux ne pas parler de cette **histoire** devant lui | You'd better not talk about that **affair/business** in front of him |
| | | Son fils a été mêlé à une drôle d'**histoire** | His son was mixed up in some funny **business** |
| | | Il m'est arrivé une **histoire** extraordinaire. Tu ne me croiras jamais ! | **Something** extraordinary happened to me. You'll never believe it ! [c] |
| | 6. | Je ne veux pas d'**histoires** *(pl)*. Reconduisez cet enfant chez ses parents | I don't want any **trouble**. Take the child back to his parents |
| | | Que d'**histoires** *(pl)* pour si peu de choses ! | What a lot of **fuss** about nothing ! [d] |
| | 7. | *(surtout Belg)* À quoi sert cette **histoire**-là\* ? C'est la première fois que je vois ça ! | What's that **thing** for ? I've never seen one like that before ! |
| III | 8. | The doctor asked him about his medical **history** | Le docteur le questionna sur ses **antécédents** médicaux/son **passé** médical [e] |

---

a. — L'**histoire** jugera : posterity will be the judge ; la petite **histoire** : the footnotes of **history** ; pour la petite **histoire**,... : by the way..., it is interesting (to note) that... ; (fig) c'est de l'**histoire** ancienne : that's all ancient **history**
— And the rest is **history** : et vous connaissez la suite
b. *Histoire* à dormir debout : tall story, cock-and-bull story
c. *Vie sans* **histoire** : uneventful life ; c'est toujours la même **histoire** : it's always the same (old) story ; ça, c'est une autre **histoire** ! : that's another story
d. *Faire toute une* **histoire**/*des* **histoires** : to make a lot of fuss/a great to-do ; chercher des **histoires** (à qqn) : to try to pick a quarrel (with sb)
e. Notez également : he has a **history** of being expelled from schools : il a déjà été renvoyé de plusieurs écoles
◊ Il a essayé le nouveau produit, **histoire** de comparer\* : he tried the new product, just for the sake of comparison ; **histoire** de rire\* : just for a laugh, just for fun

## HISTORIQUE / HISTORIC

I    1. Nous ne sommes pas prêts d'oublier le discours **historique** de Kennedy à Berlin

We shall not easily forget Kennedy's **historic** Berlin speech [a]

II    2. Dans sa thèse, il analyse le problème du chômage sur le plan **historique**

In his thesis he considers the problem of unemployment from a **historical** point of view [b]

Le film est basé sur des faits **historiques**

The film is based on **historical** facts

3. Tous ces faits sont **historiques**. Je n'invente rien

All these things **really happened**. I'm not making any of it up [c]

---

a.   *Atteindre le record **historique** de... : to reach the record level of...*
b.   *Mais : monument **historique** : historic building, ancient monument*
c.   *(C'est) **historique*** ! : it really did happen !*
◊   *(Gram) Présent **historique** : historic present ; past **historic** : passé simple*

## HONNÊTE / HONEST

I    1. Notre femme de ménage est très **honnête**

Our cleaning lady is very **honest** [a]

II    2. Le prix de cette voiture me paraît **honnête**

The price of the car seems **fair/reasonable** to me

Ses résultats ne sont pas brillants mais ils sont **honnêtes**

His results are not brilliant but quite **fair/reasonable/adequate**

Le repas était **honnête**, sans plus

It was **quite a decent/quite a reasonable** meal but nothing more

| | | | |
|---|---|---|---|
| III | 3. | Don't beat about the bush. I want an **honest** opinion | Ne tourne pas autour du pot. Je veux que tu sois **franc** avec moi/ Dis-moi **sincèrement** ce que tu penses |
| | | It's the **honest** truth | C'est la **pure/stricte** vérité [b] |

a. He's got an **honest** face : il a l'air **honnête**
b. To be (perfectly) **honest** : à vrai dire, à dire vrai
◊ – **Honest** to goodness dairy butter [Belgian beer] : du vrai beurre de ferme [de la vraie bière belge] ; (humor) he made an **honest** woman of her* : il l'a épousée (pour régulariser la situation)
 – (Hist) **Honnête** homme : gentleman

## HONNÊTEMENT / HONESTLY

| | | | |
|---|---|---|---|
| I | 1. | Je ne peux pas croire qu'il ait gagné tout cet argent **honnêtement** | I can't believe that he came by all that money **honestly** |
| | 2. | **Honnêtement,** je ne sais pas ! (*aussi :* **franchement**) | I don't **honestly** know |
| | | **Honnêtement,** ça m'est égal ! (*aussi :* **franchement, à vrai dire**) | Quite **honestly,** I couldn't care less ! <br> ⇨ 4 |
| II | 3. | Ce travail est **honnêtement** payé mais ce n'est quand même pas le Pérou ( = convenablement) | This job is **fairly well/reasonably well/quite decently** paid but I'll never be a millionaire |
| III | 4. | (Well) **honestly,** some people ! | Je vous jure !/Franchement ! Il y a des gens ! |

## HONNEUR / HONOUR (*US :* HONOR)

| | | | |
|---|---|---|---|
| I | 1. | Pour sauver l'**honneur** de la famille, il était prêt à tout | He was prepared to do anything to save the **honour** of the family [a] |
| | 2. | C'était un grand **honneur** pour moi d'être invité au mariage de la princesse de Tarente | It was a great **honour** for me to be invited to the wedding of the Princess of Taranto |

|   |   |   |
|---|---|---|
|   | J'ai eu l'**honneur** de recevoir un télégramme de félicitations du Roi | I had the **honour** of receiving a telegram of congratulation from the King [b] |
|   | 3. Il a été reçu avec tous les **honneurs** *(pl)* dus à son rang | He was received with all the **honour** due to his rank/with full **honours** *(pl)* |
|   | Je ne suis pas de ces hommes politiques qui recherchent les **honneurs** *(pl)* par-dessus tout | I'm not one of those politicians who seek **honours** *(pl)* above all else |
|   | 4. Je demande la parole, Votre **Honneur** | I beg leave to speak, Your **Honour** |
| **II** | 5. Cette décision est toute à son **honneur** ( = gloire) | This decision does him great **credit**/is very much to his **credit** (*rarement* : does him great **honour**) |
|   | Ces enfants font vraiment **honneur** à leur famille | Those children are a real **credit** to their family [c] |
| **III** | 6. *(Univ)* Did he pass ? — Yes, and he even got first class **honours** *(pl)* | A-t-il réussi ? — Oui, il a même eu la **mention** très bien/*(Belg)* la (plus) grande **distinction** [d] |

---

a. *Homme d'**honneur** : man of **honour** ; être tenu par l'**honneur** de faire qqch : to be **honour**-bound to do sth ; mettre son/un point d'**honneur** à faire qqch : to make it a point of **honour** to do sth ; parole d'**honneur** ! : I give you my word (of **honour**) !, cross my heart\* !*
b. (Formule épistolaire) *J'ai l'**honneur** de vous informer que...* : I am writing to inform you that..., I am pleased to inform you that..., (Comm) *I beg to inform you that...* ; (Téléphone) *à qui ai-je l'**honneur** (de parler) ?* : who's speaking/who is it speaking, please ? ; *à vous l'**honneur** !* : after you !
c. *Faire **honneur** au repas* : to do justice to the meal
d. Notez également : (Brit) ***honours** degree (in English...)* ≃ *licence (d'anglais...)*
◊  — *En l'**honneur** de* : in **honour** of ; (iron) *en quel **honneur**, ce beau costume ?* : what's this smart suit in aid of ?\*
  — Comparez : *Elle nous fit les **honneurs** de la maison* : she showed us round the house
    *Tea is ready. Shall I do the **honours**\* ?* : Le thé est prêt. Je sers ?

# HÔTE / HOST

|   |   |   |
|---|---|---|
| **I** | 1. Avant de partir, il nous faut d'abord remercier nos **hôtes** de leur charmant accueil | Before we go, we must thank our **hosts** for their warm welcome [a] |

II   2. Nous avons logé notre **hôte** dans la chambre d'amis (*aussi :* **invité**)

We put up our **guest** in the spare room

3. *(litt)* Cet **hôte** de nos forêts, particulièrement craintif, ne se laisse pas facilement surprendre

It is rare to catch a glimpse of this shy forest **dweller**

---

a. (TV) *Host :* animateur ; **host** *country :* pays d'accueil ; (Bot, Zool) *host :* hôte
◊ A **host** of... : une multitude de..., une foule de...

## HUMAIN / HUMAN

I   1. Aujourd'hui encore, des milliers d'êtres **humains** sont torturés de par le monde

Even today, thousands of **human beings** are tortured all over the world

Les personnages de la pièce sont tellement parfaits qu'ils n'ont plus rien d'**humain**

The characters in the play are so perfect that they hardly seem **human** [a]

L'erreur est **humaine**

To err is **human**

II   2. Les mutins réclamaient des conditions de détention plus **humaines** (= moins cruel)

The rebels were demanding more **humane** prison conditions

Demande un jour de congé au patron. Il est très **humain**. Vu les circonstances, il acceptera sûrement (= compréhensif)

Ask the boss for a day off. He's very **sympathetic/understanding**. In the circumstances he's sure to agree

---

a. – Notez également : *the headmaster looks a bit forbidding, but he's quite **human** when you get to know him :* le directeur est assez impressionnant mais quand on le connaît, on se rend compte que c'est un être **humain** comme les autres/qu'il est comme toi et moi
– (Presse) ***Human** interest stories :* articles axés sur les anecdotes personnelles, les histoires vécues, etc.

## HUMIDE / HUMID

I    1. Certaines régions d'Afrique ont un climat très **humide**

Some parts of Africa have a very **humid** climate [a]
⇨ 2

II    2. Il est déconseillé aux personnes souffrant de rhumatismes de vivre dans des régions **humides**

It is not advisable for rheumatism sufferers to live in a **wet/damp** climate [b]

3. Mettez quelques gouttes de détergent sur un chiffon **humide**

Put a few drops of detergent on a **damp** cloth

Ne marche pas sur la pelouse. L'herbe est encore **humide**

Don't walk on the lawn. The grass is still **damp**

Elle avait le front **humide** (de sueur)

Her forehead was **damp/moist** (with sweat)

4. La cave est très **humide**. On ne peut rien y conserver

The cellar's very **damp**. We can't keep anything in it

5. Les yeux **humides** d'émotion, il embrassa son fils

His eyes moist with emotion, he kissed his son

---

a. Le mot **humid** ne s'emploie que dans le cas d'un climat chaud et humide (= tropical) : ex. *humid weather, climate, atmosphere, jungle*.
b. **Wet** signifie ʿpluvieuxʾ alors que **damp** signifie ʿayant un degré élevé d'humiditéʾ.

## HUTTE / HUT

I    1. Dans ce pays, les tribus vivaient dans des **huttes** faites de boue séchée et de roseaux

The tribes in this country lived in **huts** made of dried mud and reeds

III    2. The mountaineers had to leave the **(mountain) hut** at dawn

Les alpinistes devaient quitter le **refuge** à l'aube

| | |
|---|---|
| The soldiers lived in **huts** where they suffered from the cold | Les soldats vivaient dans des **baraquements** où ils ont souffert du froid [a] |

a. Beach **hut** : cabine (de bain)

## IGNORANT / IGNORANT

**I**   1. Il est complètement **ignorant** des événements contemporains

He is completely **ignorant** of what is happening in the world [a]

2. Je suis trop **ignorant** dans ce domaine pour donner quelque explication que ce soit

I'm too **ignorant** about the subject to offer any kind of explanation

**III**   3. He slammed the door in my face. But what else can you expect from an **ignorant**\* individual like him ?

Il m'a claqué la porte au nez. Ce n'est pas surprenant de la part d'un individu aussi **grossier/mal élevé**

a. En français, on emploiera souvent le verbe **ignorer** là où l'anglais utilise **to be ignorant of** : ex. *you are not **ignorant** of the reasons for her departure : vous n'ignorez pas les raisons de son départ.*

## (S')IGNORER / TO IGNORE

**I**   1. Il m'a **ignorée** pendant toute la soirée. Il ne m'a même pas saluée

He **ignored** me all evening. He didn't even say ' hello '

Avec l'entêtement qui le caractérise, il a **ignoré** mes conseils et tu vois où cela l'a mené
(*plus souvent :* **n'a pas tenu compte de,** a **négligé**)

With his usual pigheadedness he **ignored** my advice, and look where it's got him [a]

| | | | |
|---|---|---|---|
| II | 2. | Le gouvernement a dit qu'il **ignorait** ce qui s'était passé avec les otages | The government said that they **didn't know/were ignorant of/were unaware of** what had happened to the hostages |
| | | J'**ignorais** qu'il avait déménagé | I **didn't know/I was unaware** that he had moved [b] |
| | 3. | Bienheureux ceux qui **ignorent**° la guerre et la souffrance (= ne pas avoir l'expérience de) | Happy are those who **have never known/have had no experience of** war and suffering |

a. Dans d'autres contextes, **to ignore** sera plutôt traduit par **ne pas relever, ne pas respecter, fermer les yeux sur.**
b. C'est un artiste [génie] qui **s'ignore** : he's an unconscious artist [genius], he's an artist [a genius] without realizing it

## IMAGE / IMAGE

| | | | |
|---|---|---|---|
| I | 1. | Chez les myopes, l'**image** se forme en avant de la rétine | In short-sighted people the **image** is focused in front of the retina |
| | 2. | Je n'arrivais pas à chasser cette **image** de mon esprit | I couldn't dispel this **image** from my mind |
| | | Une **image** de ma future maison me vint à l'esprit | An **image** of my future house came into my mind [a] (*aussi:* I saw a **mental picture** of my future house) |
| | 3. | Les **images** employées par cet auteur ont fait l'objet de nombreuses études | Numerous studies have been written on this author's use of **images** (*aussi:* **imagery** *(nd)*) |
| | 4. | Ils ont peur de ternir l'**image (de marque)** de leur entreprise | They're afraid of tarnishing their company's **image** |
| II | 5. | Il ne sait pas lire mais il aime regarder les **images** | He can't read but he likes looking at the **pictures** [b] |
| | | Il faudra faire régler notre téléviseur car l'**image** est floue | We'll have to have our television set adjusted. The **picture**'s fuzzy |
| | | Il fut frappé par la beauté des **images** du film | He was struck by the beauty of the **photography** in the film |
| | 6. | Son récit donnait une **image** fidèle de la situation | His report gave a faithful **picture** of the situation |

| | 7. | Il ne se lassait pas de regarder son **image** dans l'eau | He never tired of gazing at his **reflection** in the water [c] |

a. Lorsqu'il s'agit d'une image d'un événement passé, on parlera plutôt en anglais de **memory** : ex. l'*image* de la mort de sa mère est restée gravée dans sa mémoire toute sa vie : the memory of her mother's death remained with her all her life.
b. Livre d'*images* : picture book ; sage comme une *image* : as good as gold
c. Le mot anglais **image** s'emploie surtout dans certaines expressions figées : God created man in his own *image* : Dieu créa l'homme à son *image* ; Paul is the *image*/the spitting *image** of his father : Paul est l'*image* de son père/est tout le portrait de son père/c'est son père tout craché*.

## IMITER / TO IMITATE

| | | | | |
|---|---|---|---|---|
| I | 1. | N'oubliez jamais que l'enfant **imite** ses parents. Vous êtes des modèles | | Don't forget that children **imitate** their parents. You are their role models |
| | 2. | Mon frère sait bien **imiter** le chant des oiseaux [la voix de notre curé] | | My brother is good at **imitating** birdsongs [the vicar's voice] |
| | | Jean **imitait** souvent la démarche du professeur pour faire rire ses camarades | | John often **imitated** the teacher's walk to make his friends laugh |
| II | 3. | Ce chèque n'est pas valable. On a **imité** la signature (= contrefaire) | | This cheque is not valid. The signature has been **forged** |
| | 4. | Il leva son verre et tout le monde l'**imita** | | He raised his glass and everyone **did likewise/followed suit** |
| | 5. | Je cherche un revêtement qui **imite** le chêne pour les portes du salon | | I'm looking for an **imitation** oak veneer for the living room doors/a veneer that **looks like** oak for the living room doors |

## IMMACULÉ / IMMACULATE

| | | | |
|---|---|---|---|
| I | 1. | Une nappe **immaculée** recouvrait la table | An **immaculate** cloth covered the table [a] (*aussi :* **spotless**) |

| | | | |
|---|---|---|---|
| III | 2. | I've never seen her looking anything but **immaculate** | Elle est toujours **impeccable/tirée à quatre épingles** |
| | | Her kitchen is always **immaculate** | Sa cuisine est toujours **impeccable** |
| | 3. | The Minister's handling of this whole affair has been **immaculate** | La façon dont le ministre a traité toute l'affaire est **irréprochable** |
| | | I'd never heard such an **immaculate** rendering of the Fifth Symphony | Je n'avais jamais entendu une exécution de la cinquième symphonie aussi **parfaite** |

a. D'une blancheur **immaculée** : **immaculately/spotlessly** white
◊ (Relig) L'**Immaculée** Conception : the **Immaculate** Conception

## IMMATÉRIEL / IMMATERIAL

| | | | |
|---|---|---|---|
| I | 1. | La notion de monde **immatériel** est difficile à concevoir | The notion of an **immaterial** world is difficult to grasp |
| III | 2. | It's **immaterial** to me whether you come today or tomorrow | Que tu viennes aujourd'hui ou demain, cela m'est **indifférent/égal** |
| | | The time when the accident took place is **immaterial** | L'heure exacte de l'accident **importe peu**/est **sans intérêt** |

## IMPORTANT / IMPORTANT

| | | | |
|---|---|---|---|
| I | 1. | Qui aurait cru qu'il allait devenir un personnage si **important** ? | Who would have thought he'd become such an **important** man ? |
| | | Cette question est trop **importante** pour être reportée à la réunion suivante | This question is too **important** to be postponed until the next meeting [a] |
| II | 2. | Ils ont dû payer une somme **importante** pour récupérer le tableau | They had to pay a **large/considerable** sum of money to get the picture back |

|  |  |
|---|---|
| C'est une usine **importante** qui emploie 3 000 ouvriers | It's a **big/large** factory that employs 3,000 workers |
| Il n'y a aucune victime, mais les dégâts sont très **importants** | There are no casualties but there is **considerable/extensive** damage |
| 3. Il traversa la pièce d'un air **important** | He walked through the room looking **self-important** |

a. – (A) **Important** ne s'emploie que dans un sens qualitatif et non quantitatif (cf. 2).
– L'**important** est de... : the **important** thing is to...
◊ Il fait l'**important**/se donne des airs **importants** : he throws his weight about*

## IMPORTATION / IMPORTATION

**I**  1. Notre gouvernement veut limiter l'**importation** des voitures japonaises

Our government wants to limit the **importation** of Japanese cars (*aussi :* **import**)

Cette époque a été marquée par l'**importation** de nouvelles pratiques religieuses issues de l'hindouisme

This age was marked by the **importation** of new religious practices of Hindu origin

**II**  2. Les **importations** en provenance de la France concurrencent fortement nos propres produits alimentaires ( = chose importée)

**Imports** from France constitute a serious threat to our own food industry

## (S')IMPOSER / TO IMPOSE (ONESELF)

**I**  1. Le comité européen a **imposé** des règles [des conditions] très strictes aux clubs anglais

The European committee has **imposed** very strict rules [conditions] on the English clubs [a]

Pour ce genre de crime, on devrait **imposer** des peines beaucoup plus lourdes

They should **impose** much heavier sentences for crimes such as these

| | |
|---|---|
| Il m'énerve à toujours vouloir **imposer** ses idées aux autres | The way he always tries to **impose** his ideas on other people gets on my nerves (*plus couramment :* **force**) |
| Je n'ai pas choisi cette secrétaire. On me l'a **imposée** | I didn't choose that secretary. She was **imposed** upon me (*plus couramment :* **forced**) |
| Ne croyez surtout pas que nous les avons invités. Ils **se** sont tout simplement **imposés** | Dont' run away with the idea that we invited them. They've just **imposed themselves** (up)on us (*plus couramment :* **forced themselves** on us) |

II 2. La situation **impose** un changement radical des méthodes de travail (= nécessiter, rendre indispensable)

The situation **necessitates/calls for/requires** a radical change in working methods

3. Le gouvernement a décidé de ne pas **imposer** les chômeurs

The government has decided not to **tax** the unemployed

En **imposant** le tabac, l'État pense surtout à renflouer ses caisses

The main object of the State in **taxing** tobacco is to fill its coffers (*plus rarement :* **imposing a tax on**)

4. Dans une situation de ce type, de telles mesures **s'imposent** [ne **s'imposent** pas]

In a situation like this, such measures **are essential/vital/imperative** [are unnecessary]

Quand on va à Londres, une visite au British Museum **s'impose**

When you go to London, you **must** visit the British Museum/a visit to the British Museum **is a must**\*

5. Son intelligence en **impose** à tous ses professeurs

His intelligence **impresses** all his teachers

Le nouveau commissaire en **impose** à tous ses subalternes (*aussi :* **impose** le respect)

The new superintendent **inspires respect/commands respect** in all his subordinates

Une voiture comme celle-là, ça en **impose**\* !

A car like that **really impresses people** !

6. Avec la concurrence acharnée qui règne dans ce secteur, il aura du mal à **s'imposer** (*aussi :* **imposer** son nom)

With the fierce competition that there is in that field, he will find it difficult to **make a name for himself**

Il **s'impose** comme le meilleur joueur de tennis actuel

He is **emerging** as the best tennis-player of his day

| | | | |
|---|---|---|---|
| III | 7. | I don't want to **impose** (on you), but could you spare me a few moments? | Je ne voudrais pas **abuser de votre gentillesse/amabilité**, mais pourriez-vous me consacrer quelques minutes? |

a. Mais: *le règlement impose le port du casque/de porter un casque*: the rules require the wearing of a helmet; *on impose aux ouvriers de porter un casque*: the workers are required/obliged to wear helmets; *imposer une tâche, un travail à qqn*: to force a task, a job on sb; *imposer un régime à qqn*: to put sb on a diet; *imposer silence (à qqn)*: to keep sb quiet, to tell sb to be quiet; *s'imposer de faire qqch*: to make it a rule to do sth

◊ – (Relig) *Imposer les mains*: to lay on hands
 – (Imprim) *Imposer*: to impose

## IMPOTENT / IMPOTENT

| | | | |
|---|---|---|---|
| II | 1. | C'est ignoble de s'en prendre ainsi à un vieillard **impotent** et sans défense | It's despicable to attack a defenceless, **crippled/disabled** old man like that |
| III | 2. | His excessive drinking finally made him **impotent** | L'alcoolisme a fini par le rendre **impuissant** |
| | 3. | She fumed in **impotent** rage | Elle fulminait, en proie à une rage **impuissante** |

## IMPRESSION / IMPRESSION

| | | | |
|---|---|---|---|
| I | 1. | Le premier candidat a fait bonne **impression** (sur le jury) (= effet) | The first candidate made a good **impression** (on the jury) |
| | | Comme on s'y attendait, le discours du président a fait **impression** | As we expected, the president's speech made quite an **impression** [a] |
| | 2. | Il me semblait qu'ils me cachaient quelque chose et les regards de connivence qu'ils échangeaient renforcèrent cette **impression** | I felt they were hiding something, an **impression** which was reinforced by the knowing looks they exchanged [b] |

| | | |
|---|---|---|
| | Notre correspondant à Rome a recueilli les premières **impressions** du vainqueur | Our Rome correspondent has recorded the winner's first **impressions** |
| | Après le spectacle, ils échangèrent leurs **impressions** ⇨ 3 | After the show they exchanged (their) **impressions** |
| **II** 3. | Dès qu'elle entrait dans un ascenseur, elle éprouvait une **impression** d'étouffement (= sensation) | As soon as she got into a lift, she had a **feeling/sense/sensation** of suffocation |
| | Le port de la ceinture de flanelle procure une **impression** de bien-être immédiate | Wearing the flannel binder gives an immediate **feeling/sense** of well-being |
| | La visite de l'hospice lui laissa une **impression** de tristesse | The visit to the old people's home left her with a **feeling/sense** of sadness |
| | Cela m'a fait une drôle d'**impression** de le revoir | It was a strange **feeling** to see him again |
| 4. | Qui s'occupe de l'**impression** des guides touristiques ? | Who's in charge of **printing** the tourist guides ? |
| | Quel procédé d'**impression** vas-tu choisir ? — L'offset, je pense | Which **printing** method are you going to choose ? — Offset, I think [c] |
| | L'**impression** des étoffes se fait encore à la main | The **printing** of the material is still done by hand/The material is still **printed** by hand [d] |
| **III** 5. | The **impression** left by the seal was still surprisingly clear | L'**empreinte** laissée par le sceau était encore étonnamment nette [e] |
| 6. | He did a hilarious **impression** of the headmaster | Il nous a fait une **imitation** désopilante du directeur |

---

a. The bleach made no **impression** on the ink stains : *l'eau de Javel n'a pas agi sur les taches d'encre*

b. – *Ce n'est peut-être qu'une **impression** mais il me semble qu'il a maigri* : maybe it's just my imagination, but I think he's lost weight ; *se fier à ses (premières) **impressions*** : to trust one's first **impressions**
 – *J'avais l'**impression** de rêver/que je rêvais* : I had the **impression** I was dreaming ; *j'ai l'**impression** qu'il a raison* : I have the **impression**/ a feeling he's right ; *il me fait l'**impression** d'être très intelligent* : he strikes me as very intelligent
 – L'expression *to be under the **impression** that* s'emploie généralement pour de fausses impressions : ex. *I was under the **impression** that breakfast was included in the price* : je pensais (à tort) que le petit déjeuner était compris dans le prix.

c. – Mais : *ce livre en est à sa quatrième **impression*** (= tirage) : *the book is on its fourth **impression***
   – *Le livre est à l'**impression*** : *the book is at the printer's/is being printed ;* faute d'***impression*** : *misprint*
d. *Tissu à **impressions*** : *printed material, print ;* tissu à ***impressions*** florales [géométriques] : *material printed with a floral [geometric] design*
e. (F) **Impression** est vieilli dans ce sens.
◊ (Photo) ***Impression*** : *exposure*

## IMPRESSIONNER / TO IMPRESS

I    1. Il nous parlait de ses voyages, de ses rencontres ; visiblement, il essayait de nous **impressionner** (= éblouir, frapper d'admiration)

He told us about his travels and the people he had met ; he was obviously trying to **impress** (us)

J'ai été très **impressionnée** par leur interprétation des Quatre Saisons de Vivaldi

I was very much **impressed** by/with their performance of Vivaldi's Four Seasons [a]
⇨ 2

II    2. Cette scène de violence [cette longue agonie] l'a beaucoup **impressionnée**

This violent scene [this long-drawn-out deathbed scene] **affected** her deeply/**made** a deep **impression** on her

Il était **impressionné** par le maître d'hôtel et se crut obligé de commander du champagne

He was **intimidated** by the head waiter and felt obliged to order champagne

Ce film risque d'**impressionner** les enfants

The film might **scare/frighten/upset** the children

3. *(Photo)* Les rayons **impressionnent** les plaques photographiques

The light rays **form an image on** the photographic plates

La pellicule n'a pas été **impressionnée**

The film hasn't been **exposed**

III    4. He **impressed** his initials on the wax with his signet ring to seal the letter

Il **imprima** ses initiales sur la cire avec sa chevalière pour fermer la lettre

The potter **impressed** designs on the earthenware pots before firing them

Le potier **imprimait** des motifs sur les terrines avant de les cuire

| | | |
|---|---|---|
| | 5. I tried to **impress** (up)on him the importance of hard work | J'ai essayé de lui **faire comprendre/faire sentir** l'importance du travail |
| | 6. Although I read the passage three times, I was unable to **impress** the details on my memory | Bien que j'aie lu le passage trois fois, je n'ai pas pu en **graver** les détails dans ma mémoire |
| | His words are forever **impressed** on my memory | Ses paroles sont à jamais **gravées/imprimées**° dans ma mémoire |

a. To **impress** signifie généralement ʿprovoquer de l'admirationʾ tandis que **impressionner** signifie ʿproduire un sentiment vif (allant de l'admiration jusqu'à la peur)ʾ. Le verbe français a donc un sens plus large et est souvent ambigu hors contexte.

## INADMISSIBLE / INADMISSIBLE

| | | | |
|---|---|---|---|
| II | 1. | Il a pris sa décision sans nous consulter. C'est **inadmissible** ! | He made his decision without consulting us. It's **(quite) unacceptable**/It's **intolerable** ! |
| | | Il est **inadmissible** que les députés n'assistent pas régulièrement aux séances parlementaires | It is **(quite) unacceptable**/it is **intolerable** that MPs should not regularly attend sittings of the House/(*plus couramment*) We **really can't have** MPs regularly missing sittings of the House |
| | | C'est **inadmissible** qu'on nous ait fait attendre si longtemps | It's **disgraceful/a disgrace** that they kept us waiting so long |
| III | 2. | (*Jur*) This evidence is **inadmissible** | Ce témoignage est **irrecevable** |

## INCESSAMMENT / INCESSANTLY

| | | | |
|---|---|---|---|
| II | 1. | Le premier ministre doit arriver **incessamment** | The Prime Minister will be here **any minute now/very shortly** |

| III | 2. He complained **incessantly** about his backache | Il se plaignait **sans cesse/ constamment** de son mal de dos [a] |

a. **Incessamment** ne s'emploie plus guère dans ce sens.

## INCIDEMMENT / INCIDENTALLY

| II | 1. Je lui ai rappelé **incidemment** qu'il m'avait soutenu le contraire la semaine dernière (= en passant) | I reminded him **in passing** that he had taken the opposite view the week before [a] |
| | 2. J'ai appris la nouvelle de sa mort **incidemment** en allumant la télévision (= par hasard) | I heard of his death **by chance** when I switched on the television/I **happened** to hear that he'd died when I switched on the television |
| III | 3. The next day we went on to Lourdes, which, **incidentally,** is a lot closer than you said it was | Le jour suivant nous avons été à Lourdes qui, **entre parenthèses,** est beaucoup plus proche que tu nous l'avais dit |
| | **Incidentally,** have you heard that Sue's getting married? | **À propos,** tu as appris que Suzanne se mariait? |

a. Notez cependant qu'**incidemment** peut être traduit par **incidentally** dans le sens de ʿaccessoirement, secondairementʾ: ex. *nous avons traité **incidemment** de la question de...: we touched **incidentally** on the question of...*

## INCINÉRER / TO INCINERATE

| I | 1. Certaines personnes se débarrassent de leurs ordures ménagères en les **incinérant** | Some people dispose of their household waste by **incinerating** it |
| II | 2. Il avait dit qu'il voulait être **incinéré** et non enterré | He said he wanted to be **cremated,** not buried |

## INCLURE / TO INCLUDE

I  1. J'ai **inclus** ton nom dans la liste d'attente (= faire figurer)

I have **included** your name on the waiting list [a]

Les frais de déplacement sont **inclus** dans les frais généraux (= être compris)

Travelling expenses are **included** in the overall costs

II  2. J'**inclus** un chèque pour toute dépense éventuelle (= insérer)

I **enclose** a cheque to cover any possible expenses [b]

a. Notez cependant que **to include** sera souvent rendu par d'autres verbes : ex. *does that remark include me ? : cette remarque s'adresse-t-elle à moi ? ; the meal included a starter : le repas comprenait une entrée ; **to include** sb among one's friends : compter qqn parmi ses amis.*
b. *Ci-**inclus** : enclosed*


## INCONVENANCE / INCONVENIENCE

voir : **INCONVENANT / INCONVENIENT**


## INCONVENANT / INCONVENIENT

II  1. Je trouve **inconvenant** de parler du testament pour l'instant (= déplacé)

I think it would be **unsuitable/inappropriate** to talk about the will now

Il serait **inconvenant** d'arriver en retard à ce type de manifestation (= impoli)

It would be **impolite/discourteous** to arrive late for such an occasion

Il tenait des propos **inconvenants**, susceptibles de choquer de jeunes oreilles (= indécent)

He used **indecent/unseemly/improper** language likely to shock young ears

| | | | |
|---|---|---|---|
| III | 2. | They arrived at a very **inconvenient** time. I was just having a bath | Ils sont arrivés à un moment particulièrement **mal choisi/inopportun**. J'étais juste en train de prendre un bain |
| | | Could you wait until next week, if it's not too **inconvenient** for you? | Pouvez-vous attendre jusqu'à la semaine prochaine, si cela ne vous **dérange** pas trop? |
| | | It is most **inconvenient** to have to go through the sitting-room every time you want to get to the kitchen | C'est très **gênant**/ce n'est **pas pratique** du tout de devoir passer par le salon chaque fois qu'on veut aller à la cuisine |

☐ Inconvenance : impropriety, unseemly behaviour/language
Inconvenience : dérangement, désagrément, (parfois) inconvénient

## INCORRECT / INCORRECT

| | | | |
|---|---|---|---|
| I | 1. | Une mauvaise réception peut être due à un réglage **incorrect** de l'appareil (= mal exécuté, défectueux) | Bad reception may be due to **incorrect** tuning of the set (*aussi :* **faulty**) |
| | | Certains grammairiens estiment qu'il est **incorrect** d'employer un subjonctif dans ce cas (= impropre) | Some grammarians consider it **incorrect** to use the subjunctive in this case [a]<br>⇨ 4 |
| II | 2. | Il serait **incorrect** de lui demander son âge | It would be **rude/discourteous/impolite** to ask her age (*rarement :* **incorrect**) |
| | | Votre fils s'est montré très **incorrect** avec le professeur de mathématiques et j'ai dû sévir | Your son was very **rude** to his maths teacher and I had to punish him [b] |
| | 3. | On avait usé de procédés **incorrects** dans les négociations | Some **irregular/dubious** procedures had been followed in the negotiations |
| | | Je sais par expérience qu'il est **incorrect** en affaires | I know from experience that he's **(rather) dishonest** in business matters/that he doesn't always play fair/play according to the rules |
| | | C'était **incorrect** de leur part de ne pas nous rembourser l'acompte | It was **wrong** of them not to pay us back our deposit |

| | | | |
|---|---|---|---|
| III | 4. His statements proved to be **incorrect** | | Ses déclarations s'avérèrent **erronées/inexactes** (*rarement :* **incorrectes**) |
| | It would be **incorrect** to say that he was one of the ringleaders | | Il serait **inexact/faux** de dire qu'il était un des meneurs |

a. L'adjectif français **incorrect** s'emploie surtout dans le sens de ʿpas conforme aux règles (d'une bonne exécution ou du langage)ʾ. Il ne s'emploie que rarement dans le sens de ʿfaux, inexact, pas conforme à la réalitéʾ (cf. 4).
b. *Langage/propos **incorrect(s)** : unseemly language/words*

## INDEX / INDEX [a]

| | | | |
|---|---|---|---|
| I | 1. Cette encyclopédie n'a pas d'**index**. C'est très ennuyeux ! | | This encyclopaedia hasn't got an **index**. It's very annoying ! [b] |
| | 2. *(Relig)* Ce livre a été mis à l'**Index** en 1948 | | This book was put on the **Index** in 1948 [c] |
| II | 3. Je me suis cassé l'**index** de la main droite | | I've broken my right **forefinger/index finger** |
| III | 4. Export figures are an **index**° of the health of a nation's economy | | Le volume des exportations est un **baromètre** de la santé économique d'un pays/permet d'évaluer la santé économique d'un pays |
| | 5. Every rise in the cost of living **index** affects salaries | | Toute hausse de l'**indice** du coût de la vie se répercute sur les salaires [d] (*Belg :* **index**) |

a. Pluriel : ***indexes**,* (sens 4 et 5) ***indices***
b. Mais : ***(card) index** : fichier ; **index** card : fiche*
c. *(fig) Mettre qqch, qqn à l'**index** : to blacklist sth, sb*
d. ***Index**-linked : indexé*
◊ *(Maths)* (A) ***Index** (pl. :* ***indices****) : indice*

## INDICATEUR / INDICATOR

I    1. Ce sèche-cheveux est pourvu d'un **indicateur** de niveau de chaleur — This hairdryer is equipped with a heat level **indicator** [a]

II    2. Avez-vous un **indicateur** des chemins de fer [des rues de Paris] ? — Have you got a train **timetable** [a Paris street **directory**] ?

     3. Un prisonnier a été tué par ses compagnons de cellule après qu'ils aient découvert que c'était un **indicateur (de police)** [b] — A prisoner was killed by his fellow convicts after they discovered he was a **police informer**/an informer

III    4. *(Brit)* I'll have to go to the garage. My left **indicator** doesn't work any more — Je vais devoir aller au garage. Mon **clignotant** gauche ne fonctionne plus

---

a.  – *Indicateur de pression* : *pressure **indicator**,* (plus couramment) *pressure gauge* ; *indicateur d'altitude* : *altimeter* ; *indicateur de vitesse* : (Auto) *speedometer,* (Aviat) *air speed **indicator**,* (machines) *speed **indicator**, tachometer*
    – ***Indicator*** (on scale, etc.) : *aiguille, index*

b.  (plus familièrement) ***Indic**\** : *stool pigeon\*,* (Brit) *grass\*,*(US) *stoolie\**

◊  – (Chim) ***Indicateur*** : *indicator*
   – ***Indicateur*** *économique* : *economic **indicator***

## INDIFFÉREMMENT / INDIFFERENTLY

II    1. J'écris **indifféremment** de la main gauche et de la main droite — I can write with **either** my left hand **or** my right hand/with my left hand **as well as** my right hand

     Il tirait **indifféremment** sur les hommes, les femmes et les enfants (= sans discrimination) — He fired **indiscriminately** at men, women and children [a]

III    2. She shrugged **indifferently** when she heard the news — Elle haussa les épaules **avec indifférence** à l'annonce de la nouvelle [b]

380

3. He paints **indifferently** but his parents continue to believe that he'll make it one day

   Il peint **médiocrement/de façon quelconque** mais ses parents continuent à croire qu'il percera un jour

---

a. – **Indifféremment** est parfois traduit simplement par **any** ou une forme composée de **any-** : ex. *il mange de tout indifféremment : he eats anything.*
   – On trouve aussi **indifferently** dans ce sens mais plus rarement.
b. **Indifféremment** est vieilli dans ce sens.

## INDIFFÉRENT / INDIFFERENT

I  1. Il est difficile de rester **indifférent** face aux souffrances des enfants du Tiers-Monde

      It's hard to remain **indifferent** to the sufferings of children in the Third World

      La politique me laisse tout à fait **indifférent**

      I'm completely **indifferent** to politics [a]
      (*aussi* : I'm **not** a bit **interested** in politics/Politics leave me **cold**)

II 2. On peut se réunir vendredi ou samedi ; cela m'est tout à fait **indifférent**

      It **doesn't matter** to me/I **don't mind**/It's **immaterial** to me whether we meet on Friday or Saturday

III 3. He's an **indifferent** painter

      C'est un peintre **médiocre/quelconque**

---

a. Mais : *to be **indifferent** to cold [heat...] : être insensible au froid [à la chaleur...] ; il est **indifférent** à tout : he's not interested in anything, he's completely apathetic*

## INDIQUER / TO INDICATE

I  1. L'absence d'éruption sur les bras **indique** qu'il ne s'agit pas d'une simple allergie (= attester)

      The absence of a rash on the arms **indicates** that it is not just an allergy

| | | |
|---|---|---|
| | Tout **indique** qu'il est parti | Everything **indicates** that he has gone |
| | Les traces **indiquent** le passage d'un poids lourd | The tracks **indicate** that a lorry has passed |
| **II** | 2. Pourriez-vous m'**indiquer** les toilettes, s'il vous plaît ? (= montrer) | Could you **show** me **the way to/tell** me **the way to/direct** me **to** the toilets, please ? |
| | Si vous voulez bien me suivre, je vais vous **indiquer** vos places | If you would like to follow me, I'll **show** you **(to)** your places [a] |
| | **Indiquez** l'endroit précis où vous avez mal | **Point to/point out** the exact place where you feel the pain [b] (*moins couramment :* **indicate**) |
| | 3. L'horloge **indiquait** trois heures précises [Le thermomètre **indiquait** 38°] | The clock **said** exactly three o'clock [The thermometer **said/read/registered** 38°] |
| | Ma montre n'**indique** pas les secondes | My watch doesn't **give/show** the seconds |
| | Cette carte n'**indique** pas les routes secondaires | This map doesn't **give/show** secondary roads |
| | Le baromètre **indique** les variations de pression atmosphérique (= enregistrer) | The barometer **shows** variations in atmospheric pressure [c] (*moins couramment :* **indicates**) |
| | 4. Pouvez-vous m'**indiquer** un bon restaurant [un bon docteur] dans la région ? (= renseigner) | Could you **tell** me **the name of** a good restaurant [a good doctor] in the area ? |
| | Il a oublié de m'**indiquer** la date de la réunion | He forgot to **tell** me the date of the meeting |
| | 5. L'architecte n'a fait qu'**indiquer** l'emplacement des fenêtres sur le plan (= ébaucher, esquisser) | The architect just **sketched in** the position of the windows on the plan |
| | 6. Il n'est pas très **indiqué** *(pass)* de manger des crudités quand on a l'estomac fragile | It's not really **advisable/a good idea** * to eat salads when you have a delicate digestion |
| | Cette méthode est tout à fait **indiquée** *(pass)* pour ce genre de travail | That method is **just what we need/absolutely right** for this kind of work [d] |
| **III** | 7. My client has **indicated** that he is willing to sign the contract | Mon client m'a **signalé**/m'a **fait savoir** qu'il était prêt à signer le contrat |

| | |
|---|---|
| He **indicated** that my presence was not welcome | Il m'a **fait comprendre** que ma présence n'était pas souhaitée |
| 8. The lorry driver turned right without **indicating** | Le conducteur du camion a tourné à droite sans **mettre son clignotant** |

a. **To show (to)** s'emploie quand on accompagne quelqu'un pour lui montrer quelque chose.
b. **Indiquer** qqch du doigt : to point to sth, to point sth out ; **indiquer** qqch d'un signe de tête, du regard : to indicate sth with a nod, a glance
c. **To indicate** peut s'employer quand le sujet indique une direction. Comparez :
   – les pancartes **indiquent** la route à suivre pour se rendre au château : the signs **indicate**/show the way to the castle
   – qu'**indique** la pancarte ? ( = qu'y a-t-il d'écrit ?) : what does the sign say ?
d. Le verbe **to indicate** peut également s'employer dans ce sens, mais il est surtout courant dans le domaine médical (ex. surgery is **indicated**). Dans le domaine non médical, il a souvent un sens légèrement plus fort que son correspondant français : ex. a reassessment of our aims is **indicated** : une remise en question de nos objectifs semble nécessaire/s'impose.

◊ À l'heure **indiquée** : at the agreed/appointed time, at the time stated

## INDIVIDU / INDIVIDUAL

| | | | |
|---|---|---|---|
| I | 1. | Dans ce type d'organisation sociale, les droits de l'**individu** sont bafoués | In that type of social system the rights of the **individual** are disregarded |
| II | 2. | Ces germes peuvent être transmis par contact avec un **individu** porteur d'infection | These germs can be transmitted through contact with an infected **person** |
| | 3. | (péj) Un **individu** s'est approché de moi et m'a menacé avec un couteau | Some **character**\*/**fellow**\* walked up to me and threatened me with a knife [a] |

a. Le nom **individual** est cependant possible avec un adjectif qualificatif : a nasty, bad-tempered **individual**\*. Contrairement au français, il peut faire référence aussi bien à un homme qu'à une femme.

◊ – Il est très préoccupé de son **individu** : he's very taken up with himself/his own little self
   – As a private **individual** : comme simple particulier

## INDUSTRIE / INDUSTRY

I  1. Ils ont investi la plus grande partie de leur capital dans l'**industrie**

They invested most of their capital in **industry** (nd) a

L'**industrie** automobile occupe une grande place dans l'économie de la région

The car **industry** occupies an important place in the economy of the region

II 2. Son mari est à la tête d'une petite **industrie** (*souvent :* **entreprise industrielle**)

Her husband runs a small **business/firm**

III 3. His success is due mainly to his **industry**° *(nd)*

Son succès est dû principalement à son **zèle/assiduité (au travail)**

---

a. **Industrie** légère [lourde] : light [heavy] industry
◊ Chevalier d'**industrie** : crook ; capitaine d'**industrie** : captain of industry
☐ **Industrieux** (litt) : (adroit, ingénieux) **skilful, ingenious** ; (actif) **industrious**
  **Industrious** : travailleur, (litt) **industrieux**

## INDUSTRIEUX / INDUSTRIOUS

voir : INDUSTRIE / INDUSTRY

## INFÂME / INFAMOUS

II 1. Pour des crimes aussi **infâmes**, on devrait rétablir la peine de mort (*souvent :* **odieux, ignobles**)

The death penalty should be brought back for such **odious/vile** crimes a

2. Dans l'abattoir régnait une odeur **infâme**

The slaughterhouse was filled with a **foul/disgusting/revolting** smell

|  |  | Ces gens habitent dans les taudis les plus **infâmes** qui soient | Those people live in the **foulest** slums you've ever seen |
|---|---|---|---|
|  |  | C'est vraiment **infâme** ! Comment peux-tu manger cela ? | It's absolutely **revolting/ disgusting** ! How can you eat it ? |
| **III** | 3. | This house was the wartime home of the **infamous** Doctor Goebbels | Pendant la guerre, cette maison était occupée par le **tristement célèbre** docteur Goebbels |
|  |  | This nation is **infamous** for its avarice (*souvent :* **notorious**) | Ce peuple est **connu** pour son avarice/est d'une avarice **notoire** |

a. Notez qu'on pourra parfois traduire *un acte infâme, une conduite infâme* par *an infamous deed, infamous conduct,* mais *infamous* a alors plutôt le sens 3 (tristement célèbre, notoire).

## INFECTION / INFECTION

| **I** | 1. | Les antibiotiques sont de puissantes armes contre l'**infection** | Antibiotics are a powerful weapon against **infection** *(nd)* [a] |
|---|---|---|---|
|  |  | Ce médicament n'agit absolument pas dans le cas d'**infections** virales | This drug is completely ineffective in the case of viral **infections** |
| **II** | 2. | Quelle **infection** dans cette pièce ! (= puanteur) | What a **stench** in this room ! |
|  | 3. | Ce poisson est une **infection** ! (= très mauvais) | This fish is **revolting** ! |

a. – Le mot anglais **infection** correspond parfois à (F) **contagion** : ex. *to avoid all risk of infection, the patient should be isolated.*
– *Foyer d'**infection** :* (dans le corps) *focus of infection,* (pays...) *source of infection*

## INFÉRIEUR / INFERIOR

| **I** | 1. | Les auteurs contemporains ne sont pas **inférieurs** aux auteurs classiques | Contemporary authors are not **inferior** to classical authors |
|---|---|---|---|

| | | Elle se sent toujours **inférieure** aux autres | She always feels **inferior** to other people |
|---|---|---|---|
| | 2. | Les personnes qui occupaient une position sociale **inférieure** étaient très mal à l'aise | The people of **inferior** social status felt very ill at ease [a] (*aussi :* **lower**) |
| II | 3. | La partie **inférieure** du mur était attaquée par l'humidité | The **lower/bottom** part of the wall was affected by damp |
| | | Il s'est cassé la mâchoire **inférieure** | He broke his **lower** jaw |
| | | L'incendie n'a détruit que les étages **inférieurs** | The fire only destroyed the **lower** floors [b] |
| | 4. | Les élèves dont la note est **inférieure** à dix doivent repasser l'examen | Pupils with a mark **below** ten/**less** than ten will have to retake the exam |
| | | Le nombre de bulletins blancs est **inférieur** à celui de la fois passée | The number of blank ballot slips is **lower** than it was last time [c] |
| III | 5. | It's a mistake to buy **inferior** goods in order to economize | On ne fait pas d'économies en achetant des produits **de qualité inférieure/de moindre qualité** |
| | | I would never accept **inferior** workmanship like this | Je n'accepterais jamais un travail aussi **médiocre** |

---

a. Mais : *classes sociales **inférieures** : lower classes (of society)*
b. ***Inférieur** au niveau de la mer : below sea level*
c. Dans certains cas, les sens de ʻmoins bien queʼ (cf. 1) et ʻplus petit queʼ (cf. 4) se confondent, ce qui rend possible l'emploi de **inferior** : ex. *this year's trade figures are lower than/**inferior** to last year's.*

## INFORMATION / INFORMATION

| I | 1. | Pourriez-vous me donner des **informations** plus complètes sur cette question ? (*souvent :* **renseignements**) | Could you give me some more detailed **information** *(nd)* on this matter ? [a] |
|---|---|---|---|

| | | | |
|---|---|---|---|
| II | 2. | Cette revue assure l'**information** du public en matière de consommation | The aim of this magazine is to **keep** the public **informed** about consumer topics [b] |
| | 3. | As-tu écouté les **informations** *(pl)* régionales [sportives] ? (*aussi :* **infos**\*) | Did you listen to the local [sports] **news** ? |
| | 4. | *(Jur)* On a ouvert une **information** pour tenter de découvrir les auteurs de l'infraction | An **initial investigation**/a **preliminary investigation** has been started to try to discover who committed the crime |

---

a. – *A piece/an item/a bit\* of **information** :* un renseignement, une **information**
   – Notez que **renseignement** est parfois la seule traduction possible de (A) **information** : ex. *I didn't know the museum was closed in the afternoons. Thank you for the **information** :* Je ne savais pas que le musée était fermé l'après-midi. Merci pour le **renseignement**.
   – Notez également : *my **information** is that... :* d'après les renseignements que j'ai pu recueillir, il semblerait que... ; *tourist **information** (office) :* syndicat d'initiative
b. *Mission d'**information** :* fact-finding mission ; *journal d'**information** :* serious newspaper, quality paper ; *réunion d'**information** :* briefing session
◊ (Informat) ***Information** technology :* technologie de l'***information**, informatique

## INGÉNIEUR / ENGINEER

| | | | |
|---|---|---|---|
| I | 1. | Les **ingénieurs** électroniciens ne manquent pas de débouchés pour le moment | There is no shortage of openings for electronic **engineers** at the moment [a] |
| III | 2. | Television **engineers** are often called out at the weekend | On fait souvent appel aux **réparateurs** de télévision le week-end |
| | | My dishwasher broke down a fortnight ago and the **engineer** hasn't turned up yet | Mon lave-vaisselle est tombé en panne il y a quinze jours et le **technicien/dépanneur** n'est pas encore venu |
| | 3. | *(Naut, Aviat)* I was chief **engineer** on the Britannia for thirty years | J'ai été chef **mécanicien** sur le Britannia pendant trente ans [b] |

|   |   |   |
|---|---|---|
| | 4. *(Mil)* His father is an officer in the **engineers** *(pl)* | Son père est officier du **génie** |

---

a. – Le mot **ingénieur** désigne nécessairement un spécialiste qualifié par des études supérieures (universités, Grandes Écoles). Le mot **engineer** peut avoir ce sens (on dit aussi : *professional/graduate engineer*), mais il correspond parfois plutôt à ce qu'en français on nomme **technicien**.
   – Notez la différence entre *civil* **engineer** : *ingénieur des travaux publics/des ponts et chaussées* et *ingénieur civil* ≃ (Fr) **engineer** *employed in the private sectors* (as opposed to *ingénieur de l'État*), (Belg) *graduate* **engineer**.
b. (US) (Ch. de fer) **Engineer** : *conducteur, machiniste*
◊ (Cin, TV) *Ingénieur du son :* sound **engineer**


## (S')INITIER / TO INITIATE

**I**   1. Il nous a **initiés**° aux mystères de la graphologie
       He **initiated** us into the mysteries of graphology ᵃ
       ⇨ 2

**II**  2. Je cherche un professeur qui **initierait** mon fils au grec
       I'm looking for someone to **teach** my son **the rudiments** of Greek/**introduce** my son to Greek

       C'est mon cousin qui m'a **initiée** à l'amour [à la drogue]
       It was my cousin who **introduced** me to lovemaking [to drugs]

       J'en ai profité pour **m'initier** au karaté [aux nouvelles méthodes de culture]
       I took advantage of the opportunity to **learn the basics** of karate [to **get to know** the new agricultural methods]

   3. *(Anthrop)* Dans cette tribu, les jeunes garçons sont **initiés** à l'âge de douze ans
       In this tribe the boys **undergo initiation rites** at the age of twelve

**III** 4. They **initiated** negotiations aimed at abolishing apartheid in South Africa
       Ils ont **entamé/engagé/amorcé** des négociations visant à abolir l'apartheid en Afrique du Sud

| | |
|---|---|
| The youth club **initiated** a scheme for helping immigrant children with their homework | La maison des jeunes a **instauré/ mis sur pied** un programme pour aider les enfants d'immigrés à faire leurs devoirs [b] |

a. – Le verbe **to initiate** a un sens plus restreint qu'**initier**. Il signifie "mettre au courant de choses secrètes, mystérieuses" (comparez 2).
 – **To initiate** sb into a sect, a society : admettre qqn dans une secte, une société secrète
b. **Initier** est parfois employé dans ce sens sous l'influence de l'anglais. Cet emploi est critiqué par les puristes.

## INJURE / INJURY

| | | | |
|---|---|---|---|
| II | 1. | Il considéra ces paroles comme une **injure** personnelle | He took these words as a personal **insult** |
| | | Quand son mari avait bu, il l'accablait d'**injures** | When her husband had been drinking he would shower **abuse** (nd) on her [a] |
| III | 2. | Fortunately his **injuries** were not severe | Heureusement, ses **blessures** n'étaient pas graves [b] |

a. – Il m'a fait l'*injure* de refuser mon invitation : he insulted/affronted me by refusing my invitation
 – (litt) L'*injure* des ans : the **ravages** of time
b. – To do oneself an *injury* : se faire mal ; (Foot) *injury* time : arrêts de jeu
 – (fig) *Injury* (to sb's pride, reputation...) : atteinte (à la fierté, la réputation de qqn)

☐ **Injurieux** : abusive, offensive, insulting
 **Injurious** (to) : préjudiciable (à), nuisible (à)

## INJURIER / TO INJURE (ONESELF)

| | | | |
|---|---|---|---|
| II | 1. | Elle est descendue de sa voiture en m'**injuriant** et en me traitant de tous les noms | She got out of her car, **abusing/ insulting** me and calling me all the names under the sun |

| | | | |
|---|---|---|---|
| III | 2. | My grandfather was badly **injured** in the First World War | Mon grand-père fut grièvement **blessé** durant la Première Guerre mondiale |
| | | I knocked over a cyclist and **injured** him slightly | J'ai renversé un cycliste et je l'ai **blessé** légèrement |
| | | One of the players **injured himself** [**injured** his leg] | Un des joueurs **s'est blessé** [s'est **blessé** à la jambe] |
| | 3. | I hope I didn't **injure** her pride by refusing her invitation | J'espère que je ne l'ai pas **blessée** dans son amour propre en refusant son invitation |
| | 4. | I'm afraid the incident may have **injured** her reputation [her chances] | Je crains que cet incident ne **porte atteinte à**/ ne **nuise à** sa réputation [ne **compromette** ses chances] |

◊  (Jur) The **injured** party : la partie lésée

## INJURIEUX / INJURIOUS

voir : INJURE / INJURY

## (S')INSCRIRE / TO INSCRIBE

| | | | |
|---|---|---|---|
| I | 1. | Les noms des soldats disparus étaient **inscrits** sur le monument (*aussi* : **gravés**) | The names of the lost soldiers were **inscribed** on the monument |
| | | Son nom était **inscrit** au tableau d'honneur | His name was **inscribed** on the roll of honour [a] ⇨ 2 |
| II | 2. | J'**inscris** tous mes rendez-vous sur ce petit agenda pour ne pas les oublier | I **write down/note down** all my appointments in this diary so I don't forget them |
| | | Son nom n'est pas **inscrit** sur ma liste | His name **is** not (**down**) on my list |
| | | **Inscrivons** cette question à l'ordre du jour de notre prochaine réunion | Let's **put** that question (**down**) on the agenda of our next meeting |

3. J'ai **inscrit** mon fils dans une école privée

I've **put** my son **down** for/I've **put** my son's **name down** for/I've **enrolled** my son at a private school

Pourquoi n'**inscris**-tu pas Julie au concours de dessin ?

Why don't you **enter** Julie for the drawing competition ?

Je **me** suis **inscrite** à l'université [à un examen de dactylo]

I **registered/enrolled** at the university [**entered** for a typing exam]

Je ne **m'inscrirai** jamais à un parti politique, quel qu'il soit !

I'll never ever **join** any political party !

4. Cette mesure **s'inscrit** dans le cadre de notre action anti-tabac

This measure **is part of** our anti-smoking campaign

5. Un objet volant de forme sphérique **s'inscrivit** dans mon télescope

A flying object, spherical in shape, **appeared/was framed** in the lens of my telescope

---

a. – **To inscribe** signifie ʿgraverʾ ou ʿécrire de façon commémorativeʾ. **Inscrire** a un sens plus large (cf. 2).
 – Notez : **to inscribe** a book : dédier/dédicacer un livre

◊ **S'inscrire** en faux contre qqch : to deny sth strongly, to contest sth

## INSISTER / TO INSIST

II 1. Je ne voulais pas que mon fils ait une moto, mais il a tellement **insisté** que j'ai finalement cédé

I didn't want my son to have a motorbike but he **was** so **insistent/kept on about it** * so much that I finally gave in

J'ai **insisté** auprès du général pour qu'il épargne la population

I **pressed/urged** the general to spare the civilian population [a]

J'ai déjà sonné trois fois mais elle ne répond pas. — **Insiste** !

I've already rung three times but she doesn't answer. — **Keep trying/don't give up** [b]

2. **Insiste** plus sur la deuxième syllabe [note]

**Stress/emphasize/accentuate** the second syllable [note] more

Je n'**insisterai** pas sur le dernier chapitre parce qu'il traite surtout de la période post-napoléonienne

I won't **lay** much **stress** on/**put** much **emphasis** on the last chapter as it deals mainly with the post-Napoleonic era

Dans cette école, les professeurs **insistent** beaucoup sur la discipline

In this school the teachers **lay** great **emphasis** on/**attach** great **importance** to discipline

| | | |
|---|---|---|
| | N'**insistons** pas sur les erreurs qu'il a commises | Let's not **dwell** on the mistakes he's made |
| III | 3. I **insist** on an apology | J'**exige** des excuses [c] |
| | The landlord **insisted** that the tenant pay for the repair | Le propriétaire a **exigé** que le locataire paie la réparation |
| | My mother's too old to drive really, but she **insists** on doing it | Ma mère est trop âgée pour conduire, mais elle **s'obstine** à le faire |
| | John **insisted** on paying for the meal | Jean a **tenu** à/Jean a **absolument voulu** payer le repas [d] |
| | 4. In spite of the evidence, the accused **insisted** that he was innocent | En dépit des témoignages, l'accusé **soutenait/maintenait** qu'il était innocent |

a. Le verbe **insister** a le sens de ʿpersévérer à demander qqch ou à faire qqchʾ alors que **to insist** signifie ʿexiger, revendiquerʾ (cf. 3). Ces deux sens étant parfois très proches, il peut exister des cas d'équivalence de traduction, surtout dans des emplois absolus : ex. *nous ne voulions pas qu'il nous accompagne mais il a insisté : we didn't want him to come with us but he insisted.*
b. *Insiste sur les taches :* rub the stains harder
c. *To insist on one's rights :* revendiquer ses droits
d. Notez que *Jean a insisté pour payer le repas* n'implique pas nécessairement que Jean ait effectivement payé, alors que la phrase anglaise a toujours cette implication.

## (S')INSPIRER / TO INSPIRE

| | | |
|---|---|---|
| I | 1. Paris a **inspiré** de nombreux peintres | Paris has **inspired** many painters |
| | Son voyage au Sud-Vietnam a **inspiré** trois de ses romans | Three of his novels were **inspired** *(souvent pass)* by his journey to South Vietnam [a] |
| | La mode de cette année **s'inspire** de celle des années cinquante | This year's fashion is **inspired** by that of the fifties [b] |
| | Le sujet de cette rédaction ne m'**inspire** pas beaucoup | This essay title doesn't **inspire** me much/I'm not very **inspired** by this essay title [c] |
| | 2. Cet homme **inspire** le respect et l'admiration à tous | That man **inspires** respect and admiration in everybody/**inspires** everybody with respect and admiration |

392

|   |   |   |
|---|---|---|
|   | Ce docteur ne m'**inspire** pas confiance. Si on allait en consulter un autre ? | That doctor doesn't **inspire** much confidence in me/**inspire** me with much confidence. Shall we consult another one ? [d] |
|   | 3. Ces grands maîtres savaient **inspirer** à leurs élèves le goût du beau | Those great masters knew how to **inspire** their pupils with the love of beauty [e] |
| II | 4. **Inspirez** profondément avant de commencer cet exercice | **Breathe in/inhale** deeply before starting this exercise [f] |
| III | 5. What **inspired** him to take up yoga ? | Qu'est-ce qui lui a **pris** de/**donné l'idée** de/l'a **poussé** à faire du yoga ? |
|   | The players were **inspired** by the enthusiasm of their supporters | Les joueurs étaient **encouragés/motivés** par l'enthousiasme de leurs supporters |
|   | They **inspired** him to continue his efforts | Ils l'ont **encouragé** à poursuivre ses efforts |

a. *Cette scène tragique lui a **inspiré** des pages bouleversantes* : this tragic scene **inspired** him to write some deeply moving lines
b. Mais : (sujet : n. de personne) *il **s'est inspiré** d'une légende pour faire ce film* : he drew his inspiration for this film from a legend ; ***inspire-toi** de l'exemple de ton père* : follow your father's example, take an example from your father
c. Mais : *cette promenade ne m'**inspire*** *pas beaucoup* : I'm not very taken with the idea of that walk/(Brit) keen on the idea of that walk
d. Mais : *son état **inspire** de l'inquiétude* : his condition is causing anxiety/giving cause for anxiety
e. *To **inspire** sb with courage* : insuffler/(plus rarement) **inspirer** du courage à qqn
f. On emploie parfois **to inspire** dans le langage technique.
◊ *Être bien [mal] **inspiré** de faire qqch* : to be well-[ill-]advised to do sth

## (S')INSTALLER / TO INSTALL (ONESELF)

|   |   |   |
|---|---|---|
| I | 1. Enfin, on nous a **installé** le téléphone. Cela faisait deux ans que nous avions introduit notre demande | They've **installed** the phone at last. It's two years since we applied for it (*plus couramment* : **put in**) |
|   | Nous allons **installer** le chauffage dans notre maison de campagne | We are going to **install** central heating in our country cottage [a] (*plus couramment* : **put in**) |

2. *(Relig, Admin)* Le nouveau président fut **installé** (dans ses fonctions) au cours d'une cérémonie solennelle

The new President was **installed** at a formal ceremony

II 3. **Installe** ton bureau devant la fenêtre. Tu auras plus de lumière

**Put** your desk in front of the window. You'll have more light

Nous n'habitons pas encore dans notre nouvelle maison. Nous devons encore **installer** tous nos meubles

We aren't living in our new house yet. We still have to **put in** all the furniture

4. L'après-midi, on **installe** grand-mère dans son fauteuil devant la télévision

In the afternoon we **settle** grandmother/**make** grandmother **comfortable** in her armchair in front of the television
(*moins souvent :* **install**)

On **installa** le blessé sur le brancard avec beaucoup de précaution

They **settled** the wounded man very carefully on the stretcher

Il a **installé** sa fille et son gendre dans un magnifique appartement à Lyon

He has **set up** his daughter and son-in-law in a beautiful flat in Lyons
(*moins souvent :* **installed**)

5. Ils **se** sont **installés** à la campagne

They **set up house/home** in the country/they **settled** in the country

Après l'incendie qui a ravagé leur maison, mes parents **se** sont **installés** chez mon frère pour quelques mois

After the fire which burnt down their house, my parents **moved in** with my brother for a few months

Un deuxième dentiste vient de **s'installer** dans notre rue

A second dentist has **set up in practice**/has **started a practice** in our street [b]

6. Il **s'installa** à la terrasse d'un café et commanda une bière

He **sat down** at a pavement café and ordered a beer

Elle **s'installa** confortablement dans le fauteuil près du feu et se mit à lire

She **settled herself** comfortably in the armchair by the fire and started to read
(*moins souvent :* **installed herself**)

**Installe-toi.** Sers-toi quelque chose à boire. Jean va arriver d'un instant à l'autre

**Make yourself comfortable/at home.** Get yourself a drink. John should be here any minute

| | |
|---|---|
| 7. La grève **s'installe** dans toute la province. Le secteur public est presque entièrement paralysé | The strike is **taking a firm hold**/is **becoming firmly established** throughout the region. The public sector is almost at a standstill |
| Le pays **s'installe** dans la guerre | The country is **settling** into the state of war |

---

a. – Le verbe **to install** signifie ʿmettre en place en faisant les travaux nécessairesʾ. Il s'emploie dans le cas d'appareils ou systèmes d'appareils (électricité, gaz, chauffage, téléphone...). Il n'a jamais le sens de ʿmettre, placer à un endroitʾ (cf. 3).
  – **Installer** une salle de bain, une cuisine : to put in a bathroom, a kitchen
  – **Installer** un appartement (= aménager) : to fit out a flat
b. **S'installer** à son compte : to set up one's own business, to set up on one's own

## INSTANT / INSTANT

| | | | |
|---|---|---|---|
| I | 1. | Pas un seul **instant** je n'ai cru qu'il allait réussir | I didn't believe for an **instant** that he would succeed (*aussi*: **moment**) |
| | | À l'**instant** même où je l'ai vu, j'ai su que quelque chose n'allait pas | The very **instant** I saw him I knew that something was wrong (*aussi*: **moment**) |
| | | Viens ici à l'**instant** ! | Come here this **instant** ! [a] (*aussi*: **moment**) |
| II | 2. | Ils se reposèrent un **instant** [quelques **instants**] puis reprirent la route | They rested for a **moment/while** [for a few **minutes/moments**] and then set off again |
| | | Je suis à vous dans un **instant** | I'll be with you in a **minute/moment** |
| | | Ces **instants** de bonheur sont à jamais gravés dans ma mémoire | Those **moments** of happiness are engraved on my memory for ever |

---

a. – Le mot anglais **instant** est d'un emploi très restreint. Il ne s'emploie qu'au singulier pour désigner un espace de temps infiniment petit. Le mot français est beaucoup plus large et correspondra souvent à (A) **moment/minute** (cf. 2 et expressions ci-après).
  – *Un* **instant** *!* : just a moment ! ; *à tout* **instant** : (n'importe quand) at any moment/minute, (tout le temps) all the time, continually ; *pour l'***instant** : for the moment, for the time being ; *par* **instants** : at times ; *de tous les* **instants** : constant

395

## INSTANTANÉ / INSTANTANEOUS

I   1. La riposte **instantanée** des troupes ennemies mit notre armée en déroute

The **instantaneous** reaction of the enemy troops put our army to flight

Sa mort fut **instantanée**. Il n'a pas souffert

His death was **instantaneous**. He didn't suffer at all

II   2. J'ai toujours quelques sachets de potage **instantané** en réserve

I always keep a few packets of **instant** soup in reserve [a]

---

a.   Photo **instantanée** : (vieilli : à temps d'exposition court) *snapshot, snap\**, (avec appareil automatique) *instant photo*

## INSTRUCTION / INSTRUCTION

I   1. Le jeune homme obéit à mes **instructions** *(pl)* sans rechigner

The young man obeyed my **instructions** without any fuss [a]

2. Lisez attentivement les **instructions** *(pl)* avant de vous servir de l'appareil

Read the **instructions** *(pl)* carefully before using the appliance [b]

II   3. Nous sommes très satisfaits de l'**instruction** que notre fille a reçue au lycée

We're very satisfied with the **education/teaching** our daughter got at secondary school [c]

4. *(Admin)* L'**instruction** ministérielle du 20 janvier lève toute ambiguïté à ce sujet

The ministerial **directive** of January 20th removes all ambiguity on this point

III   5. The girls were given **instruction** *(nd)* in dancing and deportment

Les jeunes filles prenaient des **leçons** de danse et de maintien

---

a.   Lorsque le mot anglais **instruction** est employé au singulier, il sera traduit en français par **ordre**.
b.   *Instruction manual* : *manuel (d'entretien)* ; *instructions (for use)* : *mode d'emploi*

c. – *Avoir de l'***instruction** : *to be well educated;* n'avoir aucune **instruction** : *to have no education, to be uneducated*
 – **Instruction** *(militaire)* : *(military) training;* **instruction** *civique* : *civics;* **instruction** *religieuse* : *religious* **instruction**/*education*
 – *To be under* **instruction** : *être en apprentissage,* (Mil) *être en* **instruction**
◊ (Jur) **Instruction** ≃ *preliminary inquiry; juge d'***instruction** ≃ *examining magistrate*

## (S')INSTRUIRE / TO INSTRUCT

**II** 1. Le professeur voulait **instruire** les élèves en les confrontant à la réalité quotidienne
  
The teacher tried to **teach/ educate** the pupils by confronting them with everyday reality [a]

Il n'a pas été beaucoup à l'école mais il **s'est instruit** par lui-même en lisant beaucoup

He hasn't had much formal schooling but he has **educated himself** by reading a lot

J'aime bien ces jeux télévisés. On **s'instruit** en s'amusant

I like watching television quizzes. You enjoy yourself and you **learn** something at the same time

(Mil) Les jeunes soldats furent envoyés au front avant même qu'on ait eu le temps de les **instruire**

The young soldiers were sent to the front before there had even been time to **train** them

2. Nous n'avons pas été **instruits**° de ses projets

We haven't been **informed/advised**° of his plans [b]

**III** 3. The President **instructed** his aide to call an emergency meeting

Le président a **chargé** son assistant de convoquer une assemblée d'urgence

The captain **instructed** the soldiers to fall out

Le capitaine **ordonna/donna (l')ordre** aux soldats de rompre les rangs

---

a. Le verbe **to instruct** existe aussi dans ce sens mais il est soutenu et se retrouve souvent dans la structure **to instruct** *sb in sth ;* dans ce cas, le français aura plutôt recours à **enseigner, apprendre**.

b. **To instruct** appartient au langage juridique et est normalement suivi d'une subordonnée introduite par *that.* Dans ce cas, le français emploie **informer**.

◊ – (Jur) **Instruire** *une affaire, un procès* ≃ *to examine a case*
 – (Jur) **To instruct** *a solicitor* : *mettre une affaire dans les mains d'un avocat*

397

## INTÉGRAL / INTEGRAL

**II** 1. Vous avez droit au remboursement **intégral** des soins dentaires

You are entitled to **full/complete** repayment of dental charges

J'aimerais me procurer le texte **intégral** du discours prononcé par le nouveau recteur

I'd like to get an **unabridged** version of the new Vice-Chancellor's speech

Je n'ai malheureusement pas vu le film dans sa version **intégrale**

Unfortunately I didn't see the film in its **uncut/unabridged** version [a]

**III** 2. Language classes form an **integral** part of the syllabus

Les cours de langues font partie **intégrante** du programme

---

a. (Moto) Casque **intégral** : full-face helmet ; nu **intégral** : complete/total nudity ; sur certaines plages, on peut pratiquer le bronzage **intégral** : on some beaches you can sunbathe in the nude

◊ (Math) Calcul **intégral** : integral calculus

## INTELLIGENCE / INTELLIGENCE

**I** 1. Y a-t-il des limites à l'**intelligence** humaine ?

Are there limits to human **intelligence** (nd) ?

Elle a peut-être une grande **intelligence** [une **intelligence** au-dessus de la moyenne] mais elle ne convient pas pour le poste

She may be a woman of great **intelligence** (nd) [above-average/ higher than average **intelligence**] but she's not suited to the job

L'**intelligence** de ses réponses et son évidente érudition nous ont favorablement impressionnés

We were favourably impressed by the **intelligence** (nd) of her answers and her obvious scholarship [a]

**II** 2. Pour une bonne **intelligence**° du texte, il est indispensable de lire l'introduction
(*plus souvent :* **compréhension**)

For a clear **understanding** of the text, it is essential to read the introduction

| | | Ma mère avait l'**intelligence**° des affaires et, en plus, elle avait de l'intuition (*plus souvent :* **sens**) | My mother had a **good understanding**/a **good grasp** of business matters/a **good head** for business and she also had intuition |
|---|---|---|---|
| | 3. | Ces deux écrivains comptent parmi les grandes **intelligences** de notre siècle | These two writers are among the great **minds/intellects** of our century |
| | 4. | Je lui adressai un signe d'**intelligence**° et puis je m'éclipsai en douce | Having nodded to him as a sign of my **complicity**, I slipped away [b] |
| | | L'employé affirma qu'il avait agi d'**intelligence**° avec son patron | The employee said that he had acted in **(secret) agreement** with his boss |
| | 5. | Le colonel est accusé d'avoir eu des **intelligences** *(pl)* avec l'ennemi | The colonel is accused of having been in **secret contact**/of having had **secret dealings** with the enemy [c] |
| III | 6. | He was working in **intelligence** *(nd)* when I saw him for the last time | Il travaillait pour les **services de renseignements**/les **services secrets** quand je l'ai vu pour la dernière fois [d] |

a. – Mais : *avoir une **intelligence** vive [pénétrante]* : to have a sharp/quick [penetrating] mind ; *enfant à l'**intelligence** éveillée/vive* : clever/bright child
 – ***Intelligence** quotient (I.Q.)* : quotient intellectuel (Q.I.)
b. *Échanger des regards d'**intelligence**°* : to exchange knowing looks ; *être d'**intelligence**° avec l'ennemi* : to be in league with the enemy
c. *Avoir des **intelligences** dans la place* : to have inside contacts
d. *Central **Intelligence** Agency (C.I.A.)* : services secrets (américains) (C.I.A.)
◊ *Vivre en bonne [mauvaise] **intelligence** avec qqn* : to be on good [bad] terms with sb

## INTENSE / INTENSE

| I | 1. | Le froid **intense** qui s'est installé sur la France risque de durer quelques jours encore | The **intense** cold which has set in in France could last for a few more days |
|---|---|---|---|
| | | Rien ne pouvait refréner la joie **intense** qui m'habitait | Nothing could check the **intense** joy I felt |

|     |     |
| --- | --- |
| Une émotion très **intense** se lisait sur son visage | I could see from his expression that he was in the grip of some **intense** emotion [a] |
| 2. Je n'oublierai jamais son cher visage : ses yeux d'un bleu **intense**, son petit nez délicat, ses lèvres purpurines | I shall never forget her beloved face : her eyes of an **intense** blue, her delicate little nose, her crimson lips |
| III 3. Richard's terribly **intense**. I wish he would let his hair down and enjoy himself occasionally | Richard est beaucoup trop **sérieux**. Il devrait se laisser aller et s'amuser de temps en temps [b] |

a. Mais : *circulation, fusillade intense : heavy traffic, gunfire*
b. L'adjectif anglais **intense** a souvent le sens péjoratif de ʿtrop sérieux, qui se prend au sérieux, un peu exaltéʾ, mais il peut aussi signifier ʿpassionné, qui se donne à fondʾ.

## INTÉRESSANT / INTERESTING

|     |     |
| --- | --- |
| I 1. La conférence sur l'alcoolisme était très **intéressante** | The lecture on alcoholism was very **interesting** |
| Ce serait **intéressant** de comparer le film et le roman | It would be **interesting** to compare the film and the novel [a] |
| II 2. Ce magasin pratique des prix très **intéressants** | The prices in that shop are very **attractive** |
| On m'a fait deux offres également **intéressantes** et je ne sais pas laquelle choisir | I've been made two equally **attractive** offers and I don't know which to choose [b] |

a. *Il faut toujours qu'il cherche à se rendre intéressant/qu'il fasse son intéressant : he always has to be the centre of attention*
b. *Conditions intéressantes : favourable terms*
◊ – *Ce sont des gens peu/pas intéressants* (= digne d'intérêt, de considération) : *those people are not worth bothering about*
 – (vieilli) (euphém) *Être dans une position intéressante : to be in an interesting condition*

400

# INTÉRESSÉ / INTERESTED

voir : **(S')INTÉRESSER / TO INTEREST**

## (S')INTÉRESSER / TO INTEREST

**I** 1. Le sort des personnes âgées n'**intéresse** personne/Personne ne **s'intéresse** au sort des personnes âgées

The fate of old people doesn't **interest** anybody/*(plus souvent)* Nobody's **interested** in the fate of old people [a]

Cela m'**intéresserait** de connaître votre opinion sur cette question

I would be **interested** to know your opinion on this question [b]

2. C'est un mauvais professeur. Il ne sait pas **intéresser** ses élèves (aux mathématiques)

He's not a good teacher. He doesn't know how to **interest** his pupils (in mathematics)

3. Si cet emploi ne vous **intéresse** pas, faites-le-nous savoir le plus tôt possible

If this job doesn't **interest** you/*(plus souvent)* if you're not **interested** in this job, let us know as soon as possible

Je revends ma voiture. Ça t'**intéresse** ?

I'm selling my car. Are you **interested** ? [c]

**II** 4. La nouvelle loi **intéresse** les jeunes qui vont entamer des études universitaires (= toucher, concerner)

The new law **affects/concerns** all those young people who are about to start university

Cette loi **intéresse** l'ordre public

This law **concerns** law and order

5. *(Comm, Fin)* Notre société est également **intéressée** dans une importante compagnie pétrolière (*souvent :* **a des intérêts**)

Our firm also **has a stake/a(n) (financial) interest** in a large petroleum company [d]

---

a. *S'intéresser* activement [vivement] au sort des travailleurs : to take an active [a keen] interest in the condition of the workers
b. Lorsque le verbe **to interest** est employé dans la structure *to be interested* in doing sth, il correspond souvent plutôt à **vouloir, aimer** : ex. *we're interested* in increasing our exports to Africa : nous voudrions/aimerions accroître nos exportations vers l'Afrique.
c. Notez l'expression anglaise *can I interest you in... ?* qui s'emploie lorsqu'on suggère à quelqu'un d'acheter ou de faire quelque chose : ex. *can I interest you in (buying) one of these umbrellas ? ; can I interest you in a game of tennis ?*

d. *Intéresser* les employés aux bénéfices : to give the employees a share/an interest in the profits

☐ **Intéressé** (adj.) : (qui cherche son intérêt personnel) (qqn) **self-seeking, calculating,** (visite, conseil, ...) **motivated by self-interest,** (raison) **selfish ;** (concerné) **concerned, involved ;** les parties **intéressées** : the **interested** parties
Interested : intéressé

## INTÉRIEUR / INTERIOR

I   1. Les murs **intérieurs** portaient des traces d'impact de balles

The **interior** walls bore the marks of bullets [a]
(*plus couramment :* **inside**)

II   2. L'escalier **intérieur** était en marbre

The **inside** staircase was made of marble [b]

La poche **intérieure** de mon veston est déchirée

The **inside** pocket of my jacket is torn

La mer Caspienne est une mer **intérieure**

The Caspian Sea is an **inland** sea

3. Contrairement au commerce extérieur, le commerce **intérieur** n'a besoin d'aucun stimulant

Unlike foreign trade, **domestic/internal** trade needs no stimulation

Le pays est déchiré par des luttes **intérieures**

The country is torn by **domestic/internal** conflicts

La navigation **intérieure** est bloquée

**Inland** navigation is at a standstill

4. Le visage est le reflet de la vie **intérieure**

The face reflects a person's **inner** life

Une voix **intérieure** lui disait de retourner chez lui

An **inner** voice told him to go home [c]

---

a. L'adjectif **interior** est beaucoup moins courant que son correspondant français. Il s'emploie surtout dans le cas de surfaces, de murs situés vers l'intérieur (face interne opposée à face externe). Notez également : *interior* decoration : *décoration* **intérieure/d'intérieurs.**
b. Dans ce sens, on emploie parfois les adjectifs **indoor** et **inner** : ex. *indoor aerial, inner courtyard.*
c. *Dans son for* **intérieur** *:* in one's heart of hearts, deep down inside

## INTERPRÉTER / TO INTERPRET

I  1. Il y a plusieurs façons d'**interpréter** ce poème

There are several different ways of **interpreting** this poem

Comment dois-je **interpréter** son silence [sa conduite] ?

How am I to **interpret** his silence [his behaviour] ? [a]

2. Le jeune garçon a **interprété** la sonate [le rôle] avec beaucoup de talent

The young boy **interpreted** the sonata [the part] very skilfully [b]
⇨ 3

II  3. Ils ont choisi mon frère pour **interpréter** (le rôle d')Hamlet

They've chosen my brother to **play** (the part of) Hamlet/to **perform** the part of Hamlet

Et maintenant, Mesdames et Messieurs, Sonia va vous **interpréter** sa toute dernière chanson

And now, ladies and gentlemen, Sonia is going to **sing** (you) her latest song

C'est un acteur complet. Il **interprète** les personnages les plus divers

He's a versatile actor. He **plays** all kinds of different characters

III  4. Do you understand Japanese ? Could you **interpret** what the guide's saying ?

Vous comprenez le japonais ? Pourriez-vous **traduire** ce que dit le guide ?

The minister asked for somebody to **interpret** for him at the meeting

Le ministre demanda que quelqu'un lui **serve d'interprète** à la réunion

---

a. Mal **interpréter** (les paroles de qqn...) : to misinterpret (sb's words...) ; **interpréter** qqch en bien/en mal : to take sth the right/wrong way

b. Le verbe **interpréter** veut tout simplement dire 'jouer' tandis que **to interpret** fait toujours référence à la façon d'interpréter (un rôle, un morceau de musique, etc.) et est dès lors toujours employé avec un complément de manière. Quand celui-ci est absent, on traduira **interpréter** par **to play/to perform** (cf. 3).

## (S')INTERROGER / TO INTERROGATE

I  1. La police a **interrogé** les suspects pendant plus de trois heures

The police **interrogated** the suspects for more than three hours [a]
⇨ 2

| | | | |
|---|---|---|---|
| II | 2. | Si on t'**interroge** sur tes intentions, dis que tu n'es pas encore fixé | If they **ask** you about your intentions, say you haven't decided yet |
| | | Notre journaliste sur place a **interrogé** le leader du mouvement | Our local correspondent has **asked** the leader of the movement **some questions** |
| | | Le député a **interrogé** le premier ministre au sujet de la nouvelle centrale nucléaire | The M.P. **questioned** the Prime Minister about the new nuclear power station [b] |
| | 3. | Ils **s'interrogeaient** tous sur l'utilité d'une telle dépense | They all **wondered** about the usefulness of such an expense |
| | | Nous **nous interrogions** sur la conduite à adopter en cas de refus | We **wondered**/we **asked ourselves** what attitude we should adopt if they refused |
| | 4. | Je vous **interrogerai** sur l'emploi du subjonctif la semaine prochaine | I'll **test** you/**give** you **a test** on the use of the subjunctive next week |
| | | Le professeur qui devait **interroger** les candidats est malade | The lecturer who was to **examine** the candidates is ill |
| | 5. | Il **interrogeait** sa conscience pour savoir s'il agissait correctement | He **examined** his conscience to see if he was doing the right thing |
| | | J'**interrogeais** en vain ma mémoire ; tout cela était déjà si loin | I **searched** my memory vainly. It had all happened so long ago |

---

a. **To interrogate** s'emploie lorsqu'on soumet un suspect, un prisonnier à un interrogatoire assez long et assez serré. **Interroger** a un sens beaucoup plus large (cf. 2).

b. **To question** signifie ⸢poser une série de questions⸥ et s'emploie souvent lorsque la personne interrogée est mise en cause.

◊ *Interroger qqn du regard* : to give sb a questioning/an inquiring look, to look questioningly/inquiringly at sb

## INTERVENIR / TO INTERVENE

| | | | |
|---|---|---|---|
| I | 1. | Mes sœurs se disputaient tellement que mon père a dû **intervenir** (= s'interposer) | My sisters were quarrelling so much that my father had to **intervene** |

| | | |
|---|---|---|
| | (Mil, Polit) L'armée est **intervenue** pour étouffer les émeutes civiles | The army **intervened** to quell the civil riots [a]<br>⇨ 2 |
| II | 2. Les pompiers sont **intervenus** trop tard. La grange avait été complètement détruite par le feu (= entrer en action) | The fire brigade **was called in/ arrived** too late. The barn had been completely destroyed by the fire |
| | Oxfam veut **intervenir** immédiatement pour combattre la misère au Mozambique | Oxfam wants to **act/take action/step in** immediately to combat poverty in Mozambique |
| | Il n'a pas osé **intervenir** dans le débat pour donner son avis (= prendre la parole) | He dared not **break in** on the debate to give his opinion |
| | J'**interviendrai** auprès du juge en votre faveur (= intercéder) | I will **intercede** on your behalf with the judge (*moins souvent :* **intervene**) |
| | Il vaut mieux ne pas **intervenir** dans les affaires d'autrui (= se mêler à) | It's better not to **interfere** in other people's affairs |
| | 3. Vu l'état de la malade, le chirurgien jugea qu'il valait mieux ne pas **intervenir** (= opérer) | In view of the patient's condition, the surgeon considered it better not to **operate** |
| | En cas d'asphyxie, il faut **intervenir** très rapidement (= agir) | In cases of asphyxiation it is essential to **act** quickly |
| | 4. Un accord est **intervenu** entre les patrons et les délégations syndicales | An agreement **was reached** between the management and the union representatives |
| | Cette mesure est **intervenue** à un moment où l'on s'en serait bien passé | This measure **came/was introduced** at a time when we could well have done without it |
| | De nouveaux facteurs sont-ils **intervenus** depuis notre dernier entretien ? | Have any new factors **arisen/ come into play** since we last talked ? |
| | La fusion entre les deux grands trusts internationaux est **intervenue** peu après | The merger between the two large international trusts **took place** shortly afterwards [b] |
| | 5. La mémoire n'**intervient** que pour très peu dans ce genre d'examen | The memory **plays** only a very small **part** in this type of examination |

| | | | |
|---|---|---|---|
| III | 6. | My husband was going to come with us, but something **intervened** | Mon mari devait nous accompagner, mais quelque chose l'**en a empêché**/il a **eu un empêchement** |
| | 7. | Several years **intervened** between the two events | Plusieurs années **s'écoulèrent** entre les deux événements [c] |

a. – On emploie le verbe **to intervene** lorsqu'une personne ou plusieurs personnes essaient de mettre fin à une situation de conflit. Le verbe français **intervenir** est beaucoup plus large (cf. 2).
 – Faire *intervenir* l'armée : to bring in/call in/call out the army
b. Notez qu'on peut employer le verbe **to intervene** lorsque l'événement qui survient fait obstacle à quelque chose, empêche quelque chose (cf. 6) : ex. *the projected course could not be followed because unforeseeable developments* **intervened**.
c. *In the* **intervening** *years* : pendant les années qui s'écoulèrent (entretemps), pendant toutes ces années

## INTERVENTION / INTERVENTION

| | | | |
|---|---|---|---|
| I | 1. | L'**intervention** du directeur dans le conflit [l'**intervention** de la police] ne ferait peut-être qu'envenimer les choses | The manager's **intervention** in the dispute [the **intervention** of the police] might only serve to inflame the situation [a] ⇨ 3 |
| | 2. | (Mil, Polit) Une **intervention** armée n'est pas envisageable pour le moment | Any armed **intervention** is out of the question for the moment [b] |
| | | (Écon) Nous avons toujours été contre l'**intervention** de l'État dans les affaires privées | We've always been opposed to State **intervention** in private businesses |
| II | 3. | Sans l'**intervention** des sauveteurs [des pompiers], nous serions tous morts à cette heure-ci | If it had not been for (the **action** of) our rescuers [the fire brigade], we would all be dead now |
| | | Grâce à votre bienveillante **intervention**, j'ai pu obtenir un rendez-vous très rapidement | Thanks to your kind **mediation**/through your good **offices** I managed to get an appointment very quickly |
| | 4. | L'**intervention** de cette mesure, juste avant les élections, est particulièrement inopportune | The **introduction** of this measure just before the elections is particularly ill-timed |

|  |  | Seule l'**intervention** d'éléments nouveaux pourrait faire redémarrer l'enquête | We could only re-open the inquiry if new factors **came into play** |
|---|---|---|---|
|  | 5. | L'**intervention** télévisée du Président a été diversement commentée dans la presse | The President's televised **speech** was given a mixed reception by the press |
|  | 6. | L'**intervention (chirurgicale)** dura six heures | The **operation** lasted for six hours |

a. En anglais, le mot **intervention** ne s'emploie que lorsqu'une ou plusieurs personnes essaient de mettre fin à une situation de conflit.
b. Mais : *forces d'intervention (de l'ONU)* : *(U.N.) peace-keeping forces*

## INTERVIEW / INTERVIEW

| I | 1. | L'**interview** du Président sera retransmise en direct | The **interview** with the President will be broadcast live |
|---|---|---|---|
| III | 2. | Your **interview** with the personnel manager will be on Monday | Votre **entrevue/entretien** avec le chef du personnel aura lieu lundi [a] |

a. *To call sb for (an) **interview*** : *convoquer qqn*

## (S')INTOXIQUER / TO INTOXICATE

| II | 1. | Toute la ville a été **intoxiquée** par des gaz nocifs qui s'échappaient d'une usine de produits chimiques | The whole town was **poisoned** by harmful gases escaping from a chemicals factory |
|---|---|---|---|
|  |  | En fumant, les femmes enceintes ne **s'intoxiquent** pas seulement elles-mêmes, elles empoisonnent aussi leur bébé | By smoking, pregnant women **poison** not only **themselves** but also their babies [a] |
|  | 2. | La propagande ne cherche qu'à **intoxiquer** l'opinion publique | The only aim of propaganda is to **brainwash/indoctrinate** people [b] |

407

| | | | |
|---|---|---|---|
| III | 3. | The coach driver was **intoxicated**° *(souvent pass)* when the accident happened | Le conducteur du car était **ivre/en état d'ivresse/en état d'ébriété** au moment où l'accident s'est produit |
| | | The young writer was **intoxicated**° *(souvent pass)* by success | Le jeune écrivain était **grisé/enivré** par le succès |

a. Aussi : *il est complètement **intoxiqué** par l'alcool, les médicaments* (= il ne peut plus s'en passer) : he's completely addicted to alcohol, drugs
b. *Être **intoxiqué** par la publicité* : to be brainwashed by advertising


## INTRIGUE / INTRIGUE

| | | | |
|---|---|---|---|
| I | 1. | Tu devras t'habituer aux manœuvres et aux **intrigues**. C'est ça, la politique ! | You'll have to get used to manoeuvres and **intrigue(s)**. That's what politics is all about ! |
| II | 2. | L'**intrigue** de cette pièce [ce film, ce roman] est trop compliquée. J'abandonne ! | The **plot** of this play [film, novel] is too complicated. I give up ! |
| | 3. | Il a eu des **intrigues**° avec plusieurs danseuses *(plus couramment : **aventures, liaisons**)* | He had **affairs** with several dancers |


## (S')INTRODUIRE / TO INTRODUCE (ONESELF)

| | | | |
|---|---|---|---|
| I | 1. | Les pommes de terre furent **introduites** en Europe dès 1550 | Potatoes were **introduced** into Europe as early as 1550 |
| | | Cette nouvelle mode a été **introduite** en France après la guerre | This new fashion was **introduced** into France after the war |
| | | Cet usage **s'est introduit** chez nous dans les années soixante | This practice was **introduced** in this country in the sixties |

| | | | |
|---|---|---|---|
| II | 2. | Il **introduisit** la clef dans la serrure avec précaution | He **put/inserted** the key cautiously into the lock [a] |
| | 3. | La secrétaire m'**introduisit** auprès du directeur/dans le bureau du directeur | The secretary **showed** me **into** the manager's office |
| | | Une souris s'est **introduite** dans la maison par le soupirail | A mouse **got into** the house through the coal chute |
| | 4. | C'est son père qui m'a **introduit** dans la haute société | It was his father who **gave me an introduction** to/**an entrée** into high society |
| | | Il a réussi à **s'introduire** dans le milieu fermé des diamantaires | He managed to **find a way** into/**get himself accepted** in the closed world of the diamond merchants [b] |
| III | 5. | Allow me to **introduce** Mr Adams (to you) [to **introduce** myself] | Permettez-moi de vous **présenter** M. Adams [de **me présenter**] |
| | | I was the one who **introduced** them (to each other) | C'est moi qui les ai **présentés** l'un à l'autre/C'est grâce à moi qu'ils se connaissent |
| | 6. | I was first **introduced** to classical music at the age of five | J'ai **eu mon premier contact** avec la musique classique à l'âge de cinq ans |
| | | During that Greek holiday Hugh **introduced** me to the joys of skin diving | Pendant ces vacances en Grèce, Hugues m'a **initié** aux joies de la plongée sous-marine |
| | 7. | Our next programme is ' Woman's Hour ', **introduced** by Sue MacGregor | Et maintenant, place à ' Femmes d'aujourd'hui ', une émission **présentée** par Ménie Grégoire |

---

a. – To **introduce** ne s'emploie que rarement en anglais avec des objets concrets : ex. (Méd) *the doctor introduced a catheter into the patient's nose.*
 – *Introduire des marchandises en fraude* : to smuggle in goods
b. *Être bien introduit dans le milieu politique* : to have many connections in the world of politics
◊ – (Polit) *To introduce a bill* : déposer un projet de loi
 – (Jur) *Introduire une demande en divorce* : to file a divorce petition
 – (Gram) *Introduire (une phrase, un mot...)* : **to introduce** (a sentence, a word...)

## INVALIDE (n.) / INVALID

voir : **INVALIDE** *(adj.)* / **INVALID**

## INVALIDE (adj.) / INVALID

**I**    1. Elle a une sœur **invalide**      She has an **invalid** *(épith)* sister [a]

**II**    2. Il touche une indemnité pour sa jambe **invalide**      He gets an indemnity because of his **crippled** leg

**III**    3. The decision of the Court was **invalid**      La décision du tribunal était **nulle et non avenue**

       4. His passport was **invalid** and they didn't let him into the country      Son passeport n'était **pas valide/pas valable** et on ne le laissa pas entrer dans le pays

       His whole argument is **invalid**. Don't take it into account      Toute son argumentation est **sans valeur**. Ne la prenez pas en considération

       The machine rejects **invalid** coins      La machine rejette les **mauvaises** pièces de monnaie

---

a. – Mais : (attrib) *vieillard que l'âge a rendu invalide* : old man **crippled/made infirm** by age
     – **Invalide** et **invalid** sont des équivalents dans le sens de ʿqui n'est pas en état de mener une vie activeʾ. Notez cependant que l'adjectif français fait souvent plutôt référence à un handicap moteur (= handicapé, impotent) et il sera alors traduit par **disabled**. Par contre, l'adjectif anglais met plus l'accent sur un mauvais état de santé ; il sera donc souvent traduit en français par **malade**.

◊    (Prononciation) **Invalid** : (sens 1) ˈɪnvəlɪd, (sens 3, 4) ɪnˈvælɪd

☐    **Invalide** (n.) : *invalide du travail* : industrially disabled person ; *invalide de guerre* : disabled ex-service man
     **Invalid** (n.) : malade

## INVOLONTAIRE / INVOLUNTARY

**I**    1. Un cri **involontaire** s'échappa de sa gorge      She gave an **involuntary** cry

       Elle essaya d'étouffer le sourire **involontaire** qu'elle sentait naître sur ses lèvres      She tried to hide the **involuntary** smile that sprang to her lips [a]

II  2. Excuse-moi si je t'ai fait mal. C'était **involontaire**

I'm sorry if I hurt you. It was quite **unintentional** [b]

3. J'ai été le témoin **involontaire** du crime [la cause **involontaire** de leur rupture] ( = malgré soi, par la force des choses)

I was the **unwitting** witness of the crime [the **unwitting** cause of their break-up]

---

a. **Involuntary** ne s'emploie que pour des réactions instinctives (comparez 2).
b. *Homicide **involontaire** : manslaughter*

## (S')ISOLER / TO ISOLATE

I  1. Ils ont dû **isoler** les malades victimes de la variole

They had to **isolate** the smallpox victims [a]

Le village avait été **isolé** par les inondations

The village had been **isolated** by the floods
(*plus souvent :* **cut off**)

On essaie d'**isoler** le virus mais sans beaucoup de succès

They are trying to **isolate** the virus but without much success

Pour bien comprendre un mot, il vaut mieux ne pas l'**isoler** de son contexte

If you want to understand a word properly, you should not **isolate** it from its context

II  2. La maison n'est pas très grande et je peux difficilement **m'isoler** pour travailler

The house is not very large and it's difficult for me to **find somewhere where I can be alone** to work
(*moins souvent :* **isolate myself**)

C'est un vrai ours. Il **s'isole** toujours dans son coin et ne parle jamais à personne

He's a grumpy old thing. He always **stays alone** in his corner and never speaks to anyone
(*moins souvent :* **isolates himself**)

À la fin de sa vie, il vécut en ermite, **s'isolant** d'un monde trop matérialiste à son goût

At the end of his life he lived as a hermit, **cutting himself off** from/**withdrawing** from a world which he considered too materialistic
(*moins souvent :* **isolating himself**)

| | |
|---|---|
| Les deux frères **s'isolèrent** quelques minutes pour se concerter | The two brothers **went off alone** for a few minutes and put their heads together |
| 3. Les personnes qui **isoleront** leur maison avec du double vitrage se verront octroyer une prime | People who **insulate** their houses with double glazing will be given a grant |
| Ils ont mal **isolé** cet appartement. On entend tout ce que disent les voisins | This flat is badly **soundproofed/insulated**. We can hear everything the neighbours say |
| Il serait plus prudent d'**isoler** ce fil électrique | It would be wiser to **insulate** this wire |

a. Mais : *isoler un prisonnier* : to put a prisoner into solitary confinement

## ISSUE / ISSUE

**II** 1. La police a bloqué toutes les **issues**. Ils sont faits comme des rats

The police have blocked all the **exits/means of exit**. They're cornered

La porte était fermée à clé. La seule **issue** possible était la fenêtre

The door was locked. The only possible **way out** was through the window [a]

2. Il faut céder au chantage des ravisseurs. Il n'y a pas d'autre **issue**

We must give in to the kidnappers' blackmail. I can see no other **solution/way out**

3. L'**issue** du combat resta incertaine jusqu'au bout

The **outcome/result** of the fight remained uncertain right up to the end
(*rarement :* **issue°**)

Bien sûr, nous savions que c'était grave mais rien ne laissait présager une **issue** fatale

Of course we knew it was serious but there was nothing to suggest the **outcome** would be fatal [b]
(*rarement :* **issue°**)

**III** 4. The ministers discussed a number of important **issues**

Les ministres ont abordé un certain nombre de **questions/problèmes** important(e)s

| | |
|---|---|
| The point at **issue** is whether the government is going to yield to union pressure | La **question** est de savoir si le gouvernement va céder à la pression des syndicats [c] |
| 5. I read it in the latest **issue** of Time | Je l'ai lu dans le dernier **numéro** de Time |
| 6. The first **issue** of Ecu-denominated coins met with a good reception | La première **émission/mise en circulation** de pièces libellées en écus a été bien accueillie |
| 7. *(Admin)* **Issues** of food and clothing to the disaster victims have virtually exhausted our funds | Les **distributions** de vivres et de vêtements aux victimes de la catastrophe ont pratiquement épuisé notre budget |
| *(Mil)* The soldiers were given their **issue** of cigarettes for the month | Les soldats ont reçu leur **ration** de cigarettes pour le mois |

a. *Issue de secours* : *emergency exit* ; *voie sans* ***issue*** : *dead end*, (panneau de signalisation) ʿ*No through road*ʾ/(surtout Brit) ʿ*Cul-de-sac*ʾ
b. *À l'issue de* : *after, at the end/close of*
c. *To evade/duck the* ***issue*** : *éviter le sujet, prendre la tangente, tergiverser* ; *to cloud/confuse the* ***issue*** : *embrouiller la question, brouiller les cartes* ; *to make an* ***issue*** *of something* : *faire un problème/un cas de qqch* ; *to take* ***issue*** *with sb, sth* : *ne pas être d'accord avec qqn, qqch*
◊ *(Jur) To die without* ***issue*** : *mourir sans postérité/sans descendance*

## (SE) JOINDRE / TO JOIN

| | | |
|---|---|---|
| I | 1. Un pont de trois kilomètres **joint** l'île au continent | A three-kilometre-long bridge **joins** the island to the mainland |
| | **Joignez** les points A et B pour obtenir un triangle | **Join** points A and B to obtain a triangle |
| | Il serait préférable de **joindre** les deux bouts de ficelle par un nœud plat | It would be better to **join** the two pieces of string **(together)** with a reef knot [a] |
| | 2. Çà et là, des enfants **se joignaient** à la procession | Here and there children **joined** the procession |
| | Nous espérons que vous **vous joindrez** à nous à l'occcasion de notre mariage | We hope you'll **join** us on our wedding day |
| | Il se **joignit** à la discussion | He **joined** in the discussion [b] |
| | Mon mari **se joint** à moi pour vous exprimer toute notre sympathie | My husband **joins** me in expressing our deepest sympathy |

413

| | | | |
|---|---|---|---|
| **II** | 3. | Marie **joint** l'intelligence à la beauté | Marie **combines** intelligence with beauty |
| | | Faites un séjour linguistique en Écosse. Vous **joindrez** l'utile à l'agréable | By taking a language course in Scotland you'll **combine** business with pleasure |
| | 4. | Je **joins** un timbre [un chèque] pour les frais d'envoi | I am **enclosing** a stamp [a cheque] to cover forwarding expenses |
| | | Veuillez **joindre** la pièce à conviction au dossier | Please **add** the exhibit to the file |
| | | Serait-il possible de **joindre** ma carte au cadeau ? | Would it be possible to **enclose** my card with the gift ? |
| | 5. | Mon mari n'est pas ici, mais vous pouvez le **joindre** à son bureau | My husband is not at home but you can **get in touch with** him/**contact** him at his office |
| **III** | 6. | Does this road **join** the main road ? | Cette route **rejoint**-elle la grand-route ? |
| | | Where does the Sambre **join** the Meuse ? | Où la Sambre **rejoint**-elle la Meuse/**se jette**-t-elle dans la Meuse ? |
| | | You go back to the hotel and I'll **join** you later | Retourne à l'hôtel. Je te **rejoindrai** plus tard [c] |
| | 7. | I **joined** the Labour Party [the club] in 1972 | Je suis **devenu membre** du parti socialiste [du club] en 1972 |
| | | Their eldest son **joined** the Navy at the age of nineteen | Leur fils aîné s'est **engagé/enrôlé** dans la marine à l'âge de dix-neuf ans |
| | | Can't you **join** the queue like everybody else, young man ? | Vous ne pouvez pas **faire** la queue comme tout le monde, jeune homme ? |

a. – Comparez : ***joindre*** *les mains* : *to put one's hands together* et ***to join*** *hands* : *se donner la main*
   – Notez également : (fig) ***joindre*** *les deux bouts* : *to make ends meet*
b. – Le verbe **to join** a parfois un sens plus actif et il sera alors traduit en français par **participer à, se mêler à, prendre part à** : ex. *this is a fascinating game in which both adults and children can join.*
c. *Will you **join** me in a drink ?* : *vous prenez un verre avec moi ?*
◊ ***To join*** *forces with sb to do sth* : *s'associer à qqn pour faire qqch, faire qqch en collaboration avec qqn*

## JOINT (n.) / JOINT

I  1. Les **joints** entre les carrelages doivent être parfaitement étanches

      Le **joint** entre les deux planches est à peine visible

      The **joints** between the tiles must be completely watertight

      The **joint** between the two planks is hardly visible [a]
      (*aussi :* **join**)

  2. Je fume bien un **joint**\* de temps en temps mais je ne touche jamais à l'héroïne

      I may smoke a **joint**\* from time to time but I never touch heroin

III  3. A simple attack of flu can cause severe pain in the **joints**

      Une simple grippe peut provoquer de fortes douleurs dans les **articulations** [b]

  4. *(Brit)* We had the inevitable **joint** served with roast potatoes and Brussels sprouts

      On nous a servi l'inévitable **rôti** accompagné de pommes sautées et de choux de Bruxelles

  5. He took me to some **joint**\* near the river. I felt very uncomfortable

      Il m'amena dans un **bouge**/un **bistrot**/un **bar mal famé** près du fleuve. Je ne me sentais pas du tout rassurée

     I don't think much of this **joint**\*. Let's push off !

      Cette **baraque**\*/**boîte**\* ne me dit rien qui vaille. Allons voir ailleurs !

---

a. Notez que, pour désigner une garniture en caoutchouc ou autre matière assurant l'étanchéité, on emploie en anglais le mot **gasket** ou, pour un joint de robinet, **washer**.
b. *Out of joint :* (articulation) *démis, déboîté, disloqué ; to put sb's nose out of joint*\* : *rendre qqn jaloux (en le reléguant au second plan), dépiter qqn*
◊ *Trouver le joint*\* : *to find a/the way, to come up with a/the solution*

## JOURNAL / JOURNAL

I  1. Chaque jour, elle écrivait quelques phrases dans son **journal**

      Every day she wrote a few lines in her **journal**
      (*plus souvent :* **diary**)

| | | | |
|---|---|---|---|
| II | 2. | Mon père lit le **journal** tous les jours, parfois celui du matin, parfois celui du soir | My father reads the **(news)paper** every day, sometimes the morning **paper,** sometimes the evening one |
| | | Son **journal** l'a envoyé à Paris | His **(news)paper** sent him to Paris |
| | 3. | Ils ont annoncé la libération des otages au **journal (télévisé/ parlé)** de vingt heures | They said the hostages had been released on the **(television/radio) news** at 8 o'clock |
| III | 4. | I subscribe to several scientific **journals** | Je suis abonné à plusieurs **revues/ périodiques** scientifiques [a] |

a. – Le mot anglais **journal** désigne une publication périodique qui s'adresse à des spécialistes.
  – Notez que le mot français **journal** peut parfois désigner un magazine : *journal de mode :* fashion magazine *; journal* pour enfants *:* comic.
◊ (Mar) *Journal de bord :* log(book)

## JOURNÉE / JOURNEY

| | | | |
|---|---|---|---|
| II | 1. | Il a passé toute la **journée** dans son potager | He spent the whole **day** in his vegetable garden [a] |
| III | 2. | He was tired after his long **journey** | Le long **voyage** l'avait fatigué |

a. *Cela représente une journée de travail [de marche] :* that means a day's work [a day's walk] *;* (Belg) *femme à journée :* cleaning lady/woman

## (SE) JUGER / TO JUDGE

| | | | |
|---|---|---|---|
| I | 1. | Un jury composé de dix membres **jugera** les deux candidats [les films du festival] | A jury consisting of ten members will **judge** the two candidates [the films at the festival] [a] |
| | 2. | Il ne faut pas **juger** les gens sur les apparences mais d'après leurs actes | One should not **judge** people by their appearance but by their deeds |

|   |   |   |
|---|---|---|
|   | 3. Lui seul peut **juger** de l'urgence de la situation | He's the only one who can **judge** the urgency of the situation |
|   | Je pense que ce livre conviendrait, mais **jugez**-en par vous-même | I think this book would do, but **judge** for yourself [b] |
| II | 4. J'ai **jugé** qu'il était préférable de ne pas intervenir | I **thought/considered** it better not to interfere (*moins couramment :* **judged**) |
|   | C'est à vous de **juger** si nous devons partir ou rester | It's up to you to **say/decide** if we should go or stay |
|   | Il **se jugea** perdu quand il entendit tourner la clé dans la serrure | When he heard the key turn in the lock he **thought** he was lost |
|   | 5. **Jugez**° de ma joie quand je le vis sortir sain et sauf de la maison en flammes | **Imagine** my joy when I saw him coming out of the burning house safe and sound |
|   | 6. On **jugea** l'accusé et il fut condamné à dix ans de prison ferme | They **tried** the accused and sentenced him to ten years' imprisonment |
|   | L'accusé fut **jugé** pour homicide involontaire | The accused was **tried** for manslaughter |
|   | L'affaire **se jugera**/sera **jugée** fin mars | The case will **come before the court**/is to **be heard**/is to **be tried** at the end of March (*moins souvent :* the case will be **judged**) |

a. – *Juger* un différend : to arbitrate a dispute
   – *To judge* (at) a flower show [a painting competition...] : faire partie du jury des floralies [d'un concours de peinture...]
b. – Au sens de "apprécier", le verbe *to judge* a un champ d'application plus large que le verbe français : ex. *a one-eyed person can't **judge** distances* : un borgne ne peut pas évaluer/apprécier les distances.
   – *Si j'en juge/à en juger par mon expérience* : ***judging/to judge** by my experience* ; *autant qu'on puisse en juger* : *as far as one can **judge**/tell*

## JUSTE / JUST

| I | 1. Ce magistrat est un homme **juste** et intègre | That magistrate is a **just** and honest man [a] (*aussi :* **fair**) |
|---|---|---|

| | |
|---|---|
| Cette punition peut vous paraître sévère mais elle est **juste** | The punishment may seem severe but it is **just** [a] (*aussi :* **fair**) ⇨ 2 |

**II**   2.   Il a donné plus d'argent à mon frère qu'à moi. Ce n'est pas **juste** !    He gave my brother more money than me. It's not **fair** !

Il s'est toujours montré **juste** envers ses ouvriers    He was always **fair** to his workmen

Il n'est que **juste** que vous y alliez. Après tout, c'est vous qui êtes responsable    It's only **fair/right** that you should go. After all, you're the one who's responsible

3.   Il a exprimé de **justes** craintes au sujet de l'avenir de la société (= légitime, fondé)    He expressed **justified/justifiable** fears about the future of the company [b]

J'ai de **justes** raisons de me méfier de lui (= légitime, fondé)    I've got **good** reasons for not trusting him

4.   J'ai refait l'addition trois fois et elle n'est pas encore **juste**    I've done the sum three times and it's still not **right/correct**

Pourriez-vous me donner l'heure **juste** ? (*aussi :* **exacte**)    Could you tell me the **exact/right** time ?

Est-ce que cette balance [cette horloge] est **juste** ?    Are those scales **accurate** [Is that clock **right**] ? [c]

5.   Ce qu'il a dit est très **juste** (= vrai)    What he said is quite **true/right**

Tu as vraiment trouvé le mot **juste** pour décrire ce type de comportement (= approprié)    You've really found the **right/appropriate** word to describe that kind of behaviour

6.   *(Mus)* Ce piano n'est pas **juste** [est **juste**]    The piano is **out of tune** [is **in tune**] [d]

7.   J'ai grossi et mes vêtements sont un peu **justes**    I've put on weight and my clothes are a bit **tight**

Un gâteau pour dix personnes. Ce sera **juste** !    One cake for ten people. That might **not** be quite **enough**

Dix minutes pour aller à la gare. C'est un peu **juste** !    Ten minutes to get to the station. That's **cutting it** a bit **fine** !

Elle n'a pas raté son train mais c'était **juste** !    She didn't miss her train, but it was **a close thing** !

---

a. Le terme général qui correspond le plus exactement à **juste** est **fair**. L'adjectif **just** ne s'emploie que dans un nombre restreint de cas et appartient à un style plus soutenu. Il implique une idée d'arbitrage (sentence, punition, récompense, etc.) (comparez 2).

b. – **Just** est parfois employé dans ce sens : ex. *just* claim, reward.
   – Notez également : *juste* colère, indignation : righteous anger, indignation ; à *juste* titre : rightly (so), with good reason, with *just* cause
c. À l'heure *juste* : right on/dead on time ; le *juste* milieu : the happy medium ; *juste* valeur (de qqch, qqn) : true worth/value
d. Avoir la voix *juste* : to sing in tune ; avoir l'oreille *juste* : to have a good ear
◊ (Belg) (nég) *Elle n'est pas tout à fait juste\** : she's not quite right in the head*

## LABOURER / TO LABOUR (*US :* LABOR)

**II**  1. Le fermier est parti **labourer** ses champs à l'aube

The farmer left to *(Brit)* **plough**/*(US)* **plow** his fields at dawn [a]

2. Il saisit le poignard et en **laboura** les bras et la poitrine de son adversaire

He seized the dagger and **made (deep) gashes in/slashed** his adversary's arms and chest

Pris de rage, je lui **labourai** les côtes de coups de pied [de coups de poing]

In a fit of rage I **kicked** him **repeatedly** in the ribs [I **punched** him **repeatedly** in the ribs]

**III**  3. All his life he **laboured** to complete his work

Il a **travaillé dur/peiné** toute sa vie pour achever son œuvre

4. It seems to me your car is **labouring** on slopes

Il me semble que ta voiture **peine** dans les côtes/**a du mal** à monter les côtes

The old doctor **laboured** up the hill [through the snow]

Le vieux docteur **gravit péniblement** la colline [**avança péniblement** dans la neige]

5. It's no use **labouring** the point

Ça ne sert à rien de **s'étendre sur**/**d'insister sur** ce point

---

a. En s'écrasant, l'avion a *labouré* le sol : the plane (Brit) **ploughed up**/(US) **plowed up** the ground as it crashed ; un visage *labouré* de rides : a face furrowed with wrinkles, a furrowed face

◊ **To labour** under a delusion/a misapprehension : se faire une idée fausse, être dans l'erreur, croire à tort

## LACET / LACE

**I**  1. Il s'arrêta pour nouer ses **lacets** — He stopped to tie his **(shoe)laces** [a]

**II**  2. C'était une route de montagne qui faisait de nombreux **lacets** — It was a mountain road with many **bends**/many **twists and turns** [b] (*aussi* : that **wound** steeply/**twisted** steeply)

3. Le lapin fut pris au **lacet** (*plus souvent* : **collet**) — The rabbit got caught in a **snare**

**III**  4. Brussels **lace** *(nd)* is famous all over the world — La **dentelle** de Bruxelles est connue dans le monde entier

---

a.  *Chaussures à **lacets*** : lace-up shoes, lace-ups*
b.  *(Route) en **lacet*** : winding, twisty (road)


## LANGAGE / LANGUAGE

**I**  1. Certains linguistes étudient les origines du **langage** — Some linguists study the origins of **language** *(nd)*

2. Il faut vraiment être habitué au **langage** administratif [juridique] pour comprendre ce texte — You really need to be used to administrative [legal] **language** *(nd)* to understand this text [a]

Ce **langage** de programmation est très facile à apprendre — This computer **language** is very easy to learn

3. Dans le **langage** des fleurs, le lys est l'emblème de la pureté — In the **language** of flowers the lily is the symbol of purity

**II**  4. Il a été particulièrement poli ce matin. Cela me change du **langage** qu'il tient d'ordinaire ( = façon de parler) — He was particularly polite to me this morning. It makes a change from the **way** he usually **speaks** to me [b]

III  5. How many **languages** do you speak ?   Combien de **langues** parlez-vous ?

---

a. Mais : *langage* populaire : popular speech ; *langage* argotique : slang
b. Notez également : *Je ne compte pas abandonner si facilement ! — Voilà un langage qui me plaît !* : I'm not going to give in as easily as that ! — That's what I like to hear !
◊ – Bad *language* (nd) : gros mots, grossièretés
 – *Langage* gestuel : sign language ; *langage* des sourd-muets : deaf-and-dumb language ; *langage* corporel : body language

## LARD / LARD

II  1. N'oublie pas d'acheter un peu de **lard**   Don't forget to buy some **bacon** [a]

III  2. Use **lard**. It's cheaper than butter   Emploie du **saindoux**. C'est moins cher que le beurre

---

a. La qualité de lard employée ordinairement en Angleterre est plus maigre qu'en France. Si l'on veut traduire très précisément le mot **lard**, il faut parler de **streaky bacon**.
◊ Gros *lard\** ! : fatso\* ! ; rentrer dans le *lard\** à qqn : to lay into sb\*

## LARGE / LARGE

II  1. Une **large** allée menait au château   A **broad/wide** avenue led up to the palace [a]

La couverture est trop **large** pour le lit   The blanket is too **wide** for the bed

2. Il faut prendre ce mot dans un sens **large**   This word must be taken in its **broad/wide** sense

En temps de crise, le gouvernement dispose de **larges** pouvoirs   In times of crisis, the government has **wide/extensive** powers

De **larges** extraits du film ont été transmis en avant-première   **Extensive/long** extracts from the film have been shown in preview [b]

|   |   |   |   |
|---|---|---|---|
| | 3. Elle n'est pas très **large** avec le personnel. Elle ne donne jamais de pourboire | She's not very **generous** with the staff. She never gives tips [c] | |
| | 4. Je suis **large** d'idées/j'ai les idées **larges**, mais je suis contre l'avortement | I'm **broad**-minded but I am against abortion | |
| **III** | 5. They live in a **large** house on the outskirts of London | Ils vivent dans une **grande** maison dans les faubourgs de Londres | |
| | A **large** sum of money has been stolen from the Post Office | Une somme **importante/considérable** a été volée à la Poste | |
| | She comes from a **large** family but doesn't want more than two children herself | Elle est issue d'une famille **nombreuse** mais elle ne désire que deux enfants [d] | |

a. **Wide** et **broad** sont souvent interchangeables, **wide** étant le terme le plus courant. Il est très difficile d'établir des règles précises, mais **wide** est la seule possibilité lorsque la mesure est spécifiée (ex. *a two-meter wide corridor*) et lorsqu'il s'agit d'une ouverture (ex. *a wide opening*). Par contre, dans certains cas, **broad** est la seule possibilité : *a broad smile, broad shoulders*.
b. Mais : *dans une **large** mesure/pour une **large** part : to a **large**/great extent ; avoir une **large** part (de responsabilités) : to take a **large** share (of the responsibility)*
c. *Mener une vie **large** : to live off the fat of the land*
d. **Large** est légèrement moins familier que **big**.
◊ – *(As) **large** as life : en chair et en os, en personne*
  – (Anat) ***Large** intestine : gros intestin*

## LARGEMENT / LARGELY

|   |   |   |   |
|---|---|---|---|
| **II** | 1. Il ouvrit **largement** toutes les fenêtres | He opened all the windows **wide** | |
| | 2. Il s'agit là d'une opinion **largement** répandue mais entièrement fausse | This opinion is **widely** held but entirely false | |
| | Le président bénéficiera durant son mandat de pouvoirs **largement** étendus | The president will be given **greatly** extended powers during his mandate | |
| | 3. L'orateur a **largement** débordé son temps de parole | The speaker overran the allotted time **by a long way** | |
| | Le succès de la pièce a **largement** dépassé nos espérances | The success of the play has **far/greatly** exceeded our expectations | |

|     |     |                                                                                                      |                                                                                                      |
| --- | --- | ---------------------------------------------------------------------------------------------------- | ---------------------------------------------------------------------------------------------------- |
|     | 4.  | Vous avez **largement** le temps de changer de train                                                 | You've got **easily enough/more than enough** time/**ample** time to change trains                   |
|     | 5.  | Il était **largement** midi quand il est rentré                                                      | It was **well past** twelve when he came home [a]                                                    |
|     | 6.  | Ne donne pas de pourboire aux ouvriers. Ils ont **largement** été payés                              | Don't give the workmen a tip. They've been **well/generously/amply** paid                            |
|     |     | Ne t'en fais pas pour lui. Il gagne **largement** sa vie                                             | Don't worry about him. He earns a **very good** living [b]                                           |
| III | 7.  | The country's economy is based **largely** on agriculture                                            | L'économie du pays repose **principalement/surtout/en grande partie** sur l'agriculture              |

a. Il a **largement** cinquante ans/Il a **largement** dépassé la cinquantaine : he is well over fifty
b. Ils vivent **largement** : they live off the fat of the land, they don't stint themselves

## LECTURE / LECTURE

|    |    |                                                                                                                                  |                                                                                                           |
| -- | -- | -------------------------------------------------------------------------------------------------------------------------------- | --------------------------------------------------------------------------------------------------------- |
| II | 1. | La **lecture** est pour de nombreux écoliers un véritable cauchemar                                                              | **Reading** is a real nightmare for many schoolchildren                                                   |
|    | 2. | La **lecture** de ce texte occupera certainement la majeure partie de ma soirée                                                  | **Reading** this text will certainly take me most of the evening [a]                                      |
|    | 3. | Je ne crois pas que ce soit des **lectures** à recommander à des adolescents                                                     | I don't think this is suitable **reading (matter)**/these are suitable **books** for adolescents [b]      |
|    |    | Mes **lectures** sont extrêmement diversifiées : elles vont des bandes dessinées au théâtre d'avant-garde                        | My **reading** is extremely varied : it ranges from cartoons to the theatre of the avant-garde            |
|    |    | Pourrais-tu m'apporter de la **lecture** ?                                                                                       | Could you bring me **something to read**/some **books**/some **reading matter**/some **reading material**? |
|    | 4. | *(Jur)* Le projet de loi a été adopté en première [seconde] **lecture**                                                          | The bill was adopted at its first [second] **reading**                                                    |

| | | | |
|---|---|---|---|
| III | 5. | I went to a very interesting **lecture** on Chinese art last weekend | J'ai assisté à une **conférence** très intéressante sur l'art chinois le week-end dernier |
| | | *(Univ)* There aren't any **lectures** on Friday, so I'm leaving for the weekend this evening | Il n'y a pas de **cours** vendredi, alors je pars en week-end ce soir |
| | 6. | I got a **lecture** from my mother because I arrived home late | J'ai eu droit à des **remontrances**/ à un **sermon** de ma mère parce que je suis rentré en retard |

a. *Faire la **lecture** à qqn : to read (aloud) to sb ; donner **lecture** d'un texte [d'une liste...] : to read out a text [a list...]*
b. *(École, Univ) Lectures imposées : (Brit) set books, (US) assigned texts*
◊ *(Acoust) Tête de **lecture** :* (tourne-disque) *pick-up head,* (magnétophone) *recording head*

## LENTILLE / LENTIL

| | | | |
|---|---|---|---|
| I | 1. | Oh non ! Encore de la soupe aux **lentilles**. Tu sais bien que je déteste ça ! | Oh no, not **lentil** soup again ! You know I can't stand it ! |
| II | 2. | Une loupe est un instrument d'optique constitué par une **lentille** convergente | A magnifying glass is an optical instrument consisting of a convex **lens** |
| | 3. | Fais attention où tu mets les pieds ! J'ai perdu une de mes **lentilles (de contact)** (*aussi :* **verres de contact**) | Watch where you're walking ! I've dropped one of my **(contact) lenses** |

## LIBÉRAL / LIBERAL

| | | | |
|---|---|---|---|
| I | 1. | La conception assez **libérale** de la discipline dans cette école effrayait certains parents | The school's rather **liberal** approach to discipline alarmed some of the parents |

| | | | |
|---|---|---|---|
| II | 2. | *(Polit)* Il est rare d'entendre un syndicaliste exprimer des idées aussi **libérales** | One rarely hears a trade unionist expressing such **conservative/right wing** views |
| | | *(Écon)* L'opposition estime que l'accroissement du chômage est dû à la politique économique **libérale** du gouvernement | The opposition considers that the rise in unemployment is due to the government's **laissez-faire** economic policy |
| III | 3. | *(Polit)* The party's **liberal** views on education attracted many voters | Les vues **progressistes** du parti dans le domaine de l'éducation ont attiré de nombreux électeurs [a] |
| | 4. | Baron de la Tour has made a **liberal** donation to our association | Le baron de la Tour a fait un don **généreux** à notre association |
| | | She gave me a **liberal** helping of chips | Elle me servit une **généreuse/copieuse** portion de frites |

a. Notez qu'en Angleterre, *le parti libéral (Liberal Party)* est un parti de centre gauche.
◊ – *Les professions libérales : the (liberal) professions* (pl)
  – *Liberal education :* éducation assurant une bonne formation générale

## (SE) LIBÉRER / TO LIBERATE (ONESELF)

| | | | |
|---|---|---|---|
| I | 1. | Les Alliés ont **libéré** la France et puis la Belgique (= délivrer) | The Allies **liberated** France and then Belgium |
| | | Les guérilleros voulaient **libérer** le peuple de la tyrannie de leur souverain | The guerillas wanted to **liberate** the people from the tyranny of their king<br>(*aussi :* **free**) |
| | | Certains prisonniers des camps de concentration furent **libérés** par l'armée américaine avant la fin de la guerre | Some of the prisoners in concentration camps were **liberated** by the American army before the end of the war<br>(*aussi :* **freed, set free**) |
| | | Beaucoup de peuples **se** sont **libérés** de la domination coloniale | Many nations have **liberated themselves** from colonial domination |

| | | | |
|---|---|---|---|
| II | 2. | Deux criminels ont été **libérés** de prison après quatorze ans de détention (= relâcher) | Two criminals were **released/ discharged** from prison after fourteen years of imprisonment [a] |
| | | Jean fait-il encore son service militaire ? — Non, il a été **libéré** il y a quinze jours | Is John still in the army ? — No, he was **discharged** two weeks ago |
| | 3. | Les enfants ont **libéré** le chien de la chaîne que des vilains garnements avaient accrochée à ses pattes | The children **released/freed** the dog from the chain that some naughty boys had tied round its legs |
| | | Son agresseur la tenait si fort qu'elle ne pouvait **se libérer** | Her assailant held her so firmly that she couldn't **free herself/get free** |
| | | Très généreusement, la famille me **libéra** de mes dettes [de mes engagements] | The family very generously **freed/released** me from my debts [my obligations] |
| | 4. | Jeudi, je ne peux pas **me libérer**. Je viendrai vendredi | **I'm** not **free**/I can't **get away** on Thursday. I'll come on Friday |
| | | J'aimerais pouvoir **me libérer** un jour ou deux pour préparer ma conférence de jeudi | I'd like to **take** a day or two **off** to prepare my lecture for Thursday |
| | | Le patron nous a **libérés** une heure plus tôt aujourd'hui | The boss **let** us **leave** the office an hour early today |

a. *Être **libéré** sur parole [sous caution] : to be released on parole [on bail]*

◊ – (Chim) ***Libérer*** *des gaz : to release/give off/* (parfois) ***liberate*** *gases ;* (Phys) ***libérer*** *de l'énergie : to release energy*
 – *Une femme **libérée** : a **liberated** woman*
 – (US) *To **liberate**\* : piquer\*, faucher\**

## LIBRAIRE / LIBRARIAN

| | | | |
|---|---|---|---|
| II | 1. | J'ai demandé à mon **libraire** de commander le dictionnaire des proverbes | I've asked my local **bookseller** to order the dictionary of proverbs |
| III | 2. | A **librarian** has to be very methodical | Un(e) **bibliothécaire** doit être très ordonné(e) [a] |

a. Dans le cas de bibliothèques plus importantes, on traduira plutôt **librarian** par **conservateur**.

## LIBRAIRIE / LIBRARY

**II** 1. Les petites **librairies** ont du mal à rivaliser avec les grandes surfaces — Small **bookshops** have trouble competing with the big supermarkets [a]

2. Il a fait toute sa carrière dans la **librairie** (= commerce des livres) — He spent his whole career in **bookselling** *(nd)*

**III** 3. I go to the **library** with my children every week — Je vais à la **bibliothèque** toutes les semaines avec mes enfants [b]

---

a. – *Succès de **librairie*** : *bestseller*
 – ***Librairie*** (= maison d'édition) : *publisher, publishing house*
b. *Record **library*** : *discothèque* ; ***library** ticket* : *carte de lecteur*

## LICENCE / LICENCE (*US :* LICENSE)

**I** 1. Avez-vous votre **licence** d'importation [de pêche, de débit de boissons] ? — Have you got an import **licence** [a fishing **licence,** a **licence** for the sale of alcoholic drinks] ? [a]

2. Ceci n'est pas une faute. C'est une **licence** poétique — This is not a mistake. It's poetic **licence** *(nd)*

**II** 3. Combien faut-il faire d'années d'études pour obtenir une **licence** d'anglais ? — How many years does it take to get an English **degree** ?

**III** 4. His parents give him too much **licence°** — Ses parents lui laissent trop de **liberté** [b]

---

a. *Driving **licence*** : *permis de conduire* ; *pilot's **licence*** : *brevet de pilote* ; *television **licence*** : *redevance de télévision* ; (US) ***license** plate* : *plaque minéralogique/d'immatriculation*
b. Le nom français **licence** est vieilli dans ce sens. Il survit dans la langue littéraire, surtout dans le sens de ˚dérèglement dans les mœurs˚ (en anglais : *licentiousness, (sexual) **licence°***).
◊ (Sports) ***Licence*** *(de tennis,...)* : *membership of a sports federation, association, etc. giving right of entry to competitions*

427

## LICENCIER / TO LICENSE [a]

**II** 1. Vu le manque de capitaux, cette firme a été obligée de **licencier** la moitié de ses ouvriers

Because of lack of capital, the firm was forced to *(Brit)* **make** half of its workers **redundant**/to **lay off** half of its workers

Il a été **licencié** pour faute professionnelle grave

He has been **dismissed** for a serious professional misdemeanour

**III** 2. This shop is **licensed** *(souvent pass)* for the sale of tobacco/to sell tobacco

Ce magasin **détient une licence** de bureau de tabac/a **l'autorisation** de vendre du tabac [b]

This company is **licensed** *(souvent pass)* to sell our products in the Middle East

Cette firme est **autorisée** à/a **une licence** pour vendre nos produits au Moyen Orient

Only qualified doctors are **licensed** to practise medicine

Seules les personnes titulaires d'un diplôme de docteur en médecine **ont l'autorisation** de/**ont le droit** d'exercer la profession

---

a. (US) *license* ou *licence*
b. – (Brit) ***Licensed*** restaurant : restaurant qui a une licence de débit de boisson ; (Brit) ***licensing*** laws : lois réglementant la vente de l'alcool
   – ***To license*** a car : (Fr) acheter la vignette, (Belg) acquitter la taxe (pour automobile)


## LIQUIDE *(n.)* / LIQUID

**I** 1. Portez le **liquide** à ébullition et versez-le dans un récipient gradué

Bring the **liquid** to the boil and pour it into a measuring jug

**II** 2. Ce patient ne peut absorber que des **liquides** (= aliments liquides)

This patient is on **fluids** only

3. Je n'ai pas de **liquide** sur moi (*aussi :* **argent liquide**)

I haven't any **cash**/any **ready money** on me

---

◊ – (Méd) ***Liquide*** (dans le corps, provenant d'un épanchement...) : *fluid*
  – (Phonét) ***Liquide*** : *liquid*

## LIQUIDE (adj.) / LIQUID

I   1. Ce médicament existe aussi sous forme **liquide** pour les enfants

This medicine is also available in **liquid** form for children [a]

II   2. J'ai râté ma sauce. Elle est trop **liquide**

My sauce has gone wrong. It's too **runny/thin** (*moins souvent :* **liquid**)

III   3. The child's **liquid**° eyes reminded me of his father's

Les yeux **limpides/clairs** de l'enfant me rappelaient ceux de son père

---

a.   **Liquid** measure : mesure de capacité pour les liquides
◊   Comparez : argent **liquide** : (ready) cash
                (Fin) **liquid** assets : liquidités, disponibilités

## LIQUIDER / TO LIQUIDATE

I   1. (Jur) L'héritage lui a permis de **liquider** ses dettes

The inheritance enabled him to **liquidate** his debts [a] (*plus souvent :* **pay, settle**)

(Jur) Ils ont dû se résoudre à **liquider** la société

Reluctantly they decided to **liquidate** the company [b] (*aussi :* **wind up**)

2\. Le dictateur avait donné l'ordre de **liquider**\* tous ses opposants (= tuer)

The dictator had ordered that all his opponents should be **liquidated** (*souvent pass*) [c]

II   3. Je voudrais **liquider**\* ce travail [cette affaire, ce problème] avant de partir en vacances

I'd like to **finish off** this work [to **settle** this matter, problem] before going on holiday

Je **liquide**\* mes derniers patients et je rentre

I'll **quickly deal with**/I'll **just see** my last patients and then I'll go home

429

|  |  | Les enfants ont **liquidé**\* la tarte en moins de deux | The children **finished off/polished off**\* the pie in no time flat |
|---|---|---|---|
|  | 4. | Ce magasin **liquide**\* tout son stock de chaussures à des prix fous | This shop is **selling off** its whole stock of shoes at giveaway prices |

a. *Liquider ses biens* : *to liquidate one's assets* ; *liquider une succession* : *to wind up an estate*
b. **To liquidate** ne s'emploie que dans le cas d'une société, d'un commerce en difficulté, sinon on emploie **to wind up**.
c. Le verbe **liquider**\* ne signifie pas toujours 'tuer'. Il peut aussi signifier 'se débarrasser de' et sera alors traduit en anglais par **to get rid of/to eliminate**.

## LITTÉRATURE / LITERATURE

| I | 1. | Anna Karénine est un des chefs-d'œuvre de la **littérature** russe | Anna Karenina is one of the masterpieces of Russian **literature** |
|---|---|---|---|
|  | 2. | Il existe une abondante **littérature** sur ce sujet | There's a wealth of **literature** on this subject |
| II | 3. | Il a abandonné son métier d'enseignant pour faire carrière dans la **littérature** ( = métier d'homme de lettres) | He gave up teaching to follow a **writing** career |
| III | 4. | I asked them for some **literature** *(nd)* about package holidays | Je leur ai demandé de la **documentation** sur les voyages organisés |

◊ (péj) *Tout ça, c'est de la **littérature** !* : *it's a lot of waffle*\*/*hot air*\* !, *it's nothing but empty words* !

## LIVIDE / LIVID

| II | 1. | Le blessé avait le visage **livide** | The injured man's face was **pallid**/was **deathly pale** [a] |
|---|---|---|---|

| | | | |
|---|---|---|---|
| III | 2. | The child's body was covered with **livid** bruises | Le corps de l'enfant était couvert de meurtrissures **violacées/bleuâtres** [b] |
| | 3. | My father was **livid**\* when he found out where I'd spent the night | Mon père était **furieux/furibond** quand il a appris où j'avais passé la nuit |

a. **Livid** est littéraire dans ce sens.
b. – **Livide** est littéraire dans ce sens.
  – **Livid** sky : ciel plombé/de plomb

## LOCAL (n.) / LOCAL

| | | | |
|---|---|---|---|
| II | 1. | Il travaille dans un petit **local** humide au fond de la cour | He works in a damp little **room** at the end of the courtyard |
| | | Les scouts cherchent un **local** pour leurs réunions hebdomadaires | The scouts are looking for **premises**/for a **place**/a **room** in which to hold their weekly meetings |
| | | Les **locaux** (pl) de la compagnie occupent les deux derniers étages de l'immeuble | The company's **offices/premises** occupy the top two floors of the building [a] |
| III | 2. | The **locals** (souvent pl) are not very friendly | Les **gens du pays/du coin**\* ne sont pas très sympathiques |
| | 3. | (Brit) They went pub-crawling and ended up in the **local**, completely drunk | Ils ont fait la tournée des bistrots et ont atterri au **café/bistrot du coin**\*, complètement soûls |
| | | (Brit) They sell Belgian beer in my **local** | Au **café/bistrot où je vais d'habitude,** ils servent de la bière belge |
| | 4. | (US) The **local** from Webster is an hour behind schedule | Le **(train) omnibus** en provenance de Webster a une heure de retard |

a. **Locaux** (à usage) d'habitation : domestic premises, dwelling houses ; **locaux** commerciaux, professionnels : commercial, business premises
◊ (US) **Local** : section syndicale

431

## (SE) LOGER / TO LODGE

**I** 1. La balle **s'est logée** dans la colonne vertébrale

The bullet **lodged** in his spine

La pièce de monnaie alla **se loger** dans une fissure du plancher

The coin (got) **lodged** in a crack in the floor [a]

**II** 2. Quand je viendrai à Paris, je **logerai** à l'hôtel [chez des amis]

When I come to Paris, I'll **stay** at a hotel [with friends]

Ce n'est pas la peine que tu cherches un hôtel. On te **logera** à la maison

There's no point in looking for a hotel. We'll **put** you **up** at home [b]

Nous ferons de notre mieux pour **loger** tout le monde dans le même hôtel

We'll do our best to **accommodate** everybody at the same hotel [b]

Mon fils et ma belle-fille n'ont pas encore trouvé de quoi **se loger**

My son and daughter-in-law haven't found any **accommodation/a place to live** yet

3. Cette école [cet hôtel] peut **loger** jusqu'à cinq cents personnes

That school [that hotel] can **accommodate** up to five hundred people

4. Ils eurent beaucoup de mal à **loger** tous les meubles dans le camion de déménagement

They had a lot of trouble **getting/fitting** all the furniture into the removal van

**III** 5. The young man you're looking for **lodges** with a Mrs. Smith

Le jeune homme que vous recherchez **loue une chambre meublée/est en pension** chez une certaine Mme Smith [c]

6. You would be entitled to **lodge°** a complaint with the authorities about the prejudice of which you have been a victim

Vous auriez le droit de **déposer** une plainte auprès des autorités pour le préjudice que vous avez subi [d]

---

a. **To lodge** ne s'emploie pas dans ce sens avec un sujet animé : *il a logé toutes les balles dans la cible* : he fired all the bullets into the target ; *il s'est logé une balle dans la tête* : he fired a bullet into his head.

b. – **To accommodate** s'emploie pour un hôtel, **to put up** pour des particuliers.
 – *Être logé et nourri* : (Brit) *to have board and lodging*, (US) *to have room and board* ; *être bien [mal] logé* : *to have good [poor] accommodation* ; (fig) *être logé à la même enseigne* : *to be in the same boat*

c. **To lodge** signifie ᶜlouer une chambre meublée dans une maison particulière avec ou sans repas³.
d. (Jur) **To lodge** an appeal : interjeter appel, se pourvoir en cassation
◊ (Jur, Admin) **To lodge** (documents, securities...) : déposer, confier (des documents, des valeurs...)

# LOT / LOT

**I**  1. Au front, la faim, la fatigue et la mort était notre **lot**° quotidien (*souvent*: **sort, destin(ée)**)

At the front, hunger, fatigue and death were our daily **lot** [a]

**II**  2. J'ai acheté ce **lot** de vieilles machines à écrire pour trois fois rien au marché aux puces

I bought that **job lot** of old typewriters for next to nothing at the flea market [b]

J'ai justement un **lot** de couettes qui vient de rentrer

A new **batch** of continental quilts has just come in

Dans le **lot**, il n'y avait pas un seul candidat valable

There wasn't a single good candidate in the whole **batch** [b]

3. Ils partagèrent les bijoux en plusieurs **lots** de même valeur

They divided the jewels into several **shares** of equal value

Le domaine fut morcelé en une dizaine de **lots**

The estate was divided up into ten **plots (of land)** [c]

4. J'ai gagné le gros **lot** à la loterie de l'école

I won (the) first **prize** in the school lottery [d]

5. Il n'y a pas à dire ; ta sœur, c'est un joli petit **lot***!

There's no doubt about it. Your sister's a nice (Brit) **bit of stuff***/ (US) **chick***

**III**  6. My daughter has a **lot*** of/**lots*** of friends in the neighbourhood

Ma fille a **beaucoup** d'amis dans le voisinage

7. My pupils last year were a nice **lot***

J'ai eu un chouette **groupe** d'élèves l'an passé [e]

(*surtout Brit*) It's really very cheap. I'll take the (whole) **lot***

Ce n'est vraiment pas cher ! Donnez-moi le **tout**

8. We drew **lots** to decide who should go first and the **lot** fell to me

On a tiré au **sort** pour savoir qui irait en premier et le **sort** est tombé sur moi

| | |
|---|---|
| The paintings were divided among the heirs by **lot** (nd) | Les tableaux ont été répartis parmi les héritiers par **tirage au sort** |

a. *To throw in one's **lot** with sb* : unir sa destinée à celle de qqn, partager volontairement le sort de qqn
b. – **Job lot** désigne un ensemble d'objets divers usagés ; **batch** désigne un ensemble d'objets nouveaux (ou de personnes) de même nature qui arrivent en même temps ($\simeq$ fournée). Notez cependant que **lot** s'emploie en anglais dans le contexte des ventes aux enchères : ex. *what am I bid for **lot** 16 ?*
 – *Se dégager du **lot*** : to stand out from the rest
c. Mais : (US) *building **lot*** : lotissement ; (US) *parking **lot*** : parking
d. (humor) *On peut dire qu'il a gagné le gros **lot** en l'épousant !* : he didn't get much of a bargain when he married her !
e. – Notez que **lot** ne sera souvent pas traduit en français : ex. *I've brought a new **lot** of books from the library* : j'ai ramené de nouveaux livres de la bibliothèque.
 – *You're a nice **lot** !\** : vous êtes admirables/bons, vous ! ; *he's a bad **lot**\** : il ne vaut pas cher
◊ (US) ***Lot*** : studio (de cinéma)


## LOYAL / LOYAL

II  1. Ce que nous désirons, c'est une concurrence **loyale** et non une foire d'empoigne

What we want is **fair** competition and not a free-for-all

C'est un homme **loyal**. Tu peux lui faire confiance

He's a(n) **fair/honest** man. You can trust him

III  2. He's always been **loyal** to our club [to his employer]

Il a toujours été **fidèle** à notre club [**dévoué** au patron] ᵃ

a. L'adjectif français **loyal** ne s'emploie que dans certaines expressions dans le sens de ʿfidèle, dévoué ʾ: *bons et **loyaux** services* ; ***loyal** service* ; ***loyal** serviteur* : **loyal** servant.
◊ (Brit) *The **loyal** toast* : toast porté au souverain


## LUNATIQUE / LUNATIC

II  1. Elle est très **lunatique**. Tantôt elle est au comble de la joie, tantôt elle est au désespoir

She's terribly **moody**. One minute she's over the moon, the next minute she's in the depths of despair

III   2. The idea is absolutely **lunatic**   Cette idée est tout à fait **folle/démentielle/insensée** [a]

---

a. – Notez aussi l'emploi comme substantif : *he's a real **lunatic**\** : *il est fou à lier/complètement cinglé\**.
– ***Lunatic** asylum* : *asile d'aliénés* ; *the **lunatic** fringe* : *les extrémistes/fanatiques (d'un parti politique...)*

## LUXE / LUXURY

I   1. Il est habitué à vivre dans le **luxe**   He is accustomed to living in **luxury** *(nd)*

Tu vas chez le coiffeur chaque semaine ! Tu as de la chance. C'est un **luxe** que je ne peux pas me payer   Do you mean to say you go to the hairdresser every week ? Lucky you ! That's a **luxury** I can't afford [a]

II   2. Il racontait son histoire avec un **luxe** de détails   He told his story with a **wealth**/a **host** of details

---

a. *Il s'est acheté un nouveau costume. Ce n'est pas du **luxe** !\** : *he's bought himself a new suit, and not before time !\**
◊ *Appartement, produits **de luxe*** : *luxury flat, luxury goods* ; *édition, modèle **de luxe*** : ***de luxe** edition, **de luxe** model*

## MÂCHER / TO MASH

II   1. Si vous **mâchez** votre nourriture correctement, elle sera plus facile à digérer   If you **chew** your food properly it is easier to digest

Depuis qu'il ne fume plus, il **mâche** du chewing-gum toute la journée   Since he gave up smoking he **chews** gum all day

2. Il faut toujours lui **mâcher** toute la besogne   You always have to **spoon-feed** him

435

| | | | |
|---|---|---|---|
| III | 3. | Put in some milk and butter before you **mash** the potatoes | Ajoutez un peu de lait et du beurre avant d'**écraser** les pommes de terre [a] |

a. **Mashed** potatoes : purée (de pommes de terre)
◊ Il ne **mâche** pas ses mots : he doesn't mince his words, he's very blunt

## (SE) MAINTENIR / TO MAINTAIN

| | | | |
|---|---|---|---|
| I | 1. | La gendarmerie essaie de **maintenir** l'ordre dans les rues | The police are trying to **maintain** law and order in the streets |
| | | Nous habitons une région où la population essaie de **maintenir** les coutumes et les traditions | We live in an area where the people try to **maintain** customs and traditions (*plus couramment :* **keep up, keep alive**) |
| | | Il cherche à **maintenir** certains de ses privilèges | He's trying to **maintain** some of his privileges [a] (*plus couramment :* **keep**) |
| II | 2. | Après son accident, mon frère fut **maintenu** en vie grâce à un appareillage sophistiqué | After his accident my brother was **kept** alive by a sophisticated machine |
| | | Je faisais des efforts surhumains pour **maintenir** sa tête hors de l'eau | I was making a superhuman effort to **keep** his head above water |
| | | La police fit appel à du renfort pour **maintenir** la foule loin du cortège présidentiel | The police called in reinforcements to **keep** the crowd away from the presidential procession |
| | 3. | Les prix **se maintiennent** à un niveau assez élevé | Prices **remain** fairly high |
| | | Elle a su **se maintenir** en bonne santé grâce aux plantes | She **remained** in good health/ **stayed** healthy with the aid of herbs |
| | | Si le temps **se maintient** au beau, nous partirons | If the weather **stays/keeps** fine, we'll go away [b] |
| | 4. | Les poutres qui **maintenaient** le mur cédèrent et le mur s'effondra | The beams which were **holding up/propping up/supporting** the wall gave way and it collapsed |

|   |   |   |
|---|---|---|
|   | J'achète toujours pour mon fils des bottines qui **maintiennent** bien la cheville | I always buy my son boots that **support** his ankles |
|   | 5. Le suspect **maintient** qu'il n'a jamais rencontré cet homme | The suspect **insists** that he never met the man [c] |
|   | Je l'ai dit et je le **maintiens** | I've said it and I'm **sticking to** it/**standing by** it |
| III | 6. He **maintains** that the negotiations have no chance of succeeding | Il **affirme/soutient** que les pourparlers n'ont aucune chance d'aboutir |
|   | 7. He doesn't earn enough money to **maintain** his wife and six children | Il ne gagne pas assez d'argent pour **subvenir aux besoins** de sa femme et de ses six enfants |
|   | 8. The government **maintains** roads and public buildings | Le gouvernement **entretient** les routes et bâtiments publics |
|   | He **maintains** his car [his house] very well | Il **entretient** bien sa voiture [sa maison] |

a. – Dans le sens de ʿgarder, conserver dans le même étatʾ, le verbe **to maintain** ne s'emploie qu'avec des compléments abstraits (comparez 2). Même dans ce cas, **to keep (up)** est plus courant.
 – Notez également : *maintenir une décision, une opinion :* to stand by a decision, an opinion ; *maintenir sa candidature :* (emploi) not withdraw one's application, (élections) continue to stand
b. (absol) *Se maintenir :* (temps) to hold, to last, to continue, (santé) to remain stable, (malade) to hold one's own, (prix) to remain steady/stable
c. **Maintenir** signifie ʿcontinuer à affirmerʾ, alors que **to maintain** signifie simplement ʿaffirmerʾ (cf. 6).

## MAJEUR (adj.)/ MAJOR

| | | |
|---|---|---|
| I | 1. Il s'agit d'une difficulté **majeure** qu'il faudra résoudre au plus vite | This is a **major** problem which must be solved as quickly as possible |
|   | Il passe la **majeure** partie de son temps dans les casinos | He spends the **major** part of his time in casinos (*aussi :* **greater**) |
|   | Il ne nous a pas donné la raison **majeure** de sa démission | He didn't give us the **major** reason for his resignation [a] (*plus souvent :* **main, chief**) |
|   |   | ⇨ 3 |

437

II   2. Il faut être **majeur** pour pouvoir voter

      You have to be **of age** *(attrib)* before you can vote

     Seuls les héritiers **majeurs** pourront disposer immédiatement de leur part d'héritage

      Only those heirs **who have attained the age of majority** will have immediate access to their share of the inheritance

     De tels agissements ne sont pas dignes d'un peuple **majeur** et responsable

      Such acts are not worthy of a **mature** and responsible nation

III   3. The **major** roads are now clear

      Les routes **principales** ont été dégagées

     Part of the motorway is closed for **major** repairs

      Une partie de l'autoroute est fermée pour cause de travaux **importants**

     The President has undergone **major** surgery

      Le Président a subi une **importante** opération chirurgicale

---

a.  – Mais : *la **majeure** partie de* (+ pl) : *most of, the majority of ; en **majeure** partie* (= dans une large mesure) : *largely, for the most part*
   – *Cas de force **majeure*** : *case of circumstances beyond one's control, case of force majeure*
◊  (Mus) ***Majeur*** : *major*

## MALICE / MALICE

II   1. Il y avait un grain de **malice** dans sa voix

      There was a hint of **mischief/ mischievousness** in her voice

III   2. I don't think there was any **malice** *(nd)* in what she did

      Je ne crois pas qu'il faille voir de la **méchanceté**/de la **malveillance** dans ce qu'elle a fait [a]

---

a.  – Le nom français ***malice*** est vieilli dans ce sens ; il se rencontre encore dans certaines expressions : *par **malice*** : *out of **malice**/spite ; ne pas entendre **malice** à qqch.* : *not to mean any harm by sth.*
   – *To bear sb **malice*** : *vouloir du mal à qqn/en vouloir à qqn ;* (Jur) *with **malice** aforethought* : *avec préméditation*

## MALICIEUX / MALICIOUS

II 1. C'est une petite fille très vive, très **malicieuse**

She's a very lively, **mischievous** little girl

Elle me regardait faire d'un œil **malicieux**

She watched me with a **mischievous** look on her face

III 2. He spread some very **malicious** rumours about me

Il a fait circuler des bruits particulièrement **malveillants** à mon sujet

She became more and more **malicious** as she grew older

Elle est devenue de plus en plus **méchante/mauvaise** avec l'âge [a]

---

a. To take a **malicious** pleasure in : prendre un malin plaisir à ; (Jur) **malicious** damage : dommage fait avec intention délictueuse/avec intention de nuire

## MANIAQUE (n.) / MANIAC

I 1. C'est un dangereux **maniaque** sexuel, qui n'en est pas à son premier crime

He is a dangerous sex **maniac**, who has already committed several murders

II 2. C'est un vrai **maniaque**. Il ne supporte pas qu'on touche à ses affaires

He's terribly **fussy**. He can't bear anyone touching his things

Patricia est une **maniaque** de la propreté

Patricia is **fanatical** about cleanliness

III 3. All the men in my family are football **maniacs**\*

Tous les hommes dans ma famille sont des **mordus**\*/des **dingues**\* du football

I'll never go in his car again. He drives like a **maniac**\*

Je ne mettrai plus le pied dans sa voiture. Il conduit comme un **fou**/un **dingue**\*

## MANIE / MANIA

I    1. *(Méd)* Dans certaines maladies psychiques, des crises de **manie** alternent avec des crises de mélancolie

In some mental disorders attacks of **mania** and melancholia alternate [a]

II    2. J'écris toujours sur du papier vélin. Vous savez, tous les écrivains ont leurs **manies**

I always write on vellum paper. All writers have their **funny little ways**/their **quirks**/their **foibles**, you know

Il se lave les mains cinquante fois par jour. C'est une vraie **manie**

He washes his hands fifty times a day. It really is an **obsession**/a **compulsive habit**

Julien a la **manie** de dire « n'est-ce pas ? » à tout bout de champ

Julian has the **irritating habit/infuriating habit** of saying ' Don't you think ? ' after every other word [b]

III    3. Christopher has a **mania*** for fast cars

Christophe a la **passion**/la **folie** des voitures rapides/est **fou** de voitures rapides [c]

---

a. **Manie** de la persécution : persecution **mania**
b. Avoir la **manie** de la propreté, de l'exactitude : to be fanatical about cleanliness, punctuality
c. Notez que, contrairement au mot **manie**, qui évoque une habitude bizarre, un goût déraisonnable pour quelque chose, **mania** désigne tout simplement un grand enthousiasme.

## MANIFESTATION / MANIFESTATION

I    1. Toutes ces inventions sont autant de **manifestations** du génie humain

All these inventions are so many **manifestations** of man's genius

Une telle **manifestation** de solidarité n'est pas monnaie courante

Such a **manifestation** of solidarity is not a common occurrence [a] (*plus souvent :* **demonstration, show**)

II  2. Tous les étudiants en médecine ont participé à la **manifestation** (*aussi :* **manif** *)

All the medical students took part in the **demonstration/demo** *

3. Nous comptons organiser prochainement plusieurs grandes **manifestations** sportives dans la région

We're planning to organise several big sporting **events** in the area soon

De jeunes anarchistes ont sérieusement perturbé les **manifestations** du 14 juillet

Young anarchists seriously disrupted the **(official) ceremonies** on the 14th of July

---

a. Mais : *manifestation d'une maladie :* (apparition) *appearance of an illness,* (signe) *symptom/sign/*(moins souvent) **manifestation** *of an illness*

## MARCHER / TO MARCH

I  1. *(Mil)* L'officier **marchait** à la tête de sa compagnie

The officer **marched** at the head of his company [a]

*(Mil)* Les troupes **marchèrent** au combat

The soldiers **marched** into battle

II  2. **Marche** un peu plus vite ! On n'y arrivera jamais

**Walk** a bit faster ! We'll never get there

Ma petite Catherine **marchait** déjà à l'âge de dix mois

My little Catherine was already **walking** at ten months

3. Zut ! J'ai **marché** dans une flaque d'eau

Blow ! I've **stepped** in a puddle [b]

4. À cette allure-là, il **marche** tout droit à la banqueroute

The way he's going, he's **heading** straight for bankruptcy

5. Ma montre [ma voiture] ne **marche** plus très bien. Il faudrait faire une révision complète

My watch [car] isn't **working/going** very well. It needs a complete overhaul [c]

Est-ce que cette machine **marche** à l'électricité ?

Does this machine **work/run** on electricity ?

6. Cela fait déjà plusieurs mois que ça ne **marche** plus très bien entre eux

Things haven't been **going** very well between them for several months

| | |
|---|---|
| Les affaires **marchent** bien [**marchent** mal] | Business **is brisk/is going** well [**is slow, is going badly**] |
| Et tes examens, est-ce que ça **marche**\*? | How are you **getting on** with your exams?/How are your exams **going**? |
| Il y a des jours où rien ne **marche**\*! | There are days when nothing **goes right**! |
| Alors, ça **marche**\*, pour demain? Tu pourras te libérer? | **Is** it **all right/OK**\* for tomorrow? Are you free? |

7. Si tu lui proposes 10 % de commission, je suis sûr qu'il **marchera**\* — If you offer him a 10 % commission I'm sure he'll **agree/play ball**\*

8. On peut lui raconter n'importe quoi et il **marche**\* — You can tell him anything, and he'll **swallow it**\*/**fall for it**\* [d]

**III**

9. He **marched** into the boss's office and demanded an explanation — Il **entra** dans le bureau du directeur **d'un pas énergique/d'un air décidé** et exigea une explication

   The father of one of my pupils **marched** up to me waving his son's report — Le père d'un de mes élèves **s'avança** vers moi **l'air furieux**, en brandissant le bulletin de son fils

10. The guards **marched** him to the police station — Les gardes **l'emmenèrent de force** au poste de police

---

a. – Employé transitivement, **to march** correspond à **faire marcher** : ex. *the general **marched** his soldiers from London to York.*
   – *Marcher au pas* : *to march*
   – **To march** correspond parfois à **défiler** : *the demonstrators **marched** past the embassy.*
b. *Ne te laisse pas **marcher** sur les pieds* : *don't let people walk all over you/take advantage of you*; *défense de **marcher** sur les pelouses!* : *keep off the grass!*
c. *Faire **marcher** une machine* : *to work*/(moins couramment) *to operate a machine*
d. *Tu me fais **marcher**\** : *you're pulling my leg\*, you're kidding\**

## MARIAGE / MARRIAGE

**I** 1. Ils n'ont eu leur premier enfant qu'après dix ans de **mariage** — They had their first child only after ten years of **marriage** [a]

   Le divorce de ses parents l'a rendu prudent vis-à-vis du **mariage** — His parents' divorce made him wary of **marriage**

|   |   |   |
|---|---|---|
|   | 2. Le **mariage** de ces deux couleurs donne des effets surprenants | The **marriage** of these two colours produces surprising effects |
| II | 3. Les as-tu invités à ton **mariage** ? | Did you invite them to your **wedding** ? [b] |

a. – Demande en **mariage** : proposal (of **marriage**) ; **mariage** blanc : unconsummated **marriage** ; faire un riche **mariage** : to marry (into) money ; faire un **mariage** d'amour [d'argent] : to marry for love [money]
  – By **marriage** : par alliance
b. – Notez que **marriage** peut être employé dans ce sens de "cérémonie du mariage" dans un style soutenu.
  – **Mariage** religieux [civil] : church [civil] wedding ; **mariage** en blanc : white wedding ; anniversaire de **mariage** : wedding anniversary

## MARQUE / MARK

|   |   |   |
|---|---|---|
| I | 1. Il y a des **marques** bien visibles sur la carrosserie de la voiture | There are obvious **marks** on the body of the car |
|   | Les policiers remarquèrent qu'il avait des **marques** de coups sur la poitrine | The policemen noticed that he had the **marks** of blows on his chest [a] |
|   | 2. Fais une **marque** au crayon devant les noms que tu connais | Put a pencil **mark** beside the names you know [b] |
| II | 3. Mon fils connaît toutes les **marques** de voiture | My son knows all the different **makes** of car |
|   | Il me versa un whisky d'une **marque** totalement inconnue | He poured me a whisky of a completely unknown **brand** [c] |
|   | 4. *(Sports)* La **marque** à la mi-temps était de 2 à 1 | The half-time **score** was 2-1 [d] |
|   | 5. Cette **marque** de confiance [d'affection] m'a beaucoup touché | I was deeply touched by this **expression** of confidence [of affection] [e] |
| III | 6. Philip got a better **mark** than I did in English | Philippe a eu une meilleure **note** que moi en anglais |

| | (Brit) It's a pity to fail by two **marks** | C'est dommage d'échouer de deux **points** |
|---|---|---|
| 7. | The bullet went wide of the **mark** | La balle passa loin de la **cible**[f] |
| 8. | It was hailed as a triumph for the government when unemployment dropped below the two million **mark** | Quand le nombre des chômeurs est tombé en dessous de la **barre** des deux millions, l'événement fut salué comme une victoire pour le gouvernement |

---

a. – *Marques/traces de pas* : footmarks, footprints ; *marques/traces de doigts* : fingermarks
 – *Dirty* **mark** : tache ; *greasy* **mark** : tache de graisse
 – *Distinguishing* **marks** (on passport) : signes particuliers

b. – **Marque** (= signet) : bookmark
 – *Punctuation* **mark** : signe de ponctuation ; *question* **mark** : point d'interrogation ; *quotation* **marks** : guillemets

c. – **Make** s'emploie pour les produits manufacturés (voiture, montre, machine à laver, etc) et **brand** pour les produits alimentaires ou chimiques (café, whisky, essence, etc).
 – *Marque de fabrication* : trademark ; *marque déposée* : registered trademark ; *produits de* **marque** : top quality goods ; *visiteur de* **marque** : distinguished/important visitor ; *image de* **marque** : image

d. *Mener à la* **marque** : to be in the lead

e. Notez cependant : *as a* **mark** *of my gratitude, of respect* : en témoignage de ma gratitude, en signe de respect

f. (fig) *To be wide of the* **mark** : être éloigné de la vérité, être à côté de la plaque*

◊ (Sports) *On your* **marks**, *get set, go !* : À vos **marques** ! Prêts ! Partez ! ; *to be quick [slow] off the* **mark**\* : être rapide [lent], (fig) avoir l'esprit rapide [lent] ; *not to be up to the* **mark** : ne pas être à la hauteur ; ne pas être en forme ; *to make one's* **mark** (as a writer, etc) : se faire un nom (en tant qu'écrivain, etc) ; *to leave one's* **mark** *on sb/sth* : marquer qqn/qqch, laisser son empreinte sur qqn/qqch

## MARQUER / TO MARK

| I | 1. | Toutes les affaires personnelles devront être **marquées** au nom de l'enfant | All personal possessions must be **marked** with the child's name |
|---|---|---|---|
| | | Je me souviens que j'ai **marqué** son nom d'une croix quand il a payé | I remember **marking** his name with a cross when he paid [a] |
| | | Les routes secondaires ne sont pas **marquées** sur cette carte | The minor roads aren't **marked** on this map
⇨ 5 |
| | 2. | La rangée de bouleaux au fond du jardin **marque** la limite de mon terrain | The row of birches at the end of the garden **marks** the boundary of my land |

444

|   |   |   |
|---|---|---|
|   | La mort du général Franco **marqua** la fin d'une ère dictatoriale en Espagne | General Franco's death **marked** the end of a period of dictatorship in Spain |
|   | 3. Le centième anniversaire de notre université sera **marqué** par diverses manifestations culturelles | The centenary of our university will be **marked** by various cultural events |
|   | 4. Depuis qu'il a eu la varicelle, son visage est **marqué** de cicatrices | Ever since he had chickenpox, his face has been **marked** *(souvent pass)* with scars *(plus souvent:* **pitted** with scars, **scarred***)* |
|   | Son visage était **marqué** par la fatigue [la souffrance, la maladie] | His face was **marked** *(souvent pass)* by fatigue [suffering, illness] [b] *(plus souvent:* **bore the marks** of*)* |
| II | 5. J'ai **marqué** son adresse dans mon agenda | I **wrote down/noted down/made a note of** his address in my diary |
|   | Qu'y avait-il de **marqué** sur l'enveloppe ? | What did it **say**/what was **written** on the envelope ? |
|   | 6. Ce matin, le thermomètre **marquait** moins vingt | This morning the thermometer **showed/registered/said** minus twenty |
|   | La pendule **marquait** minuit. Jeanne alla se coucher | The clock **said** midnight. Jane went to bed |
|   | 7. Cette robe **marque** la taille | That dress **accentuates/emphasizes/shows off** the waist |
|   | Leurs récentes déclarations **marquent** bien le fossé qui les sépare | Their recent declarations **show** clearly the gulf that exists between them |
|   | 8. Ce professeur a beaucoup **marqué** ses élèves | This teacher has **left his mark on** his pupils |
|   | Il a perdu toute sa famille dans l'incendie. Cela l'a beaucoup **marqué** | He lost all his family in the fire, and it **left its mark on** him/**left deep scars on** him *(aussi:* **marked** him for life*)* |
|   | 9. Son élection au Parlement est un événement qui a **marqué** dans l'histoire de notre pays | His election as a Member of Parliament **was a decisive event** in the history of this country |

|  |  | Cet incident a **marqué** dans sa vie | This incident **had a decisive effect** on/**had a great impact** on his life [c] |
|---|---|---|---|
|  | 10. | L'éditeur **marqua** un vif intérêt à mon roman | The publisher **showed** great interest in my novel |
|  |  | On veut ouvrir une prison dans mon quartier, mais tous les habitants ont **marqué** leur désaccord | They want to open a prison in our area but all the inhabitants have **registered** their disagreement |
|  | 11. | À la mi-temps, nous avions déjà **marqué** 70 points [2 goals] | At half-time we had **scored** 70 points [2 goals] |
| III | 12. | The coffee has **marked** my blouse | Le café a **taché** ma blouse |
|  |  | This fabric **marks** easily | Ce tissu **se tache** facilement/Tout **se voit sur** ce tissu |
|  | 13. | I'm sorry, children, but I haven't **marked** your essays yet | Excusez-moi, les enfants, mais je n'ai pas encore **corrigé** vos rédactions |
|  |  | Why has she **marked** this wrong? I copied it out of the textbook | Pourquoi a-t-elle **compté** ceci comme faute? Je l'ai recopié du livre |
|  |  | Some teachers **mark** more fairly than others | Certains professeurs **notent** de façon plus objective que d'autres |
|  | 14. | Courage and tenacity are two of the qualities that **mark** a great leader | Le courage et la tenacité sont deux des qualités qui **caractérisent** les grands leaders |

---

a. Mais: *marquer du bétail au fer rouge*: to brand cattle; *marquer des marchandises*: to price/label/stamp goods
b. Mais: *la déception se marqua sur son visage*: disappointment showed in his face
c. *Événements qui marquent*: outstanding events
◊ – **Mark** you: *notez (bien), remarquez*; he'll regret it one day, (you) **mark** my words: *il le regrettera un jour, tu verras*
   – (Sports) *Marquer un joueur*: (Brit) **to mark** a player, (US) *to cover a player*
   – *Marquer le pas*: (lit) **to mark** time, (fig) to lose momentum, to be at a virtual standstill; **to mark** time: (lit) *marquer le pas*, (fig) *s'occuper, passer le temps (en attendant qqch)*

446

## MASCULIN / MASCULINE

**I**  1. Les championnes du lancement du poids sont souvent très **masculines**

Female shot-putters often look very **masculine**

Je ne l'avais pas reconnue au téléphone. Elle a une voix tellement **masculine**

I didn't recognize her on the phone. Her voice is so **masculine**/She's got such a **masculine** voice

L'aggressivité est considérée comme un trait de caractère typiquement **masculin**

Aggressiveness is regarded as a typically **masculine** trait [a]

2. *(Gram)* Les noms en -ment sont presque toujours **masculins**

French nouns ending in -ment are nearly always **masculine**

**II**  3. Nationalité : Français ; Sexe : **masculin**

Nationality : French ; Sex : **male**

Il n'y a qu'un rôle **masculin** dans ce film

There's only one **male** role in this film

La population **masculine** est moins nombreuse que la population féminine

The **male** population is smaller in number than the female population [b]

4. Notre collection est fortement influencée par la mode **masculine** (= pour hommes)

Our collection is very much influenced by **men's/male** fashions

Nous avons même un groupe **masculin** d'aérobic

We've even got a **men's** aerobics group

**III**  5. I don't like that actor. He's not **masculine** enough for me

Je n'aime pas cet acteur. Il n'est pas assez **viril** pour moi

---

[a]. L'adjectif **manly** s'emploie aussi dans certains cas mais surtout dans un sens élogieux et pour des qualités nobles : ex. *manly courage, strength*.

[b]. En règle générale, **male** signifie ʿdu sexe masculinʾ alors que **masculine** signifie ʿqui a les caractéristiques de l'hommeʾ. Comparez : *male voice* (voix d'un homme) et ***masculine voice*** (voix qui ressemble à celle d'un homme).

## MASSACRER / TO MASSACRE

I    1. Tous les réfugiés du camps furent **massacrés** par l'ennemi. Il n'y eut pas un seul survivant
         All the refugees in the camp were **massacred** by the enemy. There was not a single survivor [a]

        Les chasseurs ont **massacré** des milliers de bébés phoques
         The hunters **massacred** thousands of baby seals (*plus souvent :* **slaughtered**)

II    2. Les enfants ont encore **massacré** * mes bégonias
         The children have **ruined/played havoc with** my begonias again

        On voit bien qu'il n'a pas l'habitude de découper la viande. Il a complètement **massacré** * ce poulet
         You can see he's not used to cutting up meat. He's **made a real mess of** this chicken/He's **hacked** this chicken **to bits**

        Ce traducteur a complètement **massacré** * le texte
         The translator **made a real hash of** * the text/**messed** the text **up** * completely

        La troupe d'amateurs a **massacré** * ' Hamlet '
         The amateur dramatics society **murdered** * ' Hamlet '

     3. Le boxeur a **massacré** * son adversaire
         The boxer **made mincemeat of** */**slaughtered** */**wiped the floor with** * his opponent [b]

---

a. Lorsqu'il s'agit d'individus et non de populations ou de groupes assez importants, on emploiera plutôt **to murder savagely/to butcher** : ex. *toute la famille a été* ***massacrée*** *: the whole family was found savagely murdered/was found butchered.*
b. **To massacre** est possible lorsqu'il s'agit d'une équipe : *our team was* ***massacred*** * *last week.*

## MATÉRIELLEMENT / MATERIALLY

I    1. Je suis assez à l'aise **matériellement**
         **Materially** I don't have much to worry about

II    2. Il m'est **matériellement** impossible de faire ce travail pour demain
         It's **physically** impossible to get this work done by tomorrow

| | | Je suis désolée mais je n'ai **matériellement** pas le temps | I'm sorry but I **simply/literally** haven't got the time |
|---|---|---|---|
| III | 3. | Things have changed **materially** since we last met | Les choses ont **sensiblement/ considérablement** changé depuis notre dernière entrevue |

## MATERNITÉ / MATERNITY

| | | | |
|---|---|---|---|
| I | 1. | Certaines femmes ne sont pas du tout sensibles aux joies de la **maternité** | Some women are unmoved by the joys of **maternity**° a (*plus souvent :* **motherhood**) |
| II | 2. | Une seconde **maternité** si rapprochée de la première serait une folie (= grossesse) | A second **pregnancy** so soon after the first would be madness |
| | 3. | J'ai eu mon premier enfant à la maison mais le second est né à la **maternité** | I had my first baby at home but the second was born in the **maternity hospital** |
| | | La **maternité** se trouve dans l'ancienne aile de la clinique | The **maternity ward** is in the old wing of the hospital (*familièrement :* **Maternity** is...) |

a. – *Allocations de* **maternité** *:* **maternity** *benefit ; congé de* **maternité** *:* **maternity** *leave*
– Mais : **maternity** *dress :* robe de grossesse

## MÉDECINE / MEDICINE

| | | | |
|---|---|---|---|
| I | 1. | Il faut être optimiste. La **médecine** fait d'énormes progrès | We must be optimistic. Tremendous progress is being made in **medicine** *(nd)* |
| | | Ma fille étudie la **médecine**/fait sa **médecine** | My daughter is studying **medicine** *(nd)* |

449

| | | | |
|---|---|---|---|
| III | 2. | In this country it is impossible to buy **medicines** in supermarkets | Dans notre pays, il est impossible d'acheter des **médicaments** dans les grandes surfaces |
| | | It's time to take your **medicine** now | C'est l'heure de prendre ton **médicament** [a] |

a. – Employé au singulier, **medicine** désigne généralement un médicament sous forme liquide. Notez également : **medicine** chest : (armoire à) pharmacie.
– **Medicine** man : sorcier (guérisseur) (chez les Indiens) ; to give sb a dose of his own **medicine*** : rendre à qqn la monnaie de sa pièce

## MEMBRE / MEMBER

| | | | |
|---|---|---|---|
| I | 1. | Tous les **membres** de la famille assistèrent à l'enterrement | All the **members** of the family were at the funeral |
| | | Notre club compte 500 **membres** | Our club has 500 **members** [a] (*aussi :* a **membership** of 500) |
| II | 2. | Cet artiste peint toujours des personnages aux **membres** démesurément longs | This artist always paints figures with disproportionately long **limbs** [b] |
| III | 3. | The **Member (of Parliament)** for Leicester East was the only one to abstain (*aussi :* **MP**) | Seul le **député** du Puy-de-Dôme s'est abstenu |

a. **Member** of the public : simple particulier/citoyen ; **member** of the opposite sex : personne de l'autre sexe
b. – Dans ce sens, **member** est archaïque ou littéraire.
– **Membre** (viril) : (male) **member**/organ

## MENACER / TO MENACE

**I** 1. Le pays est **menacé** par la famine

The country is **menaced**° by famine [a]
(*plus couramment :* **threatened**)

2. Le voleur **menaçait** le vieillard d'un révolver

The burglar **menaced**° the old man with a revolver
(*plus couramment :* **threatened**)

**II** 3. Son mari a **menacé** de la quitter

Her husband **threatened** to leave her

Le directeur a **menacé** la secrétaire de renvoi

The manager **threatened** the secretary with dismissal [b]

4. Ne t'approche pas trop de ce mur. Il **menace** de tomber

Don't go too close to that wall. It **is in danger of** falling down/It **looks likely** to fall down

Prends un parapluie. La pluie **menace** (de tomber)

Take an umbrella. It **looks like** rain/It's **threatening** to rain

Son discours **menace** d'être long

His speech **threatens** to last some time

---

a. Mais : *ses jours sont menacés :* his life is threatened/in danger ; *son bonheur est menacé :* his happiness is threatened/in danger
b. On n'emploie pas le verbe **to menace** lorsque le contenu de la menace (renvoi, sanctions, mort, etc.) est spécifié sous la forme d'un infinitif ou d'un substantif.

## MÉRITER / TO MERIT

**I** 1. Les résultats de cette expérience **méritent** d'être examinés attentivement

The results of this experiment **merit**° careful examination [a]
(*aussi :* **deserve** to be examined carefully/**are worth** examining carefully)

**II** 2. Je ne te donnerai pas les bonbons que je t'avais achetés. Tu ne les as pas **mérités**

I won't give you the sweets I bought you after all. You don't **deserve** them [b]

| | |
|---|---|
| Tu **mérites** une bonne fessée ! | You **deserve** a good hiding ! |
| Mon fils **mérite** de réussir. Il travaille énormément | My son **deserves** to be successful. He works terribly hard |

a. Le verbe **to merit** a un champ d'application beaucoup plus restreint que **mériter**. Il appartient à un registre soutenu et s'emploie surtout avec un nom inanimé comme sujet. De plus, il ne peut être suivi d'un infinitif ou d'une proposition complétive (cf. 2).
b. *Il n'a que ce qu'il **mérite** :* he's got what he deserves, it serves him right
◊ *Vous avez bien **mérité** de la patrie :* you have served your country well

## MESURE / MEASURE

I 1. Le mètre est une **mesure** de longueur (*plus souvent :* **unité**)

The metre is a **measure** of length [a] (*plus souvent :* **unit**)

2. Pour chaque **mesure** de lait, ajoutez deux **mesures** d'eau

For each **measure** of milk add two of water [b] (*plus souvent :* add two **parts** water to one **part** milk)

3. Le gouvernement court un gros risque en prenant des **mesures** aussi impopulaires juste avant les élections

The government is running a big risk by taking such unpopular **measures** just before the elections

II 4. C'est une **mesure** approximative. Je ne suis pas géomètre

It's a rough **measurement**. I'm not a surveyor [c]

J'ai choisi le tissu et puis la couturière a pris mes **mesures** *(pl)*

I chose the material and then the dressmaker took my **measurements** *(pl)* [d]

5. Il exagère toujours. Il n'a pas le sens de la **mesure**

He always goes too far. He has no sense of **moderation** [e]

6. *(Mus)* L'orchestre était déplorable. Les musiciens ne jouaient même pas en **mesure**

The orchestra was abominable. The musicians didn't even play in **time**

7. *(Mus)* Lorsqu'ils entendirent les premières **mesures** de l'hymne national, ils se levèrent

When they heard the first **bars** of the national anthem they stood up

| III | 8. His plays had a (certain) **measure** of success but it was his poetry that brought him true fame | Ses pièces de théâtre ont eu un **certain** succès, mais ce sont ses poèmes qui l'ont rendu célèbre |
|---|---|---|

a. *Poids et **mesures** :* weights and **measures** *; liquid [dry]* **measure** *:* **mesure** *de capacité pour les liquides [pour les matières sèches] ;* tape **measure** *:* mètre à ruban

b. *Faire bonne **mesure** :* to give good **measure** *;* (fig) *et, pour faire bonne **mesure**, ils mirent le feu au magasin :* and, for good **measure,** they set fire to the shop

c. *Système de **mesure** :* system of measurement *; unité de **mesure** :* unit of measurement *;* (fig) *prendre la **mesure** de qqn :* to size sb up, to get the **measure** of sb

d. *Sur **mesure** :* (costume) *made to **measure** ;* (emploi, horaire) *tailor-made*

e. *Sans **mesure** :* (adv) *immoderately,* (épith) *beyond **measure** ; dépasser la **mesure** :* to overstep the mark, to go too far

◊ *Dans la **mesure** où :* to the extent that, inasmuch as, insofar as *; dans une certaine [large]* **mesure** *:* to a certain [large] extent *; dans la **mesure** du possible :* as far as possible *; à **mesure** que/au fur et à **mesure** que :* as *; il n'y a pas de commune **mesure** entre... :* there is absolutely no comparison between... *; être en **mesure** de :* to be in a position to

## (SE) MESURER / TO MEASURE

| I | 1. As-tu **mesuré** (la longueur, la hauteur de) la pièce avant de commander le papier à tapisser ? | Did you **measure** (the length, height of) the room before ordering the wallpaper ? |
|---|---|---|
| | Le baromètre **mesure** la pression atmosphérique | A barometer **measures** atmospheric pressure |
| | À la visite médicale, on m'a pesé et on m'a **mesuré** | I was weighed and **measured** at my medical [a] |
| II | 2. Jean n'a que quatorze ans et il **mesure** déjà plus d'un mètre quatre-vingts | John's only fourteen and he**'s** already more than six feet **tall** |
| | Ce lit **mesure** deux mètres | This bed **is** two metres **long** [b] |
| | 3. Dépêchons-nous ! Notre temps est **mesuré** | Let's hurry. Our time is **limited** [c] |
| | 4. Les aventuriers n'avaient pas **mesuré** les dangers [les risques] de l'expédition | The adventurers had not **assessed/** (Brit) **weighed up** the risks [the dangers] of the expedition |
| | Les États-Unis n'avaient pas **mesuré** les conséquences de leur intervention au Vietnam | The United States had not **considered** the consequences of its intervention in Vietnam |

| | |
|---|---|
| Il est parfois difficile de **mesurer** la valeur des candidats | It is sometimes difficult to **assess** the ability of the candidates |
| 5. Mon frère se porta volontaire pour **se mesurer/mesurer** ses forces avec un des boxeurs de la foire | My brother volunteered to **try/pit** his strength against one of the boxers at the fair (*moins souvent:* **measure** his strength) |
| Si j'étais toi, j'hésiterais à **me mesurer** avec un joueur d'échecs d'un tel niveau | If I were you I would hesitate to **pit myself** against a chess player of that standard |

a. – Mais: **mesurer** *le tour de cou de qqn :* to take sb's neck measurement; **mesurer** *une longueur de tissu :* to measure off a length of fabric; **mesurer** *du liquide, des ingrédients :* to measure out liquid, ingredients
   – Notez également: *the tailor* **measured** *him for a suit :* le tailleur a pris ses mesures pour un costume
b. **To measure** s'emploie dans ce sens mais dans un nombre plus limité de cas que son correspondant français : ex. *this room* **measures** *three metres by two/three meters across, the wall* **measures** *three metres from top to bottom.*
c. **Mesurer** *ses paroles :* to moderate one's language; to weigh one's words


## MICROBE / MICROBE

| | | | |
|---|---|---|---|
| I | 1. | Les **microbes** forment un très grand groupe de micro-organismes extrêmement diversifiés | **Microbes** form a very large group of extremely diverse micro-organisms [a] ⇨ 2 |
| II | 2. | J'ai attrapé un sale **microbe** au cours de mon voyage en Egypte | I caught a nasty **germ/bug**\* on my trip to Egypt |
| | | Elle a une frousse bleue des **microbes**. C'est une véritable obsession | She's scared stiff of **germs**. It's a real obsession |
| | 3. | Hé, **microbe**\* ! Tu es moins fier quand ton père n'est pas là ! | Hi, *(Brit)* **titch**\* ! You aren't so cocky when your father's not around! |
| | | Quand on est champion poids lourd, on ne se laisse tout de même pas battre par un **microbe**\* de cet acabit | A heavyweight champion doesn't let himself be beaten by a **little runt**\* like that! |

a. En anglais, **microbe** est un terme technique, qui n'est guère employé dans le langage courant (comparez 2).

## MILITAIRE (n.) / MILITARY

II  1. Dans certains pays, il est interdit aux **militaires** d'adhérer à des groupements à caractère politique

In some countries **soldiers/members of the armed forces** are not allowed to belong to political organizations

Ma fille ne sort qu'avec des **militaires.** Tu crois que c'est l'uniforme qui l'attire ?

My daughter only goes out with **soldiers.** Do you think it's the uniform that attracts her ?

Son père est un **militaire (de carrière)** mais je ne sais plus quel grade il a

His father is in the **(armed) forces/(Brit)** the **services/(US)** the **service** but I can't remember his rank [a]

III  2. They had to call in the **military** to restore order in the country

Ils ont dû faire intervenir l'**armée**/la **force armée** pour remettre de l'ordre dans le pays [b]

---

a. – Aussi : (terre) *regular (soldier),* (air) *(serving) airman*
   – ***Militaire** à la retraite :* ex-serviceman
b. **Military** ne s'emploie que comme collectif (précédé de *the*) dans le sens de "armée".

## MISÉRABLE / MISERABLE

I  1. Les habitants de ces taudis mènent une existence **misérable**

These slum-dwellers lead a **miserable** existence

Ces paysans travaillent dur pour une **misérable** récolte de pommes de terre et de navets

Those peasants toil away for a **miserable** harvest of potatoes and turnips [a]

Il n'a trouvé qu'une mansarde **misérable,** qui n'est même pas chauffée

All he has been able to find is a **miserable** attic that isn't even heated
(*plus souvent :* **wretched**)

2. Cela ne vaut pas la peine de se disputer pour un **misérable** stylo (*aussi :* **malheureux**)

It's not worth quarrelling over a **miserable** pen

455

| | | | |
|---|---|---|---|
| II | 3. | Elle a passé une grande partie de sa vie parmi les populations les plus **misérables** du globe (= indigent, démuni) | She spent most of her life among the **poorest** people on earth |
| III | 4. | I always feel **miserable** when the children are away | Je suis toujours **déprimée/malheureuse**/j'ai toujours **le cafard** quand les enfants ne sont pas là |
| | | David looks a bit **miserable** today. What's the matter with him? | David n'a **pas** l'air **très joyeux/très en train** aujourd'hui. Qu'est-ce qu'il a? [b] |
| | 5. | What a miserable day/What **miserable** weather! | Quel **sale/triste** temps! |
| | 6. | She's a **miserable** old thing. She's always complaining | C'est une vieille femme **acariâtre/revêche**. Elle se plaint tout le temps |
| | 7. | I was really ashamed of having put on such a **miserable** performance | J'étais vraiment honteux d'avoir fait une si **piètre** performance |

a. A **miserable** wage: un salaire de misère/(moins souvent) **misérable**
b. Don't look so **miserable**: ne fais pas cette tête d'enterrement
◊ (vieilli) C'est un **misérable** menteur: he's a despicable liar

## MISÈRE / MISERY

| | | | |
|---|---|---|---|
| II | 1. | Il a gagné un argent fou et pourtant, il a fini sa vie dans la **misère** | He earned a fortune and yet he ended his days in **(extreme) poverty** [a] |
| | 2. | Il est toujours prêt à compatir aux **misères** d'autrui (= malheurs) | He's always ready to sympathize with other people's **woes/misfortunes** [b] |
| | | Tu ne vas tout de même pas te faire de souci pour ces petites **misères** (= broutilles) | Surely you're not going to worry about such **trifles/minor irritations** |
| | | Quand on devient vieux, on attrape toutes sortes de petites **misères** (= ennuis de santé) | When you grow old, you get all kinds of **aches and pains** |

|   |   |   |   |
|---|---|---|---|
|   | 3. | Cinquante mille francs, qu'est-ce que c'est pour toi ? Une **misère** ! | What's £5,000 to you ? **Nothing at all**/a **mere trifle** ! |
| **III** | 4. | The **misery** endured by those children defies imagination | Les **souffrances**/le **supplice** que ces enfants endurent dépasse(nt) tout ce qu'on peut imaginer |
|   |   | To add to their **misery,** their younger son was killed in a car accident | La mort de leur fils cadet mit le comble à leur **douleur/chagrin/ malheur** c |
|   | 5. | *(Brit)* Anthony's been a real **misery**\* today. Do you think he's sickening for something ? | Anthony a été **grincheux**/a **pleurniché** toute la journée. Tu crois qu'il couve quelque chose ? |
|   |   | *(Brit)* Don't take any notice of that old **misery**\* ! | Ne fais pas attention à ce vieux **grognon** ! |

a. *Être dans la **misère** : to be destitute/poverty-stricken ; tomber dans la **misère** : to fall on hard times ; salaire de **misère** : starvation wage ; crier/pleurer **misère** : to bewail/bemoan one's poverty*
b. *– Mais : les **misères** de la guerre [de l'homme, de la vieillesse] : the **miseries** of war [mankind, old age]*
  *– Reprendre le collier de **misère** : to go back to the grindstone ; c'est une **misère** (de le voir dans cet état) : it is pitiful (to...), (de dépendre des autres) : it is a nuisance (to...) ; faire des **misères**\* à qqn/ (Belg) chercher **misère**\* à qqn : to annoy sb ; **misère** ! : what a nuisance !, oh Lord !, oh hell !*
c. *To make sb's life a **misery** : mener la vie dure à qqn, faire de la vie de qqn un enfer ; to put an animal out of its **misery** : achever un animal ; (fig) to put sb out of his **misery**\* : abréger le supplice de qqn ( = ne plus faire attendre)*
◊ *(Cartes) **Misère** : misère*

## MOBILE *(n.)* / MOBILE

|   |   |   |   |
|---|---|---|---|
| **I** | 1. | J'ai fait un **mobile** multicolore que je vais suspendre au-dessus du berceau | I've made a coloured **mobile** to hang over the cot |
| **II** | 2. | Si au moins nous connaissions le **mobile** du crime, nous aurions un début de piste | If only we knew the **motive** for/of the murder, we would have something to go on |

◊ *(Phys) **Mobile** : moving body, body in motion*

## MODESTE / MODEST

**I** 1. Allons, ne sois pas si **modeste**. Dis-leur que tu as gagné le premier prix

Come on, don't be so **modest**. Tell them you've won the first prize

2. C'est un appartement assez **modeste**, mais il est bien situé (= simple, exempt de luxe)

It's quite a **modest** flat, but it's in a good position

3. Acceptez ce **modeste** présent en signe de reconnaissance (= petit, modique)

Accept this **modest** gift as a token of my gratitude

**II** 4. Issu d'un milieu assez **modeste**, il avait toujours rêvé de devenir riche et important (= humble)

Coming as he did from a fairly **lowly/humble** background, he had always dreamt of becoming rich and important one day [a]

**III** 5. *(vieilli)* She's too **modest** to be seen in those clothes

Elle est trop **pudique** pour se promener dans cette tenue

*(vieilli)* That dress isn't **modest** enough to wear to church

Cette robe n'est pas assez **décente** pour aller à l'église

---

a. Un **modeste** commerçant, ouvrier : a small shopkeeper, a simple working man

## MODIFIER / TO MODIFY

**I** 1. En **modifiant** la structure des ailes, nous avons sensiblement amélioré les performances de l'avion

By **modifying** the wing structure we have considerably improved the plane's performance [a]
⇨ 2

**II** 2. Cet événement a complètement **modifié** mon opinion sur les hommes politiques

This event completely **changed** my opinion of politicians

| | | | |
|---|---|---|---|
| **III** | 3. | *(Gram)* In French the adjective agrees with the noun it **modifies** | En français, l'adjectif s'accorde avec le nom auquel il **se rapporte**/qu'il **détermine** [b] |

a. Même si, strictement parlant, le verbe **modifier** a le sens de 'apporter des changements, des ajustements, sans altérer la nature essentielle', il est souvent employé comme synonyme de 'changer, transformer' (cf. 2). Le verbe anglais **to modify** ne s'emploie que dans le premier sens.
b. **Modifier** ne s'emploie que pour des adverbes.

## MOMENT / MOMENT

| | | | |
|---|---|---|---|
| **I** | 1. | Restez là, les enfants ! Je n'en ai que pour un **moment** (*souvent :* **instant**) | Stay there, children ! I'll only be a **moment**/I shan't be a **moment** |
| | | Il y eut un **moment** de silence, puis elle continua (*souvent :* **instant**) | There was a **moment** of silence, then she continued |
| | | Auriez-vous quelques **moments** à me consacrer ? | Could you spare me a few **moments** ? [a] ⇨ 3 |
| | 2. | Il faudra bien choisir ton **moment** si tu veux qu'il accepte ça (= moment opportun, occasion) | You'll have to choose your **moment** carefully if you want him to agree to that [b] (*aussi :* **time**) |
| **II** | 3. | Il a eu un **moment** difficile quand sa femme est morte | He had a difficult **time** when his wife died |
| | | Je pense souvent aux **moments** agréables que nous avons passés ensemble | I often think of the happy **times** we spent together [c] |
| | 4. | J'attendais déjà depuis un (bon) **moment** quand ma fille est arrivée (= espace de temps ressenti comme long) | I had already been waiting for quite a **while**/quite a **time**/quite some **time** when my daughter arrived |
| | 5. | C'est le **moment** de la journée où je suis le moins occupé (= point précis dans le temps) | That's the **time** of day when I'm least busy |
| | | Sur le **moment**, j'ai été tellement surpris que je n'ai plus su quoi dire | At the **time** I was so surprised that I didn't know what to say [d] |

| | | | |
|---|---|---|---|
| III | 6. | It is impossible that an event of such **moment**° in the history of our country could have gone unrecorded | Il est impossible qu'un événement d'une telle **importance** dans l'histoire de notre pays n'ait pas été consigné quelque part |

a. Le mot anglais **moment**, à la différence de son correspondant français, désigne un espace de temps très court, d'une durée de quelques secondes (comparez les exemples du 3, où il s'agit d'un espace de temps plus long.) Il sera très souvent traduit par le mot français **instant**, comme c'est le cas dans les expressions suivantes : *in a* **moment** : *dans un instant, en un instant, en un clin d'œil ; for a brief* **moment** *: l'espace d'un instant ; wait a* **moment** *!/just a* **moment** *! : (un)* **moment** *!, un instant !, une minute ! ; the* **moment** *he arrives : dès qu'il arrivera ; just this* **moment** *: à l'instant (même)*.
b. Le **moment** psychologique *: the psychological* **moment** *; c'est le* **moment** *ou jamais : it's now or never*
c. – Il est possible de dire *the happy* **moments** *we spent together*, si l'on insiste sur le fait que les moments en question étaient de très courte durée (cf. note a).
   – (A) **Moment** s'emploie parfois pour faire référence à un espace de temps limité relativement à une durée totale : ex. *it was a great* **moment** *in the history of Britain ; that was one of the best* **moments** *of the film*.
d. – Au **moment** de l'incident *: at the time of the incident, at the time when the incident happened ; au* **moment** *de sortir : just when I (he...) was going out ; à quel* **moment** *? : when ? ; le* **moment** *venu : when the time comes (came) ; à aucun* **moment** *: never (at any time) ; à tout* **moment** *: continually, constantly, all the time ; par* **moments** *: at times, now and then ; à un* **moment** *donné : at one point ; d'un* **moment** *à l'autre : at any time, any* **moment** *now ; à ce* **moment**-là *:* (à cette époque) *at that time,* (à cet instant précis) *at that* **moment**, (dans ces conditions) *in that case*
   – Mais : *l'homme du* **moment** *: the man of the* **moment** *; pour le* **moment** *: for the* **moment**, *for the time being ; en ce* **moment** *: at the* **moment**, (emploi critiqué) *at this* **moment** *in time*
◊ Du **moment** que/où... *:* (dès lors que) *since, seeing that... ;* (pourvu que) *as long as...*

## MONDAIN / MUNDANE

| | | | |
|---|---|---|---|
| II | 1. | Depuis que mon mari a été nommé directeur, je suis obligée de mener une vie très **mondaine** | I've had a very busy **social** life since my husband became managing director |
| | | Vanessa est très **mondaine**. Pour rien au monde, elle ne raterait cette garden-party | Vanessa is a great **socialite**/loves the **social round**/the **social whirl**. She wouldn't miss that garden party for anything |
| III | 2. | Penelope considers that such **mundane** tasks as ironing and washing-up are beneath her dignity | Pénélope estime que des tâches aussi **prosaïques** que le repassage et la vaisselle sont indignes d'elle |
| | | Our life must seem terribly **mundane** to a glamorous actress like her | Une actrice aussi prestigieuse qu'elle doit trouver notre vie très **banale/ordinaire/monotone** |

◊ Brigade **mondaine** ≃ *the vice squad*

# MONNAIE / MONEY

**I**  1. *(Écon)* La **monnaie** a facilité les échanges en supprimant le troc
    **Money** facilitated exchange by making barter unnecessary [a]
    ⇨ 2

**II**  2. *(Écon)* Il est indispensable que notre pays conserve une **monnaie** forte
    It is essential that this country should maintain a strong **currency**

3. Les **monnaies** chinoises étaient habituellement en cuivre
    Chinese **coins** were usually made of copper [b]

4. J'ai trop de **monnaie** dans ma poche. Elle va finir par craquer
    I've got too many **coins**/too much **(small/loose) change** in my pocket. It'll break before long

5. Gardez la **monnaie** ! Vous boirez un verre à ma santé !
    Keep the **change** ! You can drink my health !

J'ai demandé à l'employé de banque de me faire la **monnaie** de 100 F
    I asked the bank clerk to give me **change** for £5

**III**  6. My grandmother refuses to put her **money** *(nd)* in the bank
    Ma grand-mère refuse de mettre son **argent** à la banque [c]

**Money** *(nd)* does not bring happiness
    L'**argent** ne fait pas le bonheur

7. *(Admin)* All **monies/moneys** *(pl)* invested abroad must be declared for tax purposes
    Toute **somme (d'argent)** investie à l'étranger doit être déclarée au fisc [d]

---

a. **Monnaie** de papier [de banque] : paper [bank] **money** ; fausse **monnaie** : counterfeit **money**
b. Battre **monnaie** : to strike/mint coins ; pièce de **monnaie** : coin
c. Ready **money** : argent liquide ; **money** order : mandat poste ; to make **money** : (personne) gagner de l'argent, (affaire) rapporter, être lucratif ; to be rolling in **money**\*/to be made of **money**\* : rouler sur l'or\* ; (Brit) **money** for jam\*/for old rope\* : argent vite gagné/gagné sans peine
d. Public **monies** : deniers publics
◊ – C'est **monnaie** courante : it's common practice, it's a common occurrence ; rendre à qqn la **monnaie** de sa pièce : to give sb a dose of his own medicine\*
– For my **money**\* : à mon avis

## MONUMENT / MONUMENT

I    1. Je propose que l'on érige un **monument** à la mémoire de ces grands héros de la Résistance

I suggest that a **monument** should be erected in memory of these great heroes of the Resistance [a]
⇨ 2

II    2. Le musée et l'hôtel de ville comptent parmi les plus anciens **monuments** de la ville

The museum and the town hall are among the oldest **buildings** in the town [b]

3. Ce roman, véritable **monument** de la littérature anglaise, devrait être lu par tous les écoliers

This novel, one of the truly **monumental works** of English literature, should be read by every schoolchild

4. Cette femme est un véritable **monument*** de bêtise !

That woman really is **monumentally/unbelievably** stupid !

Cet article est un **monument*** d'hypocrisie

That article is a **monumental piece/colossal piece** of hypocrisy

---

a. – Le mot anglais **monument** a un sens plus restreint que son correspondant français. Il s'emploie uniquement dans le sens de ˵monument commémoratif et funéraire˶ et dans certaines locutions : *monument historique [préhistorique]* : *ancient [prehistoric] monument*.
– *Monument funéraire* : *monument* ; *monument aux morts (de la guerre)* : *war memorial*
b.    ***Monument** public* : *public building*

---

## (SE) MOQUER / TO MOCK

I    1. Je ne permettrai pas que tu **te moques** ainsi de la religion

I won't allow you to **mock** (at) religion like that [a]
⇨ 2

II    2. Non, je ne mettrai pas ce chapeau. Tout le monde va **se moquer** de moi

I won't wear that hat. They'll all **laugh at** me/**make fun of** me

3. Il **se moque** de tous les conseils qu'on peut lui donner et n'en fait qu'à sa tête

He **disregards/ignores** all the advice we give him and does what he feels like

|  |  | Je **me moque** de tromper les gens, du moment que j'y trouve mon intérêt | I **don't care** about cheating people, if it's in my own interest [b] |
|---|---|---|---|
|  | 4. | Et tu as cru qu'il appuierait ta demande de promotion ? Il **s'est** bien **moqué** de toi ! | You thought he'd help you get promotion ! He **made a** real **fool** of you ! |
|  |  | C'est **se moquer** des gens que de présenter un pareil candidat aux élections | What do they **take** people **for**, putting up a candidate like that ?/They've **got a cheek**\*/a **nerve**\*, putting up a candidate like that |
| III | 5. | The prison wall **mocked**° every attempt to escape | Les murs de la prison **défiaient** toute tentative d'évasion |
|  | 6. | *(US)* He made them all laugh by **mocking** his French teacher | Il a fait rire tout le monde en **singeant** son professeur de français |

a. **To mock** s'emploie dans le sens de 'tourner en dérision, dans le but de rabaisser ou d'offenser' et non dans le sens moins fort de 's'amuser de quelqu'un ou quelque chose, sans intention véritable de nuire' (cf. 2).

b. *Je m'en moque pas mal !*\* : *I couldn't care less !*\*

## MORTEL / MORTAL

| I | 1. | Tous les hommes sont **mortels** | All men are **mortal** [a] |
|---|---|---|---|
|  | 2. | Mes deux voisins sont des ennemis **mortels** | My two neighbours are **mortal** enemies [b] |
| II | 3. | Le nombre d'accidents **mortels** a diminué légèrement | The number of **fatal** accidents has decreased slightly |
|  |  | Cette maladie est **mortelle** dans la plupart des cas | The disease is usually **fatal** |
|  |  | Son adversaire lui assena un coup **mortel** | His opponent gave him a **fatal/lethal/death** blow [c] *(moins souvent :* **mortal**°*)* |
|  |  | L'arsenic est un poison **mortel** | Arsenic is a **deadly/lethal** poison |

|   |   |
|---|---|
| 4. Nous avons passé une soirée **mortelle** chez les Pollet | We spent a **deadly**\*/**deadly boring** evening at the Pollocks |
| Le conférencier était **mortel**. À un certain moment, je me suis même endormi ! | The lecturer was a **deadly bore**\*/(Brit) a **crashing bore**\*. At one point I even fell asleep |

a. *Dépouille (mortelle) : (mortal) remains*
b. Mais : *pâleur mortelle (aussi : de mort) : deathly pallor ; silence mortel (aussi : de mort) : deathly silence*
c. *Il fit une chute mortelle de 20 mètres : he fell 20 metres to his death*
◊ – *Péché mortel : mortal sin*
   – *Ce n'est pas mortel !\* : it's not the end of the world !\**


## MOUTON /MUTTON

| | | |
|---|---|---|
| I | 1. J'ai acheté une épaule de **mouton** pour le dîner de demain | I've bought a shoulder of **mutton** for lunch tomorrow <sup>a</sup> |
| II | 2. La route était obstruée par un troupeau de **moutons** | The road was blocked by a flock of **sheep** |
| | Ils le suivirent comme des **moutons** de Panurge | They followed him like **sheep** <sup>b</sup> |
| | 3. Mon mari m'a promis un manteau en **mouton** pour notre anniversaire de mariage | My husband has promised me a **sheepskin** coat for our wedding anniversary |
| | 4. Méfie-toi, c'est un **mouton**\*. Il va tout rapporter à la police | Don't trust him. He's a **stool-pigeon**\*/(Brit) a **grass**\*/(US) a **stoolie**\*. He'll tell the police everything |
| | 5. Il y a plein de **moutons** sous le lit | There's loads of **fluff** under the bed |
| | Il y a du vent. Regarde les **moutons** sur la mer | There must be a wind. Look at the **whitecaps**/(Brit) **white horses** on the sea |

a. ***Mutton** dressed (up) as lamb : dame d'un certain âge qui s'habille trop jeune*
b. *Frisé comme un **mouton** : curly-headed/-haired ; doux comme un **mouton** : as gentle as a lamb*
◊ *Revenons à nos **moutons** : let's get back to the subject (under discussion)*

464

## MYSTIFIER / TO MYSTIFY

**II** 1. Il n'est pas de ceux que l'on **mystifie** facilement. Tu ne lui feras jamais croire cela

He's not easily **taken in/fooled**. You'll never get him to believe that

Comment l'opinion a-t-elle pu être **mystifiée** par ses discours sur la supériorité de la race blanche ?

How could the public have been **taken in/fooled** by his speeches about the superiority of the white race ?

**III** 2. His attitude **mystifies** me

Son attitude me **rend perplexe**

She was quite **mystified** by the strange telephone call

Cet étrange coup de téléphone la **laissa perplexe**

## NAVIGUER / TO NAVIGATE

**I** 1. À cette époque, on ne **naviguait** pas encore au compas

At that time mariners did not yet **navigate** by the compass [a]

**II** 2. Nous **naviguions** par calme plat quand, soudain, la tempête se leva

We were **sailing** through calm waters when suddenly a storm blew up

Le pilote informa la tour de contrôle qu'il **naviguait** à 12 000 mètres d'altitude

The pilot informed the control tower that he was **flying** at an altitude of 12,000 metres

**III** 3. If you would rather drive, I don't mind **navigating**

Si tu préfères conduire, cela ne me dérange pas de **lire la carte**/de te **guider**/de te **servir de navigateur**

---

a. – Le verbe **to navigate** a le sens restreint de ῾piloter, faire suivre une route déterminée en se servant des instruments de bord῾. Il ne s'emploie pas dans le sens de ῾voyager (sur l'eau ou dans l'air)῾ (cf. 2).
– Notez également : **to navigate** a ship : manœuvrer/diriger un bateau ; **to navigate**° the seas : parcourir les mers ; (fig) **to navigate** one's way through a crowd : se frayer un passage à travers une foule

465

# NERVEUX / NERVOUS

**I**  1. Elle est très **nerveuse** de nature

She's very **nervous** by nature [a] (*aussi :* **highly strung**) ⇨ 3

2. Il n'est pas enrhumé. Ce n'est qu'une toux **nerveuse**

He hasn't got a cold. It's just a **nervous** cough [b]

Pourquoi ris-tu ? Je ne sais pas. C'est **nerveux**

Why are you laughing ? I don't know. It's **nervous**/a **nervous** habit

J'ai eu une dépression **nerveuse** après mon divorce

I had a **nervous** breakdown after my divorce [c]

**II**  3. Les enfants ont parfois de la fièvre quand ils sont **nerveux** (= énervé)

Children sometimes run a temperature when they are **excited**

Ma femme est très **nerveuse** ces temps-ci. Je ne sais pas ce qu'elle a

My wife's very **on edge**/*(Brit)* **nervy**\* at the moment. I don't know what's the matter with her

4. *(Anat)* Les terminaisons **nerveuses** sont très sensibles à la chaleur et au froid

**Nerve** endings are very sensitive to heat and cold [d]

5. Les voitures à moteur diesel ne sont pas très **nerveuses**

Diesel cars are not very **responsive**/don't **accelerate well**

Le style **nerveux** de l'auteur convient parfaitement à ce type de prose

The author's **energetic**/**vigorous** style suits this kind of prose perfectly

**III**  6. She's rather a **nervous** old lady, who lives in fear of being burgled

C'est une vieille dame assez **craintive**, qui a toujours peur d'être cambriolée

I'm a bit **nervous** about going out and leaving the garage door open

J'ai un peu **peur**/cela m'**ennuie** un peu de sortir et de laisser la porte du garage ouverte

Even after twenty years of acting, I'm still **nervous** before every performance

Bien que j'aie vingt ans de métier, j'**ai** encore **le trac**\* avant chaque représentation [e]

---

a. Dans ce sens, **nerveux** peut désigner un état permanent ou une excitation passagère. **Nervous** ne s'emploie que dans le premier cas (comparez 3).

b. Mais : *grossesse* ***nerveuse*** *: phantom/false pregnancy*

c. Full of **nervous** energy : plein d'énergie/de vitalité ; to be a **nervous** wreck* : être à bout de nerfs
d. Cellule **nerveuse** : nerve cell ; centre **nerveux** : nerve centre ; système **nerveux** : **nervous** system
e. **Nerveux** n'est pas toujours exclu mais ne rend pas de façon non-équivoque l'idée de crainte, d'inquiétude.
◊ Mains **nerveuses**, corps **nerveux** : sinewy hands, body ; un petit brun **nerveux** : a dark-haired wiry little chap

## NOBLE / NOBLE

I    1. Tu peux épouser n'importe qui, pourvu qu'il soit **noble**

You can marry anyone you like, as long as he's of **noble** birth [a] (plus souvent : he's **got a title**/he's **titled**/he's **a member of the aristocracy**)

     2. On ne peut qu'admirer d'aussi **nobles** sentiments

One can only admire such **noble** sentiments [b]

II    3. On n'emploie pas les morceaux **nobles** de l'animal pour faire de la viande hachée

The **choice** cuts of meat are not used to make mince

Pour ce plat, employez de préférence des poissons **nobles**, tels que sole, turbot,...

It is preferable to use a **delicate/fine** fish such as sole or turbot for this dish [c]

Cet artiste ne travaille que les matériaux **nobles**

This artist works only in **natural/non-synthetic** materials

III    4. It was very **noble*** of you to stay behind and do all the washing up

C'était très **gentil/généreux** de ta part de rester pour faire la vaisselle

a. Mais : un visage **noble**, des traits **nobles** : aristocratic/distinguished face, features
b. Mais : **noble** cause : worthy cause, (plus rarement) **noble** cause ; **noble** person : personne qui a une grande noblesse de cœur/qui fait preuve de grandeur d'âme
c. Mais : un animal **noble** : a **noble** beast

## NOTABLE *(adj.)* / NOTABLE

**I** 1. C'est un fait **notable**, dont on aurait dû faire mention dans le rapport (= digne d'être noté)

It is a **notable** fact, which should have been mentioned in the report (*aussi :* **noteworthy**)

**II** 2. Il y a une différence **notable** entre ces deux systèmes de refroidissement (= sensible)

There's an **appreciable/noticeable** difference between the two cooling systems

**III** 3. S. Krashen wrote a **notable** book on second language acquisition

S. Krashen a écrit un livre **remarquable** sur l'acquisition d'une seconde langue

Several **notable** members of the medical profession were present at the party

Plusieurs membres **éminents** du corps médical étaient présents à la soirée

---

☐ Notablement : appreciably, noticeably
Notably : entre autres, notamment, en particulier ; de façon remarquable/frappante

## NOTABLEMENT / NOTABLY

voir : **NOTABLE / NOTABLE**

## NOTE / NOTE

**I** 1. Je n'avais jamais entendu autant de fausses **notes** dans un récital de piano

I'd never heard so many wrong **notes** in a piano recital ! [a]

2. Il m'a semblé déceler une **note** de tristesse dans sa voix

I thought I detected a **note** of sadness in her voice

3. Quand mon grand-père lisait un livre, il ajoutait toujours des **notes** dans la marge

When my grandfather read a book, he always added **notes** in the margin

| | | Les **notes** se trouvent à la fin du livre, juste avant la bibliographie | The **notes** are at the end of the book just before the bibliography [b] |
|---|---|---|---|
| | 4. | Je ne sais pas comment il fait. Il ne prend jamais de **notes** pendant le cours | I don't know how he does it! He never takes **notes** during lectures |
| | | J'ai oublié mes **notes** sur mon bureau. Pourriez-vous me les apporter? | I've left my **notes** on my desk. Could you fetch them for me? [c] |
| II | 5. | La direction a fait circuler une **note** au sujet de la nouvelle campagne de publicité | The management sent round a **memo**/a **memorandum**° about the new advertising campaign [d] |
| | 6. | Je n'ai pas encore payé la **note** de gaz | I haven't paid the gas **bill** yet [e] |
| | 7. | En géométrie, ma meilleure **note** est 12 sur 20 | My best **mark** in geometry is 12 out of 20 |
| III | 8. | I've sent a **note** to Auntie Cynthia to let her know when we're coming | J'ai envoyé un **(petit) mot** à tante Cynthia pour lui annoncer quand nous arriverions |
| | 9. | *(surtout Brit)* I found a £5 **note** on the pavement yesterday | Hier, j'ai trouvé un **billet** de 50 F sur le trottoir |

a. (fig) *Fausse* **note** : sour **note** ; (fig) *to strike the right* **note*** : *être dans la* **note** ; (fig) *forcer la* **note** : *to overdo it*
b. **Note** *en bas de page* : footnote
c. *Prendre qqch en* **note**, *prendre* **note** *de qqch* : to make a **note** of sth ; *prendre (bonne)* **note** *de* : to take (good) **note** of ; to compare **notes** with sb (on sth) : échanger ses impressions (sur qqch)
d. *Mais* : **note** *diplomatique* : diplomatic **note**
e. **Note** *de frais* : expense account ; (fig) *payer la* **note** : to pay for it
◊ *- Of* **note** : *de renom, de marque, éminent* ; *nothing of* **note** : *rien d'important* ; *worthy of* **note** : *remarquable, digne d'attention*
  *- (Comm) Credit* **note** : *bordereau/***note** *de crédit* ; *promissory* **note** : *billet à ordre*

## NOTER / TO NOTE

| I | 1. | J'ai **noté** un changement dans son comportement (*souvent* : **remarqué**) | I've **noted** a change in her behaviour (*souvent* : **noticed**) |
|---|---|---|---|
| | | Ce fait mérite d'être **noté** | This fact is worth **noting** [a] |

469

| | | | |
|---|---|---|---|
| II | 2. | Je vais vite **noter** son numéro de téléphone, sinon je risque de l'oublier | I'll just **note down/write down/make a note of** his phone number, otherwise I'll forget it (*rarement :* **note**) |
| | 3. | Il a **noté** d'une croix les passages qu'il fallait laisser tomber (*souvent :* **marqué**) | He **marked** with a cross/**put** a cross **beside** the passages to be left out |
| | 4. | Je **noterai** les interrogations sur dix | I will **mark** the test out of ten |
| | | Cet employé est bien [mal] **noté** par la direction | This employee is highly [poorly] **rated** by his employers/**has** a good [bad] **record** with his employers |

a. – ***Notez*** *(bien)* : mind you
   – (Comm) ***To note*** : prendre acte de

## NOTICE / NOTICE

| | | | |
|---|---|---|---|
| II | 1. | Chaque livre est pourvu d'une **notice** biographique sur l'auteur | Each book includes a biographical **note** on the author [a] |
| | 2. | Si tu avais lu plus attentivement la **notice (d'utilisation/explicative),** tu ne te serais pas trompé de bouton | If you'd read the **instructions/directions** more carefully, you wouldn't have pressed the wrong button |
| III | 3. | I'm sorry, but I couldn't manage it at such short **notice** *(nd)* | Je suis désolé mais je ne pourrais pas y arriver à si bref **délai** |
| | | Surely they can't change the opening hours without **notice** *(nd)* | Ils ne peuvent tout de même pas changer les heures d'ouverture sans **avis préalable**/sans **prévenir** [b] |
| | 4. | Your employer has to give you at least a month's **notice** *(nd)* | Ton employeur doit te donner un **préavis** d'au moins un mois |
| | | I've decided to give in my **notice** *(nd)* at the end of the month | J'ai décidé de donner ma **démission**/mon **préavis** à la fin du mois |
| | | The manager gave him his **notice** *(nd)* on the spot | Le directeur lui a signifié son **congé** sur-le-champ [c] (*aussi :* l'a **congédié/licencié**) |

5. One pupil attracted my **notice** *(nd)* from the very first day

   Dès le premier jour, un élève attira mon **attention**

   Don't take any **notice** *(nd)* of him. He's playing the fool as usual

   Ne faites pas **attention** à lui. Il fait le clown comme d'habitude [d]

6. There was a **notice** on the gate saying ' Beware of the dog '

   Sur la grille, il y avait un **écriteau**/une **pancarte** où il était écrit « Attention, chien méchant »

   There's a **notice** in the entrance hall saying the library will be closed next Saturday

   Il y a un **avis** à l'entrée qui dit que la bibliothèque sera fermée samedi prochain [e]

7. The film got mixed **notices** *(pl)* but personally I think it's worth seeing

   Le film a eu des **critiques** mitigées, mais personnellement je trouve qu'il vaut la peine d'être vu

---

a. **Notice** nécrologique : obituary
b. At a moment's **notice** : sur-le-champ, immédiatement ; until further **notice** : jusqu'à nouvel ordre
c. To give a tenant **notice** to quit : donner son congé à un locataire
d. That escaped my **notice** : je n'ai pas remarqué cela, cela m'a échappé ; to sit up and take **notice** : dresser l'oreille, (après une maladie) recommencer à s'intéresser à ce qui se passe autour de soi
e. (Brit) **Notice** board : panneau d'affichage

## (SE) NOURRIR / TO NOURISH

I  1. Je **nourrissais**° l'espoir de la retrouver un jour

   I **nourished**° the hope of finding her one day

   À cette époque de sa vie, l'auteur **nourrissait**° une haine farouche pour tous ses compatriotes

   At that period of his life the author **nourished**° a fierce hatred for his compatriots [a]

II 2. Je **nourris** mes poulets avec du maïs

   I **feed** my chickens on corn/*(US)* I **feed** my chickens corn

   Chaque infirmière **nourrit** une dizaine de malades paralysés

   Each nurse **feeds** a dozen paralysed people [b]

   Elle a un régime très strict. Elle ne peut **se nourrir** que de céréales

   She's on a very strict diet. She can only **eat** cereals

   Si le malade refuse de **se nourrir**, n'insistez pas

   If the patient refuses to **take nourishment**/to **eat**, don't insist

|  |  |
|---|---|
| Pendant plusieurs jours, les rescapés **se nourrirent** exclusivement de noix de coco | The survivors **lived on/subsisted on** coconuts for several days |
| 3. N'oubliez pas qu'il a six personnes à **nourrir** | Don't forget he's got six people to **feed/provide for** |
| Cette entreprise est en perte de vitesse mais elle **nourrit** encore des milliers d'ouvriers | This company is on the decline but it still **provides work for/gives work to** thousands of people |
| Ce métier ne **nourrit** pas son homme | This job doesn't **provide** a man **with a living wage** |
| 4. Ce sont des régions comme la nôtre qui **nourrissent** la capitale | It is regions like ours that **supply** the capital **with food** |
| La paille de la grange **nourrissait** le feu | The straw in the barn **fed** the fire/**provided fuel for** the fire |
| Le feu s'éteint. Il faudrait le **nourrir** | The fire's going out. We'd better **stoke** it **(up)/put some more wood** [**coal**] on (it) |

a. Mais : *nourrir°* le projet de : to cherish° a plan to ; *nourrir°* de noirs desseins : to harbour° evil designs

b. – **Nourrir** au biberon : to bottle-feed ; *nourrir (au sein)* : to breast-feed
– Notez que le verbe **to nourish** n'est courant qu'à la forme adjectivale (ex. *enfant bien nourri, aliments nourrissants* : well-**nourished** child, **nourishing** food). Il peut également se rencontrer avec des compléments inanimés : ex. **to nourish** the skin : nourrir la peau ; **to nourish** the soil : enrichir/amender le sol.

◊ La lecture **nourrit** l'esprit : reading improves the mind

## NOUVELLE / NOVEL

II  
|  |  |
|---|---|
| 1. La **nouvelle** du divorce de votre fille nous a beaucoup peinés | We were very upset to hear the **news** *(nd)* of your daughter's divorce [a] |
| 2. Les dernières **nouvelles** *(pl)* que j'ai eues de lui n'étaient pas très bonnes | The last **news** *(pl)* I had of him was not very good [b] |
| 3. J'écoute toujours les **nouvelles** *(pl)* à la radio avant de partir travailler (*aussi :* **informations**) | I always listen to the **news** *(nd)* on the radio before going to work |

|     |     |     |     |
| --- | --- | --- | --- |
|     | 4.  | W. Somerset Maugham n'est pas seulement un grand romancier. C'est aussi un fascinant auteur de **nouvelles** | W. Somerset Maugham was not only a great novelist, he was also a fascinating writer of **short stories** |
| III | 5.  | I much prefer reading **novels** to reading plays | J'aime beaucoup mieux lire des **romans** que des pièces de théâtre |

a. Une **nouvelle** : a piece of news ; c'est une bonne **nouvelle** : that's good news ; fausse **nouvelle** : false report ; première **nouvelle** !* : it's the first I've heard about it !*, that's news to me !*
b. Aller aux **nouvelles** : to go and find out what is happening ; prendre des **nouvelles** d'un malade : to go and see how sb is getting on ; vous aurez de mes **nouvelles** !* : I'll give you what for !* ; Goûtez ce whisky. Vous m'en direz des **nouvelles** ! : Taste this whisky. I'm sure you'll like it ; (Belg) alors, quelles **nouvelles** !* : what's new, then ?*, how are things, then ?*

## NUANCE / NUANCE

|     |     |     |     |
| --- | --- | --- | --- |
| I   | 1.  | Les deux mots sont synonymes, mais le premier a une **nuance** péjorative que le second n'a pas | The two words are synonymous but the first has a pejorative **nuance** that is absent in the second ᵃ |
|     |     | C'est difficile de traduire ce mot en anglais. Il y a une **nuance** que je ne parviens pas à exprimer | This word is difficult to translate into English. There is a **nuance** that I can't render (*aussi :* **shade of meaning**) |
| II  | 2.  | Je n'imaginais pas qu'il y avait autant de **nuances** de bleu | I didn't realize there were so many **shades** of blue ᵇ |
|     | 3.  | Je suis désolé mais je ne saisis pas la **nuance** (= différence) | I'm sorry but I don't see the **difference** |
|     |     | Je n'ai pas dit que je n'irais pas. J'ai dit que ce serait difficile, **nuance** * ! | I didn't say I wouldn't go, I said it would be difficult. There's a **difference** ! |
|     | 4.  | Je pense qu'il faudrait apporter quelques **nuances** à votre affirmation (= léger correctif) | I think your statement needs a few **qualifications** |

| | | | |
|---|---|---|---|
| | 5. | J'ai décelé comme une **nuance** de regret [complicité, mépris] dans sa voix (= pointe) | I detected a **note** of regret [complicity, contempt] in his voice |

a. Mais : *(esprit...) tout en* **nuances** *: subtle (mind...)* ; *sans* **nuance** *: unsubtle* ; *je partage votre opinion à quelques* **nuances** *près : I agree with you apart from a few minor points*
b. En anglais, **nuance** s'emploie parfois dans un style soutenu : ex. *the wonderful* **nuances** *of colour in Manet's paintings.*

## NUISANCE / NUISANCE

| | | | |
|---|---|---|---|
| II | 1. | La pollution, le bruit... Pensez-vous vraiment que nous puissions éviter ces **nuisances** *(surtout pl)* ? | Do you really think we can avoid **environmental hazards** such as pollution and noise ? [a] |
| III | 2. | What a **nuisance** those big lorries are ! They make the whole house shake | Quel **fléau,** ces camions ! Ils font trembler toute la maison |
| | | What a **nuisance** that child is ! | Quelle **peste**/quel **casse-pieds**\*, ce gosse ! |
| | | It's a **nuisance** to be so far from the beach | C'est **ennuyeux/embêtant**\* d'être si loin de la plage [b] |

a. **Nuisances** *acoustiques, chimiques : noise pollution, chemical pollution*
b. *To make a* **nuisance** *of oneself : embêter le monde/les gens*\*, *casser les pieds aux gens*\* ; *what a* **nuisance** *! : quelle tuile*\**/quelle barbe*\* *!*
◊ (Jur) *Public* **nuisance** ≃ *atteinte aux droits du public* ; *public* **nuisance**\* *: calamité publique* (= personne)

## NURSE / NURSE

| | | | |
|---|---|---|---|
| II | 1. | Quand j'étais jeune, je passais la plus grande partie de mon temps avec ma **nurse**. Je ne voyais guère ma mère | When I was young, I spent most of my time with my **nanny**. I hardly saw my mother at all (*plus rarement :* **nurse**) |

III 2. The **nurse** woke me up several times to take my temperature

L'**infirmière** m'a réveillée plusieurs fois pour prendre ma température [a]

---

a. Male **nurse** : infirmier ; wet **nurse** : nourrice ; nursery **nurse** : puéricultrice

## OBJET / OBJECT

I 1. La pièce était remplie d'**objets** étranges en bois

The room was full of strange wooden **objects**

Elle saisit le premier **objet** qui lui tomba sous la main et le lui jeta à la figure

She took hold of the first **object** that came to hand and hurled it at his face [a]
⇨ 4

2. Ma montre devint rapidement un **objet** de convoitise pour tous les élèves

My watch soon became an **object** of envy to all the pupils

Elle avait toujours été un **objet** de risée [de pitié]

She was always an **object** of ridicule [pity]

3. *(Gram)* Dans la phrase ' Jean a mangé la pomme ', ' Jean ' est le sujet et ' la pomme ' est l'**objet** direct

In the sentence ' John ate the apple ', ' John ' is the subject and ' the apple ' is the direct **object**

II 4. Heureusement, on n'a volé que quelques **objets** de peu de valeur

Fortunately only a few **articles** of little value have been stolen

Ce magasin vend des **objets** de luxe [de toilette]

This shop sells luxury **goods** [toilet **requisites/articles**]

Elle ramassa les **objets** qui traînaient par terre

She picked up the **things**/the **odds and ends** that were lying on the ground

5. La conférence a pour **objet** l'avenir de l'espéranto

The **subject** of the lecture is the future of espéranto

La hausse du dollar est l'**objet** de la plupart de leurs conversations

The rise in the value of the dollar is the **subject** of most of their conversations

6. His sole **object** in life is to earn as much money as possible

Son seul **objectif/but** dans la vie est de gagner le plus d'argent possible

| | |
|---|---|
| I finally gave in with the sole **object** of putting an end to the embarrassing discussion | J'ai finalement cédé dans le seul **but**/à seule **fin** de mettre un terme à cette discussion pénible c |

a. – Le mot anglais **object** est plus spécifique que son correspondant français. Il s'emploie principalement pour des choses qui n'ont pas encore été identifiées (comparez 4).
– **Objet** volant non identifié (OVNI) : unidentified flying object (UFO)
b. (Bureau des) **objets** perdus : (Brit) lost property (office)/(US) lost and found (office) ; **objets** de première nécessité : essential items/things, basic essentials ; **objet** d'art : **objet** d'art
c. – **Objet** s'emploie surtout dans ce sens dans certaines expressions : ex. remplir son **objet** : to achieve one's **object** ; (être) sans **objet** : (to be) pointless/groundless/not applicable.
– To defeat one's **object** : aller à l'encontre du but qu'on s'est fixé
◊ Money is no **object** : on ne regarde pas à la dépense ; distance is no **object** : la longueur du trajet importe peu

## OBSCUR / OBSCURE

| | | | |
|---|---|---|---|
| I | 1. | C'est un texte assez **obscur**, incompréhensible pour les non-initiés | It's rather an **obscure** text, which is incomprehensible to the layman |
| | 2. | L'auteur est un romancier **obscur** du début du XIXe siècle (= peu connu) | The author is an **obscure** early-nineteenth-century novelist |
| II | 3. | Ils jetèrent le prisonnier dans une pièce humide et **obscure** | They threw the prisoner into a damp, **dark** room |
| | 4. | J'avais un **obscur** pressentiment que la fête allait mal se terminer | I had a **vague/dim** presentiment that the party would end badly |
| | 5. | Son père occupe un poste **obscur** dans l'administration | His father has a **humble/lowly** job in the Civil Service a |

a. Personne de naissance **obscure** : person of humble/lowly birth

## (S')OBTENIR / TO OBTAIN

| | | | |
|---|---|---|---|
| I | 1. | Pour **obtenir** un brevet de pilote, il faut avoir au moins cent heures de vol à son actif (= recevoir) | To **obtain**° a pilot's licence one needs at least one hundred flying hours (plus couramment : **get**) |

| | | Nous n'avons pas **obtenu** la permission d'installer notre usine dans cette région | We didn't **obtain**° permission to construct our factory in that area (*plus couramment :* **get**) |
|---|---|---|---|
| | | Le premier ministre a **obtenu** trente mille voix de préférence aux élections de novembre | The Prime Minister **obtained**° thirty thousand votes in the November elections [a] (*plus couramment :* **got, won**) ⇨ 3 |
| | 2. | Il leur a fallu des années de travail pour **obtenir** ce résultat (= produire) | It took them years of unremitting toil to **obtain**° this result (*plus couramment :* **achieve**) |
| | | En mélangeant du rouge et du bleu, on **obtient** du mauve | Purple is **obtained**° by mixing red and blue [b] (*plus couramment :* you **get** purple by...) |
| II | 3. | Il a **obtenu** de remettre l'examen à une date ultérieure | He **got permission/was given permission** to postpone the examination |
| | | Elle a **obtenu** qu'il paie sa dette | She **got** him to pay his debt/ **managed to make** him pay his debt |
| III | 4. | That custom [that rule] has **obtained**° for many years | Cette coutume **a cours** [cette règle **est en vigueur**] depuis de nombreuses années |
| | | This rule **obtains**° for everyone | Cette règle **s'applique** à/**vaut** pour tout le monde |

---

a. – **To obtain** ne s'emploie pas dans des contextes familiers : ex. *c'est un si vieux modèle que je n'ai pas pu **obtenir** la pièce de rechange : it's such an old model that I couldn't **get** the part.*
– Notez également les expressions suivantes : ***obtenir** un prix, une récompense : to win a prize, to be given a reward ;* ***obtenir** la main de qqn : to gain/win sb's hand ;* *faire **obtenir** de l'avancement à qqn : to get sb promoted*

b. – **To obtain** ne s'emploie pas dans des contextes familiers : *comment as-tu **obtenu** un brillant aussi éclatant ? : how did you get such a brilliant shine ?*
– Notez également les expressions suivantes : ***obtenir** un effet : to achieve an effect ;* ***obtenir** un succès : to achieve a success ;* ***obtenir** un total, un nombre (en calculant) : to arrive at a total, to arrive at/get a number*

# OCCASION / OCCASION

**I**  1. Ils ont organisé une grande fête à l'**occasion** des 21 ans de leur fille — They held a big party on the **occasion** of their daughter's 21st birthday [a]

**II** 2. Je ne pense pas qu'une **occasion** pareille se représentera — I don't think such an **opportunity** is likely to arise again (*rarement :* **occasion**)

   J'ai saisi l'**occasion** pour lui dire ce que je pensais de l'affaire — I seized the **opportunity** to tell him what I thought of the whole business (*rarement :* **occasion**)

3. C'était une vente de fins de série. Il y avait des **occasions** uniques ! — It was a remnant sale. There were some terrific **bargains** !

4. Superbe, ta nouvelle voiture ! — Oh, ce n'est qu'une **occasion** mais elle est en parfait état — Your new car's great ! — Oh, it's only **secondhand**, but it's in perfect working order [b]

**III** 5. There is no **occasion**° to be worried — Il n'y a pas de **raison**/ pas **lieu** de s'inquiéter

   You really had no **occasion**° to hold a grudge against him — Vous n'aviez vraiment aucune **raison** de lui en vouloir

6. The farewell party was a real **occasion**/quite an **occasion** — La soirée d'adieu fut un grand **événement**/une grande **fête**

---

a. — Le mot anglais **occasion** s'emploie surtout dans le sens temporel de ʿcirconstance, momentʾ. Il est rarement employé dans le sens de ʿcirconstance qui vient à proposʾ (cf. 2). Notez que, dans le sens temporel, il ne sera pas toujours traduit par **occasion** : ex. *this is not an* ***occasion*** *for laughter : ce n'est pas le* ***moment*** *de rire.*
   — Notez également : *on that* ***occasion*** : *à cette* ***occasion*** *; on several* ***occasions*** *: à plusieurs* ***occasions****/reprises ; à l'***occasion*** *:* (parfois) *occasionally, on* ***occasions*** *;* (quand tu y penses, un jour) *when you think of it, some time, one of these days ; to rise to the* ***occasion*** *: se montrer/être à la hauteur de la situation*

b. Acheter qqch d'**occasion** : *to buy sth secondhand*

## OCCUPATION / OCCUPATION

I    1. Ma mère est souvent déprimée. Ce dont elle a besoin, c'est d'une **occupation**

My mother is often depressed. What she needs is an **occupation** of some kind [a]

2. Durant l'**occupation** de notre ville par les forces ennemies, certains habitants se sont honteusement enrichis grâce au marché noir

During the **occupation** of our town by the enemy troops some of the inhabitants got shamefully rich on the black market [b]

3. Le montant du loyer dépendra de la durée d'**occupation** des lieux

The rent will depend on the period of **occupation** of the premises [c] (*souvent :* **occupancy**)

III    4. What is your father's **occupation** ?

Quel est le **métier** de votre père ?/Quelle est la **profession** de votre père ?

---

a. Notez qu'en anglais, on emploie souvent d'autres termes, tels que **activity, pastime, something to do**.
b. (Hist) The **Occupation** : *l'Occupation* ; grève avec **occupation** des locaux : **sit-down strike, sit-in**
c. A house (un)fit for **occupation** : maison (in)habitable

---

## (S')OCCUPER / TO OCCUPY

I    1. *(Mil)* Les Allemands ont **occupé** le pays pendant plusieurs années

The Germans **occupied** the country for several years

Les ouvriers ont **occupé** les bureaux de l'usine pendant deux heures

The workers **occupied** the factory's offices for two hours

2. Les Dumoulin ont **occupé** cet appartement pendant trois ans

The Browns **occupied** that flat for three years

3. Mon oncle **occupe** un poste important au sein de la firme

My uncle **occupies** an important position in the firm

**II** 4. Ils ont vendu le piano à queue parce qu'il **occupait** trop de place dans la salle de séjour

They sold the grand piano because it was **taking up** too much space in the living room
(*moins couramment :* **occupying**)

5. La restauration de meubles antiques **occupe** une grande partie de mon temps [de mes loisirs]

Restoring antique furniture **fills** a great part/**takes up** a great part of my time [of my spare time]
(*moins couramment :* **occupies**)

La séance **occupera** toute l'après-midi

The session will **take up** the whole afternoon
(*moins couramment :* **occupy**)

6. J'ai bien peur que ce travail ne m'**occupe** toute l'après-midi

I'm afraid this work will **keep** me **busy**/**keep** me **occupied** all afternoon [a]
(*moins couramment :* **occupy** me)

Pourquoi ne commencerait-il pas une collection de timbres ? Ça l'**occuperait**

Why doesn't he start a stamp collection ? It would **keep** him **busy**/**keep** him **occupied**

Mon grand-père s'**occupe** en faisant de menus travaux

My grandfather **keeps himself occupied** doing various small jobs
(*moins souvent :* **occupies himself**)

Il a de quoi s'**occuper**

He's got plenty to **keep** him **occupied**/to **do**
(*moins souvent :* to **occupy** him)

7. Ne t'en fais pas pour la voiture. Je m'en **occuperai** ce soir

Don't worry about the car, I'll **see to** it/**take care of** it this evening

Je n'ai pas le temps de m'**occuper** de cette affaire

I have no time to **deal with** this matter

Je m'**occupe** de vous trouver un avocat

I'll **see about** finding you a lawyer

Jean s'**occupe** du service après-vente [de politique] depuis plusieurs années

John has been **in charge of** the after-sales service department [has been **engaged** in politics] for several years

Je m'**occuperai** des enfants pendant que tu fais les courses

I'll **take care of**/**look after** the children while you do the shopping

Une cliente se plaignait parce que personne ne s'**occupait** d'elle

A customer complained because no one was **serving** her/**attending to** her [b]

| | | | |
|---|---|---|---|
| | 8. | Il paraît que la nouvelle usine **occupera** trois cents ouvriers | They say the new factory will **employ** three hundred workers |

a. *Ce travail m'occupe beaucoup : this work takes up/*(moins souvent) ***occupies*** *a lot of my time ; être occupé à faire qqch : to be (busy) doing sth, to be engaged in doing sth*
b. ***Occupe-toi*** *de tes affaires/de tes oignons\* : mind your own business*

## OFFENSE / OFFENCE (US : OFFENSE)

| | | | |
|---|---|---|---|
| I | 1. | C'est une **offense°** au bon goût [aux bonnes manières] | It is an **offence°** against good taste [good manners] |
| II | 2. | Il se jura de venger cette **offense** (= insulte) | He swore to avenge this **insult/ affront** [a] |
| | 3. | *(Relig)* Pardonnez-nous nos **offenses** (= péché) | Forgive us our **trespasses** |
| III | 4. | This is far from being his first **offence.** He's got quite a police record | Il n'en est pas à son premier **délit.** Il a un casier judiciaire assez impressionnant |
| | | It is a major traffic **offence** to go through a red light | Brûler un feu rouge constitue une **infraction** grave au code de la route |

a. – Dans ce sens, le mot anglais **offence** apparaît principalement dans certaines expressions : *to take* **offence** *(at sth) : s'offenser/se vexer/se froisser (de qqch) ; I meant no* **offence**/ *I didn't mean to give* **offence** *: je ne voulais pas vous offenser/blesser/froisser ; no* **offence** *(taken) : il n'y a pas de mal, il n'y a pas d'offense.*
 – (Jur) **Offense** *(envers un chef d'État) : lèse-majesté (against a head of state)*
◊ – (US) *Weapon of* **offense** *: arme offensive*
 – (US) (Sports) *The* **offense** *: les attaquants, l'attaque*

# OFFICE / OFFICE

**II**   1. Nous allons bientôt ouvrir un nouvel **office** de publicité [de placement] (*plus souvent* : **agence**)

We shall shortly be opening a new advertising [employment] **agency**

  2. *(Relig)* Elle est très religieuse. Elle assiste à tous les **offices**

She's very religious. She never misses a **(church) service** [a]

  3. Quand Madame la Baronne était absente, les enfants mangeaient à l'**office** avec la gouvernante

When the Baroness was away, the children ate in the **staff dining quarters** with the governess [b]

**III**   4. Professor Thomas will see you in his **office** at 2 p.m.

Le professeur Thomas vous recevra dans son **bureau** à 14 heures

I arrived late at the **office** because of the rail strike

Je suis arrivé en retard au **bureau** à cause de la grève des employés de chemin de fer

The company's **offices** will be closed on Monday

Les **bureaux** de la société seront fermés lundi [c]

  5. I must go to the post **office** first

Je dois d'abord aller au **bureau** de poste [d]

  6. He has held high **office** in several governments

Il a occupé de hautes **charges/fonctions** au sein de plusieurs gouvernements

The Socialist Party has been in **office** for twenty years

Le parti socialiste est au **pouvoir/gouvernement** depuis vingt ans [e]

---

a. Rarement : *office*
b. **Office** (= endroit où on range la vaisselle) : *pantry*
c. (US) *Doctor's office* : *cabinet (médical)*
d. *Ticket office*/(Brit) *booking office* : *bureau de vente des billets, guichet* ; *box office* : *bureau de location, guichet (au théâtre)*
e. Le terme français **office** ne s'emploie que pour une fonction publique conférée à vie (= office ministériel) : ex. *office d'avoué, d'huissier de justice.* Notez également : *d'office* : *as a matter of course, automatically* ; *avocat (commis) d'office* : *(officially) appointed lawyer, lawyer appointed by the court.*

◊   – *Faire office de* : *to act/serve as* ; *offrir ses bons offices* : *to offer to act as a mediator* ; *through the good offices of* : *grâce aux bons offices de/à l'intervention de*
    – En anglais comme en français, **office** peut désigner un service public mais il y a rarement équivalence de traduction : ex. *l'Office du Tourisme* : *the Tourist Board* ; *the Patent Office* : *Bureau des brevets.*
    – *Home Office* : *Ministère de l'Intérieur* ; *Foreign Office* : *Ministère des Affaires étrangères*

## OFFICIEUX / OFFICIOUS

II    1. Tout porte à croire que le premier ministre a démissionné, mais la nouvelle n'est encore qu'**officieuse**

Everything would seem to indicate that the Prime Minister has resigned, but as yet the news is still **unofficial** [a]

III    2. A good secretary is helpful without being **officious**

Une bonne secrétaire doit être serviable sans pour autant **faire de l'excès de zèle**

**Officious** neighbours like them are a real pain

Il n'y a rien de plus désagréable que des voisins comme eux **qui se mêlent de tout**/que des voisins **indiscrets** comme eux

---

[a]. – De source **officieuse** : from an unofficial source, from unofficial sources; à titre **officieux** : unofficially

◊    (litt) Mensonge **officieux** : white lie


## (S')OFFRIR / TO OFFER

I    1. Vu mes difficultés, il m'a spontanément **offert** son aide
(*souvent :* **proposé**)

Seeing I was in trouble, he spontaneously **offered** me his help [a]

Il nous fit entrer dans son bureau et nous **offrit** des rafraîchissements
(*souvent :* **présenta**)

He showed us into his study and **offered** us refreshments

Il **s'**est **offert** à me raccompagner/Il a **offert** de me raccompagner
(*souvent :* a **proposé** de)

He **offered** to see me home

2. Je vous en **offre** 10 000 F. C'est à prendre ou à laisser
( = être prêt à payer)

I'll **offer** you £10,000 for it. You can take it or leave it

La police **offre** une récompense importante à toute personne pouvant fournir des renseignements sur les ravisseurs

The police are **offering** a large reward for any information concerning the kidnappers

| | | | |
|---|---|---|---|
| II | 3. | Mon mari m'a **offert** une bague sertie de diamants (= donner en cadeau) | My husband **gave** me a diamond ring |
| | | Pourriez-vous emballer le vase ? C'est pour **offrir** | Would you wrap the vase up ? It's **a present/a gift** [b] |
| | 4. | Allons au café du coin ! Je vous **offre** un verre pour fêter mon anniversaire (= payer) | Let's go to the pub round the corner. I'll **buy/stand** you a drink to celebrate my birthday |
| | | Je **me** suis **offert** un gâteau à la crème en ville | I **treated myself to** a cream cake in town |
| | 5. | Ses romans **offrent** une certaine analogie avec ceux de D. H. Lawrence | Her novels **show/bear** a certain resemblance to those of D. H. Lawrence |
| | | Sa conduite n'**offre** rien de répréhensible | **There is** nothing reprehensible about his behaviour [c] |

a. Afin d'éviter toute ambiguïté avec le sens 3 (= donner en cadeau) en français, **to offer** sera souvent plutôt traduit par **proposer** : she *offered* me a bottle of wine from her cellar : elle m'a **proposé** une bouteille de vin de sa cave.
b. Mais : *offrir des sacrifices aux dieux* : **to offer** sacrifices to the gods
c. **To offer** est parfois possible avec des objets à caractère plutôt favorable : ex. **to offer** advantages, a wide range of facilities.
◊ **To offer** a suggestion : faire une suggestion ; **to offer** an opinion : émettre une opinion ; **to offer** resistance to sb : opposer de la résistance à qqn

## ONÉREUX / ONEROUS

| | | | |
|---|---|---|---|
| II | 1. | L'entretien du château était devenu tellement **onéreux**° que la famille fut obligée de s'en dessaisir | The upkeep of the castle had become so **costly/expensive** that the family was forced to part with it |
| III | 2. | I would hesitate to give this **onerous**° task to such a young person | J'hésiterais à confier cette tâche **pénible**/cette **lourde** tâche à quelqu'un d'aussi jeune |

◊ À titre **onéreux**° : against payment/remuneration

## (S')OPÉRER / TO OPERATE

**I** 1. Une équipe de chirurgiens réputés a **opéré** l'enfant [a **opéré** l'enfant à la jambe]

A team of famous surgeons **operated on** the child [**operated on** the child's leg]

Elle vient d'être **opérée** (d'une hernie discale)

She's just been **operated on** (for a slipped disc) [a]
(*plus souvent* : she's just **had an operation** (for a slipped disc))

2. Les bandits **opéraient** toujours dans le même quartier

The gangsters always **operated** in the same part of town [b]

**II** 3. Le médicament n'a pas encore eu le temps d'**opérer**
(*souvent* : **agir**)

The medicine hasn't yet had time to **take effect**

4. Le fait qu'il soit allé à l'université a **opéré** sur lui un grand changement

Going to university has **brought about/worked/effected** a great change in him
(*plus rarement* : **operated**)

La méthode de reproduction in vitro a **opéré** des miracles

The in vitro method of fertilization has **worked** miracles

Le gouvernement une fois en place **opéra** des réformes dans tous les domaines

Once elected, the government **carried out/implemented** reforms in all areas [c]

5. Comment faut-il **opérer** pour démonter cette machine ?
(*aussi* : **procéder**)

How does one **go about** dismantling this engine ?

Il faut **opérer** avec méthode
(*aussi* : **procéder**)

We must **work/proceed** methodically

6. Ces transactions **s'opéraient** toujours à minuit précis les jours de pleine lune

These transactions always **took place** at midnight precisely, when the moon was full

Depuis que les deux firmes ont fusionné, un changement important **s'est opéré** dans nos relations

Since the two firms merged, a major change has **come about/taken place/occurred** in relations between us

**III** 7. Could you show me how to **operate** this washing machine ?
(*plus familièrement* : **to work**)

Pouvez-vous me montrer comment **faire marcher/fonctionner** cette machine à laver ?

485

| | |
|---|---|
| This switch **operates** the millstones | Ce bouton **commande/actionne** les meules |
| They discovered that the safety mechanism hadn't **operated** properly | Ils ont découvert que le système de sécurité n'avait pas bien **fonctionné** |
| His family **operates** a number of coal mines, oil wells and factories | Sa famille **exploite** plusieurs mines de charbon et puits de pétrole et **dirige** plusieurs usines |
| 8. Several factors **operated**° to bring about the strike | Plusieurs facteurs ont **contribué** à déclencher la grève |
| The new law does not **operate**° to our advantage | La nouvelle loi ne **joue** pas en notre faveur |

a. Quand **opérer** implique l'ablation d'un organe ou d'une tumeur, on emploie souvent le verbe **to remove** : *être opéré des amygdales : to have one's tonsils removed/out\* ; être opéré d'une tumeur : to have an operation to remove a tumour.*
b. L'emploi du verbe anglais est plus large. Il peut avoir comme sujet une firme, une organisation... : ex. *the firm now **operates** in 28 different countries : cette firme est implantée/représentée dans 28 pays différents.*
c. **To operate** *a policy, a system : pratiquer une politique, un système*

## OPPORTUNITÉ / OPPORTUNITY

| | | |
|---|---|---|
| II | 1. Je mets sérieusement en doute l'**opportunité** d'une telle démarche | I very much question the **opportuneness/timeliness/appropriateness** of such a step |
| III | 2. I've been to Paris several times but I've never had the **opportunity** to visit the Louvre | J'ai été à Paris à plusieurs reprises mais je n'ai jamais eu l'**occasion** de visiter le Louvre |
| | It's a wonderful **opportunity**. It would be crazy not to take advantage of it | C'est une **occasion** inespérée. Il faudrait être fou pour ne pas la saisir [a] |
| | He left the village and went to London in search of new **opportunities** | Il quitta le village et se rendit à Londres à la recherche de nouvelles **perspectives d'avenir** [a] |

a. Malgré l'opposition des puristes, l'emploi d'**opportunité** se répand de plus en plus dans le sens de °occasion favorable°, sous l'influence de l'anglais.
◊ (Écon) **Opportunity** *cost : coût d'**opportunité***

## OPPRESSER / TO OPPRESS

I  1. La chaleur m'**oppressait**

     Elle était **oppressée** par le remords [l'angoisse]

I was **oppressed** *(souvent pass)* by the heat

She was **oppressed** *(souvent pass)* by remorse [anxiety] [a]

III  2. A tyrant who **oppresses** his people in this way must expect rebellion

Un tyran qui **opprime** son peuple de cette façon doit s'attendre à une révolte

---

a. **To oppress** sera parfois plutôt traduit par **accabler** : ex. *the many woes that **oppressed** her* : *les nombreux malheurs qui l'accablaient*.

## ORATEUR / ORATOR

I  1. Bien qu'il ait été atteint dans sa jeunesse d'un défaut de prononciation, il n'en devint pas moins un des plus grands **orateurs** de son temps

Although as a child he suffered from a speech impediment, he nevertheless went on to become one of the greatest **orators** of his day [a]

II  2. Comme l'assemblée était particulièrement bruyante, l'**orateur** avait du mal à se faire entendre

As it was a particularly noisy gathering, the **speaker** had difficulty in making himself heard

---

a. Notez que le mot **orator** désigne uniquement une personne éloquente. Il n'a pas le sens plus neutre de 'personne qui prononce un discours' (cf. 2).

## ORDRE / ORDER

I  1. Il faut d'abord classer les fiches par **ordre** alphabétique

     *(Mil)* Les troupes avançaient en **ordre** serré

We must arrange the index cards in alphabetical **order** first [a]

The troops advanced in close **order**

2. Certains jeunes professeurs n'arrivent pas à maintenir l'**ordre** dans leur classe

   Some young teachers have difficulty keeping **order** in the classroom

   L'armée essaya de rétablir l'**ordre (public)** mais elle fut vite débordée

   The army tried to restore **(law and) order** but it was quickly outnumbered [b]

3. Ce sont des considérations d'un tout autre **ordre**

   These are considerations of a completely different **order**° [c]
   (*plus souvent*: **nature, kind**)

   Il a investi dans l'affaire un capital de l'**ordre** de deux millions

   He invested a capital sum in the **order** of/ *(US)* on the **order** of two million in the business

4. L'**ordre** de la Jarretière est le plus haut **ordre** de chevalerie de Grande-Bretagne

   The **Order** of the Garter is the highest **order** of British knighthood

5. *(Relig)* L'**ordre** des Bénédictins est un **ordre** monastique

   The Benedictine **order** is a monastic **order**

   Mon frère est entré dans les **ordres** *(pl)* à l'âge de vingt ans

   My brother took **(holy) orders** when he was twenty

6. C'est un **ordre**! Il n'y a pas à discuter

   That's an **order**! So no argument!

   Le commissaire a donné l'**ordre** de ne laisser entrer personne

   The superintendent gave **orders**/ the **order** to admit nobody [d]

II  7. C'est un maniaque de l'**ordre**. Elle ne supporte pas que je laisse traîner mes affaires

   She's fanatical about **tidiness**. She can't bear me leaving my things lying around

   Ton bureau est toujours en **ordre**. Comment fais-tu?

   Your desk is always **tidy**. How do you do it?

   Mon fils a beaucoup d'**ordre** [n'a aucun **ordre**]

   My son is very **tidy/neat** [is very **untidy**] [e]

III  8. We've had many more **orders** for coal than we'd expected

   Nous avons eu beaucoup plus de **commandes** de charbon que prévu

   Your **order** has arrived. You can collect it at your earliest convenience

   Votre **commande** est arrivée. Vous pouvez venir la chercher quand vous voulez [f]

a. *Être à l'ordre du jour*: (réunion) *to be on the agenda*; (fig) *to be (very) topical, to be in the news*; (Mil) *cité à l'ordre du jour: mentioned in dispatches*

b. *L'ordre* (*établi*) : *the established **order**, the Establishment*; *le service d'**ordre*** : *the police*; *tout est rentré dans l'**ordre*** : *everything is back to normal again*
c. Mais : *de premier **ordre*** : *first-rate*; *dans le même **ordre** d'idées* : *similarly*; *dans un autre **ordre** d'idées* : *in another/a different connection*; *un **ordre** de grandeur* : *a rough estimate/idea*
d. Mais : *à vos **ordres*** ! : *yes, sir* !; *jusqu'à nouvel **ordre*** : *until further notice*
e. – On rencontre parfois **order** dans ce sens : ex. *I must have **order** in my life*.
   – *Mettre en **ordre*** : (chambre...) *to tidy* (*up*), *to clear up*, (affaires, comptes...) *to put in **order***; *mettre bon **ordre** à qqch* : *to put sth to rights, to sort sth out*; *travailler avec **ordre** et méthode* : *to work in a methodical/systematic way*
f. *That's a tall **order** !\** : *c'est beaucoup demander !, c'est pousser un peu !\**
◊ – *Out of **order*** : *en panne*; *postal **order*** : *mandat postal*; *in **order** that* : *afin que, pour que*
   – *L'**ordre** des médecins* ≃ *the British Medical Association(BMA), the American Medical Association (AMA)*; *l'**ordre** des avocats* ≃ (Brit) *the Bar Council, the Law Society*, (US) *the American Bar Association*
   – (Biol, Zool, Archit) ***Ordre*** : ***order***

## ORGANISME / ORGANISM

I  1. Les protozoaires sont des **organismes** unicellulaires

Protozoa are unicellular **organisms** [a]

II 2. Certains médicaments tendent à s'accumuler dans l'**organisme**

Some drugs tend to accumulate in the **body**
(*plus rarement* : **organism**°)

Ces régimes amaigrissants mal équilibrés sont néfastes pour l'**organisme**

Unbalanced slimming diets like these are bad for the **system**

3. C'est un **organisme** sans but lucratif

It's a non-profit-making **organization/body**

---

a. Par extension : *l'**organisme** social* : *the social **organism***


## ORIENTAL / ORIENTAL

I  1. Le cours d'art **oriental** [de langues **orientales**] sera donné par le professeur Kuo Chi

The course in **oriental** art [languages] will be given by Professor Kuo Chi

Je n'aime pas tellement la cuisine **orientale** ; elle est trop épicée

I'm not very fond of **oriental** cooking ; it's too spicy

|  |  |  |  |
|---|---|---|---|
|  |  | Cette vieille coutume **orientale** disparaît peu à peu | This old **oriental** custom is gradually disappearing [a] |
| II | 2. | La côte **orientale** a un relief très accidenté (*aussi*: **est**) | The **eastern** seaboard /the **east** coast is very hilly |

a. – Dans certains cas, on peut également employer l'adjectif **eastern** : ex. *eastern/**oriental** religions, philosophy*.
– ***Oriental** carpet* : *tapis d'Orient*

## (S')ORIENTER / TO ORIENTATE (ONESELF) [a]

|  |  |  |  |
|---|---|---|---|
| I | 1. | Dans la brousse, il **s'est orienté** à l'aide d'une boussole | He **orientated himself** in the bush with the help of a compass (*aussi*: **took his bearings**) |
|  |  | Plongé dans l'obscurité, je ne pouvais plus **m'orienter**. Je cherchais en vain l'interrupteur | When I was plunged into darkness I could not **orientate myself**. I searched in vain for the switch [b] (*plus souvent*: **find/get my bearings**) |
| II | 2. | Pourrais-tu **orienter** l'antenne ? La réception est très mauvaise | Could you **adjust** the aerial ? The reception's very bad |
|  |  | Il faudrait **orienter** le spot vers le bureau | We'd better **turn** the spotlight towards the desk/**direct** the spotlight onto the desk |
|  |  | Les plantes **s'orientent** toujours vers la lumière | Plants always **turn** towards the light |
|  |  | Nous aurions moins d'humidité si la maison était **orientée** au sud | The house would be less damp if it **faced** south |
|  | 3. | J'ai dû **orienter** un voyageur égaré vers le bureau d'information | I had to **direct** a lost passenger to the information desk |
|  | 4. | On aurait dû **orienter** notre fils vers des études commerciales | We should have **directed/ steered/guided** our son towards commercial studies [c] |
|  |  | Il **s'oriente** vers une carrière diplomatique | He's **preparing** for/**turning** towards a diplomatic career [d] |

|     |     |     |     |
| --- | --- | --- | --- |
|     |     | Le gouvernement **s'oriente** vers une nouvelle politique d'austérité | The government is **moving** towards/**tending** towards a new policy of austerity |
| III | 5.  | She's finding it difficult to **orientate herself** in her new working environment | Elle a du mal à **s'adapter** à **se familiariser** avec son nouveau milieu de travail |

a. **To orient** est une variante de **to orientate** qui est surtout utilisée en américain.
b. **To orientate oneself** ne s'emploie que de façon absolue, sans complément de direction.
c. Notez que **to orientate** peut s'employer au passif dans le sens de ʿêtre tourné vers tel type d'activitéʾ : ex. *cette firme est **orientée** vers la pétrochimie : this firm is **orientated** towards petrochemicals.*
d. **To turn towards** implique un changement d'orientation.

## PACIFIER / TO PACIFY

| | | | |
| --- | --- | --- | --- |
| II | 1. | Le général qui **pacifia** le pays fut acclamé mondialement | The general who **brought peace to** the country won worldwide acclaim (*plus rarement :* **pacified**) |
| III | 2. | She tried to **pacify** the baby, but he kept on crying | Elle essaya de **calmer**/d'**apaiser** son bébé, mais il continua de pleurer |
|     |    | The words of the Prime Minister **pacified** the mob | Le discours du premier ministre **calma**/**apaisa** la foule [a] |

a. Notez cependant : ***pacifier**° les esprits* (plus souvent : *calmer*) : *to calm people down*

## PALACE / PALACE

| | | | |
| --- | --- | --- | --- |
| II | 1. | Quand on a autant d'argent, on descend toujours dans des **palaces** | When you've got that much money, you always stay in **luxury hotels** |

| III | 2. All the ambassadors have been invited to a gala evening at the royal **palace** | Tous les ambassadeurs ont été conviés à une soirée de gala au **palais** royal |

## PALAIS / PALACE<sup>a</sup>

| I | 1. Tous les ambassadeurs ont été conviés à une soirée de gala au **palais** royal | All the ambassadors have been invited to a gala evening at the royal **palace** <sup>b</sup> |

| II | 2. L'avocat se rend au **palais (de justice)** tous les matins | The barrister goes to the **law courts** *(pl)* every morning <sup>c</sup> |

a. Notez que **palais** (= partie de la bouche) correspond au mot anglais **palate**.
b. Le mot **palace** a un sens un peu plus large que **palais** et sera parfois traduit par **château**.
c. En argot du **palais**/en termes de **palais** : in legal parlance ; gens du **palais** : lawyers
◊ – **Palais** des Sports : Sports Stadium
– **Palais** des Expositions : Exhibition Hall

## PAPIER / PAPER

| I | 1. On dit que les Chinois ont inventé le **papier** il y a plus de 2 000 ans | They say that **paper** *(nd)* was invented by the Chinese more than 2,000 years ago <sup>a</sup> |

| | 2. J'ai égaré des **papiers** très importants | I've mislaid some very important **papers** *(pl)* <sup>b</sup> |

| | 3. Vos **papiers** *(pl)* ne sont pas en règle. Veuillez me suivre au poste | Your **papers** *(pl)* are not in order. Would you please come with me to the police station ? |

492

| | | | |
|---|---|---|---|
| II | 4. | (Presse) Le rédacteur en chef n'a pas accepté de publier le **papier** que j'avais écrit sur l'affaire de corruption | The editor refused to publish the **article** I wrote on the bribery affair ⇨ 5 |
| III | 5. | He has published a very interesting **paper** in an American scientific journal | Il a publié un **article** très intéressant dans une revue scientifique américaine |
| | | He has agreed to give a **paper** on nuclear disarmament at the Chicago Congress | Il a accepté de faire un **exposé**/une **communication** sur le désarmement nucléaire au congrès de Chicago |
| | 6. | Did you read the article on drugs in yesterday's **paper**? | As-tu lu l'article sur la drogue dans le **journal** d'hier? |
| | 7. | The geometry **paper** was very difficult. I'm sure I've failed it | L'**épreuve** de géométrie était très difficile. Je suis sûre que je l'ai ratée |
| | | Just look at this exam **paper**! It's completely illegible | Regarde cette **copie** d'examen! Elle est tout à fait illisible |

a. – Mais : un **papier** : a piece of **paper**
 – **Paper** mill : papeterie ; **paper** plate : assiette en carton ; **paper** clip : trombone
b. Employé au singulier dans le sens de ʿdocumentʾ, **papier** sera traduit, selon le cas, par **document, letter, form, piece of paper.**

## PAQUET / PACKET

| | | | |
|---|---|---|---|
| I | 1. | Pourrais-tu m'acheter un **paquet** de cigarettes [d'enveloppes, de biscuits]? | Could you buy me a *(Brit)* **packet** of cigarettes [envelopes, biscuits]? [a] (*US :* **pack**) |
| II | 2. | J'ai plusieurs **paquets** de journaux [vêtements] dont j'aimerais me débarrasser | I've got several **bundles** of newspapers [clothes] I'd like to get rid of [b] |
| | 3. | Tous les matins, je devais déblayer les **paquets** de neige qui bloquaient la porte d'entrée | Every morning I had to shovel away the **heaps/piles** of snow blocking the front door [c] |

493

| | | |
|---|---|---|
| | 4. Combien cela coûterait-il pour envoyer ce **paquet** par avion ? | How much would it cost to send this **parcel** by airmail ? |
| | Ce matin, j'ai trouvé sur ma table de nuit un petit **paquet** emballé dans du papier doré | I found a little **parcel** wrapped in gold paper on my bedside table this morning [d] |

a. – *Paquet de sucre, de chips : bag/**packet** of sugar, crisps ;* ***paquet** de café : bag of coffee,* (emballé sous vide) ***pack** of coffee*
   – *Il fume un/deux **paquet(s)** par jour :* (Brit) *he smokes 20/40 a day*/(US) *1/2 pack(s) a day*
b. *Un **paquet** de billets : a wad of notes ;* (Fin) ***paquet** d'actions : parcel of shares*
c. ***Paquet** de mer : huge wave*
d. *Faire ses **paquets*** : to pack one's bags**
◊ – *Un **paquet** de nerfs* : a bag/bundle of nerves* ; il a touché le **paquet***/un joli **paquet*** : he won a tidy little sum ;* (Brit) *to cost a **packet*** : coûter les yeux de la tête ; mettre le **paquet*** : to give one's all, to pull out all the stops**
   – (Brit) *Pay **packet** : enveloppe de paie, paie*


## (SE) PARDONNER / TO PARDON

| | | | |
|---|---|---|---|
| I | 1. | **Pardonnez**-moi de vous interrompre. Quelle heure est-il, s'il vous plaît ? (*plus couramment :* **excusez**) | **Pardon** me for/**pardon** my interrupting you. Could you tell me what the time is ? (*plus couramment :* **excuse** me for interrupting/my interrupting, **sorry** to interrupt) |
| II | 2. | Comment peut-on **pardonner** un tel crime ? | How can one **forgive** a crime like that ? [a] |
| | | Je ne lui **pardonnerai** jamais (de m'avoir insulté en public) | I will never **forgive** him (for insulting me in public) [a] |
| | | Je ne **me pardonnerai** jamais d'avoir licencié un si bon employé | I will never **forgive myself** for having dismissed such a good employee |
| | | Vous êtes **pardonné** mais ne vous avisez pas de recommencer | You're **forgiven**/I'll **let** you **off*** but don't you ever do it again |

| | | | |
|---|---|---|---|
| III | 3. | Three condemned men were **pardoned** by the king on the 25th anniversary of his accession to the throne | Trois condamnés à mort furent **graciés/amnistiés** par le roi à l'occasion du 25ᵉ anniversaire de son règne |

a. – Plus rarement : ***pardon***
   – Se faire ***pardonner*** qqch : to make up for sth, to make amends for sth
◊ Cette erreur [cette maladie] ne ***pardonne*** pas : it's a fatal mistake [disease]

## PARENT / PARENT

| | | | |
|---|---|---|---|
| I | 1. | Ses **parents** *(pl)* lui ont interdit de sortir le soir | Her **parents** have forbidden her to go out in the evening [a] |
| II | 2. | Mon seul **parent** est un vieil oncle qui vit en Amérique | My only **relative/relation** is an old uncle who lives in America [b] |

a. – Notez qu'en anglais, **parent** peut s'employer au singulier pour désigner le père ou la mère.
   – Single-***parent*** family : famille mono-parentale
b. ***Parents*** proches [éloignés] : close/near [distant] relatives/relations ; traiter qqn en ***parent*** pauvre : to treat sb as a poor relation
◊ ***Parent*** company : société mère

## PARFUM / PERFUME

| | | | |
|---|---|---|---|
| I | 1. | Le doux **parfum** des roses embaumait la maison | The house was fragrant with the sweet **perfume** of roses [a] (*aussi :* **fragrance, scent**) |
| | 2. | J'ai promis à ma femme de lui rapporter une bouteille de **parfum** de Paris | I promised to bring my wife a bottle of **perfume** from Paris (*Brit : plus familièrement :* **scent**) |
| II | 3. | Ce **parfum** de pommes de reinette me rappelle mon enfance | That **scent/(sweet) smell** of Cox's Orange Pippins brings back my childhood |

| | |
|---|---|
| Ces sels de bain existent dans différents **parfums** | These bath salts come in different **fragrances** |
| Un **parfum** de café fraîchement torréfié émanait de la cuisine (= arôme) | An **aroma** of freshly roasted coffee came from the kitchen |
| Ce vin a un **parfum** délicat | This wine has a delicate **bouquet** |
| 4. Nous avons une grande variété de **parfums** : vanille, chocolat, fraise... | We have a wide range of **flavours** : vanilla, chocolate, strawberry... |
| 5. Tous ses livres ont un **parfum**° du terroir [d'autrefois, d'innocence] qui me va droit au cœur | All his books have a rural **flavour** [a **flavour** of the past, of innocence] which goes straight to my heart [b] |

a. **Perfume** désigne une odeur agréable et douce et s'emploie principalement pour des fleurs (comparez 3).
b. Un **parfum** de scandale, d'hérésie : a whiff of scandal, heresy
◊ Être au **parfum**\* : to be in the know\* ; mettre qqn au **parfum**\* : to put sb in the picture\*, (Brit) to gen sb up\*

## PARKING / PARKING

| | | | |
|---|---|---|---|
| II | 1. | Il serait temps que la municipalité construise un grand **parking** dans le centre-ville | It's about time the town council built a big *(Brit)* **car park**/*(US)* **parking lot** in the city centre |
| III | 2. | I don't mind driving but **parking** *(nd)* is another matter | Conduire, ce n'est rien mais **garer la voiture,** c'est une autre histoire ! |
| | | **Parking** *(nd)* is only allowed after 6 o'clock in this street | Le **stationnement** n'est autorisé qu'après 18 heures dans cette rue [a] (*rarement :* **parking**) |
| | 3. | There's very little **parking** *(nd)* near the cinema | Il y a très peu d'**endroits pour se garer**/de **lieux de stationnement (autorisé)** près du cinéma |

a. **Parking** meter : *parc(o)mètre ;* **parking** ticket : *procès-verbal, P.-V.*\* ; *(US)* **parking** lights : *feux de position ;* (Signalisation routière) *no* **parking** : *stationnement interdit*

## PART / PART

**I** 1. Je ne peux consacrer qu'une petite **part** de mon salaire aux loisirs
(*plus souvent*: **partie**)

I can only spend a small **part** of my salary on leisure activities

J'ai passé une bonne **part** de la nuit à ressasser le problème
(*plus souvent*: **partie**)

I spent a good **part** of the night turning the problem over in my mind [a]

⇨ 5

**II** 2. Ne touche pas à ce gâteau. Tu as déjà eu ta **part**

Leave the cake alone. You've already had your **share**

J'ai décidé de donner ma **part** d'héritage [des bénéfices] à mes enfants

I've decided to give my **share** of the inheritance [the profits] to my children [b]
(*aussi*: **part**)

J'ai eu ma **part** d'embêtements. À ton tour maintenant !

I've had my **share** of worry. It's your turn now !

3. Je suis d'accord d'aller au restaurant si chacun paie sa **part**
(= quote-part)

I'll go to the restaurant if everyone pays their **share**

4. *(Fin)* Si j'étais toi, je vendrais mes **parts** à la première occasion

If I were you, I'd sell my **shares** at the first opportunity

**III** 5. Which **part** of the castle was burnt down ?

Quelle **partie** du château a brûlé ?

I like the second **part** of the film best

C'est la deuxième **partie** du film que je préfère

The encyclopaedia will be published in weekly **parts**

L'encyclopédie paraîtra sous forme de **fascicules** hebdomadaires

6. Add one **part** water and two **parts** milk to the mixture

Incorporez une **mesure** d'eau et deux **mesures** de lait à la préparation

7. Have you been able to get the (spare) **part** for my car ?

Avez-vous pu obtenir la **pièce (détachée)** pour ma voiture ?

8. He often plays the **part** of the villain in films

Il joue souvent le **rôle** du mauvais dans les films

One of the actors didn't know his **part**

Un des acteurs ne connaissait pas son **rôle/texte** [c]

497

| | |
|---|---|
| 9. I travelled a lot in those **parts**\* *(pl)* when I was young | J'ai beaucoup voyagé dans ces **régions**/ce **coin**\* dans ma jeunesse |
| 10. *(US)* That centre **part** really doesn't suit him | Cette **raie** au milieu ne lui va pas du tout |

a. – Le mot français **part** ne s'emploie que rarement dans le sens très général de ʿpartieʾ. Il s'emploie surtout dans le sens de ʿpartie qui revient à qqn, sort qui échoit à qqnʾ, qui correspond le plus souvent au mot anglais **share** (cf. 2).
 – *The garage took my old car in* **part** *exchange* : le garage a repris ma vieille voiture
b. (fig) *Avoir/vouloir sa* **part** *du gâteau* : *to have/want one's slice of the cake* ; *la* **part** *du lion* : *the lion's share*
c. – (fig) *To play a* **part** : *jouer la comédie*
 – Aussi : (Mus) **part** : *partie (de violon, etc.), voix* ; *to sing in three* **parts** : *chanter à trois voix*
◊ – *Prendre* **part** *à* : (travail...) *to take* **part** *in*, (douleur...) *to share in*, (frais...) *to share in* ; *faire* **part** *de qqch à qqn* : *to announce sth to sb, to inform sb of sth* ; *prendre qqch en bonne* **part** (plus souvent : *du bon côté*) : *to take sth in good* **part** ; *prendre qqch en mauvaise* **part** : *to take sth amiss, to take offence at sth*
 – *To take sb's* **part** : *prendre le parti de qqn* ; (Gram) **parts** *of speech* : *parties du discours, catégories grammaticales* ; *(private)* **parts** : *parties (génitales)* ; *a man of* **parts**° : *un homme aux talents multiples*

## PARTI / PARTY

| | | | |
|---|---|---|---|
| I | 1. | Le **parti** socialiste a perdu de nombreux sièges | The Socialist **party** lost many seats |
| II | 2. | Je doute que ce soit le meilleur **parti** à prendre | I doubt whether that is the best **course** to follow [a] |
| | 3. | Elle trouve que je ne suis pas un assez beau **parti** pour sa fille | She doesn't think I'm a good enough **match** for her daughter |
| III | 4. | I'm having a birthday **party** tonight | J'organise une **fête/petite réception/sauterie** pour mon anniversaire ce soir [b] |
| | 5. | The rescue **party** worked all night under the floodlights | L'**équipe** de secours travailla toute la nuit à la lueur des projecteurs |

A **party** of tourists got lost in the caves

Un **groupe** de touristes s'est perdu dans les grottes

a. Prendre le **parti** de faire qqch : to make up one's mind to do sth, to decide to do sth ; prendre **parti** (sur une question) : to take a stand (on a matter) ; prendre **parti** pour qqn : to take sb's side ; prendre son **parti** de qqch : to come to terms with sth, to put up with sth ; **parti** pris : prejudice, bias
b. (surtout US) **Party** pooper* : rabat-joie
◊ – Tirer **parti** de qqch : to take advantage of sth, to turn sth to (good) account ; faire un mauvais **parti** à qqn : to give sb a rough time
– To be (a) **party** to (a crime...) : être complice de ; **party** wall : mur mitoyen
– (Jur) **Party** : partie (= personne engagée dans un procès,...) ; third **party** : tierce personne, tiers ; the guilty **party** : le coupable

## PARTICIPER / TO PARTICIPATE

**I** 1. Les personnes désireuses de **participer** au concours doivent s'inscrire avant la fin du mois

Anyone wishing to **participate** in the competition should put their name down by the end of the month
(*plus couramment :* **take part**)

Ils nièrent avoir **participé** au coup d'État [à la manifestation]

They denied having **participated** in the coup [demonstration]
(*plus couramment :* **taken part**)

Mon fils m'inquiète. Il ne **participe** jamais aux jeux de ses camarades [à nos discussions]

My son worries me. He never **participates** in his friends' games [in our discussions] ᵃ
(*plus couramment :* **joins in**)

**II** 2. Nous **participons** à votre joie [à votre douleur]

We **share** your joy [your sorrow]

3. Nous aimerions que chaque convive **participe** aux frais du dîner

We would like each guest to **contribute** to/**share** in the cost of the dinner

4. En tant qu'actionnaire, vous **participez** aux bénéfices de notre société

As a shareholder, you **share** in the company's profits

5. Cette pièce de théâtre **participe**° de la tragédie et de la comédie | This play **partakes**° of tragedy and comedy

---

a. **To participate** est surtout fréquent dans le sens de "prendre une part active à, se mêler à". Lorsqu'il s'agit d'une participation moins active, on emploiera plutôt d'autres verbes : ex. *je n'ai pas participé au voyage scolaire, à toutes les réunions : I didn't go on the school trip, attend all the meetings/go to all the meetings.*

## PARTICULIER / PARTICULAR

**I** 1. Y a-t-il un point **particulier** sur lequel vous désirez que je revienne ? (= précis) | Is there any **particular** point you want me to go over again ?

Dans ce cas **particulier,** il n'y a pas d'exonération fiscale | In this **particular** case there is no exemption from tax [a]

2. Elle me pria de prendre un soin tout **particulier** de sa fille (= spécial) | She begged me to take **particular** care of her daughter (*aussi :* **special**)

Il prêta une attention toute **particulière** aux paroles du premier ministre | He paid **particular** attention to the Prime Minister's words [b] (*aussi :* **special**)

**II** 3. Aujourd'hui, c'est un jour très **particulier.** C'est l'anniversaire du jour où nous nous sommes rencontrés | Today is a very **special** day. It's the anniversary of the day we first met [c]

4. Il a un accent [un style] très **particulier** (= caractéristique) | He's got a very **distinctive** accent [style] [d]

5. C'est un livre assez **particulier.** C'est une sorte de mélange de roman policier et de science-fiction (= singulier) | It's rather an **unusual**/a **peculiar** book, a sort of cross between a detective story and science fiction [e]

6. On a réussi à isoler les symptômes **particuliers** à cette maladie (*plus souvent :* **propres** à) | They managed to isolate the symptoms **characteristic** of/ **peculiar** to this disease

7. Il roule plus souvent avec la voiture de la firme qu'avec sa voiture **particulière** | He drives the company car more often than his **private** car

Votre fille aurait grandement besoin de leçons **particulières** | Your daughter would benefit greatly from some **private** lessons

|   |   | Chaque maison a son garage **particulier** | Each house has its **own** garage |
|---|---|---|---|
| III | 8. | Matron is most **particular** about cleanliness | L'infirmière en chef est très **exigeante** en ce qui concerne la propreté |
|   |   | Which room would you like? — I'm not **particular**. Either will do | Quelle chambre veux-tu ? — Cela m'est **égal,** n'importe laquelle des deux |

a. Notez également : *this **particular** boy, brand : ce garçon-ci, cette marque-ci*
b. Il n'y a équivalence que lorsque **particulier** signifie ʿporté à un degré élevéʾ et non dans le sens de ʿhors du commun, pas ordinaireʾ (cf. 3, 4 et 5).
c. Notez qu'on peut dire en anglais : *he's a **particular** friend of mine* : c'est un de mes meilleurs amis/de mes amis intimes ; *that cake is a **particular** favourite of mine* : j'aime beaucoup ce gâteau, je raffole de ce gâteau.
d. Signes **particuliers** (sur un passeport) : *distinguishing marks*
e. (euphém) *Il a des mœurs un peu **particulières*** : *he goes in for some strange sexual practices,* (homosexuel) *he has certain tendencies/proclivities*
◊ *En **particulier*** : (spécialement) *in **particular**,* (séparément) *separately,* (en privé) *in private*


## PARTITION / PARTITION

| I | 1. | *(Polit)* La **partition** de l'Inde eut lieu en 1947 | The **partition** of India took place in 1947 |
|---|---|---|---|
| II | 2. | Il a joué tous les préludes de Chopin sans **partition** | He played all of Chopin's preludes without a **score** |
| III | 3. | As the two rooms were separated only by a thin wooden **partition**, we could hear everything that was said | Comme les deux pièces n'étaient séparées que par une mince **cloison** en bois, on entendait tout ce qui se disait |

## PASSABLE / PASSABLE

I    1. Vos résultats sont **passables** mais vous pourriez faire beaucoup mieux — Your results are **passable** but you could do much better [a]

III    2. The road's only **passable** in the dry season — La route n'est **praticable** que pendant la saison sèche

---

a. (Fr) (Univ) Mention **passable** ≃ pass

## PASSABLEMENT / PASSABLY

I    1. Il joue au tennis **passablement** mais il peut encore s'améliorer — He plays tennis quite **passably** but there is room for improvement (*aussi :* **reasonably well**)

II    2. Les invités avaient **passablement** bu — The guests had drunk **quite a lot/quite a bit**\*

         Il faut **passablement** d'intelligence pour faire ce travail — You need a **fair amount of** intelligence to do this job

         L'attitude du Président est **passablement** ridicule — The President's attitude is **rather/pretty**\* ridiculous

## PASSAGE / PASSAGE

I    1. Il y a plusieurs **passages** très obscurs dans ce poème — There are several very obscure **passages** in this poem

     2. Dans le temps, il y avait un **passage** souterrain qui reliait les deux maisons — In the past, the two houses were connected by an underground **passage**

| | | Le corps de la jeune fille fut retrouvé dans un **passage** obscur entre deux entrepôts | The body of the young girl was found in a dark **passage** between two warehouses [a] (*aussi:* **alley**) |
|---|---|---|---|
| II | 3. | J'attends le **passage** des derniers coureurs et puis je rentre | I'll wait for the last runners to **come by** and then I'll go home |
| | | À cette époque de l'année, le **passage** de la rivière ne pose aucune difficulté | One can **cross** the river without any difficulty at this time of year |
| | | Nous avons eu quelques problèmes au **passage** de la douane | We had a few problems **going through** customs |
| | | Le **passage** des cigognes est un spectacle qui m'émeut toujours beaucoup | I am always very moved by the sight of the storks **flying by** [b] |
| | 4. | Lors de mon prochain **passage** à Paris, je viendrai vous dire bonjour | Next time I'm in Paris/I **visit** Paris, I'll drop in [c] |
| | 5. | Son dernier **passage** à l'Olympia [à la télévision] n'a pas laissé un souvenir impérissable | His last **appearance** at the London Palladium [on television] was not particularly memorable |
| | 6. | Si tu veux être sûr de vendre tous tes billets de tombola, tu dois choisir un endroit où il y a du **passage** | If you want to be sure of selling all your raffle tickets, you'll have to choose a **busy/frequented** place/a place where **a lot of people pass by** |
| | 7. | Le **passage** de la vie active à la retraite est une rude épreuve pour un homme de sa trempe | The **change/transition** from an active working life to retirement is very hard for a man of his calibre |
| | | Le **passage** du gaz à l'électricité a complètement changé nos conditions de travail | The **change(over)** from gas to electricity completely changed our working conditions |
| | 8. | Le **passage** à la classe supérieure ne peut se faire que si l'élève obtient une moyenne d'au moins 60 % | Pupils can only **go up/move up** to the next class if they have an average of at least 60 % |
| III | 9. | *(Brit)* Take off your boots in the **passage** and put your slippers on | Enlève tes bottes dans le **corridor** et mets tes pantoufles |
| | 10. | The **passage** was rougher than we had expected | La **traversée** fut beaucoup moins calme que prévu [d] |

11. The Opposition tried every possible means to block the **passage** of the bill through Parliament

    L'opposition a essayé par tous les moyens d'empêcher l'**adoption** du projet de loi par le Parlement

---

a. – (F) **Passage** a un sens très général (= endroit où on passe) alors que son correspondant anglais ne désigne qu'un passage entre deux murs (couvert ou non) (cf. aussi 9). Pour rendre le mot français, on emploie donc parfois plutôt **way/path** : ex. *ne laisse pas ta valise dans le* **passage** *: don't leave your suitcase in the way ; obstruer le* **passage** *: to block the way.* Notez cependant : *se frayer un* **passage** *: to force a* **passage**/way.
   – **Passage (commercial)** *: (shopping) arcade ;* **passage** *à niveau :* (Brit) *level crossing,* (US) *grade crossing*
b. Mais : *oiseau de* **passage** *: bird of* **passage** *; with the* **passage** *of time : avec le temps*
c. *Je suis de* **passage** *(à Paris) : I'm only passing through (Paris), I'm in Paris for a few days/hours*
d. (F) **Passage** ne s'emploie plus guère que dans le sens de ˝prix d'une traversée˝: ex. *payer son* **passage**.
◊ – *J'ai eu un* **passage** *à vide : my energy dropped off, I went into low gear*
   – (Brit) (euphém) *Back* **passage** *: rectum*

## PATRON / PATRON

II 1. Le **patron** de la firme est un self-made-man

   The **manager/owner/boss**\* of the company is a self-made man [a]

   Le service est vraiment exécrable dans ce restaurant. Appelez-moi le **patron** !

   The service is really appalling in this restaurant. Get me the **manager/owner** ! [b]

   La femme de ménage a abusé de la confiance de ses **patrons**

   The cleaning lady abused her **employers'** confidence

   Il est essentiel d'améliorer les rapports entre **patrons** et employés

   It is essential to improve the relations between **employers** and employees

2. Le **patron**\* n'a pas l'air de très bonne humeur aujourd'hui ! (= mari)

   Your **old man**\* doesn't seem to be in a very good mood today

3. Saint Christophe est le **patron** des voyageurs

   Saint Christopher is the **patron saint** of travellers

4. J'ai acheté un **patron** pour me faire une nouvelle robe

   I've bought a **pattern** to make myself a new dress

III 5. The young painter was very lucky ; a wealthy **patron** took him under his wing

   Ce jeune peintre a eu beaucoup de chance : un riche **mécène** l'a pris sous sa protection

| | |
|---|---|
| 6. The car park is for the use of **patrons** only | Le parking est strictement réservé à nos **clients**/à notre **clientèle** |

a. – On emploie le mot **owner** si le patron est propriétaire et le mot **manager** s'il n'est que gérant.
   – (Méd) **Patron** ≃ *senior consultant* (in a teaching hospital)
b. *C'est la tournée du patron* : it's on the house
◊ **Patron** : her Majesty the Queen : *sous le (haut) patronage de Sa Majesté la Reine*

## PEINE / PAIN

**II** 1. Elle racontait tout à sa mère : ses joies et ses **peines** — She told her mother everything, joys and **sorrows** alike [a]

2. Il avait tellement grossi que j'eus de la **peine** à le reconnaître — He had put on so much weight that I had **difficulty** in recognizing him/**trouble** recognizing him

   J'ai **peine** à croire qu'il a fait son devoir tout seul — I find it **hard** to believe/I can **hardly** believe he did his homework without any help [b]

3. Je ne dis pas que c'est facile. Il faut se donner de la **peine**, voilà tout ! — I'm not saying it's easy. You've got to make an **effort**, that's all !

   Si au moins il se donnait la **peine** d'essayer ! — If only he took the **trouble** to try !

   Tu aurais pu t'éviter cette **peine**. Je n'avais vraiment pas besoin du livre avant demain — You could have saved yourself the **trouble**. I really didn't need the book until tomorrow [c]

4. Lorsqu'il fut reconnu innocent, Al Jackson avait déjà purgé la moitié de sa **peine** — When he was found to be innocent, Al Jackson had already served half his **(prison) sentence**

   Le procureur général requit une **peine** sévère : vingt ans — The public prosecutor demanded a severe **sentence** of twenty years [d]

**III** 5. I heard my son crying out in **pain** — J'entendis mon fils pousser un cri de **douleur**

   I've got a **pain** in my back — J'ai **mal** au dos [e]

505

6. That kid's a real **pain (in the neck)** * !   Ce gosse est un vrai **casse-pieds** */est vraiment **pénible** */ **empoisonnant** * !

a. – Le mot anglais **pain** *(nd)* peut également désigner une souffrance morale, mais il désigne toujours une souffrance intense, proche de la souffrance physique et correspond plutôt au mot français **douleur** : ex. *she told me for the first time about the **pain** she had felt at her father's death.*
   – *Avoir de la **peine** : to be sad/upset ; faire de la **peine** à qqn : to upset sb, to make sb sad, to distress sb ; comme une âme en **peine** : like a lost soul*
b. *Avoir toutes les **peines** du monde à faire qqch : to have no end of a job*/a hell of a job* doing sth*
c. – *Ça vaut la **peine** : it's worth it, it's worth the trouble ; ça vaut la **peine** d'essayer : it's worth trying ; je vais lui donner un coup de fil — Non, ce n'est pas la **peine** : I'll ring him up — Don't bother*
   – Notez que **pain** se rencontre au pluriel dans certaines expressions : *to take **pains** to do sth/to go to great **pains** to do sth : se donner du mal/de la **peine** pour faire qqch ; to be at **pains** to do sth : s'évertuer à, prendre un malin plaisir à ; to spare no **pains** : ne pas ménager ses efforts.*
d. – *Défense d'entrer sous **peine** de poursuites/d'amende : trespassers will be prosecuted/fined*
   – Mais : *sous **peine** de mort : on **pain** of death*
e. *To be in **pain**/to suffer **pain** : souffrir ; labour **pains** : douleurs de l'accouchement*
◊ *Il avait à **peine** de quoi manger : he had scarcely/hardly anything to eat ; il était à **peine** deux heures : it was only just two o'clock*


## (SE) PÉNÉTRER / TO PENETRATE

I  1. De nombreux philosophes ont essayé de **pénétrer** ce mystère   Many philosophers have tried to **penetrate** this mystery

   Êtes-vous parvenu à **pénétrer** la symbolique de l'auteur ?   Did you manage to **penetrate** the author's symbolism ?

   2. La balle a **pénétré** dans le poumon droit   The bullet **penetrated** his right lung

   La pluie [le froid, la lumière] **pénétrait** par la lucarne brisée   The rain [the light, the cold] **penetrated** through the broken skylight
   (*plus souvent :* **came in, got in**)

   C'est un produit qui **pénètre** bien dans le bois   This substance **penetrates** right into the wood [a]
   (*plus souvent :* **soaks**)

II  3. Quelqu'un avait **pénétré** dans le bureau du directeur pendant la nuit   Somebody had **got into/entered** the manager's office during the night

|  |  | Les troupes ont **pénétré** dans le pays par le sud | The troops **entered** the country from the South [b] |
|---|---|---|---|
|  | 4. | Ce mot a **pénétré** dans l'usage courant | This word has **entered** into common usage |
|  |  | Cette mode a **pénétré** en Europe dans les années soixante | This fashion **found its way/came** to Europe in the sixties |
|  | 5. | J'essayais de **me pénétrer**° de l'idée que c'était le destin qui en avait décidé ainsi | I tried to **convince myself** that fate had decreed it |
| III | 6. | The police told him that his wife had been killed in the bomb attack, but it didn't seem to **penetrate*** | La police lui annonça que sa femme avait été tuée dans l'attentat mais il n'a pas eu l'air de **réaliser** |
|  |  | I explained the rules of the game at least three times! It took a long time to **penetrate*** | J'ai bien expliqué trois fois les règles du jeu! Il a fallu du temps avant que cela ne **fasse tilt*** |

a. – Le verbe **to penetrate** n'est pas très souvent employé dans le langage courant. De plus, il ne s'emploie pas de façon absolue : ex. *il faut empêcher l'air de **pénétrer** : we must stop the air from getting in/coming in.*
 – Notez également : *faire **pénétrer** une crème dans la peau : to rub a cream into the skin ; le froid nous **pénétrait** jusqu'aux os/jusqu'à la moelle : the cold went/cut right through us, we were frozen to the marrow*
b. Le verbe **to penetrate** peut s'employer avec un nom de personne comme sujet mais il implique, bien plus qu'en français, l'idée de difficulté, d'obstacle (= se faire admettre, s'infiltrer) : ex. ***to penetrate the closed world of the Mafia.***
◊ *Être **pénétré** (de reconnaissance...) : to be filled with (gratitude...) ; être **pénétré** de son importance : to be full of one's own importance*

## PENSION / PENSION

| I | 1. | Elle vit uniquement de sa **pension** de veuve [d'invalidité] | She has only her widow's **pension** [disablement **pension**] to live on [a] |
|---|---|---|---|
| II | 2. | J'ai trouvé un petit hôtel pas cher. La **pension** est de 100 F par jour | I've found an inexpensive little hotel where it only costs 100 francs a day for *(Brit)* **board and lodging**/*(US)* **room and board** [b] |

| | | Les parents sont priés de payer la **pension** des élèves au début du mois | Parents are requested to pay pupils' **boarding fees** at the beginning of the month |
|---|---|---|---|
| | 3. | Ils ont finalement décidé de mettre leur fils en **pension** dans l'espoir que cela améliorerait ses résultats scolaires | They finally made up their minds to send their son to **boarding school** in the hope that it would improve his school results |
| III | 4. | As he was only employed in that firm for ten years he will only get a small **pension** | Comme il n'a été employé dans la firme que pendant dix ans, il ne touchera qu'une petite **(pension de) retraite** [c] (*Belg :* **pension**) |

a. – Notez que le mot anglais **pension** peut désigner une pension versée par l'État ou une pension provenant des cotisations des salariés (cf. 4).
  – *Pension* vieillesse : *old-age* **pension** ; **pension** *de guerre :* war **pension**
  – *Pension* alimentaire : (Brit) *maintenance,* (US) *alimony*
b. – *Être en* **pension** *chez qqn :* to lodge with sb/at sb's, (Brit) *to be in digs\* (at sb's) ; prendre qqn en* **pension** *:* to take sb (in) as a lodger ; **pension** *complète :* full board ; *demi-***pension** *:* half-board, bed and breakfast with evening/midday meal
c. – *Pension* fund/scheme : *caisse de retraite*
  – (Belg) *Prendre sa* **pension** *:* to retire
◊  *Pension de famille* ≃ *boarding house, guesthouse,* (France) *pension*


## PERCEVOIR / TO PERCEIVE

| I | 1. | Les chiens **perçoivent** des sons que l'homme n'entend pas | Dogs can **perceive**° sounds inaudible to the human ear (*plus couramment :* **hear**) |
|---|---|---|---|
| | | Certaines personnes ne **perçoivent** pas de différence entre les deux couleurs | Some people cannot **perceive**° any difference between the two colours [a] (*plus couramment :* **see**) |
| | 2. | Au cours de la pièce, on **perçoit**° certains changements dans l'attitude de l'auteur envers les personnages | One **perceives**° certain changes in the author's attitude to his characters during the course of the play |

II  3. Les attachés d'ambassade **perçoivent** une partie de leur salaire dans leur pays d'origine

Attachés **receive/are paid** part of their salary in their home country

4. À partir de l'année prochaine, le gouvernement **percevra** des taxes plus élevées sur les produits importés

As from next year the government will **levy** higher taxes on imported goods

Le concierge **perçoit** les loyers à la fin de chaque mois

The caretaker **collects** the rent at the end of each month

---

a. Le verbe **to perceive** (= saisir par les sens) appartient à un registre plus soutenu que **percevoir**. De plus, il ne peut s'employer que pour la vue ou l'ouïe, alors que **percevoir** peut s'employer pour n'importe quel sens : *elle perçut une vibration sous ses doigts : she felt a vibration under her fingertips ; cette poupée ultra-sophistiquée perçoit les changements de température : this ultra-sophisticated doll senses changes in temperature.*

## PERFORMANCE / PERFORMANCE

I  1. *(Sports)* Le champion du monde n'a accompli qu'une **performance** assez médiocre
(*aussi :* **prestation**)

The world champion put up a relatively poor **performance**

*(Auto, Aviat)* Les constructeurs tentent d'améliorer les **performances** *(pl)* de leur nouveau prototype à 4 roues motrices

The manufacturers are trying to improve the **performance** of their new 4-wheel drive prototype

II  2. Tu es parvenu à le faire changer d'avis ! C'est une **performance** !

You've managed to make him change his mind ! That's quite a **feat** !

III  3. The **performance** of this delicate operation requires absolute silence

L'**accomplissement** de cette opération délicate nécessite un silence absolu

4. In view of the success of the play, we're thinking of giving an extra **performance**

Vu le succès de la pièce, nous pensons donner une **représentation** supplémentaire [a]

We all remember Laurence Olivier's masterly **performance** as Henry V

Nous avons tous en mémoire l'**interprétation** magistrale d'Henri V par Laurence Olivier

|   |   |
|---|---|
| 5. Making ourselves understood by the natives was quite a **performance** * | C'était toute une **affaire** */**histoire** * pour se faire comprendre par les gens du pays |

a. (Cinéma) *séance;* (opéra, ballet, cirque) *représentation, spectacle*

## PERLE / PEARL

| I | 1. Il a offert à sa fille un petit écrin contenant trois **perles** fines | He gave his daughter a small casket which contained three real **pearls** [a] |
|---|---|---|
| II | 2. Notre nouvelle cuisinière est une vraie **perle** ! | Our new cook is a real **treasure/gem** ! |
|  | C'est la **perle** des maris ! | He's the **perfect** husband ! [b] |
|  | 3. Le professeur a lu à haute voix les **perles** qu'il avait relevées dans les copies de géographie | The teacher read out the **howlers** * from the geography papers |
| III | 4. The butt of this rifle is made of **pearl** (*plus souvent :* **mother-of-pearl**) | La crosse de ce fusil est en **nacre** |

a. – *Collier de* **perles** *:* **pearl** *necklace,* **pearls** (pl)
– Mais : **perle** (en plastique, bois, verre, ivoire, etc.) : *bead*
– (litt) **Perle** *de rosée :* (litt) **pearl** *of dew*

b. Le mot **pearl** se rencontre parfois dans la langue soignée ; il ne s'emploie que pour des femmes : ex. *the Queen was a* **pearl** *among women.*

## PERSPECTIVE / PERSPECTIVE

| I | 1. Tu n'as pas tenu compte de la **perspective** : les personnages paraissent plus grands que la maison | You've got the **perspective** *(nd)* wrong : the people look bigger than the house [a] |
|---|---|---|

| | | | |
|---|---|---|---|
| II | 2. | Ce voyage en Italie est une **perspective** alléchante | That trip to Italy is an enticing **prospect** |
| | | Une fusion avec J.H.S. ouvrirait de nouvelles **perspectives** (d'avenir) pour notre société | A merger with J.H.S. would open up new **prospects** for the company [b] |
| | 3. | Du balcon, nous avions une **perspective** magnifique sur toute la vallée | From the balcony we had a splendid **view** over the whole valley |
| | 4. | Je propose d'étudier le problème dans une **perspective** radicalement différente | I suggest looking at the problem from a radically different **angle/viewpoint** |

[a]. – Un dessin en **perspective** : a **perspective** drawing
 – (fig) To get/put things in(to) **perspective** : remettre les choses à leur place, ramener les choses à leurs justes proportions/à leur juste valeur, relativiser les choses ; to put a different **perspective** on sth : jeter une lumière différente sur qqch, faire voir qqch différemment
[b]. (Ennuis, voyage...) en **perspective** : in prospect

## PERVERS / PERVERSE

| | | | |
|---|---|---|---|
| II | 1. | Il n'a pas pu déjouer les machinations **perverses** de ses adversaires (= malfaisant) | He was unable to thwart his opponents' **evil/fiendish/wicked** plots |
| | 2. | Les courtisans s'adonnaient à toutes sortes de plaisirs, plus **pervers** les uns que les autres | The courtiers gave themselves over to all kinds of pleasures, each more **perverted/depraved** than the last |
| III | 3. | Two-year-olds can be very **perverse** | Les enfants de deux ans sont souvent très **contrariants** |
| | | She's so **perverse** that if you ask her to come early you can be sure she'll be late | Elle est tellement **contrariante** qu'il suffit de lui demander qu'elle vienne tôt pour qu'elle arrive tard |
| | | She changed her mind at the last minute just to be **perverse** | Elle a changé d'avis à la dernière minute juste pour **embêter son monde** [a] |

|   |   |   |
|---|---|---|
| | 4. It would be **perverse** to continue to hold such an opinion in the light of all the evidence | Ce serait **aberrant** de maintenir une telle position alors que tout semble indiquer le contraire |

a. To take a **perverse** pleasure/delight in : prendre un malin plaisir à

## PESTE / PEST

| | | | |
|---|---|---|---|
| I | 1. | Cette fillette est une vraie **peste**\* ! Je ne sais pas comment vous pouvez la supporter | That little girl is a real **pest**\* ! I don't know how you put up with her [a] |
| II | 2. | Au XIV<sup>e</sup> siècle, des millions de personnes moururent de la **peste** en Europe | In the 14th century millions of people died of the **plague** in Europe [b] |
| III | 3. | Eliminating **pests** is essential if you want to have a successful vegetable garden | Il faut absolument éliminer les **insectes/animaux nuisibles** si on veut avoir un beau potager [c] |

a. Contrairement au mot français, **pest** peut également faire référence à une personne du sexe masculin ou à un animal : *he's a real **pest**\* ! : c'est un vrai casse-pieds\*/empoisonneur public\* ! ; mosquitoes are a **pest**\* in summer : les moustiques sont un véritable fléau en été.*
b. *Fuir qqn/qqch comme la **peste** : to avoid sb/sth like the plague.*
c. ***Pest** control : lutte contre les insectes, dératisation*

## PÉTROLE / PETROL

| | | | |
|---|---|---|---|
| II | 1. | Le prix du **pétrole** ne cesse d'augmenter | The price of **oil**/*(moins couramment)* **petroleum** is constantly going up |
| III | 2. | *(Brit)* We ran out of **petrol** on the way back | Nous sommes tombés en panne d'**essence** sur le chemin du retour |

## PÉTULANT / PETULANT

II 1. C'est une vieille dame adorable : **pétulante,** spirituelle et toujours optimiste

She's a delightful old lady : **exuberant/vivacious,** witty and unfailingly optimistic

III 2. I could see he was in a **petulant** mood the moment he came into the room

Dès qu'il est entré dans la pièce, j'ai vu qu'il était d'humeur **maussade**

Eric would become **petulant** if he didn't get his own way

Éric se mettait à **bouder/faire la tête** quand il n'avait pas ce qu'il voulait [a]

---

a. **Petulant** expression : air boudeur

## PHRASE / PHRASE

II 1. La plupart des **phrases** contiennent un verbe

Most **sentences** contain a verb [a]

III 2. Set **phrases** are often difficult to translate

Les **expressions/locutions** figées sont souvent difficiles à traduire [b]

3. *(Gram)* 'The London police' is a nominal **phrase**

'La police de Londres' est un **syntagme** nominal

'All of a sudden' is an adverbial **phrase**

'Tout à coup' est une **locution** adverbiale

---

a. – Mais : **phrase** toute faite : stock **phrase** ; tour de **phrase** : turn of **phrase**
   – (fig) Faire des **phrases** : to talk in highflown/flowery language
b. To coin a **phrase** : employer pour la première fois une expression ; (iron) comme on dit, pour employer le cliché habituel

## PHYSICIEN / PHYSICIAN

II   1. Son père est un **physicien** célèbre, qui a obtenu le prix Nobel en 1964

His father is a well-known **physicist**, who won the Nobel Prize in 1964

III   2. Nowadays **physicians**° have to update their knowledge constantly [a]

De nos jours, les **médecins** doivent se recycler en permanence

---

a. Le mot **physician** est d'un emploi beaucoup plus courant en américain qu'en anglais britannique. Notez, en outre, que dans le langage spécialisé de la médecine, aussi bien en anglais britannique qu'en américain, **physician** correspond à **spécialiste de médecine interne** (par opposition à chirurgien).

## PIÈCE / PIECE

I   1. À mon mariage, j'ai reçu un service de table de 36 **pièces**

I was given a 36-**piece** dinner service as a wedding present

Il manque plusieurs **pièces** à ce puzzle

Several **pieces** of this jigsaw puzzle are missing

Cette statuette égyptienne est la **pièce** la plus précieuse de ma collection

This Egyptian statuette is the most valuable **piece** in my collection

Mon mari achète toujours des costumes trois-**pièces**

My husband always buys three-**piece** suits [a]

II   2. Combien coûtent les melons ?
      — 7 F **pièce**

How much are the melons ?
— 7 francs **each** [b]

3. La **pièce** qui est cassée est tellement chère qu'il vaut mieux acheter une nouvelle machine

The broken **part/component** is so expensive that you'd be better off buying a new machine

4. Le mieux serait de mettre une **pièce** en cuir aux genoux

The best thing would be to put leather **patches** on the knees

5. *(Admin, Jur)* Pour plus de détails, voir **pièces** ci-jointes

For further details see attached **documents** [c]

|     |     |     |     |
| --- | --- | --- | --- |
|     | 6.  | On remplace progressivement les billets de banque par des **pièces** | Banknotes are gradually being replaced by **coins** [d] |
|     | 7.  | *(Théât)* Cette **pièce** a été montée pour la première fois à Londres en 1950 | The **play** was first staged in London in 1950 |
|     | 8.  | Comment comptes-tu meubler cette immense **pièce** ? | How do you intend to furnish that huge **room** ? |
| III | 9.  | I've found two **pieces** of the lamp you broke the other day | J'ai retrouvé deux **morceaux** de la lampe que tu as cassée l'autre jour [e] |
|     |     | Do you want another **piece** of cake ? | Veux-tu encore un **morceau** de gâteau ? [f] |
|     | 10. | I would like to play you a piano **piece** that I have composed for this occasion | Je voudrais vous interpréter un **morceau** pour piano que j'ai composé pour cette occasion (*plus rarement :* **pièce**) |
|     | 11. | Did you read his **piece** about disarmament in the Times ? | As-tu lu son **article/papier** sur le désarmement dans le Monde ? |
|     | 12. | That barmaid's quite a nice **piece**\* ! | Cette barmaid est un joli petit **lot**\* [g] |

---

a. Mais : *a 50-piece orchestra : un orchestre de 50 exécutants/musiciens ; three-piece suite : canapé et deux fauteuils assortis ; c'est inventé de toutes pièces : it's made up from start to finish, it's a complete fabrication*

b. *Vendre qqch à la pièce : to sell sth separately/individually ; travailler à la pièce/aux pièces : to be on piecework, to do piecework*

c. **Pièces** *d'identité : identity papers, (means of) identification ;* (Jur) **pièce** *à conviction : exhibit*

d. – En anglais britannique, **piece** s'emploie si la valeur de la pièce est mentionnée : ex. *a 50-pence piece.*
– *Donner la pièce à qqn : to give sb/slip sb a tip*

e. – On n'emploie plus guère le mot **pièce** que dans les expressions *en pièces* et *mettre en pièces.*
– *To take to pieces : (se) démonter ;* (fig) *to go to pieces\* : s'effondrer ; have you got your bits and pieces\* ? : as-tu tes affaires ?*

f. – Le mot **pièce** a été progressivement remplacé par **morceau**, mais il se rencontre encore dans certains cas : **pièce** *de tissu : piece of cloth ;* **pièce** *d'eau : ornamental lake/pond ;* **pièce** *d'artillerie : gun ;* **pièce** *de résistance* (plus souvent : *plat de résistance) : main course/dish,* (fig) **pièce** *de résistance ;* **pièce** *montée : tiered (wedding, christening...) cake.*
– Lorsque le mot anglais **piece** est suivi d'un substantif non dénombrable, il n'est souvent pas traduit : ex. *a piece of chalk, news, advice... : une craie, une nouvelle, un conseil...*
– *It's a piece of cake !\* : c'est du gâteau !\* ; to give sb a piece of one's mind\* : dire à qqn ses quatre vérités\*, dire son fait à qqn*

g. *He's a nasty piece of work\* : c'est un sale type\**

## PILOTER / TO PILOT

**I** 1. Notre directeur **pilote** lui-même son avion quand il part en voyage d'affaires

Our manager **pilots** his own plane when he goes on business trips (*aussi*: **flies**)

Il **pilota** le navire jusqu'à l'entrée du port

He **piloted** the ship as far as the harbour entrance [a]
⇨ 2

**II** 2. J'aimerais un jour pouvoir **piloter** une voiture puissante

I'd like to have the chance to **drive** a powerful car one day

3. Je l'ai **piloté** dans Paris (= servir de guide)

I **showed** him **round** Paris

---

a. – En plus du sens de 'diriger (un bateau) dans des parages difficiles ou à l'intérieur d'un port', le verbe français peut tout simplement signifier 'conduire, diriger'; dans ce cas, l'anglais emploie le verbe **to sail** : ex. *il pilote son propre yacht* : *he sails his own yacht*.
– Notez l'emploi étendu : *he piloted us through the crowd* : *il nous a aidés à traverser la foule*.
◊ **To pilot** a bill through Parliament : assurer le passage d'un projet de loi

---

## PIPE / PIPE

**I** 1. Il prit le temps de bourrer sa **pipe** avant de continuer son histoire

He paused for a moment to fill his **pipe** before resuming his story [a]

**III** 2. The shepherd was playing his favourite tunes on a homemade **pipe**

Le berger jouait ses airs favoris sur le **pipeau/chalumeau** qu'il s'était confectionné [b]

3. They're laying the water [gas] **pipes** tomorrow

Demain, ils vont poser les **conduites** d'eau [de gaz]

---

a. – *Fumer la pipe* : *to smoke a pipe*, *to be a pipe-smoker*
– **Pipe** *of peace* : *calumet de la paix* ; *put that in your pipe and smoke it** : *si ça ne te plaît pas, c'est le même prix**

b. Notez aussi : *bagpipes* (en Écosse, parfois ***pipes***) : *cornemuse* ; *(organ) pipe* : *tuyau (d'orgue)*
◊ – *Casser sa pipe** : *to kick the bucket** ; *nom d'une pipe !** : *good heavens above !*, *for crying out loud !** ; *70 F par tête de pipe** : *a pound a head* ; *pipe** (= *cigarette*) : *fag**
– **Pipe** *dream* : *château en Espagne*

## PLACE / PLACE

**I** 1. La statue n'est plus à sa **place**  
The statue is no longer in its **place**

Pourriez-vous garder ma **place** dans la file, s'il vous plaît ?  
Could you keep my **place** in the queue, please ? [a]

2. Il y a au moins 400 **places** dans ce cinéma  
There are at least 400 **places** in this cinema  
(*aussi :* **seats**)

L'auditoire était comble. Il n'y avait plus une seule **place** libre  
The hall was packed. There wasn't a single **place** left free [b]  
(*aussi :* **seat**)  
⇨ 7

3. Il a obtenu la première **place** en géométrie  
He took first **place** in geometry (*plus souvent :* (*Brit*) he came top/ (*US*) came out on top in geometry)

4. Seuls les étudiants qui ont obtenu de très bons résultats scolaires peuvent espérer avoir une **place** dans cette université  
Only students with very good school results can hope to obtain **places** at this university

**II** 5. Au milieu de chaque **place**, il y a une fontaine  
There is a fountain in the middle of each **square** [c]

6. Je suis désolé, mais il n'y a plus de **place** dans ma valise (= espace)  
I'm sorry but there's no more **room** *(nd)* in my suitcase

Ce divan prend trop de **place**  
This divan takes up too much **room** *(nd)*/**space** *(nd)*

Ce travail laisse peu de **place** à la créativité  
This job leaves little **room** *(nd)* for creativity

7. On m'a offert une **place** pour la représentation de demain. Tu la veux ? (= billet)  
I've got a **ticket/seat** for tomorrow's performance. Do you want it ?

Je suis monté dans le bus et j'ai oublié de payer ma **place** (= prix du transport)  
I got on the bus and forgot to pay my **fare** [d]

8. Je cherche une **place** comme vendeuse (= emploi)  
I'm looking for a **job** as a shop assistant [e]  
(*vieilli :* **place**)

III  9. My shirt is torn in several **places**    Ma chemise est déchirée à plusieurs **endroits**

It's the ideal **place** to spend a holiday    C'est l'**endroit** idéal pour passer ses vacances [f]

(Admin) What is your **place** of birth [residence] ?    Quel est votre **lieu** de naissance [résidence] ?

---

a. Aussi : (fig) *se mettre à la **place** de qqn* : *to put oneself in sb's **place*** ; (fig) *remettre qqn à sa **place*** : *to put sb in his **place*** ; *à votre **place*** : *if I were you, in your **place*** ; *ne pas être à sa **place** (dans un certain milieu)* : *to be out of **place** (in a given milieu)*
b. Mais : *prendre **place*** : *to sit down, to take a seat* ; *(voiture, canapé...) à deux **places*** : *2-seater (car, settee...)*
c. – Mais : ***place** du marché* : *market **place***
   – Notez également que (A) **place** s'emploie dans des noms de rue, de place, etc. : ex. *Rillington **Place***.
d. *Payer **place** entière* : (cinéma, théâtre...) *to pay full price*, (bus, train...) *to pay full fare*
e. ***Place** vacante* : *vacancy*
f. – Selon le cas, **place** peut également être traduit par **région, ville, village, résidence, maison**.
   Notez également : *come over to my **place**\** : *viens chez moi/à la maison* ; *to go **places**\** : *voyager, voir du pays* ; (fig) *faire son chemin, aller loin*.
   – *All over the **place**\** : *partout* ; *to lose one's **place*** : *perdre sa page* (dans un livre)
◊ – (Belg) ***Place*** (= pièce d'habitation) : *room*
   – (US) *Some **place*** : *quelque part*
   – (Math) *To 4 decimal **places*** : *jusqu'à la quatrième décimale*

## (SE) PLACER / TO PLACE

I  1. Son cheval **s'est placé** troisième    His horse was **placed** third [a]
(*plus familièrement* : **came**)

II  2. Les ouvriers ont **placé** le robinet beaucoup trop haut
(*aussi* : **mis**)    The workmen have **put** the tap much too high

Ma mère avait **placé** le paquet bien en vue sur la cheminée
(*aussi* : **mis**)    My mother had **put** the parcel in a conspicuous position on the mantelpiece [b]

3. **Placez-vous** face au mur, les mains sur la tête    **Stand** facing the wall with your hands on your head

Les enfants **se placèrent** au premier rang pour mieux voir le magicien    The children **sat** in the first row to get a better view of the magician

Nous sommes bien **placés**. Nous sommes au premier rang    **We've got** good **seats/places**. We're in the first row

| | Ils auraient dû prévoir quelqu'un pour **placer** les gens dans l'amphithéâtre | They should have arranged for someone to **show** the people **to their places** in the lecture theatre [c] |
|---|---|---|
| 4. | Il avait **placé** tous ses espoirs [toute sa confiance] dans son gendre (*aussi* : **mis**) | He had **pinned** all his hopes on his son-in-law [**put/placed** all his confidence in his son-in-law] [d] |
| 5. | Ce n'était pas une très bonne idée de **placer** la scène de la séparation au début de la pièce | It was not a very good idea to **put** the separation scene at the beginning of the play |
| | Dans quelle catégorie d'écrivains **placerais**-tu Françoise Sagan ? | Which category of writer would you **put** Françoise Sagan in ? |
| 6. | Il **plaça** quelques remarques pertinentes sur le désarmement dans son allocution | He **put** some very apt remarks about nuclear disarmament in his speech |
| | On ne peut pas discuter avec Vanessa. Elle ne vous laisse pas **placer** un mot | You can't talk to Vanessa. She doesn't let you **get** a word **in edgeways** |
| 7. | Mon mari est chargé de **placer** des assurances-vie chez les jeunes de moins de trente ans | My husband's job is **selling** life insurance policies to young people under thirty |
| 8. | Si tu avais **placé** tes économies à la banque, on ne les aurait pas volées ! | If you had **put** your savings in the bank they wouldn't have been stolen ! |
| | Tout son argent est **placé**. Je ne pense pas qu'il t'en prêtera | All his money is **invested**. I don't think he'll lend you any |
| 9. | Il cherche à **placer** sa fille comme secrétaire dans la société où il travaille | He's trying to **get/find** his daughter **a job** as a secretary in the company where he works [e] |
| 10. | Comme aucun des enfants ne pouvait s'en occuper, on décida de la **placer** dans une maison de retraite | As none of the children could look after her, they decided to **put** her in a home [f] |

| III | 11. | I know I've met him somewhere before but I can't quite **place** him | Je sais que je l'ai déjà rencontré quelque part, mais je ne le **situe** plus bien/j'ai peine à le **remettre** |
|---|---|---|---|

a. *Son cheval n'a pas été **placé** : his horse wasn't **placed***
b. – Le verbe **to place** peut s'employer dans ce sens au passif (ex. *the tap was **placed** too high*). À l'actif, il appartient à un style plus soutenu que **to put** et rend plutôt l'idée de °placer avec soin, poser°.
 – (Sports) ***Placer** la balle : **to place** the ball*

519

c.  – *Comment va-t-on placer les invités ?* ( = répartir les places) : *how are we going to seat* (plus rarement : *place*) *the guests ?, what is the seating plan ?*
– Mais : *placer des troupes, des policiers* ( = poster) : *to place/station/position troops, policemen*
d.  *L'orchestre est placé sous la direction de :* the orchestra is conducted by
e.  To place s'emploie quand le sujet désigne une agence de placement : ex. *the agency placed him with a bank.*
f.  – (absol) *Placer qqn* ( = mettre dans un établissement psychiatrique) : *to put sb in a psychiatric institution, to institutionalize sb*
– Notez que **to place** s'emploie quand c'est un organe officiel qui a pouvoir de décision : ex. *the Social Services Department placed the children (in families).*
◊  – *Je suis bien placé pour en parler :* I am well placed/in a good position to talk about it ; *je suis mal placé pour répondre à ta question :* I'm in no position/not in a position to answer your question
– (Comm) *To place an order :* passer une commande ; *to place a bet :* parier

## PLANTE / PLANT

I  1. Mon oncle possède une impressionnante collection de livres sur les **plantes** et animaux d'Afrique

My uncle has an impressive collection of books on African **plants** and animals

Pourquoi ne pas lui acheter une belle **plante** en pot plutôt que des fleurs coupées ?

Why not buy her a nice pot **plant** rather than cut flowers ? [a]

II  2. Vous avez une grosse entaille à la **plante** du pied. Vous avez dû marcher sur un morceau de verre

You've got a nasty cut on the **sole** of your foot. You must have stepped on a piece of glass

III  3. We've already had to close three of our **plants** in the North of England and we may have to close more

Nous avons déjà dû fermer trois de nos **usines** dans le nord de l'Angleterre et il se peut qu'on doive en fermer d'autres [b]

4. The factory's electric **plant** *(nd)* will have to be completely renewed if we want to remain competitive

Le **matériel (d'exploitation)** électrique/l'**équipement** électrique de l'usine doit être entièrement renouvelé si nous voulons rester concurrentiels

5. I knew that one of them must be a KGB **plant**\*

Je savais que l'un d'eux était un **agent (infiltré)** du KGB [c]

---

a.  – Mais : *plante grasse :* succulent ; *plante grimpante :* creeper ; *plantes médicinales :* medicinal herbs ; *médecine par les plantes :* herbal medicine, herbalism
– *Plante de serre :* (lit & fig) hothouse **plant**

b. Power [nuclear] **plant** : centrale électrique [nucléaire] ; steel **plant** : aciérie
c. He tried desperately to convince the police that the drugs found in his case were a **plant**\* : il essaya désespérément de convaincre la police que la drogue trouvée dans sa valise avait été placée là pour l'incriminer

## PLAT (n.)/ PLATE

**II** 1. Il le frappa avec le **plat** de son sabre [de la main]

He struck him with the **flat** of his sabre [of his hand]

Je pourrais rouler des heures sur le **plat**

I could cycle for hours on the **flat** [a]

2. Tous mes **plats** sont trop grands pour le four à micro-ondes

All my **dishes** are too big for the microwave

Je vous ai cuisiné un **plat** régional dont vous me direz des nouvelles

I've cooked you a regional **dish**, which I'm sure you'll like

Chez eux, les repas sont toujours constitués d'au moins trois **plats**
( = partie d'un repas)

The meals at their house always consist of at least three **courses** [b]

**III** 3. Why don't you buy paper **plates** for the children ?

Pourquoi n'achètes-tu pas des **assiettes** en carton pour les enfants ? [c]

I've had two **plates** of soup and now I'm not hungry any more

Après ces deux **assiettes** de potage, je n'ai plus faim

4. It's not gold, you know. It's only **plate** (nd) but it looks very effective

Ce n'est pas de l'or, tu sais. Ce n'est que du **plaqué,** mais cela fait beaucoup d'effet

5. The bulkhead was made of huge steel **plates**

La cloison était faite d'énormes **plaques** d'acier

The earth's crust is made up of **plates**

L'écorce terrestre est faite de **plaques**

The brass **plate** said ' Pilkington & Smythe, Solicitors '

Sur la **plaque** de cuivre, on pouvait lire ' Maître Alain Dumas-Notaire ' [d]

6. The book also contains several full-page **plates**

Le livre contient également plusieurs **gravures/planches** hors-texte

7. The dentist said I would have to wear a **plate**

Le dentiste a dit que je devrais porter un **appareil (dentaire)**/un **dentier**

---

a. *Faire un **plat*** (en plongeant) : *to (do a) belly flop ;* faire du **plat** à qqn\* : (flatter) *to crawl to sb,* (courtiser) *to chat sb up\**
b. ***Plat** de résistance : main dish/course,* (fig) *pièce de résistance ;* faire (tout) un **plat** de qqch\* : *to make a meal of sth\*/a song and dance about sth\* ;* mettre les petits **plats** dans les grands : *to lay on a first-rate meal/a great spread\* ;* mettre les pieds dans le **plat\*** : (surtout Brit) *to put one's foot in it\*,* (US) *to put one's foot in one's mouth\**
c. (Relig) **(Collection) plate** : *plateau (de quête) ; to hand/give sb sth on a **plate\*** : apporter qqch à qqn sur un plateau* (moins souvent : **plat**) *d'argent ; to have a lot/too much on one's **plate\*** : avoir du pain sur la planche, ne plus savoir où donner de la tête*
d. (Auto) (Brit) *Number*/(US) *license **plate** : plaque minéralogique/d'immatriculation ;* (Phot) ***plate** : plaque*

◊ – (surtout Brit) *Gold, silver **plate*** (nd) : *orfèvrerie, argenterie*
  – (US) *(Dinner at) 5 dollars a **plate** : 5 dollars le repas/par personne*

## PLATEAU / PLATEAU [a]

I  1. C'est une très jolie région, où se succèdent **plateaux** et vallées profondes

It's a very beautiful region, where **plateaux** alternate with deep valleys

2. Les pentes et **plateaux** du graphique reflètent très fidèlement la progression du travail

The slopes and **plateaux** on the graph are a faithful reflection of the progress of the work

II  3. Mets la bouteille et les verres sur un **plateau**. Ce sera plus facile à porter

Put the bottle and the glasses on a **tray**. It will be easier to carry [b]

4. C'est une très belle balance ancienne : les **plateaux** sont en cuivre

It's a beautiful old pair of scales. The **pans** are made of copper [c]

5. *(Cin, TV, Théât)* Je ne veux plus voir personne sur le **plateau** à part les acteurs

I don't want to see anyone except the actors on the *(Cin, TV)* **set**/ *(Théât)* **stage**

---

a. Pluriel : *plateaux* ou *plateaus*
b. – ***Plateau** à/de fromages : cheeseboard ; **plateau** de fruits de mer : seafood platter*
   – *Il voudrait qu'on lui apporte tout sur un **plateau** (d'argent) : he wants to be handed everything on a plate/on a silver platter*
c. (fig) *Faire pencher le **plateau** de la balance : to tip the scale(s)*

## (SE) PLONGER / TO PLUNGE

**I** 1. Tout à coup, il y eut une panne de courant et la pièce fut **plongée** dans l'obscurité la plus totale

Suddenly the power was cut off and the room was **plunged** into total darkness

Cette mauvaise nouvelle l'a **plongé** dans le désespoir

This bad news **plunged** him into despair [a]

**II** 2. Jean **plongea** sa cuillère dans la soupe et la goûta

John **dipped** his spoon into the soup and tasted it [b]

La servante **plongea** le seau dans l'eau du puits

The maid **dipped/immersed** her bucket in the well [b c]

Elle **plongea** la main [la tête] dans l'eau

She **immersed/dipped** her hand [**immersed** her head] in the water [b c]

3. J'ai appris à **plonger** l'été dernier

I learnt to **dive** last summer

Le jeune homme [la voiture] **plongea** dans le canal

The young man **dived** [the car **went headfirst**] into the canal [b]

L'avion **plongea** sur son objectif

The plane **dived (down)** onto its target [b]

4. Le sous-marin **plongea** et disparut dans un remous de vagues (= s'enfoncer)

The submarine **dived** and disappeared into the swirling water

5. Depuis la terrasse, le regard **plonge** sur tout le village [on **plonge\*** chez les voisins]

From the balcony one **has a view (down)** over the whole village/**overlooks** the whole village [you can **see** right into the neighbours' house]

6. Dès qu'il rentre, il **se plonge** dans (la lecture de) son journal

As soon as he gets home he **buries himself/immerses himself** in his newspaper

Il est **plongé** dans ses dossiers du matin au soir

He is **buried/immersed** in his files from morning to night

**III** 7. Prices **plunged** on the Stock market

Les prix ont **chuté/dégringolé** à la Bourse

At this point the road **plunges** steeply down towards the village

Ici, la route **dévale** jusqu'au village [d]

8. She immediately **plunged** into a description of her latest love affair with Guy

Tout de suite, elle **s'est lancée** dans la description de sa dernière aventure avec Guy

He **plunged** straight into the argument with no thought for the possible consequences

Il **se lança/se jeta** dans la discussion sans songer aux conséquences [e]

9. When he realized he was being followed he **plunged** into the nearest sidestreet [down the stairs]

Quand il réalisa qu'il était suivi, il **se précipita** dans une rue latérale [dans les escaliers] [f]

---

a. Mais : **plonger** qqn dans l'embarras : to throw sb into a difficult position ; **plonger** qqn dans la surprise : to surprise sb greatly ; **plonger** dans le sommeil : to fall (straight) into a deep sleep
b. Sauf dans le cas où **plonger** désigne la discipline sportive, le verbe **to plunge** est toujours possible mais il implique un mouvement impétueux, brusque, voire violent. Il s'emploie également lorsqu'il y a un changement brusque de température : ex. **to plunge** the croquettes into hot fat/the red-hot iron bar into a bath of cold water.
c. **To dip** signifie ʿplonger qqch brièvement dans un liquide et puis le ressortirʾ tandis que **to immerse** signifie ʿimmerger, plonger entièrementʾ.
d. Mais : a **plunging** neckline : un décolleté **plongeant**
e. Ne confondez pas : he **plunged** into a Sanskrit course (il se lança dans) (cf. 8) et il **se plongea** dans son cours de mathématiques (he immersed himself in) (cf. 6).
f. Mais : **to plunge** into the crowd : **plonger** dans la foule

## PONCTUEL / PUNCTUAL

I  1. C'est étonnant qu'Hélène soit en retard. Elle est d'habitude très **ponctuelle**

It's strange that Helen should be late. She's usually so **punctual** [a]

II  2. Des expériences **ponctuelles** ont eu lieu mais jusqu'à présent, rien de systématique n'a été tenté

**Isolated/localized/piecemeal** experiments have been conducted but so far nothing systematic has been attempted

L'agence de publicité a décidé de mener une campagne **ponctuelle** dans la région parisienne

The advertising agency has decided to run a *(Brit)* **one-off**/*(US)* **one-shot** campaign in the Paris area

| | |
|---|---|
| Il y a encore de graves problèmes dans ce secteur, mais auparavant ils étaient chroniques, maintenant ils sont **ponctuels** | There are still serious problems in this sector, but, whereas formerly they were chronic, they are now **occasional/sporadic** |

a. **Punctual** en fonction d'attribut sera souvent traduit par **à l'heure** : ex. *be **punctual** !* : *soyez à l'heure !*

◊ (Phys) *Source **ponctuelle** de chaleur, de lumière* : *pinpoint source of heat, light*

## PORC / PORK

I   1. Sa religion lui interdit de manger du **porc** — His religion forbids him to eat **pork** *(nd)* [a]

II  2. Dans cette région, la plupart des fermiers font l'élevage des **porcs** — In this area most farmers keep **pigs**

3. Elle s'est acheté une valise en **porc** — She's bought herself a **pigskin** suitcase

4. Cet homme est d'une grossièreté inouïe. C'est un vrai **porc** * ! — That man is incredibly rude. He's a real **pig** * !

a. En anglais, on n'emploie le mot **pork** que pour désigner la viande de porc. Pour désigner l'animal, on emploie **pig** (cf. 2).

## PORT / PORT

I   1. La plupart des **ports** du pays sont complètement paralysés à cause de la grève des dockers — Most **ports** in the country are at a complete standstill because of the dockers' strike [a]

2. Glasgow est le **port** le plus important d'Écosse (= ville qui possède un port) — Glasgow is Scotland's largest **port**

525

| | | | |
|---|---|---|---|
| III | 3. | The ship started listing to **port** | Le navire se mit à donner de la bande sur **bâbord** |
| | 4. | They brought us two bottles of twenty-year-old **port** | Ils nous ont apporté deux bouteilles de **porto** de vingt ans d'âge |

a. – Le mot anglais **port** inclut nécessairement les installations portuaires (docks, entrepôts, etc.). Lorsqu'on fait uniquement référence au bassin du port, on emploie le mot **harbour** : ex. *des dizaines de yachts étaient à l'ancre dans le petit **port** de pêche [dans le **port** de plaisance]* : *dozens of yachts lay at anchor in the little fishing harbour [in the yachting harbour/the marina]*. L'exemple suivant fait clairement ressortir la différence entre **harbour** et **port** : *the Romans found a magnificent natural harbour in Southampton, which they developed into their principal British **port**.*
– Notez cependant que dans plusieurs expressions, **port** et **harbour** sont interchangeables : ex. *in **port**/**harbour**, leave **port**/**harbour**, put into **port**/**harbour**.*

◊ Arriver à bon **port** : (objet) *to arrive intact,* (objet ou personne) *to arrive safe and sound*

## POSITIF / POSITIVE

| | | | |
|---|---|---|---|
| I | 1. | *(Électr)* Il faut connecter le cable rouge au pôle **positif** de la batterie | You have to attach the red cable to the **positive** terminal of the battery [a] |
| | 2. | *(Méd, Biol)* Le test s'est révélé **positif**. Vous êtes enceinte | The test was **positive**. You're pregnant [b] |
| II | 3. | Au cas où la réponse du premier ministre serait **positive**, reprendriez-vous le travail ? (*souvent :* **affirmative**) | If the Prime Minister gives an **affirmative** answer/*(plus familièrement)* **says yes,** will you resume work ? |
| | 4. | L'échange de vues entre les deux chefs d'État s'est révélé très **positif** (= constructif) | The exchange of views between the two heads of state proved very **constructive** |
| | | Les critiques de la pièce ont été plutôt **positives** (= favorable) | The reviews of the play were fairly **good/favourable** [c] |
| | 5. | C'est un esprit **positif**, qui ne s'encombre pas de chimères | He's a **practical/down-to-earth** man, who doesn't indulge in idle fantasies |
| III | 6. | This is **positive** *(épith)* proof of his guilt | Voilà la preuve **formelle/indéniable** de sa culpabilité |

|   |   |
|---|---|
| His answer was a **positive** *(épith)* no | Sa réponse fut un non **catégorique** |
| 7. I'm **positive** I saw that crook in the tube yesterday | Je suis **sûr/certain** d'avoir vu cet escroc dans le métro hier |
| 8. Fortunately her attitude after the divorce was very **positive** | Heureusement, après son divorce, elle a su **prendre les choses du bon côté** |
| Couldn't you try to be a bit more **positive** about the future ? | Tu ne pourrais pas essayer d'être un peu plus **optimiste** en ce qui concerne l'avenir ? |
| 9. The man's a **positive** *(épith)* fool ! Take no notice of what he says | Cet homme est **complètement** fou ! Ne fais pas attention à ce qu'il dit |
| His prose is a **positive** *(épith)* joy to read | C'est une **véritable** joie/un **réel** plaisir de lire sa prose |

a. Aussi : (Math, Gram, Phot) *positif : positive*
b. (Méd) *Rhésus positif : rhesus positive*
c. Notez que l'adjectif anglais **positive** se rencontre parfois dans ce sens : ex. *to meet with a positive/favourable response.*
◊ *Fait positif, données positives : proven fact, proven/reliable data*

## (SE) POSSÉDER / TO POSSESS

I  1. J'ai un ami qui a perdu tout ce qu'il **possédait** en jouant au poker

I've got a friend who lost everything he **possessed** playing poker [a] (*aussi :* **owned** ; *plus familièrement :* **had**)

Mon voisin **possède** deux maisons et quelque deux cents hectares de terre

My neighbour **possesses** two houses and about two hundred acres of land [a] (*aussi :* **owns** ; *plus familièrement :* **has got**)

Leur fils Stéphane **possède** des talents artistiques extraordinaires

Their son Stephen **possesses** extraordinary artistic talent [a] (*plus familièrement :* **has**)

Notre ville **possède** un certain charme

Our town **possesses** a certain charm (*plus familièrement :* **has**)

2. L'héroïne du film était **possédée** *(souvent pass)* du démon

The heroine of the film was **possessed** *(souvent pass)* by the devil

527

| | | | |
|---|---|---|---|
| II | 3. | On ne peut pas dire que cet élève **possède** sa matière. Ses connaissances sont très superficielles | I can't say that this pupil **knows** his subject **thoroughly/has a thorough knowledge** of his subject. His knowledge is very superficial |
| | 4. | Il nous a bien **possédés**\*/On s'est bien fait **posséder**\* ! | He really **took** us **in**\*/We were really **had**\* ! |
| III | 5. | The young countess was **possessed**° by jealousy | La jeune comtesse était **en proie à** la jalousie/était **dévorée de** jalousie (*plus rarement :* la jalousie la **possédait**) |
| | | She was **possessed**° by the idea that her husband was being unfaithful to her | Elle était **obsédée** par l'idée que son mari la trompait |
| | | What **possessed** him to sell his house at such a low price ? | Qu'est-ce qui lui a **pris** de vendre sa maison à si bas prix ? [b] |

a. Lorsque **posséder** signifie 'avoir en propre, détenir (une information, une preuve, une certitude...)', on n'emploie pas **to possess** : ex. *posséder* une information, une preuve : to be in possession of/to have a piece of information/evidence ; *posséder* la vérité : to be in possession of the truth ; *posséder* le vrai bonheur : to have achieved true happiness.
b. Mais : *quel démon te posséde ? : what's come over you ?*

◊ – *Il ne se possédait plus de joie :* he was beside himself with joy/overcome with joy
– **Posséder** une femme (sexuellement) : **to possess** a woman
– **To possess** one's soul in patience° : s'armer de patience

## POSTE (f.) / POST

voir : **POSTE** *(m.)* / **POST**

## POSTE (m.) / POST [a]

| | | | |
|---|---|---|---|
| I | 1. | *(Mil)* Ils sont passés tous les trois en conseil de guerre pour avoir abandonné leur **poste** | All three were court-martialled for deserting their **posts** |
| | | Le garde de nuit est resté à son **poste** toute la nuit | The night watchman remained at his **post** all night [b] |

|  |  |  |
|---|---|---|
|  | 2. Son fils occupe un **poste** important au Ministère des Finances | His son has an important **post** at the Treasury (*plus familièrement* : **job**) |
|  | Son rêve serait d'avoir un **poste** de bibliothécaire à la Bibliothèque Nationale | His ambition is to get a **post** as a librarian at the National Library [c] (*aussi* : **appointment** ; *plus familièrement* : **job**) |
| II | 3. Emmène-le au **poste (de police)**. Il est complètement soûl | Take him to the **police station**. He's completely drunk |
|  | 4. Votre **poste (de télévision/de radio)** est trop vieux. Cela ne vaut pas la peine de le réparer | Your **(television/radio) set**'s too old. It's not worth repairing |
|  | 5. Le **poste** 10 est occupé. Vous patientez un moment ? | **Extension** 10 is engaged. Could you hold on for a moment ? |
|  | 6. *(Admin, Fin)* La recherche expérimentale est un **poste** important dans notre budget | Experimental research is an important **item** in our budget |

a. Nous ne traiterons pas ici de l'homonyme anglais **post**, qui signifie ʿpoteauʾ.
b. Mais : (Mil) ***postes** de combat* : *action stations* ; ***poste** de commandement (P.C.)* : *headquarters (H.Q.)* ; *alors, toujours fidèle au **poste*** ? : *still on the job* ?
c. Mais : ***postes** vacants* : *vacancies*, (Presse) *situations vacant*
◊ – ***Poste** de douane [de secours]* : *customs [first-aid] **post*** ; ***poste** de contrôle* : *checkpoint* ; ***poste** d'aiguillage* : *signal box* ; ***poste** d'essence* : (Brit) *petrol*/(US) *gas station* ; (Aviat) ***poste** de pilotage* : *cockpit* ; (Mar) ***poste** d'équipage* : *crew's quarters*
 – (Brit) *The last **post*** : *(sonnerie de) l'extinction des feux* ; *sonnerie aux morts*
☐ **Poste** (f.) : (bureau de poste) **post office** ; (service postal) **mail**, (surtout Brit) **post**
**Post** (surtout Brit) : **poste** ; **courrier** ; **levée**

## PRATIQUE *(n.)* / PRACTICE

|  |  |  |
|---|---|---|
| I | 1. Il y a un monde entre la théorie et la **pratique** | There is a world of difference between theory and **practice** *(nd)* |
|  | Ce projet semble difficile à mettre en **pratique** | This plan seems difficult to put into **practice** *(nd)* |
|  | 2. Dans notre pays, l'achat en copropriété est devenu une **pratique** courante | Time-sharing has become a common **practice** in this country [a] |

529

| | | Je me suis toujours élevé contre de telles **pratiques** commerciales | I've always come out against such commercial **practices** |
|---|---|---|---|
| **II** | 3. | Je n'ai aucune **pratique** des affaires. Je ne vous serais d'aucune utilité | I've got no business **experience**. I would be of no use at all to you |
| | | Il a une longue **pratique** de l'enseignement | He's got a lot of teaching **experience** |
| | 4. | La **pratique** du tennis est déconseillée en pareil cas | **Playing** tennis is not advisable in such a case [b] |
| | | Il a été condamné pour **pratique** illégale de la médecine | He was convicted of **practising** medicine illegally |
| | | Les statistiques ont démontré que la **pratique** religieuse est en régression chez les jeunes | Statistics have shown that church **attendance** is on the decline among young people [c] |
| **III** | 5. | You're quite good but you still need **practice** *(nd)* | Tu ne joues pas mal mais tu as encore besoin d'**entraînement** [d] |
| | | She does three hours' piano **practice** *(nd)* a day | Elle **s'exerce** au piano/**travaille** le piano trois heures par jour |
| | | There's a choir **practice** on Friday | On a **répétition** de chorale vendredi |
| | 6. | This doctor is very young and yet he already has a flourishing **practice** | Ce docteur est très jeune et pourtant, il a déjà une très nombreuse **clientèle**/un **cabinet** très important |
| | | Dr Feldman has a **practice** in Hampstead | Le docteur Feldman a un **cabinet** à Hampstead [e] |

---

a. Le mot **practice** a un champ d'application plus large que **pratique**. Il sera souvent traduit en français par des mots tels que **habitude, usage** : ex. *it was his usual practice to watch TV every day* : il avait l'habitude de regarder la télévision chaque jour ; *it is common practice to... :* il est d'usage de...
b. Le mot **pratique** n'est souvent pas traduit en anglais : ex. *la pratique du vélo [de l'équitation, du judo] est déconseillée - cycling [riding, judo] is not advisable.*
c. **Pratiques** *religieuses* ( = actes de piété) : *religious observances*
d. *To be out of practice* : manquer d'entraînement, être rouillé\* ; *to be in practice* : être bien entraîné/exercé
e. *To go into practice/to set up a practice as a lawyer [doctor]* : s'installer/s'établir docteur [avocat] ; *to be in practice* : exercer ; *to be in general practice* : être (médecin) généraliste ; *to be in private practice* : avoir un cabinet privé
◊ – *Sharp practice(s)* : procédés déloyaux/malhonnêtes
 – *Teaching practice* : stage (dans les écoles)

# PRATIQUE *(adj)* / PRACTICAL

I    1. Une formation théorique et **pratique** est assurée par la firme

Theoretical and **practical** training will be provided by the company

Nous cherchons une secrétaire ayant une bonne connaissance **pratique** de l'anglais et du néerlandais

We are looking for a secretary with a good **practical** knowledge of English and Dutch

Il se pose plusieurs problèmes **pratiques** qu'il nous faut résoudre de toute urgence

There are several **practical** problems which we must solve as quickly as possible [a]

2. À voir comment il classe ses documents, il ne semble pas avoir l'esprit très **pratique**

To judge by his filing system, he's not of a very **practical** turn of mind/not a very **practical** man

Soyons **pratiques**. Comment allons-nous loger tous ces gens ?

Come on, let's be **practical**. How are we going to sleep all those people ? [b]

II    3. C'est un petit sac très **pratique** pour faire les courses (= commode)

It's a very **useful/handy** little bag for shopping [c]

Ce serait plus **pratique** si j'habitais près de l'école (= facile)

It would be more **convenient** if I lived near the school

III    4. The idea is all very well in theory but it simply isn't **practical**

Cette idée semble bonne en théorie mais elle n'est absolument pas **réalisable**

Don't you have any **practical** suggestions to make ?

**Concrètement**, que suggères-tu de faire ?

---

a. *For all **practical** purposes : en fait, en réalité*
b. **Practical** correspond parfois plus exactement à **réaliste, pragmatique, qui a le sens des réalités, qui a les deux pieds sur terre** : ex. *her anger had died, she was **practical** again, reciting facts.*
c. On emploie parfois le mot **practical** en anglais dans le sens de *"fonctionnel, qui remplit une fonction pratique avant d'avoir tout autre caractère (décoratif, esthétique...)"* : ex. *the white carpet looks marvellous but it's not terribly **practical** ; this dinner service is elegantly designed yet **practical**.*
◊    **Practical** joke : farce

## PRATIQUEMENT / PRACTICALLY

I   1. Je suis **pratiquement** certaine qu'il sera en retard

I'm **practically** sure he'll be late (*aussi:* **virtually**)

II   2. Tout cela est bien joli en paroles mais **pratiquement**, que comptes-tu faire ?

That sounds all very fine but what do you intend to do **in practice** ?

Théoriquement, tout le monde peut poser sa candidature mais **pratiquement**, ils n'ont encore jamais engagé de femme

Theoretically anybody can apply but **in practice/in (actual) fact** they have never taken on a woman

## (SE) PRATIQUER / TO PRACTISE

I   1. **Pratiquer** une religion n'implique pas nécessairement que l'on ait la foi

The fact of **practising** a religion does not necessarily mean that one is a believer

**Pratiquez** la charité et vous serez sauvés

**Practise** charity and you will be redeemed

Ils ont décidé de **pratiquer** une politique d'austérité

They have decided to **practise** a policy of austerity [a]

2. Le docteur Lebrun ne **pratique** plus (la médecine) depuis de nombreuses années

Dr Brown hasn't **practised** (medicine) for many years [b]

II   3. Après son opération, on lui a interdit de **pratiquer** le football [le golf, le tennis]

After his operation, he was forbidden to **play** football [golf, tennis] [c]

**Pratiquez**-vous un sport ?

Do you **take part in** any sporting activity ?

Depuis que j'habite en France, je ne **pratique** plus régulièrement l'italien

Since I've been living in France, I don't **use/speak** Italian regularly
⇨ 8

4. Le chirurgien a **pratiqué** une intervention d'urgence

The surgeon **carried out/performed** an emergency operation [d]

5. Il fallut **pratiquer**° une ouverture dans le mur pour délivrer les otages — They had to **make/pierce** a hole in the wall/**bore** a hole through the wall to free the hostages

6. Il **pratique** l'ironie avec beaucoup d'habileté — He **uses** irony with great skill

   Ce magasin **pratique** des prix modérés [le discount] — This shop **charges** moderate prices [**gives** discount]

   Certaines firmes en Angleterre **pratiquent** des horaires souples — Some firms in England **have** flexitime

7. Elle fit venir la sage-femme comme cela **se pratique** encore dans les villages — She called in the midwife as people still **do** in the country [e]

   Ce n'est rien en comparaison des prix qui **se pratiquent** à Paris — That's nothing compared with the prices which are **current** in Paris/the prices they **charge** in Paris

III 8. She **practised** the piano every other day — Elle **s'exerçait** au piano/ **travaillait** son piano tous les deux jours

   He **practises** tennis for two hours a day — Il **s'entraîne** au tennis deux heures par jour

   I'm sure to have a chance to **practise** my German next summer — L'été prochain, j'aurai sûrement l'occasion de **m'exercer à parler** l'allemand

   You must **practise** more if you want to achieve good results — Tu dois **t'entraîner/t'exercer** plus si tu veux obtenir de bons résultats

---

a. Mais: (absol) *il est catholique mais il ne **pratique** pas*: he is a Catholic but does not go to church/but not a **practising** one; *to practise* what one preaches: *mettre en pratique ce que l'on prêche*

b. Mais: *to practise law/to practise as a lawyer*: *exercer la profession d'avocat*

c. **Pratiquer** ne sera souvent pas traduit en anglais: *pratiquer la natation, l'équitation, la boxe*: to swim, to ride, to box.

d. **Pratiquer** *l'ablation d'un organe*: to remove an organ; ***pratiquer** une incision*: to make an incision

e. *Comme cela **se pratique** en général*: as is the usual practice

◊ **Pratiquer**° *un auteur*: to read an author regularly

## PRÉCIEUX / PRECIOUS

**I**  1. La couronne était sertie de rubis, d'émeraudes et d'autres pierres **précieuses**

The crown was set with rubies, emeralds and other **precious** stones [a]

   2. Son amitié m'est **précieuse**

Her friendship is **precious** to me [b]

   La liberté d'expression est un de nos droits les plus **précieux**

Freedom of speech is one of our most **precious** rights

**II**  3. Caroline nous a apporté une aide très **précieuse**. On ne la remerciera jamais assez (= utile)

Caroline's help has been most **valuable**. We shall never be able to thank her enough

   Ce serait très **précieux** pour notre département d'avoir accès à ces documents

It would be very **valuable/useful** for the department to have access to those documents

   Nous venons de perdre un de nos plus **précieux** collaborateurs

We have just lost one of our most **valued** colleagues [c]

   4. C'est vrai qu'elle est un peu **précieuse**, mais elle n'est pas snob du tout

It's true she's a bit **affected** but she isn't at all snobbish [d] (*plus rarement :* **precious°**)

---

a. *Métaux* ***précieux*** *: **precious** metals*
b. **Precious** s'emploie plus souvent que **précieux** dans ce sens : ex. *her children are* ***precious*** *to her :* ses enfants lui sont chers ; (iron) *you can keep your* ***precious*****ball** *!* : tu peux la garder, ta satanée balle !
c. Notez que **precious** tout comme **précieux** s'emploient dans des cas tels que : *my time is* ***precious*** *; we wasted* ***precious*** *moments asking the way to the station.*
d. – *Style* ***précieux*** *: mannered/*(moins souvent) ***precious°*** *style*
   – (Littér) *Littérature* ***précieuse*** *:* ***precious*** *literature ; salon précieux :* ***precious*** *salon*

## PRÉCIS / PRECISE

**I**  1. Je ne me rappelle plus ses paroles **précises** mais je sais qu'il a refusé

I don't remember his **precise** words but I know he refused (*aussi :* **exact**)

   Vos directives ne sont pas très **précises**

Your directions are not very **precise** (*aussi :* **exact**)

| | | Quel est le sens **précis** du mot 'oligarchie'? | What's the **precise** meaning of the word 'oligarchy'? (*aussi*: **exact**) |
| | | Vous rappelez-vous de l'endroit **précis** de l'accident? | Do you remember the **precise** place where the accident took place?[a] (*aussi*: **exact**) |
| | | Le style de cet écrivain est clair et **précis** | This author's style is clear and **precise** |
| II | 2. | Cette jauge n'est pas très **précise** (= qui mesure avec exactitude) | That gauge is not very **accurate** |
| | | Ce missile guidé par infrarouge est une arme très **précise** (= qui atteint exactement le point fixé) | This heat-seeking missile is a very **accurate** weapon |
| | 3. | Les magasins ferment à 12 heures **précises** | The shops close at **exactly** 12 o'clock/at 12 o'clock **precisely**/at 12 o'clock **sharp/on the dot*** of 12 |
| III | 4. | His dress was neat, and his speech and manner **precise** | Il était tiré à quatre épingles; sa façon de parler et ses manières étaient **apprêtées** |

a. Mais: *he gave me that **precise** book*: c'est précisément ce livre qu'il m'a donné; *sans raison précise*: for no particular reason/(moins souvent) **precise** reason; *je ne pense à rien de précis*: I'm not thinking of anything in particular

## PRÉJUDICE / PREJUDICE

| II | 1. | C'est au jury d'apprécier le **préjudice** subi par la victime | It is for the jury to assess the **loss** suffered by the victim/the **harm/damage** done to the victim[a] |
| III | 2. | Our neighbours have a **prejudice** against foreigners | Nos voisins ont des **préjugés** contre les étrangers |

535

| | |
|---|---|
| It is essential that you should give a ruling on this case without **prejudice** | Il est essentiel que vous statuiez sur ce cas sans **parti pris** |

a. – Mais : *au* **préjudice**° *de : to the* **prejudice**° *of, at the expense of ;  sans* **préjudice** *de : without* **préjudice** *to*
– *Porter* **préjudice** *(à qqn/qqch) : to do sb/sth harm ;* (sujet : chose) *to be detrimental to sb/sth ;* **préjudice** *moral : moral wrong*

## PRÉOCCUPÉ / PREOCCUPIED

| | | | |
|---|---|---|---|
| II | 1. | Tu as l'air **préoccupé**. Quelque chose ne va pas ? | You look **worried**. Is anything wrong ? |
| | | Je suis **préoccupé** à son sujet | I'm **worried/concerned** about him |
| III | 2. | She looked so **preoccupied** that I didn't like to disturb her | Elle semblait tellement **absorbée/plongée dans ses pensées** que je n'ai pas osé la déranger |

## PRÉSENTEMENT / PRESENTLY

| | | | |
|---|---|---|---|
| II | 1. | C'est infiniment regrettable mais nous ne pouvons **présentement** envisager aucune réforme des statuts (*plus souvent :* **actuellement**) | It is most regrettable but we cannot envisage any change in the statutes **at present/at the moment** (*US :* we cannot **presently** envisage) |
| III | 2. | *(vieilli)* The master will be back **presently**. Please wait in the drawing room, sir | Le maître sera **bientôt** de retour. Veuillez attendre dans le salon, Monsieur |

## (SE) PRÉSENTER / TO PRESENT (ONESELF)

**I**  1. Ce soir, j'ai l'honneur de vous **présenter** un des plus grands chanteurs de notre époque

I am honoured to **present** this evening one of the greatest singers of our time

Qui **présentera** le Grand Prix Eurovision de la chanson cette année-ci ?

Who will be **presenting** the Eurovision Song Contest this year ? [a]

Le Théâtre Élisabéthain est fier de vous **présenter** une des plus belles pièces de Tchekhov, ' La Cerisaie '

The Elizabethan Theatre Company is proud to **present** one of Chekhov's greatest plays, ' The Cherry Orchard '

2. Nous **présenterons** nos nouveaux modèles au Salon des Arts ménagers

We shall be **presenting** our new models at the Ideal Home Exhibition [b]

3. J'ai essayé de lui **présenter** la situation avec le plus de tact possible [sous un jour favorable]

I tried to **present** the situation to him as tactfully as possible [to **present** the situation in a favourable light]

Comment allons-nous lui **présenter** l'affaire ?

How shall we **present** the matter to him ?
(*aussi* : **put** the matter to him)

Dans les manuels d'histoire, il est **présenté** comme un héros de la Résistance

He is **presented** in the history books as a hero of the Resistance
(*aussi* : **spoken of**)

4. Le conférencier a **présenté** ses idées [sa théorie] très clairement

The lecturer **presented** his ideas [his theory] very clearly
(*aussi* : **set out, explained**)

Votre travail est très bien **présenté**, mais il est assez superficiel

Your work is very well **presented** but it's rather superficial
(*aussi* : **set out**)

5. *(Mil)* **Présentez** armes ! Demi-tour à gauche !

**Present** arms ! Left about-turn !

**II**  6. Je mourais d'envie que mon imprésario me **présente** à Paul Newman

I was dying for my agent to **introduce** me to Paul Newman

Permettez-moi de vous **présenter** Jacques, mon associé

May I **introduce** my partner, James ?/This is my partner, James

Je **me présente**. Je suis Edward Robins, le nouveau chef du personnel

May I **introduce** myself ? I'm Edward Robins, the new personnel manager [c]

537

| | | |
|---|---|---|
| | Cet artiste est tellement connu qu'il n'est pas nécessaire de le **présenter** | This artist is too well known to need **introducing**/to need any **introduction** |
| 7. | Permettez-moi de vous **présenter** mes excuses | Allow me to **offer** my apologies/to **make** my apologies/to apologise (*plus rarement :* **present**° my apologies) |
| 8. | Les serveurs nous **présentaient** toutes sortes de plats, tous plus appétissants les uns que les autres | The waiters kept **offering** us dishes, each one more tempting than the last |
| | Daniel **présenta** le bras à sa grand-mère pour l'aider à monter les marches | Daniel **offered** his arm to his grandmother to help her up the steps |
| | À qui faut-il **présenter** son passeport ? | Who do you have to **show** your passport to ? |
| 9. | Le rapport de l'enquête sera **présenté** demain matin au premier ministre | The report on the inquiry will be **submitted** to the Prime Minister tomorrow (*plus rarement :* **presented**) |
| | Certaines firmes ne **présentent** un devis qu'après versement d'un acompte | Some firms will only **submit/give** an estimate after a down-payment has been made [d] (*plus rarement :* **present**) |
| 10. | Combien de candidats les socialistes **présentent**-ils aux élections ? | How many candidates are the Socialists **putting up** at the elections ? |
| | Le conservatoire n'a **présenté** aucun candidat à ce concours | The Conservatory didn't **enter/put in** any candidates for this competition |
| | Étaient-ils nombreux à **se présenter** pour ce poste [au concours] ? | Did many people **apply** for this job [**go in** for/**enter** the competition] ? [e] |
| 11. | Si l'opération **présente** trop de difficultés [de risques], il vaut mieux attendre | If the operation **involves** too many difficulties [risks] it would be better to wait (*moins couramment :* **presents**) |
| | Cette solution **présente** d'énormes avantages [un intérêt tout particulier] | This solution **offers** tremendous advantages [**is of** particular interest] |
| | Le malade **présentait** des symptômes inquiétants [des signes de fatigue] | The patient was **showing** worrying symptoms [signs of fatigue] |

| | |
|---|---|
| La chaîne de montagnes **présentait** un spectacle majestueux | The mountain range **was** a magnificent sight (*rarement :* **presented** °) |
| 12. Il est vrai que Béatrice n'est pas une lumière, mais du moins elle **présente** bien | It's true that Beatrice is no genius, but at least she looks attractive/she **has a** pleasant **appearance**/she **makes a** good **impression** |
| 13. Je ne peux pas **me présenter** dans cette tenue | I can't **appear** dressed like this |
| Je ne pense pas qu'il aura le culot de **se présenter** chez moi après ce qui s'est passé | I doubt if he'll have the cheek to **turn up** at my house/to **show his face** at my house after what happened ᶠ |
| J'ai attendu toute la matinée, mais personne ne **s'est présenté** | I waited all morning but nobody **appeared/came/turned up** |
| (*Jur*) Le témoin ne **s'est** pas **présenté** à l'audience | The witness did not **appear** in court/did not **make a** court **appearance** |
| 14. Ce médicament **se présente** aussi sous forme de cachets | This drug **is** also **available** in tablet form |
| Comment l'affaire **se présente**-t-elle pour l'accusé ? — Elle **se présente** plutôt bien | How do things **look** for the accused ? — They're **looking** quite good |
| 15. L'idée de se suicider ne **s'était** jamais **présentée** à son esprit | The idea of committing suicide had never **entered/come into/crossed** his mind |
| Il faudra attendre que quelque chose **se présente** | We shall have to wait for something to **turn up** ᵍ |
| Un spectacle magnifique **se présenta** à ses yeux | A magnificent sight **met** his eyes |
| III 16. The managing director **presented** him with a gold watch in recognition of his long years of service | Le directeur général lui **remit** une montre en or en reconnaissance de ses longues années de service |
| Imagine my surprise when Roger **presented** me with a diamond necklace ! | Imagine-toi ma surprise quand Roger m'a **offert** une rivière de diamants ! |

---

a. (Rad, TV) ***Présenter*** *le journal : to read the news*
b. ***Présenter*** *des marchandises (dans une devanture...) : to display goods (in a shop window...)*
c. **To present** s'emploie dans des contextes plus solennels, notamment quand il s'agit de présenter quelqu'un à une personnalité de haut rang : ex. *to be **presented** to the Queen.*

539

d. – **Présenter** une thèse : to submit a thesis ; **présenter** un projet de loi : to introduce a bill ; **présenter** une motion : to table a motion
 – **To present** a cheque (for payment) : encaisser/**présenter** un chèque
e. **Se présenter** (aux élections) : to be a candidate, (Brit) to stand, (surtout US) to run (in the elections) ; **se présenter** à un examen : to take/(Brit) to sit an examination
f. – **To present oneself** peut se rencontrer dans des contextes plus officiels : ex. please **present yourself** at the headmaster's office at 9 o'clock tomorrow.
 – (Comm) Ne pas écrire, **se présenter** : applicants should apply in person
g. **Se présenter** : (problème, occasion) to arise, **to present itself** ; (cas) to arise, to occur ; un problème **se présente** à nous : we are faced/confronted with a problem
◊ (Méd) The disease **presents (itself)** with bleeding, abdominal pains... : la maladie se manifeste par des saignements, des douleurs abdominales...


## (SE) PRÉSERVER / TO PRESERVE

I 1. Nous avons le devoir de **préserver** le patrimoine artistique du pays (= sauvegarder)

It is our duty to **preserve** the country's artistic heritage

II 2. Pour **préserver** vos plantes du gel, recouvrez-les d'une couche de paille (= protéger)

Cover your plants with a layer of straw to **protect** them from frost [a]

Elle portait un grand chapeau de paille pour **se préserver** du soleil

She wore a large straw hat to **protect herself** from the sun

III 3. Only three of his manuscripts have been **preserved**

Seuls trois de ses manuscrits ont été **conservés**

Regular polishing helps to **preserve** the leather

Un cirage régulier permet de **garder** le cuir **en bon état** [b]

4. There are several ways of **preserving** fruit

Il y a plusieurs façons de **mettre** les fruits en **conserve**

---

a. Le verbe **to preserve** est littéraire et soutenu dans ce sens. Il s'emploie surtout dans des expressions telles que : Heaven/the Saints **preserve** us ! : le ciel/Dieu nous en **préserve** !
b. Well-**preserved** person : personne bien conservée

## (SE) PRESSER / TO PRESS

**I** 1. La foule **se pressait** autour de la voiture du président

The crowd **pressed** around the President's car [a]

2. Il est sans cesse harcelé par ses créanciers, qui le **pressent**° de payer ses dettes

He's constantly harrassed by his creditors **pressing** him to pay his debts

Le tribunal **pressait**° l'accusé de répondre à ses questions

The court **pressed** the accused for an answer [b]

**II** 3. **Pressez** une orange et un citron et ajoutez le jus à la sauce

**Squeeze** an orange and a lemon and add the juice to the sauce [c]

4. Rien ne **presse**. Travaillons calmement

There's no **hurry/rush**. Let's take our time [d]

Moi, je ne **me presse** jamais et j'arrive toujours à l'heure

I never **hurry** and I'm always on time

**III** 5. **Press** the top button to stop the engine

**Appuyez sur** le bouton supérieur pour arrêter le moteur
(*moins souvent :* **pressez (sur)**)

He took the child and **pressed** him to his heart

Il prit l'enfant et le **serra** sur son cœur
(*moins souvent :* **pressa**)

The child **pressed** his nose against the shop window

L'enfant **colla** son nez contre la vitrine du magasin

On the doorstep my grandfather **pressed** a coin into my hand

Sur le pas de la porte, mon grand-père me **glissa** une pièce dans la main

6. I must **press** your trousers before you go out

Je dois **repasser** ton pantalon avant que tu ne sortes [e]

7. John always tries to **press** his opinions on other people

Jean essaie toujours de **faire accepter**/d'**imposer** ses idées aux autres

He **pressed** money on me but I refused

Il a voulu me **faire accepter** de l'argent, mais j'ai refusé

8. There's no need to **press** the point

Il n'est pas nécessaire d'**insister** sur ce point

He seized the opportunity to **press** his advantage

Il a saisi l'occasion pour **pousser** son avantage [f]

541

9. He's always **pressed** *(pass)* for time [money] — Il **est** toujours **à court** de temps [d'argent]

---

a. **Presser** ne sera traduit par **to press** que quand il y a une idée de mouvement (= approcher en foule). Dans l'exemple suivant, **presser** a un sens plus statique (= se trouver en grand nombre) : *les gens se pressaient dans les rues, dans les magasins* : the people crowded/thronged the streets, shops.
b. Notez que **to press** correspond souvent à **insister** : ex. *they pressed us to have a cup of coffee* : ils insistèrent pour qu'on prenne une tasse de café. Notez également : *they are pressing for an enquiry* : ils font pression pour qu'on fasse une enquête.
c. Mais : *presser du raisin* : **to press** grapes ; **to press** a clove of garlic : écraser une gousse d'ail
d. – Mais : *le temps presse* : time **presses,** time is short, time is getting on\*
   – **Presser** le pas : to quicken one's pace, to walk faster ; **pressons**\* ! : let's hurry up, let's get a move on\* !
e. **To press** ne s'emploie que pour des vêtements épais.
f. (Jur) **To press** charges (against sb) : engager des poursuites (judiciaires) contre qqn, poursuivre qqn (en justice)
◊ We were all **pressed** into service : on nous a tous mis à contribution ; they **pressed** the crates into service as seats : ils ont utilisé les cageots comme sièges, les cageots ont fait office de siège

## (SE) PRÉTENDRE / TO PRETEND

**II** 1. Elle **prétend** qu'on lui a volé son sac. Ne l'aurait-elle pas plutôt laissé traîner quelque part ? — She **claims** that someone has stolen her bag. Isn't it more likely that she left it somewhere ?

Ce médecin **prétend** être un spécialiste des reins/**se prétend** spécialiste des reins — That doctor **claims** to be a kidney specialist

On **prétend** qu'il a collaboré avec les Allemands pendant la guerre — They **say** he collaborated with the Germans during the war [a]

2. En tant que gendre, Jean ne peut **prétendre**° à l'héritage — Being only the son-in-law, John cannot **lay claim** to the inheritance [b]

Toute personne touchée par le séisme peut **prétendre**° à une indemnité — All those affected by the earthquake are **entitled** to/can **lay claim** to compensation/can **claim** compensation

3. Mon père était un homme sévère, qui **prétendait**° être obéi sur-le-champ — My father was a very strict person, who **insisted on** being obeyed/**expected** to be obeyed immediately

| | |
|---|---|
| Je ne suis pas du genre à me laisser faire. Je **prétends**° faire valoir mes droits | I'm not the sort of man to let myself be pushed around. I **mean/intend** to assert my rights |
| Que **prétendez**°-vous faire si on ne vous autorise pas à implanter votre usine ici ? | What do you **mean/intend** to do if you're not allowed to build your factory here ? [c] |

| | | |
|---|---|---|
| III | 4. He **pretended** to be working to avoid having to go shopping | Il **faisait semblant** de travailler pour ne pas devoir aller faire les courses |
| | They **pretended** that nothing had happened | Ils **faisaient comme si** de rien n'était |
| | My landlady **pretended** surprise when she heard the news | Ma logeuse **feignit/simula** la surprise lorsqu'elle apprit la nouvelle |
| | Let's **pretend** we're cowboys and Indians | **Jouons** aux cowboys et aux Indiens [d] |

a. – Notez l'emploi restreint de **to pretend** dans ce sens, à la forme négative : *I don't **pretend** to be musical, I don't **pretend** to know everything about the subject.*
  – *À ce qu'il **prétend** : according to him, if what he says is true ; à ce qu'on **prétend** : allegedly, according to what people say*
b. Rarement : ***to pretend** to (the throne, an inheritance)*
c. (nég) *Tony ne **prétend** pas venir en vacances avec nous : Tony refuses to come on holiday with us*
d. – La différence entre le sens 1 (= affirmer que) et le sens 4 (= faire semblant, se faire passer pour), bien que très réelle dans la plupart des cas, perd de sa pertinence dans certains contextes, de sorte que *il **prétend** être d'origine noble*, par exemple, est plus ou moins équivalent à *he **pretends** to be of noble birth.*
  – *Let's not **pretend** to each other : soyons francs l'un avec l'autre, ne nous jouons pas la comédie*

## PRÉVENIR / TO PREVENT

| | | |
|---|---|---|
| II | 1. Ces mesures sont destinées à **prévenir** la fuite des capitaux | These measures are intended to **guard against/forestall** the outflow of capital [a] |
| | Pour **prévenir** tout risque de contagion, il vaudrait mieux que vous portiez des masques | To **guard against** any risk of infection it would be advisable to wear masks |
| | 2. Il n'est pas possible de **prévenir** toutes les objections (= devancer) | It's not possible to **forestall** every objection |

3. Il aurait fallu le **prévenir** du danger qui le menaçait — You should have **warned** him of/about the danger he was in

J'ai **prévenu** mes parents que tu logeais à la maison ce soir — I've **told**/**warned** my parents that you're staying the night [b]

En cas d'accident, **prévenez** M. Dupont — In case of accident, **tell**/**inform** Mr Brown

**Prévenez** un médecin [la police]. Il y a eu un accident — **Call** a doctor [the police]. There's been an accident

4. L'infirmière **prévenait** tous les désirs de son malade — The nurse **anticipated** her patient's every need

5. La tenue soignée de la candidate a **prévenu**° l'examinateur en sa faveur — The candidate's neat appearance **predisposed** the examiner in her favour

Ses mauvaises fréquentations ont **prévenu**° ses supérieurs contre lui — The bad company he kept **biased**/**prejudiced** his superiors against him

**III** 6. They did everything they could to **prevent** the marriage — Ils ont tout fait pour **empêcher** ce mariage

Nothing could **prevent** him from becoming/**prevent** his becoming an actor — Rien ne pouvait l'**empêcher** de devenir acteur

I could not **prevent** the door from closing — Je n'ai pas pu **empêcher** la porte de se refermer

---

a. La différence entre le sens français ⟨prendre des dispositions pour empêcher que quelque chose de gênant se produise⟩ et le sens anglais ⟨empêcher⟩ (cf. 6) perd de sa pertinence dans certains contextes, de sorte que **prévenir** et **to prevent** peuvent parfois être des équivalents de traduction : *ces mesures sont destinées à prévenir les épidémies : these measures are intended to prevent epidemics.*

b. **To warn** ne s'emploie que lorsqu'on informe quelqu'un d'un événement à venir, afin qu'il y prenne garde ou qu'il prenne les dispositions nécessaires.

☐ **Prévention** : (mesures préventives) **prevention** ; (préjugé) **prejudice** ; (Jur) **custody**
**Prevention** : prévention

## PRÉVENTION / PREVENTION

voir : **PRÉVENIR / TO PREVENT**

## PRIMAIRE / PRIMARY

**I** 1. Ton fils va-t-il déjà à l'école **primaire**?

Les couleurs **primaires** sont le rouge, le jaune et le bleu

*(Écon)* L'agriculture fait partie du secteur **primaire**

Does your son already go to **primary** school? [a]

The **primary** colours are red, yellow and blue

Agriculture is part of the **primary** sector [b]

**II** 2. Il n'a que des connaissances assez **primaires** sur la question (= simpliste)

Il se dégage de tout le film un anti-communisme **primaire** extrêmement déplaisant

Georges est un brave garçon, mais il est un peu **primaire**

His knowledge of the question is rather **limited/basic**

The whole film is imbued with a **crude** anti-communism which is extremely unpleasant

George isn't a bad chap but he's **not what you'd call an intellectual**/he's a bit **limited (intellectually)**

**III** 3. Our **primary** concern is to reduce unemployment

Research is a matter of **primary** importance to us

Notre but **principal** est de réduire le chômage

Nous attachons une importance **primordiale** à la recherche

---

a. (US) ***Primary school***: trois premières années de l'école primaire (et jardin d'enfants)
b. Mais: (Méd) ***primary infection***: primo-infection; (Écon) ***primary product***: produit de base; (Jur) délinquant ***primaire***: *first offender*

## PRIVÉ / PRIVATE

**I** 1. Propriété **privée**. Accès interdit

Il a sollicité et obtenu un entretien **privé** auprès du roi

2. Votre vie **privée** ne m'intéresse pas

**Private** (property). Keep out

He asked for and was granted a **private** interview with the king [a]

I'm not interested in your **private** life

545

|   |   |   |
|---|---|---|
|   | 3. Le Président a séjourné ici à titre **privé** | The President stayed here in his **private** capacity [b] |
|   | 4. Il a quitté l'administration pour travailler dans le secteur **privé** | He left the Civil Service to work in the **private** sector |
|   | Je ne peux pas me permettre d'envoyer mes enfants dans une école **privée** | I can't afford to send my children to a **private** school |
| III | 5. He couldn't resist reading the letter although it was marked '**private**' | Il ne put résister à la tentation de lire la lettre, bien qu'elle portât la mention '**confidentiel**' |
|   | What I told you is strictly **private** | Ce que je vous ai dit est strictement **confidentiel/personnel** |
|   | 6. There are only banks and shops in this street, no **private** houses | Il n'y a que des banques et des magasins dans cette rue, pas de maisons **particulières** |
|   | My father gives **private** English lessons | Mon père donne des leçons **particulières** d'anglais |
|   | Can you take the company car for your own **private** use ? | Peux-tu utiliser la voiture de la firme pour ton usage **personnel** ? [c] |
|   | 7. Is there somewhere **private** where we can talk ? | Y a-t-il un endroit **tranquille** où nous pourrions parler ? |
|   | 8. She's a very **private** person. Even if she had problems she wouldn't talk about them | C'est une personne très **réservée**. Même si elle avait des problèmes, elle n'en parlerait pas |

a. Mais : **private** fishing : pêche réservée/gardée ; (Jur) **private** hearing : audience à huis clos
b. Mais : **private** citizen : simple citoyen
c. He has **private** means : il a une fortune personnelle ; it is my **private** opinion that... : pour ma part, je pense que...

◊ – **Private** detective/investigator/eye* : détective **privé**
  – (Brit) **Private** member's bill : proposition de loi
  – (Écon) **Private** enterprise (nd) : libre entreprise
  – **Private** parts* : parties génitales, parties*

## PROCÉDER / TO PROCEED

|   |   |   |   |
|---|---|---|---|
| I | 1. | Je pense que nous devrions peut-être **procéder** différemment dans ce cas | I think perhaps we should **proceed**° differently in this case [a] |

2. Tous leurs ennuis **procèdent**° d'une mauvaise gestion

All their problems **proceed**° from bad management [b]

II 3. Il faut **procéder** à toute une série de formalités

A whole series of formalities have to be **performed/carried out**

Après l'éruption du volcan, j'ai **procédé** personnellement à une étude géologique

After the eruption of the volcano I **carried out** a geological survey myself [c]

III 4. The presidential car was **proceeding**° slowly along the streets of Brussels

La voiture présidentielle **avançait/roulait** lentement le long des rues de Bruxelles [d]

5. Everything is **proceeding**° according to plan

Tout **se passe/se déroule** comme prévu

The negotiations are now **proceeding**°

Les négociations **sont en cours**

6. After the interruption he **proceeded**° with the explanation

Après l'interruption, il **poursuivit/continua** son explication

He **proceeded**° to the next point on the agenda

Il **passa** au point suivant de l'ordre du jour [e]

7. He came in and **proceeded** to tell us all his worries

Il entra, puis il **se mit** à nous raconter tous ses problèmes [f]

8. (Jur) The owner of the shop decided not to **proceed** against the young vandals

Le propriétaire du magasin a décidé de ne pas **engager de poursuites** contre les jeunes vandales

9. (Univ) Over a hundred candidates **proceeded** to the degree of PhD

Plus de cent candidats ont **été admis** au grade de docteur

---

a. – Mais : **procéder** par ordre : to take things in order ; **procéder** par élimination : to use a process of elimination
 – Notez également l'exemple suivant, où **procéder** signifie ʿagir, se conduireʾ : je n'aime pas beaucoup sa façon de **procéder** : I don't like his way of behaving/the way he goes about things.
b. Mais : **procéder**° d'une tendance, d'un courant d'idées : to arise out of/be a development of a tendency, a trend
c. Notez que **procéder à** n'est souvent pas traduit en anglais lorsqu'il est suivi d'un substantif verbal : ex. **procéder** à l'interrogatoire de l'accusé : to question the accused ; **procéder** à la démobilisation des troupes : to demobilize the troops.
d. **To proceed** est souvent employé dans les rapports de police : ex. as I was **proceeding**° along Park Lane in a westerly direction, I noticed a red Ferrari.
e. **To proceed**° on one's way : poursuivre son chemin
f. Notez que **to proceed** sera souvent rendu par l'adverbe **ensuite** ou **puis** : ex. tell us your name and **proceed**° with your story : dites-nous votre nom et puis/ensuite, racontez-nous votre histoire.

## PROCÈS / PROCESS

II  1. Vu la complexité de l'affaire, le **procès** risque d'être très long

In view of the complexity of the case, the **trial** is likely to be a very long one

Il a décidé d'intenter un **procès** à son employeur

He has decided to bring a **lawsuit** against/to take **(legal) proceedings/(court) action** against his employer [a]

III 2. In our biology class we studied the **process** of digestion

Au cours de sciences naturelles, nous avons étudié le **processus** de la digestion

He has written a thesis on the **process** of language learning

Il a écrit une thèse sur le **processus** d'apprentissage des langues [b]

3. He has invented a new manufacturing **process** which is extremely timesaving

Il a inventé un nouveau **procédé** de fabrication/une nouvelle **méthode/technique** de fabrication qui permet de gagner beaucoup de temps

---

a. – **Trial** ne s'emploie que pour un procès criminel ; **lawsuit, (legal) proceedings** et **(court) action** s'emploient pour un procès civil.
 – *Être en* **procès** *avec qqn* : to be involved in a lawsuit with sb ; *gagner/perdre son* **procès** : to win/lose one's case ; *réviser un procès* : to review a case
b. *It's a slow* **process** : c'est un processus lent, ça prend du temps ; *to be in the* **process** *of* : être en cours de/en voie de/en train de ; *in the* **process** : ce faisant
◊ (fig) *Faire le* **procès** *de qqn/qqch* : to put sb/sth on trial ; *sans autre forme de* **procès** : without (any) further ado

## (SE) PRODUIRE / TO PRODUCE

I  1. Le pays ne **produit** pas assez de charbon [d'électricité, d'acier]

The country doesn't **produce** enough coal [electricity, steel]

Cette usine **produit** des voitures de formule 1

This factory **produces** formula 1 cars

|      |    |                                                                                                |                                                                                                                  |
|------|----|------------------------------------------------------------------------------------------------|------------------------------------------------------------------------------------------------------------------|
|      | 2. | Les régions qui **produisent** du maïs sont fortement touchées par la sécheresse | The maize-**producing** areas have been severely affected by the drought |
|      |    | Une terre sablonneuse **produit** généralement de bons légumes | Sandy soil generally **produces** good vegetables [a] (*aussi:* **yields**) |
|      |    | Ce pays a déjà **produit** plusieurs prix Nobel | That country has already **produced** several Nobel prize winners |
|      | 3. | Cette machine **produit** de la chaleur [de la vapeur] | This machine **produces** heat [steam] |
|      |    | Cette méthode a **produit** des résultats très satisfaisants | This method **produced** very satisfactory results [b] (*aussi:* **yielded**) |
|      | 4. | San Antonio **produit** au moins deux livres par an (*souvent:* **écrit**) | San Antonio **produces** at least two novels a year [c] |
|      | 5. | Alain Delon a **produit** plusieurs films où il joue le rôle principal | Alain Delon has **produced** several films in which he plays the lead [d] |
| II   | 6. | Le dernier tremblement de terre **s'est produit** il y a dix ans au moins | The last earthquake **happened/ occurred** at least ten years ago |
|      |    | Un changement radical **s'est produit** dans nos rapports avec la Chine | There has **been** a major change in our relations with China/A major change has **taken place/occurred** in our relations with China |
|      | 7. | Ray Charles **se produira** à l'Olympia le 5 novembre | Ray Charles will **give a performance**/will **appear/perform** at the Albert Hall on the 5th of November |
|      |    | Il ne **s'est** pas encore **produit** sur scène depuis son opération | He hasn't **appeared** on stage since his operation |
| III  | 8. | The cow has only **produced** one calf in three years | La vache n'a **eu** qu'un veau en trois ans |
|      |    | Mrs. Brown has **produced** twins | Madame Dupont a **eu/donné naissance à** des jumeaux |
|      | 9. | The gangster **produced** a gun from his pocket and fired into the air | Le gangster **sortit** un révolver de sa poche et tira un coup en l'air |
|      |    | To the great surprise of the policemen he **produced** a perfectly valid work-permit | À la plus grande surprise des policiers, il **présenta/exhiba** un permis de travail parfaitement en règle [e] |

| | |
|---|---|
| She **produced** a delicious meal in no time flat | Elle nous a **confectionné** un délicieux repas en un tournemain |

a. Mais : (absol) *ces arbres ne **produisent** plus : those trees no longer bear fruit*
b. Mais : ***produire** un changement : to bring about a change,* (parfois) *to **produce** a change*
   *to **produce** laughter, interest... : susciter/provoquer le rire, l'intérêt...*
c. Mais : (absol) *cet auteur **produit** beaucoup : this author writes a lot*
d. Mais : (Théât) *to **produce** : mettre en scène*
e. Notez que **produire** s'emploie dans un contexte juridique : ex. ***produire** des preuves, des témoins...*

## PROFANE / PROFANE

II 1. Je ne m'y connais pas en musique religieuse. Je préfère la musique **profane** — I don't know anything about sacred music. I prefer **secular** music (*rarement :* **profane°**)

2. Je suis tout à fait **profane** en la matière. Vous feriez mieux de vous adresser à quelqu'un d'autre (*aussi :* je suis un **profane**...) — I'm completely **ignorant** on the subject/I **know nothing** about the subject. You'd do better to ask someone else

Aux yeux du **profane**, ceci semble un peu mystérieux — To the **layman** this all seems rather mysterious

III 3. I was embarrassed to find myself thinking such **profane** thoughts in church — J'étais gêné d'avoir des pensées aussi **impies** à l'église [a]

a. ***Profane** language : propos blasphématoires/impies/grossiers*

## PROFESSEUR / PROFESSOR

I 1. Il est **professeur** d'anglais à l'université d'Édimbourg depuis dix ans — He's been a **professor** of English at Edinburgh University for ten years [a]
⇨ 2

II  2. Ma fille ne se plaît pas à l'école. Elle n'aime pas du tout son nouveau **professeur**

J'ai toujours voulu être **professeur**

C'est un excellent **professeur**. Avec lui, tout semble clair comme de l'eau de roche

My daughter isn't happy at school. She doesn't like her new **teacher** at all

I've always wanted to be a **(school)teacher**

He's an excellent **teacher**. He makes everything seem crystal-clear

---

a. Le terme **professor** désigne uniquement des enseignants universitaires titulaires d'une chaire. Pour désigner les autres enseignants universitaires, on emploie les termes (Brit) **lecturer**/(US) **associate professor, assistant professor**.

## PROFESSION / PROFESSION

I  1. La médecine est une **profession** qui attire de plus en plus de femmes

Medicine is a **profession** which is attracting more and more women [a] ⇨ 3

2. L'ensemble de la **profession** s'est élevé contre la nouvelle décision gouvernementale

The whole **profession** was up in arms against the government's new ruling [b]

II  3. Le fonctionnaire m'a demandé mon nom, mon adresse et ma **profession**

The official asked me my name, address and **occupation**

Mon beau-frère est menuisier de **profession**

My brother-in-law is a carpenter by **trade** [c]

III  4. His **professions**° of love were becoming embarrassing

Ses **déclarations** d'amour devenaient gênantes

---

a. Le mot anglais **profession** a un sens plus restreint que son correspondant français : il est limité aux métiers auxquels on accède par des études supérieures, principalement les professions libérales (médecine, droit, architecture, enseignement, etc.).
b. Mais : *the medical/teaching* **profession** : *le corps médical/enseignant*
c. – **Occupation** est un terme générique ; **trade** s'emploie surtout pour les métiers manuels.
   – *Sans* **profession** : (gén) *unemployed*, (femme au foyer) *housewife*

◊ – Faire **profession** (d'une opinion politique...) : to profess (a political opinion...)
   – The oldest **profession**\* : le plus vieux métier du monde\*

# PROFESSIONNEL / PROFESSIONAL

I    1. Mon frère est photographe [cycliste] **professionnel**

My brother is a **professional** photographer [cyclist] [a]

II    2. La silicose est une maladie **professionnelle** des mineurs

Silicosis is an **occupational** disease of miners [b]

Comment a-t-il justifié son absence ? A-t-il invoqué des raisons **professionnelles** ou familiales ?

How did he explain his absence ? Did he give **work** or family reasons ?
(*parfois :* **professional**) [c]

Il n'a pas suivi les conseils donnés par le centre d'orientation **professionnelle**

He didn't follow the advice they gave him at the **careers** office/the **vocational** guidance centre

3. Notre école assure une formation de type **professionnel**, mais elle dispense également un enseignement moins technique

This school offers **vocational** training but less technical subjects are also taught [d]

III    4. Fewer women than men obtain **professional** qualifications

Il y a moins de femmes que d'hommes qui obtiennent un diplôme **de niveau supérieur** [e]

What does her father do ? I'm not sure but I think he's a **professional** man

Que fait son père ? — Je ne sais pas exactement mais je pense qu'il exerce une profession **libérale**

5. Guy tiled the bathroom himself and I must say he made a really **professional** job of it

Guy a carrelé la salle de bains lui-même et je dois dire que c'est du vrai travail **de professionnel**/qu'il a fait cela **comme un homme de métier**

---

a.    ***Professional** soldier : militaire de carrière ; **professional** army : armée de métier*
b.    Aussi : *risque **professionnel** : occupational hazard*
c.    — Notez que **professional** s'emploie également mais dans un sens proche du sens 4, c'est-à-dire en rapport avec des professions plus élevées. Ainsi, *dissocier vie **professionnelle** et vie privée* sera, selon le cas, traduit par *keep one's work and one's private life separate* ou *keep one's **professional** and private lives separate.*
     — Notez également : ***professional** secrecy, body : secret **professionnel**, organisation **professionnelle** ; to take **professional** advice : consulter un **professionnel**/homme de métier/spécialiste*
d.    *Stage de formation **professionnelle** : vocational (training) course ; école **professionnelle** ≃ technical college*
e.    Notez également : ***professional** accountant [engineer] ≃ comptable [ingénieur] de niveau supérieur/universitaire*

## PROFITABLE / PROFITABLE

**II** 1. Il serait dommage de mettre fin à des recherches aussi **profitables**

It would be a pity to put an end to such **fruitful** research

Un séjour à la mer te serait **profitable**

A stay at the seaside would be **beneficial/of benefit** to you

La lecture de ces ouvrages ne peut que t'être **profitable**

Reading these books can only be **beneficial/of benefit** to you

Cet échange de vues a été **profitable** à plus d'un égard

This exchange of views has been very **fruitful** in a number of ways [a] (*aussi :* **profitable**)

**III** 2. It's not a very **profitable** business

Ce n'est pas une entreprise très **rentable/lucrative**

Those Australian shares proved to be a very **profitable** investment

Ces actions australiennes se sont révélées être très **rentables** (*moins souvent :* **profitables**)

---

a. L'emploi de l'adjectif anglais **profitable** dans ce sens est restreint : il ne s'emploie pas lorsqu'il y a possibilité d'ambiguïté avec le sens 2 ; d'autre part, il n'est jamais suivi d'un complément indirect.

## PROFITER / TO PROFIT

**I** 1. Il ne semble pas avoir **profité** des conseils que je lui avais donnés (= tirer parti de) (*souvent :* **mis à profit, tiré profit** de)

He doesn't seem to have **profited** from the advice I gave him

**II** 2. J'ai **profité** de ces quelques instants de répit pour écrire une lettre à mon père (= saisir l'occasion de)

I **took advantage** of the short respite to write a letter to my father

Comme il était de bonne humeur, j'ai **profité** de l'occasion/j'en ai **profité** pour lui demander une augmentation

As he was in a good mood, I **took advantage** of the opportunity to ask him for a rise [a]

3. Tout le monde **profite** de moi dans ce bureau. Je ne suis pas la bonne à tout faire ! (= exploiter)

   Everyone **takes advantage** of me in this office. I'm not a general factotum !

4. Il n'a guère eu le temps de **profiter** de sa retraite (= jouir de)

   He hardly had any time to **enjoy** his retirement/to **benefit** from his retirement

   **Profite** de ta jeunesse [de tes vacances] !

   **Make the most** of your youth [your holidays] !

5. Nous **profitons** des grandes découvertes médicales du début du siècle (= bénéficier)

   We are **benefiting** from the great advances in medicine made at the beginning of the century [a]

6. Ces nouvelles mesures **profiteront** à toute la région (= être utile, servir)

   These new measures will **benefit** the whole area

   Les vacances n'ont pas l'air de lui avoir beaucoup **profité**

   The holidays don't seem to have **done** him much **good**/to have **been of** much **benefit** to him [b]

7. C'est un plaisir de voir un enfant qui **profite*** aussi bien (= se développer)

   It's a pleasure to see a child **grow/thrive** so well

---

a. Le verbe **to profit** existe dans ce sens, mais il n'est pas d'un emploi courant.
b. *Il mange trop vite ; la nourriture ne lui **profite** pas* : he eats too fast ; he doesn't get any benefit from his food

## PROFOND / PROFOUND

I  1. C'est un livre très **profond**, qui fait vraiment réfléchir

   It's a very **profound** book, which really makes you think [a]

   À première vue, ses pensées semblent très **profondes** mais en fait, elles ne vont pas très loin

   His ideas seem very **profound** at first sight, but in fact they have little substance [b]

2. J'éprouve pour lui le plus **profond** mépris

   I feel the most **profound** contempt for him
   (*aussi* : **deepest**)

   À sa mort, le pays tout entier a éprouvé une **profonde** tristesse

   There was **profound** sadness throughout the country when he died
   (*aussi* : **deep**)

| | | |
|---|---|---|
| | Un silence **profond** régnait dans la salle d'audience | A **profound** silence reigned in the courtroom (*aussi :* **deep**) |
| 3. | Déçu, l'enfant poussa un **profond** soupir | The disappointed child heaved a **profound** sigh [c] (*plus souvent :* **deep**) |
| | Elle tomba dans un **profond** sommeil et ne se réveilla que dix heures plus tard | She fell into a **profound** sleep and didn't wake up for ten hours [d] (*plus souvent :* **deep**) |

| | | | |
|---|---|---|---|
| II | 4. | À cet endroit, la rivière est très **profonde** | The river's very **deep** at this point |
| | | Le placard n'est pas assez **profond** pour y ranger mes costumes | The cupboard is not **deep** enough for my suits |
| | 5. | Nous ignorons la raison **profonde** de sa démission ( = sous-jacent) | We don't know the **underlying** reason for his resignation |
| | | Il est difficile de pénétrer le sens **profond** de sa symbolique | It's difficult to fathom the **deep(er)/underlying** significance of his symbolism |

a. Mais : *c'est trop **profond*** ( = difficile) *pour moi : that's too deep for me*
b. Mais : *c'est un garçon très **profond** : he's a boy who goes deeply into things, he's a very thoughtful boy*
c. *Voix **profonde** : deep voice*
d. *Avoir le sommeil **profond** : to be a deep/heavy sleeper*
◊  – *Vert [bleu...] **profond** : deep green [blue...]*
   – *La France **profonde** : grass roots France/Frenchmen*

## PROGRESSIF / PROGRESSIVE

| | | | |
|---|---|---|---|
| II | 1. | Ces dernières années, on enregistre une amélioration **progressive** de la production agricole en Chine | A **gradual** improvement in agricultural production in China has been recorded over the last few years (*moins souvent :* **progressive**) |
| | | Ce sont des exercices **progressifs**. Je crois que le tome 3 sera trop difficile pour toi | The exercises are **graded/ graduated**. I think book 3 would be too difficult for you [a] |

| III | 2. | The headmaster has very **progressive** views on education | Le directeur a des idées très **progressistes** sur l'éducation |
|---|---|---|---|
| | | The party has adopted a very **progressive** policy on immigration | Le parti a adopté une politique très **progressiste** dans le domaine de l'immigration |

a. – Notez que l'adjectif anglais **progressive** est courant dans le domaine médical : ex. ***progressive** loss of sight* : perte **progressive** de la vue ; ***progressive** illness* : maladie évolutive.
– Impôt **progressif** : graduated tax

## PROJET / PROJECT

| I | 1. | Le nouveau **projet** de construction a été bien accueilli | The new construction **project** got a favourable reception [a] (*aussi :* **scheme**) |
|---|---|---|---|
| | | Il a plusieurs **projets** en cours pour le moment | He's got a number of different **projects** under way at the moment (*aussi :* **schemes**) ⇨ 2 |
| II | 2. | As-tu déjà fait des **projets** pour les vacances d'été ? | Have you already made **plans** for the summer holidays ? |
| | 3. | Je reçois régulièrement des **projets** de roman [de film] | I regularly receive **drafts** of novels [films] [b] |
| III | 4. | *(Scol)* Our history teacher was very pleased with our **project** on Aztec civilization | Notre professeur a beaucoup apprécié notre **étude/dossier** sur la civilisation aztèque |

a. – Le mot français **projet** désigne principalement une intention d'agir. Il s'emploie tant pour des projets importants dans le domaine professionnel, technique, etc. que pour des projets moins structurés dans le domaine personnel (projets d'avenir, de vacances, etc.). Ce sens d'intention est limité en anglais puisque **project** ne s'emploie pas dans le second cas (cf. 2). En fait, le mot **project** désigne principalement l'action elle-même, un sens qui n'est pas exclu en français, mais qui est plus souvent exprimé par des mots tels que **opération/entreprise/travail** : ex. *they have set up a big **project** to improve the port facilities* : ils ont mis sur pied une vaste entreprise/opération destinée à améliorer les installations portuaires.
– À l'état de **projet** : at the planning stage
b. **Projet** de contrat : draft contract ; **projet** de loi : bill
◊ (US) **(Housing) project** : cité, lotissement

## PROJETER / TO PROJECT (ONESELF)

I   1. À défaut d'un écran, on peut **projeter** le film sur le mur

       If you have no screen you can **project** the film onto the wall

      Les spots **projetaient** une lumière rouge sur la scène

       The spotlights **projected** a red light onto the scene [a]

   2. *(Psychol)* Il **projette** ses sentiments sur les gens de son entourage

       He **projects** his own feelings onto the people around him

II   3. Un documentaire sur l'Afghanistan sera **projeté** dans la salle de gymnastique

       A documentary about Afghanistan will be **shown** in the gym

   4. Lors de l'accident, il fut **projeté** hors de la voiture et tué sur le coup

       He was **thrown** out of/**flung** out of the car in the accident and killed instantaneously

      D'énormes cheminées **projetaient** une fumée nauséabonde

       Enormous chimneys **sent out**/**discharged** nauseating smoke [b]

   5. Nous **projetons** de faire un jour la traversée de l'Atlantique en montgolfière

       We are **planning** to cross/**thinking** of crossing the Atlantic in a hot-air balloon one day

      Le Ministère des Travaux publics **projette** des travaux de réfection pour les routes N21 et N22

       The Department of the Environment is **planning** repairs on the A21 and A22 [c]

III   6. Those rocks that **project (out)** over the road are very dangerous

       Ces rochers qui **surplombent** la route sont très dangereux

      I saw a strip of land **projecting** into the sea

       Je vis un morceau de terre qui **s'avançait (en saillie)** dans la mer

   7. If you want to be successful you must learn to **project yourself** (*aussi :* **project** your personality)

       Si tu veux réussir dans la vie, tu dois apprendre à **te faire valoir**

---

a. – En anglais, **to project** n'a que le sens technique de ʿenvoyer des rayons lumineux, une image sur une surfaceʾ et non le sens de ʿmontrer au cours d'une séance de projection, passerʾ (cf. 3).
   – *To project* one's voice : faire porter sa voix

b. **To project** s'utilise dans le domaine de la balistique : ex. *the missile was **projected** into the stratosphere : le missile fut lancé dans la stratosphère.*

c. **To project** s'emploie dans ce sens au participe passé : ex. *the **projected** visit, journey...*

## PROMISCUITÉ / PROMISCUITY

II    1. Je ne supporte pas la **promiscuité** qui règne dans les terrains de camping [dans le métro]    I can't stand the **lack of privacy** on these camp sites [the way everybody is **crowded together** in the underground]

III    2. The introduction of the contraceptive pill increased the level of **promiscuity** in society    L'introduction de la pillule a donné lieu à une augmentation du degré de **permissivité sexuelle** dans notre société

## (SE) PRONONCER / TO PRONOUNCE (ONESELF)

I    1. Certaines personnes éprouvent des difficultés à **prononcer** les consonnes sifflantes ( = articuler)    Some people have difficulty in **pronouncing** sibilants [a]

     2. *(Jur)* Le tribunal a **prononcé** la sentence    The court **pronounced** sentence [b]

II    3. Le blessé **prononça** quelques paroles incompréhensibles avant de s'évanouir ( = dire)    The wounded man **spoke/said** some inaudible words and then fainted

     Je n'ai pas eu le temps de **prononcer** un seul mot    I didn't have time to **say/utter** a single word [c]

     Le ministre a **prononcé** un discours à l'ouverture du congrès    The minister **made/delivered** a speech at the opening of the conference

     4. Le parti socialiste est très populaire, mais je n'oserais pas **me prononcer** sur son score final    The Socialist Party is very popular but I wouldn't dare to **venture an opinion** on how it will fare in the end
(*plus rarement :* **pronounce**° on...)

     Les médecins n'osent pas **se prononcer**    The doctors dare not **say anything definite/make any definite pronouncements**

| | | Ils **se** sont tous **prononcés** pour un cessez-le-feu immédiat | They all **declared themselves** in favour of/**came out** in favour of an immediate ceasefire (*plus rarement :* **pronounced °  themselves**) |
|---|---|---|---|
| **III** | 5. | The priest will now **pronounce** them man and wife | Le prêtre va maintenant les **déclarer** mari et femme |
| | | The doctors **pronounced** him fit for military service | Les docteurs l'ont **déclaré** bon pour le service |

a. Mal **prononcer** un mot, un son : to mispronounce a word, a sound ; il **prononce** mal : his pronunciation is bad
b. **Prononcer** le huis-clos : to order that a case (should) be heard in camera ; **prononcer** la dissolution (d'une assemblée, d'un parti) : to dissolve (an assembly, a party)
c. Ne **prononce** (= mentionne) jamais plus le nom de mon ex-mari : never mention my ex-husband's name again
◊ (Relig) **Prononcer** ses vœux : to take one's vows


## (SE) PROPOSER / TO PROPOSE

| | | | |
|---|---|---|---|
| **I** | 1. | Puis-je **proposer** une solution ? (= suggérer) | May I **propose** a solution ? (*plus souvent :* **suggest**) |
| | | Je **propose** qu'on parte assez tôt/ de partir assez tôt pour ne pas manquer le début du film | I **propose** starting/that we should start early so we don't miss the beginning of the film [a] (*plus souvent :* **suggest**) ⇨ 4 |
| | 2. | Je **propose** M. Fletcher comme trésorier | I **propose** Mr Fletcher as treasurer [b] (*aussi :* **nominate**) |
| | | Le président a décidé de **proposer** une motion à la prochaine réunion (*aussi :* **présenter**) | The chairman decided to **propose** a motion at the next meeting |
| | 3. | Il **se propose** de partir à l'étranger après ses études | He **proposes** to go abroad/ **proposes** going abroad after his studies [c] (*plus souvent :* **intends**) |

| | | | |
|---|---|---|---|
| II | 4. | Si on m'en **propose** un bon prix, je revends mon cheval tout de suite (= offrir) | If I'm **offered** a good price I'll sell my horse immediately |
| | | Je lui ai **proposé** de faire le repassage, mais elle a refusé | I **offered** to do the ironing for her but she refused |
| | | On me **propose** une place à la police | I've been **offered** a job in the police |
| | 5. | Elle **s'est proposée** comme assistante bénévole | She **offered her services** as an unpaid assistant |
| | | Personne ne **s'est proposé** pour me raccompagner | Nobody **offered** to take me home |
| III | 6. | Patrick **proposed** to her but she turned him down | Patrick l'a **demandée en mariage**, mais elle a refusé |

a. Lorsque **proposer** est suivi d'un complément d'objet indirect, on n'emploie pas **to propose** : *puis-je te proposer une solution ? : may I suggest a solution to you ?*
b. Si **proposer** signifie ʿsuggérer le nom deʾ plutôt que ʿprésenter formellement la candidature de qqn et éventuellement la soumettre au voteʾ, on emploiera plutôt **to put forward** ou **to suggest**.
c. Mais : *se proposer une tâche, un but : to set oneself a task, an aim*
◊ – **To propose** a toast (to sb)/**to propose** sb's health : *porter un toast (à/en l'honneur de qqn), boire à la santé de qqn*
  – (Univ, Scol) **Proposer** un sujet, un texte : (Brit) *to set*/(US) *to assign (a subject, text)*

## PROPRE / PROPER

| | | | |
|---|---|---|---|
| II | 1. | Je me suis lavé les mains. Elles sont **propres** | I've washed my hands. They're **clean** now |
| | | La maison n'est pas très **propre**, mais je n'ai pas le courage de la nettoyer | The house is not very **clean** but I don't feel like cleaning it [a] |
| | 2. | Les cahiers de Sylviane sont toujours très **propres** (= soigné) | Sylvia's exercise books are always very **neat** |
| | | Guy a coupé sa barbe. Je suis ravie, je trouve que cela fait plus **propre** | Guy's shaved off his beard. I'm delighted, I think it looks much **tidier** |
| | | C'est une excellente maîtresse de maison et ses enfants sont toujours très **propres** | She's an excellent housekeeper and her children are always **neat and tidy** |

3. Mathieu a déjà trois ans et il n'est pas encore **propre**

   Matthew's already three and he isn't **toilet-trained/potty-trained** * yet

   Je préférerais acheter un chien qui soit déjà **propre**

   I'd rather buy a dog that was already **house-trained**

4. Il n'a jamais rien fait de **propre** dans sa vie. Ce n'est pas étonnant qu'il ait atterri en prison

   He's never done an **honest** thing in his life. It's no wonder he's landed up in prison

   Comment pouvez-vous être sûr que c'est de l'argent **propre** ?

   How can you be sure that it's **honest** (epith) money/that the money was **honestly come by** ?

   *(nég)* Cette affaire n'est pas très **propre**

   That business is a bit **shady**

5. Ce sont des préoccupations **propres** au milieu universitaire

   These concerns are **characteristic of/typical of** the academic world

   C'est une maladie **propre** aux régions tropicales

   It is an illness **characteristic of/peculiar to** tropical regions [b]

6. Ce n'est déjà pas facile d'élever ses **propres** enfants, mais quand ce sont ceux des autres, c'est bien pire

   It's hard enough to bring up one's **own** children, but when they're other people's it's even worse

   Je l'ai vu de mes **propres** yeux

   I saw it with my **own** eyes [c]

7. Il faut favoriser des mesures **propres** à relancer l'économie

   We must give preference to measures **likely** to stimulate the economy


III 8. Is that the **proper** way to eat artichokes ?

   Est-ce la **bonne** façon de manger des artichauts ?

   I might have made a better job of it if I'd had the **proper** tools

   J'aurais fait du meilleur travail si j'avais eu les outils **appropriés/adéquats**/les outils **qui convenaient/qu'il fallait** [d]

   Most people know that insect but hardly anyone knows its **proper** name

   La plupart des gens connaissent cet insecte, mais pratiquement personne ne le désigne par son nom **exact**

   He's not a **proper** plumber but he does a good job

   Ce n'est pas un **véritable** plombier mais il fait du bon travail

9. In Victorian times it was not considered **proper** for a lady to smoke

   À l'époque victorienne, on ne trouvait pas **convenable** qu'une femme fume [e]

| | | |
|---|---|---|
| | 10. I am more interested in language teaching than in linguistics **proper** | Je suis plus intéressé par l'enseignement des langues que par la linguistique **proprement dite** |
| | 11. *(surtout Brit)* I felt a **proper**\* fool when I ran out of petrol on the motorway | Je me suis sentie **vraiment** idiote quand je suis tombée en panne d'essence sur l'autoroute ᶠ |

a. Mais : (nég) *Ne mange pas avec tes doigts. Ce n'est pas **propre** : Don't eat with your hands. It's dirty ; ce peintre est très **propre*** (= qui travaille proprement) : *that painter is a clean worker*
b. – **Peculiar** ne s'emploie que lorsqu'on veut insister sur l'idée de ʿqui appartient exclusivement à, ne se trouve que dansʾ.
   – Notez la traduction de **propre** dans le sens de ʿpropre à soi-même, personnelʾ : *chacun des outils a son utilité **propre** : each of the tools has its own (specific) use ; pour des raisons qui lui sont **propres** : for reasons of his own*.
c. – *Rentrer par ses **propres** moyens : to go home under one's own steam ; réussir par ses **propres** moyens : to succeed on one's own, by one's own efforts*
   – *Amour-**propre** : self-esteem, pride ; remettre qqch à qqn en mains **propres** : to give sth to sb personally ; ce sont vos **propres** paroles : those were your own words, those were your very words*
d. – *To put sth back in its **proper** place : remettre qqch à sa place*
   – *You must go through the **proper** channels : vous devez suivre la voie officielle*
e. *Prim and **proper** : guindé, collet monté*
f. *To make a **proper** mess of sth\* : faire un beau gâchis ; we're in a **proper** mess !\* : nous voilà propres !\**
◊ *Nom **propre** : proper name ; au sens **propre** : in its literal/true meaning*


## PROPREMENT / PROPERLY

| | | | |
|---|---|---|---|
| **II** | 1. | Sa maison est toujours très **proprement** tenue | Her house is always very **neatly/tidily** kept |
| | | Écris donc un peu plus **proprement** | Couldn't you write a bit more **neatly**? ᵃ |
| | 2. | C'est un problème **proprement** médical et non un problème éthique | It's a **specifically**/a **strictly** medical problem, not an ethical one |
| | 3. | C'est **proprement** scandaleux ! Même le Président a été mêlé à cette affaire de pot-de-vin | It's **absolutely** disgraceful ! Even the President was involved in that bribery scandal |
| | 4. | *(iron)* On lui a **proprement** rivé son clou ! | We shut him up **all right**\*/**good and proper**\* ! |

| | | | |
|---|---|---|---|
| III | 5. | He's five and he still can't speak **properly** | Il a cinq ans et ne sait pas encore parler **convenablement/bien** parler |
| | | Why can't you tidy your room **properly** instead of half doing the job? | Pourquoi ne ranges-tu pas ta chambre **convenablement** au lieu de faire les choses à moitié? |
| | 6. | The minister was offered a bribe, which he very **properly**° refused | On a offert un pot-de-vin au ministre, qu'il a refusé **comme il se doit/comme il convient de le faire** |
| | 7. | (surtout Brit) Now I'm **properly**\* mixed up! Can you explain it again from the beginning? | Maintenant, je suis **complètement** embrouillé! Peux-tu me réexpliquer tout depuis le début? |
| | | He must be **properly**\* fed up with the whole affair | Il doit en avoir **vraiment/drôlement**\* assez de toute cette affaire |

a. Mange **proprement**!: don't make such a mess (when you eat)!

◊ – À **proprement** parler: strictly speaking, (moins souvent) **properly** speaking
   – Le village **proprement** dit: the village proper/itself, the actual village; la linguistique **proprement** dite: linguistics proper

## PROSE / PROSE

| | | | |
|---|---|---|---|
| I | 1. | D'ordinaire, j'écris en **prose** mais de temps en temps, je m'essaie à la poésie | I usually write **prose** but from time to time I try my hand at poetry<sup>a</sup> |
| | | Il a une **prose** vigoureuse et brillante | His **prose** is vigorous and brilliant |
| III | 2. | Our teacher has given us a German **prose** to do by next week | Notre professeur nous a donné un **thème** allemand à faire pour la semaine prochaine |

a. Poème, tragédie en **prose**: **prose** poem, **prose** tragedy

## (SE) PROUVER / TO PROVE (ONESELF)

**I** 1. L'avocat n'a pas pu **prouver** que son client était innocent

The barrister was not able to **prove** that his client was innocent

Les faits **prouvent** qu'il est coupable

The facts **prove** him (to be) guilty/that he is guilty

Il voulait **se prouver** (à lui-même) qu'il n'était pas un lâche

He wanted to **prove** to himself that he was not a coward [a]

**II** 2. Comment vous **prouver** ma reconnaissance ?

How can I **show/express** my gratitude ?

Sa réponse **prouve** qu'il a le sens de l'humour

His answer **shows** that he has a sense of humour

**III** 3. This drug has **proved** (to be) very effective in the treatment of rheumatism

Ce médicament **s'est avéré/révélé** très efficace dans le traitement des rhumatismes

4. The young men had to **prove themselves** before becoming full members of the tribe

Les jeunes hommes devaient **faire leurs preuves** avant de devenir membres à part entière de la tribu

5. *(Culin)* Leave the dough in a warm place to **prove** for an hour

Mettez la pâte à **lever** pendant une heure dans un endroit chauffé

---

a. — **To prove** s'emploie dans le sens de ˋdémontrer qqch, en établir la vérité par des témoignages, des raisonnementsˊ et non dans le sens affaibli de ˋtémoigner, indiquerˊ (cf. 2).
— *Il n'est pas* **prouvé** *que* : there's no proof that ; *the exception* **proves** *the rule* : l'exception confirme la règle

◊ (Jur) **To prove** a will : homologuer un testament

## PROVISION / PROVISION

**I** 1. As-tu emporté suffisamment de **provisions** *(pl)* pour le voyage ?
( = vivres)

Have you brought enough **provisions** *(pl)* for the journey ? [a]

| | | | |
|---|---|---|---|
| II | 2. | On nous a volé toute notre **provision** d'eau [de cartouches, de bois] (= réserve) | Our whole **supply** of water [**stock/supply** of cartridges, wood] has been stolen [b] |
| | 3. | Je vais faire mes **provisions** *(pl)* au village. Tu n'as besoin de rien ? (= emplettes) | I'm going **shopping** in the village. Do you need anything ? |
| | | Mets les boîtes de conserve dans le sac à **provisions** | Put the tins in the **shopping** bag |
| | 4. | J'ai remis à mon avocat une **provision** de 10 000 F | I've given my solicitor a **retaining fee/retainer** of £1,000 [c] |
| III | 5. | He came out against the **provision** *(nd)* of council houses for immigrants | Il s'est élevé contre l'**octroi** de logements sociaux aux immigrés |
| | | The **provision** *(nd)* of emergency medical aid is our main concern | Notre préoccupation principale est d'**assurer**/de **procurer** l'aide médicale d'urgence |
| | | In most schools there is no **provision** *(nd)* for gifted children | Dans la plupart des écoles, il n'y a rien de **prévu** pour les enfants surdoués [d] |
| | 6. | There are certain **provisions** in the will which concern you directly | Il y a certaines **dispositions** testamentaires qui vous concernent directement |
| | | He agreed to sell his land with the **provision** that it should never be built on | Il accepta de vendre sa terre **à condition** qu'elle ne soit jamais employée comme terrain à bâtir |

a. Armoire à **provisions** : store cupboard
b. Une bonne **provision** de patience, courage : plenty of/a lot of patience, courage ; faire (une) **provision** de : (bois...) to stock up with, lay in/get in a stock of ; (courage...) to build up a stock of
c. Chèque sans **provision** : bad/dud* cheque
d. To make **provision** for sb : prendre des dispositions pour qqn, pourvoir aux besoins de qqn, assurer l'avenir de qqn ; to make **provision** for sth : prendre des dispositions pour qqch, prévoir qqch

## PROVOCANT / PROVOKING

voir : **PROVOQUER / TO PROVOKE**

# PROVOQUER / TO PROVOKE

**I** 1. Une opération militaire américaine pourrait **provoquer** un coup d'État [une guerre, une révolte]

An American military operation might **provoke** a coup [a war, a revolt]
(*plus souvent :* **cause, give rise to**)

Ses allusions au fascisme ont **provoqué** la colère de tous les participants

His references to fascism **provoked** the anger of all those present [a]
(*plus souvent :* **aroused**)

Son intervention a **provoqué** des réactions diverses [l'hilarité générale]

His remark **provoked** varying reactions [general hilarity]
(*plus souvent :* **produced**)

2. Ne le **provoque** pas ! Il a une tête de plus que toi !

Don't **provoke** him, he's bigger than you ! [b]

**II** 3. Une petite étincelle suffit pour **provoquer** une explosion

One little spark is enough to **cause** an explosion

Ces médicaments **provoquent** parfois des altérations sanguines

These medicines may **give rise to/cause** changes in the blood

4. Elle a l'art de **provoquer** les hommes

She knows every trick to **excite/arouse** men

5. Ils ont décidé de **provoquer** l'accouchement

They have decided to **induce** labour

Il faudrait **provoquer** une rencontre entre les deux intéressés

We should **arrange for** a meeting between the two interested parties

---

a. Le verbe **to provoke** ne s'emploie qu'avec des compléments d'objet direct exprimant une réaction humaine et, même dans ce cas, d'autres verbes sont plus courants. Il ne s'emploie donc pas avec des noms exprimant des événements, tels qu'un accident, un incendie, etc. (cf. 3).

b. — Notez les constructions différentes en français et en anglais : **to provoke** sb into doing/to do sth : pousser/inciter qqn à faire qqch ; **provoquer** qqn à la désobéissance, au meurtre : to incite sb to disobedience, to murder.
 — **To provoke** a parfois le sens légèrement différent de ʿirriter, agacerʾ : ex. *her stupidity is enough to provoke a saint.*

☐ **Provocant** : provocative
**Provoking** (vieilli) : **agaçant, contrariant**

## PRUNE / PRUNE

II  1. Les **prunes** sont mûres. Il est temps que nous les cueillions

The **plums** are ripe. It's time we picked them [a]

III 2. We had stewed **prunes** and custard for dessert

Comme dessert, on a mangé des **pruneaux** cuits et de la crème anglaise

---

a. Un verre de **prune** : a glass of plum brandy
◊ Pour des **prunes**\* : for nothing ; des **prunes** !\* : not likely !\*, not on your life !\*, no fear !\*

## PUBLIC (n.) / PUBLIC

I  1. Le musée est ouvert au **public** tous les matins

The museum is open to the **public** every morning [a]

Le nouveau roman de Julia Gidman a été bien accueilli par le **public**

Julia Gidman's new novel has been well received by the **public**

II 2. Ma fille aime beaucoup ce romancier. Il faut dire qu'il a un **public** très jeune

My daughter is extremely fond of this novelist. But then he does have a very young **readership**/very young **readers**

Ce film est destiné à un **public** averti

This film is directed at an informed **audience**

Ce livre [ce film] est accessible à tous les **publics**

This book is accessible to every **type of reader** [this film is accessible to every **type of audience**]

3. Lorsque le rideau tomba, le **public** se mit à applaudir à tout rompre

When the curtain fell, the **audience** broke into loud applause

Le débat télévisé d'hier soir a été suivi par un **public** très nombreux

Yesterday evening's televised debate was watched by a very large **audience**

Le **public** se mit à huer l'arbitre

The **spectators** started to boo the referee

| | |
|---|---|
| C'est un vrai m'as-tu-vu ! Il n'est content que s'il a un **public** | He's a real show-off ! He's only happy when he's got an **audience** [b] |

a. – Le grand **public** : the general **public** ; en **public** : in **public**
   – Mais : the reading [sporting] **public** : les amateurs de lecture [de sport] ; the viewing **public** : les téléspectateurs ; the British **public** : le peuple britannique
b. Mais : le **public** de qqn : sb's **public** : ex. le chanteur avait peur de décevoir son **public** : the singer was afraid to disappoint his **public**

## PUBLICITÉ / PUBLICITY

| | | | |
|---|---|---|---|
| I | 1. | Le commissaire a demandé aux journalistes de ne pas faire trop de **publicité** autour de cette affaire | The superintendent asked the journalists not to give the affair too much **publicity** (nd) |
| | | Cela lui a fait une bonne **publicité** d'être vu en compagnie d'un metteur en scène aussi prestigieux | Being seen in the company of such a renowned director was good **publicity** (nd) for him |
| II | 2. | Ils font beaucoup de **publicité** pour une nouvelle marque de lessive | They're doing a lot of **advertising** for a new washing powder |
| | | Je voudrais faire carrière dans la **publicité** | I would like to make my career in **advertising** [a] |
| | 3. | Certaines de ces **publicités** sont de vrais petits chefs-d'œuvre | Some of those **advertisements**/ (surtout Brit) **adverts**\*/**ads**\*/ **commercials** are real little masterpieces [b] |
| | 4. | Ils parlent même de remettre en question la **publicité**° des débats parlementaires | They're even talking of reviewing the **public nature** of parliamentary debates |

a. – Le mot anglais **publicity** s'emploie dans le sens plus large de `promotion, campagne publicitaire`. Il recouvre toutes les techniques qui visent à faire connaître un produit, un livre, un organisme, etc. et qui peuvent éventuellement comprendre les publicités commerciales : ex. the film failed because of bad **publicity**.
   – Agence de **publicité** : advertising agency
b. **Commercial** s'emploie uniquement pour une publicité à la télévision ou à la radio.

## PUZZLE / PUZZLE

II 1. Pendant mon séjour à l'hôpital, j'ai passé mon temps à faire des **puzzles**

While I was in hospital I passed the time doing **jigsaws/jigsaw puzzles** [a]

III 2. The motive of the murder remains a **puzzle**

Le mobile du crime reste un **mystère**/une **énigme**

David's a **puzzle** to me, he always has been and he always will be

David est une véritable **énigme** pour moi. Il l'a toujours été et le sera toujours

3. I bought the children a book of **puzzles** for the journey

J'ai acheté aux enfants un livre de **jeux** pour le voyage [b]

---

a. Notez également l'emploi figuré : *une à une, les pièces du puzzle s'agençaient dans ma tête : one by one, the pieces of the jigsaw/**puzzle** fell into place in my head.*
b. (A) **Puzzle** est un terme général, qui englobe tous les jeux ou problèmes qui font "travailler les méninges". Selon le cas, le mot peut être traduit par **énigme** ou **casse-tête**. Notez également : *crossword **puzzle** : mots-croisés.*

## QUALIFIÉ / QUALIFIED

I 1. Étant neutre dans l'affaire, tu es certainement mieux **qualifié** pour servir d'intermédiaire

As you have no interest in the affair, you are certainly better **qualified** to act as an intermediary

Tu es parfaitement **qualifié** pour cet emploi. Pourquoi ne poses-tu pas ta candidature ?

You're particularly well **qualified** for the job. Why don't you apply ? [a]

II 2. C'est de l'hypocrisie **qualifiée** !

It's **blatant** hypocrisy ! [b]

III 3. He only gave our project his **qualified** approval

Il n'a donné qu'un accord **mitigé/conditionnel** à notre projet [c]

---

a. – **Qualified** a parfois le sens plus spécifique de "qui a les titres, diplômes nécessaires" : ex. *qualified nurse : infirmière diplômée.*
– *Ouvrier **qualifié** : skilled workman*

b. (Jur) Vol **qualifié** : aggravated theft ; *1 000 F pour ça ? C'est du vol* **qualifié** *!* : 1,000 francs for that ? What a rip-off !*/(Brit) It's daylight robbery !*/(US) It's highway robbery !*
c. A **qualified** success : *un demi-succès, un succès relatif*

## (SE) QUALIFIER / TO QUALIFY

I  1. *Notre équipe s'est **qualifiée**/est **qualifiée** pour la finale*  
Our team has **qualified** for the final

2. *Sa position neutre le **qualifie** pour parler en notre nom*  
His neutral position **qualifies** him to speak on our behalf

*Est-ce que cette formation le **qualifie** pour travailler dans une entreprise comme la nôtre ?*  
Does this training **qualify** him to work in a firm like ours ? [a]

3. *(Gram) Dans le syntagme « les ballons bleus » l'adjectif « bleus » **qualifie** le substantif « ballons »*  
In the phrase ' blue balloons ' the adjective ' blue ' **qualifies** the noun ' balloons '

II  4. *Il **qualifie** d'imbéciles tous ceux qui ne sont pas du même avis que lui*  
He **calls** anyone who disagrees with him a fool

*Le Président **qualifia** le détournement d'avion de crime contre les droits de l'homme*  
The President **described** the hijacking as a crime/**called** the hijacking a crime against human rights/ **termed** the hijacking a crime against human rights

*Je ne trouve pas de mots pour **qualifier** sa conduite*  
I can find no words to **describe** his behaviour [b]

III  5. I hope to **qualify** as a doctor [a pilot]  
*J'espère **obtenir le diplôme** de docteur [**obtenir le brevet** de pilote]*

6. The Minister began by calling the election results a total disaster, but later **qualified** his statement  
*Le ministre a commencé par dire que les résultats des élections étaient catastrophiques mais, par après, il a **nuancé** sa déclaration*

---

a. *Employé comme verbe intransitif,* **to qualify** *(for sth, to do sth) sera traduit, selon le cas, par* être **qualifié** *pour, avoir les qualifications requises pour, remplir les conditions requises pour :* ex. he **qualified** for the grant, the post.
b. *Le verbe* **to qualify** *existe dans ce sens, mais il est rarement employé.*

## QUALITÉ / QUALITY

**I** 1. Nous avons différentes **qualités** de papier

We have different **qualities** of paper

On ne fait pas des économies en achetant des vêtements de mauvaise **qualité**

Buying poor **quality** clothes is a false economy

2. Chez nous, c'est la **qualité** qui prime, pas la quantité

For us it is **quality** and not quantity that counts

Nous ne fabriquons que des produits de **qualité**

We only manufacture **quality** goods [a]

3. Ce que j'admire le plus en lui, ce sont ses **qualités** morales [de chef, de cœur]

His moral **qualities** [his **qualities** of leadership, his human **qualities**] are what I admire most about him [b]
⇨ 4

**II** 4. Poussée à ce point, la franchise n'est plus une **qualité**

Frankness taken to such a point is no longer a **good quality**

Il n'a tout de même pas que des défauts. Il doit aussi avoir des **qualités**

He can't only have faults. He must have some **good qualities/good points** as well

Cette machine a de nombreuses **qualités**. Pour commencer, elle est silencieuse

This machine has several **good points/virtues/assets**. For a start, it's quiet

5. Il croyait que sa **qualité** de premier ministre le mettrait à l'abri des poursuites judiciaires

He thought that his **position** as Prime Minister would protect him from the risk of prosecution

Je vous parle en ma **qualité** d'administrateur

I'm speaking to you in my **capacity** of trustee

---

a. *The **quality** newspapers : les journaux sérieux*
b. Le mot anglais **quality** ne s'emploie dans le sens de ʿbonne qualité (sur le plan humain)ʾ que si le type de qualité est spécifié (sous la forme d'un adjectif ou d'un complément). Il ne s'emploie pas seul dans le sens de ʿqualité (opposé à défaut)ʾ (cf. 4). Notez que, dans certains cas, **quality** correspond plutôt au mot français **caractère** : ex. *the place had a sad, mysterious **quality**.*
◊ ***Qualité** de la vie : **quality** of life ; cercle de **qualité*** (dans les entreprises) : ***quality** circle*

## QUESTIONNER / TO QUESTION

**I** 1. La police m'a **questionné** pendant deux heures sur mon emploi du temps le jour du crime

The police **questioned** me for two hours about what I'd been doing on the day of the crime

Son père l'a longuement **questionné** sur les circonstances de l'accident

His father **questioned** him at length about the accident

**II** 2. Je vous **questionnerai** demain sur votre leçon d'histoire

I'll **test** you on your history tomorrow

**III** 3. I don't **question** his honesty

Je ne **mets** pas **en doute** son honnêteté/Je ne **doute** pas de son honnêteté

Women began to **question** certain of the privileges enjoyed by men

Les femmes commencèrent à **(re)mettre en question/contester** certains privilèges dont les hommes bénéficiaient

I **question** whether we should leave tomorrow

Je **me demande** si nous faisons bien de partir demain

## QUEUE / QUEUE

**I** 1. Il y a une **queue** interminable au guichet
(*aussi :* **file (d'attente)**)

There's a terrific **queue** at the booking office [a]

**II** 2. La **queue** des écureuils est vraiment magnifique

Squirrels' **tails** are really superb [b]

3. Je garde toujours les **queues** des cerises. Je m'en sers pour faire des tisanes

I always keep cherry **stalks**. I use them to make infusions

4. La **queue** du cerf-volant [de l'avion] n'était pas endommagée

The **tail** of the kite [the plane] was undamaged [c]

5. Comme nous étions en **queue** de cortège, nous ne nous rendions compte de rien

As we were at the **(tail-)end/rear** of the procession, we didn't see anything

La voiture de **queue** sera décrochée à la prochaine gare

The **rear/end** carriage will be uncoupled at the next station

On monte en tête ou en **queue** ?

Shall we get on at the front or the **back** ?

J'ai toujours été classé en **queue** de classe

I was always at the **bottom** of the class

---

a. – Mais : **queue** *(of cars) : file (de voitures)*
   – *Faire la* **queue** *: to queue (up),* (US) *to stand in line*
b. *La* **queue** *entre les jambes :* with one's tail between one's legs ; *à la* **queue** *leu leu :* in single file, one after the other ; *l'histoire finit en* **queue** *de poisson :* the story finishes up in the air ; (Auto) *faire une* **queue** *de poisson :* to cut in in front of sb ; (Auto) *faire une tête à* **queue** *:* to spin round ; *tirer le diable par la* **queue** *:* to live from hand to mouth, to be very hard up ; *cela n'avait ni* **queue** *ni tête :* it didn't make sense, you couldn't make head or tail of it ; (Coiffure) **queue** *de cheval :* ponytail ; (Vêtement) **queue** *de pie :* tails
c. **Queue** (d'une casserole) : *handle ;* (d'une lettre, d'une note de musique) : *stem ;* piano à **queue** *:* grand piano
◊ (Billard) **Queue** *: cue*

# RACE / RACE [a]

**I**  1. Il est illégal de refuser d'engager quelqu'un pour des raisons de **race**

It is illegal to refuse anyone a job on grounds of **race** [b]

2. Dans ' Mein Kampf ', Hitler proclame la suprématie de la **race** aryenne

In ' Mein Kampf ' Hitler propounds the supremacy of the Aryan **race**

**II**  3. *(litt)* Nous n'avions aucun contact avec le peuple ; nous ne fréquentions que des gens de **race** noble

We had no contact with the common people ; we only mixed with people of noble **birth/lineage** [c]

4. De quelle **race** est ton chien ?

What **breed** is your dog ? [d]

5. Les gentlemen constituent une **race** d'hommes qui a tendance à disparaître !

Gentlemen are a vanishing **breed** *(moins souvent :* **race***)*

573

Les indics, quelle sale **race**\*! | Informers! What a horrible **bunch**\*/**mob**\*!

---

a. Nous ne traiterons pas ici de l'homonyme anglais **race**, qui correspond au mot français **course**.
b. – (F) **Race** n'est souvent pas traduit en anglais : ex. *un individu de **race** noire, blanche : a black man/a black, a white man/a white/a Caucasian ; la suprématie de la **race** blanche :* white supremacy.
   – *The human **race** : l'espèce humaine ; person of mixed **race** :* sang-mêlé
c. *Fin de **race** :* decadent
d. – Mais : *la **race** canine [féline...] : the canine [feline...] **race***
   – *Cheval de **race** :* thoroughbred horse ; *chien de **race** :* pedigree dog

## RADIO *(m.)* / RADIO

voir : **RADIO** *(f.)* / **RADIO**

## RADIO *(f.)* / RADIO

**I**  1. Le matin, j'écoute les informations à la **radio** avant de me lever | I listen to the news on the **radio** before I get up in the morning

J'ai un cousin qui travaille à la **radio**. Il anime une émission pour les jeunes | I've got a cousin who works in **radio**. He does a programme for young people

2. Comme cadeau de Noël, Patrick a demandé une **radio** | Patrick asked for a **radio** for Christmas

3. Les participants au rallye Paris-Dakar communiquent avec les organisateurs par **radio** | The participants in the Paris-Dakar Rally communicate with the organizers by **radio**

**II**  4. Le médecin examina les **radios** avec attention (*aussi :* **radiographies**) | The doctor studied the **X-rays** carefully [a]

---

a. *Passer une **radio** :* to have an X-ray ; *passer une **radio** des poumons :* to have one's lungs X-rayed
□ **Radio** (m.) : (opérateur) **radio-operator** ; (message) **radiogram, radiotelegram**

## RAGE / RAGE

I    1. Lorsqu'elle vit dans quel état il revenait, elle entra dans une **rage** folle

When she saw the state he had come home in, she flew into a furious **rage** [a]

II    2. Cette **rage** d'aventures lui coûta la vie

This **passion/thirst** for adventure cost him his life

C'est cette **rage** de vivre [de vaincre, d'apprendre] qui l'a sauvé

He was saved by his **passion/lust** for life [his **burning/passionate desire** to win, learn]

3. La **rage** se transmet généralement par morsure

**Rabies** is generally transmitted by the bite of an infected animal

---

a.    *Mettre qqn en **rage** : to infuriate sb, to enrage sb ; faire **rage** :* (tempête, incendie...) *to rage ;* **rage** *de dents : severe/terrible toothache*

◊    *It's all the **rage*** now : cela fait fureur pour le moment, c'est la grande vogue*


## RAISIN / RAISIN

II    1. Tu préfères le **raisin** blanc ou le **raisin** noir ?

Do you prefer white **grapes** or black **grapes** ? [a]

III    2. Do you always put **raisins** in your fruitcake ?

Tu mets toujours des **raisins secs** dans tes cakes ?

---

a.    *Un (grain de) **raisin** : a grape ; une grappe de **raisin** : a bunch of grapes ; **raisins** de Corinthe : currants ; **raisins** de Smyrne : sultanas*

# RAISONNABLE / REASONABLE

**I** 1. J'ai acheté cette collection de timbres à un prix très **raisonnable** (= modéré)

I got this stamp collection for a very **reasonable** price

Je roulais à une allure **raisonnable** et je n'avais pas bu

I was driving at a **reasonable** speed and I hadn't had anything to drink

2. Sois donc **raisonnable**. Tu sais bien qu'on ne peut pas se permettre de vacances cette année-ci

Be **reasonable**. You know very well we can't afford to go on holiday this year

Est-il **raisonnable** de s'attendre à ce qu'un enfant de cet âge apprécie ce genre de musique ?

Is it **reasonable** to expect a child of his age to enjoy that kind of music ?

Le patron est un homme très **raisonnable**. Je suis sûre qu'il te laissera partir plus tôt pour une fois

The boss is a very **reasonable** man. I'm sure he'll let you go early for once [a]

⇨ 3

**II** 3. Ce n'est pas très **raisonnable** de vous promener seule la nuit dans ce quartier

It's not very **sensible** to walk around alone at night in this part of town

C'est un jeune homme **raisonnable**. Il n'abandonnerait jamais son emploi avant d'en avoir trouvé un autre

He's a **sensible** young man. He would never leave his job before he'd found another one

4. L'homme est un animal **raisonnable** (*aussi* : **doué de raison**)

Man is a **rational** animal

**III** 5. You need a **reasonable** amount of luck to succeed in a venture like this

Il faut une **certaine** dose de chance pour réussir ce genre d'entreprise

What was the weather like ?
— **Reasonable**

Comment était le temps ?
— **Passable**

---

a. Reasonable s'emploie dans le sens de ʿqui pense, agit selon la raison, la mesure et la réflexion (ou qui manifeste la raison, la modération)ʾ et non dans le sens de ʿprudent, sage, qui fait preuve de bon sens, qui réfléchit aux conséquences pratiques de ses actesʾ (cf. 3).

◊ (Jur) *Beyond* **reasonable** *doubt* : quasi-certitude qui doit être celle d'un jury pour rendre un verdict de culpabilité

## RANG / RANK

**I** 1. Ma belle-mère ne fréquente que des gens de son **rang**

My mother-in-law only associates with people of her own **(social) rank**

2. *(Mil)* Le lieutenant ordonna de serrer les **rangs**

The lieutenant gave the order to close **ranks** [a]
⇨ 4

3. Les ouvriers licenciés sont venus grossir les **rangs** *(pl)* des mécontents

The laid-off workers joined the **ranks** *(pl)* of the malcontents

**II** 4. Comme j'étais assise au dernier **rang,** je ne voyais rien (*aussi* : **rangée**)

As I was sitting in the back **row,** I couldn't see a thing

C'est un collier splendide, à double **rang** de perles (*aussi* : **rangée**)

It is a beautiful necklace with two **rows** of pearls

Les élèves étaient en **rang** dans la cour de récréation

The pupils were standing in **rows** in the playground [b]

J'ai presque fini ton pull. Je n'ai plus que deux **rangs** à tricoter

I've nearly finished your pullover. I've only got two more **rows** to knit

5. Notre pays occupe le deuxième **rang** dans le monde pour la production de charbon

This country **ranks** as the world's second largest coal-producing nation

Ce jeune compositeur est au premier **rang** des artistes contemporains

This young composer **ranks** among the best of contemporary artists/is one of the top-**ranking** contemporary artists [c]

**III** 6. I'm the last person to ask whether a major is higher than a colonel! I don't know anything about military **ranks**

Ce n'est certainement pas à moi qu'il faut demander si un major est supérieur à un colonel. Je n'y connais rien aux **grades** militaires

He was still very young when he attained the **rank** of professor

Il était encore très jeune quand on lui a conféré le **grade** de professeur [d]

---

a. – L'emploi du mot **rank** dans ce sens est limité au domaine militaire et policier. Dans les autres cas, on emploie **row** (cf. 4).

– *Rompre les* **rangs** : to fall out, to dismiss ; *en* **rangs** *serrés* : in close order ; (fig) *sortir du* **rang** : to come up/rise from the **ranks** ; (fig) *rentrer dans le* **rang** : to toe the line, fall back into line
– To serve in the **ranks** : *servir comme simple soldat, servir dans le* **rang** ; the **rank** and file : (Mil) *les hommes de troupe, les simples soldats ; la masse, le peuple, la base (d'un parti)*

b. *Se mettre en* **rang(s)** : to line up
c. – *Le mot* **rank** *existe dans ce sens, mais il est d'un emploi plus limité* : ex. an artist of the first **rank**.
   – *Cette question est au premier [dernier]* **rang** *de mes préoccupations* : this question is in the forefront of my mind [is the least of my concerns]
d. – **Rang** *s'emploie parfois dans ce sens* : ex. *avoir* **rang** *d'ambassadeur, de colonel* : to have the **rank** of ambassador, colonel ; *de haut* **rang** : high-ranking.
   – To pull **rank** (on sb)* : *profiter de sa supériorité hiérarchique vis-à-vis de qqn*
◊ (Brit) Taxi **rank** : *station de taxis*


## (SE) RANGER / TO RANGE (ONESELF)

**II** 1. Il faudra des heures pour **ranger** cette chambre. Il y a un tel désordre !

It'll take hours to **tidy (up)** this room. It's in such a mess !

Ta maison est toujours bien **rangée**. Comment fais-tu avec trois enfants ?

Your house is always **(nice and) tidy**. How do you manage it with three children ?

2. **Rangez** vos affaires que je puisse mettre la table

Put your things **away**/(Brit) **tidy** your things **away** so I can lay the table

**Range** ton vélo dans le garage si tu ne veux pas qu'on te le vole

Put your bike **away** in the garage if you don't want it to be stolen

Où **ranges**-tu les assiettes ?

Where do you **keep** the plates ?

Il **rangea** la voiture le long du trottoir

He **parked** the car alongside the kerb

3. J'ai demandé à la secrétaire de **ranger** tous les dossiers par année (= classer)

I've asked the secretary to **arrange** all the files by year

Les pommes étaient **rangées** sur des étagères en bois (= aligner)

The apples were **arranged in rows** on wooden shelves

Les concurrents **se rangeaient** sur la ligne de départ (= s'aligner)

The competitors were **lining up** on the starting line [a]

4. On **range** cet ouvrage parmi les meilleurs

This book **is ranked/ranks** among the best

5. Il **s'**est finalement **rangé** à l'avis du président

He finally **came round to/fell in with** the chairman's opinion

Qui aurait pu croire qu'il **se rangerait** du côté des rebelles ?

Who would have expected him **to side** with the rebels ?

|   |     |   |   |
|---|---|---|---|
|   | 6. | Le conducteur d'autobus **se rangea** pour laisser passer le convoi | The bus driver **pulled over** to let the convoy pass |
|   |   | Les élèves **se rangèrent** pour laisser passer la directrice | The children **stepped aside/stood aside** to let the headmistress pass |
|   |   | Une grosse voiture américaine **se rangea** le long du trottoir | A big American car **pulled in/pulled up** at the kerb/**parked** beside the kerb |
|   | 7. | Robert faisait toujours les quatre cents coups, mais depuis qu'il fréquente Hélène, il **s'est rangé**\* | Robert used to be a tearaway but since he's been going out with Helen he's **settled down** |
| III | 8. | Tomorrow's temperatures will **range** from 12° to 14° [between 12° and 14°] | Les températures de demain **varieront** de 12° à 14° [**seront comprises** entre 12° et 14°] |
|   |   | Our research **ranges** over a wide field of topics | Notre recherche **s'étend sur/embrasse** une grande variété de sujets |
|   | 9. | The hungry bears **ranged** (over) the whole forest searching for food | Les ours affamés **erraient/rôdaient** dans la forêt en quête de nourriture |
|   | 10. | *(Techn)* This rocket **ranges** over several miles | Cette fusée **a une portée de/porte sur** plusieurs kilomètres |

---

a. Le verbe **to range (oneself)** existe dans le sens de ʻ(s')alignerʼ, mais il est beaucoup plus rare que **to line up**.

## RAPPORT / REPORT [a]

| | | | |
|---|---|---|---|
| I | 1. | On m'a demandé de rédiger un **rapport** sur l'accident [sur la situation financière de l'entreprise] | I've been asked to write a **report** of the accident [on the company's financial situation] [b] |
| II | 2. | Quel **rapport** peut-il exister entre ces deux événements ? | What **connection/link/relation/relationship** could there be between the two events ? [c] |
|   | 3. | Il est très distant dans ses **rapports** *(pl)* avec les gens | He's very distant in his **relations** with people |

579

| | |
|---|---|
| Les **rapports** *(pl)* entre les deux pays ont toujours été assez tendus | **Relations** between the two countries have always been rather strained |
| Les **rapports** *(pl)* mère-fille sont souvent difficiles | Mother-daughter **relations** are often difficult/The mother-daughter **relationship** is often difficult <sup>d</sup> |
| 4. À cette époque, il était impensable d'avoir des **rapports (sexuels)** *(pl)* avant le mariage | In those days it would have been unthinkable to have **(sexual) intercourse/sexual relations/sex** before marriage |
| 5. Le **rapport** femmes-hommes dans cette université est de deux contre un | The **ratio** of women to men at this university is two to one |
| 6. Quel est le **rapport** annuel de vos terres ? | What's the annual **return/revenue** from your land ? <sup>e</sup> |

III  7. I've heard **reports** *(pl)* that she's going to give in her notice — Selon certaines **rumeurs,** il semblerait qu'elle va donner son préavis/J'ai entendu dire qu'elle allait donner son préavis

There's a **report** that the Pope is going to cancel his visit to that country — Le **bruit** court que le pape va annuler son voyage dans ce pays

8. When they heard the **report**°, they ran into the garden and found him shot through the head — Quand ils ont entendu la **détonation,** ils ont couru dans le jardin et l'ont trouvé mort, une balle dans la tête

---

a. Notez que le mot **rapport** existe aussi en anglais. Il signifie ʻlien émotionnel, enteneʼ : ex. *there was an instant* **rapport** *between us when we met* : quand nous nous sommes rencontrés, nous avons tout de suite sympathisé/le courant est passé immédiatement entre nous.

b. Mais : (Presse, Radio, TV) *report* : *reportage ;* (Brit) *(school)* **report**/(US) **report** *card* : *bulletin (scolaire), carnet (de notes)* ; *weather* **report** : *bulletin météorologique, météo*\*

c. *Avoir un* **rapport** *avec* : *to have something to do with, be connected with* ; *n'avoir aucun* **rapport** *avec* : (= aucun lien) *to have nothing to do with,* (= aucune ressemblance) *to bear no relation to* ; *avoir* **rapport** *à* : *be connected with, to relate to, to concern* ; *être en* **rapport** *avec (les goûts de qqn...)* : *to be in keeping with (sb's tastes...)* ; *je ne vois pas le* **rapport** *!* : *I don't see the connection !* ; *un bon* **rapport** *qualité(-)prix* : *good value for money*

d. *Entretenir de bons [mauvais]* **rapports** *avec qqn* : *to be on good [bad] terms with sb* ; *être en* **rapport** *avec qqn* : *to be in touch with sb,* (transactions) *to have dealings with sb* ; *se mettre en* **rapport** *avec qqn* : *to get in touch/contact with sb* ; **rapports** *d'amitié* : *friendly relations, ties of friendship* ; **rapports** *de force* : *balance of power*

e. *Être d'un bon* **rapport** : *to yield a good profit/return* ; *immeuble de* **rapport** : *property for renting, investment property*

◊ *Par* **rapport** *à* : (comparé à) *compared with,* (envers) *towards* ; **rapport** *à*\* : (à propos de) *about,* (à cause de) *because of* ; *sous tous les* **rapports** : *in every respect*

# RARE / RARE

**I**  1. Elle a quelques timbres **rares** dans sa collection (= qui existe en peu d'exemplaires)

She's got some **rare** stamps in her collection [a]

Les pandas deviennent de plus en plus **rares**

Pandas are becoming **rarer** and **rarer**

2. La comtesse était une femme d'une **rare** beauté

The countess was a woman of **rare** beauty

3. On ne connaît que quelques **rares** cas de guérison

We only know of a few **rare** cases of recovery

Les jours de soleil sont **rares** à ce moment-ci de l'année

Sunny days are **rare** at this time of year
(*aussi :* **few and far between** *(attrib)*)

Il est **rare** que Tony vienne sans prévenir

It's **rare** for Tony to come without warning

Dans ces contrées, il n'est pas **rare** de voir les gens dormir dans la rue

In those regions it is nothing **rare** to see people sleeping in the street [b]
(*souvent :* not **uncommon**, not **unusual**)

**II** 4. Sur ces hauts plateaux, l'herbe est **rare**

The grass is **sparse** on these high plateaux

Ses cheveux se font **rares**, mais il n'en est pas moins séduisant

His hair is getting **sparse/thin** but he's still very attractive

5. Pendant la guerre, le beurre était une denrée **rare** (= difficile à trouver)

During the war butter was a **scarce** commodity

**III** 6. Would you like your steak well done, medium or **rare** ?

Voulez-vous votre steak bien cuit, à point ou **saignant** ?

---

a. *Trouver l'oiseau* **rare** *: to find the man/woman in a million*
b. – Notez que (A) **rare** ne s'emploie que dans le sens de ⸢peu fréquent, qui ne se rencontre pas souvent⸣. Dans le sens de ⸢peu nombreux⸣, on emploie **few** : ex. *les* **rares** *amis qu'il a* : the few friends he's got ; *ses adeptes sont* **rares** : his followers are few in number, he has few followers.
– *Vous vous faites* **rare** : we haven't seen a lot of you lately, we rarely see you these days ; *ça n'a rien de* **rare** : there's nothing unusual about that

◊ (vieilli) *We had a* **rare** *old time\** : *on s'est fameusement\*/formidablement bien\* amusés*

# RÉALISER / TO REALIZE [a]

**I** 1. Il devint acteur et **réalisa** ainsi son rêve de jeunesse

He became an actor, thus **realizing** a childhood dream [b]
(*aussi :* **fulfilling**)

Je doute que ses espoirs **se réalisent** jamais

I doubt if his hopes will ever be **realized** (*pass*) [c]
(*plus souvent :* be **fulfilled**)

2. Je ne pense pas que ton fils **réalise** la gravité de la situation
(*aussi :* **se rend compte de**)

I don't think your son **realizes** the gravity of the situation

Il **réalisera** peut-être un jour qu'il a commis une erreur
(*aussi :* **se rendra compte**)

One day he may **realize** that he made a mistake [d]

3. (*Fin*) Après avoir **réalisé** tous ses biens, John Macleod émigra en Australie

Having **realized** all his assets, John Macleod emigrated to Australia [e]

**II** 4. Il avait toujours voulu escalader la face nord, mais il ne **réalisa** cet exploit qu'en 1970

He'd always wanted to climb the north face but he didn't **achieve** this feat until 1970

La chute du prix du pétrole nous permettra de **réaliser** des économies importantes

The fall in oil prices will enable us to **make/achieve/effect** considerable savings

5. Steven Spielberg a **réalisé** deux films l'année dernière

Steven Spielberg **directed** two films last year

6. Ceux qui parviennent à **se réaliser** dans leur travail ont beaucoup de chance

Those who succeed in **fulfilling themselves** in their work are very lucky

---

a. Aussi : (Brit) *realise*
b. Notez que to realize s'emploie dans le sens de 'donner une existence réelle à ce qui n'était que dans l'esprit (rêve, projet, ambition...)' et non dans le sens de 'faire, accomplir' (cf. 4).
c. *Ses rêves se sont réalisés :* his dreams were *realized/came true ; ses prédictions se sont réalisées :* his predictions were fulfilled/came true
d. – L'emploi du verbe **réaliser** dans ce sens est contesté par certains puristes.
   – Quand le verbe **réaliser** a le sens légèrement différent de 'accepter la réalité d'un fait, s'en convaincre', il sera traduit par **to take in/to sink in** : ex. *son mari est mort il y a deux ans mais elle n'a pas encore vraiment réalisé :* her husband died two years ago but she hasn't really taken it in yet/it hasn't really sunk in yet.
e. Mais : he *realized* £50,000 on his house/his house *realized* £50,000 : il a vendu sa maison pour £50 000/la vente de sa maison lui a rapporté £50 000

## RÉCEPTION / RECEPTION

**I**  1. Nous parvenons à capter la BBC mais la **réception** est très mauvaise
      We can get BBC but **reception** is very bad

    2. Veuillez passer à la **réception**. On vous donnera vos clés
      Please go to **reception**, where you will be given your keys
      (*aussi :* the **reception desk**)

    3. La comtesse de Villeneuve donnera une **réception** lundi prochain
      The Countess of Villeneuve will hold a **reception** next Monday [a]

**II**  4. Après une bonne **réception** du ballon, Symes dégagea en touche
      After **catching** the ball well, Symes kicked it into touch

    5. Le parachutiste manqua sa **réception**
      The parachutist made a bad **landing**

    6. Qui s'occupera de la **réception** des marchandises ?
      Who'll take **delivery** of the goods ?

      Dès **réception** du télégramme [du paquet], veuillez contacter le bureau
      On **receipt** of the telegram [the parcel] please contact the office [b]

**III**  7. The public gave the play an enthusiastic **reception**
      Le public a fait un **accueil** enthousiaste à la pièce [c]

---

a. Pour une réception plus simple, moins mondaine, on emploiera plutôt **party** : ex. *donner une petite réception* : *to give a party*.

b. *Accuser réception de* : *to acknowledge receipt of*

c. **Réception** s'emploie parfois dans ce sens, principalement avec des personnes : *to give sb a warm reception* : *faire une bonne réception à qqn, faire bon accueil à qqn*.

◊ *Discours de réception (à l'Académie française...)* : *acceptance speech*

## (SE) RECEVOIR / TO RECEIVE

**I**  1. J'ai **reçu** ta lettre [mon cadeau d'anniversaire, l'argent] avec huit jours de retard
      I **received** your letter [my birthday present, the money] a week late [a]
      (*plus familièrement :* **got**)

| | |
|---|---|
| J'ai **reçu** des nouvelles de ma famille d'Angleterre hier | I **received** news from my family in England yesterday (*plus familièrement :* **got**) |
| Il a **reçu** une très bonne instruction | He **received** a good education (*plus familièrement :* **had**) |
| J'ai **reçu** un coup sur la tête et j'ai perdu connaissance | I **received** a blow on the head and then I lost consciousness (*plus familièrement :* **was hit** on the head) |
| Nous n'avons **reçu** que des critiques | We **received** nothing but criticism [b] (*plus familièrement :* **got**) |
| 2. Est-ce que tu me **reçois** ? — Je te **reçois** cinq sur cinq | Are you **receiving** me ? — I'm **receiving** you loud and clear |

**II**  3. Tous les étudiants ont été **reçus** *(pass)* à l'examen d'entrée — All the students **passed** the entrance exam

Il a été **reçu** *(pass)* premier — He *(Brit)* **came** first/ *(US)* **came in** first in the exam

La moitié des candidats seulement ont été **reçus** *(pass)* à l'école des beaux-arts ( = admettre) — Only half of the candidates were **admitted** to the Art School [c]

4. Des bassins sont construits le long des autoroutes pour **recevoir** les eaux de pluie — Channels are built along the motorways to **collect** the rainwater (*parfois :* **receive**)

Notre stade peut **recevoir** 5 000 personnes — Our stadium can **take/hold** 5,000 people [d]

5. Tous les samedis, ils **reçoivent** des amis à dîner — Every Saturday they **have** friends to dinner

Les Granger **reçoivent** beaucoup — The Grangers **entertain** a lot/**do** a lot of **entertaining** [e]

6. Le médecin **reçoit** le vendredi, de 17 à 19 heures — The doctor *(Brit)* **has/holds** a **surgery** on Fridays from 5 to 7 p.m. (*US :* **receives** patients)

Le professeur Collins **reçoit** dans son bureau le lundi de 14 à 18 heures — Professor Collins **has office hours** from 2 to 6 p.m. on Mondays

La directrice nous a **reçus** dans son bureau — The headmistress **saw** us in her office

7. Notre vieil oncle nous **reçut** à bras ouverts — Our old uncle **welcomed** us with open arms (*parfois :* **received**)

|   |   | Il n'était visiblement pas très content et nous a **reçus** très froidement | He obviously wasn't very pleased and **gave** us a very cold **reception** [f] |
|---|---|---|---|
|   | 8. | Il a bien franchi la barre mais **s'est** mal **reçu** et s'est foulé la cheville | He cleared the bar but **landed** badly and sprained his ankle |
| III | 9. | He was put in jail for **receiving** (stolen goods) | Il fut mis en prison pour avoir **recélé** des objets volés/Coupable de **recel**, il fut mis en prison |

a. Mais : *Combien coûte ce livre ? — Je ne sais pas, je l'ai reçu* ( = c'est un cadeau) : *How much does this book cost? — I don't know, I got it as a present/I was given it*
b. – **Recevoir**, suivi d'un nom et formant avec celui-ci une locution verbale à sens passif, ne sera souvent pas traduit par **to receive** : ex. *recevoir des modifications : to be modified ; recevoir confirmation : to be confirmed ; recevoir une solution : to be solved.*
 – **Recevez** *l'expression de mes salutations distinguées : Yours faithfully/sincerely ;* (Comm, Admin) *nous avons bien reçu votre lettre du 10 courant : we acknowledge receipt of your letter of the 10th of this month*
c. **To receive** ( = admettre) est possible dans certaines expressions : ex. *to be received into a group, the Church.*
d. (Hôtel) *to accommodate, to take, to hold ;* (école) *to take*
e. **To receive** s'emploie pour des occasions plus officielles ou solennelles : ex. *Lady Ashley receives° on Tuesday afternoons ; the ambassadors were received by the Queen at Buckingham Palace.*
f. Le verbe **to receive** est courant lorsqu'il est accompagné d'un nom abstrait et d'un complément de manière : ex. *the new proposals were badly received by the unions : les nouvelles propositions furent mal accueillies/***reçues°** *par les syndicats.*

## RECORD / RECORD

| I | 1. | Qui détient le **record** du monde du 800 mètres ? | Who holds the world **record** for the 800 metres ? |
|---|---|---|---|
|   |   | Il fait -30° aujourd'hui. C'est un **record** ! | It's -30° today. It's a **record** ! |
| III | 2. | We regret to say that we have no **record** of your claim | Nous sommes au regret de vous informer que nous n'avons trouvé aucune **trace/mention** de votre demande d'indemnité |
|   |   | The minutes are an official **record** of the proceedings of a meeting | Un procès-verbal est un **rapport/compte rendu** officiel de ce qui a été dit ou fait lors d'une réunion [a] |

3. This secretary seems to have a good **record**

   Cette secrétaire semble avoir de bons **états de service** [b]

   That man already has a police **record**

   Cet homme a déjà un **casier** judiciaire

4. This shop specializes in classical **records**

   Ce magasin est spécialisé en **disques** de musique classique

---

a. To keep a **record** of sth : *noter qqch, consigner qqch* ; to go on **record** as saying that... : *déclarer publiquement que* ; this is strictly off the **record** : *ceci est à titre purement confidentiel* ; just for the **record**... : *je voudrais signaler que...* ; to set/put the **record** straight : *mettre les choses au clair* ; medical **record** : *dossier médical*

b. En anglais, le mot **record** est un terme assez général qui désigne "tous les faits connus sur le passé de qqn ou qqch". Il sera, selon le cas, traduit par **états de service, antécédents, passé** ou par une tout autre tournure de phrase : ex. *that make of aircraft has a bad safety **record*** : *il y a déjà eu plusieurs accidents avec ce type d'avion*.

## RÉCUPÉRER / TO RECUPERATE

**II** 1. Les créanciers espèrent **récupérer** l'argent qui leur est dû

   The creditors hope to **recover/get back** the money they are owed

   Je lui ai prêté mes notes de cours mais je ne sais pas si je les **récupérerai** un jour

   I've lent him my notes but I don't know if I'll ever **get** them **back**

   J'ai été **récupérer** mon sac à la gare. Je l'avais oublié dans la salle d'attente

   I went to **retrieve/get back** my bag from the station. I'd left it in the waiting room

   Je dois **récupérer** Sophie à l'école

   I've got to **fetch/collect** Sophie from school [a]

2. L'incendie a tout ravagé. Nous n'avons pu **récupérer** que quelques meubles

   The fire destroyed everything. We were only able to **save/salvage** a few pieces of furniture

3. C'est une bonne chose qu'on **récupère** les vieux journaux [la ferraille]

   It's good that they **recycle** waste paper [**recycle/salvage** scrap iron]

   L'institutrice **récupère** les boîtes en carton pour les activités de bricolage

   The nursery teacher **saves/collects** cardboard boxes for model making

4. Je pars un peu plus tôt aujourd'hui. Je **récupérerai** (cette heure) demain

   I'm going a bit earlier today. I'll **make** it up/I'll **make up** the time tomorrow

5. *(Polit)* La révolte des étudiants a été **récupérée** par la gauche

The left **took over** the students' revolt **and exploited** it **for its own ends**

*(Polit)* Le parti communiste va sûrement essayer de le **récupérer**

The Communist Party is sure to try to **get** him **into their camp**

6. Il faut que je m'arrête un peu pour **récupérer**. Je n'en peux plus !

I'll have to stop for a bit to **get my strength back/to recover**. I'm worn out ! [b]

III 7. My grandfather went to the seaside to **recuperate** after his operation

Mon grand-père est allé à la mer pour **se refaire une santé/se rétablir** après son opération

---

a. *Récupérer l'usage de sa main droite* : to get back/recover the use of one's right hand
b. *Récupérer* s'emploie surtout dans le sens de 'reprendre des forces après un effort physique', alors que **to recuperate** signifie plutôt 'reprendre des forces après une maladie' (cf. 7).

## (SE) RECYCLER / TO RECYCLE

I 1. Je trouve que c'est une bonne chose de **recycler** les huiles usagées [le papier]

I think it's a good idea to **recycle** used oil [paper]

II 2. De nos jours, il faut non seulement former mais aussi **recycler** le personnel [les enseignants]

Nowadays staff [teachers] need not only to be trained but also to be **sent on refresher courses**/to **receive in-service training**

Les progrès sont tellement rapides dans ce domaine que les ingénieurs doivent **se recycler** régulièrement

Progress in this field is so rapid that the engineers are constantly having to **update their knowledge**

3. Jean est un ancien professeur qui s'est **recyclé** dans l'informatique

John used to be a teacher but now he's **retrained** in computer technology

## REDONDANT / REDUNDANT

**I** 1. Ta dissertation serait bien meilleure si tu supprimais tous les adjectifs **redondants**
Your essay would be much better if you cut out all these **redundant** adjectives [a]

**III** 2. *(Brit)* Half of the work force have been made **redundant**
La moitié des ouvriers ont été **licenciés/mis au chômage**

---

a. – Mais : *style redondant : verbose/wordy style*
– Notez que **redondant** sera parfois plutôt traduit par **superflu/inutile** : ex. *since we got the new computer system all this software has become redundant.*

## (SE) REFLÉTER / TO REFLECT

**I** 1. Les eaux du lac **reflétaient** le clocher de l'église
The church towers were **reflected** *(souvent pass)* in the lake

Les visages rayonnants des enfants **se reflétaient** dans les vitrines
The children's glowing faces were **reflected** in the shop windows [a]

2. Ses résultats d'examen ne **reflètent** pas ses capacités
His examination results do not **reflect** his true ability [b]

**III** 3. She **reflected** that it was too late to start a slimming diet
Elle **s'est dit** qu'il était trop tard pour commencer un régime

He **reflected** on the possible consequences of a divorce
Il **réfléchit** aux conséquences possibles/**médita** sur les conséquences possibles d'un divorce

4. The children's behaviour **reflects** (badly) (up)on their school
Un tel comportement de la part des élèves **porte atteinte à la réputation de** l'école/**donne une mauvaise image de** l'école [c]

---

a. Le verbe **to reflect** a un sens plus large que **refléter**. Il s'emploie aussi lorsqu'il ne s'agit pas d'images mais de rayons ou d'ondes : ex. *to reflect the sun's rays : réfléchir les rayons du soleil ; to reflect heat, sound : renvoyer la chaleur, les sons.*
b. Mais : *son visage reflète la bonté/la bonté se reflète sur son visage : goodness shows in his face*
c. ***To reflect** on sb's honesty : jeter le doute sur/mettre en doute l'honnêteté de qqn*
◊ *He basked in his brother's reflected glory : la gloire de son frère rejaillissait sur lui*

## REFUS / REFUSE

II   1.  Ils proposèrent de l'aider, mais son **refus** fut catégorique

They offered to help him but he gave a flat **refusal** [a]

III  2.  The **refuse**° is collected on Fridays

Le ramassage des **ordures** a lieu le vendredi

---

a.  *Ce n'est pas de **refus**\* : I wouldn't say no\**

## REGARD / REGARD

II   1.  Son **regard** était dur, ses mâchoires serrées. Il était clair qu'il ne parlerait pas

He had a hard **look in his eye,** his jaw was set. It was obvious he was not going to talk

Il me lança un **regard** affolé [noir, menaçant]

He gave me a panic-stricken [black, threatening] **look**

Avec son **regard** si doux et ses longs cheveux blonds, on dirait un ange !

With her gentle **expression** and her long blond hair she looks like an angel !

Moi, j'accorde beaucoup d'importance au **regard**. On y lit tellement de choses

I attach a lot of importance to the **eyes.** One can read so much in them [a]

III  2.  I have a great **regard** for her parents/I hold her parents in high **regard**

J'ai beaucoup d'**estime** pour ses parents/Je tiens ses parents en haute **estime**

      3.  Ann has shown very little **regard** for my advice in the past

Anne a fait très peu de **cas** de/s'est très peu **souciée** de/n'a pas **tenu compte** de mes conseils dans le passé

Out of **regard** for her mother I never mentioned the subject again

Par **considération/égard** pour sa mère, je n'ai plus abordé le sujet [b]

4. Give Roger my **regards** *(pl),* will you ?   Transmettez mon **bon souvenir** à Roger/Faites mes **amitiés** à Roger [c]

---

a. – (A) **Regard** ne s'emploie plus que dans la langue littéraire.
   – *Détourner le **regard** :* to look away, to avert one's eyes ; *dévorer du **regard** :* (qqch) *to look/gaze longingly at something ;* (qqn) (avec admiration) *not to be able to take one's eyes off sb,* (avec concupiscence) *to look at sb hungrily ; chercher qqn du **regard** :* to look round for sb ; *interroger qqn du **regard** :* to give sb an inquiring look ; *attirer tous les **regards** :* to catch everyone's eye/attention ; *échanger des **regards** avec qqn :* to exchange looks/glances with sb ; *au premier **regard** :* at first glance/sight
b. *Without **regard** for :* au mépris de, sans égard pour, sans tenir compte de, sans se soucier de
c. (Correspondance) *With kind **regards** :* (bien) amicalement, (sincères) amitiés
◊ – *Avoir droit de **regard** sur qqch :* to have the right to examine/inspect sth ; *au **regard** de la loi°* : in the eyes of the law ; *avec la traduction en **regard** :* (sur une autre page) *with the translation on the opposite page,* (sur la même page) *with the translation alongside ; en **regard** de°* : compared with
   – (Techn) ***Regard** :* inspection hole, (égout) manhole
   – *In/with **regard** to :* en ce qui concerne, quant à ; *in this **regard°*** : à cet égard

## (SE) REGARDER / TO REGARD

II 1. **Regarde** les nuages. Il va sûrement pleuvoir   **Look at** the clouds. I'm sure it's going to rain

Elle **regardait** la photo d'un air pensif   She **looked at** the photo thoughtfully
(*rarement :* **regarded°**)

Je déteste qu'on me **regarde** travailler   I hate people **watching** me work

Mes enfants ne **regardent** jamais la télévision en semaine   My children never **watch** television during the week

**Regarde** si le taxi est déjà arrivé   **Look and see/go and see** if the taxi's come yet

Elle **se regarda** dans le miroir et se découvrit quelques rides supplémentaires   She **looked at herself** in the mirror and found a few more wrinkles [a]

2. Si j'ai envie de partir en vacances seule, cela ne **regarde** que moi   If I want to go on holiday on my own, that **concerns** no one but me/that's nobody's **business** but mine

Cette affaire ne **regarde** plus notre département   That case no longer **concerns** this department [b]

|     |    |                                                                                                    |                                                                                                  |
| --- | -- | -------------------------------------------------------------------------------------------------- | ------------------------------------------------------------------------------------------------ |
|     | 3. | La maison **regarde** un vaste champ de blé [**regarde** vers le midi] (*plus souvent* : **est orientée vers, fait face à**) | The house **faces** a huge cornfield/**looks out over** a huge cornfield [**faces** south]        |
|     | 4. | Je **regarde** avant tout à la qualité, peu m'importe le prix                                      | I'm **concerned** above all **with** quality ; I don't care about the price [c]                   |
| III | 5. | I **regard** this dictionary as one of the best on the market                                      | Je **considère** ce dictionnaire comme un des meilleurs sur le marché [d]                         |
|     | 6. | His failure to **regard**° the gypsy's warning proved fatal                                        | Il ne **tint** pas **compte de** l'avertissement de la bohémienne et cela lui fut fatal           |

a. – **To look at sth** s'emploie lorsque l'objet est inanimé, fixe. **To watch,** par contre, s'utilise quand il s'agit d'une action en déroulement ou d'une image qui n'est pas fixe.
  – *Regardez-moi ça !\** : just look at that ! ; vous ne m'avez pas **regardé** !\* : what do you take me for ? ; tu ne t'es pas **regardé** !\* : you should take a look at yourself !
  – Notez qu'il existe, en anglais, une grande variété de verbes qui expriment différentes manières de regarder : **regarder** longuement : to gaze at ; **regarder** fixement : to stare at ; **regarder** rapidement : to glance at, etc.
  – *Regarder* les choses en face : to see things as they are, to face facts ; **regarder** qqch d'un œil favorable/d'un bon œil : to look favourably on sth (moins souvent : **to regard**° sth favourably)
b. Mêle-toi de ce qui te **regarde** ! : mind your own business !
c. **Regarder** à la dépense : to watch what one spends ; ne pas **regarder** à la dépense : to spare no expense ; y **regarder** à deux fois : to think twice
d. Regarder s'emploie parfois dans un style plus soutenu.
◊ – To be highly **regarded** : être tenu en grande estime
   – As **regards** : pour/en ce qui concerne

## RÉGIME / RÉGIME *ou* REGIME

|    |    |                                                                       |                                                                                                             |
| -- | -- | --------------------------------------------------------------------- | ----------------------------------------------------------------------------------------------------------- |
| I  | 1. | Le plupart de ces pays ont un **régime** totalitaire                  | Most of these countries have a totalitarian **regime** [a] ⇨ 2                                              |
| II | 2. | Il n'est pas bon qu'un pays change continuellement de **régime**      | It's not good for a country to pass continually from one **system of government/political system** to another |

| | |
|---|---|
| Un des mérites du **régime** actuel est qu'il ne sombre pas dans la démagogie | One of the merits of the present **government** is that it doesn't fall into demagogy |
| 3. Ils avaient pourtant promis qu'ils changeraient le **régime** électoral [fiscal, pénitentiaire, hospitalier] | And yet they had promised to change the electoral **system** [the tax **system**, the prison/hospital **regulations**] [b] |
| (Jur) Quel **régime** matrimonial est le plus répandu dans votre pays ? | Which type of marriage **settlement** is most common in your country ? |
| 4. Le médecin lui a prescrit un **régime** sans sel | The doctor has put him on a salt-free **diet** [c] |
| J'ai grossi de trois kilos. Il est temps que je me mette au **régime** | I've put on 7 pounds. It's time I went on a **diet** [d] |
| 5. (Auto) Lorsqu'elle est au **régime** de croisière, ma voiture ne consomme presque rien | At cruising **speed** my car hardly uses any petrol at all [e] |

a. (A) **Regime** est surtout courant dans un sens péjoratif. Notez également l'emploi ironique : *under the new* **regime** : *depuis le changement de direction/de directeur.*
b. Notez qu'on peut parler en anglais de *Spartan* **regime** *(régime spartiate).*
c. (A) **Regime** se rencontre dans un langage plus technique (médical, etc.), souvent dans le sens de programme de soins, cure ˙ : ex. *skin care* **regime**, *slimming* **regime**.
d. *Faire* **régime** : *to be on a diet, to diet; (biscuits...) de* **régime** : *slimming (biscuits...)*
e. *Marcher à plein* **régime** : *to go (at) full speed ;* (fig) *à ce* **régime** : *at this rate ; j'ai eu/subi une baisse de* **régime** : (physique) *my energy level dropped,* (dans le travail...) *I had a loss of momentum*
◊ **Régime** *de bananes, de dattes : hand of bananas, cluster of dates*

## RÉGULATION / REGULATION

| | | | |
|---|---|---|---|
| I | 1. | La transpiration joue un rôle primordial dans la **régulation** thermique du corps humain | Perspiration plays a crucial role in the **regulation** of human body temperature [a] |
| III | 2. | In the past, clocks needed frequent **regulation** *(nd)* | Autrefois, les horloges nécessitaient de fréquents **réglages** |
| | 3. | I'm sorry, you can't smoke here. It's against hospital **regulations** *(pl)* | Je suis désolé, mais vous ne pouvez pas fumer ici. C'est interdit par le **règlement** de l'hôpital |

| | |
|---|---|
| The EEC is going to introduce more effective **regulations** *(pl)* on the use of food additives | La CEE va mettre sur pied une **réglementation** plus efficace en matière d'additifs alimentaires [b] |

a. Notez que **régulation** est souvent traduit par **control,** principalement dans le domaine technique : ex. *dispositif de* **régulation** *du carburant :* fuel control system *;* **régulation** *des naissances :* birth control *;* **régulation** *du traffic (aérien...) :* (air...) traffic control.
b. *Safety* **regulations** *: règles de sécurité ; fire* **regulations** *: consignes en cas d'incendie ;* **regulation** *dress : tenue réglementaire*

## RÉGULIER / REGULAR

| | | | |
|---|---|---|---|
| **I** | 1. | On n'entendait que le tic-tac **régulier** de la pendule (= cadence régulière) | We could hear only the **regular** ticking of the clock (*aussi :* **steady**) |
| | | Le pouls du patient était **régulier** | The patient's pulse was **regular** [a] (*aussi :* **steady**) |
| | 2. | Seules les visites **régulières** de son fils brisaient quelque peu la monotonie de ses jours | Her son's **regular** visits were the only thing that relieved the monotony of her days a little |
| | | Le village est desservi par un service **régulier** d'autobus | The village has a **regular** bus service [b] |
| | | Il n'a jamais mangé à des heures **régulières** et maintenant il le paie | He never had his meals at **regular** times and now he's paying for it [c] ⇨ 8 |
| | 3. | Avec ses traits **réguliers** et ses yeux rieurs, elle était très photogénique (= harmonieux, symmétrique) | With her **regular** features and her laughing eyes she was very photogenic |
| | | Mon écriture n'a jamais été très **régulière** | My handwriting has never been very **regular** [d] (*aussi :* **even**) |
| | 4. | *(Gram)* « Danser » est un verbe **régulier** | 'Dance' is a **regular** verb |
| **II** | 5. | Le mur n'est pas très **régulier**. Il faudrait plâtrer avant de tapisser (= égal) | The wall isn't very **even**. We would have to plaster it before we put the wallpaper on |

6. Nous devons absolument suivre la procédure **régulière,** sinon notre décision risque d'être annulée — We must follow the **proper** *(épith)*/**correct** procedure at all costs, otherwise our decision may be invalidated

    La décision du conseil est parfaitement **régulière** — The board's decision is perfectly **valid/in order** *(attrib)*

    Je ne crois pas que la transaction soit tout à fait **régulière** — I don't think the transaction is completely **legal/above board** *(attrib)* [e]

7. Depuis sa sortie de prison, sa conduite a toujours été **régulière** (= conforme aux règles de la morale) — Since he came out of prison he's led a **decent**/an **honest** life

    Il a toujours été **régulier** en affaires. Vous pouvez lui faire confiance — He's always been an **honest** businessman. You can trust him

    T'en fais pas. Il est **régulier** *. C'est pas lui qui ira moucharder — Don't worry. He's **straight** */**on the level** * *(attrib)*. He won't grass on us

**III**  8. That wasn't our **regular** postman. I suppose he must be on holiday — Ce n'était pas notre facteur **habituel/normal.** Il est sans doute en congé

    This is my **regular** route into town — Ceci est mon chemin **habituel** pour aller en ville/le chemin que je prends **d'habitude/normalement** pour aller en ville

    **Regular** readers will remember our series of articles on childcare — Nos lecteurs **fidèles/assidus** se souviendront de notre série d'articles sur l'éducation des enfants [f]

9. *(US)* Give me a drum of washing powder, please - **regular** size — Je voudrais un baril de lessive, s'il vous plaît. Le modèle **standard/normal**

    You don't need special shoes. *(US)* **Regular** sneakers will do fine — Tu n'as pas besoin de chaussures spéciales. Des baskets **ordinaires**/de **simples** baskets feront l'affaire

10. *(Brit)* *(vieilli)* Our teacher was a **regular** * martinet — Notre professeur était un **vrai/véritable** gendarme

---

a. Notez que quand le mot **régulier** signifie ʿconstant, uniformeʾ, sans que la notion de ʿcadencé, rythméʾ ne soit présente, il sera plutôt traduit par **steady** : ex. *vitesse [accélération]* **régulière** : *steady speed [acceleration]* ; *progrès* **régulier** : *steady progress* ; *nous roulions à une vitesse* **régulière** *de 100 km/h* : *we were doing a steady 100 km/h*.

b. Mais : *vol* **régulier** : *scheduled flight*

c. – *Revenu régulier : regular/steady income ; être régulier dans son travail : to be a steady/reliable worker*
– *To keep regular hours : mener une vie bien réglée ; to have regular bowel movements/be regular\* : avoir des selles régulières*
d. Mais : *plan régulier : symmetrical plan*
e. Notez également : *gouvernement régulier : legitimate government ; de façon régulière : in accordance with the law/constitution/regulations ; être dans une situation régulière : to be in line with the law ;* (Sports) (coup) *régulier : legitimate, permissible,* (attrib) *allowed by the rules*
– L'adjectif **regular** peut se rencontrer dans ce sens, mais il est d'un emploi beaucoup plus rare que son correspondant français.
f. Notez également : *regular customer :* (magasin) *client fidèle, bon client,* (café...) *habitué ; a regular visitor : un familier (de la maison)*
◊ *Regular army : armée active ; regular soldier : militaire de carrière ; regular officer : officier de carrière ;* (Relig) *regular clergy : clergé régulier ;* (Math) *regular polygon : polygone régulier ;* (US) *a regular\* guy : un chic\* type*


## (SE) REJETER / TO REJECT

I   1. Sa suggestion [sa candidature] fut **rejetée** — His suggestion [his application] was **rejected**

Il a toujours été **rejeté** par sa famille — He has always been **rejected** by his family

La machine **rejette** les pièces étrangères — The machine **rejects** foreign coins

Bien sûr, il est toujours possible que son organisme **rejette** la greffe — Of course his body may still **reject** the transplant [a]

II  2. Les troupes essaient de **rejeter** l'envahisseur hors des frontières — The troops are trying to **push/drive** the invaders **back** over the border

Il faut à tout prix **rejeter** les éléments suspects de notre parti — We must at all costs **cast out/eject/expel** the suspicious elements from our party

3. Pendant plusieurs jours, le malade **rejeta** toute nourriture (= vomir) — For several days the patient **vomited** all his food (*US :* **rejected**)

Les déchets ne pourront désormais plus être **rejetés** dans les rivières — It will no longer be permitted to **discharge** waste matter into the rivers

Les ouvriers **rejetaient** les déblais sur le bord de la tranchée — The workmen **threw** the earth onto the sides of the trench

Un beau matin, la mer **rejeta** l'épave du petit bateau — One morning the sea **washed up/cast up**° the wreck of the little boat

4. En allemand, on **rejette** le verbe en fin de phrase dans ces cas-là

In German the verb **goes** to/is **put** at the end of the clause in such cases

5. Le pêcheur **rejetait** les petits poissons

The angler **threw back** the small fish

6. Le public la hua ; elle **rejeta** la tête en arrière et chanta de plus belle

The audience booed her, but she **threw back/tossed back** her head and sang even louder

Il se promenait dans la ville, le chapeau **rejeté** en arrière

He walked through the town with his hat **pushed back**

7. Pourquoi toujours **rejeter** la responsabilité sur le patronat ?

Why always **lay** the responsibility at the feet of the management ? (*aussi :* blame the management)

---

a. Le verbe **to reject** s'emploie dans le sens de ʿrefuser d'accepterʾ et non dans les sens plus physiques de ʿjeter loin de soi, faire reculer, etcʾ (voir II). Dans certains cas, il sera plutôt traduit en français par d'autres verbes : ex. **to reject** a candidate, a manuscript : refuser ; **to reject** sb who proposes marriage : éconduire ; **to reject** advances : repousser.

## RELATIF / RELATIVE

**I** 1. *(Philo, Log)* La connaissance humaine est **relative**

Human knowledge is **relative**

2. Un des plus grands atouts de l'écu est supposé être sa stabilité **relative**

One of the ecu's greatest assets is said to be its **relative** *(épith)* stability
(*aussi :* **comparative**)

Après une période d'inactivité **relative**, l'IRA multiplia de nouveau les attentats

After a period of **relative** *(épith)* inactivity the IRA stepped up its terrorist campaign again ᵃ
(*aussi :* **comparative**)

**II** 3. En fin de compte, le risque de rencontrer quelqu'un de déplaisant est très **relatif**

After all, the risk of meeting someone unpleasant is **relatively slight**/is **not as great as one might think**

Le président ne jouit que d'une estime **relative**

The president only enjoys a **limited amount of**/a **certain amount of** respect

|   |   | Nous vivons dans un confort très **relatif**. Nous n'avons pas encore le chauffage central | We only live in **limited** comfort. We haven't got central heating yet |
|---|---|---|---|
|   | 4. | Le chapitre **relatif** au redressement économique de l'agriculture est nettement plus technique | The chapter **relating to/concerning** the economic recovery of agriculture is much more technical (*rarement :* **relative° to**) |
| III | 5. | They were discussing the **relative** merits of the two candidates | Ils débattaient des mérites **respectifs** des deux candidats |

---

a. – (A) **relative** s'emploie dans le sens de ʿpar comparaison à d'autres états ou situationsʾ et non dans le sens de ʿincomplet, imparfait, limitéʾ (cf. 3).
– Les expressions *c'est relatif/tout est relatif* ne peuvent pas être traduites littéralement en anglais et la traduction sera fonction du contexte : ex. *Il fait calme ici.* — *Tout est **relatif**. C'est dimanche aujourd'hui :* It's quiet here. — Yes, but don't forget it's Sunday today.
– There is a surplus of students **relative** to the university places available : *il y a trop d'étudiants par rapport au nombre de places disponibles à l'université*
◊ (Gram) *Proposition **relative** :* relative clause *; pronom **relatif** :* relative pronoun

## RELATION / RELATION

| I | 1. | Je ne pense pas qu'il y ait une **relation** entre les deux affaires (*souvent :* **rapport, lien**) | I don't think there's any **relation** between the two events [a] (*souvent :* **relationship**) |
|---|---|---|---|
|   | 2. | Depuis cet incident, les **relations** entre les deux pays sont assez tendues | Since that incident, **relations** between the two countries have been strained [b] |
|   |   | J'ai de bonnes **relations** avec mes collègues (*aussi :* **rapports**) | My **relations** with my colleagues are good (*aussi :* I have a good **relationship** with.../I am on good **terms** with...) [c] |
|   |   | Êtes-vous pour ou contre les **relations** sexuelles avant le mariage ? (*aussi :* **rapports**) | Are you for or against sexual **relations** before marriage ? (*plus couramment :* for or against **sex**...) |
| II | 3. | Ce n'est pas vraiment un ami, seulement une **relation** | He's not really a friend, just an **acquaintance** |

| | | | | |
|---|---|---|---|---|
| | 4. | Sans mes **relations**, tu n'aurais jamais obtenu ce poste | | If it weren't for my **contacts/connections** you would never have got that job |
| III | 5. | She has invited all her **relations**, even the most distant (*aussi*: **relatives**) | | Elle a invité tous ses **parents**, même les plus éloignés |

a. *To bear some/no **relation** to : avoir un rapport/n'avoir aucun rapport avec ; in/with **relation** to : au sujet de, en ce qui concerne*
b. *Rompre les **relations** diplomatiques : to break off diplomatic **relations***
c. — **Relationship** est souvent employé dans le cas d'une relation plus personnelle : ex. *j'ai toujours eu de bonnes **relations** avec ma mère : I've always had a good relationship with my mother.*
— *Être en **relation** avec qqn : to be in touch/contact with sb*
◊ **Relation°** ( = récit) : *account, report*

# RELIEF / RELIEF

| | | | |
|---|---|---|---|
| II | 1. | Les éruptions volcaniques ont fortement influencé le **relief** de la région | Volcanic eruptions have strongly influenced the **topography/ (topographic) configuration/ land forms** of the region [a] |
| | 2. | Le **relief** de la médaille avait été érodé par le temps | The **raised design/embossed design** of the medal had been worn away by the passage of time |
| | | L'alphabet Braille est un système d'écriture fait de points en **relief** | Braille is a system of writing consisting of **raised** dots [b] |
| | 3. | Les **reliefs** *(pl)* de ce repas pantagruélique firent la joie des domestiques | The **remains** of/**leftovers** from this gargantuan meal provided a feast for the servants |
| III | 4. | What a **relief** when I heard they were safe ! | Quel **soulagement** quand j'appris qu'ils étaient sains et saufs ! |
| | | The tablets should bring instant **relief** | Les cachets devraient apporter un **soulagement** immédiat |
| | 5. | I think we need some light **relief** after all those heavy discussions | Je pense que nous avons besoin d'un peu de **détente** après toutes ces discussions sérieuses |

6. The nurse said she wouldn't leave her patient's bedside until her **relief** arrived / L'infirmière a dit qu'elle ne quitterait pas le chevet de son patient avant qu'on ne vienne la **relayer** c

7. A **relief** fund has been set up for the victims of the drought / On a ouvert une caisse de **secours** pour les victimes de la sécheresse

8. The **relief** of the besieged town was a turning-point in the war / La **délivrance** de la ville assiégée changea le cours de la guerre

---

a. – Région de peu de **relief**, au **relief** accidenté : fairly flat, hilly/mountainous region
 – Notez que (A) **relief** s'emploie dans le domaine de la cartographie : ex. **relief** map : carte du **relief**.
b. – Lettres en **relief** (sur carte de visite, etc.) : embossed letters ; chaussures avec semelle en **relief** : shoes with moulded soles
 – Notez que (A) **relief** s'emploie dans le domaine de la sculpture, de l'architecture, de la céramique : bas-**relief** : low **relief**, bas-**relief** ; haut-**relief** : high **relief** ; motif en **relief** : design in **relief**.
c. **Relief** bus : autobus supplémentaire ; **relief** road : route de délestage
◊ – Mettre en **relief** : to emphasize, to accentuate
 – To throw sth into **relief** : faire ressortir qqch ; to stand out in **relief** against : se détacher sur
 – (Brit) Tax **relief** : dégrèvement fiscal ; (US) to be on **relief** : recevoir l'aide sociale

## (SE) REMARQUER / TO REMARK

II  1. Je n'avais jamais **remarqué** qu'on construisait une maison en face de chez vous / I'd never **noticed** they were building a house opposite yours [a]

Ne t'en fais pas. La tache **se remarque** à peine / Don't worry. The stain **is** hardly **noticeable**/hardly **shows**

Son émotion **se remarquait** à sa paleur / One **could tell**/It **was obvious** from his pallor that he was deeply affected

2. Parmi toutes les antiquités, je **remarquai** deux magnifiques chandeliers / Among all the antiques I **noticed**/ **caught sight of** two magnificent candelabras

Elle fut très vite **remarquée** par un impresario / She was very soon **noticed** by an impresario/She very soon **attracted the attention of** an impresario

Ce roman mérite d'être **remarqué** / This novel is worthy of **attention**/ **notice** [b]

| | | | |
|---|---|---|---|
| III | 3. | He **remarked** that he hadn't seen William for a long time | Il **dit/déclara** qu'il n'avait pas vu William depuis longtemps (*moins souvent :* **remarqua**) |
| | | Do you remember that I **remarked** on it (to you) at the time ? | Tu te souviens que je t'en ai **fait la remarque** à l'époque ? |

a. – *Faire* **remarquer** *qqch à qqn : to point sth out to sb ; faire* **remarquer** *que : to point out that*
   – **Remarquez** *(bien) (que) je n'en sais rien : I don't know, mark you/mind you*
b. (péj) *Elle aime se faire* **remarquer**\*/*elle se fait toujours* **remarquer**\* *: she likes to be noticed/to draw attention to herself*

## (SE) RÉPÉTER / TO REPEAT (ONESELF)

| | | | |
|---|---|---|---|
| I | 1. | Pourriez-vous **répéter** votre question ? | Could you **repeat** your question ? [a] |
| | 2. | Il avait beau se **répéter** qu'il ne pouvait rien se passer, il n'en était pas moins inquiet | Although he kept **repeating** to himself that nothing could happen, he couldn't help worrying |
| | | Je suis désolé de **me répéter,** mais il me semble que nous nous écartons du sujet | I'm sorry to **repeat myself**, but I think we're getting away from the point [b] |
| | 3. | Ne lui raconte jamais rien de confidentiel. Il ne peut s'empêcher de **répéter** tout ce qu'on lui confie | Never tell him anything confidential. He always **repeats** everything you tell him |
| | 4. | Par la suite, ils ont tenté – mais en vain – de **répéter** cet exploit | They tried to **repeat** this feat later, but in vain |
| | | J'ai pitié de ces ouvriers qui **répètent** continuellement le même geste | I feel sorry for those factory workers who **repeat** the same action time after time [c] |
| II | 5. | Si ce genre d'accident **se répète**, nous aviserons (= se produire à nouveau) | If this kind of accident **happens again/recurs**, we'll give the matter further thought |
| | | Je ne vous punirai pas cette fois, mais que cela ne **se répète** pas ! | I won't punish you this time but don't let it **happen again** [d] |
| | 6. | Il étudie en **répétant** ses leçons à haute voix | When he's studying he **goes over/ goes through** his lessons out loud [e] |

| | | |
|---|---|---|
| | Avant la séance, les acteurs **répètent** vite leur rôle dans leur loge | The actors quickly **go over/go through** their parts in their dressing rooms before the performance |
| | Nous jouons encore Macbeth mais nous sommes déjà en train de **répéter** une autre pièce | We're still performing Macbeth but we're already **rehearsing** another play |
| | J'ai **répété** cette nocturne de Chopin toute la nuit | I've been **practising** this Chopin nocturne all night |
| III | 7. I never eat cucumber. It **repeats**\* (on me) | Je ne mange jamais de concombres. Je ne les **digère** pas/Cela me **donne des renvois** |

a. – Dans ce sens (= dire une deuxième fois), **to repeat** ne peut pas être suivi d'un complément d'objet indirect. **Répéter** qqch *à qqn* sera donc traduit par *to say sth to sb again, to tell sb sth again*.
   – Notez également : *je l'ai dit et répété/je l'ai répété vingt fois : I've said it time and again*
b. *Il ne se l'est pas fait **répéter** : he didn't have to be told/asked twice*
c. **To repeat** a un champ d'application plus large que **répéter** et correspond souvent à **renouveler** : ex. **to repeat** an offer, (Comm) an order. Notez également : **to repeat** a film, a play : rediffuser ; (Scol) **to repeat** a class : redoubler.
d. Mais : *l'histoire **se répète** : history **repeats itself***
e. Notez : **to repeat** a poem, a lesson : réciter
◊ (Dans une chanson) **repeat** : bis

## RÉPÉTITION / REPETITION

| | | |
|---|---|---|
| I | 1. Il y a beaucoup de **répétitions** dans votre dissertation | There are a great many **repetitions**/there is a great deal of **repetition** in your essay |
| | 2. La **répétition** de cette faute prouve que ce n'est pas un lapsus | The **repetition** of this mistake proves that it is not just a careless slip |
| II | 3. Cette pièce nécessitera de nombreuses **répétitions** | This play will need a lot of **rehearsals** [a] |
| | 4. La **répétition** de la pièce [de mon rôle] a pris beaucoup de temps | **Rehearsing** the play [**learning** my part] took up a lot of time |

La **répétition** de ce morceau au piano l'a épuisé | **Practising** this piece on the piano exhausted him

---

a. **Répétition** générale : dress rehearsal

## RÉPONDRE / TO RESPOND

**II** 1. Georges m'a **répondu** qu'il acceptait notre invitation

George **answered/replied** that he accepted our invitation

Vous pouvez **répondre** à ces questions par écrit si vous préférez

You can **answer** these questions/ **reply to** these questions in writing if you prefer [a]

Tu n'as pas entendu la question ? **Réponds** alors !

Didn't you hear my question ? **Answer** (it) then ! [b]

2. J'ai frappé plusieurs fois mais personne ne m'a **répondu**

I knocked several times but no one **answered**

Le téléphone sonne. **Réponds** !

The phone's ringing. **Answer** it, will you ?

J'ai dû faire un mauvais numéro. Cela ne **répond**\* pas

I must have dialled the wrong number. **There's no answer/reply**

3. Tu oses me **répondre** ! Pour ta punition, tu n'iras pas au cinéma ce soir

How dare you **answer** (me) **back** ? As a punishment, you won't go to the cinema this evening

4. La personne que nous recherchons **répond** au signalement suivant : 1,70 m, cheveux foncés, yeux bleus

The person we're looking for **answers (to)** the following description : 1.70 m, dark hair, blue eyes

L'implantation d'un grand magasin dans cette région **répond** à un réel besoin

The building of a big store in this area **answers** a real need

Son physique ne **répond** pas du tout à l'idée que je m'en étais fait

His appearance doesn't **correspond** at all to what I had imagined

Cet étudiant n'a pas du tout **répondu** à notre attente

That student didn't **come up to** our expectations at all

5. Je ne **réponds** plus des dettes que pourrait encore faire mon fils. Qu'il se débrouille !

I'm no longer **responsible** for any debts my son may incur. He can sort things out for himself !

| | | Vous pouvez donner votre accord. Je **réponds** de lui [de son honnêteté] | You can accept his application. I'll **vouch** for him [for his honesty] c |
|---|---|---|---|
| | 6. | Elle n'a pas **répondu** à mon sourire [à mon amour] (= rendre) | She didn't **return** my smile [my love] d |
| III | 7. | France has **responded** to these changes in a somewhat radical manner | La France a **réagi** à ces changements d'une manière assez radicale |
| | | The disease does not **respond** to chemotherapy | La maladie ne **réagit** pas à la chimiothérapie/La chimiothérapie n'**agit** pas sur la maladie e |

a. – Plus rarement : **respond°** (to)
 – Reply est un terme légèrement plus soutenu que **answer**.
 – Notez que **reply** et **answer** ne peuvent être suivis d'une complétive introduite par *that* si le complément d'objet indirect est exprimé (c'est-à-dire lorsqu'on a, en français, la structure **répondre à qqn que**). En outre, ces verbes ne peuvent en aucun cas être suivis d'un infinitif. On emploiera, dans ces cas, le verbe **to tell** : ex. *répondez-lui qu'il attende/d'attendre* : *tell him to wait*.
b. – *Que voulez-vous **répondre** à cela ?* : *what can you say to that ?, there's no answer to that*
 – **Répondre** *par un sourire, un haussement d'épaules* : *to smile, shrug one's shoulders in reply/by way of reply, to answer/reply with a smile, a shrug of the shoulders*
c. – *S'il est nommé président, je ne **réponds** plus de rien* : *if he's appointed chairman, I won't answer for the consequences*
d. – Notez que **to respond** est possible lorsque le type de réaction qu'on paie en retour est mentionné : ex. *répondre à la violence par la violence* : ***to respond** to violence with violence, to answer violence with violence*. Notez également : *répondre aux avances de qqn* : ***to respond** to sb's advances*.
e. – L'emploi de **répondre** dans le sens de ʿréagirʾ est très limité : *répondre à un stimulus, aux commandes, à un appel*.
◊ – *Je vous (en) **réponds*** : *I can assure you*
 – *Les deux ailes du bâtiment **se répondent*** : *the two wings of the building match (each other)*
 – (Jur) ***Répondre** de ses crimes devant la cour d'assises* : *to answer for one's crimes in the Crown Court* ; (Relig) ***répondre** la messe* : *to serve (at) mass*
☐ **Réponse** : answer, reply, (parfois) **response°**
 **Response** : réaction

## RÉPONSE / RESPONSE

voir : **RÉPONDRE / TO RESPOND**

## REPRÉSENTATION / REPRESENTATION

**I** 1. L'écriture est la **représentation** du langage au moyen de signes

Writing is the **representation** of language by means of symbols

Ces tableaux sont des **représentations** fidèles des réjouissances populaires au Moyen-Âge

These paintings are faithful **representations** of popular festivities in the Middle Ages

2. Ce système de **représentation** défavorise les petits partis

That system of **representation** puts small parties at a disadvantage [a]

**II** 3. C'est la 300ᵉ **représentation** et la pièce a toujours autant de succès

This is the 300th **performance** and the play is still just as successful as ever [b]

**III** 4. They made **representations** *(pl)* to the local authorities about having a children's playground

Ils ont fait des **démarches**/ils ont **protesté** auprès des autorités locales pour avoir un terrain de jeux [c]

---

a. – Mais : **représentation** ( = délégation) : *representatives ; il assure la* **représentation** *de son gouvernement : he represents his government, he is his government's representative ;* (Comm) *faire de la* **représentation** *: to be a (sales) representative*
   – (Jur) **Représentation** *en justice : legal* **representation**
b. (fig) *Être en* **représentation** *: to play to the gallery*
c. **Représentation** est vieilli dans ce sens.
◊ *Frais de* **représentation** *: entertainment allowance*


## (SE) REPRÉSENTER / TO REPRESENT (ONESELF)

**I** 1. Cette peinture **représente** la libération de Paris

This painting **represents** the liberation of Paris
⇨ 4

2. En chinois, les concepts **se représentent**/sont **représentés** par des idéogrammes

In Chinese, concepts are **represented** by ideograms

Dans cette société, les parents **représentent** l'autorité suprême

In that society parents **represent** the ultimate authority

604

|  |  |  |  |
|---|---|---|---|
|  | 3. | Chaque parti était **représenté** par son président | Each party was **represented** by its president |
|  |  | Notre firme **représente** les produits naturels Vita dans le Bénélux | Our firm **represents** Vita natural products in the Benelux countries |
| II | 4. | Cet artiste a **représenté** de nombreuses natures mortes | This artist **painted** many still lifes |
|  |  | Dans son dernier roman, l'auteur a **représenté** la vie des travailleurs émigrés | In his last novel the author **depicted/portrayed** the lives of immigrant workers |
|  |  | Dans son article, il **représente** fidèlement les faits | In his article he **describes/sets down** the facts faithfully [a] |
|  | 5. | Cela ne **représentera** sûrement pas un gros travail [un gros sacrifice, une grosse dépense] | That certainly won't **mean/involve** a lot of work [much sacrifice, much expense] [b] |
|  | 6. | Hamlet n'a encore jamais été **représenté** dans ce théâtre | Hamlet has never been **performed** in this theatre |
|  | 7. | Il **se représentait** la maison comme un château | He **imagined/pictured** the house as a castle |
|  |  | Je ne parvenais plus à **me représenter** son visage | I was unable to **bring** her face **to mind/to recall/visualize** her face |
|  | 8. | Il n'a pas l'intention de **se représenter** à l'examen [au second tour des élections] | He doesn't intend to *(Brit)* **resit**/*(US)* **retake** the exam [**to stand** for election **again**] |
|  | 9. | Cette occasion ne **se représentera** peut-être plus jamais | The opportunity may never **present itself again/arise again** |
|  |  | Le même problème va **se représenter** si nous n'agissons pas | The same problem will **crop up again**/we'll **be faced with/confronted with** the same problem **again** if we don't act |
|  | 10. | Il essaya mais en vain de lui **représenter**° les risques d'une telle démarche | He tried in vain to **point out** to him the risks of taking such a step (*rarement :* **represent**) |
| III | 11. | He **represented** himself as a doctor | Il **se disait** médecin/**se faisait passer pour** médecin |

---

a. Mais : *représenter qqch/qqn comme* : to represent sth/sb as
b. **To represent** s'emploie parfois lorsque **représenter** signifie 'être le résultat de' : ex. *this dictionary* **represents** *years of work.*

605

## (SE) REPROCHER / TO REPROACH (ONESELF)

**I** 1. Quand il rentrait tard et qu'elle le lui **reprochait,** il repartait aussitôt

When he came home late and she **reproached** him for it, he went straight back out again [a]
⇨ 2

**II** 2. Peut-on vraiment lui **reprocher** d'avoir donné sa démission ?

Can one really **blame** him for resigning ? [b]

Je lui **reproche** son manque total d'éducation

**What I have against** him/**what I don't like about** him is his total lack of manners/**my criticism of** him **is** that he is totally lacking in manners

L'opposition a **reproché** au gouvernement d'avoir pris des mesures trop radicales

The opposition **criticized** the government for/**accused** the government of taking over-drastic measures

Je ne vois rien à **reprocher** à ce dictionnaire

I can't **find** any **fault** with/I can't **see** anything **wrong** with this dictionary

3. Je **me** suis souvent **reproché** de l'avoir laissé partir seule

I've often **blamed myself** for letting her go on her own
(*moins souvent :* **reproached myself**)

---

a. **To reproach** ne s'emploie que dans le cas de reproches faits verbalement.
b. Le verbe **to blame** n'est courant qu'à la forme négative ou interrogative. À l'affirmative, on dira plutôt : *I don't think he should have resigned, I think he was wrong to resign.*

## RÉSERVE / RESERVE

**I** 1. Ma mère a toujours une **réserve** de sucre et de café au cas où il y aurait une guerre

My mother always keeps a **reserve** of sugar and coffee in case there's a war [a]
(*plus souvent :* **stock, supply**)

Les **réserves** mondiales de charbon diminuent

The world's coal **reserves** are decreasing
(*aussi :* **stocks**)

| | | |
|---|---|---|
| | Les enfants ont une **réserve** d'énergie inépuisable | Children have an enormous **reserve**/enormous **reserves** of energy |
| | L'accumulation excessive des **réserves** nutritives dans l'organisme provoque l'obésité | Excessive accumulation of food **reserves** in the body leads to obesity (*plus souvent*: **stores** of food, **stored** food) |
| | 2. Une fois qu'elle eut surmonté sa **réserve** naturelle, ils devinrent les meilleurs amis du monde | Once she had overcome her natural **reserve,** they became the best of friends [b] |
| | 3. Depuis le début du siècle, de nombreuses **réserves** naturelles ont été créées de par le monde | Many nature **reserves** have been opened throughout the world since the beginning of the century [c] |
| II | 4. Un des participants a émis des **réserves** sur l'opportunité de nouvelles élections | One of the participants had some **reservations** about the opportuneness of fresh elections [d] |
| | 5. Il se peut que nous ayons encore une taille 40 dans la **réserve** | We may still have a size 40 in the **store(room)/stockroom/ warehouse** |
| | 6. Ces peintures viennent de la **réserve** du Louvre | These paintings come from the **reserve collection** of the Louvre |
| III | 7. *(Brit)* They've put a **reserve (price)** of £5,000 on the painting | La **mise à prix** du tableau est de 5 000 livres |
| | 8. When the goalkeeper broke his leg they brought on the **reserve** | Le gardien de but s'étant cassé la jambe, on fit entrer le **remplaçant** |

---

a. – (A) **reserve** est plus restreint que son correspondant français. Alors que ce dernier signifie 'quantité que l'on garde pour l'utiliser dans des occasions prévues ou imprévisibles', le mot anglais s'emploie surtout dans le deuxième cas : ex. *j'ai une bonne **réserve** de charbon pour l'hiver : I've got a good supply/stock of coal for the winter.*
– *Avoir qqch en **réserve** : to have sth in **reserve**/put by* ; *mettre qqch en **réserve** : to put sth by, to put sth in **reserve*** ; *faire des **réserves** de... : to lay in/get in stocks*/(moins souvent) ***reserves** of...* ; *une **réserve** d'argent : some money put by, some money in **reserve*** ; *il peut se passer de manger pour une fois : il a des **réserves** !\* : he can go without a meal for once ; he's got plenty to fall back on !\**
– (Fin) ***Réserves** monétaires : currency **reserves***
b. *Être/se tenir sur la **réserve** :* (ne pas se livrer) *to be reserved,* (être prudent) *to be noncommittal ; sortir de sa **réserve** :* (sortir de sa coquille) *to get over one's **reserve**, to open up,* (se mettre à parler) *to break one's silence*
c. Mais : *réserve de chasse, de pêche : hunting, fishing preserve* ; *réserve ornithologique : bird sanctuary* ; (US, Canada) *réserve (d'Indiens) : (Indian) reservation*

d. – *Je vous dis cela sous **réserve**/sous toutes **réserves*** : *I can't vouch for what I'm telling you, there's no guarantee that what I'm telling you is correct*
 – *Sous **réserve** de* : *subject to* ; *sans **réserve*** : (avec un verbe) *unreservedly, without reservation* ; (avec un nom) *unreserved, unqualified*

◊ (Mil) *Les **réserves*** : *the reserves* ; *la **réserve*** : *the reserve* ; *armée, officier de **réserve*** : *reserve army, officer*

## (SE) RÉSERVER / TO RESERVE

**I** 1. J'ai téléphoné à l'hôtel pour **réserver** une chambre pour deux personnes ( = faire une réservation)

I phoned the hotel to **reserve** a double room
(*plus couramment* : **book**)

Ils auraient dû **réserver** les trois premières rangées aux invités d'honneur

They should have **reserved** the first three rows for the guests of honour

2. Ce parking est **réservé** *(pass)* au personnel de l'hôpital ( = être attribué exclusivement)

This car park is **reserved** *(pass)* for hospital staff
(*aussi* : is for hospital staff only)

**II** 3. Je t'ai **réservé** un morceau du gâteau d'anniversaire ( = garder)

I've **kept/saved** a piece of birthday cake for you

Pouvez-vous me **réserver** dix exemplaires de Paris Match ?

Would you **keep** me/**put** me **aside** ten copies of Paris Match ?

Il nous avait **réservé** deux places à côté de lui

He had **kept/saved** us two places next to him

Il **réserve** ses meilleures bouteilles de vin pour les grandes occasions

He **keeps** his best bottles of wine for special occasions

Je **réserve** cet argent pour les vacances

I'm **keeping**/I've **earmarked** that money/**put** that money **aside** for the holidays [a]

4. Ce voyage nous a **réservé** bien des surprises

That trip **had** many surprises **in store** for us

Si nous savions seulement ce que l'avenir nous **réserve** !

If only we knew what the future **had in store** for us !

La Chine **réserva** un bon accueil aux délégués européens

China **gave** the European delegates a warm welcome

5. Je **réserve** ma décision [ma réponse] jusqu'à la semaine prochaine

I shall **defer** my decision [giving an answer] until next week [b]

| | | 6. Je préfère ne pas prendre de potage et **me réserver** pour le dessert | I'd rather not have any soup so I can **save myself** for the pudding |

a. – Le verbe **to reserve** peut se rencontrer dans ce sens, mais il est moins courant que **réserver**.
 – Notez également l'expression **se réserver** le droit de faire qqch *(*moins souvent : **se réserver** de faire qqch*)* : **to reserve** the right to do sth.
b. Mais : **réserver** son opinion/son jugement : **to reserve** (one's) judgement

## SE RÉSIGNER / TO RESIGN (ONESELF)

| | | | | |
|---|---|---|---|---|
| I | 1. | Il avait perdu tout son argent et dut **se résigner** à son sort | Having lost all his money, he had to **resign himself** to his fate |
| | | Je **me** suis **résignée** à partir seule | I **resigned myself** to going alone [a] |
| III | 2. | The chauffeur **resigned** after thirty years of faithful service | Le chauffeur a **démissionné** après trente ans de bons et loyaux services |
| | | The treasurer **resigned** from his position | Le trésorier **s'est démis** de ses fonctions (*plus rarement :* a **résigné**° ses fonctions) |
| | 3. | He **resigned** the chairmanship of the committee to his younger brother | Il a **cédé/abandonné** la présidence du comité à son frère cadet |

a. (absol) **Se résigner** : **to resign** oneself to it/to one's fate ; être **résigné** : to be **resigned** to it/to one's fate

## RÉSISTER / TO RESIST

| | | | | |
|---|---|---|---|---|
| I | 1. | Il tentait de **résister** à son agresseur, mais en vain | He tried to **resist** his attacker but in vain |
| | | Nos troupes n'étaient pas en nombre suffisant pour **résister** à l'attaque ennemie | Our troops were too few to **resist** the enemy attack [a] |

2. Certains enfants **résistent** à toute forme d'autorité

   Some children **resist** all forms of authority

   Le parti n'a pas pu **résister** aux pressions exercées contre ses dirigeants

   The party was unable to **resist** the pressures brought to bear on its leaders [b]

3. Quand j'ai vu cet amoncellement de gâteaux, je n'ai pas pu **résister** (à la tentation)

   When I saw the pile of cakes I just couldn't **resist** them/**resist** the temptation

   Il est difficile de **résister** au sourire d'un enfant

   It's difficult to **resist** a child's smile

   Aucune femme ne lui **résiste**. Il a un charme fou

   No woman can **resist** him. He's a real charmer

**II** 4. Certaines personnes **résistent** mieux que d'autres à la fatigue [à la douleur, au manque de nourriture]

   Some people **withstand** tiredness [pain, lack of food] better than others

5. Leur amour ne **résista** pas à cette lourde épreuve

   Their love didn't **stand up to**/**withstand** this severe trial

   Leur amitié a **résisté** au temps [à la séparation]

   Their friendship **stood the test of** time [separation]

6. Quelques arbres seulement ont **résisté** au cyclone/ont **résisté**

   Only a few trees **withstood** the cyclone/were **left standing**

   Les poireaux n'ont pas **résisté** à la gelée

   The leeks did not **withstand** the frost [c]

   C'est un miracle que la porte ait **résisté**

   It was a miracle that the door **held/didn't give**

   Vos arguments ne **résisteront** pas à un examen approfondi

   Your arguments will not **withstand/stand up to** a thorough analysis

7. Il voulait ouvrir le tiroir mais il y avait quelque chose qui **résistait**

   He tried to open the drawer but something made it **jam**/there was something **jamming** it

**III** 8. She couldn't **resist** laughing when she saw he was wearing odd socks

   Elle ne put **s'empêcher de/se retenir de** rire quand elle vit qu'il avait deux chaussettes différentes [d]

---

a. Mais : (absol) *la ville a résisté : the town resisted attack/held out; son agresseur a résisté : his attacker put up resistance; résister* (= appartenir à la Résistance) : *to be a member of the Resistance*

b. Certaines différences existent entre l'anglais et le français. Dans ce sens (= s'opposer), le verbe anglais **to resist** ne peut s'employer avec un nom de personne comme complément : ex. *il ne tolère pas que ses enfants lui résistent : he can't bear his children to oppose him.* Par contre, **to resist** permet un plus grand choix de compléments inanimés que **résister** : ex. *to resist reform, the construction of a new motorway : s'opposer à la réforme, à la construction d'une nouvelle autoroute.*
c. **To resist** est possible en anglais lorsqu'il s'agit d'une caractéristique permanente : ex. *a constitution that resists disease ; metal that resists acid.*
d. Notez cependant que l'on peut dire : *résister à l'envie de rire.*

## (SE) RESSENTIR / TO RESENT

| | | | |
|---|---|---|---|
| II | 1. | Qu'avez-vous **ressenti** lorsqu'on vous a annoncé votre licenciement ? | How did you **feel** when you were told you had been been dismissed ? |
| | | Il **ressent** encore toujours les effets de sa chute d'il y a dix ans | He still **feels** the effects of the fall he had ten years ago |
| | | L'amitié que je **ressentais** pour lui a été profondément ébranlée par son manque de confiance | The friendship I **felt** for him was severely shaken by his lack of confidence in me |
| | 2. | Notre région **se ressent** de la fermeture des papeteries | The region is **feeling the effects** of the closure of the papermills |
| | | Il est fatigué et son travail **s'en ressent** | His tiredness **shows** in his work/**is telling** on his work |
| III | 3. | I **resent** his constant insinuations | Je lui **en veux** de ses insinuations continuelles |
| | | Naturally enough, Patricia **resented** being treated like a child | Évidemment, Patricia **n'appréciait pas** qu'on la traite comme un bébé |
| | | The shop assistant **resented** my comment | La vendeuse **s'offusqua de** ma remarque |

## RESSUSCITER / TO RESUSCITATE

| | | | |
|---|---|---|---|
| II | 1. | *(Relig)* Jésus a **ressuscité** Lazare | Jesus **raised** Lazarus **(from the dead)** |
| | | *(Relig)* Jésus **ressuscita** le troisième jour après sa mort | Jesus **rose (from the dead)** on the third day [a] |

|   |   |   |
|---|---|---|
|   | 2. Mon père se porte mieux. Ce séjour en montagne l'a **ressuscité** | My father's better now. His trip to the mountains has **restored his vigour/had an invigorating effect** on him |
|   | Nous n'en croyions pas nos yeux. Le malade **ressuscitait** littéralement | We couldn't believe our eyes. The patient was **coming back to life** |
|   | 3. Les couturiers ont **ressuscité** la mode des années 50 | The couturiers have **brought back/resurrected** the fashions of the 50s |
|   | Il est inutile de **ressusciter** ces vieilles traditions [les langues mortes] | It's no use **reviving/resurrecting** those old traditions [dead languages] |
| III | 4. They pulled him out of the water and tried to **resuscitate** him, but it was too late | Ils l'ont retiré de l'eau et ont essayé de le **r(é)animer,** mais il était déjà trop tard |

a. – **Ressuscité** d'entre les morts : risen from the dead ; le Christ **ressuscité** : the risen Christ
– Un bruit à **ressusciter** les morts : a noise that would awaken the dead, a noise fit to awaken the dead

◊ Buvez cela, ça **ressusciterait** un mort !* : drink that, it'll put new life into you !, it'll buck you up !

## (SE) RESTAURER / TO RESTORE

|   |   |   |
|---|---|---|
| I | 1. Il achète des vieilles maisons [des vieux tableaux], les **restaure,** puis les revend | He buys old houses [pictures], **restores** them and then sells them |
|   | 2. Il faudra encore de nombreux mois avant qu'on ne **restaure°** l'ordre dans ce pays (plus couramment : **rétablisse**) | It will take many more months to **restore** order in this country |
|   | Toutes les tentatives pour **restaurer°** la dynastie des Stuart ont échoué (plus couramment : **rétablir**) | Every attempt to **restore** the Stuart dynasty failed ⇨ 6 |

II 3. Les voyageurs entrèrent dans une auberge pour **se restaurer** | The travellers called at an inn to **take some refreshment/to have something to eat**

III 4. Their son was **restored** to them for a ransom of £100,000 | Leur fils leur fut **rendu** contre une rançon de 7 millions

The police **restored** the stolen car to its owner | La police a **rendu/restitué** la voiture volée à son propriétaire

5. I feel quite **restored (to health)** after my holiday at the seaside | Je me sens **rétabli/guéri** depuis mes vacances à la mer

If someone lies to me, nothing can **restore** my confidence in him | Si quelqu'un me ment, il n'y a rien qui puisse me **redonner** confiance en lui

6. The aim of the plot was to **restore** the king to the throne [to power] | Le but du complot était de **replacer** le roi sur le trône [de **ramener** le roi au pouvoir]

They **restored** the employee to his former post | Ils ont **réintégré** l'employé dans ses fonctions

# RESTE / REST[a]

I 1. Je compte étudier le **reste** de la matière d'anglais ce week-end | I intend to revise the **rest** of my English over the weekend

Nous avions l'impression d'être coupés du **reste** du monde | We felt cut off from the **rest** of the world

Que dois-je faire avec le **reste** du lait ? Je le remets au réfrigérateur ? | What shall I do with the **rest** of the milk ? Put it back in the fridge ?[b]

II 2. J'ai des **restes** de tissu [de laine] à la maison | I've got some **leftover** material [wool]/some **scraps** of material [wool] at home

Elle m'a proposé un **reste** de ragoût mais franchement, cela ne me tentait pas ! | She offered me some **leftover** stew but, quite honestly, I wasn't tempted !

3. Je me contenterais bien des **restes** (pl) du banquet | I would be content with the **leftovers** (pl) from/the **remains** (pl) of the banquet

Puis-je emporter les **restes** (pl) ? C'est pour mon chat | Can I have the **leftovers** (pl)/the **scraps** (pl) ? It's for my cat

| | | |
|---|---|---|
| | 4. La police a découvert des **restes** *(pl)* humains, qui jusqu'à présent n'ont pas été identifiés | The police have discovered human **remains** *(pl)*, which haven't yet been identified |
| | Ses **restes** *(pl)* ont été exhumés et rapatriés dans le plus grand secret | His **remains** *(pl)* were exhumed and repatriated in the utmost secrecy |
| | 5. Ils poursuivirent leurs fouilles et découvrirent les **restes** *(pl)* d'un autel gallo-romain | They continued the excavations and discovered the **remains** *(pl)* of a Gallo-Roman altar |
| | 6. J'avais gardé un **reste** d'espoir | I still had a **last faint** hope/some **remnants** of hope |

a. Nous ne traiterons pas ici de l'homonyme anglais **rest**, qui signifie **repos**.
b. – **The rest** (suivi d'un pluriel) sera souvent traduit par **(les) autres** : ex. *he was as broke as the rest (of them)* : il était aussi fauché que les autres (garçons).
   – Pour le **reste**/quant au **reste** : *for the rest*
   – (Math) **Reste** *(d'une soustraction, division)* : *remainder*
◊ *Du* **reste** : *besides, moreover* ; *comme je ne voulais pas être en* **reste**, *j'ai payé une tournée* : *not wanting to be outdone, I bought a round myself* ; *partir sans demander son* **reste** : *to leave without waiting to hear more* ; *elle a de beaux* **restes**\* : *she's well preserved*

## RÉSUMÉ / RÉSUMÉ

| | | | |
|---|---|---|---|
| I | 1. | Cet article constitue un très bon **résumé** des événements au Liban | This article is an excellent **résumé** of events in the Lebanon [a] (*plus couramment* : **summary**) |
| III | 2. | *(US)* Send your **résumé** to the personnel manager | Envoyez votre **curriculum vitae** au directeur du personnel |

a. **Résumé** *des épisodes précédents* : *the story so far* ; *faire un* **résumé** *de la situation* : *to summarize/sum up the situation* ; *en* **résumé** : (*en bref*) *in brief,* (*pour conclure*) *in short, to sum up*

## (SE) RÉSUMER / TO RESUME

**II** 1. Vous **résumerez** ce texte en une vingtaine de lignes (= abréger)

Please **summarize** this text in about twenty lines

Ce chapitre ne peut **se résumer** en quelques lignes

This chapter cannot **be summarized** in a few lines

2. **Résumons** les faits [la situation, notre discussion] avant d'aller plus loin (= récapituler)

Let's **sum up/summarize** the facts [the situation, our discussion] before going on [a]

Après son exposé, le conférencier **se résuma**

After his talk the lecturer **summed up (what he had said)**

3. En lui **se résument** la beauté, l'intelligence et la richesse

He **combines** good looks, intelligence and wealth

4. Toute sa vie **se résume** à des déceptions

His whole life **comes down to/amounts to** a series of disappointments

**III** 5. After a short pause he **resumed**° his work [his tale, his journey]

Après une petite pause, il **reprit** son travail/**se remit** au travail [**continua/poursuivit** son histoire, **reprit** la route]

He **resumed**° his seat after he had spoken

Il **se rassit** après avoir parlé

The meeting **resumed**°/they **resumed**° the meeting after the coffee break

La réunion **reprit**/ils ont **repris** la réunion après la pause-café

Classes will **resume**° on the first of October

Les cours **reprendront** le 1$^{er}$ octobre

---

a. *Voilà toute l'affaire **résumée** en un mot : that's the whole story in a nutshell*

## RÉTICENT / RETICENT

**II** 1. Le directeur d'agence s'est montré plutôt **réticent** quand j'ai abordé le sujet d'un crédit

My bank manager seemed to **have some reservations**/seemed rather **doubtful**/rather **lukewarm** when I brought up the subject of a loan

| | | | |
|---|---|---|---|
| III | 2. | Peter's such a **reticent** boy that it's difficult to know whether he's happy or not | Pierre est tellement **réservé/renfermé/peu communicatif/peu expansif** qu'il est difficile de savoir s'il est épanoui ou non |
| | | My sister is very **reticent** about her work | Ma sœur **ne dit pas grand-chose** au sujet de son travail/**ne parle pas beaucoup** de son travail [a] |

a. **Réticent** est vieilli ou littéraire dans ce sens.

## (SE) RETIRER / TO RETIRE

| | | | |
|---|---|---|---|
| I | 1. | Il salua ses invités, puis **se retira** dans sa chambre sous prétexte qu'il ne se sentait pas bien | He greeted his guests and then **retired** to his room, claiming that he didn't feel well (*aussi*: **withdrew**) |
| | | Les femmes **se retirèrent** au salon après le dîner | The ladies **retired** to the drawing room after dinner [a] (*aussi*: **withdrew**) |
| | 2. | Il n'a que cinquante ans et il songe sérieusement à **se retirer** des affaires [du monde, de la vie publique] | He's only fifty and he's seriously thinking of **retiring** from business [the world, public life] |
| | | Ce pilote a décidé de **se retirer** de la compétition dans deux ans | This racing driver has decided to **retire** from competitive racing in two years' time [b] |
| | 3. | (*Mil*) À la faveur de la nuit, les troupes **se retirèrent** sur leurs positions (*aussi*: **se replièrent**) | Under cover of darkness the troops **retired** to their positions (*aussi*: **withdrew**) |
| II | 4. | J'ai oublié de **retirer** le gâteau du four | I forgot to **take** the cake **out** of the oven |
| | | Dix jours après le tremblement de terre, on **retira** encore une victime de dessous les décombres | Ten days after the earthquake they **pulled** a victim **out**/**brought** a victim **out** from under the rubble |
| | | J'ai **retiré** mon fils de cette école parce que le niveau des études y était trop bas | I **took** my son **away** from that school/**removed** my son from that school because the standard was too low |

5. Il **retira** son manteau et son chapeau

**Retire**-lui ses chaussures, il va tout salir

6. On lui a **retiré** sa licence d'exportation [tous ses biens]

On lui a **retiré** la garde des enfants

7. L'employeur a **retiré** ses accusations [son offre]

Je **retire** ce que j'ai dit

8. Les passagers peuvent **retirer** leurs bagages à la consigne

Je voudrais **retirer** dix mille francs de mon compte courant

9. **Retirez**-vous des avantages à vivre dans la banlieue plutôt qu'à la ville ?

Il a **retiré** une belle somme d'argent de cette affaire

10. J'aime bien me promener sur la plage quand la mer **se retire**

Après quelques jours, les eaux **se retirèrent**

He **took off** his coat and hat

**Take** his shoes **off**, he'll make everything dirty

His export licence was **withdrawn/taken away** from him [All his goods were **taken away** from him]

The custody of the children was **taken away** from her/She was **deprived** of the custody of the children

The employer **withdrew** his accusations [his offer]

I **take back/withdraw** what I said [c]

Passengers can **pick up/collect** their luggage from the left luggage office

I'd like to **withdraw** £125 from my current account

Do you **gain/derive** any advantages from living in the suburbs rather than in the town ?

He **made** a lot of money on that deal

I like walking along the beach when the tide is **going out/ebbing**

After a few days the floodwaters **receded/went down**

III 11. My father **retired** at the age of sixty and has absolutely no regrets

The firm decided to **retire** ten of its workers instead of laying others off

Mon père a **pris sa retraite** à soixante ans et il n'en a aucun regret [d]

La firme a décidé de **mettre** dix ouvriers **à la retraite** plutôt que de procéder à des licenciements

---

a. (absol) **Se retirer :** (partir) *to leave,* (aller se coucher) *to retire (to bed)*
b. Lorsqu'il s'agit de mettre fin à une activité particulière (une affaire, une organisation, etc.), on emploiera **to withdraw**. Notez cependant : *to retire from a match, a game.*
c. **Retirer** sa candidature : *to withdraw,* (Brit) *to stand down*

d.  **Se retirer** n'est courant qu'avec un complément de lieu : ex. *se retirer en province, à la campagne*.

◊  – **Retirer** ( = tirer à nouveau) se traduit le plus souvent par un verbe accompagné de *again* : ex. *retirer au sort* : *to draw lots again*.
– ***Retire-toi** de là !\** : *get out of the way !,* (Brit) *mind your back !\**

# RETRAITE / RETREAT

**I**  1.  Le 7ᵉ Bataillon couvrit notre **retraite** et nous nous repliâmes sur Lille

The 7th Battalion covered our **retreat** and we withdrew to Lille ᵃ

2. *(Relig)* Ma mère est très pieuse. Deux fois par an, elle fait une **retraite** dans un couvent

My mother is very religious. She goes on a **retreat**/into **retreat** in a convent twice a year

3. J'ai rencontré plusieurs fois l'écrivain exilé dans sa **retraite**° au fond des bois

I met the exiled writer on several occasions in his woodland **retreat** ᵇ

**II**  4.  Es-tu pour ou contre la **retraite** à 60 ans ?

Are you for or against **retirement** *(nd)* at 60 ? ᶜ

5. Avec la maigre **retraite** que nous touchons, nous avons du mal à joindre les deux bouts

It is difficult to make ends meet on the meagre **pension** we get ᵈ

---

a.  – *Sonner la **retraite** : to sound the **retreat** ; battre en **retraite** : to beat a (hasty) **retreat** ;* (Mil) *to beat a **retreat**, to retreat*
– (fig) *To escape problems by **retreat** into a dream world : échapper aux problèmes en se réfugiant dans un monde imaginaire*

b.  – Mais : **retraite** (pour fugitifs...) : *hiding place*
– *A quiet country **retreat** : un endroit/une maison tranquille à la campagne*

c.  *Prendre sa **retraite** : to retire ; être à la **retraite** : to be retired ; (travailleur...) à la **retraite** : retired (worker...) ; mettre qqn à la **retraite** : to pension sb off ; mise à la **retraite** d'office : compulsory retirement*

d.  *Caisse de **retraite** : pension/superannuation fund*

◊  – **Retraite** *aux flambeaux : torchlight procession*
– *Maison de **retraite** : old people's home*

## RÉUNION / REUNION

I    1. Ma tante a décidé d'organiser une grande **réunion** de famille. Tous les Watrin de France et de Belgique seront invités

My aunt has decided to arrange a big family **reunion**. All the Watrins from France and Belgium will be invited
(*aussi :* family **gathering**)

Quentin est allé à une **réunion** d'anciens élèves de son collège

Quentin's gone to an old boys' **reunion** at his school [a]
⇨ 2

II    2. Tu viens à la **réunion** syndicale à midi ?

Are you coming to the union **meeting** this lunchtime ?

Je suis désolée, mais M. Martin est en **réunion** pour l'instant

I'm sorry, but Mr Martin is in/at a **meeting** at the moment

3. La **réunion** des données nécessaires a été pénible
(*plus souvent :* **rassemblement**)

**Assembling/gathering/ collecting** the necessary data was a laborious task

La dernière phase de l'opération est la **réunion** des pièces du mécanisme
(*plus souvent :* **assemblage**)

The final stage of the operation is the **assembly** of/is **assembling** the parts of the machine

4. *(Polit)* La **réunion** de l'Écosse à l'Angleterre date de 1707

The **union** of Scotland with/and England took place in 1707

III    5. With tears in my eyes I witnessed this touching **reunion**

J'assistai, les larmes aux yeux, à ces touchantes **retrouvailles**

---

a. – Le mot anglais **reunion** désigne une assemblée de personnes qui se réunissent après une période de séparation prolongée, uniquement pour le plaisir de se revoir. Dans le cas de réunions du même genre mais à caractère moins exceptionnel, on emploie le mot **gathering** : ex. *ma mère organise une réunion de famille tous les samedis : we have a family gathering at my mother's every Saturday.* Dans le cas de réunions d'affaires ou de réunions à caractère officiel, on emploie le mot **meeting** (cf. 2).
– **Réunion** mondaine : social gathering, social event ; **réunion** sportive : sporting event, sports meeting

## RÉVISER / TO REVISE

I    1. Il est plus que temps que tu commences à **réviser** (ton cours de physique)

It's high time you started *(Brit)* **revising** (your physics) (*US :* **reviewing**)

2. L'auteur n'a plus qu'à **réviser** son manuscrit et à le remettre à l'éditeur

The author only has to **revise** his manuscript and hand it over to the publisher [a]

II    3. Il faudra créer une commission spéciale pour **réviser** la constitution [le traité]

A special committee will have to be set up to **review** the constitution [the treaty]

La famille du condamné a rassemblé suffisamment d'éléments nouveaux pour faire **réviser** le procès

The prisoner's family have collected enough new evidence to have the case **reviewed/reopened** [b]

4. Il faudrait faire **réviser** le moteur [la voiture] avant l'hiver

The engine should be **overhauled** [the car should be **overhauled/ serviced**] before the winter

---

a. Mais : *revised edition : édition revue et corrigée*
b. **To revise** s'emploie dans un nombre restreint de cas : *to revise a decision : revenir sur une décision ;* **to revise** *one's opinion, one's ideas : réviser/modifier son jugement, ses idées.*

## RIGOUREUSEMENT / RIGOROUSLY

voir : **RIGOUREUX / RIGOROUS**

## RIGOUREUX / RIGOROUS

I    1. Il est indispensable d'exercer des contrôles plus **rigoureux** aux frontières (= strict)

It is essential to carry out more **rigorous** border controls (*plus couramment :* **strict, stringent**)

| | | |
|---|---|---|
| | Il pense qu'une discipline **rigoureuse** est une garantie de succès | He thinks that **rigorous** discipline guarantees success (*plus couramment :* **strict**) |
| | 2. La précision **rigoureuse** des opérations ne laisse aucune place à la fantaisie (= exact) | The **rigorous** precision of the operations leaves no room for imagination |
| | Une analyse plus **rigoureuse** des données nous renseignera sans doute sur les origines de l'épidémie | A more **rigorous** analysis of the data will most probably reveal the causes of the epidemic [a] |
| II | 3. La Grande-Bretagne a pris des sanctions très **rigoureuses** contre la Rhodésie (= sévère) | Great Britain imposed very **harsh/severe** sanctions against Rhodesia |
| | 4. Ces oiseaux ne résistent pas au climat **rigoureux** de la Russie (= rude) | These birds are unable to withstand the **harsh/severe** Russian climate (*moins souvent :* **rigorous**) |
| | Les conditions de travail sont très **rigoureuses** et peu d'ouvriers restent plus de six mois | The working conditions are very **harsh** and few workers stay longer than six months |
| | 5. L'école exige une observation **rigoureuse** du règlement (= absolu) | The school demands **strict** observation of the rules |
| | Ils ont érigé cette coutume en règle **rigoureuse** | They raised this custom to the status of a **strict** rule |

a.  Notez que ce sens est plus étendu en français qu'en anglais : ex. *une description rigoureuse : a minute/precise description ; un raisonnement rigoureux : a closely reasoned argument ; science rigoureuse : exact science.*

☐ **Rigoureusement :** (avec rigueur) **rigorously, strictly, stringently,** (absolument) **absolutely, completely ; rigoureusement** interdit : **strictly** forbidden
**Rigorously : rigoureusement**

## RISQUÉ / RISQUÉ

voir : **RISQUER / TO RISK**

## RISQUER / TO RISK

| | | |
|---|---|---|
| I | 1. Cette jeune fille courageuse a **risqué** sa vie pour sauver un enfant de la noyade (= exposer à un risque) | This brave girl **risked** her life to save a drowning child |

| | | Je suis prêt à **risquer** ma propre réputation, mais pas celle de l'université | I am willing to **risk** my own reputation, but not that of the university [a] |
| | 2. | Il ne serait certainement pas prudent de **risquer** une autre tentative à ce stade-ci (= tenter qqch qui comporte des risques) | It would certainly not be wise to **risk** another attempt at this stage [b] |
| | | Si j'étais toi, je ne **me risquerais** pas à le contredire (*aussi* : ne **me hasarderais** pas à, ne **prendrais** pas **le risque** de) | If I were you I wouldn't **risk** contradicting him [c] |
| **II** | 3. | *(nég)* Tu peux laisser ta voiture dans la cour. Elle ne **risque** rien (= n'avoir à redouter aucun dommage) | You can leave your car in the yard. It will **be quite safe** |
| | 4. | Ne marche pas si près du bord. Tu **risques** de tomber | Don't walk so near the edge. You **might** fall/you **could (easily)** fall/**there's a risk** you **might** fall (*plus rarement* : you **risk** falling) |
| | | Si tu laisses les plantes dehors, elles **risquent** de geler | If you leave the plants outside they **might/could** get damaged by frost (*plus rarement* : they **risk** getting damaged) [d] |
| | | Au moins toi, avec tes bottes fourrées, tu ne **risques** pas d'avoir froid | At least you**'re** not **likely** to be cold/**there's** no **risk of** your being cold with your fur-lined boots on |
| **III** | 5. | The captain did not want to **risk** losing the best member of his team | Le capitaine d'équipe ne voulait pas **prendre le risque/courir le risque** de perdre son meilleur joueur |
| | | I very much doubt whether they will **risk** holding a referendum a few months before the elections | Je doute fort qu'ils **prennent le risque** de procéder à un référendum quelques mois avant les élections |

---

a. — **Risquer** une grosse somme dans une affaire : *to risk*/to gamble a large sum on a business venture ; **risquer** gros : to take a big risk, to stick one's neck out* ; **risquer** le coup* : *to risk* it, to chance it, to take a chance ; **risquer** le tout pour le tout : to stake one's all
— Tu ne **risques** rien : it's quite safe, there's no danger ; qu'est-ce qu'on **risque** ? : what are the risks/dangers ?, what have we got to lose ?

b. Mais : **risquer** une question (une remarque, etc.) : to venture a question (a remark, etc.) ; **risquer** un œil* : to take a peep, to peep out ; **risquer** le nez dehors* : to poke one's nose outside

c. Notez qu'on n'emploie pas le verbe **to risk** pour traduire la structure **se risquer quelque part/dans qqch** : ex. *se risquer sur les routes : to venture out onto the roads ; se risquer dans une aventure : to get involved in a venture.*

d. – Le verbe **to risk** ne s'emploie que rarement dans le sens de "être exposé à une possibilité dangereuse ou fâcheuse". Il s'emploie plutôt dans le cas d'un risque pris consciemment (cf. 1, 2 et 5).
   – (emploi critiqué) *Il risque de gagner : he might well/may well win*

☐ (F) **Risqué** : risky, chancy*
(A) **Risqué** (joke, etc.) : osé, (plus rarement) risqué

## RIVIÈRE / RIVER

I 1. Il est parfois dangereux de se baigner dans une **rivière**
It's sometimes dangerous to bathe in a **river**
⇨ 3

II 2. *(Hippisme)* Il ne reste plus au dernier concurrent qu'à passer le mur et la **rivière**
The final competitor only has to clear the wall and the **water jump**

III 3. The Amazon is the largest **river** in the world
L'Amazone est le plus grand **fleuve** du monde [a]

a. *Up river : en amont ; down river : en aval ; to sell sb down the river : trahir qqn ;* (US) *up the river\* : en taule\*, en cabane\**

◊ *Rivière de diamants : diamond necklace,* (Techn) *diamond rivière*

## ROUTE / ROUTE

I 1. *(Mar, Aviat)* Toutes les **routes** maritimes et aériennes importantes sont indiquées sur la carte
All the main sea and air **routes** are shown on the map [a]

II 2. Un petit garçon qui traversait la **route** a été happé par une voiture
A little boy who was crossing the **road** was hit by a car

| | |
|---|---|
| Par la **route**, cela te prendra environ douze heures, alors qu'en avion, il ne faut guère plus d'une heure | It will take you about twelve hours by **road** (nd), whereas it takes hardly more than an hour by plane [b] |
| 3. Sur la **route** du retour, nous n'avons pas eu le moindre bouchon (= chemin) | We didn't hit a single traffic jam on the **way** back |
| La **route** sera longue, les enfants. J'espère que vous serez sages (= voyage) | It will be a long **journey/drive**, children. I hope you'll be good [c] |

III 4. Which is the best **route** from here to Geneva ?  
Quel est le meilleur **itinéraire** pour aller d'ici à Genève ?

What **route** does the 43 bus take ?  
Quel est le **trajet**/le **parcours**/l'**itinéraire** du bus 43 ? [d]

---

a. Mais : **route** (= cap) : *course ; le pilote corrigea sa **route** : the pilot adjusted his course ; faire fausse **route*** : (lit, fig) *to go off course ; la **route** de la soie : the Silk Road*

b. – *Code de la **route*** : *highway code* ; *tenir la **route*** : *to hold the road* ; *tenue de **route*** : *road holding* (nd)
   – (fig) *La **route** du bonheur* : *the way/path/road to happiness*

c. – **Journey** : terme général ; **drive** : en voiture ; **ride** : à bicyclette.
   – *En (cours de) **route*** : *on the way, en **route*** ; *en **route** !* : *let's go !, let's be off !* ; *se mettre en **route*** : *to start out, to set off/out, to get under way* ; *bonne **route** !* : *have a good journey/trip !* ; *carnet/journal de **route*** : *travel diary/journal* ; *mettre en **route*** : (moteur...) *to start (up)*, (affaire...) *to set in motion, to get under way*

d. – Les sens 3 et 4 étant très proches, il peut exister des cas d'équivalence entre (F) **route** et (A) **route** : ex. *étudier sa **route** sur la carte* : *to study one's **route** on the map*.
   – (Méd) *By oral **route*** : *par voie orale/buccale*
   – (US) *Milkman's [mailman's...] **route*** : *tournée du laitier [du facteur...]* ; *he has a paper **route*** : *il distribue des journaux*

◊ – **Route** s'emploie en américain pour désigner certaines routes principales : **Route 1, Route 95**...
   – (Mil) **Route(-)march** : *marche d'entraînement*

## RUDE / RUDE

| | |
|---|---|
| II 1. La toile de lin est plus **rude** que le coton | Linen is **rougher** than cotton |
| Derrière sa voix **rude** et son air bourru se cachait une grande douceur | His **rough/gruff** voice and surly manner hid a great gentleness |

2. L'hiver **rude** que nous connaissons a déjà fait de nombreuses victimes

   The **harsh/hard/severe** winter we are experiencing has already claimed many victims

   Les **rudes** épreuves qu'il a subies ont fortement ébranlé sa santé

   The **terrible** ordeals/the **great** hardship he suffered severely affected his health

   L'ascension avait été **rude** et les alpinistes étaient exténués

   The climb had been **hard/tough/stiff** and the climbers were exhausted

   À la vitesse à laquelle les voitures roulaient, le choc a dû être **rude**

   Given the speed the cars were driving at, the collision must have been a **violent** one [a]

   Les mineurs ont une vie très **rude**

   Miners have a very **hard/tough** life

   C'était un **rude** adversaire, mais je l'ai tout de même battu

   He was a **tough** opponent but I beat him all the same [b]

3. Ces **rudes** montagnards n'ont nullement besoin de notre confort moderne

   These **rugged/tough** mountain dwellers have no need of our modern comforts

   D'un ton **rude,** il lui intima l'ordre de sortir

   He ordered him **roughly/brusquely** to leave the room

4. Votre fils a un **rude** appétit ! Il s'est resservi trois fois !

   Your son's got a **hearty** appetite ! He's had three helpings !

   Ton frère, c'est un **rude** gaillard. Il ne recule devant rien

   Your brother's a **strapping (great)** chap/a **robust** chap. Nothing scares him [c]

**III** 5. Don't point, darling. It's **rude**

   Ne montre pas du doigt, chéri. C'est **impoli**

   Would it be **rude** to ask your age ?

   Serait-ce **impoli** de vous demander votre âge ?

   Ben got punished today for being **rude** to his teacher

   Ben s'est fait punir aujourd'hui parce qu'il a été **grossier** envers l'instituteur

   Will you stop making **rude** remarks about my figure ?

   J'aimerais que tu cesses de faire des remarques **désobligeantes** à propos de ma silhouette !

6. Whatever possessed you to tell a **rude** joke like that in front of my mother ?

   Qu'est-ce qui t'a pris de raconter cette blague **scabreuse** devant ma mère ?

| | |
|---|---|
| I wonder where my son got all those **rude** words from | Je me demande où mon fils a appris tous ces **gros** mots |

a. Notez que (A) **rude** se rencontre dans certaines expressions figurées : *it came as a **rude** shock to him* : cela lui a fait un grand choc ; *to have a **rude** awakening* : être rappelé brusquement/brutalement à la réalité.
b. *Être mis à **rude** épreuve* : (personne) *to have a hard time (of it), to be severely tried,* (tissu, métal) *to receive rough treatment* ; mes nerfs ont été mis à **rude** épreuve : *it was a great strain on my nerves*
c. Mais : *to be in **rude** health* : avoir une santé de fer/une santé robuste
◊ (litt) ***Rude** shelter* : abri rudimentaire

## RUDEMENT / RUDELY

| | | | |
|---|---|---|---|
| II | 1. | Surpris, l'homme me frappa **rudement** à la tête et s'enfuit | When he was taken by surprise, the man hit me **hard/violently** on the head and ran away |
| | | Il me repoussa **rudement** et s'engouffra dans l'escalier | He pushed me **violently/roughly** aside and disappeared down the stairs [a] |
| | 2. | Je l'ai peut-être traité un peu trop **rudement** | Perhaps I treated him a bit too **harshly** |
| | 3. | C'est **rudement*** fatigant de monter et descendre tous ces escaliers ! | It's **terribly*/awfully*/jolly*** tiring going up and down all these stairs ! |
| | | Elle a **rudement*** changé depuis son divorce | She **hasn't half*** changed since her divorce |
| | | Tu vas devoir **rudement*** te dépêcher si tu veux avoir ton train | You're going to have to rush **like mad***/you **won't half*** have to rush if you want to catch your train |
| III | 4. | I've never been spoken to so **rudely** in my life | Personne n'a jamais été aussi **grossier/impoli** avec moi |

a. Notez cependant l'emploi de **rudely** dans l'expression : *to be **rudely** awakened* : être réveillé brusquement.
◊ (litt) ***Rudely** (fashioned, etc.)* : grossièrement (façonné, etc.)

# RYTHME / RHYTHM

**I** 1. Ce que j'aime surtout dans cette musique, c'est le **rythme**

What I like best about that music is its **rhythm**

Les **rythmes** endiablés de la musique africaine et tout l'alcool que j'avais bu me firent perdre la tête

The wild **rhythms** of the African music combined with all the alcohol I'd drunk made me lose my head [a]

2. À cette époque, les gens vivaient au **rythme** des saisons

At that time people lived according to the **rhythm** of the seasons

La vie moderne ne respecte pas les **rythmes** biologiques de l'homme

Modern life pays no attention to man's biological **rhythms** [b]

**II** 3. Il faut absolument que nous accélérions le **rythme** des livraisons (= vitesse, allure)

We really must speed up our delivery **rate**

Son **rythme** respiratoire [cardiaque] était de plus en plus rapide

His breathing **rate** [his heart **rate**] was becoming more and more rapid [c]

À ce **rythme**-là, tu ne tiendras pas le coup longtemps

You won't be able to keep it up for long at that **rate**

Je n'ai jamais pu m'habituer à leur **rythme** de vie

I've never been able to get used to the **tempo/pace** of their life [d]

---

a. Au **rythme** de : to the **rhythm**/beat of
b. (Méd) **Rhythm** method : méthode des températures
c. Notez qu'on peut employer **rhythm** s'il s'agit du sens 2 (= retour à intervalles réguliers dans le temps) : ex. l'arythmie est un dérèglement du **rythme** cardiaque : arrhythmia is a disturbance of the **rhythm** of the heart.
d. – Il ne parvient pas à suivre le **rythme** : he can't keep up (the pace)
 – Pièce de théâtre qui manque de **rythme** : slow-moving play

# SAIN / SANE

**I** 1. C'est un homme au jugement **sain**, qui te donnera certainement de bons conseils (= sage, sensé)

He's a man of **sane** judgement, who will certainly give you some good advice (*aussi* : **sound**)

| | | | |
|---|---|---|---|
| II | 2. | Bien que porteuse de la maladie, la mère peut mettre au monde des enfants tout à fait **sains** | Although herself a carrier of the disease, the mother can bear perfectly **healthy** children |
| | | Seuls les animaux qui sont parfaitement **sains** sont acceptés par l'abattoir | Only completely **healthy** animals are accepted by the slaughterhouse |
| | | Pour avoir de bonnes dents, il faut aussi avoir des gencives **saines** | In order to have good teeth, one must also have **healthy/sound** gums [a] |
| | 3. | Il y a beaucoup de tuiles à remplacer mais la charpente est **saine** (= intact) | Many of the tiles need replacing but the basic structure of the roof is **sound** |
| | | La viande que nous vous avons livrée était parfaitement **saine** | The meat we supplied was **in perfect condition**/was **perfectly good** |
| | 4. | Le climat de la mer du Nord est très **sain** (= bon pour la santé) | The climate of the North Sea coast is very **healthy** |
| | | Beaucoup de repos et une nourriture **saine** vous remettront d'aplomb | Plenty of rest and **healthy/wholesome** food will put you on your feet again |
| | 5. | J'aimerais que mes enfants aient des lectures plus **saines** | I would prefer my children to read something more **wholesome** |
| III | 6. | What's he doing in a mental hospital? He's as **sane** as I am! | Qu'est-ce qu'il fait dans cet hôpital psychiatrique ? Il est tout aussi **sain d'esprit** que moi ! |

a. – **Sain** et sauf : safe and sound ; **sain** de corps et d'esprit : sound in body and mind
 – Économie **saine** : healthy/sound economy

## (SE) SAISIR / TO SEIZE

| | | | |
|---|---|---|---|
| I | 1. | Elle **(se) saisit (de)** son parapluie et frappa l'individu qui la menaçait | She **seized** her umbrella and hit the man who was threatening her (*plus familièrement :* **grabbed**) |
| | | Il trébucha et **saisit** la rampe pour ne pas tomber | He stumbled and **seized** the banister to stop himself from falling (*plus familièrement :* **grabbed**) |

|   |   |   |
|---|---|---|
|   | Fou de rage, il **saisit** l'amant de sa femme à la gorge | Mad with rage, he **seized** his wife's lover by the throat [a] (*plus familièrement :* **grabbed**) |
|   | 2. Tu as intérêt à **saisir** toutes les occasions qui se présentent | It's in your interest to **seize** every opportunity that presents itself [b] |
|   | 3. Comme il ne pouvait pas payer ses dettes, un huissier a **saisi** tous ses biens/l'a **saisi** | As he was not able to pay his debts, the bailiff **seized** all his property |
|   | La police a **saisi** trois kilos d'héroïne dans une maison au nord de Londres | The police have **seized** three kilos of heroin from a house in North London |
|   | 4. Lorsque la lumière s'éteignit, Robert fut **saisi** *(souvent pass)* de panique | When the light went out, Robert was **seized** *(souvent pass)* with/by panic |
|   | En sortant du bain, il fut **saisi** *(souvent pass)* de douleurs à la poitrine | As he stepped out of the bath he was **seized** *(souvent pass)* with chest pains [c] |
| II | 5. De la pièce voisine, on pouvait **saisir** quelques bribes de la conversation | One could **catch** a few snatches of the conversation from the next room |
|   | 6. Je voyais bien qu'il ne **saisissait** pas ce que je voulais dire [l'allusion, la nuance] | I could see he didn't **grasp/understand/get**\* what I meant [the allusion, the difference] |
|   | Ça va ? Tu **saisis** ? | OK ? Do you **get it**\*/**understand** ? [d] |
|   | 7. J'ai été toute **saisie** de le voir si amaigri | I was **shocked** to see how much weight he had lost |
|   | Nous avons été **saisis** par la ressemblance entre les deux cousins | We were **struck** by the resemblance between the two cousins [e] |
|   | 8. Nous avons **saisi** le tribunal de l'affaire | We have **submitted/referred** the case to the Court |

---

a. – Mais : *saisir un ballon, un cordage (au vol)* : *to catch a ball, a rope*
   – **To seize** a également le sens de 'mettre en son pouvoir', sens qui sera le plus souvent rendu par **s'emparer de** : ex. *to seize power, a territory.*
b. Mais : *saisir l'instant propice* : *to choose the right moment ;* ***to seize*** *on an idea, offer :* sauter sur une idée, une proposition
c. – **Saisir** a un champ d'application plus large que **to seize** : ex. *saisi de joie, de pitié :* overcome with joy, pity ; être **saisi** d'un malaise : *to be overcome by a feeling of faintness/dizziness.*
   – Notez également : *le froid nous saisit* : *the cold hit us*
d. Rarement : ***to seize***
e. (Belg) ***Se saisir*** ( = être surpris) : *to be startled*
◊ (Culin) ***Saisir*** : *to fry quickly,* (Brit) (viande) *to seal*

## SALADE / SALAD

**I** 1. Je voudrais une quiche lorraine et une **salade** — I'd like a quiche lorraine and a **salad** [a]
⇨ 2

**II** 2. Pourquoi ne plantes-tu pas des **salades** dans ton potager ? — Why don't you plant some **lettuce(s)** in your vegetable garden ?

Pourrais-tu essorer la **salade** pendant que je prépare la vinaigrette ? — Could you dry the **lettuce** while I make the vinaigrette ?

3. Le journaliste a confondu les deux événements. Son article est une vraie **salade**∗ ! — The journalist has confused the two events. His article is a real **mess/muddle** !

4. Moi, je crois qu'il nous a raconté des **salades**∗ *(pl)*. Il n'a jamais mis les pieds à l'université de Cambridge — I think that was a **tall story**∗/ *(Brit)* a **load of cobblers**∗/ I think he was **having us on**∗/ *(US)* **putting us on**∗ ! He's never been anywhere near Cambridge University

---

a. – Le mot **salad** n'est employé que s'il y a un assaisonnement ou lorsqu'il s'agit d'un mélange de légumes crus. Pour désigner la laitue non assaisonnée, on emploie le mot **lettuce** (cf. 2).
 – **Salade** de tomates, de pommes de terre, de crabe... : tomato, potato, crab **salad** ; **salade** de fruits : fruit **salad**
◊ Panier à **salade**∗ : police van, (Brit) Black Maria∗, (US) (patrol) wagon

## SALAIRE / SALARY

**I** 1. En tant que cadre [fonctionnaire], il doit toucher un **salaire** assez important — As an executive [a civil servant], he must be on a fairly high **salary** [a]
⇨ 2

**II** 2. L'égalité des **salaires** entre les hommes et les femmes n'a été réalisée qu'au prix de grands efforts — Equal **pay** *(nd)* for men and women was only achieved after a struggle

| | |
|---|---|
| Nous travaillions quinze heures par jour dans la mine pour un **salaire** de misère | We worked fifteen hours a day down the mine for miserable **pay** *(nd)*/**wages**/a miserable **wage** ᵇ |
| 3. C'était le juste **salaire**° de ses efforts | It was the rightful **reward** for his efforts |
| Il a reçu le **salaire**° de ses méfaits | He paid the **price** of/he was **punished** for his wrongdoings |

---

a. Le mot **salary** est beaucoup plus restreint que **salaire**. En général, il fait référence à la rémunération gagnée régulièrement chaque mois par les travailleurs qualifiés et de haut rang, et correspond donc à **salaire** quand celui-ci est synonyme de ˹traitement˃ ou ˹appointements˃. Dans les cas où **salaire** signifie plutôt ˹la rémunération en général˃ ou ˹la paie d'un ouvrier˃, d'autres mots sont employés en anglais (cf. 2).
b. Augmentation de **salaire** : pay rise, wage increase ; **salaire** minimum interprofessionnel de croissance (S.M.I.C.) : (index-linked) guaranteed minimum wage ; blocage des **salaires** : wage/pay freeze ; limitation des **salaires** : wage restraint ; échelle des **salaires** : wage scale, **salary** scale (voir sens 1).

## (SE) SALUER / TO SALUTE

| | | |
|---|---|---|
| I | 1. *(Mil)* Les soldats **saluèrent** leur officier quand il monta à bord de l'avion | The soldiers **saluted** their officer as he went on board the plane |
| | *(Mil)* L'officier **salua** le drapeau et revint dans les rangs | The officer **saluted** the flag and returned to the ranks |
| | Ils **saluèrent** l'arrivée de la reine en tirant cent coups de canon | They **saluted** the arrival of the Queen by firing a hundred guns |
| II | 2. Il me croisa, me **salua** et poursuivit son chemin, sans m'adresser la parole | He passed me, **nodded** (to me) **(in greeting)** and went on his way without speaking ᵃ |
| | Ils ne **se saluent** plus depuis cette dispute à propos du mur mitoyen | They no longer **acknowledge each other** since they quarrelled about the party wall |
| | Le président commença son discours en **saluant** les journalistes étrangers | The President began his speech by **welcoming/greeting** the foreign journalists ᵇ |
| | Ne crois-tu pas que nous devrions d'abord **saluer** notre hôte ? | Don't you think we should **say hello** to our host first ? |

| | |
|---|---|
| Il **salua** tout le monde et disparut par la grande porte | He **took his leave** (of everyone)/**said goodbye** (to everyone) and went out through the main entrance [c] |
| 3. L'annonce de cette réforme fut **saluée** par des protestations | The announcement of this reform was **greeted** with protests |
| Le vainqueur fut **salué** par des acclamations et des applaudissements | The winner was **greeted/hailed** with cheers and applause |
| 4. Nous **saluons** la naissance d'un hebdomadaire destiné aux plus de soixante ans | We **welcome** the birth of a new weekly for the over-sixties |
| Il fut **salué** comme le précurseur du mouvement écologique | He was **hailed** as the precursor of the ecological movement [d] |

---

a. — Notez que c'est la manière de saluer qui détermine le choix du verbe anglais : *saluer de la tête* : to nod ; *saluer d'un geste de la main* : to wave (one's hand) (in greeting) ; *saluer en s'inclinant* : to bow.
 — To salute se rencontre parfois dans la langue littéraire.
b. **To greet** signifie principalement 'accueillir avec des paroles de bienvenue'.
c. *Saluer le public* : to bow to the audience
d. — Notez que **to salute** existe dans ce sens et qu'il sera souvent rendu par **rendre hommage à** : ex. *to salute* one's opponents, the winner.
 — Notez également : *saluer le courage de qqn* : *to salute* sb's courage

## SAUCE / SAUCE

| | | |
|---|---|---|
| I | 1. Pour commencer, je vais t'apprendre à faire une **sauce** blanche | First of all I'll show you how to make a white **sauce** [a]<br>⇨ 2 |
| II | 2. Veux-tu un peu de **sauce** sur tes pommes de terre ?<br>(*aussi :* **jus (de viande)**) | Do you want a little **gravy** on your potatoes ? |
| III | 3. None of your **sauce**\*, my girl ! | Pas d'**impertinence**, mademoiselle ! |

| What (a) **sauce*** ! He came to borrow a book and invited himself to dinner | Quel **toupet***/**culot*** ! Il est venu m'emprunter un livre et il s'est invité à dîner |

---

a. – (A) **Sauce** s'emploie pour toutes les sauces à l'exception du jus de viande (cf. 2).
– Apple **sauce** : compote de pommes (accompagnant des plats de viande)
◊ Allonger la **sauce*** : to pad out (a book, etc.), to spin out (a story) ; recevoir la **sauce*** : to get drenched/soaked ; mettre qqn à toutes les **sauces*** : to give sb all the jobs going

## SAUVAGE / SAVAGE

**I** 1. Le combat devenait de plus en plus **sauvage** et acharné (= violent)
⇨ 8

The fighting was becoming more and more **savage** and bitter [a]

**II** 2. Je lui ai offert un livre sur les animaux **sauvages**

I gave him a book about **wild** animals [b]

Il y a beaucoup de poneys **sauvages** dans la région

There are a lot of **wild** ponies in the area

3. Notre jardin est envahi par les rosiers **sauvages**

Our garden is overrun by **wild** rosebushes

4. Nous étions les premiers à pénétrer dans cette région **sauvage**, encore inexplorée

We were the first to penetrate this **wild** and as yet unexplored region

5. Ce documentaire décrit la vie d'une tribu **sauvage** au cœur de l'Afrique (aussi : **primitive**)

This documentary describes the way of life of a **primitive/uncivilised** African tribe [c]

6. C'est un garçon assez **sauvage**. Il ne se sentirait pas très à l'aise dans ce genre de soirée

He's **not** a **very sociable** boy/he's a **bit of a loner**. He wouldn't feel very comfortable at a party like this [d]

7. La nouvelle législation vise à limiter l'immigration **sauvage**

New legislation aims at limiting **illegal** immigration

Le camping **sauvage** est un véritable désastre du point de vue de l'environnement

**Illegal/unauthorized** camping is disastrous for the environment

La concurrence **sauvage** qui règne dans la région nous fait énormément de tort

The **unregulated/uncontrolled** competition in the area is very harmful to us [e]

III  8. If you tease a dog too much it can become quite **savage** (*plus souvent :* **ferocious, vicious**)

Un chien peut devenir **féroce/méchant** si on le taquine trop

The **savage** criticism meted out by the press took the Prime Minister by surprise

Les critiques **virulentes/féroces** de la presse ont pris de court le premier ministre

---

a. Notez que l'adjectif **sauvage** n'a que rarement le sens très fort de **savage** (= violent, féroce) (cf. 8). Il a souvent un sens plus atténué (= brusque) et correspond alors à **wild** : ex. *les garçons sont souvent plus sauvages que les filles : boys are often much wilder than girls.*
b. – Chat **sauvage** : *wildcat*
   – Par extension : *peuple, personne sauvage : wild people, person*
c. – L'adjectif **sauvage** ne s'emploie presque plus dans ce sens. Il est considéré comme péjoratif.
   – Enfant **sauvage** : *feral child, wolf child*
d. Le merle est un oiseau très **sauvage** (= farouche) : *the blackbird is a very timid/shy bird*
e. Aussi : grève **sauvage** : *wildcat strike*
◊ Soie **sauvage** : *wild silk*

## SCÈNE / SCENE

I  1. *(Théât)* Dès la première **scène** de la pièce, il avoue son crime

He confesses to the crime in the very first **scene** of the play [a]

*(Cin)* J'ai surtout aimé la **scène** où il retrouve son père après la guerre

The **scene** I liked best was the one where he was reunited with his father after the war

*(Théât, Cin)* La **scène** se passe à Rome en 1944

The **scene** is set in Rome in 1944 [b]

2. L'arrivée de ce nouveau venu sur la **scène** politique risque de tout bouleverser

The arrival of this newcomer on the political **scene** could change things dramatically [c]

3. En me rendant à mon travail, j'ai été témoin d'une **scène** bouleversante

I witnessed a shattering **scene** on my way to work

Ce peintre s'est spécialisé dans les **scènes** de chasse

This painter specializes in hunting **scenes**

4. Elle brisa la vaisselle, donna des coups dans les meubles, bref fit une **scène** qui ameuta tous les voisins

She broke the crockery, hit the furniture, in short made a **scene** which brought out all the neighbours [d]

| | | | |
|---|---|---|---|
| II | 5. | *(Théât)* Le rideau se leva et le héros apparut sur la **scène** | The curtain went up and the hero appeared on the **stage** [e] |
| | 6. | *(Théât)* Cela a été très difficile d'adapter le film pour la **scène** | It was very difficult to adapt the film for the **stage** |
| III | 7. | The police were on the **scene** of the crime [the accident] in no time | La police arriva sur les **lieux** du crime [de l'accident] très rapidement |
| | 8. | The **scene** that lay before us took our breath away | Le **panorama** qui s'étendait devant nous nous laissa pantois |
| | 9. | Package tours aren't really my **scene** * ! | Les voyages organisés, c'est pas mon **genre**/mon **truc** * ! |

a. *Jouer la grande **scène** du deux* * : *to put on a great show of indignation, anger..., to make a great scene*
b. *Behind the **scenes** :* (lit, fig) *dans les coulisses ; I need a change of **scene** : j'ai besoin de changer de décor/d'air ;* (fig) *to set the **scene** : planter le décor, mettre au courant de la situation ; to set the **scene** for : préparer le terrain pour*
c. – *Cet emploi est plus large en anglais qu'en français : ex.* the drug **scene** : *le monde de la drogue ;* the business **scene** : *le monde des affaires ;* the film **scene** : *le paysage cinématographique, le monde du cinéma ;* to appear/to come on the **scene** * : *faire son apparition, arriver.*
 – *Occuper le devant de la **scène** : to hold the stage, to be very much to the fore*
d. ***Scène** de ménage : row/fight (between husband and wife, with one's husband/wife)*
e. *Être en **scène** : to be on stage ; en **scène** ! : on stage ! ; entrer en **scène** : to make one's entry/entrance ; sortir de **scène** : to exit, to go offstage ; mettre en **scène** :* (auteur) *to stage,* (pièce de théâtre) *to stage, to direct,* (film) *to direct ; metteur en **scène** :* (Théât) *producer,* (Cin) *director ; mise en **scène** :* (Théât, Cin) *production ;* (fig) *c'est de la mise en **scène** : it's just for show, it's just put on*

## SCOLAIRE / SCHOLARLY

| | | | |
|---|---|---|---|
| II | 1. | Quand commence l'année **scolaire** dans votre pays ? | When does the **school**/**academic** year start in your country ? |
| | | Les établissements **scolaires** peuvent accueillir plus de mille élèves | The **school** buildings can take over a thousand pupils [a] |
| | 2. | Les dissertations de cet étudiant sont très **scolaires**. Il devrait faire preuve de plus d'originalité | This student's essays are very **unimaginative**/**unsophisticated**. He should try to be more original |

| | | | |
|---|---|---|---|
| III | 3. | As well as his detective novels he has written several **scholarly** works on the Aztecs | Il n'a pas écrit que des romans policiers. Il a aussi écrit plusieurs ouvrages **d'érudition** sur les Aztèques |
| | | Malcolm Douglas is the author of a most **scholarly** edition of the Iliad | Malcolm Douglas est l'auteur d'une édition très **savante/érudite** de l'Iliade |

a. Ses succès **scolaires** : his success at school, his scholastic achievements ; enfant d'âge **scolaire** : child of school age ; ramassage **scolaire** : school bus service ; livre **scolaire** : schoolbook

## SECRET *(n.)* / SECRET

| | | | |
|---|---|---|---|
| I | 1. | Marie est incapable de garder un **secret** | Mary can't keep a **secret** |
| | | Je peux te confier un **secret** ? Je suis enceinte | Can I tell you a **secret** ? I'm pregnant [a] |
| | 2. | Les **secrets** *(pl)* de la nature sont impénétrables | The **secrets** of nature are unfathomable |
| | 3. | Connais-tu le **secret** de la réussite [du bonheur] ? | Do you know the **secret** of success [happiness] ? |
| II | 4. | J'exige le **secret** absolu sur cette affaire ( = discrétion) | I demand absolute **secrecy** about the whole affair [b] |
| | 5. | Le lot 87 est un très beau secrétaire Empire à **secret** | Lot 87 is a very fine Empire secretaire with a **secret drawer/secret compartment** [c] |
| | 6. | Après sa tentative d'évasion, il fut mis au **secret** | After his escape bid he was put into **solitary confinement** |

a. Mettre qqn dans le **secret** : to let sb into the **secret** ; être dans le **secret** : to be in on the **secret** ; ce n'est un **secret** pour personne que : it's no **secret** that ; c'est le **secret** de Polichinelle : it's an open **secret** ; je n'ai pas de **secret** pour lui : I have no **secrets** from him ; la mécanique n'a pas de **secret** pour lui : mechanics holds no **secrets** for him ; il n'en fait pas un **secret** : he makes no **secret** of it ; (faire qqch) en **secret** : (to do sth) in **secret**/in secrecy

b. **Secret** professionnel : professional secrecy ; sous le sceau du **secret** : under the seal of secrecy ; (Relig) le **secret** de la confession : the seal of the confessional

c. Tiroir, coffret à **secret** : drawer, casket with a secret lock

## SECRET (adj) / SECRET

I    1. Pour des raisons de sécurité, le nom du gagnant de la loterie est tenu **secret**     For security reasons they keep the name of the lottery winner **secret**

Les voleurs ont mis à sac le bureau et ont emporté un dossier **secret**     The thieves ransacked the office and stole a **secret** file

Le KGB a arrêté un agent **secret** américain     The KGB have arrested an American **secret** agent [a]

2. Elle conserve le **secret** espoir de retrouver son mari vivant     She still has a **secret** hope of finding her husband alive one day [b]

3. Quelqu'un avait découvert le tiroir [l'escalier] **secret**     Someone had discovered the **secret** drawer [staircase] [c]

II    4. Il ne parle jamais de lui-même. C'est un garçon très **secret**     He never talks about himself. He's a very **reticent/secretive** boy

---

a.   Services **secrets** : **secret** service
b.   Mais : charme **secret** : hidden charm ; ses pensées les plus **secrètes** : one's innermost thoughts
c.   Code **secret** : **secret** code ; société **secrète** : **secret** society

## SÉCURITÉ / SECURITY

I    1. La **sécurité** du territoire est menacée par le terrorisme     The country's **security** is threatened by terrorism

Pensez à la **sécurité** de votre maison. Achetez un dispositif antivol à ultra-sons     Think of your **security**. Buy an ultrasonic anti-theft device [a] ⇨ 4

2. Cette pension de veuve signifiait la **sécurité** pour elle     That widow's pension meant **security** for her

Ils sont peut-être mal payés, mais ils ont la **sécurité** de l'emploi     They may be badly paid but they do have job **security**

3. Ses parents adoptifs lui offraient la **sécurité** d'un chez soi paisible et chaleureux     His adoptive parents gave him the **security** of a peaceful and loving home

| | | | |
|---|---|---|---|
| II | 4. | Bien sûr, c'est un travail dangereux, mais l'usine a pris de nouvelles mesures pour assurer la **sécurité** des ouvriers | Of course it's dangerous work but the factory has taken new measures to ensure the **safety** of the workers |
| | | Pour votre **sécurité**, restez assis jusqu'à l'arrêt complet des moteurs | For your own **safety**, remain seated until the engines have stopped [b] |
| III | 5. | The watchman gave me the keys and kept my identity card as a **security** | Le vigile me donna les clés et garda ma carte d'identité comme **garantie** |
| | | I had to put down a **security** of £100 to get the car | J'ai dû verser une **caution** de 1000 F pour avoir la voiture [c] |
| | 6. | My father's bankrupt. He only has a few worthless **securities** (pl) left | Mon père a fait faillite. Il ne possède plus que quelques **titres** sans valeur [d] |

a. — **Security** s'emploie surtout dans le sens de ⸢absence de troubles dans un pays, protection contre l'espionnage, le sabotage, les effractions, la violence⸣, et non dans celui de ⸢absence de risques d'accident ou de risques corporels⸣ (cf. 4).
— Notez également : *security was very tight for the President's visit* : *les mesures de **sécurité** avaient été renforcées pour la visite du Président* ; *security risk* : *personne peu sûre/susceptible de porter atteinte à la sûreté de l'État*
— (Prison) *Quartier de haute **sécurité*** : *maximum security wing*
b. — Le mot **security** peut se rencontrer dans ce sens, mais il est beaucoup moins courant que **safety**.
— *Être/se sentir en **sécurité*** : *to be/feel safe* ; ***sécurité** routière* : *road safety* ; *ceinture de **sécurité*** : *safety/seat belt*
c. *To stand **security** for sb* : *se porter garant pour qqn*
d. (Fin) ***Securities** market* : *marché des valeurs* ; *government **securities*** : *fonds d'État*
◊ — *La **sécurité** sociale (La Sécu\*)* ≃ *(the) social **security*** ; *le Conseil de **Sécurité** (de l'O.N.U.)* : *the (UN) **Security** Council*
— ***Sécurité** (d'une arme)* : *safety catch (of a weapon)*

## SÉDUIRE / TO SEDUCE

| | | | |
|---|---|---|---|
| I | 1. | *(vieilli, litt)* Quand il l'aura **séduite** et qu'elle sera enceinte, il l'abandonnera à son triste sort (= abuser de) | When he has **seduced** her and she is pregnant, he will abandon her to her sad fate |
| II | 2. | Elle sait comment s'y prendre pour **séduire** les hommes | She knows how to **charm/attract** the men |

| | | |
|---|---|---|
| | Ils ne reculent devant rien pour **séduire** le client | They stop at nothing to **attract** the customer/**to entice** the customer **to buy** |
| | La jeune pianiste a **séduit** toute l'assistance | The young pianist **charmed/captivated** the whole audience |
| | J'ai été **séduit** par ce petit village de pêcheurs | I was **charmed/captivated** by the little fishing village |
| | Nous n'osons pas lui dire que ses projets ne nous **séduisent** guère | We dare not tell him that his plans do not **appeal** to us much |
| III | 3. They tried to **seduce** him with promises of promotion | Ils ont essayé de l'**allécher**/de l'**appâter** avec des promesses d'avancement |
| | They **seduced** him into leaving his job by offering him a higher wage and a car | Ils l'ont **poussé/entraîné** à quitter son poste en lui offrant un salaire plus élevé et une voiture |

## SENS / SENSE

| | | |
|---|---|---|
| I | 1. Nous percevons le monde extérieur par l'intermédiaire de nos **sens** | We perceive the external world through the medium of our **senses** [a] |
| | 2. Pour quelqu'un qui a le **sens** du rythme, ce n'est pas du tout difficile d'apprendre cette danse | For anybody with a **sense** of rhythm this dance is not at all difficult to learn |
| | Les jeunes n'ont plus le **sens** du devoir. La patrie, cela ne signifie plus rien pour eux | Young people have no **sense** of duty any more. Their country means nothing to them [b] |
| II | 3. Ce mot a récemment acquis un nouveau **sens** | This word has recently acquired a new **meaning** [c] |
| | Dans cette phrase, le mot « façade » est employé au **sens** figuré | In this sentence the word ' façade ' is used in its figurative **meaning** (*aussi :* **sense**) |
| | 4. Je viens de lire un livre passionnant de Desmond Morris sur les différents **sens** des gestes | I've just read a fascinating book by Desmond Morris on the **meanings** of gestures |

|     |    | J'essayais de donner un **sens** à ma vie, mais sans Pénélope je n'avais plus goût à rien | I tried to give **meaning** to my life but without Penelope nothing seemed worthwhile |

5. Pourriez-vous me dire dans quel **sens** il est parti ?

   Could you tell me which **direction** he went in/which **way** he went ? [d]

6. Son intervention allait dans le même **sens** que la mienne

   His speech was along the same **lines** as mine

**III** 7. He was tormented by a **sense** of guilt

   Il était rongé par un **sentiment** de culpabilité

   A **sense** of wellbeing crept over him

   Une **sensation** de bien-être l'envahit

   I had a **sense** that someone was standing behind me

   J'avais le **sentiment**/l'**impression** que quelqu'un était derrière moi

8. For goodness' sake, have a bit of **(common) sense** *(nd)* !

   Un peu de **bon sens**, que diable !

---

a.  – The **sense** of smell : l'odorat ; the **sense** of touch : le toucher ; sixth **sense** : sixième **sens**
    – Plaisirs des **sens** (pl) ( = sexuels) : sensual pleasures
    – Comparez : reprendre ses **sens** : to regain consciousness et to come to one's **senses** (pl) : se montrer raisonnable, revenir à la raison ; have you taken leave of your **senses** (pl) ? : as-tu perdu la tête/la raison ?

b.  Avoir le **sens** de l'humour : to have a **sense** of humour ; avoir le **sens** de l'orientation : to have a good **sense** of direction ; avoir le **sens** des affaires : to have a good head for business, to have a lot of business **sense** ; avoir le **sens** des réalités : to be a realist ; avoir le **sens** pratique : to be practical

c.  – Notez que **sense** peut s'employer dans le sens de °signification générale (d'une déclaration, d'une conversation)° : ex. *I didn't understand all the steps of the argument, but I got the **sense** of it* : je n'ai pas compris toutes les étapes de son argumentation, mais j'ai saisi l'idée générale/l'essentiel.
    – En outre, **sense** s'emploie dans certaines expressions, souvent avec le verbe **to make** : *that makes **sense*** : cela se tient ; *that doesn't make **sense*** : cela n'a pas de **sens**, cela ne tient pas debout\* ; *I couldn't make any **sense** of what he said* : je ne parvenais pas à comprendre ce qu'il disait.

d.  – Dans le **sens** de la longueur, de la largeur : lengthwise, widthwise ; dans le **sens** des aiguilles d'une montre : clockwise ; (lit, fig) **sens** dessus dessous : upside down
    – (Auto) **Sens** giratoire° : (Brit) roundabout, (US) traffic circle ; **sens** interdit/**sens** unique : one-way street ; (signalisation routière) **sens** interdit : no entry

◊   À mon **sens** : to my mind, in my opinion ; en un (certain) **sens** : in a (certain) **sense** ; en ce **sens** que : in the **sense** that ; cela tombe sous le **sens** : it's (perfectly) obvious, it stands to reason

## SENSATIONNEL / SENSATIONAL

II    1. Le premier ministre français a fait une déclaration **sensationnelle** au magazine Newsweek (= qui produit un grand effet)

The French Prime Minister made an **astonishing** statement to Newsweek/made a statement to Newsweek which **caused a sensation**

       2. C'est un film **sensationnel*** ! Tu dois aller le voir ! (= merveilleux)

It's a **fantastic***/**great***/**terrific*** film ! You must see it ! (*moins souvent :* **sensational***)

Marie est une fille **sensationnelle***. Elle sait tout faire

Mary is a **terrific*** girl. She can do anything (*moins souvent :* **sensational***)

III    3. It's one of those **sensational** newspapers I can't bear

C'est un de ces journaux **à sensation** que je ne peux pas supporter

Our paper doesn't indulge in that kind of **sensational** journalism

Notre journal ne pratique pas ce genre de journalisme toujours **à l'affût du sensationnel**/de journalisme **sensationnaliste**

## SENSIBLE / SENSIBLE

II    1. Certaines cellules sont particulièrement **sensibles** aux rayons infrarouges

Some cells are especially **sensitive** to infra-red radiation [a]

Pour faire cette expérience, il faut employer une balance très **sensible**

For this experiment it is necessary to use a very **sensitive** balance

Mon grand-père a l'ouïe [l'odorat] très **sensible**

My grandfather has very **sensitive**/**keen** hearing [a very **keen** sense of smell]

Si vous avez une peau **sensible**, il vaut mieux prendre cette lotion-ci

If you have a **sensitive** skin, this lotion would be better for you

       2. Mon épaule est restée **sensible** longtemps après l'accident

My shoulder remained **sore**/**tender** for a long time after the accident

       3. Pourquoi es-tu toujours si dur avec elle ? Tu sais qu'elle est très **sensible**

Why are you always so hard on her ? You know she's very **sensitive** [b]

| | | Réginald a toujours été **sensible** à la flatterie [à la beauté] | Reginald has always been **susceptible** to flattery [**sensitive** to beauty] |
| | | J'ai été très **sensible** à leurs témoignages de sympathie [à leurs paroles élogieuses] | I was very **touched** by their expressions of sympathy [I very much **appreciated** their praise] [c] |
| | 4. | La différence de pression était à peine **sensible** | The difference in pressure was hardly **perceptible** [d] |
| | | Nous pouvons nous attendre à une hausse **sensible** des taux d'intérêt | We can expect an **appreciable**/a **noticeable** rise in interest rates |
| III | 5. | Be **sensible**! You've only just learnt to drive and the roads are icy | Sois **raisonnable**! Tu sais à peine conduire et les routes sont verglacées |
| | | Her uncle gave her some very **sensible** advice but it was a waste of time | Son oncle lui a donné des conseils très **judicieux/sages/sensés** mais ça n'a servi à rien |
| | 6. | I wish I'd taken more **sensible** shoes [clothes] with me | Je regrette de ne pas avoir emporté des chaussures [des vêtements] plus **pratiques/commodes** |

a. (Philo) *Un être **sensible*** (= pourvu de sens) : *a sentient being*
b. *Ce film est déconseillé aux personnes **sensibles** : this film is not recommended for people of a nervous disposition*
c. *Être **sensible** à un argument : to be aware of the force of an argument, to be convinced by an argument*
d. *Le monde **sensible** : the tangible world*
◊ *(litt) To be **sensible** of : être conscient de*

## SENSIBLEMENT / SENSIBLY

| II | 1. | Le niveau de vie s'est **sensiblement** amélioré depuis la révolution | The standard of living has improved **appreciably/noticeably** since the revolution |
| | | Il fait **sensiblement** plus froid dans le nord du pays | It's **distinctly/appreciably/quite a bit** colder in the north of the country |
| | 2. | Caroline et Philippe sont **sensiblement** de la même taille | Caroline and Philip are **approximately/more or less/roughly** the same height |

| | | | |
|---|---|---|---|
| III | 3. | He very **sensibly** refused to invest so much money in such a risky venture | Il a **sagement** refusé d'investir autant d'argent dans une affaire aussi risquée |
| | | They **sensibly** decided not to have a fourth child | Ils ont pris la **sage** décision de ne pas avoir un quatrième enfant |
| | | Eric's girlfriend wasn't very **sensibly** dressed for a day in the country | La petite amie d'Eric ne portait pas des vêtements très **adéquats/pratiques** pour une journée à la campagne |

## SENTENCE / SENTENCE

| | | | |
|---|---|---|---|
| II | 1. | *(Jur)* Le tribunal n'a pas encore rendu sa **sentence** ( = verdict, jugement) | The court hasn't passed **judgment**/given its **verdict** yet [a] |
| | | Nous attendions avec anxiété la **sentence**° du médecin | We waited anxiously for the doctor's **verdict** |
| | 2. | *(vieilli)* Son discours était rempli de **sentences** | His speech was full of **dogmatic statements/sententious statements** |
| III | 3. | *(Jur)* He served out his **sentence** in the same prison as his accomplice | Il a purgé sa **peine** dans la même prison que son complice |
| | | *(Jur)* Do you think the prosecution will call for the death **sentence**? | Penses-tu que l'avocat général va requérir la **peine** de mort? [b] |
| | 4. | You could at least let me finish my **sentence** instead of interrupting me all the time | Tu pourrais au moins me laisser finir ma **phrase** au lieu de m'interrompre tout le temps |

---

a. Notez que le mot français **sentence** a un sens plus large que son correspondant anglais : il signifie ˁverdict, jugementˀ, alors que (A) **sentence** a le sens plus restreint de ˁcondamnation, peineˀ (cf. 3). Les deux mots peuvent cependant être des équivalents de traduction dans le cas où le jugement implique une condamnation : ex. *la **sentence** du tribunal a été sévère* : *the court's **sentence** was severe*.

b. *To pass **sentence*** : prononcer la condamnation, préciser la peine ; *under **sentence** of death* : condamné à mort ; *life **sentence*** : condamnation à perpétuité

## SENTIMENT / SENTIMENT

**I**    1. Je partage votre **sentiment**° sur cette question
(*plus couramment :* **avis**)

I share your **sentiments**° *(pl)* on this question
(*plus couramment :* **feelings, opinion**)

**II**    2. Je n'ai pas l'habitude de manifester mes **sentiments**

I'm not in the habit of showing my **feelings**

Elle fut envahie par un **sentiment** de haine [de pitié, de reconnaissance]

She was overwhelmed by a **feeling** of hatred [pity, gratitude]

Depuis cette nuit tragique, son père était rongé par un **sentiment** de culpabilité [d'injustice]

Ever since that tragic night his father had been tormented by a **feeling**/a **sense** of guilt [injustice] [a]

3. Elle eut le **sentiment** que son amant lui cachait quelque chose
(= impression)

She had the **feeling/impression** that her lover was keeping something from her

4. La petite Tania a dansé avec beaucoup de **sentiment**

Little Tania danced with great **feeling**

**III**    5. There is too much **sentiment** *(nd)* in this book

Ce livre témoigne d'une **sentimentalité** excessive

---

a. — De façon générale, le mot anglais **sentiment**, qui appartient au langage soutenu, est d'un emploi beaucoup moins fréquent que **feeling**. Il est cependant courant dans le sens de ʿopinion, tendance politiqueʾ : ex. *there was an upsurge of patriotic/anti-imperialist **sentiment** after the war*. En outre, **sentiment** (nd) s'emploie lorsqu'on oppose les sentiments et, plus particulièrement, l'importance excessive qu'on y attache, à des considérations d'ordre rationnel, réaliste : ex. *there's no place for **sentiment** in business* (voir aussi 5).

— Prendre qqn par les **sentiments** : *to appeal to sb's feelings*

◊ Veuillez agréer l'expression de mes **sentiments** distingués/les meilleurs : (Brit) *yours faithfully/sincerely,* (US) *yours sincerely*

## SÉRIEUX / SERIOUS

**I** 1. Jean a toujours l'air si **sérieux**. Tu l'as déjà vu rire, toi ?

John always looks so **serious**. Have you ever seen him laugh ?

Je viens de croiser Jacques, qui semblait avoir une conversation très **sérieuse** avec Martha

I've just met James, who seemed to be having a very **serious** conversation with Martha

Revenons aux choses **sérieuses**. Qui se charge d'organiser la réunion ?

Let's get back to **serious** matters. Who's going to organise the meeting ? [a]

**II** 2. Un élève **sérieux** n'attend pas le dernier jour pour revoir ses cours (= consciencieux)

A **conscientious** pupil doesn't leave his revision until the last moment

C'est un travail solide, **sérieux**, mais ce n'est pas très original

It's a sound, **conscientious** piece of work, but it lacks originality

Je te recommande Raymond. Il est très **sérieux** en affaires

I recommend Raymond. He's very **reliable**/he's a very **reliable** businessman

De nos jours, les maisons de commerce **sérieuses** se font rares

**Reliable** firms are becoming rare nowadays

Nous cherchons quelqu'un de **sérieux** pour garder nos enfants

We're looking for a **responsible/reliable/dependable** person to look after our children [b]

3. Il n'est pas encore content ? Il a pourtant reçu une **sérieuse** augmentation

Isn't he satisfied yet ? He did get a **considerable/sizeable** rise, after all

Les sauveteurs étaient prêts à prendre de très **sérieux** risques personnels

The rescuers were prepared to take **great/considerable** personal risks

Tu devras fournir un **sérieux** effort pour rattraper le temps perdu

You'll have to make a **real** effort to make up for lost time

J'ai de **sérieuses** raisons de croire que Christian me trompe

I've got **good** reason to believe that Chris is being unfaithful to me

Les Allemands ont une **sérieuse** avance sur nous en industrie chimique

The Germans are **well** ahead of us in the chemicals industry

**III** 4. There has been a **serious** accident on the Paris-Lille motorway

Il y a eu un **grave** accident sur l'autoroute Paris-Lille

645

| | |
|---|---|
| It is a **serious** illness but fortunately there are effective remedies available | C'est une maladie **grave**, mais il existe heureusement des traitements efficaces |
| The situation is **serious** but not desperate | La situation est **grave** mais pas désespérée [c] |

a. – *Alors, c'est **sérieux** ? Vous partez ? :* So you really are **(serious** about) leaving ?, So it's true that you're leaving ?
   – To give **serious** thought to sth : *songer sérieusement à qqch*
b. – *Aussi :* (nég) *elle n'est pas très **sérieuse** ; elle change de petit ami toutes les semaines :* she's rather fickle/flighty; she has a new boyfriend every week ; *il n'a pas toujours été très **sérieux** dans sa jeunesse :* he was a bit wild/(Brit) a bit of a tearaway when he was young
   – *Cela ne fait pas très **sérieux** :* that doesn't seem very businesslike, that doesn't suggest a very responsible attitude, that doesn't make a very good impression
c. Étant donné que le sens 3 ( = important) et le sens 4 ( = grave, critique) sont parfois très proches, il existe des cas d'équivalence entre **sérieux** et **serious** : *de **sérieux** dégâts :* **serious** damage ; *de **sérieuses** difficultés :* **serious** difficulties.

## SERVICE / SERVICE

I  1. Toutes ces années passées au **service** de la paix [des autres] sont enfin récompensées — All those years spent in the **service** of peace [of others] have finally been rewarded

   Nous sommes à votre **service** pour tout renseignement complémentaire — We are at your **service** if you need any further information [a]

   2. Nous tenons à vous signaler les multiples **services** que la banque met à votre disposition — We would like to tell you about the many **services** the bank has to offer

   3. Je pense que vous aurez besoin des **services** *(pl)* d'un bon avocat — I think you'll need the **services** *(pl)* of a good lawyer

   Nous allons malheureusement être obligés de nous passer de vos **services** *(pl)* — We shall unfortunately have to dispense with your **services** *(pl)*

   4. En Belgique, le **service** militaire est obligatoire — Military **service** is compulsory in Belgium [b]

   5. Je suis entrée au **service** de Madame la comtesse en 1946 comme gouvernante — I entered Her Ladyship's **service** as a governess in 1946 [c]

   6. Le **service** est exécrable dans ce restaurant — The **service** is dreadful in that restaurant

| | | |
|---|---|---|
| | N'oublie pas qu'il faut ajouter 20 % de **service** | Don't forget you have to add on 20 % for **service** |
| 7. | Le **service** des postes laisse beaucoup à désirer dans ce pays | The postal **service** in this country leaves a lot to be desired [d] |
| 8. | Cette nouvelle machine a été mise en **service** hier | The new machine was put into **service** yesterday [e] |
| 9. | *(Sports)* Je trouve que le coup le plus difficile au tennis, c'est le **service** | I think the most difficult stroke in tennis is the **service** (*aussi :* **serve**) |
| 10. | *(Écon)* La part des **services** *(pl)* dans le PNB est de plus en plus importante | **Services** *(pl)* make up an increasingly large part of the GNP [f] |

**II**

| | | |
|---|---|---|
| 11. | Le **service** de comptabilité est débordé | The accounts **department** is snowed under with work [g] |
| 12. | Une infirmière ne peut pas fumer pendant le **service** [les heures de **service**] | A nurse must not smoke on **duty** [during **duty** hours] [h] |
| 13. | Puis-je te demander un petit **service** ? | May I ask you a small **favour** ? |
| | Il m'a rendu un grand **service** en me prêtant sa voiture | He did me a great **favour** by lending me his car [i] (*aussi :* (Brit) a great **service**) |
| 14. | Il est encore un peu tôt pour manger. Pourquoi ne pas attendre le second **service** ? | It's still a bit early to eat. Why not wait for the second **sitting** ? |
| 15. | Caroline m'a offert un **service** à fondue pour mon anniversaire | Caroline gave me a fondue **set** for my birthday |
| | Ma mère ne sort son **service** à café [à thé] en argent que pour les grandes occasions | My mother only gets out her silver coffee [tea] **set** for special occasions [j] (*moins couramment :* **service**) |
| 16. | Les étudiants ont droit au **service** gratuit du bulletin pendant deux ans | Students are entitled to free **delivery** of the newsletter for a period of two years |

**III**

| | | |
|---|---|---|
| 17. | In those days we attended three **(church) services** on Sundays | À cette époque, nous assistions à trois **offices** le dimanche [k] |
| 18. | I started to smoke when I was in the **services** *(pl)* | J'ai commencé à fumer quand j'étais à l'**armée** |

|  |  |
|---|---|
| I didn't know which **service** to choose. In the end I opted for the Navy | Je ne savais pas quelle **arme** choisir. Finalement, j'ai opté pour la Marine |
| 19. I took my car in for its 30,000 mile **service** last week | La semaine dernière, j'ai mis ma voiture au garage pour la **révision** des 30 000 km |

---

a. En anglais, le mot **service** n'est pas souvent employé dans la langue parlée : *(je suis) à votre service ! : here I am !, what can I do for you ? ; qu'y a-t-il pour votre service ? : what can I do for you ?, how can I be of service to you ?*°

b. – Notez que (A) **service** ne peut pas être employé de façon absolue dans ce sens : *faire son service : to do one's military/national service ; bon pour le service :* (Mil) *fit for military service,* (humor) *sound in wind and limb.*
  – *Service actif : active service ; service civil (pour objecteurs de conscience) : non-military national service (for conscientious objectors)*
  – *To see service (in the cavalry...) : servir (dans la cavalerie...)*

c. *Après 50 ans de bons et loyaux services : after 50 years of good and faithful service ; escalier de service : service/servants' stairs, backstairs ; entrée de service : service/tradesmen's entrance*

d. – (A) **Service** ne s'emploie que lorsqu'il s'agit d'un organisme d'intérêt public (service hospitalier, des transports, des postes...). Dans le cas d'un secteur d'activités précis d'un établissement public ou privé, on emploie le mot **department** (cf. 11).
  – *Les services publics : the public services, the (public) utilities ; les services sociaux : the social services*

e. *En service : in service ; hors (de) service : out of service, out of order, out of commission*

f. *Service industries : (secteur) tertiaire*

g. Mais : *service après-vente : after-sales service*

h. – Mais : *40 ans de service dans une firme : 40 years of service in a company ; états de service : conditions of service/employment*
  – *Être de service : to be on duty ; ne pas être de service : to be off duty ; pompier [médecin] de service : duty fireman [doctor], fireman [doctor] on duty ; être service(-)service\* : to be hot\*/keen on the rules and regulations, to be a stickler for the rules*

i. *Ta voiture m'a bien rendu service : your car came in very handy/useful ; il aime rendre service : he likes to be helpful ; rendre un mauvais service à qqn : to do sb a disservice*

j. *Service de table : set of table linen ; service à liqueurs : set of liqueur glasses ; (absol) service (= ensemble d'assiettes, de plats...) : dinner service*

k. (F) **Service** est parfois employé dans ce sens : ex. *service funèbre : funeral service.*

◊ (Brit) ***Service** flat : appartement dont le loyer comprend plusieurs services (nettoyage, repas, etc.) assurés par le personnel de l'immeuble ; **service** area : aire de **services** ; (Brit) **service** road :* route latérale (qui longe une route principale)

## (SE) SERVIR / TO SERVE (ONESELF)

| I | 1. Ces jeunes gens, qui ont si bien **servi** leur patrie, méritent toute notre admiration et notre gratitude | These young people, who have **served** their country so well, deserve all our admiration and gratitude |
|---|---|---|

| | | |
|---|---|---|
| | Vous **servez** une très noble cause et vous pouvez en être fiers | You are **serving** a very noble cause and you can be proud of it |
| 2. | Mon père a **servi** dans l'artillerie pendant la première guerre mondiale | My father served in the artillery during the First World War |
| 3. | Le fils de l'épicier **servait** un client particulièrement difficile | The grocer's son was **serving** a particularly difficult customer |
| | Le boucher se souvient très bien de cette cliente. Il lui avait **servi** une belle entrecôte | The butcher remembers that customer very well. He **served** her with a nice entrecôte steak [a] |
| 4. | Nous **servons** des repas chauds jusqu'à quinze heures | Hot meals are **served** until three o'clock |
| | Après le repas, on nous a **servi** des liqueurs | We were **served** liqueurs after the meal [b] |
| | Laissez cuire 30 minutes. **Servez** chaud | Cook for 30 minutes. **Serve** hot |
| 5. | *(Tennis)* C'est à toi de **servir** ! | It's your turn to **serve** (*aussi* : It's your **service**) |
| 6. | Cette table **sert** aussi de bureau | This table also **serves** as a desk [c] |

| | | |
|---|---|---|
| II 7. | Il s'imagine sans doute que je suis là pour le **servir**. Je suis secrétaire, pas bonne à tout faire ! | I suppose he thinks I'm there to **wait on** him. I'm a secretary, not a skivvy ! [d] |
| 8. | Encore merci pour les plateaux ! Ils m'ont bien **servi** ! | Thanks again for the trays ! They were very **useful/handy** * |
| | Je garde toujours les restes de tissu. Je me dis que cela peut **servir** un jour | I always keep leftover scraps of material. They might **come in useful/handy** * one day |
| | Je vends aussi un couteau électrique qui n'a jamais **servi** | I'm also selling an electric carving knife which has never been **used** |
| 9. | Tout s'est très bien passé, mais il faut avouer que les circonstances l'ont bien **servi** | Everything went very well, but you must admit that he was **aided** by circumstances/circumstances **were in** his **favour** |
| | Si la chance nous **sert**, nous pouvons réussir | If luck **is on our side** we may succeed |
| | Pour une fois, mon manque de ponctualité m'a **servi** | For once, my unpunctuality **worked** in my **favour** [e] |
| 10. | À quoi **sert** cette machine ? — Elle **sert** à retourner le sol | What's this machine **(used) for** ? — It's **used** for turning over the soil |

649

| | | À quoi cela **sert** de s'en faire à l'avance ? | What's **the use/the point** of worrying before it happens ? |
|---|---|---|---|
| | | Un rapport plus détaillé pourrait nous **servir** à mieux comprendre la situation | A more detailed report might **help** us to understand the situation better [f] |
| | 11. | Si tu ne **te sers** plus de ce livre, j'aimerais le récupérer | If you're not **using** that book any more, I'd like it back |
| | | Elle **s'est servie** de nous sans que nous nous en doutions | She was **using** us and we didn't realize |
| | 12. | Il nous a **servi**\* l'excuse habituelle : trop de travail au bureau | He **came out with**\* the usual excuse : too much work at the office |
| III | 13. | This stove's a bit old but it will **serve (its purpose)** | Ce réchaud est un peu vieux mais il **fera l'affaire** |
| | 14. | After I'd **served** my apprenticeship I went to work for a firm in Birmingham | Après avoir **fait** mon apprentissage, j'ai été engagé par une firme de Birmingham |
| | | He had already **served** a ten-year sentence/ten years in prison when the real culprit was found | Il avait déjà **purgé** une peine de dix ans/**fait** dix ans de prison quand on arrêta le vrai coupable |
| | | I've been asked to **serve** on the committee | On m'a demandé d'**être membre** du comité |
| | 15. | There's only one bus to **serve** the ten villages | Un seul bus **dessert** les dix villages |

---

a. Notez que la construction **to serve sb sth** *(he **served** her a nice entrecôte steak)* s'emploierait plutôt dans le contexte d'un restaurant (cf. 4).

b. — **To serve** s'emploie beaucoup moins couramment que **servir** dans le cas de repas pris à la maison (en famille ou entre amis) : ex. *ma mère nous a **servi** un délicieux gigot d'agneau dimanche passé : my mother gave us/served up\* a delicious leg of lamb last Sunday.*
— **To serve** ne s'emploie que rarement dans le sens de "mettre dans l'assiette ou le verre" : ex. *puis-je te **servir** des haricots ? : can I give you some beans/help you to some beans ? ; puis-je te **servir** du vin ? : can I pour you some wine ?*
— *Se **servir** (d'un plat) : to help oneself (to a dish) ; se **servir** soi-même* (dans un restaurant) : **to serve oneself**

c. — Mais : *cette table me **sert** de bureau : I use this table as a desk*
— Notez que **to serve** ne s'emploie pas avec une personne comme sujet : ex. *elle me **sert** d'interprète : she acts as my interpreter.*

d. — *Elle aime se faire **servir** : she likes to be waited on*
— (vieilli) ***Servir*** (= être employé comme domestique) : **to serve,** be in the service of

e. Mais : *if my memory **serves** me correctly : si j'ai bonne mémoire*

f. — *Cela ne **sert** à rien d'insister : there's no point in insisting, it's no use insisting ; cela ne **sert** à rien : there's no point in it*

- Notez le sens affaibli de **to serve** (+ infinitif) dans : it **serves** to show, explain... : cela montre, cela explique...
◊ – En fait d'ennuis, on a été **servis*** : we've had our share of trouble*/a basinful of trouble*
- (Relig) **Servir** la messe : to serve at mass/communion
- (It) **serves** him right* : (c'est) bien fait pour lui*, il ne l'a pas volé*
- (Jur) **To serve** a summons/writ on sb : remettre une assignation à qqn, assigner qqn

## SÉVÈRE / SEVERE

**I**  1.  Je trouve que tu as été trop **sévère** envers les enfants

I think you were too **severe** with the children [a]

Les condamnations pour conduite en état d'ivresse ne sont pas assez **sévères**

The penalties for drunken driving are not **severe** enough

Le film ne méritait pas une critique aussi **sévère**

The film didn't deserve such **severe** criticism
(aussi : **harsh**)

L'institutrice essayait de prendre un air **sévère**, mais on voyait bien qu'elle n'était pas vraiment fâchée

The schoolmistress was trying to look **severe** but you could see she was not really angry

2. Je fus frappée par l'élégance un peu **sévère** de ses vêtements

I was struck by the somewhat **severe** elegance of her clothes [b]

**III** 3. The northern cities are facing **severe** air pollution problems

Les villes du nord du pays ont à faire face à de **graves** problèmes/à des problèmes **aigus** de pollution de l'air [c]

Her daughter had a **severe** illness at the age of five

Sa fille a eu une maladie **grave** à l'âge de cinq ans [d]

The pain was so **severe** that he was given morphine

La douleur était si **violente/intense** qu'on lui donna de la morphine

**Severe** weather conditions brought railway traffic to a standstill

Des conditions climatiques **très rudes/rigoureuses** ont paralysé le trafic ferroviaire

The **severe** cold we are experiencing at the moment should not last long

Le froid **intense** que nous subissons pour le moment ne devrait pas durer

---

a. – On préférera **strict** à **severe** lorsqu'il s'agit du comportement habituel d'une personne : ex. j'ai des parents **sévères** : I've got strict parents ; son père est très **sévère** envers les enfants : her father is very strict with the children.

– Le match s'est terminé sur un score très **sévère** pour McArthur : the match ended in a crushing defeat for McArthur
b. Mais : (meubles, architecture) *stark*
c. Malgré l'opposition de certains puristes, l'emploi de **sévère** dans ce sens est en train de se répandre sous l'influence de l'anglais : ex. *des pertes **sévères**, une défaite **sévère**.*
d. A **severe** cold : un gros rhume ; a **severe** (attack of) toothache : une rage de dents

## SIGNALER / TO SIGNAL

**I** 1. La cloche **signala** la fin du troisième round

The bell **signalled** the end of the third round [a]
⇨ 2

**II** 2. Les poteaux qui **signalaient** la fin de la piste étaient recouverts de neige

The posts which **marked** the end of the piste were covered with snow

Un panneau **signale** les travaux aux automobilistes

A sign **gives** drivers **warning of** the roadworks

Ces traces **signalent** la présence de carnassiers dans la région

The marks **indicate** the presence of carnivores in the area

3. La police nous **signale** à l'instant qu'il y a eu un accident sur l'autoroute E 40

The police have just **told/informed** us that there has been an accident on the M4

Notre correspondant à Beyrouth nous **signale** que tous les ressortissants français ont quitté la ville

Our Beirut correspondent **reports** that all French nationals have now left the city

On ne nous avait pas **signalé** les risques que comprenait cette mission

We were not **told/informed** about the risks involved in that mission [b]

4. Pourquoi avez-vous attendu le lendemain pour **signaler** le vol ?

Why did you wait until the next day to **report** the theft ?

*(Mil, Mar)* Toutes les unités sont tenues de **signaler** régulièrement leur position

All units must **report** their position regularly [c]

**III** 5. She was **signalling** with her umbrella

Elle **faisait des signes** avec son parapluie

The teacher **signalled** (to) his pupils to sit down

Le professeur **fit signe** à ses élèves de s'asseoir

6. *(Mil, Mar)* The commanding officer **signalled** orders to his field units

Le commandant **transmit** ses ordres **(par signaux/par radio)** aux unités de campagne

There was a time when sailors could only **signal** (messages) with flags

Il fut un temps où les marins ne pouvaient **communiquer/transmettre** leurs messages qu'au moyen de drapeaux

7. *(Auto)* He turned left without **signalling**

Il a tourné à gauche sans **mettre son clignotant**

---

a. – **To signal** ne s'emploie que lorsqu'un signe annonce un événement (début d'un match, fin d'une représentation, arrivée d'un train...) (comparez avec 2).
– Notez également : *this event **signalled** the end of British rule in India* : cet événement marqua la fin de la domination britannique en Inde
b. *Je vous **signale** que le recteur assistera à notre réunion* : (may I bring it to your attention that) the Vice-Chancellor will be present at our meeting ; *je vous **signale** qu'il est déjà cinq heures* : do you realize that it's already five o'clock ?, by the way, it's already five o'clock
c. *Rien à **signaler*** : nothing to report

## SIGNIFIER / TO SIGNIFY

II 1. Que **signifie** le mot « anthropomorphisme » ?

What does the word 'anthropomorphism' **mean** ?

Le signe ∞ **signifie** 'infini' en mathématiques

The sign ∞ **means** 'infinity' in mathematics [a]

2. Dans la majorité des cas, la fièvre **signifie** qu'il y a infection

In the majority of cases a fever **means** that infection is present [a]

Ces altercations, si violentes soient-elles, ne **signifient** pas qu'ils se détestent

These altercations, violent though they may be, do not **mean** that they hate each other [a/b]

3. J'ai bien peur que cette restructuration ne **signifie** une nette diminution de l'emploi

I'm very much afraid that this reorganization will **mean/imply** severe staff cutbacks

4. Je lui **signifierai**° mes intentions par écrit

I'll **make** my intentions **known** to him in writing/**inform** him of my intentions in writing [c]

Le directeur lui **signifia**° son congé sur-le-champ

The manager **gave** him **his notice/dismissed** him on the spot

Il lui **signifia**° qu'à l'avenir il ne tolérerait plus ses absences injustifiées

He **informed** him that in the future he would not tolerate his absenteeism

| III | 5. | *(vieilli)* Never mind about that. It doesn't **signify** | Ne t'en fais pas. Cela n'a pas d'importance |

a. Rarement : **signify**°
b. *Qu'est-ce que cela signifie ?* (exprimant l'indignation) : *what's the meaning of this ?*
c. – **To signify** s'emploie dans un nombre restreint de cas : *to signify*° *one's agreement, approval...* : **signifier**/marquer/exprimer son accord, son approbation...
 – (Jur) **Signifier** *(un arrêt...)* : *to serve (a notice...)*

## SITUATION / SITUATION

| I | 1. | Grâce à sa **situation** centrale, la ville a toujours eu une vocation commerciale | Thanks to its central **situation**° the town has always been of great commercial importance (*plus souvent :* **position/location**) |
| | | La villa a une **situation** excellente : à deux minutes de la plage et des magasins | The villa is in an excellent **situation**° : two minutes away from the beach and the shops (*plus souvent :* **position/location**) |
| | 2. | La **situation** est grave. Il faut faire quelque chose | The **situation** is serious. We must do something |
| | | La **situation** économique du pays ne fait que se dégrader | The country's economic **situation** is deteriorating steadily |
| | | Elle nous a vraiment mis dans une **situation** difficile | She's really put us in a very difficult **situation** [a] (*aussi :* **position**) |
| II | 3. | Son père a une très belle **situation** dans une banque japonaise | His father has a very good **post/position**/ *(plus familièrement)* **job** with a Japanese bank [b] |
| | 4. | *(Fin)* Nous vérifions la **situation** des magasins tous les vendredis | We check the shops' **balance sheets** every Friday |

a. – (euphém) *Être dans une **situation** intéressante : to be in an interesting condition*
 – Notez l'emploi critiqué (car jugé superflu) de (A) **situation** dans des cas tels que : *in a meeting situation :* en réunion ; *in the classroom situation :* en classe.
 – *Situation comedy :* comédie de mœurs/de situation ; (nd) *comique de* **situation**
b. – (A) **Situation** est vieilli dans ce sens. Notez cependant : (Presse) '*situations vacant/wanted*' : '*offres/demandes d'emploi*'.
 – *Être sans* **situation** : *to be unemployed/jobless*

# (SE) SITUER / TO SITUATE

**I** 1. Les nouveaux bureaux de la CEE **se situent**/sont **situés** au nord de Bruxelles

The new EEC offices are **situated** *(pass)* in the north of Brussels

La maison est assez bien **située** du point de vue des transports en commun

The house is quite well situated *(pass)* from the point of view of public transport

2. Il est difficile de **situer** ses ouvrages dans la production littéraire contemporaine ( = classer)

It's difficult to **situate** his work in the contemporary literary scene (*aussi :* **place**)

**II** 3. C'est dans cette partie de l'océan que beaucoup de gens **situent** l'Atlantide

Many people **locate/put** Atlantis in that part of the ocean [a]

L'auteur a **situé** cette scène à Lyon au XXIe siècle

The author **set** the scene in Lyons in the twenty-first century

La meilleure époque pour planter les bégonias **se situe** au début du printemps

The best time for planting begonias **is** in early spring

La scène **se situe** dans un château de la Loire au XVIIIe siècle

The scene **takes place/is set** in a castle on the Loire in the eighteenth century

4. On est parvenu à **situer** l'avion au radar

They managed to **determine the position of/to locate** the plane by radar

5. Tu as vu ce type ? Son visage me dit quelque chose, mais je ne parviens pas à le **situer**

You see that chap ? I've seen him somewhere before but I can't **place** him

J'ai du mal à **situer** son ami. Est-il de droite ou de gauche ?

I find his friend difficult to **pin down**. Is he right-wing or left-wing ?

6. Nous devrions essayer de **nous situer** politiquement par rapport aux pacifistes

We should try to **define our** (political) **position** in relation to the pacifists

J'ignore où il **se situe** politiquement

I don't know what his political **standpoint is**/where he **stands** politically

---

a. Quand **situer** (v.tr) signifie ʿplacer dans le tempsʾ, on aura souvent recours à des paraphrases en anglais : ex. *on situe l'introduction du mot 'gang' dans la langue française vers la fin des années trente : the word 'gang' is believed to have been introduced into French some time in the late thirties.*

◊ To be badly **situated** : être gêné, avoir des ennuis d'argent, être en mauvaise posture/dans une situation défavorable ; to be well **situated** to do sth : être bien placé pour faire qqch ; how are you **situated** for money ? : avez-vous des problèmes d'argent ?

## SKETCH / SKETCH

I   1. *(Music-hall, TV)* Tu connais son **sketch** où il fait semblant d'être un chien ? C'est hilarant !

Do you know the **sketch** where he pretends to be a dog ? It's hilarious !

III   2. Several of Rembrandt's **sketches** will be sold at auction

Plusieurs **esquisses** de Rembrandt vont être vendues aux enchères

He took a pencil and drew a rough **sketch** on his newspaper

Il prit un crayon et fit un rapide **croquis** sur son journal

3. He started by giving us a **sketch** of the Industrial Revolution

Il commença par nous donner un **aperçu** de la révolution industrielle

## SLIP / SLIP

II   1. Vendez-vous des **slips** pour hommes [pour femmes] ?

Do you sell men's **underpants** [ladies' **panties**/*(Brit)* **pants**/*(Brit)* **knickers**\*] ? [a]

III   2. Some women would never wear a dress without a **slip** underneath

Certaines femmes ne porteraient jamais une robe sans **combinaison** [b]

3. I had a nasty **slip** on the ice this morning

J'ai fait une mauvaise **chute** sur du verglas ce matin [c]

4. Anyone can make a **slip** from time to time

Il arrive à tout le monde de faire un **lapsus** [d]

He made a few **slips** but no serious mistakes

Il a fait quelques **fautes d'inattention** mais aucune faute importante

|   |   |   |
|---|---|---|
| | 5. All the examples are written on **slips (of paper)** and stored in drawers | Tous les exemples sont transcrits sur des **morceaux de papier**/des **bouts de papier** et rangés dans des tiroirs |

a. Un **slip** : a pair of pants/knickers* ; **slip** de bain : (hommes) *(bathing/swimming) trunks,* (femmes) *bikini bottom*
b. Aussi : **(waist) slip** : *jupon*
c. *To give sb the* **slip*** : *fausser compagnie à qqn*
d. Aussi : (écrit) **slip** of the pen, (oral) **slip** of the tongue ; Freudian **slip** : lapsus
◊ Pillow **slip** : taie (d'oreiller) ; (Brit) **slip** road : bretelle d'accès ; a **slip** of a girl : une fille fluette ; (Hortic) **slip** : bouture

## SMOKING / SMOKING

| | | | |
|---|---|---|---|
| II | 1. | Si c'est une soirée très habillée, je mettrai mon **smoking** | If it's a very formal occasion I'll wear my *(Brit)* **dinner jacket**/ *(US)* **tuxedo** [a] |
| III | 2. | The doctor advised him to give up **smoking** | Le docteur lui a conseillé d'arrêter de **fumer** |
| | | **Smoking** can damage your health | Le **tabac** nuit à la santé |
| | | The anti-**smoking** compaign proved very effective | La campagne contre le **tabagisme** s'est révélée très efficace |

a. *Veste de* **smoking** : (Brit) *dinner jacket,* (US) *tuxedo ; pantalon de* **smoking** : (Brit) *evening trousers, dress trousers,* (US) *evening pants*

## SOBRE / SOBER

| | | | |
|---|---|---|---|
| II | 1. | Depuis quelques années, il mène une vie très **sobre,** presque ascétique | For several years he has led an **abstemious,** almost ascetic, life |
| | | Les gens qui sont **sobres** de nature n'ont aucune difficulté à se passer d'alcool pendant quelque temps | Naturally **abstemious** people have no trouble in going without alcohol for a while |

2. La secrétaire portait un tailleur **sobre** mais très élégant

   The secretary was wearing a **simple** but very elegant suit

   Elle a choisi pour son salon une décoration assez **sobre** et il faut reconnaître que c'est très réussi

   She has chosen quite a **simple** decor for her living room and I must admit that it's very effective [a]

3. Le patron est un homme **sobre** de compliments [de paroles] (*plus souvent :* **avare**)

   The boss is **sparing** of praise [of words]

**III** 4. I'm absolutely **sober** and perfectly well able to drive

   Je n'ai **pas bu**/je ne suis **pas saoul**. Je suis parfaitement capable de conduire (*parfois :* je suis parfaitement **sobre**)

   You'd better ask him again when he's **sober**

   Tu ferais mieux de lui reposer la question quand il sera **dégrisé** [b]

5. After this rare attempt at humour, John became his usual **sober** self

   Après cette pointe d'humour exceptionnelle, Jean redevint **sérieux**

   It was a rather **sober** occasion, more like a funeral than a wedding

   C'était une cérémonie assez **austère/froide**, qui ressemblait plus à un enterrement qu'à un mariage

---

a. **Sober** colours : couleurs discrètes/**sobres**
b. **Sober** as a judge/stone-cold **sober**\* : absolument pas ivre

## SOCIAL / SOCIAL

**I** 1. En tant que sociologue, je m'intéresse évidemment surtout au comportement **social** de l'homme

   As a sociologist, I am naturally most interested in man's **social** behaviour [a]

2. Il existe dans notre pays des injustices **sociales** criantes

   There are glaring **social** injustices in this country

   La politique du gouvernement creuse de plus en plus le fossé entre les différentes classes **sociales**

   The government's policy is steadily widening the gap between the **social** classes

   Le XIX$^e$ siècle fut marqué par de grandes réformes **sociales**

   The 19th century was marked by great **social** reforms [b]

| | | | |
|---|---|---|---|
| II | 3. | Pendant toutes ces années, le pays a connu une relative paix **sociale** | For all these years the country has enjoyed relative **industrial** peace |
| | | Ces dernières semaines, le climat **social** s'est dégradé | The **industrial** climate has deteriorated over the last few weeks [c] |
| III | 4. | We don't have much of a **social** life | Nous ne **sortons** pas beaucoup/ nous ne menons pas une vie très **mondaine** |
| | | This evening is purely **social**. We'll talk business tomorrow | Cette soirée est purement **amicale**. Nous parlerons affaires demain [d] |

a. Étant donné que *social life* signifie *vie mondaine* (cf. 4), on traduira *vie sociale* autrement : *community living, social contact*.
b. – (A) *Social* s'emploie dans le sens large de 'concernant l'organisation de la société' et non dans le sens plus restreint de 'relatif au monde du travail, concernant les rapports employeurs-travailleurs' (cf. 3).
 – *Sécurité sociale : social security ; assistante sociale : social worker*
c. *Partenaires sociaux* ≃ *representatives of the unions and employers*
d. *Social club : (association) amicale*
◊ – *Logement social : council house/flat ; a social climber : un arriviste/un parvenu*
 – (Comm) *Siège social : head office, headquarters ; capital social : authorized capital ; raison sociale : corporate name*
 – *Social drinking :* ≃ *boire un verre avec des amis de temps à autre*
 – (US) *Social disease : maladie vénérienne*

## SOCIÉTÉ / SOCIETY

| | | | |
|---|---|---|---|
| I | 1. | La **société** doit se défendre contre de tels individus | **Society** (nd) must defend itself against such people |
| | | Dans nos **sociétés** industrialisées, l'argent régit tout | In our industrial **societies** money reigns supreme [a] |
| | 2. | Il n'y avait pas une seule **société** savante [littéraire] dont il ne fit partie | There was not a single learned [literary] **society** of which he was not a member [b] |
| | 3. | Toute sa vie, il a recherché la **société**° des jolies femmes (*plus souvent :* **compagnie**) | All his life he sought the **society**° of beautiful women (*plus souvent :* **company**) |

659

II 4. Tous les actionnaires sont invités à l'assemblée générale annuelle de la **société** qui aura lieu le 14 mai à 14 heures

All shareholders are invited to the **company's** annual general meeting, which will take place on May 14th at 2 p.m. [c]

---

a. – La **société** de consommation : the consumer **society** ; jeu de **société** : parlour game ; talents de **société** : social skills
 – La bonne **société** : polite **society** ; la (haute) **société** : (high) **society**
 – **Society** occasion : soirée/réception mondaine ; **society** wedding : mariage mondain/dans la haute **société**

b. – L'équivalence n'est pas totale dans ce sens. **Société** s'emploie aussi pour le sport (ex. **société** de pêche : angling club) et **society** pour toutes sortes d'associations sans but lucratif (ex. dramatic **society** : club théâtral, association théâtrale ; film **society** : ciné-club).
 – Notez également : la **société** protectrice des animaux : the Royal (US : the American) **Society** for the Prevention of Cruelty to Animals ; la **société** de Jésus : the **Society** of Jesus
 – (Brit) Friendly **society** ≃ **société**/caisse de prévoyance ; (Brit) building **society** ≃ **société** de crédit immobilier

c. **Société** anonyme : public limited company ; **société** à responsabilité limitée : private limited company

◊ (Hist. polit.) La **société** des Nations : the League of Nations

---

## SOLIDE / SOLID

I 1. La glace est de l'eau à l'état **solide**

Ice is water in its **solid** state

Le malade ne peut pas encore absorber de nourriture **solide**

The patient cannot take **solid** food yet

2. La maison est vieille, mais les murs sont très **solides**

The house is old but the walls are very **solid** [a]
⇨ 4

3. Ses idées ne reposent sur aucune base **solide**

His ideas have no **solid** basis (aussi : **sound**)

Mon associé a fait valoir quelques arguments **solides,** qui m'ont convaincu

My partner put forward some **solid** arguments which won me over (aussi : **sound**)

Il a toujours fait preuve d'un **solide** bon sens

He's always shown **solid** common sense [b] (aussi : **sound**)

II 4. Ne monte pas sur cette chaise. Elle n'est pas très **solide**

Don't stand on that chair. It's not very **strong**

| | |
|---|---|
| Si tu avais attaché ton vélo avec un cadenas **solide,** on ne te l'aurait pas volé | If you'd fastened your bike with a **secure/strong** padlock, you wouldn't have had it stolen |
| Je voudrais une paire de chaussures **solides** pour mon fils | I'd like a pair of **tough/sturdy/** *(Brit)* **hardwearing/***(US)* **longwearing** shoes for my son |
| Ce sont des montres très **solides,** qui ne craignent ni les chocs ni l'eau | These are **sturdy/tough/***(Brit)* **hardwearing/***(US)* **longwearing/durable** watches, which are both shock-proof and waterproof |
| 5. Ma grand-mère n'a pas le cœur assez **solide** pour supporter une telle opération | My grandmother doesn't have a **strong** enough heart to undergo an operation like that |
| Il faut avoir une **solide** constitution pour mener un tel train de vie | You need a **strong/sturdy/robust** constitution to lead that kind of life ᶜ |
| 6. Une amitié **solide** les unissait | An **enduring** friendship/a **firm** friendship united them |
| Même une maison **solide** comme la nôtre ressent les effets de la crise | Even a **well-established** business like ours feels the effects of the crisis |
| 7. Je pensais retirer de **solides**\* bénéfices de cette affaire | I thought I would make a **substantial** profit on that deal |
| Je vous conseille de prendre un **solide**\* petit déjeuner avant de partir | I advise you to have a **good/substantial** breakfast before you go ᵈ |
| L'individu m'asséna un **solide**\* coup de poing et puis je ne me souviens plus de rien | The man gave me a **hard**\*/a **hefty**\* thump and then everything went blank ᵉ |

III  8. Are cricket balls hollow or **solid**?    Les balles de cricket sont-elles creuses ou **pleines**?

9. I can't afford to buy a **solid** gold watch [a **solid** oak bedroom suite]    Je ne peux pas me permettre une montre en or **massif** [une chambre à coucher en chêne **massif**]

10. The demonstrators formed a **solid** line around the nuclear power station    Les manifestants formaient une chaîne **ininterrompue/continue** autour de la centrale nucléaire

There was a **solid** vote against the building of the new motorway    Le vote contre la construction de la nouvelle autoroute a été **unanime** ᶠ

| | |
|---|---|
| 11. The **solid** citizens of the town were shocked to the core | Les citoyens **respectables/honorables** de la ville furent profondément choqués |
| 12. *(US)* I'd rather have **solid** blue curtains than patterned ones | J'aimerais mieux des rideaux bleu **uni** que des imprimés |
| 13. I waited two **solid*** hours but he didn't turn up | J'ai attendu deux heures **entières/ d'horloge,** mais il n'est jamais venu |
| I've been working for ten **solid*** hours. I think I deserve a break | J'ai travaillé dix heures **d'affilée/ sans relâche/sans arrêter.** Je mérite bien une petite pause |

a. – **Solid** ne s'emploie que dans le sens de 'robuste, bien construit', pour des constructions (maison, mur, pont...), des meubles, des voitures... L'adjectif français **solide** a un sens beaucoup plus large. Il peut être synonyme de 'inusable, incassable', auquel cas on emploie d'autres adjectifs en anglais (cf. 4).
   – *Il n'est pas encore très **solide** sur ses jambes : he's not very steady on his legs yet*
b. – **Solide** a un emploi plus étendu que **solid** dans ce sens : ex. *connaissances **solides** : sound knowledge ; de **solides** raisons : sound/good reasons ; un **solide** atout : a great/major asset.*
   – (fig) *On **solid** ground : en terrain sûr*
c. *Un **solide** gaillard : a sturdy/robust fellow ;* (fig) *avoir les reins **solides** : to have a solid financial backing, to be on a sound (financial) footing*
d. Mais : *un **solide** repas : a **solid** meal*
e. *Il a un **solide*** coup de fourchette : he's got a hearty appetite, he's a great trencherman**
f. *To be **solid** for Labour : voter massivement pour les travaillistes*
◊ ***Solid** geometry : géométrie dans l'espace*

## SOPHISTIQUÉ / SOPHISTICATED

| | | |
|---|---|---|
| I | 1. Muriel a dépensé une fortune pour acheter des appareils ménagers **sophistiqués,** mais elle cuisine toujours aussi mal | Muriel's spent a fortune on **sophisticated** kitchen equipment, but she's still a terrible cook |
| II | 2. Le prince, qui ne connaissait que les dames **sophistiquées** de la Cour, était enchanté par la simplicité naturelle de la jeune fille | The prince, used only to the **affected/artificial/over-sophisticated** ladies of the court, was delighted by the girl's natural simplicity [a] |

|  |  | La toilette **sophistiquée** de la vedette était déplacée | The film star's **over-elaborate/ over-sophisticated** clothes were out of place/The **contrived elegance** of the film star's clothes was out of place [b] |

III 3. Fashions this year are **sophisticated** and understated

La mode cette année-ci est **élégante/raffinée** et dépouillée

I'm surprised that anyone so **sophisticated** should commit a gaffe like that

Je suis étonné que quelqu'un d'aussi **raffiné**/qui a autant **de savoir-vivre** fasse une gaffe pareille

I started smoking when I was 16, thinking it would make me look **sophisticated**

J'ai commencé à fumer à l'âge de 16 ans parce que je pensais que cela faisait **bien/chic**

4. This **sophisticated** audience was a challenge for the Prime Minister

Ce public **choisi/bien informé** constituait un défi pour le premier ministre

He proved his theory in a series of **sophisticated** arguments

Il prouva sa thèse au moyen d'une argumentation **subtile** [c]

---

[a.] De façon générale, l'adjectif **sophistiqué** a un sens plutôt négatif (= artificiel, maniéré) alors que l'adjectif anglais a le sens positif de ˊraffiné, distinguéˋ (cf. 3). Notez cependant que sophisticated est parfois employé dans le sens de ˊmaniéréˋ quand le contexte est clairement négatif : ex. *I don't like that girl. She's **sophisticated** beyond her years.*
[b.] *Style **sophistiqué** (d'un écrivain) : mannered/contrived style*
[c.] Notez que sous l'influence de l'anglais, **sophistiqué** est de plus en plus employé dans ce sens : ex. *une mise en page **sophistiquée**, des plaisirs **sophistiqués**.*

## SOUFFRIR / TO SUFFER

I 1. Il a beaucoup **souffert** avant de mourir

He **suffered** a great deal before he died [a]

Il **souffre** de fréquents maux de tête [de rhumatismes, de troubles cardiaques]

He **suffers** from frequent headaches [rheumatism, heart trouble] [b]

2. Cet enfant a beaucoup **souffert** du divorce de ses parents

This child has **suffered** a lot from his parents' divorce [c]

3. Les arbres fruitiers ont beaucoup **souffert** (du gel) cet hiver

The fruit trees have **suffered** a lot (from the frost) this winter

| | | Le mécanisme n'a pas trop **souffert** du choc | The mechanism has not **suffered** too much from the impact |
|---|---|---|---|
| II | 4. | Ils ont peut-être gagné le match mais ils ont **souffert**\*/on les a fait **souffrir**\* | They may have won the match but they **had a hard time of it**\*/we **put them through it**\* |
| | | Qu'est-ce que j'ai pu **souffrir** pour décaper ces volets ! | I **had a hard time/I sweated blood**\* stripping those blinds/ Stripping those blinds **was a tough job** |
| | 5. | *(nég)* Je ne peux pas **souffrir** les épinards [cet individu] | I can't **stand/bear** spinach [that chap] |
| | | *(nég)* Il ne peut **souffrir** de la voir malheureuse | He cannot **bear** to see her unhappy ᵈ |
| | 6. | **Souffrez**° que je vous interrompe | **Allow/permit** me to interrupt you |
| | | Méfiez-vous. Le président ne **souffre**° pas qu'on le contredise | Be careful. The president will not **allow** anyone to contradict him/ **won't** be contradicted |
| | 7. | Ce travail ne peut **souffrir**° aucun retard | This work **admits of**°/**allows of**° no delay/**simply cannot** be delayed |
| III | 8. | The enemy troops **suffered** great losses and a terrible defeat | Les troupes ennemies ont **essuyé/subi** de grosses pertes et une terrible défaite |

a. – **To suffer** ne s'emploie guère de façon absolue, si ce n'est dans le cas d'intense souffrance, dans un langage plutôt élevé. Dans la plupart des cas, on emploiera plutôt d'autres verbes : ex. *je souffre énormément, il faut me prescrire quelque chose* : I'm in great pain, you must prescribe me something ; *as-tu beaucoup souffert après ton opération ?* : did you have a lot of pain after your operation ? ; *on m'a enlevé une dent mais je n'ai pas du tout souffert* : I had a tooth out but it didn't hurt a bit.
 – *Souffrir le martyre* : to go through/to **suffer** agonies
b. Notez que contrairement au verbe français **souffrir**, **to suffer** ne peut pas être suivi d'un nom désignant un organe ou une partie du corps : ex. *souffrir de l'estomac, du dos* : (ponctuel) *to have (a) stomach ache, (a) backache*, (habituel) *to have stomach/back trouble*.
c. Mais : (fig) *you'll suffer for it/I'll make you suffer for it* : *vous me le paierez*
d. **To suffer** est rare dans ce sens. Notez cependant : *he doesn't suffer fools gladly* : *il n'a aucune patience pour les imbéciles*.

## SOUPLE / SUPPLE

**I** 1. Si on fait de la gymnastique régulièrement, on peut rester **souple** longtemps [garder ses articulations **souples**]

If one exercises regularly one can remain **supple** for a long time [keep one's joints **supple**]

Le vent ployait les tiges **souples** des joncs

The wind bent the **supple** stems of the rushes [a]
(*aussi :* **flexible, pliable**)

**II** 2. La lame **souple** du fleuret se plia mais ne se rompit pas

The **flexible/pliable** blade of the foil bent but didn't break

Je préfère ces chaussures-ci. La semelle est plus **souple**

I prefer these shoes. The soles are **softer**/more **flexible**

Comment fais-tu pour avoir du linge aussi **souple** ?

How do you get your washing so **soft** ?

Il vaudrait mieux employer une brosse **souple,** sinon tu risques d'abîmer le tissu

You'd better use a **soft** brush or else you'll spoil the material [b]

3. La petite fille avançait avec la grâce **souple** d'un chat

The little girl moved with the **lithe** grace of a cat

D'un mouvement **souple,** elle franchit la barrière

She cleared the gate in one **lithe** movement

4. Tous ses romans sont écrits dans un style **souple** et léger

All his novels are written in a light, **fluid/flowing** style

5. Mon patron est très **souple.** Il me permettra certainement de quitter le bureau pour une heure ou deux

My boss is very **flexible.** He'll certainly let me leave the office for an hour or two

Moi, j'aime beaucoup mon travail car j'ai un horaire très **souple**

I like my job because I've got a very **flexible** timetable

**III** 6. For this kind of work you need a quick and **supple** mind

Pour ce type de travail, il faut un esprit vif et **agile**

---

a. L'adjectif **supple** a un champ d'application beaucoup moins large que **souple**. Il ne s'emploie que pour le corps (de l'homme ou de l'animal), les membres ou les articulations et pour les plantes. Notez également : *cuir* **souple** *: supple leather.*

b. – **Flexible** et **pliable** traduisent l'idée de ʿqu'on peut plier sans casserʾ, alors que **soft** rend plutôt l'idée de ʿmou, moelleuxʾ.
 – *Lentilles (de contact)* **souples** *: soft contact lenses ;* (Informat) *disque* **souple** *: floppy disc*

## SOURCE / SOURCE

I   1. Sais-tu où la Loire prend sa **source** ?

Do you know where the Loire has its **source** ? [a]

2. Il faudrait trouver une autre **source** d'énergie [de chaleur, de lumière]

We'd have to find another **source** of energy [heat, light]

C'est une **source** de profit dont nous ne pourrions pas nous passer

It's a **source** of income that we couldn't do without [b]

3. Nous savons de **source** sûre qu'il a été assassiné

We know from a reliable **source** that he was murdered

4. Votre travail ne vaut rien si vous ne citez pas vos **sources**

Your work is worthless if you don't quote your **sources**

II  5. Depuis que la **source** s'est tarie, les habitants ont progressivement quitté le village

Since the **spring** dried up, the inhabitants have gradually left the village

La ville est surtout connue pour sa **source** d'eau chaude [d'eau minérale]

The town is known mainly for its hot [mineral] **springs** *(pl)* [c]

---

a. Mais : *la **source** de tous les maux* : the root of all evil ; *effectuer un retour aux **sources*** : to go back to basics/to the simple life/to one's roots
b. **Source** of infection : *foyer d'infection*
c. (fig) *Couler de **source*** : to be obvious/natural, to follow naturally

## SOUVENIR / SOUVENIR

I   1. Quand je vais en vacances, j'achète toujours des tas de **souvenirs** pour mes amis

When I go on holiday I always buy a lot of **souvenirs** for my friends

2. Ne jette pas ce programme ! C'est un **souvenir** d'un spectacle au Bolchoï auquel j'ai assisté

Don't throw that programme away ! It's a **souvenir** of a performance I went to at the Bolshoi [a] (*aussi :* **memento**)

| | | | |
|---|---|---|---|
| II | 3. | Mes **souvenirs** de ces jours heureux s'estompaient peu à peu | My **memories/recollections** of those happy times gradually grew dim |
| | | J'ai gardé un bon [mauvais] **souvenir** des années que j'ai passées à l'université | I have happy [unhappy] **memories** of my university days |
| | | Je n'ai pas **souvenir** de t'avoir emprunté ce livre | I have no **recollection** of borrowing that book from you [b] |

a. En anglais, **souvenir** est moins courant lorsqu'il s'agit du souvenir d'une personne : ex. *j'aimerais avoir un **souvenir** de votre mère : I'd like to have a memento (moins souvent : **souvenir**) of your mother, I'd like to have something of your mother's as a keepsake.*

b. – **Souvenirs** d'enfance : childhood memories
– *Veuillez me rappeler au bon **souvenir** de votre mère : remember me to your mother, (give) my regards to your mother ; amical **souvenir** : yours (ever)*

## SPEAKER / SPEAKER

| | | | |
|---|---|---|---|
| II | 1. | Je suis effaré d'entendre tous ces **speakers** faire constamment des fautes de français (*aussi :* **présentateurs**) | I'm horrified when I hear all the mistakes **radio announcers/TV announcers/newscasters/** *(surtout Brit)* **newsreaders** make [a] |
| III | 2. | May I present our next **speaker**, Mr Cohen ? | Je voudrais vous présenter notre **orateur/conférencier** suivant, Monsieur Cohen |
| | 3. | He's such a marvellous **speaker** that one could listen to him for hours on end | C'est un **orateur** si merveilleux qu'on pourrait l'écouter pendant des heures |
| | 4. | Only (native) **speakers** of Chinese will be considered for this job | Nous n'accepterons pour ce poste que des **personnes qui parlent** le chinois (comme langue maternelle) [b] |
| | 5. | The stereo comes complete with two **speakers** | L'ensemble stéréo est livré avec deux **enceintes (acoustiques)** |

| | |
|---|---|
| It would be nice if we had **speakers** in the back of the car too | Ce serait bien si on avait aussi des **haut-parleurs** à l'arrière de la voiture |

a. **(Radio/TV) announcer** désigne la personne qui présente les émissions, **newsreader/newscaster** celle qui lit les nouvelles.
b. Native **speaker** of French, English : francophone, anglophone
◊ – (Polit) **Speaker** : speaker (président de la Chambre des communes en Grande-Bretagne, président de la Chambre des représentants aux États-Unis).
– (Ling) **Speaker** : locuteur

## SPÉCIAL / SPECIAL

I 1. 
| | |
|---|---|
| Ce poste ne nécessite aucune formation **spéciale** | This job requires no **special** training |
| Le Président est arrivé ce matin par avion **spécial** | The President arrived this morning by **special** plane |
| Faut-il des chaussures **spéciales** pour faire ce sport ? | Do you need **special** shoes for this sport ? |
| Pour quitter l'école pendant la journée, il faut une autorisation **spéciale** | You need **special** permission to leave the school during the day |
| C'est un cas **spécial**. Pour une fois, on peut faire une exception | It's a **special** case. We can make an exception for once [a] |

II 2.
| | |
|---|---|
| C'est un restaurant assez **spécial**. Pour commencer, il faut aller se servir soi-même à la cuisine | It's rather a **peculiar/strange** restaurant. For a start, you have to go and fetch your own food from the kitchen |
| Tante Charlotte porte toujours des chapeaux assez **spéciaux**. Elle ne passe pas inaperçue | Aunt Charlotte always wears rather **strange/peculiar/odd** hats. You can't miss her [b] |
| Qu'est-ce que tu penses de mon faisan aux abricots ? — C'est **spécial** ! | What do you think of my pheasant with apricots ? — Well, it's **different/interesting** ! |

III 3.
| | |
|---|---|
| This is a very **special** day in the history of the university | C'est un jour très **important**/un **grand** jour dans l'histoire de notre université |

668

| | |
|---|---|
| David's a **special** friend of my husband's | David est un **très bon** ami de mon mari |
| I always cook something **special** when John comes home for the weekend | Je fais toujours quelque chose de **bon**/un **bon** repas quand John revient pour le week-end |
| What do you think of the film? — It's not bad, but it's nothing **special** | Que penses-tu du film? — Ce n'est pas mal, mais ce n'est pas **extraordinaire**/cela **ne casse rien** * |

a. – Envoyé **spécial** (d'un journal) : **special** correspondent ; (Polit) pouvoirs **spéciaux** : **special** powers
   – Take **special** care : fais très attention
b. Il a des mœurs **spéciales** : he goes in for some strange sexual practices, (homosexuel) he has certain tendencies/proclivities
◊ – (Postes) By **special** delivery : en exprès
   – (Brit) The **Special** Branch : les renseignements généraux


## SPECTACLE / SPECTACLE

**I**  1. Le lever du soleil sous les tropiques est un **spectacle** dont je ne me lasserai jamais (= tableau, scène)

Sunrise in the tropics is a **spectacle** I never tire of

D'accord, le mariage du prince était un **spectacle** magnifique, mais quand on pense combien cela a dû coûter...

Okay, the royal wedding was a magnificent **spectacle**, but when you think how much it must have cost... [a]
⇨ 3

**II**  2. Nous sommes allés voir le cirque de Moscou avec les enfants. C'était un très beau **spectacle**

We took the children to see the Moscow Circus. It was a wonderful **show** [b]

Un groupe de jeunes a donné un **spectacle** à la maison de repos

A group of young people put on a **show**/an **entertainment** at the old people's home

Clément a beaucoup d'amis dans le monde du **spectacle**

Clement has a lot of friends in (the world of) **show business** [c]

3. La ville dévastée offrait un **spectacle** navrant

The devastated city was a heartbreaking **sight**
(moins souvent : **spectacle**)

Un **spectacle** bizarre s'offrit à nos yeux

A strange **sight** met our eyes [d]
(*moins souvent :* **spectacle**)

**III** 4. Does Mrs Thatcher wear **spectacles** *(pl)* ?
(*plus couramment :* **glasses**)

Madame Thatcher porte-t-elle des **lunettes** ?

---

a. – Le nom anglais **spectacle** fait le plus souvent référence à une scène grandiose et magnifique (comparez 3).
– *The British love* **spectacle** (nd) : *les Britanniques adorent les grandes cérémonies/les grands déploiements de faste*
b. – **Show** s'emploie dans le cas d'un spectacle de variétés, de cabaret ou de cirque, **performance** dans le cas d'un ballet, d'un opéra ou d'une pièce de théâtre. Lorsque **spectacle** est synonyme de 'séance', on emploiera **performance**.
Notez également : **spectacle** *permanent :* continuous performance
– Notez les diverses traductions de (F) **spectacle** en tant que terme générique : *il y a beaucoup de bons* **spectacles** *à Londres en ce moment :* there's a lot on/there are a lot of good things on in London at the moment ; *nous allons souvent au* **spectacle** *:* we often go to the theatre/to a show ; *programme des* **spectacles** *:* entertainment(s) programme, (dans un journal) entertainment page/guide ; *salle de* **spectacle** *:* theatre.
– Le mot anglais **spectacle** s'emploie parfois dans ce contexte-ci, mais il fait uniquement référence à une représentation à grand spectacle : ex. *it was a tremendous five-hour* **spectacle** *(aussi :* spectacular) with a cast of 800 : *c'était une superproduction/une représentation (une revue, un film...) à grand spectacle avec 800 acteurs.*
c. Industrie du **spectacle** : entertainment industry
d. Se donner en **spectacle** : to make a **spectacle**/an exhibition of oneself

## SPECTATEUR / SPECTATOR

**I** 1. Des centaines de **spectateurs** s'élancèrent sur le terrain à la fin du match de football

Hundreds of **spectators** rushed onto the field at the end of the football match

Un avion s'est écrasé au sol lors du meeting d'aviation et trois **spectateurs** ont été tués

A plane crashed at the air show, killing three **spectators** [a]
⇨ 2

**II** 2. Les **spectateurs** [certains **spectateurs**] ont hué la soprano à la fin de l'opéra

The **audience** [some **members of the audience**] booed the soprano at the end of the opera

Cette émission a été suivie par des milliers de **(télé)spectateurs**

This programme was watched by thousands of **viewers**

670

3. Une foule de **spectateurs** s'était rassemblée sur les lieux de l'accident (= témoins, curieux)

A crowd of **onlookers** had gathered at the scene of the accident [b]
(*parfois :* **spectators**)

---

a. – Le mot **spectator** ne s'emploie que pour désigner une personne qui assiste à une manifestation sportive ou à un autre événement non culturel organisé en plein air, tel qu'un rallye, une procession, un défilé, etc.
 – **Spectator** sport : sport qui attire un grand nombre de **spectateurs**, sport qui passionne le grand public
b. Traverser la vie en **spectateur** : to go through life as an onlooker/a **spectator**

## SPIRITUEL / SPIRITUAL

I 1. À l'heure actuelle, on a trop tendance à négliger les valeurs **spirituelles**

**Spiritual** values are too easily neglected in the modern world

Le pape est le chef **spirituel** de l'Église catholique

The Pope is the **spiritual** head of the Catholic Church [a]

2. On le considère comme l'héritier **spirituel** de Jean Cocteau

He is regarded as the **spiritual** heir of Jean Cocteau [b]

II 3. Pour moi, il a toutes les qualités. Il est beau, raffiné, **spirituel** et, en plus, il est riche

In my eyes he's got everything. He's good-looking, sophisticated and **witty,** and he's rich into the bargain

---

a. Mais : *concert **spirituel** : concert of sacred music*
b. *My **spiritual** home : mon vrai chez-moi, là où je me sens le plus chez moi*

## STAGE / STAGE

II 1. Dans ce genre d'études, les cours alternent avec les **stages**

In courses of that kind, lectures alternate with **(periods of) practical training** [a]

671

| | | | |
|---|---|---|---|
| | 2. | Cette entreprise organise des **stages** de langues [d'informatique] pour les employés pendant les vacances | This company holds language [computer] **courses** for its employees during the holidays |
| | | Je pense faire un **stage** de poterie [de tennis] cet été | I'm thinking of taking a pottery [tennis] **course** this summer |
| **III** | 3. | That boy has reached a difficult **stage** | Ce garçon a atteint une **phase/période** difficile |
| | | At this **stage** in the discussion we have to make up our minds | À ce **point/stade** de la discussion, nous devons nous décider |
| | | We travelled in easy **stages**. It was much less tiring | Nous avons voyagé par petites **étapes**. C'était beaucoup moins fatigant [b] |
| | 4. | Leave the **stage** and wait in the wings | Quitte la **scène** et attends dans les coulisses |
| | 5. | This novel could easily be adapted for the **stage** | Ce roman pourrait facilement être adapté pour le **théâtre**/être porté à la **scène** [c] |
| | 6. | The arrival of another great power on the economic **stage** might have disastrous consequences for the country | L'arrivée d'une nouvelle puissance dans le **monde/paysage** économique pourrait avoir des conséquences désastreuses pour notre pays [d] |
| | 7. | The accident occurred after the second **stage** of the rocket fell away | L'accident se produisit après que le second **étage** de la fusée se fut détaché |

---

a. *Faire un **stage**: to undergo a period of training, to go on a (training) course; faire son **stage**:* (avocat) (= solicitor) (Brit) *to do one's articles,* (= barrister) (Brit) *to do one's pupillage;* (infirmière) *to do one's probationary period;* (professeur) *to do one's teaching practice;* **stage** *en entreprise: period of work in a firm/in industry, work-experience period,* (US) *internship;* **stage** *de formation professionnelle: vocational (training) course*
b. *(Fare)* **stage***: section (d'une ligne d'autobus)*
c. *In a* **stage** *whisper: en aparté;* **stage** *fright: trac*
d. *To set the* **stage** *for: préparer le terrain pour*

## STANDING / STANDING

**II** 1. Ils ne fraient qu'avec des gens du même **standing** qu'eux

They only mix with people of the same **social status/social standing** as themselves

Elle cherche surtout à maintenir son **standing**

Her main aim is to maintain her **lifestyle**

Elle n'irait jamais en vacances à la Costa Brava. Ce serait mauvais pour son **standing** !

She'd never go on holiday on the Costa Brava. It wouldn't be good for her **image** ! [a]

La prolifération des cartes de crédit diminue leur **standing**

The proliferation of credit cards is undermining their **status**

**III** 2. There is no doubt as to his high **standing** in the academic world

Il ne fait pas de doute qu'il jouit d'une grande **estime/considération**/d'un grand **prestige** dans le monde académique

3. I'm not quite sure what his **standing** in the organization is

Je ne sais pas exactement quelle **place** il occupe dans l'organisation

---

a. Hôtel, villa de (grand) **standing** : luxury hotel, villa ; station de sports d'hiver de (haut) **standing** : exclusive ski resort

◊ – Of long **standing** : de longue date ; of 20 years' **standing** : qui dure/existe depuis 20 ans
– A club member in good **standing** : un membre du club qui a payé sa cotisation

## STRICT / STRICT

**I** 1. Son professeur est très **strict** mais il est juste
(*souvent :* **sévère**)

His teacher is very **strict** but he's fair

Le règlement est **strict** : l'entrée est interdite aux mineurs
(*souvent :* **formel**)

The rules are **strict** : minors are not admitted

2. Les partis de l'opposition prônaient une application **stricte** de la loi
( = rigoureux)

The opposition parties advocated a **strict** application of the law

673

|  |  |
|---|---|
| J'ai un horaire assez **strict** mais je m'arrangerai | My working hours are very **strict** but I'll find a way (*aussi*: **rigid**) |

II  3.  C'est la **stricte** vérité : je n'ai jamais vu cet homme de ma vie  
It's **absolutely** true. I've never seen that man in my life before

J'exige une **stricte** obéissance. Je ne céderai pas au chantage  
I demand **total/absolute** obedience. I won't give in to blackmail

Vous pouvez porter plainte. C'est votre droit le plus **strict**  
You can complain. You are **perfectly** entitled to do so [a]

4.  Ce tailleur est trop **strict**. Je préférerais quelque chose de plus féminin  
That suit is too **severe**. I'd prefer something more feminine

---

a.  – Notez qu'on trouve parfois ce sens de ˝total, complet˝ en anglais également : *in* **strict(est)** *confidence* : tout à fait confidentiellement ; *in* **strict** *secrecy* : dans le plus grand secret.  
– *Les funérailles ont eu lieu dans la plus* **stricte** *intimité* : the funeral was held in private ; *faire le* **strict** *minimum* : to do only what is strictly necessary ; *n'emporter que le* **strict** *minimum* : to take the bare essentials/the bare minimum  
◊   *Au sens* **strict** *du mot* : *in the* **strict** *sense of the word*

## (SE) SUCCÉDER / TO SUCCEED

I  1.  En 1837, la reine Victoria **succéda** à son oncle Guillaume IV  
In 1837 Queen Victoria **succeeded** her uncle, William IV [a]

Qui **succédera** au directeur quand il prendra sa retraite ?  
Who will **succeed** the manager when he retires ?

Trois gouvernements socialistes **se sont succédé** en trois ans  
Three socialist governments **succeeded** one another in three years (*moins soutenu :* **followed** one another)

2.  À l'orage **succéda** le beau temps  
The storm was **succeeded**° by fine weather (*plus couramment :* was **followed**)

Les jours de pluie **se succédèrent** tout au long de nos vacances  
One rainy day was **succeeded**° by another throughout our entire holiday [b] (*plus couramment :* one rainy day **followed** another)

674

| | | | |
|---|---|---|---|
| II | 3. | D'immenses champs de blé **succédaient** aux champs de maïs | Huge cornfields **followed** (upon) maize-fields |
| | | Les maisons baroques **se succèdent** dans cette rue | **There is one** Baroque house **after the other** in this street/There is an **unbroken series** of Baroque houses in this street |
| III | 4. | He **succeeded** in persuading his fellow workers to go on strike | Il a **réussi** à/est **parvenu** à/est **arrivé** à persuader ses collègues de faire la grève |
| | | Our attempts at saving the steel industry did not **succeed** | Nos efforts pour sauver la sidérurgie n'ont pas **abouti** |
| | | I think he's the kind of person who will **succeed** in life | Je pense que c'est le genre de personne qui **réussira/ira loin** dans la vie |

---

a. ***To succeed** to the throne :* accéder au trône, (vieilli) **succéder** à la couronne ; ***to succeed** to a title :* hériter d'un titre
b. Contrairement à **to succeed, succéder** ne peut s'employer au passif : ex. *the coup was **succeeded** by a period of disorder :* une période de désordre **succéda** au coup d'État, le coup d'État fut suivi d'une période de désordre.

## SUFFISANT / SUFFICIENT

| | | | |
|---|---|---|---|
| I | 1. | Un poulet pour dix personnes, tu crois que ce sera **suffisant** ? | Do you think one chicken will be **sufficient** for ten people ? ᵃ (*plus couramment :* **enough**) ⇨ 2 |
| II | 2. | 50 %, c'est un résultat **suffisant** mais tu aurais pu faire mieux | 50 % is a **satisfactory** result but you could have done better |
| | | Comme je n'ai pas pu obtenir de garanties **suffisantes,** j'ai refusé de signer le contrat | As I was unable to obtain **adequate** guarantees, I refused to sign the contract |
| | 3. | C'est un homme **suffisant**, égoïste et malhonnête par dessus le marché | He's **conceited/self-important/bumptious** and selfish, and dishonest into the bargain |

| | |
|---|---|
| D'un ton **suffisant**, il fit remarquer au portier qu'il n'avait pas besoin d'aide | He told the doorman **self-importantly** that he didn't require any help |

a. Notez que, dans ce sens de ⁀suffisant par la quantité⁀, l'équivalence n'existe qu'en fonction d'attribut. En fonction d'épithète, l'adjectif **sufficient** est le plus souvent suivi d'un nom indénombrable et sera traduit par **assez de/suffisamment de** (ex. *sufficient food, courage*). D'autre part, lorsque l'adjectif **suffisant** qualifie un nom dénombrable, il sera plutôt traduit par **enough** ou **necessary** (ex. *la somme suffisante : the necessary amount ; un nombre suffisant de chaises : enough chairs*). Notez, en outre, que contrairement à **sufficient**, **suffisant** peut signifier ⁀qui suffit par sa nature ou sa qualité, satisfaisant⁀ (cf. 2).

## SUPÉRIEUR / SUPERIOR

**I** 1. Ce vin est nettement **supérieur** à celui que nous avons bu hier (= meilleur)

This wine is far **superior** to the one we had yesterday

Je me suis rendu compte immédiatement que ce candidat était **supérieur** aux autres

I realised immediately that this candidate was **superior** to the rest ⇨ 5

2. « Tu ne pourrais pas comprendre », me dit-il, d'un ton **supérieur**

"You wouldn't understand", he said in a **superior** tone of voice [a]

**II** 3. Je ne pourrais jamais atteindre les rayons **supérieurs** sans une échelle (= situé plus haut)

I could never reach the **top/upper/highest** shelves without a ladder

Il faut monter à l'étage **supérieur**

You have to go up to the **next** floor/the floor **above**

Il s'est cassé la mâchoire **supérieure**

He broke his **upper** jaw [b]

4. Pense à un nombre **supérieur** à dix (= plus grand)

Think of a number **greater** than/**higher** than/**over** ten

Seuls les élèves dont la note est **supérieure** à douze réussiront

Only those pupils with marks **higher** than/**above**/**over** twelve will pass.[c]

5. Ce privilège était réservé aux grades [aux cadres] **supérieurs** (= haut placé dans une hiérarchie)

This privilege was reserved for the **senior** ranks [for **senior** executives] [d]

| | | | |
|---|---|---|---|
| III | 6. | We make it a point of honour to sell only **superior** goods | Nous nous faisons un point d'honneur de ne vendre que des produits **de qualité supérieure** |
| | | This school provides a **superior** type of education | Notre école dispense un enseignement **de haut niveau** e |

a. Notez que l'adjectif **superior** s'emploie aussi pour des personnes et qu'il sera alors traduit par **suffisant, hautain, condescendant.**
b. – Notez également : *limite* **supérieure** *: upper limit ; pont* **supérieur** *(d'un navire) : upper/top deck ; cours* **supérieur** *d'une rivière : upper reaches of a river*
   – **Superior** est parfois employé dans le langage technique : ex. *superior limbs.*
c. **Superior** s'emploie dans certaines expressions : *superior in number(s)* : **supérieur** *en nombre, numériquement* **supérieur** *; in* **superior** *numbers : en plus grand nombre, plus nombreux.*
d. – Quand il ne s'agit pas du sens absolu ʿhaut placéʾ mais du sens relatif ʿplus haut placé queʾ, on peut employer **superior** : *is a major* **superior**/*senior to a colonel ?* : *est-ce que le grade de major est* **supérieur** *à celui de colonel ? ; report to your* **superior** *officer : présentez-vous devant votre* **supérieur.**
   – (Mil) *Officier* **supérieur** *: field officer*
   – *Les classes* **supérieures** *(de la société) : the upper classes*
e. **Supérieur** s'emploie parfois dans ce sens : ex. *une intelligence* **supérieure.**
◊ – (Zool) *Animaux* **supérieurs** *: higher animals*
   – *Enseignement* **supérieur** *: higher education*

## (SE) SUPPORTER / TO SUPPORT (ONESELF)

| | | | |
|---|---|---|---|
| I | 1. | Trois colonnes **supportent** la voûte | Three columns **support** the vault |
| II | 2. | Nous ne pouvons **supporter** un tel comportement | We cannot **tolerate/put up with** such behaviour |
| | | Il ne **supporte** pas qu'on le taquine/d'être taquiné sur ses cheveux roux | He can't **bear/stand** being teased about his red hair |
| | | Elle **supporte** courageusement son sort | She **endures** her fate with courage |
| | | Il a mal **supporté** sa maladie [sa solitude, cet échec] | He found his illness [his loneliness, that setback] hard to **bear** |
| | | Elle **supporte** tout de ses enfants, sans jamais réagir | She **puts up with/takes** anything from her children without saying a word |

3. J'espère que tu n'as pas invité ton cousin. Je ne peux pas le **supporter**

   Dire qu'il va falloir **supporter** ce professeur toute une année !

   Ils ne peuvent pas **se supporter**

4. Ces plantes **supportent** assez bien les variations de température

   Il ne **supporte** pas le train [la chaleur]

   Mon mari ne **supporte** pas le roquefort [le vin rouge]

   Il ne fait pas très chaud ce matin. On **supporterait** bien un gilet

   Cette théorie ne **supporte** pas la comparaison avec d'autres

5. L'acheteur **supportera** tous les frais de notaire

   Il faut apprendre à **supporter** les conséquences de ses actes

I hope you haven't invited your cousin. I can't **stand/bear** him

And to think we're going to have to **put up with** that teacher for a whole year !

They can't **bear/stand** each other

These plants **withstand** temperature variations quite well

He can't **take** train journeys [**take/stand/bear** the heat]

Roquefort [red wine] doesn't **agree** with my husband

It's not very warm this morning. One **could do with**\* a cardigan

This theory doesn't **bear** comparison with others

The buyer must **bear** all the legal costs

One must learn to **suffer/endure** the consequences of one's actions

**III**  6. He had hurt his leg and two boys had to **support** him

   **Support** the bottom of the box

7. He has three children to **support**

   I'm looking forward to **supporting myself** and not having to depend on anyone

8. If you buy these Christmas cards, you'll be **supporting** the blind

   Our research centre is **supported** by several big companies

9. More than 75 % of MPs **supported** the motion

Il s'était fait mal à la jambe et deux garçons devaient le **soutenir**

**Soutiens** le dessous de la boîte

Il **a** trois enfants **à charge**/doit **subvenir aux besoins** de ses trois enfants

Je me réjouis de pouvoir **gagner ma vie** et de ne plus dépendre de personne

Si vous achetez ces cartes de Noël, vous **aiderez** les aveugles/**viendrez en aide** aux aveugles

Notre centre de recherche **reçoit l'aide (financière)** de plusieurs grandes firmes

Plus de 75 % des membres du Parlement **étaient pour/en faveur de/partisans de** la motion

| | |
|---|---|
| You are **supporting** a noble cause. You should be proud of yourselves | C'est une bien noble cause que vous **défendez**. Vous pouvez être fiers de vous |
| They all **supported** (him in) his bid for the presidency | Ils ont tous **soutenu/appuyé** sa candidature à la présidence |
| There is enough proof to **support** his theory | Il y a assez de preuves **à l'appui de/pour corroborer** sa théorie [a] |
| 10. We **support** the local football team | Nous **encourageons/soutenons** le club de football local [b] |
| Please **support** your local theatre by coming to this performance | **Encouragez** votre théâtre local en assistant à cette séance |

a. *The elements necessary to support life : les éléments nécessaires pour survivre*
b. Le verbe **supporter** * se répand de plus en plus dans ce sens, mais il est encore rejeté par certains puristes.
◊ (Cin, Théât) **Supporting** roles : *rôles secondaires*

## (SE) SUPPRIMER / TO SUPPRESS

**II** 1. La municipalité a décidé de **supprimer** tous ces taudis — The council has decided to **remove/knock down** all those slums

Ils veulent **supprimer** la loi qui limite l'émigration — They want to **do away with/abolish** the law which limits emigration

Ils pratiquent des prix écrasés pour **supprimer** toute concurrence — They charge ridiculously low prices to **cut out/do away with** all the competition

Ces médicaments ne **suppriment** pas tout à fait la douleur mais ils l'atténuent — These drugs do not **eliminate** the pain completely but they reduce it [a]

2. On a **supprimé** cet agent secret parce qu'il en savait trop — They **did away with***/ **eliminated** the secret agent because he knew too much

Il a tenté de **se supprimer** à plusieurs reprises — He tried to **do away with himself***/**commit suicide** several times

3. Ce texte est trop long. Il faut **supprimer** quelques paragraphes — This text is too long. A few paragraphs will have to be **deleted/removed/cut out**

679

| | |
|---|---|
| On lui a **supprimé** son permis de conduire [sa pension alimentaire] | Her driving licence has **been withdrawn/taken away** [She has had her maintenance **withdrawn/stopped**] |

**III** 4. The government had difficulty in **suppressing** the rebellion

Le gouvernement a eu des difficultés pour **réprimer/étouffer** la révolte

She had **suppressed** her feelings of guilt [anger] for too long

Elle avait trop longtemps **réprimé/refoulé** son sentiment de culpabilité [**contenu/maîtrisé** sa colère]

He **suppressed** a yawn [a smile]

Il **étouffa** un bâillement [un sourire]

The paper was **suppressed** because of its communist bias

Le journal fut **interdit** à cause de ses tendances communistes

5. His father tried to **suppress** the facts [the scandal]

Son père essaya de **dissimuler/d'étouffer** la vérité [le scandale]

The chief inspector asked the newspapers to **suppress** the name of the raped girl

Le commissaire a demandé aux journalistes de **taire**/de **ne pas divulguer** le nom de la jeune fille qui avait été violée

---

a. Notez que le verbe **to suppress** peut s'employer dans le sens de ˝neutraliser (un mécanisme physiologique)˝. Il sera traduit, selon le cas, par **supprimer, neutraliser, bloquer, empêcher** : ex. *to suppress* the action of sympathetic nerves, the formation of white blood cells.

## SÛR / SURE

**I** 1. Je crois que j'ai une réunion vendredi, mais je ne suis pas **sûr**

I think I've got a meeting on Friday, but I'm not **sure**

Comment pouvez-vous être si **sûr** de gagner/que vous allez gagner ?

How can you be so **sure** of winning/that you will win ? [a]

2. Vous pouvez être **sûr** de lui [de son honnêteté]. Il est d'une droiture irréprochable

You can be **sure** of him [of his honesty]. He's as straight as a die [b] (*aussi :* you can **depend** on)

3. Le seul moyen **sûr** de savoir s'il l'a fait est de lui demander (= immanquable, infaillible)

The only **sure** (*épith*) way of finding out if he did it is to ask him

680

II  4. Ce n'est pas **sûr** qu'il revienne demain (= indubitable, évident)

It's not **certain/definite** that he's coming back tomorrow

Une chose est **sûre**, c'est qu'il n'aura pas le poste

One thing's **(for\*) certain** : he won't get the job [c]
(*aussi :* **(for\*) sure**)

5. Sa mémoire, autrefois si **sûre**, lui faisait de plus en plus défaut (= qui fonctionne avec efficacité, exactitude)

His memory, which had been so **reliable/dependable**, began to fail him more and more frequently [d]

6. Un adjoint **sûr** vaut son pesant d'or (= sur lequel on peut compter)

A **reliable/dependable/ trustworthy** assistant is worth his weight in gold [e]

7. Il y a dix ans, ce quartier était très **sûr**, mais maintenant les agressions sont monnaie courante (= sans danger, sans risque)

Ten years ago this was a very **safe** district, but nowadays mugging is a frequent occurrence

Cette marque de voiture est considérée comme très **sûre**

This make of car is considered to be very **safe** [f]

8. J'enverrai la lettre en recommandé, c'est plus **sûr** [Le plus **sûr** serait d'envoyer la lettre en recommandé] (= prudent)

I'll send the letter by recorded delivery. It's **safer** (that way) [The **safest** thing would be to send the letter by recorded delivery]

---

a. – Comparez : *il est **sûr** de gagner :* he is **sure** of winning/that he will win
      *he is **sure** to win :* il va sûrement gagner, c'est **sûr** qu'il gagnera, il gagnera à coup **sûr**
   – *Être **sûr** et certain\** *:* to be (absolutely) positive, to be absolutely **sure**/certain
   – *I'm not **sure** how/why/when :* je ne sais pas très bien comment/pourquoi/quand ; *be **sure** to tell him/and tell him :* dis-le lui sans faute, n'oublie pas de le lui dire ; *to make **sure** (that) :* vérifier/s'assurer (que) ; prendre soin (de), ne pas oublier (de)
b. *Être **sûr** de soi :* (général) to be **sure** of oneself/self-confident/self-assured, (ponctuel) to be **sure** of oneself/confident
c. – *Bien **sûr** :* of course, certainly ; *pour **sûr**\** *:* for **sure**/certain\*, of course ; *il réussira à coup **sûr** :* he'll certainly/definitely succeed, he's **sure** to succeed
   – *For **sure** :* sans aucun doute, sans faute, pour **sûr**\* ; *to know for **sure** :* être absolument **sûr**/certain ; (surtout US) ***sure** thing !\** *:* oui, bien sûr !/d'accord !
d. Notez également : *avoir la main **sûre** :* to have a steady hand ; *avoir le pied **sûr** :* to be **sure**-footed ; *avoir le coup d'œil **sûr** :* to have a good/accurate (parfois : **sure**) eye ; *avoir le goût **sûr** :* to have reliable/sound taste
e. *Le temps n'est pas **sûr** :* the weather is uncertain/unreliable
f. *En mains **sûres** :* in safe hands ; *mettre qqch en lieu **sûr** :* to put sth in a safe place/out of harm's way ; *mettre un malfaiteur en lieu **sûr** :* to put a criminal out of harm's way, to lock a criminal away safely

## SÛREMENT / SURELY

**II** 1. Mais vous m'avez dit que M. Grimaud serait **sûrement** là cet après-midi

But you told me Mr Grimshaw would **certainly/definitely** be in/ Mr Grimshaw was **sure to** be in this afternoon

Vous avez **sûrement** entendu parler de ce livre

I'm **sure** you've heard of this book/(I'm **sure**) you **must** have heard of this book

Penses-tu qu'il viendra à la soirée ? — **Sûrement** [**sûrement** pas]

Do you think he'll come to the party ? — **Certainly/definitely/ sure**\* [**certainly/definitely** not]

2. L'argent était moins **sûrement** caché qu'elle ne l'avait cru
( = en sûreté)

The money was less **safely** hidden than she had thought

**III** 3. You're **surely** not going out/**surely** you're not going out at this time of night ?

Tu ne vas **tout de même** pas sortir à cette heure-ci !

**Surely** I've met you somewhere before ?

**Il me semble que/j'ai l'impression que** je vous ai déjà rencontré quelque part

Henry and Laura are getting engaged. — Oh, **surely** not ! They're totally unsuited to each other

Henri et Laura se fiancent. — **Ce n'est pas possible** ! Ils ne sont pas du tout faits l'un pour l'autre

4. (US) Will you help me carry this table ? — **Surely** !

Veux-tu m'aider à porter cette table ? — Mais oui, **bien sûr/volontiers** !

---

◊ Lentement, mais **sûrement** : slowly but **surely**

## SURNOM / SURNAME

**II** 1. Les élèves m'avaient surnommé ' Le Renard ' et ce **surnom** m'est resté pendant toutes mes années de collège

My schoolmates had nicknamed me ' The Fox ' and that **nickname** stayed with me throughout my schooldays [a]

III 2. Is Nicholas your Christian name or your **surname**? | Nicolas est-il votre prénom ou votre **nom de famille**?

a. Le Conquérant, **surnom** de Guillaume 1<sup>er</sup> : the Conqueror, the name by which William I was known

## (SE) SURVEILLER / TO SURVEY

II 1. Pourriez-vous **surveiller** les enfants [mes bagages]? Je dois m'absenter deux minutes

Would you **watch/keep an eye on** the children [the luggage]? I've just got to go away for a moment

Vu la gravité de l'état du malade, le médecin exigea qu'on le **surveille** de près toute la nuit

In view of the patient's serious condition, the doctor asked them to **keep a** close **watch on** him all night

Le prisonnier assomma le gardien qui le **surveillait** et s'enfuit

The prisoner stunned the warder who was **guarding** him and ran away

2. Pendant des mois, on a **surveillé** tous les faits et gestes du suspect

For months they **watched** the suspect's every move

Il fait **surveiller** sa femme par un détective privé

He is having his wife **watched** by a private detective

3. (Mil) Par crainte d'un attentat, on **surveille** l'ambassade jour et nuit

They're **watching** the embassy day and night/**keeping** the embassy **under surveillance** day and night for fear of an attack

(Mil) L'armée américaine **surveille** la zone occupée par l'armée israélienne

The US army is **watching over**/is **keeping a watch over** the Israeli-occupied zone

4. Trop de parents ne **surveillent** pas d'assez près les études [les fréquentations] de leurs enfants

Too many parents do not **supervise** their children's education closely enough [do not **keep** a close enough **watch on** their children's friends]

L'architecte **surveille** les travaux en personne

The architect **supervises/oversees** the work himself

**Surveille** le lait! Il va bientôt bouillir

**Keep an eye on** the milk/**watch** the milk. It's going to boil soon

Demain, je dois **surveiller** les examens en terminale

I've got to (Brit) **invigilate**/(US) **proctor** the senior exams tomorrow

683

| | | |
|---|---|---|
| | 5. C'est un milieu où il faut sans cesse **surveiller** son langage/**se surveiller** | With people like that you have to **watch** your language/**be on your best behaviour** all the time |
| | 6. Vous avez grossi. Vous devriez **surveiller** votre ligne | You've put on weight. You should **watch** your figure |
| III | 7. He sat on the bench and **surveyed** the countryside spread out at his feet | Il s'assit sur le banc et **embrassa du regard** le paysage qui s'étalait à ses pieds |
| | She **surveyed** the shining kitchen with satisfaction | Elle **contempla** sa cuisine étincelante avec satisfaction |
| | 8. The Minister **surveyed** the current economic situation in Great Britain | Le ministre a **fait un tour d'horizon** de la situation économique actuelle en Grande-Bretagne |
| | 9. You'd better have the house **surveyed** before you make an offer for it | Tu devrais faire **inspecter/examiner** la maison **par un expert** avant de faire une offre |
| | 10. The whole area was **surveyed** in 1969 | On a **fait le levé topographique** de toute la région en 1969 |
| | A firm from London came to **survey** the site for the new housing estate | Une firme de Paris a été chargée de **faire le levé** du terrain/**d'arpenter** le terrain destiné au nouveau lotissement |

## SUSCEPTIBLE / SUSCEPTIBLE

| | | |
|---|---|---|
| II | 1. Ce n'est pas un projet définitif. Il est **susceptible** d'être modifié | It's not a definitive plan. It **can** still be changed [a] |
| | Il faudrait engager quelqu'un qui soit **susceptible** de me remplacer lors de mes déplacements à l'étranger | We should appoint someone who would **be able to** stand in for me/**capable of** standing in for me when I go abroad |
| | Dresse-moi la liste des personnes qui sont **susceptibles** d'assister au congrès | Would you draw up a list of the people who **might possibly** come to the conference? |
| | Tu devrais suivre ce cycle de conférences. Elles sont **susceptibles** de t'intéresser | You should attend that series of lectures. They **may well/could well** interest you/are **likely** to interest you |

|     |                                                                                                 |                                                                                                                         |
| --- | ----------------------------------------------------------------------------------------------- | ----------------------------------------------------------------------------------------------------------------------- |
|     | 2. Comme tu es **susceptible** ! Je disais cela pour rire !                                     | Aren't you **touchy** ? I was only kidding !                                                                            |
| III | 3. She's got yet another boyfriend. But then she's so **susceptible**                           | Elle a un nouveau petit ami. Mais tu la connais, elle **tombe facilement amoureuse**                                    |
|     | 4. I would hesitate to show this film to **susceptible** adolescents (*plus souvent* : **impressionable**) | J'hésiterais à montrer ce film à des adolescents **impressionnables**                                          |
|     | 5. I've always been very **susceptible** to colds                                               | J'ai toujours été très **sujet** aux rhumes                                                                             |
|     | If he's anything like his father, he'll be very **susceptible** to flattery                     | S'il ressemble un tant soit peu à son père, il sera **sensible/accessible** à la flatterie                              |

a. L'adjectif anglais **susceptible** existe dans ce sens, mais il appartient au langage soutenu et ne peut être suivi que de la structure ˝*of* + nom˝ : ex. **susceptible** *of change, of several interpretations* : **susceptible** *de modifications, de plusieurs interprétations*.

## SUSPECTER / TO SUSPECT

|     |                                                                                                 |                                                                                                                         |
| --- | ----------------------------------------------------------------------------------------------- | ----------------------------------------------------------------------------------------------------------------------- |
| I   | 1. Personne n'avait **suspecté** le témoin principal (*aussi* : **soupçonné**)                  | Nobody had **suspected** the chief witness                                                                              |
|     | Le syndicat **suspecte** le directeur d'avoir commis des actes frauduleux (*aussi* : **soupçonne**) | The union **suspects** the manager of having committed fraudulent acts                                              |
|     | 2. Je **suspecte** l'honnêteté de ses collaborateurs                                            | I **suspect** the honesty of his associates                                                                             |
| III | 3. The police **suspected** a trap                                                              | La police **soupçonna/flaira** un piège                                                                                 |
|     | We **suspected** that the author of the crime was a relative                                    | Nous **nous doutions (bien)/ soupçonnions** que l'auteur du crime était un membre de la famille                         |
|     | 4. I **suspect** she'll never marry again                                                       | J'**ai dans l'idée/j'ai l'impression/ il me semble** qu'elle ne se remariera jamais                                     |

685

## SYMBOLIQUE / SYMBOLIC

**I** 1. Le langage **symbolique** de cet auteur est très difficile à pénétrer

　　 L'émission des premiers écus en 1987 était un geste **symbolique**

**II** 2. L'augmentation des revenus n'est que toute **symbolique** (= insignifiant)

　　 Nous ne faisons payer à ces jeunes artistes qu'un loyer **symbolique** de 500 F par mois

　　 This author's **symbolic** language is difficult to penetrate

　　 The issue of the first ecus in 1987 was a **symbolic** gesture

　　 The rise in income is purely **nominal**

　　 We only make these young artists pay a **token** *(épith)*/**nominal** rent of £60 a month

## SYMPATHIE / SYMPATHY

**I** 1. Je n'ai aucune **sympathie** pour ce genre d'attitude (= disposition favorable)

　　 2. Nous avons appris le décès de votre chère maman et nous tenons à vous exprimer notre profonde **sympathie** (*souvent :* nos sincères **condoléances**)

**II** 3. J'ai beaucoup de **sympathie** pour eux. Je regrette vraiment qu'ils doivent s'en aller

　　 Quand j'ai été engagé dans le département, il a été le seul à me témoigner de la **sympathie**

　　 Toute sa personne inspirait la **sympathie**

　　 I have no **sympathy** with that kind of attitude [a]

　　 We have heard of the death of your dear mother and would like to express our deepest **sympathy** [b]

　　 I **like** them very much. I'm really sorry they have to go

　　 When I started in the department he was the only one who was **friendly** to me

　　 He was thoroughly **likeable**/a thoroughly **likeable** person

| | | | |
|---|---|---|---|
| III | 4. | **Sympathy** is not enough. We must do something practical to help the homeless | Il ne suffit pas d'éprouver de la **compassion**/de la **pitié** pour les sans-abri. Il faut agir |
| | 5. | There was always a special **sympathy** between the two eldest brothers | Il y avait toujours eu une grande **affinité** entre les deux frères aînés |
| | 6. | Her husband has leftist **sympathies** (pl) | Son mari est de **tendance** gauchiste [c] |

a. – *To be in **sympathy** with sb : partager les idées de qqn, être d'accord avec qqn ; to come out in **sympathy** with : faire grève en solidarité avec ; **sympathy** strike : grève de solidarité*
– *Accueillir une idée avec **sympathie** : to receive an idea favourably*

b. Notez que **sympathie** n'est employé dans le sens de 'compassion' que dans le cas d'un décès. En anglais, l'emploi est beaucoup plus large (cf. 4).

c. *His **sympathies** lie with the guerillas : il est du côté des guérilleros, ses **sympathies** vont aux guérilleros*

## SYMPATHIQUE / SYMPATHETIC

| | | | |
|---|---|---|---|
| II | 1. | J'ai trouvé tes amis très **sympathiques**. J'aimerais bien les revoir | I thought your friends were very **nice**/I **liked** your friends very much. I'd like to meet them again |
| | | Avec sa bonne tête **sympathique**, il n'aura pas de mal à se faire aimer des clients | With his **kind/friendly** face he won't have any trouble getting on with the customers [a] |
| | 2. | C'est **sympathique** chez vous ! | What a **nice** place you've got ! [b] |
| | | La réunion des anciens était une initiative bien **sympathique** | The old boys' reunion was a **nice** idea |
| III | 3. | His **sympathetic** words made me feel much better | Ses paroles **compatissantes** m'ont redonné du courage |
| | | I explained my problem to the headmistress and she was very **sympathetic** | J'ai expliqué mon problème à la directrice et elle s'est montrée très **compréhensive** |

| | | 4. I'm very **sympathetic** to(wards) your project but I'm not sure if I can give you any practical help | Je suis très **favorable** à votre projet, mais je doute que je puisse vous être utile |

a. On rencontre parfois l'adjectif **sympathetic** dans un style plus soutenu.
b. *Accueil, ambiance **sympathique** : nice/friendly welcome, nice/friendly/congenial atmosphere*
◊ – (Anat) *Sympathique : sympathetic*
  – *Encre **sympathique** : invisible ink*

## SYMPATHISER / TO SYMPATHIZE

| II | 1. | Je vois que mon petit-fils a déjà **sympathisé** avec le vôtre ! | I see that my grandson has already **made friends** with yours ! |
| | | Nous nous sommes rencontrés à une soirée et nous avons tout de suite **sympathisé** | We met at a party and immediately **took to each other** |
| | | Il est difficile de trouver deux filles qui **sympathisent** davantage | It's difficult to find two girls who **get on/get along** better |
| III | 2. | I **sympathize** with you in your grief | Je **compatis**/je **m'associe** à votre douleur |
| | | When I think of all the things he's done, I find it difficult to **sympathize** with him | Quand je pense à tout ce qu'il a fait, il m'est difficile d'**avoir de la pitié** pour lui/de le **plaindre** |
| | 3. | I **sympathize** with your aims but I strongly disapprove of your methods | Je **suis d'accord** avec/je **souscris** à vos objectifs, mais je désapprouve totalement vos méthodes |

## TANK / TANK

| I | 1. | Ce musée a récemment fait l'acquisition d'un **tank** allemand datant de la deuxième guerre mondiale | This museum has recently acquired a German **tank** dating from the Second World War |
| III | 2. | It is not advisable to fill one's petrol **tank** to the brim | Il est déconseillé de remplir son **réservoir** d'essence à ras bord |

|  |  | I always use water from my rainwater **tank** to spray the lawn | Pour arroser la pelouse, j'emploie toujours de l'eau de ma **citerne** d'eau de pluie [a] |
|---|---|---|---|

a. Septic **tank** : fosse septique ; fish **tank** : aquarium ; (US) **tank** car : wagon-citerne ; (US) **tank** truck : camion-citerne ; think **tank**\* : groupe/cellule de réflexion

## TARTE / TART

| I | 1. | J'ai fait une énorme **tarte** aux pommes | I've made a great big apple *(Brit)* **tart** [a] (*US :* **pie** ; *Brit : aussi :* **flan, pie**) |
|---|---|---|---|
| II | 2. | Tais-toi ou je te flanque une **tarte**\* ! | Shut up or I'll give you a **clip round the ear**\* ! |
| III | 3. | Two **tarts**\* stood soliciting outside the bar | Deux **grues**\*/**prostituées** racolaient à l'entrée du bar |

a. **Tart** s'emploie également pour des pâtisseries de petit format, auquel cas on emploie, en français, le mot **tartelette**.
◊ – *C'est pas de la tarte !*\* : *it's no picnic !*\*, *it's not easy, it's quite some job*\*
– (emploi adjectival) *Ce qu'ils ont l'air tarte\* en habit !* : *don't they look daft*\*/*silly in their tailcoats ?*

## TAXE / TAX

| I | 1. | La **taxe** de luxe ne fait qu'augmenter | The **tax** on luxury goods keeps going up [a] ⇨ 2 |
|---|---|---|---|
| III | 2. | The government have once more decided to increase **taxes** I'm sure I pay more **tax** than you | Le gouvernement a une nouvelle fois décidé d'augmenter les **impôts** Je suis sûr que je paie plus d'**impôts**/de **contributions** que toi |

| | 3. This war is a major **tax** on our national resources | Cette guerre **grève** le budget national/est une lourde **charge** pour le budget national |

a. – Mais : **taxe** de douane : customs duty ; **taxe** sur l'eau : water rate
 – **Taxe** sur la valeur ajoutée (TVA) : value-added **tax** (VAT)
 – **Tax** haven : paradis fiscal

## TENDRE *(adj)* / TENDER

| | | | |
|---|---|---|---|
| **I** | 1. | Il lui murmurait des mots **tendres**, qui faisaient battre son cœur | He murmured **tender** words to her, which made her heart beat faster [a] (*aussi :* **loving**) |
| | 2. | Ce rôti est merveilleusement **tendre** ! Où l'as-tu acheté ? | This joint is beautifully **tender** ! Where did you buy it ? |
| **II** | 3. | C'est du bois trop **tendre**. Il ne conviendrait pas pour une table | This wood is too **soft**. It wouldn't do for making a table |
| | | Cette gamme de crèmes solaires est particulièrement indiquée pour les peaux **tendres** | This range of sun creams is particularly suitable for **delicate/sensitive** skins |
| | 4. | Les coloris **tendres** de cette robe me plaisent beaucoup | I love the **soft/pastel** colours of this dress |
| **III** | 5. | My knee's a bit **tender** but I don't think there's any serious damage | Mon genou est un peu **sensible/douloureux,** mais je ne pense pas que ce soit très grave |

a. – **Tender** n'est pas souvent employé lorsqu'il s'agit du trait de caractère d'une personne : *elle est très **tendre** (avec ses enfants) : she's very affectionate/loving (towards her children).*
 – *Ne pas être **tendre** pour qqn : to be hard on sb ; c'est un dur au cœur **tendre** : his bark is worse than his bite*
 – *With **tender** (loving) care : avec tendresse ; to have a **tender** heart : être compatissant, avoir bon cœur*
◊ *Depuis sa plus **tendre** enfance : since his [her] earliest childhood ; of **tender** years : d'âge **tendre**, en bas âge ; at the **tender** age of thirteen : alors qu'elle n'avait encore que treize ans*

## TENSION / TENSION

I  1. Ne penses-tu pas qu'il faudrait diminuer la **tension** de la courroie ?

Don't you think we should reduce the **tension** of the belt ?

2. Cet incident regrettable a considérablement exacerbé la **tension** entre les deux pays

This regrettable incident considerably increased the **tension** between the two countries

C'est à cette époque que remontent les premières **tensions** raciales en Australie

The first racial **tensions** in Australia date back to that time

II  3. Quand on est, comme moi, sous **tension** toute la journée, on aime trouver le calme à la maison

If, like me, you're under **stress/strain** all day, it's nice to have some peace and quiet when you get home [a]

4. (*Électr*) Une brusque chute de **tension** a mis l'appareil hors d'usage

A sudden drop in **voltage** put the machine out of action [b]

5. Le docteur a pris ma **tension** et a constaté qu'elle était beaucoup trop basse

The doctor took my **blood pressure** and found it was much too low [c]

---

a. – Notez que le mot anglais **tension** est possible dans le cas d'une attente accompagnée d'appréhension : ex. *the* ***tension*** *mounted as the day of the contest approached.*
   – (Méd) ***Tension*** *nerveuse* : stress, strain, nervous **tension** ; **tension** headache : mal de tête dû à la **tension** nerveuse ; premenstrual **tension** : **tension** prémenstruelle

b. – Le mot **tension** existe dans ce sens en anglais, mais c'est un terme qui est beaucoup moins utilisé que **voltage**.
   – *(Fil) sous* **tension** : live (wire)

c. Avoir trop de **tension**/avoir de la **tension**\* : to have high blood pressure ; avoir trop peu de **tension** : to have low blood pressure

◊ (Tricot) *To check one's* **tension** : faire un échantillon

---

## TENTER / TO TEMPT

I  1. Ne **tentez** pas les voleurs. Ne laissez jamais traîner vos chèques dans votre voiture

Don't **tempt** thieves. Never leave your cheques in your car

Encore un morceau de gâteau ?
— Non merci, ne me **tentez** pas

Have some more cake. — No thanks, don't **tempt** me

| | | | |
|---|---|---|---|
| | | Leurs propositions étaient alléchantes. Elles m'ont terriblement **tenté**, mais je n'ai heureusement pas cédé | Their offers were alluring. I **was** terribly **tempted,** but luckily I didn't give in |
| | | Par un temps pareil, on est **tenté** *(pass)* d'aller se promener | When the weather is so lovely one feels **tempted** *(pass)* to go for a walk |
| | | Je suis **tenté** *(pass)* de croire qu'il a raison | I'm **tempted** *(pass)* to think he's right [a] ⇨ 4 |
| II | 2. | Je sais que tout le monde veut aller en Amérique mais moi, c'est un pays qui ne me **tente** pas | I know everybody wants to go to America, but it's a country that doesn't **appeal** to me at all |
| | | Ça te **tente** d'aller faire une promenade ? | Do you **feel like** going for a walk ? [b] |
| | 3. | Le prisonnier **tenta** de s'enfuir par l'infirmerie | The prisoner **attempted/tried** to escape through the sick bay |
| | | Le docteur a décidé de **tenter** l'opération en dépit de l'âge avancé de la patiente | The doctor decided to **attempt** the operation in spite of the patient's advanced age [c] |
| III | 4. | She tried to **tempt** the child to eat some more vegetables | Elle essayait d'**inciter/ d'encourager** l'enfant à manger plus de légumes |
| | | The sun **tempted** us to go out | Le soleil nous **invitait** à sortir |
| | | Can I **tempt** you to (have) another drink ? | Puis-je vous **offrir** un autre verre ? |

---

a. — Mais : *se laisser **tenter** : to succumb to/give in to temptation*
 — Notez que, contrairement au verbe français, to tempt peut être suivi d'un nom et d'un infinitif (cf. 4).
b. Dans ce sens de ʿplaire, faire envieʾ, le verbe to tempt n'est pas exclu, mais il est nettement moins courant que son correspondant français.
c. ***Tenter** sa chance : to try one's luck ; tout **tenter** (pour sauver qqn) : to try everything (to save sb) ; **tenter** le coup\* : to have a go\*, to give it a try\*, to give it a whirl\**
◊ ***Tenter** le sort/le diable : **to tempt** fate/providence, to court disaster*

## TERME / TERM

I  1. Connais-tu la signification exacte du **terme** médical ' leucopénie ' ?

Mon fils m'a parlé de vous en **termes** *(pl)* très flatteurs

Do you know the exact meaning of the medical **term** ' leucopenia ' ?

My son has talked about you in very flattering **terms** *(pl)* [a]

2. À l'époque, nous étions en bons [mauvais] **termes** *(pl)* avec lui

We were on good [bad] **terms** *(pl)* with him at the time [b]

3. *(Log, Math)* Les trois **termes** d'un syllogisme sont appelés : petit, grand et moyen **terme**

The three **terms** of a syllogism are called the minor, the major and the middle **term** [c]

II  4. Nous approchions du **terme** du voyage

*(Jur)* Passé ce **terme**, le contrat ne peut plus être annulé

We were nearing the **end** of the journey

After that **date,** the contract can no longer be cancelled [d]

5. Le premier **terme** est payable d'avance (= loyer)

Le jour du **terme** approchait. Si je ne payais pas, ma logeuse allait me mettre à la porte

The first **quarter's rent** is payable in advance

The day **when my rent was due** was drawing near. If I didn't pay, my landlady would evict me [e]

III  6. *(Scol, Univ)* I do very little teaching in the autumn [spring, summer] **term**

Je donne très peu de cours au premier [deuxième, troisième] **trimestre** [f]

7. In France MPs are elected for a 5-year **term (of office)**

En France, les députés sont élus pour une **période** de 5 ans/le **mandat** de député est de 5 ans [g]

8. They always try to dictate their **terms** *(pl)*, but we won't give in

Ils essaient toujours d'imposer leurs **conditions**, mais nous ne céderons pas [h]

9. They made a good job of it and their **terms** *(pl)* were very favourable

Ils ont très bien travaillé et leurs **conditions** étaient très intéressantes/leurs **tarifs/prix** étaient très intéressants [i]

---

a. – *En d'autres termes :* in other words ; *dans toute la force du terme :* in the fullest sense of the word
   – *In no uncertain terms :* carrément, sans mâcher ses mots

b. *Mais : on equal* **terms** *: d'égal à égal ; they're not on speaking* **terms** *: ils ne s'adressent plus la parole, ils ne se parlent plus*

c. *Moyen* **terme** (= compromis) *: middle course*

d. – *Mettre un* **terme** *à qqch : to put an end/a stop to sth ; mener qqch à (son)* **terme** *: to bring sth to a conclusion ; arriver à* **terme** *:* (délai) *to expire ;* (travail...) *to reach its conclusion, to reach completion ;* (paiement...) *to fall due ; accoucher à* **terme** *: to give birth at (full)* **term** *; accoucher avant* **terme** *: to give birth prematurely ; enfant né à* **terme** *: full-***term** *baby ; enfant né avant* **terme** *: premature/preterm baby*

– (Jur) **Terme** *d'un prêt : date of expiry of a loan ;* (Jur) **terme** *d'une dette : settlement date of a debt ;* (Jur) **terme** *de rigueur : final deadline ;* (Bourse) *marché à* **terme** *: forward market ;* (Banque) *compte à* **terme** *: deposit account ;* (Banque) *dépôt à* **terme** *: fixed* **term** *deposit,* (US) *time deposit*

– *Prévision à long [court]* **terme** *: long-[short-]***term** *forecast ; in the long* **term** *: à longue échéance, à long* **terme** *; in the short* **term** *: dans l'immédiat, à court* **terme**

e. *Payer à* **terme** *échu : to pay a quarter in arrears*

f. (Jur) **Term** *: session*

g. **Term** *of imprisonment : peine de prison ;* (Jur) **term** *(of lease, contract...) : durée/période de validité (d'un bail, d'un contrat)*

h. *Mais :* **terms** *of an agreement, a contract :* **termes** *d'un accord, d'un contrat*

i. *On easy* **terms** *: avec facilités de paiement*

◊ *To come to* **terms** *with (a situation, a handicap...) : accepter ; in* **terms** *of : sur le plan de, en ce qui concerne ; to think in* **terms** *of doing sth : envisager de/penser à faire qqch ;* **terms** *of reference : compétence (d'une commission), champ d'investigation (d'une étude)*

## TERRASSE / TERRACE

I 1. En Chine, on cultive le riz en **terrasses**

In China they grow rice on **terraces**

2. L'été, nous prenions souvent nos repas sur la **terrasse** derrière la maison

In summer we often had our meals on the **terrace** behind the house [a]
⇨ 3

II 3. Tous les appartements de ce building ont une **terrasse** exposée au sud

All the flats in this block have south-facing **balconies**

4. C'était agréable d'être assis à la **terrasse** du café et de prendre un verre en regardant passer les gens

It was pleasant to sit **outside** the café having a drink and watching the people go by

III  5. *(Brit)* They went wild on the **terraces** *(pl)* when MacDonald scored

Quand MacDonald marqua un but, ce fut le délire dans les **gradins**

---

a. Le mot anglais **terrace** a ici un sens plus restreint que **terrasse** : il désigne une surface dallée qui jouxte une maison ou qui est aménagée sur le toit d'un building. Dans le premier cas, on emploie également le mot **patio** en anglais.

◊ Le mot anglais **terrace** peut également désigner une rangée de maisons de même style, attenantes les unes aux autres. Il est souvent employé dans les adresses et prend alors une majuscule : ex. *6 Sloane Terrace*. Il n'y a pas d'équivalent de traduction en français dans ce sens.

## TERRIBLE / TERRIBLE

I  1. J'ai fait cette nuit un **terrible** cauchemar. J'ai rêvé que j'étais brûlée vive

I had a **terrible** nightmare last night. I dreamt I was being burnt alive

Une **terrible** catastrophe ferroviaire a coûté la vie à des dizaines de personnes au Japon

A **terrible** railway accident cost the lives of dozens of people in Japan

La mort de ses enfants lui a porté un coup **terrible**

The death of his children was a **terrible** blow to him

J'ai un mal de tête **terrible**

I've got a **terrible** headache [a]
⇨ 4

II  2. Quand ils rentrent de la piscine, les enfants ont un appétit **terrible** ( = très grand)

The children always have a **terrific** appetite when they come back from the swimming pool

Soudain, j'eus une **terrible** envie de fraises

All of a sudden, I had a **terrific** craving for strawberries

3. J'adore la dernière chanson de Prince. Elle est **terrible** * ! ( = sensationnel, formidable)

I love Prince's latest song. It's **fantastic*/terrific*/great*** !

III  4. This is the most **terrible** holiday I've ever had !

Ce sont les vacances les plus **abominables/affreuses/épouvantables** que j'aie jamais passées

| | |
|---|---|
| What's that **terrible** smell coming from the kitchen ? | Quelle est cette odeur **abominable/ affreuse/épouvantable** en provenance de la cuisine ? |
| After all that wine I drank last night I feel **terrible*** | Avec tout ce vin que j'ai bu hier soir, je me sens **patraque***/je suis **mal en point***/je suis **mal fichu*** ᵇ |

a. – Dans le sens de ῾épouvantable, effroyable῎, l'adjectif français **terrible** ne se combine qu'avec des noms à caractère négatif (cauchemar, catastrophe...), alors que l'adjectif anglais peut se rapporter à des noms tout à fait neutres (holiday, wine...) (cf. 4).
  – Il est **terrible** avec sa manie de toujours contredire tout le monde : it's **terrible/dreadful/awful** the way he's always contradicting everybody ; ces enfants sont **terribles**, ils ne font que des bêtises : those children are real little terrors, they're always getting up to silly tricks ; enfant **terrible** (d'un parti...) : enfant **terrible**

b. I feel **terrible** about forgetting John's birthday : je m'en veux énormément d'avoir oublié l'anniversaire de Jean

◊ (vieilli ou litt) Guerrier **terrible** (= terrifiant) : fiercesome warrior ; d'un air **terrible** : looking awe-inspiring


## TERRIBLEMENT / TERRIBLY

| | | | |
|---|---|---|---|
| I | 1. | Il fait **terriblement** chaud ici. Vous n'avez pas l'air conditionné ? | It's **terribly*** hot in here. Haven't you got air conditioning ? |
| | | C'est un garçon **terriblement** intelligent. Il ira sûrement loin dans la vie | He's a **terribly*** intelligent boy. He should go far |
| | | Cela fait **terriblement** mal | It hurts **terribly** ᵃ ⇨ 2 |
| II | 2. | Votre fils a **terriblement** grandi | Your son's grown **terrifically*** |
| | | Il me fait **terriblement** penser à son père | He reminds me **terrifically*** of his father |
| III | 3. | Manchester United played **terribly** yesterday | Manchester United a **terriblement mal/atrocement mal** joué hier soir/a joué **exécrablement** hier soir |

a. Notez que dans ce sens (= extrêmement), **terribly** ne peut accompagner que des verbes à connotation négative (comparez 2).

# THÉÂTRE / THEATRE (US: THEATER)

**I** 1. La façade de ce **théâtre** a grandement besoin d'être rénovée

The façade of this **theatre** is badly in need of renovation [a]

2. J'ai toujours préféré le cinéma au **théâtre**

I've always preferred the cinema to the **theatre** [b]
⇨ 4

3. Notre professeur de littérature a décidé de consacrer toute une année au **théâtre** élisabéthain

Our literature teacher has decided to devote a whole year to the Elizabethan **theatre** [c] (*aussi :* **drama**)

**II** 4. Ma fille aînée se destine au **théâtre** (= carrière, activité)

My elder daughter intends to go on the **stage**

De temps en temps, elle fait un peu de **théâtre**

She does a bit of **acting** from time to time [d]

5. Le **Théâtre** National a décidé de monter une pièce de Sartre

The National **Theatre (Company)** has decided to stage one of Sartre's plays

6. Récemment, notre paisible village a été le **théâtre** d'événements étranges

Our quiet village has recently been the **scene** of some very strange events [e]

7. Ne fais pas attention à ce qu'il dit. C'est du **théâtre** !

Don't pay any attention to him. It's only **play-acting** !/He's just **putting on an act** ! [f]

**III** 8. *(Brit)* The nurse took the injured man to the **(operating) theatre**

L'infirmière emmena le blessé à la **salle d'opérations** [g]

---

a. Aussi : (US) *theater* : *cinéma*
b. – *Pièce de* **théâtre** : *play, drama* ; **théâtre** *d'amateurs* : *amateur dramatics* ; *critique* (n.m.) *de* **théâtre** : *drama critic*
   – Notez les nombreux cas où **théâtre** est traduit par **stage** : **théâtre** *à la télévision [filmé]* : *televised [filmed] stage production* ; *accessoires [costumes, décors...] de* **théâtre** : *stage props [costumes, sets...]* ; *technique/art du* **théâtre** : *stagecraft*.
c. Notez que si le mot français **théâtre** désigne toutes les œuvres d'un même auteur, on le traduira plutôt par **plays, dramatic works** : ex. *le* **théâtre** *de Shakespeare* : *the plays/dramatic works of Shakespeare*.

d. **Theatre** s'emploie occasionnellement dans ce sens : ex. *he's been in the **theatre** for twenty years.*
e. Mais : (Mil) **théâtre** *des opérations, des hostilités :* **theatre** *of operations, war*
f. *Voix, gestes de **théâtre** : theatrical/stagey voice, gestures*
g. (Brit) *Lecture **theatre** : amphithéâtre, salle de conférences*
◊ (F) *Coup de **théâtre** :* (Théât) *coup de **théâtre**,* (fig) *dramatic/sensational turn of events*

## THÈME / THEME

I    1. Le **thème** de mon allocution est le chômage

The **theme** of my talk is unemployment
(*plus souvent :* **subject**)

2. Dans l'œuvre de John Fowles, il y a un certain nombre de **thèmes** qui reviennent souvent

In the novels of John Fowles there are a number of recurring **themes**

3. Le **thème** de cette symphonie évoque Beethoven

The **theme** of this symphony is reminiscent of Beethoven [a]

II    4. Je n'ai jamais été très fort en **thème** allemand

German **prose (composition)** has never been my strong point [b]

III    5. *(US)* I've got a **theme** to write for tomorrow and I haven't even started yet

Je dois faire une **rédaction** pour demain et je n'ai pas encore commencé

---

a. *Theme (song/tune) : chanson principale, air principal (d'un film), indicatif (d'une émission)*
b. (péj) *Un fort en **thème** : academic child,* (péj) *swot\**
◊ – ***Thème** astral : birth chart*
   – (US) ***Theme** park :* parc d'attractions (centré sur un thème particulier)

## TIMIDE / TIMID

II    1. Quand j'étais jeune, j'étais très **timide.** Je rougissais à tout bout de champ

I was very **shy** when I was young. I would blush at the drop of a hat

|   |   |   |   |
|---|---|---|---|
|   | 2. | Ces mesures sont trop **timides**. Elles ne suffiront pas pour enrayer l'épidémie | Those measures are too **half-hearted/not forceful** enough. It will take more than that to eradicate the epidemic |
|   |   | L'opposition n'a émis qu'une critique **timide** du nouveau projet de loi | The opposition expressed only **hesitant** criticism of the new bill |
| III | 3. | My grandson is very **timid**. He'd rather stay inside with his mother than play outside with the other children | Mon petit-fils est assez **peureux/craintif/timoré**. Au lieu de jouer dehors avec les autres enfants, il préfère rester à l'intérieur avec sa mère |
|   |   | Deer are such **timid** creatures that one has great difficulty getting near them | Les cerfs sont des animaux tellement **farouches/craintifs** qu'on a beaucoup de mal à s'en approcher |

## TISSU / TISSUE

|   |   |   |   |
|---|---|---|---|
| I | 1. | Notre corps est composé de plusieurs **tissus** : le **tissu** osseux, musculaire, nerveux, etc. | Our bodies are made up of various **tissues** : bone, muscle, nerve **tissue** *(nd)*, etc. [a] |
| II | 2. | J'ai décidé d'acheter du **tissu** pour me confectionner une nouvelle robe | I've decided to buy some **material** to make myself a new dress [b] |
|   | 3. | Son allocution n'était qu'un **tissu** de contradictions [d'obscénités] | His speech was a **mass** of contradictions [obscenities] [c] |
| III | 4. | Have you got a **tissue**? I've got a terrible cold | Tu n'as pas un **mouchoir en papier**/un **kleenex** ? J'ai un rhume épouvantable [d] |

a. Le mot anglais **tissue** est indénombrable quand il est précédé d'un adjectif qualificatif ou d'un nom.
b. Le terme **fabric** existe également, mais il est surtout employé par les professionnels du textile.
c. Mais : *un **tissu** de mensonges : a **tissue** of lies*, (plus souvent) *a pack of lies*
d. ***Tissue** paper : papier de soie ; toilet **tissue**° : papier de toilette*
◊ (Sociol) ***Tissu** industriel, urbain, social : industrial, urban, social fabric*

## TOBOGGAN / TOBOGGAN

II  1. On va installer un **toboggan** et une balançoire au fond du jardin

We're going to put a **slide** and a swing at the bottom of the garden

J'aimerais mieux aller à l'autre piscine. Ils ont un **toboggan**. C'est super !

I'd rather go to the other pool. They've got a **slide/chute**. It's great ! [a]

III  2. Ask Caroline to bring her **toboggan** with her. There's a nice slope not far from the chalet (*souvent : (Brit)* **sledge**)

Demande à Caroline d'emporter sa **luge**. Il y a une belle pente près du chalet [b]

---

a. **Toboggan** *de secours : escape chute*
b. Le mot français **toboggan** est parfois employé dans ce sens dans le langage des sports.
◊ – **Toboggan** (= viaduc) : (Brit) *flyover*, (US) *overpass*
   – (Techn) **Toboggan** (= glissière) : *chute*

## TOILETTE / TOILET

I  1. C'est incroyable ! Il n'y a même pas de **toilettes** *(pl)* dans ce restaurant [a]

It's incredible ! They don't even have a **toilet** in this restaurant [b]

II  2. Je fais un brin de **toilette** et je suis à toi

I'll have a quick **wash** and I'll be with you

Je ne passe jamais plus d'une demi-heure à ma **toilette**

I never spend more than half an hour **getting ready/washing/dressing** [c]
(*vieilli :* at my **toilet**)

3. J'ai récemment acheté une ancienne **toilette** en acajou avec un dessus de marbre

I've recently bought an antique mahogany **washstand** with a marble top

4. Mon mari pense qu'au cours de nos réunions, nous ne parlons que **toilette**

My husband thinks we talk about nothing but **clothes** at our get-togethers

| | |
|---|---|
| Elle porte toujours des **toilettes** assez voyantes | She always wears rather flashy **clothes** |
| Je vais m'acheter une nouvelle **toilette** pour le mariage de ma cousine | I'm going to buy myself a new **outfit** for my cousin's wedding |

a. En Belgique, on emploie souvent le mot **toilette** (sg).
b. – En anglais britannique, on emploie également **ladies*** (toilettes pour femmes) et **gents*** (toilettes pour hommes).
  – En anglais américain, **toilet** est moins employé que **rest room, ladies' room, gents' room** (endroit public) et que **bathroom** (habitation privée).
  – *Cabinet de* **toilette** *: (small) bathroom ;* **toilettes** *publiques : public conveniences*
c. – Mais : *de* **toilette** *: toilet (*ex. **toilet** *requisites/bag/soap).* Notez cependant : *gant de* **toilette** ≃ *(face) flannel,* (US) *washcloth.*
  – *Faire la* **toilette** *d'un malade : to give a patient a bed bath ; faire la* **toilette** *d'un mort : to lay out a corpse ;* (fig) *faire la* **toilette** *d'un texte : to do the final editing of a text*

## TOMBE / TOMB

II 1. Ils creusèrent à la hâte quelques **tombes** pour enterrer les morts — They hastily dug a few **graves** to bury the dead [a]

Il va souvent se recueillir sur la **tombe** de sa mère — He often visits his mother's **grave**

2. Le nom gravé sur la **tombe** était presque illisible (= pierre tombale) — The name engraved on the **tombstone/gravestone** was almost illegible

III 3. Egyptian **tombs** contained many of the dead person's possessions — Les **tombeaux** égyptiens contenaient de nombreux effets personnels du défunt

The avenues of the cemetery were lined with ornate **tombs** — Les allées du cimetière étaient bordées de riches **tombeaux** [b]

a. *Avoir un pied dans la* **tombe** *: to have one foot in the grave ; se retourner dans sa* **tombe** *: to turn in one's grave ; muet comme une* **tombe** *: silent as the grave*
b. Le mot anglais **tomb** désigne un monument funéraire servant de sépulture. **Tombeau** est l'équivalent de traduction le plus proche dans ce sens. Le mot **tombe** n'est cependant pas totalement exclu, puisque c'est un terme générique en français.

# TRACE / TRACE

**I**  1. Au plus profond de la forêt, nous découvrîmes les **traces** d'une civilisation très ancienne

In the depths of the forest we found **traces** of a very ancient civilization

Le cambrioleur a laissé des **traces** de son passage

The burglar left **traces** of his visit [a]
⇨ 3

2. Le docteur découvrit des **traces** de poison dans le sang

The doctor found **traces** of poison in the blood [b]

Il y avait des **traces** de boue sur le tapis

There were some **traces** of mud on the carpet

Elle parlait l'anglais sans la moindre **trace** d'accent étranger

She spoke English without the slightest **trace** of a foreign accent

**II**  3. Son visage portait des **traces** de coups [de brûlures de cigarettes]

Her face bore the **marks** of blows [cigarette burns]

Il y avait des **traces** de doigts sur le mur [des **traces** de pneus dans la neige]

There were finger **marks** on the wall [tyre **marks** in the snow] [c]

Ce drame a laissé des **traces** profondes en lui

This tragedy has left deep **marks** on him/has left him with deep **scars**

4. Les chasseurs suivaient les **traces** d'un sanglier

The hunters followed the **tracks** *(pl)* of a wild boar

La police est sur la **trace** de l'ancien bourreau nazi

The police are on the **track/trail** of the Nazi war criminal [d]

Il marche sur les **traces** de son père

He's following in his father's **footsteps**

---

a. Notez cependant que l'on emploiera plutôt le mot **signs** lorsqu'il s'agit de traces plus importantes : ex. *traces d'effraction : signs of a break-in.*
b. *Trace element : oligo-élément*
c. *Trace de pas : footprint*
d. Notez que le mot anglais **trace** s'emploie dans les expressions suivantes : *perdre la **trace** de : to lose all **trace** of, to lose track of; ne pas trouver **trace** de : to find no **trace** of; sans laisser de **traces** : without (a) **trace**.*

# TRACER / TO TRACE

**II** 1. On a **tracé** une nouvelle route dans le champ en face de notre maison

They have **marked out** a new road in the field opposite our house

Le fermier **traçait** des sillons profonds dans la terre

The farmer **ploughed/made** deep furrows in the ground

Après quelques années, les nombreux passages de convois avaient fini par **tracer** une piste

After a few years a path had been **worn/opened up** by the frequent convoys that passed

2. L'enfant **traçait** des cercles et des triangles de toutes les couleurs

The child **drew** multicoloured circles and triangles

L'architecte **traçait** dans son esprit le plan d'une ville futuriste

The architect **drew** the plan of a futuristic town in his head

3. Dans ses récits, il a **tracé** des portraits de femmes très émouvants

In his stories he **drew** some very moving portraits of women

Ce livre **trace** un tableau de la vie au XVIII[e] siècle

The book **draws/paints** a picture of life in the 18th century

En quelques mots, il nous **traça** le programme de la journée

He **outlined** the day's programme in a few words

**III** 4. The police have not yet been able to **trace** the missing teenager

La police n'a pas encore **retrouvé la trace** de la jeune fille disparue

The police **traced** the criminal as far as Dover but then they lost track of him

La police a **suivi la piste** du criminel jusqu'à Douvres et puis elle a perdu sa trace

Despite all their efforts, the scientists were unable to **trace** the source of the epidemic

Malgré tous leurs efforts, les scientifiques ne sont pas parvenus à **localiser** l'origine de l'épidémie

We regret that we are unable to **trace** your letter of the 20th of June

Nous sommes au regret de vous informer que nous n'**avons** aucune **trace** de votre lettre du 20 juin

5. The crime was **traced (back)** to the caretaker

On a **établi que** le concierge **était l'auteur** du crime

He can **trace** his family **(back)** to Peter the Great

Il fait **remonter** sa famille à Pierre le Grand

6. Her book **traces** the development of feminism since the beginning of the 20th century

Son livre **retrace** l'évolution du féminisme depuis le début du XX[e] siècle

7. She spent hours **tracing** the drawing

Elle passa des heures à **décalquer** le dessin

## TRAITÉ / TREATY

I   1. Le **traité** de Versailles est un des cinq **traités** de paix qui mirent fin à la première guerre mondiale

The **Treaty** of Versailles was one of the five peace **treaties** that concluded World War I

II   2. L'ouvrage le plus connu de cet auteur est son **traité** d'économie politique

This author's best-known work is his **treatise** on political economy

◊   To sell sth by private **treaty** : vendre qqch de gré à gré

## TRAITEMENT / TREATMENT

I   1. Les otages n'ont pas à se plaindre du **traitement** qu'ils reçoivent (*aussi :* de **la façon dont ils sont traités**)

The hostages cannot complain about the **treatment** *(nd)* they are receiving [a]

2. Nous aurions préféré un **traitement** plus complet de la question sociale

We would have preferred a fuller **treatment** of the social question [b]

3. Après des années de recherches, les médecins ont trouvé un **traitement** efficace contre cette maladie (= façon de traiter, remède)

After years of research the doctors have discovered an effective **treatment** for this disease

Ma sœur suit un **traitement** homéopathique pour le moment (= thérapie, cure, soins)

My sister is having homeopathic **treatment** *(nd)* at the moment [c] (*aussi :* a **course of** homeopathic **treatment**)

4. *(Techn)* Ce **traitement** ne convient pas pour tous les types de bois

This **treatment** is not suitable for all types of wood

Je cherche un livre sur le **traitement** du fer

I'm looking for a book about the **treatment** of iron (*aussi :* about **treating/processing** iron) [d]

II   5. Les progrès du **traitement** de l'information ont touché presque toutes les sphères de l'activité humaine

Advances in data **processing** (nd) have affected almost every sphere of human activity [e]

6. Les **traitements** des fonctionnaires sont bloqués depuis deux ans

Civil servants' **salaries** have been frozen for the last two years

---

a. – *Traitement de faveur :* special/preferential **treatment** ; *mauvais* **traitements** (pl) : *ill-treatment* (nd) ; *infliger de mauvais* **traitements** *à qqn :* to ill-treat sb
 – To give sb the (full) **treatment** * : *recevoir qqn de façon royale ; en faire voir de dures* /de toutes les couleurs* à qqn
b. I don't like her **treatment** of the subject : je n'aime pas la façon dont elle traite ce sujet
c. – *Être en* **traitement** *:* to be under **treatment**, to be having/undergoing **treatment**
 – Mais : *medical, dental* **treatment** *: soins médicaux, dentaires ;* to give sb **treatment** *: soigner qqn*
 – *Un* **traitement** *aux antibiotiques... :* a course of antibiotics
d. **Processing** désigne la transformation d'une matière première ou le traitement d'une denrée alimentaire.
e. *Traitement de texte :* word processing *; machine de* **traitement** *de texte :* word processor

## TRAITER / TO TREAT (ONESELF)

I   1. Les otages ont été très bien **traités** durant leur captivité

The hostages were very well **treated** during their captivity

En dépit de nos divergences de vues, il m'a toujours **traité** en ami

In spite of our differing views he's always **treated** me as a friend [a]

2. (*Méd*) On l'a **traité** pendant des années pour un ulcère à l'estomac alors qu'il souffrait de saturnisme (*souvent :* **soigné**)

For years they **treated** him for a stomach ulcer when in actual fact he was suffering from lead poisoning

3. On a récemment trouvé un nouveau procédé pour **traiter** le minerai de fer

A new technique for **treating** iron ore has recently been discovered (*aussi :* **processing**)

On **traite** tous les agrumes avec des produits chimiques extrêmement nocif

All citrus fruits are **treated** with extremely harmful chemical products

II   4. Ce n'est pas un mauvais article, mais il n'a pas vraiment **traité** le sujet que nous lui avions suggéré

It isn't a bad article but he didn't really **write about/talk about** the subject we suggested [b]

5. Le conférencier a **traité** de la vie dans les couvents au XVIIᵉ siècle

The lecturer **talked about** convent life in the 17th century/The lecturer's **subject was** convent life in the 17th century

Cet ouvrage **traite** du romantisme

**The subject** of this work **is** the Romantic movement/This work **is about** the Romantic movement (*rarement :* **treats of°**)

Dans la première partie de son exposé [dans le premier chapitre], il **traite** de l'immigration clandestine

In the first part of his talk [in the first chapter] he **deals with** illegal immigration ᶜ

6. *(Comm)* D'ordinaire, nous ne **traitons** pas ce genre d'affaire

We don't usually **deal with/handle** business of that kind

*(Comm)* Notre firme **traite** des centaines de commandes par semaine

Our company **deals with/handles** hundreds of orders every week

7. Vous ne voudriez tout de même pas que nous **traitions** avec nos concurrents

Surely you don't expect us to **negotiate** with our competitors

Le général propose que nous **traitions** avec l'ennemi

The general suggests we should **negotiate** with the enemy (*rarement :* **treat°**)

8. Comment oses-tu me **traiter** de menteuse ?

How dare you **call** me a liar? ᵈ

9. *(litt)* L'ambassadeur a l'habitude de **traiter** fastueusement ses invités

The ambassador generally **entertains** his guests lavishly

III 10. I'll **treat** you to a meal at a restaurant. You deserve some fun for a change

Je t'**offre**/je te **paie*** un repas au restaurant. Tu as bien le droit de t'amuser un peu

I decided to be a devil and **treat myself** to an ice cream

J'ai décidé de me laisser tenter et de **m'offrir/me payer*** une glace ᵉ

---

a. – Aussi : *traiter qqn d'égal à égal :* to **treat** sb as an equal ; *traiter qqn comme un chien :* to **treat** sb like dirt
 – Mais : *traiter qqn durement :* to be hard on sb, to give sb a hard time ; *la critique l'a* **traité** *durement :* the critics gave him a rough ride
 – **To treat** a thing with care : *prendre soin d'un objet, manier un objet avec soin*
b. – Notez que **to treat** est courant lorsqu'il y a un adverbe de manière : *the author* **treats** *the subject thoroughly, objectively (*aussi : *deals with)*.
 – **Traiter** *un mot dans un dictionnaire :* **to treat** a word in a dictionary

706

c. **To deal with** ne s'emploie que lorsque le sujet en question constitue un des sujets abordés, et non l'unique sujet du livre ou de l'exposé.
d. *Traiter* qqn *de tous les noms* : to call sb names/all the names under the sun
e. (iron) She **treated** us to a detailed description of her operation : on a eu droit à une description détaillée de son opération

## (SE) TRANSMETTRE / TO TRANSMIT

**I** 1. Le fer **transmet** la chaleur et l'électricité

Iron **transmits** heat and electricity

Les ondes sont **transmises** à un ordinateur, qui les décode

The waves are **transmitted** to a computer, which decodes them

2. *(Méd)* L'hémophilie est une maladie qui est **transmise/se transmet** par les femmes

Haemophilia is a disease which is **transmitted** by women [a]

**II** 3. Ces vignes sont **transmises** de père en fils depuis des générations (=léguer)

These vineyards have been **handed on/passed down** from father to son for generations

C'est une des croyances que nos ancêtres nous ont **transmises**

It is one of the beliefs **handed down/passed down** to us by our forefathers (*rarement* : **transmitted°**)

4. Comme mon absence risque de se prolonger, j'ai **transmis** tous les pouvoirs à mon adjoint, Monsieur Bergerac (= déléguer)

As I'm likely to be absent for some time, I have **handed over** full responsibility to my deputy, Mr Bergerac

5. Moi, je n'ai rien à voir dans cette affaire. Je ne fais que **transmettre** l'information [les ordres]

I've got nothing to do with this business. I'm only **passing on** information [orders] [b]

Donnez-moi la lettre. Je la **transmettrai** à qui de droit

Give me the letter. I'll **send it on/forward it/pass** it **on** to the person concerned

6. *(Sports)* En fait, c'est le joueur qui a **transmis** le ballon qui devrait être félicité, bien plus que celui qui a marqué le goal

In fact, the praise should go to the player who **passed** the ball rather than to the one who scored the goal

III 7. *(Radio, TV)* Do you know which wavelength the new radio station **transmits** on/**is transmitted** on ? (*plus souvent :* **broadcasts**/is **broadcast**)

Sais-tu sur quelle fréquence la nouvelle station de radio **émet** ?

The concert will not be **transmitted** on Channel Two (*plus souvent :* **broadcast**)

Le concert ne sera pas **diffusé**/**retransmis** sur la deuxième chaîne

---

a. Sexually **transmitted** disease : maladie sexuellement transmissible
b. (Formule de politesse) Veuillez **transmettre** mes amitiés/mon meilleur souvenir à... : **give my regards to..., remember me to...**

## (SE) TRANSPORTER / TO TRANSPORT

I 1. Généralement, les marchandises sont **transportées** en train ou en camion

The goods are usually **transported** by train or lorry (*aussi :* **carried**)

On **transportait** les prisonniers au camp dans des fourgons à bestiaux

They **transported** the prisoners to the camp in cattle trucks [a]
⇨ 4

2. Ce film nous **transporte** dans une autre époque

This film **transports** us into another age [b] (*aussi :* **takes**)

3. Quand elle entendit la nouvelle, elle fut **transportée**° (*souvent pass*) de joie

She was **transported**° (*souvent pass*) with delight when she heard the news [c]

II 4. Les paysans **transportent** leurs marchandises dans des grands paniers qu'ils portent sur le dos

The peasants **carry** their produce in large baskets on their backs

Il faudra **transporter** les meubles dans une autre pièce

We shall have to **take/move** the furniture into another room

Les blessés ont été **transportés** à l'hôpital

The casualties were **taken** to hospital

Ce bus peut **transporter** jusqu'à trente passagers

This bus can **carry/convey**° up to thirty passengers (*plus rarement :* **transport**)

|     |     |     |     |
| --- | --- | --- | --- |
|     | 5.  | *(Jur)* Le juge d'instruction **s'est transporté** sur les lieux | The examining magistrate **visited** the scene of the crime |
| III | 6.  | *(Hist)* Innumerable convicts were **transported** to Australia in the nineteenth century | Un très grand nombre de forçats furent **déportés** en Australie au XIX<sup>e</sup> siècle |

a. Le verbe **to transport** ne s'emploie que dans le sens de ʿporter (qqch, qqn) d'un endroit à un autre en véhiculeʾ. Quand il a comme objet direct des êtres humains, il s'agit de personnes qui sont transportées en masse et considérées le plus souvent en quelque sorte comme des marchandises (par ex. des prisonniers, des soldats).
b. Mais : **transporter** *(qqn) en arrière* : to take (sb) back
c. Mais : *être* **transporté** *d'enthousiasme* : to be carried away (with enthusiasm) ; *être* **transporté** *de colère* : to be beside oneself with anger ; *(absol) être* **transporté** : to be enraptured/sent into raptures

## TRIOMPHER / TO TRIUMPH

|     |     |     |     |
| --- | --- | --- | --- |
| I   | 1.  | Les guérilleros ont fini par **triompher** | The guerrillas **triumphed** in the end |
|     |     | Je n'ai jamais douté un seul instant que notre équipe **triompherait** | I never doubted for a moment that our team would **triumph** |
|     | 2.  | Nous avons **triomphé** de nos ennemis, mais à quel prix ! | We **triumphed** over our enemies but at what cost ! |
|     |     | Pour **triompher** de toutes ces difficultés, il leur faudra du courage et aussi une bonne dose de chance | In order to **triumph** over all those difficulties they will need courage and also a fair amount of luck |
| II  | 3.  | Une fois de plus, le mensonge et l'hypocrisie ont **triomphé** | Once again lies and hypocrisy have **prevailed**/have **won the day** |
|     |     | Dans le domaine technique, la langue anglaise **triomphe** | In the technical field, English **reigns supreme/has the upper hand** [a] |
|     | 4.  | Larry Belfort **triomphe** pour le moment dans ʿL'importance d'être Constantʾ au Théâtre National | At the moment Larry Belfort is **having a resounding success** in ʿThe Importance of Being Earnestʾ at the National Theatre |

|  |  | Sylvia Delrue a réalisé quelques belles sculptures mais là où elle **triomphe** vraiment, c'est dans les bas-reliefs | Sylvia Delrue has produced some very fine sculptures but what she really **excels** at is bas-reliefs |
|---|---|---|---|
|  | 5. | Nos adversaires **triomphaient**, sûrs de leur victoire. Nous décidâmes de jouer notre va-tout (*plus souvent :* **jubilaient**) | Our opponents were **exulting/ were exultant/jubilant**. We decided to stake our all |

a. *La maladie a **triomphé** :* the illness claimed its victim ; *faire **triompher** :* (un point de vue, une idée) *to win recognition for,* (une cause, la vérité) *to win a victory for*

## TRIVIAL / TRIVIAL

| II | 1. | Épargnez-nous vos plaisanteries **triviales,** voulez-vous ? Vu les circonstances, elles sont vraiment déplacées | Spare us your **coarse/crude/ vulgar** jokes, please. They're quite out of place in the circumstances |
|---|---|---|---|
|  | 2. | Il n'a émis que quelques idées **triviales°**, qui n'apportaient rien au débat | He only expressed a few **trite/ commonplace** ideas, which contributed nothing to the discussion |
| III | 3. | This detail is not as **trivial** as it appears at first sight | Ce détail n'est pas aussi **futile/insignifiant** qu'il en a l'air à première vue |
|  | 4. | Surely you don't expect me to do such **trivial** tasks as washing up or ironing ? | Vous ne vous attendez tout de même pas à ce que j'accomplisse des besognes aussi **ordinaires/banales** que la vaisselle ou le repassage ? |

## TROMBONE / TROMBONE

| I | 1. | C'est rare de voir un enfant de cet âge-là jouer du **trombone** | It's rare to see a child of that age playing the **trombone** |
|---|---|---|---|

II    2. Tu n'as pas un **trombone**? Je pense qu'il est préférable d'attacher les trois factures

Have you got a **paperclip**? I think it would be best to fasten the three bills together

## TRONC / TRUNK

I    1. Plusieurs **troncs** d'arbres se trouvaient en travers de la route

There were several tree **trunks** lying across the road

2. Un **tronc** de femme a été découvert dans la Seine hier

The **trunk** of a woman was found yesterday in the Seine (*aussi*: **torso**)

II    3. Le sacristain découvrit qu'on avait volé de l'argent dans le **tronc** à l'entrée de l'église

The verger discovered that the **offertory box** by the church door had been robbed [a]

III    4. I doubt if this **trunk** will be big enough to hold all my things

Je doute que cette **malle** soit suffisamment grande pour y mettre toutes mes affaires

5. *(US)* I need a car with a large **trunk**

J'ai besoin d'une voiture avec un grand **coffre**

6. The elephant took the bread with its **trunk**

L'éléphant a pris le pain avec sa **trompe**

7. Has anyone seen Robert's **(bathing/swimming) trunks** *(pl)*?

Est-ce que quelqu'un a vu le **slip de bain**/le **maillot (de bain)** de Robert?

---

a.    *Tronc des pauvres*: poor box

◊  – (Scol) ***Tronc** commun*: common-core curriculum; (Anat) ***tronc*** cérébral: brain-stem
   – (Brit) ***Trunk** road*: (route) nationale; (Brit: vieilli) (Télécomm) ***trunk** call*: communication interurbaine

# TROUBLE / TROUBLE

**II** 1. Il faisait de son mieux pour cacher son **trouble**, mais je voyais bien qu'il était ému

He was trying hard to hide his **agitation/inner turmoil** but I could see he was quite overcome

Le **trouble** du premier candidat était visible. Je m'efforçai de le mettre à l'aise

The first candidate's **confusion/embarrassment** was obvious. I did my best to put him at his ease [a]

2. Des **troubles** (pl) ont éclaté dans le nord du pays

**Disturbances/unrest** broke out in the north of the country (*moins souvent :* **troubles**) [b]

Dans cette période de **troubles** (pl) politiques et sociaux, l'économie du pays périclitait

In that period of political and social **disturbances/unrest,** the country's economy declined rapidly

3. Elle souffre de graves **troubles** (souvent pl) gastriques [intestinaux, mentaux]

She is suffering from a serious stomach [intestinal, mental] **disorder** [c]

Ma sœur s'est spécialisée dans les **troubles** (souvent pl) du langage chez les enfants

My sister specializes in speech **disorders** in children [d]

Chez certaines personnes, le médicament peut provoquer de légers **troubles** (souvent pl) gastriques

The drug may give rise to slight gastric **disturbance**/slight gastric **symptoms** in some people

**III** 4. They've had a great deal of **trouble** (nd) with their elder daughter

Ils ont eu beaucoup de **problèmes** avec leur fille aînée

I've had some engine **trouble** (nd) since I had that accident

J'ai des **ennuis** de moteur depuis que j'ai eu cet accident

That would have saved us a lot of **trouble** (nd)

Cela nous aurait évité bien des **ennuis/désagréments**

The **trouble** (nd) with her is that she never says what she thinks

L'**ennui** avec elle, c'est qu'elle ne dit jamais ce qu'elle pense [e]

If I were to tell you all my **troubles** (pl) it would take all night

Si je devais vous raconter tous mes **malheurs,** la nuit n'y suffirait pas

---

a. Aussi : (litt) *trouble* ( = désir amoureux) : *arousal, agitation*
b. – Notez que ⸢ **The Troubles** ⸥ (souvent avec majuscule) est fréquemment employé pour désigner les troubles en Irlande du Nord.
   – *Fauteur de* ***troubles*** *: troublemaker ; (political)* ***trouble*** *spot : point chaud, zone de conflits/de* ***troubles***

c. *Stomach [kidney...]* **trouble** (nd) est possible, mais il s'agit dans ce cas non d'un terme spécifiquement médical mais d'un emploi du mot dans le sens général de ʿproblème, ennuiʾ (cf. 4). Notez également : *I have a lot of back* **trouble** : *je souffre beaucoup du dos.*

d. **Troubles** *du comportement, de la personnalité* : *behavioural, personality problems*

e. *To have* **trouble** *doing sth* : *avoir du mal à faire qqch, avoir des difficultés à faire qqch ; it's not worth the* **trouble** : *cela n'en vaut pas la peine ; to take the* **trouble** *to do sth* : *se donner la peine de faire qqch ; to be asking for/looking for* **trouble** : *chercher les ennuis/les embêtements ; to get into* **trouble** : *avoir/s'attirer des ennuis ; to get sb into* **trouble** : *causer des ennuis à qqn ; to get a girl into* **trouble\*** : *faire un enfant à une fille, mettre une fille enceinte ; what's the* **trouble** *?* : *qu'est-ce qu'il y a ?, qu'est-ce qui ne va pas ? ; it's no* **trouble** *at all* : *cela ne me dérange pas du tout, il n'y a pas de quoi*

## (SE) TROUBLER / TO TROUBLE

II  1. Un bruit assourdissant vint **troubler** son sommeil
  A deafening noise **disturbed** his sleep

  Des manifestants ont **troublé** la conférence
  A group of demonstrators **disrupted** the lecture [a]

 2. Tu ne vois pas que tu la **troubles** avec tes questions indiscrètes ?
  Can't you see you're **making** her **nervous**/you're **flustering** her with your indiscreet questions ?

  L'orateur **se troubla** devant les questions pertinentes de son adversaire
  The speaker **was flustered**/**was put off** by his adversary's pertinent questions

 3. Elle a été profondément **troublée** par la mort de son jeune frère (= perturber)
  She was deeply **disturbed** by the death of her younger brother

 4. Il y a un détail qui me **trouble** dans toute cette histoire (= rendre perplexe)
  There's one detail that's **puzzling**/**bothering** me in this whole affair

 5. Le champagne lui **troublait** les idées
  The champagne **clouded** his thoughts

  Les larmes lui **troublaient** la vue
  Tears **clouded**/**blurred** her vision

  L'orage risque de **troubler** la réception des images
  The thunderstorm may **interfere with** reception [b]

III 6. His wife's strange behaviour **troubled** him a lot
  La conduite étrange de sa femme le **préoccupait**/**l'inquiétait** beaucoup

  You're very quiet this morning. Is something **troubling** you ?
  Tu es si silencieux ce matin. Y a-t-il quelque chose qui te **préoccupe**/**tracasse** ?

| | | |
|---|---|---|
| | 7. I must have dialled the wrong number. Sorry to have **troubled** you | J'ai dû faire un mauvais numéro. Excusez-moi de vous avoir **dérangé** |
| | May I **trouble** you for the butter/to pass me the butter? | Puis-je vous **demander** (de me passer) le beurre? |
| | 8. Most people don't **trouble** to read the introductions to dictionaries (*plus souvent:* **bother**) | La plupart des gens ne **se donnent** pas **la peine** de lire les introductions des dictionnaires |
| | Don't **trouble** to come up with me. I know the way (*plus souvent:* **bother**) | Ne **vous donnez** pas **la peine** de monter avec moi. Je connais le chemin |
| | 9. Her back has been **troubling** her for the last three months | Elle **souffre** du dos depuis trois mois |

a. – **To disrupt** s'emploie lorsque **troubler** signifie "semer le désordre (dans une conférence, etc.)".
 – **Troubler** *l'ordre public:* to cause a breach of the peace, to create a public disturbance
 – Mais: *en ces temps* **troublés**: *in these* **troubled** *times*

b. **Se troubler:** (liquide) *to become cloudy,* (vue) *to become clouded/blurred, to grow dim,* (mémoire) *to grow dim,* (idées) *to become confused*

◊ *I'll* **trouble** *you to be polite:* tu vas me faire le plaisir d'être poli

## TRUCULENT / TRUCULENT

| | | | |
|---|---|---|---|
| II | 1. | Sa dernière pièce est une farce paysanne **truculente,** digne de Rabelais | His latest play is a **racy** bucolic farce worthy of Rabelais |
| | | Sa prose **truculente** est inimitable | His **vivid/colourful/racy** prose is inimitable |
| | | Ce roman a toutes les qualités: il est court et joyeux, et ses personnages sont des plus **truculents** | This novel is perfect: short and lively with characters that are **colourful/larger than life** |
| III | 2. | I could see from my son's **truculent** expression that we were in for a stormy evening | Le visage **renfrogné** de mon fils laissait présager une soirée houleuse |
| | | The shop assistant was in a **truculent** mood and gave monosyllabic replies | Le vendeur était d'humeur **revêche** et répondait par monosyllabes |

## TURBULENT / TURBULENT

II    1. Les garçons sont souvent plus **turbulents** que les filles

Kevin est très **turbulent** en classe

Boys are often more **unruly**/more **rumbustious/wilder** than girls

Kevin is very **disruptive** in class

III    2. The ship will be refloated within six days if the seas are not too **turbulent**

The committee meeting was rather **turbulent**

Le bateau sera renfloué dans six jours si la mer n'est pas trop **agitée/houleuse**

La réunion du comité a été plutôt **agitée/houleuse/orageuse**

## UNIQUE / UNIQUE

I    1. La disparition de ce violon est une perte irréparable. C'était un pièce **unique (au monde/dans son genre)** (= seul dans son genre)

Tout être humain est **unique**

C'est une occasion **unique**. Il faut absolument en profiter

The disappearance of this violin is an irreparable loss. It was a **unique** specimen

Every human being is **unique**/is a **unique** individual

It's a **unique** opportunity. We really must take advantage of it

II    2. Ne le perds pas. C'est l'**unique** [le seul et **unique**] exemplaire que je possède (= seul)

Tout le mécanisme est commandé par un **unique** bouton

Leur fille **unique** vient de se marier

Mon **unique** souci est de vous rendre service

Don't lose it. It's the **only** [the one and **only**] copy I have

The whole mechanism is controlled by a **single**/one **single**/**only** one button

Their **only** daughter has just got married

My **only** concern is to be of service to you [a]
(*plus soutenu :* **sole**)

3. Marie est vraiment **unique**\* ! Elle a envoyé des chocolats au roi pour son anniversaire !

Marie really is **amazing**\*/**incredible**\*/**a case**\* ! She sent the king a box of chocolates for his birthday !

715

| | | | |
|---|---|---|---|
| III | 4. | Professor Owen has a **unique** knowledge of pre-Columbian civilisation | Le professeur Owen a une connaissance **exceptionnelle** de la civilisation pré-colombienne (*moins souvent :* **unique**) |
| | 5. | What a **unique**\* standard lamp ! Where did you get it ? | Qu'est-ce qu'il est **original**, ce lampadaire ! Où l'avez-vous trouvé ? |

a. Pour l'***unique***/la seule et ***unique*** raison que... : for the simple/sole reason that... ; être enfant ***unique*** : to be an only child ; rue à sens ***unique*** : one-way street ; route à voie ***unique*** : single-track road ; (Ch. de fer) voie ***unique*** : single track ; (Polit) système à parti ***unique*** : one-party system

◊ To be **unique** to : être particulier/propre à

## UNIQUEMENT / UNIQUELY

| | | | |
|---|---|---|---|
| II | 1. | Il est allé à cette soirée **uniquement** pour faire plaisir à sa mère | He **only** went to the party to please his mother/*(plus soutenu)* He went to the party **solely** to please his mother |
| | | Tu donnes cours d'espagnol ? — Oui, mais pas **uniquement** | Do you teach Spanish ? — Yes, but not **only** that/not **just** that |
| III | 2. | Professor Thomas is **uniquely** well qualified to speak on this subject | Le professeur Thomas est **exceptionnellement** bien placé pour parler de ce sujet/Il n'y a personne de mieux placé que le professeur Thomas pour parler de ce sujet |

## URGENCE / URGENCY

| | | | |
|---|---|---|---|
| I | 1. | L'**urgence** de la situation peut justifier certaines dérogations à nos principes | The **urgency** of the situation may justify certain departures from our principles |
| | | Il faut prendre une décision d'**urgence** [de toute **urgence**] | A decision must be made as a matter of **urgency** [of great/of the utmost **urgency**] [a] (*plus souvent :* **without (any) delay, immediately**) |

| II | 2. Je suis sur les genoux ! On n'a eu que des **urgences** toute la journée (= cas urgent) | I'm on my knees ! We've had nothing but **emergencies** all day |
|---|---|---|
| | Elle travaille au service des **urgences** [aux **urgences**] à l'hôpital | She works in the **casualty** department/on the **casualty** ward/ **emergency** ward [in **casualty**] at the hospital |

a. Comme le prouvent les exemples suivants, le mot français **urgence** est d'un emploi plus étendu que son correspondant anglais : *l'urgence* (= besoin urgent) *d'une décision : the urgent need for a decision ; il y a urgence : it's urgent ; en cas d'urgence : in an emergency, if there's anything urgent ; être transporté d'urgence à l'hôpital : to be rushed to hospital ; être opéré d'urgence : to have an emergency operation ; mesures d'urgence : emergency measures.*

◊ (Polit) *Déclarer l'état d'urgence : to declare a state of emergency*


## VACANCE(S) / VACANCY

| II | 1. Que fais-tu pendant les **vacances** *(pl)* (de Noël) ? | What are you doing during the (Christmas) *(Brit)* **holidays**/*(US)* **vacation** ? [a] |
|---|---|---|
| | À cette époque, les employés n'avaient droit qu'à quinze jours de **vacances** *(pl)* | At that time employees were only entitled to two weeks' *(Brit)* **holiday**/*(US)* **vacation** |
| | Après ces longs mois de travail, j'avais vraiment besoin de **vacances** *(pl)* | After those long months of work I was badly in need of a *(Brit)* **holiday**/*(US)* **vacation** [b] |
| III | 2. We have several **vacancies** in our sales department | Nous avons plusieurs **postes vacants** dans notre service des ventes [c] |
| | 3. The Belle Vue hasn't got a single **vacancy** | Il n'y a plus une seule **chambre libre** à la pension Belle Vue [d] |

a. – En anglais britannique, le mot **vacation** s'emploie surtout pour la période de fermeture des universités.
– *Les grandes vacances :* (Brit) (Scol) *the summer holidays,* (Univ) *the long vacation/vac\*,* (US) *the summer vacation ;* **vacances** *parlementaires : (parliamentary) recess ;* **vacances** *judiciaires : recess, vacation*

b. Le mot **holiday** s'emploie tantôt au singulier, tantôt au pluriel. Il s'emploie au pluriel lorsqu'il s'agit de la période de vacances (par exemple, *Easter/summer holidays*) ou lorsqu'il est précédé d'un adjectif possessif (par exemple, *to set off on one's holidays*). Dans les autres cas, on emploie le singulier.
c. Mais : **vacance** d'une chaire de faculté, d'un siège sénatorial : vacant chair in the faculty, vacant seat in the Senate
d. '*No* **vacancies**' : '*Complet*'

## VACANT / VACANT

I    1. Il y a une chaire **vacante** à l'Université d'York

There is a **vacant** chair at York University [a]

III    2. We still have one double room **vacant** but it hasn't got a bathroom

Nous avons encore une chambre double **libre/inoccupée/disponible** mais sans salle de bains [b]

3. He would sit for hours with a **vacant** expression on his face

Il restait assis pendant des heures, l'air **absent**/les yeux **dans le vague**
(*rarement :* l'air **vacant** ◊)

Her son looks rather **vacant** * but actually he's quite intelligent

Son fils a l'air un peu **niais/bête**, mais en fait il est assez intelligent

4. Father's wondering how he'll fill all his **vacant** hours when he retires (*plus couramment :* **empty**)

Mon père se demande comment il va remplir ses heures **libres/de loisir** quand il aura pris sa retraite

a. *Emploi* **vacant** *: vacancy ;* (Presse) '*Situations* **vacant**' : '*Offres d'emploi*'
b. (Jur) *With* **vacant** *possession :* avec libre occupation, avec jouissance immédiate
◊   (Jur) *Succession* **vacante** *: estate in abeyance/without a claimant*

## VALABLE / VALUABLE

II    1. Pour être **valable,** un testament doit être daté et signé

In order to be **valid** a will must be signed and dated

Le ticket n'est **valable** qu'une semaine

The ticket's only **valid** for a week [a]

| | | | |
|---|---|---|---|
| | 2. | Avez-vous une raison **valable** pour justifier votre retard ? | Do you have a **valid** reason for your lateness ? |
| | 3. | Ce sont les poèmes qu'il a écrits pendant la guerre qui sont les plus **valables** | His most **worthwhile** poems are the ones he wrote during the war |
| | | Parmi nos étudiants de dernière année, nous avons quelques éléments très **valables** | There are some very **competent** students in the final year [b] |
| III | 4. | Lost : **valuable** watch. Large reward | Perdu : montre **de valeur**. Grosse récompense |
| | | Lastly, I would like to thank Jonathan Jones for his **valuable** help | Finalement, je voudrais remercier Jonathan Jones pour l'aide **précieuse** qu'il nous a apportée |

a. Les pièces de 10 F ne sont plus **valables** : 10-franc coins are no longer legal tender
b. Interlocuteur **valable** : legitimate representative, legitimate discussion partner

## VALIDE / VALID

| | | | |
|---|---|---|---|
| I | 1. | Ce ticket n'est **valide** qu'un jour (*plus souvent :* **valable**) | This ticket is only **valid** for one day |
| II | 2. | Tous les hommes **valides,** quel que fût leur âge, ont été mobilisés | All the **able-bodied** men, whatever their age, were called up |
| | | Elle n'a plus qu'un bras **valide** et il faut voir tout ce qu'elle peut encore faire | She's only got one **good** arm but you should see what she still manages to do |
| | | Le docteur m'a permis de reprendre le travail, mais je ne me sens pas encore très **valide** | The doctor has given me permission to start work again but I don't feel very **strong/fit** yet |
| III | 3. | He could offer no **valid** excuse for his lateness | Il ne put donner aucune excuse **valable** pour son retard |
| | | The Conservative candidate put forward a number of very **valid** arguments against disarmament | Le candidat conservateur a avancé plusieurs arguments très **valables/ solides/fondés** contre le désarmement |

## VEINE / VEIN

**I** 1. Il y a deux sortes de vaisseaux sanguins : les **veines** et les artères

There are two kinds of blood vessels : **veins** and arteries [a]

2. Ils ont découvert une **veine** de fer [de quartz]

They discovered a **vein** of iron [of quartz] [b]

**II** 3. Qu'est-il arrivé à Mary Wood ? Sa **veine** poétique s'est-elle tarie ?

What's happened to Mary Wood ? Has her poetic **inspiration** dried up ?

4. Quelle **veine** ! Tu n'es pas encore parti

What a bit of **luck** that you're still here !

Il y a eu très peu de rescapés. J'ai eu de la **veine** de m'en sortir

There were very few survivors. I was **lucky** to escape with my life [c]

**III** 5. There's a **vein** of melancholy [stubbornness] in his nature

Il y a chez lui un **fond** de mélancolie [d'entêtement]

6. He made several more remarks in the same **vein**

Il fit plusieurs autres remarques dans le même **esprit**/du même **genre/style** [d]

---

a. – *S'ouvrir les **veines** : to slash one's wrists ; se saigner aux quatre **veines** : to make enormous sacrifices ; il n'a pas de sang dans les **veines*** : he's a spineless/gutless* individual*
 – ***Veines*** *(dans le marbre, la pierre) : **veins** (in marble, stone) ; **veins** (of a leaf) : nervures (d'une feuille)*
 – *Varicose **veins** : varices*

b. Mais : *veine de houille : seam of coal*

c. *Être, se sentir en **veine** : to be, feel lucky ; pas de **veine** : hard/bad luck ! ; c'est bien ma **veine** ! : just my luck ! ; avoir une **veine** de cocu\*/de pendu\* : to have the luck of the devil\**

d. Mais : *two novels in the same **vein** : deux romans de la même **veine***

◊ *Être en **veine** de générosité, de confidences... : to be in a generous, confiding mood*

## (SE) VÉRIFIER / TO VERIFY

**I** 1. La première chose à faire est de **vérifier** les déclarations faites par les membres de la famille

The first thing we must do is to **verify** the family's statements (*plus couramment :* **check**)

|   |   |   |
|---|---|---|
|   | Il faudrait **vérifier** si la maison est vraiment en aussi bon état qu'ils le disent | We must **verify** that the house is really in as good a state as they say it is [a]<br>(*plus couramment :* **check that/whether**) |
| II | 2. En **vérifiant** l'addition, j'ai remarqué qu'ils avaient oublié de compter le vin | When I **checked** the bill I noticed that they'd forgotten to include the wine |
|   | J'ai demandé au garagiste qu'il **vérifie** le niveau d'huile [les freins, les pneus] | I asked the garage to **check** the oil level [the brakes, the tyres] |
|   | Il **vérifia** si les portières de la voiture étaient bien fermées | He **checked** that the car doors were closed |
|   | 3. Les événements de ces derniers jours ont **vérifié** nos hypothèses | The events of the last few days have **confirmed/borne out** our hypotheses [b] |
|   | Toutes ses prédictions **se** sont **vérifiées** | All his predictions have **come true/proved (to be) correct** |

a. Le verbe **to verify** a un sens plus restreint que **vérifier**. Il signifie uniquement ʿexaminer le caractère de vérité d'une affirmationʾ et non ʿexaminer l'exactitude d'un calcul, la conformité à une norme, l'état de fonctionnementʾ (cf. 2).
b. Notez que **to verify** s'emploie dans le sens de ʿconfirmerʾ avec un nom de personne comme sujet, surtout dans le domaine juridique : ex. *can you **verify** this statement ? : pouvez-vous confirmer cette déclaration ?*

## VERNIS / VARNISH

|   |   |   |
|---|---|---|
| I | 1. Après cela, le peintre mettra une couche de **vernis** pour protéger les couleurs | After that the painter will put on a coat of **varnish** to protect the colours [a] |
|   | Quelqu'un a déposé une tasse chaude sur la table et a abîmé le **vernis** | Somebody put a hot cup on the table and damaged the **varnish** |
| II | 2. Il a beau avoir acquis un **vernis** d'éducation, il n'en est pas moins vulgaire | In spite of having acquired a **veneer** of good manners he is as vulgar as ever |

|  |  |
|---|---|
| En grattant un peu le **vernis**, tu découvriras un homme très bon | If you scratch the **surface** a bit you'll discover a very good man |

a. – Mais : **vernis** de potier : glaze
– **Vernis** (à ongles) : (Brit) nail **varnish/polish**, (US) nail polish

## VERS / VERSE

I    1. Le premier livre qu'il a publié était un recueil de **vers** *(pl)* (= poésie)      The first book he published was an anthology of **verse** *(nd)* [a]

II    2. Je connais presque tout le poème par cœur. Il me reste encore les quatre derniers **vers** à apprendre      I nearly know the whole poem by heart. I've just got to learn the last four **lines** [b]

III    3. He knows a poem of more than fifteen **verses**      Il connaît un poème de plus de quinze **strophes**

Sing a few **verses** of your new song      Chante donc quelques **couplets** de ta nouvelle chanson

4. Every evening my father read a few **verses** from the Bible      Chaque soir, mon père lisait quelques **versets** de la Bible

a. Pièce de théâtre en **vers** : **verse** drama
b. Mais : **vers** blancs, libres : blank, free **verse** (nd)

## VERSATILE / VERSATILE

II    1. Comment faire confiance à un homme politique aussi **versatile** ?      How can one trust a politician **who changes his mind** so **frequently**/ such a **volatile/mercurial** politician ?

|   |   |   |
|---|---|---|
|   | Elle est comme la plupart des jeunes filles de son âge : **versatile** et influençable | She's like most girls of her age : **volatile/changeable/always changing her mind** and easily influenced |
| III | 2. He's one of the French cinema's most **versatile** actors | C'est un des acteurs les plus **complets/aux talents** les plus **variés** du cinéma français |
|   | 3. The invention of this **versatile** material will revolutionize building techniques | L'invention de ce nouveau matériau **polyvalent/à usages multiples** va révolutionner les techniques de construction |

## VERSION / VERSION

|   |   |   |
|---|---|---|
| I | 1. Chaque enfant a donné une **version** différente de l'incident | Each child gave a different **version** of the incident |
|   | 2. J'ai lu une **version** abrégée de ' Guerre et Paix ' | I have read an abridged **version** of ' War and Peace ' [a] |
| II | 3. Quel examen as-tu aujourd'hui ? — **Version** latine | Which exam have you got today ? — Latin **unseen (translation)** [b] |

a. Mais : *un film en **version** originale : a film in the original language ; un film américain en **version** française : an American film dubbed into French*
b. **Version** n'est employé en anglais dans le sens de ʿtraductionʾ que pour la Bible : *the Revised **Version**, the Authorized **Version**.*

## VERTU / VIRTUE

|   |   |   |
|---|---|---|
| I | 1. La loyauté est une des **vertus** que j'apprécie le plus | Loyalty is one of the **virtues** I value most highly |
|   | 2. C'est un homme de grande **vertu** | He is a man of the highest **virtue** |

723

| | | | |
|---|---|---|---|
| II | 3. | Ces herbes ont une **vertu**° curative | These herbs have healing **properties** |
| III | 4. | What are the **virtues** of this new appliance? | Quel(le)s sont les **mérites/avantages/qualités** de ce nouvel appareil? |
| | | This guide has the **virtue** of being easy to understand | Ce guide a le **mérite** d'être facile à comprendre |

◊ – Femme de petite **vertu** : woman of easy **virtue** ; ce n'est pas un prix de **vertu** : she's no angel, she's no better than she should be
– En **vertu** de : in accordance with ; by **virtue** of : en raison de, de par

## VESTE / VEST

| | | | |
|---|---|---|---|
| II | 1. | Tu devrais enlever ta **veste**. Il fait chaud ici | You should take off your **jacket**. It's hot in here |
| III | 2. | *(Brit)* If she'd worn a woollen **vest**, she wouldn't have caught a cold | Si elle avait mis une **chemise** en laine, elle n'aurait pas attrapé un rhume [a] |
| | 3. | *(US)* The pianist was wearing one of those satin-backed **vests** they used to wear a lot in the old days | Le pianiste portait un de ces **gilets** à dos de satin comme on en portait beaucoup autrefois [b] |

a. Pour hommes : (sans manches) (Fr) *maillot/gilet de corps*, (Belg) *singlet*, (avec manches) *tee-shirt*
b. *(US) Bulletproof **vest** : gilet pare-balles*
◊ *(fig) Retourner sa **veste** : to change sides, to go over to the other side*

## (SE) VEXER / TO VEX

| | | | |
|---|---|---|---|
| II | 1. | Ne dis jamais devant lui que tu n'aimes pas les Écossais. Tu le **vexerais** | Never say in front of him that you don't like Scots. You'd **offend/upset** him |

|  |  | Il **se vexe** pour un rien. Fais attention à ce que tu lui dis | He **takes offence** easily/he's easily **offended/upset,** so watch what you say |
|---|---|---|---|
| III | 2. | *(vieilli)* I hope Mother won't be **vexed** *(souvent pass)* when she hears what's happened | J'espère que maman ne sera pas **fâchée** quand elle apprendra ce qui s'est passé |

◊ A **vexed** question : une question controversée

## VICAIRE / VICAR

|  |  |  |  |
|---|---|---|---|
| II | 1. | Dimanche dernier, le **vicaire** a célébré la messe parce que le curé était absent | Last Sunday the **curate** celebrated mass because the parish priest was absent |
| III | 2. | Have you met the new **vicar** yet ? | Avez-vous déjà rencontré le nouveau **pasteur** ? |

◊ **Vicaire** général : **vicar** general ; **vicaire** apostolique : **vicar** apostolic ; le **vicaire** de Jésus-Christ : the **Vicar** of Christ

## VICE / VICE [a]

|  |  |  |  |
|---|---|---|---|
| I | 1. | C'est un être abject, qui a vécu toute sa vie dans le **vice** | He's a despicable character, who has led a life of **vice** *(nd)* |
|  | 2. | Le tabac est mon seul **vice** ! | Smoking is my only **vice** ! |
| II | 3. | Vous n'obtiendrez un remboursement que si vous pouvez prouver qu'il y avait un **vice** de construction | You will not receive any compensation unless you can prove there was a constructional **fault/defect** [b] |

| | | | |
|---|---|---|---|
| | 4. | Travailler quinze heures par jour, c'est du **vice** ! | It's sheer **perversion** to work fifteen hours a day ! |
| **III** | 5. | **Vice** *(nd)* is on the increase in the big cities | La **criminalité** ne cesse d'augmenter dans les grandes villes [c] |
| | 6. | I can assure you this horse has no **vices** | Je peux vous assurer que ce cheval n'est pas **vicieux** |

a. Nous ne traiterons pas ici de l'homonyme anglais **vice** (US : **vise**), qui correspond à **étau**.
b. **Vice** *de prononciation : mispronunciation ;* (Jur) ***vice** de forme : (legal) flaw*
c. *The **vice** squad : la brigade mondaine/des mœurs*

## VICIEUX / VICIOUS

| | | | |
|---|---|---|---|
| **II** | 1. | C'est un type **vicieux**. Je n'aimerais pas me retrouver seule avec lui | He's a **lecherous** individual. I wouldn't like to be on my own with him [a] |
| | 2. | Il faut vraiment être **vicieux*** pour aimer cette émission-là ! (= tordu, bizarre) | You have to be really **warped*** to like that programme ! |
| | 3. | Cette prononciation **vicieuse** du mot se répand de plus en plus | This **incorrect** pronunciation of the word is becoming more and more common |
| | 4. | Il commença par m'envoyer quelques balles **vicieuses** qui ne laissaient rien présager de bon pour moi | He started by sending over a few **nasty***/**treacherous** shots which didn't augur well for me |
| | | C'est **vicieux** comme raisonnement. J'ai l'impression qu'il essaie de m'avoir | That's a **devious** argument. I think he's trying to pull the wool over my eyes |
| **III** | 5. | The whole country was shocked by the **vicious** murders | Tout le pays a été choqué par ces crimes **brutaux**/**violents** |
| | | Be careful of that dog ! It can be really **vicious** | Méfie-toi de ce chien. Il est parfois vraiment **méchant** |
| | | That's a **vicious**-looking hatchet ! | Cette hachette a l'air **dangereuse** ! |

| | | | |
|---|---|---|---|
| | 6. | She made some fairly **vicious** remarks about Maurice | Elle a fait des réflexions plutôt **malveillantes/méchantes** sur Maurice |
| | | I caught him giving me a **vicious** look | J'ai surpris son regard **malveillant/ haineux** [b] |

a. Enfant *vicieux* : dirty-minded/oversexed child
b. To have a *vicious* tongue : être mauvaise langue, avoir une langue de vipère
◊ – Cheval *vicieux* : *vicious* horse
– Cercle *vicieux* : *vicious* circle

## VILAIN (n.) / VILLAIN

| | | | |
|---|---|---|---|
| II | 1. | Oh ! le **vilain** ! Il a menti à sa maman | Oh, you **naughty boy** ! You told your Mummy a lie |
| III | 2. | I'm tired of playing the **villain**. I'd like to be the hero for a change | J'en ai assez de jouer le rôle du **méchant**/du **traître**. Je voudrais être le héros pour une fois [a] |
| | | We must arrest those **villains** as quickly as possible [b] | Nous devons arrêter ces **bandits/ malfaiteurs** aussi vite que possible |

a. They cast him as the ***villain*** of the piece* : on l'a présenté comme responsable de tout/comme le coupable
b. Cet emploi du mot ***villain*** relève du jargon policier.
◊ – Il va y avoir du *vilain* !* : it's going to turn nasty*, there's going to be trouble
– (Hist) *Vilain* ( = manant) : villein

## VIOLER / TO VIOLATE

| | | | |
|---|---|---|---|
| I | 1. | Le Président américain a sévèrement condamné tous les pays qui **violent** les droits de l'homme [les conventions internationales] | The American President severely criticised those countries which **violated** human rights [international agreements] |

|   |   | Quiconque **violait** cette loi était passible de la peine de mort | Anyone who **violated** this law was subject to the death sentence [a] (*plus couramment :* **broke**) |
|---|---|---|---|
|   | 2. | Le tombeau retrouvé par les archéologues avait été **violé** par des pillards | The tomb found by the archaeologists had been **violated** by looters [b] |
| II | 3. | Le prévenu fut accusé d'avoir **violé** six femmes | The defendant was charged with having **raped** six women [c] |

a. Mais : *violer* une promesse : to break a promise ; *violer* un secret : to betray a secret
b. Mais : *violer* le domicile de qqn : to force an entry into sb's home
c. **To violate** est littéraire ou euphémique dans ce sens.

## VISIBLE / VISIBLE

| I | 1. | Des traces de coups étaient **visibles** sur son visage et ses bras | Marks of blows were **visible** on her face and arms |
|---|---|---|---|
|   |   | Ces imperfections ne sont pas **visibles** à l'œil nu | These flaws are not **visible** to the naked eye |
| II | 2. | Son embarras était **visible**. Elle se rendait compte de l'incongruité de sa visite | Her embarrassment was **obvious**. She realised how inappropriate her visit was (*moins souvent :* **visible°**) |
|   |   | Il prend un **visible** plaisir à nous mettre des bâtons dans les roues | He takes **obvious/manifest°** pleasure in putting difficulties in our way (*moins souvent :* **visible°**) |
|   |   | Il est **visible** que les relations entre ces deux pays ne sont pas des plus cordiales | It is **obvious** that relations between the two countries are not of the most cordial |
|   |   | Votre fils a fait de **visibles** progrès ces dernières semaines | Your son has made **distinct** progress over the last few weeks |
|   | 3. | Le directeur n'est pas **visible** ce matin | The headmaster is not **free to see anyone/can't see anyone** this morning |

| | | | |
|---|---|---|---|
| | | La maison est **visible** de 17 à 19 heures tous les jours sauf le dimanche | The house **can** be **seen/viewed** from 5 to 7 p.m. every day except Sunday |

## VIVACE / VIVACIOUS

| | | | |
|---|---|---|---|
| II | 1. | Le pavot est une plante **vivace** | The poppy is a **perennial** plant/a **(hardy) perennial** |
| | 2. | La haine **vivace** qu'il éprouvait déteignait sur toutes ses actions | The **deep-rooted/ineradicable/ abiding** *(épith)*/**enduring** *(épith)* hatred he felt coloured all his actions [a] |
| III | 3. | She was entirely overshadowed by her beautiful, **vivacious** sister | Elle était entièrement éclipsée par sa sœur, qui était à la fois belle et **enjouée/exubérante/pétulante** |

a. Notez également : (foi) *steadfast, enduring* (épith), *abiding* (épith), (souvenir) *undying, enduring* (épith), *abiding* (épith)

## VOLATIL / VOLATILE

| | | | |
|---|---|---|---|
| I | 1. | *(Chim)* L'éther est un liquide **volatil** et extrêmement inflammable | Ether is a **volatile,** highly inflammable liquid |
| III | 2. | She's like most girls of her age : **volatile** and easily influenced | Elle est comme la plupart des jeunes filles de son âge : **versatile/ inconstante** et influençable |
| | | The **volatile** political situation in that country is a serious threat to world peace | La situation politique **explosive/ très instable** dans ce pays constitue une sérieuse menace pour la paix mondiale |

◊ (Informat) *Mémoire* **volatile** : **volatile** *memory*

## VOLONTAIRE / VOLUNTARY

I    1. En cas d'enrôlement **volontaire**, une prime est versée à la famille (= non obligatoire)

In the case of **voluntary** enlistment a bonus is paid to the family [a]

II    2. À mon avis, il s'agit d'une omission **volontaire**. Il n'avait pas envie d'aborder le sujet (= voulu, intentionnel)

I think the omission was **deliberate/intentional**. He wanted to avoid the subject [b]

Il ne faut pas avoir pitié de Robert. Il vit dans une pauvreté **volontaire**

There's no need to feel sorry for Robert. He lives in poverty **from choice**/in **self-imposed** poverty

3. C'est un enfant **volontaire** et travailleur. J'aimerais bien que tous mes élèves lui ressemblent

He's a **determined**, hard-working child. I wish all my pupils were like him

III    4. We need **voluntary** workers to look after handicapped children during the holidays

Nous avons besoin de collaborateurs **bénévoles** pour s'occuper d'enfants handicapés pendant les vacances

---

a. – *Être* **volontaire** *pour faire qqch* : to volunteer to do sth ; *un* **volontaire** (n.), *un engagé* **volontaire** : a volunteer
    – **Voluntary** *confession, statement* : *aveu, déclaration spontané(e)*
b.   *Incendie* **volontaire** : *arson* (nd)
◊   (Anat) *Muscles, nerfs* **volontaires** : **voluntary** *muscles, nerves*

## VOTER / TO VOTE

I    1. Les électeurs sont priés d'aller **voter** avant treize heures

Electors are requested to **vote** before 1.00 p.m.

Je ne **voterai** sûrement pas socialiste [pour le candidat socialiste]

I certainly won't **vote** Labour [for the Labour candidate]

|     |     |     |     |
| --- | --- | --- | --- |
|     | 2.  | Le parlement a **voté** des crédits importants pour la modernisation des postes | Parliament has **voted** large sums for the modernisation of the postal service [a]<br>⇨ 3 |
| II  | 3.  | Le parlement n'a pas encore **voté** la loi [le projet de loi, la réforme] | Parliament has not yet **passed** the law [the bill, the reform] |
|     |     | En principe, le gouvernement devrait **voter** le budget avant la fin du mois | In principle the government should **approve** the budget before the end of the month |
| III | 4.  | She was **voted** Miss Great Britain in 1985 | Elle fut **élue/proclamée** Miss Grande-Bretagne en 1985 |
|     |     | My father was **voted** chairman against his will | Mon père fut **élu** président contre son gré [b] |
|     | 5.  | I **vote**\* we all go and have a drink | Je **propose** que nous allions tous prendre un verre |

a. Comme verbe transitif, **to vote** ne s'emploie que pour des crédits (comparez 3).
b. Aussi : *the picnic was **voted** a great success* : de l'avis de tous, le pique-nique fut un grand succès

## VOYAGE / VOYAGE

|     |     |     |     |
| --- | --- | --- | --- |
| I   | 1.  | À cette époque, la traversée était longue et il était indispensable d'occuper les passagers pendant le **voyage** | In those days the crossing was a long one and it was essential to keep the passengers occupied during the **voyage** [a]<br>⇨ 2 |
| II  | 2.  | Combien coûte le **voyage** de Bruxelles à Malaga en avion [en train] ? | How much does the plane **journey** [the train **journey**] from Brussels to Malaga cost ? |
|     |     | Comment s'est passé ton **voyage** à Venise [ton **voyage** d'affaires] ? | How did your **trip** to Venice [your business **trip**] go ? |

| | |
|---|---|
| Après deux ans de **voyages** à l'étranger, il a repris son emploi dans notre firme | After two years of foreign **travel** (nd)/of **travelling** abroad he resumed his function in our company |
| Les **voyages** forment la jeunesse | **Travel** (nd) broadens the mind [b] |
| Quand pars-tu en **voyage** ? | When are you setting off on your **trip/journey/travels** ? [c] |
| 3. Le passeur fait quatre **voyages** par jour entre les deux îles | The boatman makes four **trips** a day between the two islands |
| Il me faudra au moins deux **voyages** pour transporter tous les meubles | It'll take at least two **trips** to move all the furniture |

a. En anglais, **voyage** n'est employé que lorsqu'il s'agit d'un voyage en mer ou dans l'espace *(a voyage to the moon)*.

b. – **Travel** désigne l'action de voyager, alors que **journey** fait référence à un voyage particulier, un trajet. **Trip** s'emploie dans le cas d'un voyage considéré dans son ensemble, c'est-à-dire le trajet aller-retour et le séjour.
   – *Faire bon voyage : to have a good journey/trip ; bon voyage ! : have a good journey/trip !, bon voyage ! ; voyage organisé : package tour,* (Brit) *package holiday ; voyage de noces : honeymoon ; récit de voyage : travel book, travelogue*

c. Le mot **travel** peut être employé au pluriel lorsqu'il est précédé d'un adjectif possessif ; il est alors synonyme de ˚pérégrinations˚.

## VULGAIRE / VULGAR

| | | |
|---|---|---|
| I | 1. Je préfèrerais que tu ne fréquentes plus ce garçon. Je le trouve extrêmement **vulgaire** | I'd rather you didn't have anything more to do with that boy. I think he's extremely **vulgar** |
| | Pour tenir des propos aussi **vulgaires** devant une telle assemblée, il faut vraiment n'avoir aucune éducation | You have to be completely ignorant to say such **vulgar** things in front of an audience like that |
| II | 2. Ce n'est que du **vulgaire** plastique et ils font presque payer le prix du cuir | It's only **ordinary**/(Brit) **common or garden**\* plastic but it costs nearly as much as leather |
| | Alain ne pourra pas nous accompagner. Il n'a qu'un **vulgaire** rhume mais il est très accablé | Alan won't be coming with us. He's just got an **ordinary** cold but he's in a bad way |

|   |   | Est-ce un héros ou un **vulgaire** assassin ? | Is he a hero or a **common** murderer ? |
|---|---|---|---|

3. Connaissez-vous le nom **vulgaire** de cette fleur ? — Do you happen to know the **common/popular** name for this flower ? [a]

4. Très idéaliste, il se préoccupait peu des réalités **vulgaires**° — Idealistic as he was, he didn't pay much attention to **mundane/everyday/commonplace** realities

---

a. Langue **vulgaire** : *everyday language, colloquial speech, the vernacular,* (vx) *the **vulgar** tongue*
◊ – Latin **vulgaire** : **vulgar** Latin
  – **Vulgar** fraction : fraction ordinaire

---

## ZÉRO / ZERO

I   1. La nuit, la température tombe régulièrement à vingt degrés au-dessous de **zéro** — The temperature regularly falls to twenty degrees below **zero** at night [a]
⇨ 2

II  2. Quand je prends un billet à la loterie, je choisis toujours un numéro qui se termine par **zéro** — When I buy a lottery ticket I always choose a number that ends in *(Brit)* **nought** [b] (*US :* **zero**)

*(Math)* Je pose **zéro** et je retiens un — Put down *(Brit)* **nought** and carry one (*US :* **zero**)

*(Foot, Rugby)* Liverpool a gagné par trois buts à **zéro** — Liverpool won three *(Brit)* **nil** (*US :* **zero**)

*(Tennis)* Très bon service de Navratilova. Quinze-**zéro** — An excellent service from Navratilova. Fifteen-**love**

3. J'ai toujours été un grand **zéro**\* en géométrie — I've always been a **dead loss**\* at geometry/I've always been **hopeless/useless**\* at geometry

733

| | | |
|---|---|---|
| | 4. Le professeur de chimie m'a collé un **zéro** parce que je dérangeais le cours | The chemistry teacher gave me a **nought** because I disrupted the lesson [c]<br>(*US:* **zero**) |

a. – En anglais britannique, le mot **zero** n'est couramment employé que pour désigner le point de départ de diverses échelles graduées, principalement le point zéro du thermomètre. En français et en américain, l'emploi est beaucoup plus large (cf. 2).
 – Notez également : (compte à rebours) *cinq, quatre, trois, deux, un,* **zéro** *!* : *five, four, three, two, one,* **zero** *!*
b. – Dans le cas de numéros de téléphone, 0 se prononce [əʊ] (comme la lettre o) en anglais britannique.
 – *Réduire qqch à* **zéro** : *to reduce sth to nothing/***zero** *; partir de* **zéro** *: to start from scratch/with nothing ; avoir le moral à* **zéro**\* *: to be (feeling) down in the dumps*\*
 – (adj) **Zéro** *faute : no mistakes ; ça m'a coûté* **zéro** *franc* **zéro** *centime : it didn't cost me a penny ;* (Admin) *à* **zéro** *heure : at midnight, at twenty-four hundred hours*
 – **Zero** *hour : l'heure H ;* **zero** *gravity : apesanteur ;* **zero** *growth : taux de croissance* **zéro** *;* (Polit) **zero** *option : l'option* **zéro**
c. *Collectionner les* **zéros** *: to collect bad marks, to get nothing but bad marks*

## ZESTE / ZEST

| | | | |
|---|---|---|---|
| **II** | 1. | Ajouter le porto et le **zeste** d'orange finement râpé | Add the port and the finely grated orange **rind**<br>(*rarement:* **zest**) |
| | | Verser 2/3 de cinzano et 1/3 de gin et servir avec un **zeste** de citron | Mix two parts of cinzano with one part of gin and serve with (a **strip of**) **lemon peel**<br>(*rarement:* lemon **zest**) |
| **III** | 2. | Uncle Ernie always entered into our games with great **zest** | L'oncle Ernie se mêlait toujours à nos jeux avec beaucoup d'**enthousiasme**/d'**entrain** |
| | | It was always fun to be with Catherine ; her **zest** for life was so infectious | On s'amusait toujours beaucoup avec Catherine ; sa **joie** de vivre était tellement communicative |
| | 3. | The possibility of being caught added **zest** to the escapade | Le fait que nous pouvions être pris à tout moment ajoutait du **piquant** à notre escapade |

# ALPHABET PHONÉTIQUE FRANÇAIS
# FRENCH PHONETIC ALPHABET

**VOYELLES**
**VOWELS**

| | |
|---|---|
| [i] | ville, pire |
| [e] | été, pied |
| [ɛ] | terre, poète, lait |
| [a] | patte, bras |
| [ɑ] | pâte, bas |
| [ɔ] | port, bosse |
| [o] | beau, lot, gauche, rôti |
| [u] | bouche, roue, où |
| [y] | cru, mûr |
| [ø] | jeu, creux, nœud |
| [œ] | jeune, peuple |
| [ə] | le, retour |
| [ɛ̃] | pain, vin, rein |
| [ɑ̃] | sang, vent |
| [ɔ̃] | mont, sombre |
| [œ̃] | brun, humble |

**SEMI-CONSONNES**
**SEMI-CONSONANTS**

| | |
|---|---|
| [j] | pieu, yeux, maille |
| [w] | oie, ouest, nouer |
| [ɥ] | puits, lui |
| [h] | hop ! (exclamatif) (exclamatory) |

**CONSONNES**
**CONSONANTS**

| | |
|---|---|
| [p] | pile, repas |
| [t] | tôt, chatte |
| [k] | cou, quatre, képi |
| [b] | balle, robe |
| [d] | dé, raide |
| [g] | guide, gare |
| [f] | faim, phare |
| [s] | sur, cerise, ça, tasse |
| [ʃ] | chou, planche |
| [v] | vélo, rive, wagon |
| [z] | zéro, dose |
| [ʒ] | joie, âge |
| [l] | lac, sol |
| [ʀ] | rive, arrondi, par |
| [m] | mère, rame |
| [n] | nid, venir |
| [ɲ] | signe, agneau |
| ['] | haricot (pas de liaison) (no liaison) |
| [ŋ] | camping (mots empr. anglais) (words borrowed from English) |

# ALPHABET PHONÉTIQUE ANGLAIS
# ENGLISH PHONETIC ALPHABET

**VOYELLES
ET DIPHTONGUES
VOWELS
AND DIPHTHONGS**

| | |
|---|---|
| [iː] | seem, pea |
| [i] | money, luckily |
| [ɑː] | mask, father |
| [ɔː] | ball, door |
| [uː] | too, soup |
| [u] | punctual, graduate |
| [ɜː] | burn, work |
| [ɪ] | ship, little |
| [e] | red, said |
| [æ] | hat, apple |
| [ʌ] | some, run |
| [ɒ] | hot, sock |
| [ʊ] | pull, wood |
| [ə] | arrive, ribbon |
| [ə] | absent, heavenly |
| [eɪ] | may, late |
| [aɪ] | sky, pile |
| [ɔɪ] | boy, coin |
| [əʊ] | so, home |
| [aʊ] | now, sound |
| [ɪə] | beer, hear |
| [ɛə] | air, there |
| [ʊə] | poor, sure |

**CONSONNES
CONSONANTS**

| | |
|---|---|
| [p] | pony, cup |
| [b] | bottle, rabbit |
| [t] | tea, cat |
| [d] | doctor, bed |
| [k] | cow, kitten |
| [g] | gas, bag |
| [f] | foot, soft |
| [v] | voice, of |
| [s] | silver, price |
| [z] | zoo, beds |
| [θ] | think, bath |
| [ð] | the, mother |
| [ʃ] | shoe, fish |
| [ʒ] | measure, precision |
| [tʃ] | cheese, beach |
| [dʒ] | jump, age |
| [l] | lamp, pill |
| [r] | run, very |
| [m] | mouse, come |
| [n] | nose, funny |
| [ŋ] | sing, bank |
| [h] | house, heart |
| [j] | yes, onion |
| [w] | way, one |

Un caractère entre parenthèses représente un son qui peut ne pas être prononcé

| | |
|---|---|
| ['] | accent principal |
| [ˌ] | accent secondaire |

A letter in brackets represents a sound which may not be pronounced

| | |
|---|---|
| ['] | primary stress |
| [ˌ] | secondary stress |

# TRANSCRIPTION PHONÉTIQUE DES FAUX AMIS FRANÇAIS
# PHONETIC TRANSCRIPTION OF THE FRENCH FAUX AMIS

| | | | |
|---|---|---|---|
| abandonner | abɑ̃dɔne | amateur | amatœʀ |
| absence | apsɑ̃s | amoureux | amuʀø |
| abus | aby | amputer | ɑ̃pyte |
| abuser | abyze | amusement | amyzmɑ̃ |
| accéder | aksede | amuser | amyze |
| accepter | aksɛpte | ancien | ɑ̃sjɛ̃ |
| accès | aksɛ | angine | ɑ̃ʒin |
| accident | aksidɑ̃ | angle | ɑ̃gl(ə) |
| accomplir | akɔ̃pliʀ | animation | animɑsjɔ̃ |
| accuser | akyze | animé | anime |
| achèvement | aʃɛvmɑ̃ | anniversaire | anivɛʀsɛʀ |
| achever | aʃve | annoncer | anɔ̃se |
| acompte | akɔ̃t | antenne | ɑ̃tɛn |
| acquérir | akeʀiʀ | antique | ɑ̃tik |
| actuel | aktɥɛl | antiquité | ɑ̃tikite |
| actuellement | aktɥɛlmɑ̃ | anxieux | ɑ̃ksjø |
| addition | adisjɔ̃ | appartement | apaʀtəmɑ̃ |
| adéquat | adekwa | appel | apɛl |
| administrer | administʀe | appointements | apwɛ̃tmɑ̃ |
| adresse | adʀɛs | apprécier | apʀesje |
| affaire | afɛʀ | approcher | apʀɔʃe |
| affecter | afɛkte | apte | apt(ə) |
| affection | afɛksjɔ̃ | argument | aʀgymɑ̃ |
| affirmer | afiʀme | arme | aʀm(ə) |
| affluence | aflyɑ̃s | arranger | aʀɑ̃ʒe |
| affronter | afʀɔ̃te | arrêt | aʀɛ |
| âge | ɑʒ | arrêter | aʀete |
| agenda | aʒɛ̃da | arriver | aʀive |
| agent | aʒɑ̃ | assassiner | asasine |
| aggraver | agʀave | assistance | asistɑ̃s |
| agiter | aʒite | assister | asiste |
| agonie | agɔni | assorti | asɔʀti |
| agonisant | agɔnizɑ̃ | assurance | asyʀɑ̃s |
| agréable | agʀeabl(ə) | assurer | asyʀe |
| agrément | agʀemɑ̃ | attacher | ataʃe |
| aide | ɛd | attendre | atɑ̃dʀ(ə) |
| air | ɛʀ | attentif | atɑ̃tif |
| alliance | aljɑ̃s | attribuer | atʀibɥe |
| allusion | alyzjɔ̃ | audience | odjɑ̃s |
| altérer | alteʀe | avance | avɑ̃s |

| | | | |
|---|---|---|---|
| avancer | avɑ̃se | calme | kalm(ə) |
| avantageux | avɑ̃taʒø | calmer | kalme |
| avare | avaʀ | caméra | kameʀa |
| aventure | avɑ̃tyʀ | campagne | kɑ̃paɲ |
| avertir | avɛʀtiʀ | candide | kɑ̃did |
| avertissement | avɛʀtismɑ̃ | canon | kanɔ̃ |
| avis | avi | capital | kapital |
| avocat | avɔka | car | kaʀ |
| axe | aks(ə) | caractère | kaʀaktɛʀ |
| bachelier | baʃəlje | cargo | kaʀgo |
| bagage | bagaʒ | carpette | kaʀpɛt |
| bal | bal | carte | kaʀt(ə) |
| balance | balɑ̃s | cas | kɑ |
| balancer | balɑ̃se | casserole | kasʀɔl |
| balle | bal | cataloguer | katalɔge |
| ballon | balɔ̃ | catholique | katɔlik |
| banc | bɑ̃ | cave | kav |
| bandit | bɑ̃di | certifier | sɛʀtifje |
| baptiser | batize | chaîne | ʃɛn |
| bar | baʀ | chance | ʃɑ̃s |
| baraque | baʀak | chandelier | ʃɑ̃dəlje |
| barre | baʀ | chanter | ʃɑ̃te |
| barrer | baʀe | chapitre | ʃapitʀ(ə) |
| barrière | baʀjɛʀ | charge | ʃaʀʒ(ə) |
| base | bɑz | charger | ʃaʀʒe |
| bassin | basɛ̃ | charme | ʃaʀm(ə) |
| bénéfice | benefis | chasse | ʃas |
| bénéficier | benefisje | chasser | ʃase |
| bénévole | benevɔl | chauffeur | ʃofœʀ |
| bénin | benɛ̃ | cheminée | ʃ(ə)mine |
| bizarre | bizaʀ | chiffon | ʃifɔ̃ |
| blâmer | blɑme | chimiste | ʃimist(ə) |
| blanc | blɑ̃ | chips | ʃip(s) |
| bloc | blɔk | choc | ʃɔk |
| bloquer | blɔke | choquant | ʃɔkɑ̃ |
| bœuf | bœf | cimetière | simtjɛʀ |
| bombe | bɔ̃b | circulation | siʀkylasjɔ̃ |
| bonnet | bɔnɛ | circuler | siʀkyle |
| border | bɔʀde | cité | site |
| bouquet | bukɛ | clair | klɛʀ |
| boutique | butik | clairement | klɛʀmɑ̃ |
| bouton | butɔ̃ | clerc | klɛʀ |
| branche | bʀɑ̃ʃ | client | klijɑ̃ |
| brave | bʀav | collecter | kɔlɛkte |
| brusque | bʀysk(ə) | collier | kɔlje |
| brutal | bʀytal | combiner | kɔ̃bine |
| brutaliser | bʀytalize | comique | kɔmik |
| buffet | byfɛ | commande | kɔmɑ̃d |
| building | bildiŋ | commander | kɔmɑ̃de |
| cabine | kabin | commodité | kɔmɔdite |
| cabinet | kabinɛ | compas | kɔ̃pa |
| cake | (Fr) kɛk, (Belg) kek | compétition | kɔ̃petisjɔ̃ |
| calendrier | kalɑ̃dʀije | compléter | kɔ̃plete |

| | | | |
|---|---|---|---|
| composer | kɔ̃poze | crime | kʁim |
| compréhensible | kɔ̃pʁeɑ̃sibl(ə) | croiser | kʁwaze |
| compréhensif | kɔ̃pʁeɑ̃sif | culte | kylt(ə) |
| compter | kɔ̃te | culture | kyltyʁ |
| concerner | kɔ̃sɛʁne | cure | kyʁ |
| condamner | kɔ̃dane | curé | kyʁe |
| conducteur | kɔ̃dyktœʁ | dancing | dɑ̃siŋ |
| conduire | kɔ̃dɥiʁ | date | dat |
| conférence | kɔ̃feʁɑ̃s | dater | date |
| confidence | kɔ̃fidɑ̃s | décade | dekad |
| confondre | kɔ̃fɔ̃dʁ(ə) | décent | desɑ̃ |
| confort | kɔ̃fɔʁ | déception | desɛpsjɔ̃ |
| conforter | kɔ̃fɔʁte | décevoir | dɛsvwaʁ |
| confus | kɔ̃fy | décharger | deʃaʁʒe |
| confusément | kɔ̃fyzemɑ̃ | décidé | deside |
| congeler | kɔ̃ʒle | décidément | desidemɑ̃ |
| congestion | kɔ̃ʒɛstjɔ̃ | déclarer | deklaʁe |
| conjuguer | kɔ̃ʒyge | décorer | dekɔʁe |
| connexion | kɔnɛksjɔ̃ | découvrir | dekuvʁiʁ |
| conscience | kɔ̃sjɑ̃s | défendre | defɑ̃dʁ(ə) |
| consentir | kɔ̃sɑ̃tiʁ | défense | defɑ̃s |
| conséquent | kɔ̃sekɑ̃ | défier | defje |
| conservateur | kɔ̃sɛʁvatœʁ | défini | defini |
| conserve | kɔ̃sɛʁv(ə) | degré | dəgʁe |
| conserver | kɔ̃sɛʁve | délai | delɛ |
| considération | kɔ̃sideʁasjɔ̃ | délibéré | delibeʁe |
| considérer | kɔ̃sideʁe | délibérément | delibeʁemɑ̃ |
| consistant | kɔ̃sistɑ̃ | délicat | delika |
| constituer | kɔ̃stitɥe | délicieux | delisjø |
| contempler | kɔ̃tɑ̃ple | délivrer | delivʁe |
| content | kɔ̃tɑ̃ | demande | d(ə)mɑ̃d |
| contester | kɔ̃tɛste | demander | d(ə)mɑ̃de |
| continent | kɔ̃tinɑ̃ | démolir | demɔliʁ |
| contraire | kɔ̃tʁɛʁ | démonstration | demɔ̃stʁasjɔ̃ |
| contrôler | kɔ̃tʁole | démontrer | demɔ̃tʁe |
| contrôleur | kɔ̃tʁolœʁ | dense | dɑ̃s |
| convenir | kɔ̃vniʁ | denture | dɑ̃tyʁ |
| conversation | kɔ̃vɛʁsasjɔ̃ | dépendance | depɑ̃dɑ̃s |
| conviction | kɔ̃viksjɔ̃ | déporter | depɔʁte |
| copie | kɔpi | dépôt | depo |
| corps | kɔʁ | député | depyte |
| correct | kɔʁɛkt | désagrément | dezagʁemɑ̃ |
| correspondre | kɔʁɛspɔ̃dʁ(ə) | descendre | desɑ̃dʁ(ə) |
| corriger | kɔʁiʒe | descente | desɑ̃t |
| costume | kɔstym | description | dɛskʁipsjɔ̃ |
| couple | kupl(ə) | désigner | deziɲe |
| courage | kuʁaʒ | désordre | dezɔʁdʁ(ə) |
| courageux | kuʁaʒø | dessiner | desine |
| courant | kuʁɑ̃ | destination | dɛstinasjɔ̃ |
| cours | kuʁ | destiner | dɛstine |
| craquer | kʁake | détail | detaj |
| crayon | kʁɛjɔ̃ | diamant | djamɑ̃ |
| crier | kʁije | différence | difeʁɑ̃s |

| | | | |
|---|---|---|---|
| différer | difeʀe | énergétique | enɛʀʒetik |
| difficile | difisil | énergique | enɛʀʒik |
| diffuser | difyze | énervant | enɛʀvɑ̃ |
| digérer | diʒeʀe | engager | ɑ̃gaʒe |
| diminuer | diminɥe | engin | ɑ̃ʒɛ̃ |
| directeur | diʀɛktœʀ | ennuyer | ɑ̃nɥije |
| direction | diʀɛksjɔ̃ | entrée | ɑ̃tʀe |
| diriger | diʀiʒe | entreprise | ɑ̃tʀəpʀʀiz |
| discothèque | diskɔtɛk | envie | ɑ̃vi |
| discours | diskuʀ | errer | ɛʀe |
| discussion | diskysjɔ̃ | esprit | ɛspʀi |
| discuter | diskyte | essai | esɛ |
| disposer | dispoze | estimer | ɛstime |
| dispute | dispyt | état | eta |
| disputer | dispyte | étendre | etɑ̃dʀ(ə) |
| disque | disk(ə) | étranger | etʀɑ̃ʒe |
| dissiper | disipe | étrangler | etʀɑ̃gle |
| distinct | distɛ̃(kt) | évader | evade |
| distinctement | disktɛ̃ktəmɑ̃ | évaluer | evalɥe |
| distraction | distʀaksjɔ̃ | évasion | evazjɔ̃ |
| distraire | distʀɛʀ | éventuel | evɑ̃tɥɛl |
| distrait | distʀɛ | éventuellement | evɑ̃tɥɛlmɑ̃ |
| distrayant | distʀɛjɑ̃ | évidemment | evidamɑ̃ |
| divers | divɛʀ | évidence | evidɑ̃s |
| domicile | dɔmisil | évoquer | evɔke |
| dominer | dɔmine | exact | ɛgza(kt) |
| dommage | dɔmaʒ | examiner | ɛgzamine |
| donneur | dɔnœʀ | excitant | ɛksitɑ̃ |
| dossier | dosje | excité | ɛksite |
| double | dubl(ə) | excuse | ɛkskyz |
| doubler | duble | exercer | ɛgzɛʀse |
| dramatique | dʀamatik | exonérer | ɛgzɔneʀe |
| drame | dʀam | expérience | ɛkspeʀjɑ̃s |
| drogue | dʀɔg | expertise | ɛkspɛʀtiz |
| économie | ekɔnɔmi | exploit | ɛksplwa |
| économique | ekɔnɔmik | exposer | ɛkspoze |
| économiser | ekɔnɔmize | exposition | ɛkspozisjɔ̃ |
| éditer | edite | extension | ɛkstɑ̃sjɔ̃ |
| éditeur | editœʀ | exténuant | ɛkstenɥɑ̃ |
| édition | edisjɔ̃ | extérieur | ɛksteʀjœʀ |
| éducation | edykɑsjɔ̃ | extra | ɛkstʀa |
| éduquer | edyke | extraordinaire | ɛkstʀaɔʀdinɛʀ |
| effectif | efɛktif | extravagant | ɛkstʀavagɑ̃ |
| effectivement | efɛktivmɑ̃ | fabrique | fabʀik |
| effectuer | efɛktɥe | façade | fasad |
| effet | efɛ | face | fas |
| égal | egal | facile | fasil |
| élargir | elaʀʒiʀ | facilité | fasilite |
| embarquer | ɑ̃baʀke | faculté | fakylte |
| embrasser | ɑ̃bʀase | fameusement | famøzmɑ̃ |
| émettre | emɛtʀ(ə) | fameux | famø |
| émigrer | emigʀe | fantaisie | fɑ̃tezi |
| émission | emisjɔ̃ | farce | faʀs(ə) |

| | | | |
|---|---|---|---|
| fastidieux | fastidjø | grade | gʀad |
| fatal | fatal | grain | gʀɛ̃ |
| fatalement | fatalmɑ̃ | graine | gʀɛn |
| fatigue | fatig | graisse | gʀɛs |
| faute | fot | grand | gʀɑ̃ |
| faux | fo | grappe | gʀap |
| féminin | feminɛ̃ | gratification | gʀatifikɑsjɔ̃ |
| ferme | fɛʀm(ə) | gratuité | gʀatɥite |
| fiction | fiksjɔ̃ | grave | gʀav |
| fièvre | fjɛvʀ(ə) | grief | gʀijɛf |
| figure | figyʀ | gril(l) | gʀi(l) |
| file | fil | grille | gʀij |
| fin | fɛ̃ | griller | gʀije |
| final | final | gros | gʀo |
| finalement | finalmɑ̃ | habitant | abitɑ̃ |
| finalité | finalite | habiter | abite |
| finement | finmɑ̃ | hagard | agaʀ |
| finir | finiʀ | hall | 'ol |
| flanelle | flanɛl | hasard | 'azaʀ |
| flotter | flɔte | hasardeux | 'azaʀdø |
| folie | fɔli | herbe | ɛʀb(ə) |
| fonction | fɔ̃ksjɔ̃ | héritage | eʀitaʒ |
| fonctionner | fɔ̃ksjɔne | histoire | istwaʀ |
| fontaine | fɔ̃tɛn | historique | istɔʀik |
| football | futbol | honnête | ɔnɛt |
| force | fɔʀs(ə) | honnêtement | ɔnɛtmɑ̃ |
| format | fɔʀma | honneur | ɔnœʀ |
| forme | fɔʀm(ə) | hôte | ot |
| formel | fɔʀmɛl | humain | ymɛ̃ |
| formellement | fɔʀmɛlmɑ̃ | humide | ymid |
| former | fɔʀme | hutte | 'yt |
| formidable | fɔʀmidabl(ə) | ignorant | iɲɔʀɑ̃ |
| fournir | fuʀniʀ | ignorer | iɲɔʀe |
| fragile | fʀaʒil | image | imaʒ |
| fraîchement | fʀɛʃmɑ̃ | imiter | imite |
| frais | fʀɛ | immaculé | imakyle |
| franc | fʀɑ̃ | immatériel | imateʀjɛl |
| fraude | fʀod | important | ɛ̃pɔʀtɑ̃ |
| fuel | fjul | importation | ɛ̃pɔʀtɑsjɔ̃ |
| gai | ge | imposer | ɛ̃poze |
| gain | gɛ̃ | impotent | ɛ̃pɔtɑ̃ |
| gang | gɑ̃g | impression | ɛ̃pʀesjɔ̃ |
| garde | gaʀd(ə) | impressionner | ɛ̃pʀesjɔne |
| gardien | gaʀdjɛ̃ | inadmissible | inadmisibl(ə) |
| gâteau | gɑto | incessamment | ɛ̃sɛsamɑ̃ |
| génial | ʒenjal | incessant | ɛ̃sɛsɑ̃ |
| gentil | ʒɑ̃ti | incidemment | ɛ̃sidamɑ̃ |
| germe | ʒɛʀm(ə) | incinérer | ɛ̃sineʀe |
| geste | ʒɛst(ə) | inclure | ɛ̃klyʀ |
| global | glɔbal | inconvenance | ɛ̃kɔ̃vnɑ̃s |
| golfe | gɔlf(ə) | inconvenant | ɛ̃kɔ̃vnɑ̃ |
| gomme | gɔm | incorrect | ɛ̃kɔʀɛkt |
| gouverner | guvɛʀne | index | ɛ̃dɛks |

| | | | |
|---|---|---|---|
| indicateur | ɛ̃dikatœʀ | langage | lɑ̃gaʒ |
| indifféremment | ɛ̃difeʀamɑ̃ | lard | laʀ |
| indifférent | ɛ̃difeʀɑ̃ | large | laʀʒ(ə) |
| indiquer | ɛ̃dike | largement | laʀʒəmɑ̃ |
| individu | ɛ̃dividy | lecture | lɛktyʀ |
| industrie | ɛ̃dystʀi | lentille | lɑ̃tij |
| industrieux | ɛ̃dystʀijø | libéral | libeʀal |
| infâme | ɛ̃fɑm | libérer | libeʀe |
| infection | ɛ̃fɛksjɔ̃ | libraire | libʀɛʀ |
| inférieur | ɛ̃feʀjœʀ | librairie | libʀeʀi |
| information | ɛ̃fɔʀmasjɔ̃ | licence | lisɑ̃s |
| ingénieur | ɛ̃ʒenjœʀ | licencier | lisɑ̃sje |
| initier | inisje | liquide | likid |
| injure | ɛ̃ʒyʀ | liquider | likide |
| injurier | ɛ̃ʒyʀje | littérature | liteʀatyʀ |
| injurieux | ɛ̃ʒyʀjø | livide | livid |
| inscrire | ɛ̃skʀiʀ | local | lɔkal |
| insister | ɛ̃siste | loger | lɔʒe |
| inspirer | ɛ̃spiʀe | lot | lo |
| installer | ɛ̃stale | loyal | lwajal |
| instant | ɛ̃stɑ̃ | lunatique | lynatik |
| instantané | ɛ̃stɑ̃tane | luxe | lyks(ə) |
| instruction | ɛ̃stʀyksjɔ̃ | mâcher | maʃe |
| instruire | ɛ̃stʀɥiʀ | maintenir | mɛ̃tniʀ |
| intégral | ɛ̃tegʀal | majeur | maʒœʀ |
| intelligence | ɛ̃teliʒɑ̃s | malice | malis |
| intense | ɛ̃tɑ̃s | malicieux | malisjø |
| intéressant | ɛ̃teʀɛsɑ̃ | maniaque | manjak |
| intéressé | ɛ̃teʀese | manie | mani |
| intéresser | ɛ̃teʀese | manifestation | manifɛstasjɔ̃ |
| intérieur | ɛ̃teʀjœʀ | manifester | manifɛste |
| interpréter | ɛ̃tɛʀpʀete | marcher | maʀʃe |
| interroger | ɛ̃teʀɔʒe | mariage | maʀjaʒ |
| intervenir | ɛ̃tɛʀvəniʀ | marque | maʀk(ə) |
| intervention | ɛ̃tɛʀvɑ̃sjɔ̃ | marquer | maʀke |
| interview | ɛ̃tɛʀvju | masculin | maskylɛ̃ |
| intoxiquer | ɛ̃tɔksike | massacrer | masakʀe |
| intrigue | ɛ̃tʀig | matériellement | mateʀjɛlmɑ̃ |
| introduire | ɛ̃tʀɔdɥiʀ | maternité | matɛʀnite |
| invalide | ɛ̃valid | médecine | mɛdsin |
| involontaire | ɛ̃vɔlɔ̃tɛʀ | membre | mɑ̃bʀ(ə) |
| isoler | izɔle | menacer | mənase |
| issue | isy | mériter | meʀite |
| joindre | ʒwɛ̃dʀ(ə) | mesure | m(ə)zyʀ |
| joint | ʒwɛ̃ | mesurer | məzyʀe |
| journal | ʒuʀnal | microbe | mikʀɔb |
| journée | ʒuʀne | militaire | militɛʀ |
| jugement | ʒyʒmɑ̃ | misérable | mizeʀabl(ə) |
| juger | ʒyʒe | misère | mizɛʀ |
| juste | ʒyst(ə) | mobile | mɔbil |
| justement | ʒystəmɑ̃ | modeste | mɔdɛst(ə) |
| labourer | labuʀe | modifier | mɔdifje |
| lacet | lasɛ | moment | mɔmɑ̃ |

| | | | |
|---|---|---|---|
| mondain | mɔ̃dɛ̃ | passable | pɑsabl(ə) |
| monnaie | mɔnɛ | passablement | pɑsabləmɑ̃ |
| monument | mɔnymɑ̃ | passage | pɑsaʒ |
| moquer | mɔke | patron | patRɔ̃ |
| mortel | mɔRtɛl | peine | pɛn |
| mouton | mutɔ̃ | pénétrer | penetRe |
| mystifier | mistifje | pension | pɑ̃sjɔ̃ |
| naviguer | navige | percevoir | pɛRsəvwaR |
| nerveux | nɛRvø | performance | pɛRfɔRmɑ̃s |
| noble | nɔbl(ə) | perle | pɛRl(ə) |
| notable | nɔtabl(ə) | perspective | pɛRspɛktiv |
| notablement | nɔtabləmɑ̃ | pervers | pɛRvɛR |
| note | nɔt | peste | pɛst(ə) |
| noter | nɔte | pétrole | petRɔl |
| notice | nɔtis | pétulant | petylɑ̃ |
| nourrir | nuRiR | phrase | fRɑz |
| nouvelle | nuvɛl | physicien | fizisjɛ̃ |
| nuance | nɥɑ̃s | pièce | pjɛs |
| nuisance | nɥizɑ̃s | piloter | pilɔte |
| nurse | nœRs(ə) | pipe | pip |
| objet | ɔbʒɛ | place | plas |
| obscur | ɔpskyR | placer | plase |
| obtenir | ɔptəniR | plante | plɑ̃t |
| occasion | ɔkɑzjɔ̃ | plat | pla |
| occupation | ɔkypɑsjɔ̃ | plateau | plato |
| occuper | ɔkype | plonger | plɔ̃ʒe |
| offense | ɔfɑ̃s | ponctuel | pɔ̃ktɥɛl |
| office | ɔfis | porc | pɔR |
| officieux | ɔfisjø | port | pɔR |
| offrir | ɔfRiR | positif | pozitif |
| onéreux | ɔneRø | posséder | pɔsede |
| opérer | ɔpeRe | poste | pɔst(ə) |
| opportunité | ɔpɔRtynite | pratique | pRatik |
| oppresser | ɔpRese | pratiquement | pRatikmɑ̃ |
| orateur | ɔRatœR | pratiquer | pRatike |
| ordre | ɔRdR(ə) | précieux | pResjø |
| organisme | ɔRganism(ə) | précis | pResi |
| oriental | ɔRjɑ̃tal | préjudice | pReʒydis |
| orienter | ɔRjɑ̃te | préoccupé | pReɔkype |
| pacifier | pasifje | présentement | pRezɑ̃tmɑ̃ |
| palace | palas | présenter | pRezɑ̃te |
| palais | palɛ | préserver | pRezɛRve |
| papier | papje | presser | pRese |
| paquet | pakɛ | prétendre | pRetɑ̃dR(ə) |
| pardonner | paRdɔne | prévenir | pRevniR |
| parent | paRɑ̃ | primaire | pRimɛR |
| parfum | paRfœ̃ | privé | pRive |
| parking | paRkiŋ | procéder | pRɔsede |
| part | paR | procès | pRɔsɛ |
| parti | paRti | produire | pRɔdɥiR |
| participer | paRtisipe | profane | pRɔfan |
| particulier | paRtikylje | professeur | pRɔfɛsœR |
| partition | paRtisjɔ̃ | profession | pRɔfɛsjɔ̃ |

| | | | |
|---|---|---|---|
| professionnel | pʀɔfɛsjɔnɛl | remarquer | ʀ(ə)maʀke |
| profitable | pʀɔfitabl(ə) | répéter | ʀepete |
| profiter | pʀɔfite | répétition | ʀepetisjɔ̃ |
| profond | pʀɔfɔ̃ | répondre | ʀepɔ̃dʀ(ə) |
| progressif | pʀɔgʀesif | réponse | ʀepɔ̃s |
| projet | pʀɔʒɛ | représentation | ʀ(ə)pʀezɑ̃tasjɔ̃ |
| projeter | pʀɔʒte | représenter | ʀ(ə)pʀezɑ̃te |
| promiscuité | pʀɔmiskɥite | reprocher | ʀ(ə)pʀɔʃe |
| prononcer | pʀɔnɔ̃se | réserve | ʀezɛʀv(ə) |
| proposer | pʀɔpoze | réserver | ʀezɛʀve |
| propre | pʀɔpʀ(ə) | résigner | ʀeziɲe |
| proprement | pʀɔpʀəmɑ̃ | résister | ʀeziste |
| prose | pʀoz | ressentir | ʀ(ə)sɑ̃tiʀ |
| prouver | pʀuve | ressusciter | ʀesysite |
| provision | pʀɔvizjɔ̃ | restaurer | ʀɛstɔʀe |
| provocant | pʀɔvɔkɑ̃ | reste | ʀɛst(ə) |
| provoquer | pʀɔvɔke | résumé | ʀezyme |
| prune | pʀyn | résumer | ʀezyme |
| public | pyblik | réticent | ʀetisɑ̃ |
| publicité | pyblisite | retirer | ʀ(ə)tiʀe |
| puzzle | pœzl(ə) | retraite | ʀ(ə)tʀɛt |
| qualifié | kalifje | réunion | ʀeynjɔ̃ |
| qualifier | kalifje | réviser | ʀevize |
| qualité | kalite | rigoureux | ʀiguʀø |
| questionner | kɛstjɔne | rigoureusement | ʀiguʀøzmɑ̃ |
| queue | kø | risqué | ʀiske |
| race | ʀas | risquer | ʀiske |
| radio | ʀadjo | rivière | ʀivjɛʀ |
| rage | ʀaʒ | route | ʀut |
| raisin | ʀɛzɛ̃ | rude | ʀyd |
| raisonnable | ʀɛzɔnabl(ə) | rudement | ʀydmɑ̃ |
| rang | ʀɑ̃ | rythme | ʀitm(ə) |
| ranger | ʀɑ̃ʒe | sain | sɛ̃ |
| rapport | ʀapɔʀ | saisir | seziʀ |
| rare | ʀɑʀ | salade | salad |
| réaliser | ʀealize | salaire | salɛʀ |
| réception | ʀesɛpsjɔ̃ | saluer | salɥe |
| recevoir | ʀsəvwaʀ | sauce | sos |
| record | ʀ(ə)kɔʀ | sauvage | sovaʒ |
| récupérer | ʀekypeʀe | scène | sɛn |
| recycler | ʀ(ə)sikle | scolaire | skɔlɛʀ |
| redondant | ʀ(ə)dɔ̃dɑ̃ | secret | s(ə)kʀɛ |
| refléter | ʀ(ə)flete | sécurité | sekyʀite |
| refus | ʀ(ə)fy | séduire | sedɥiʀ |
| regard | ʀ(ə)gaʀ | sens | sɑ̃s |
| regarder | ʀ(ə)gaʀde | sensationnel | sɑ̃sasjɔnɛl |
| régime | ʀeʒim | sensible | sɑ̃sibl(ə) |
| régulation | ʀegylɑsjɔ̃ | sensiblement | sɑ̃siblətmɑ̃ |
| régulier | ʀegylje | sentence | sɑ̃tɑ̃s |
| rejeter | ʀəʒte | sentiment | sɑ̃timɑ̃ |
| relatif | ʀ(ə)latif | sérieux | seʀjø |
| relation | ʀ(ə)lɑsjɔ̃ | service | sɛʀvis |
| relief | ʀəljɛf | servir | sɛʀviʀ |

| | | | |
|---|---|---|---|
| sévère | sevɛʀ | thème | tɛm |
| signaler | siɲale | timide | timid |
| signifier | siɲifje | tissu | tisy |
| situation | sitɥasjɔ̃ | toboggan | tɔbɔgɑ̃ |
| situer | sitɥe | toilette | twalɛt |
| sketch | skɛtʃ | tombe | tɔ̃b |
| slip | slip | trace | tʀas |
| smoking | smɔkiŋ | tracer | tʀase |
| sobre | sɔbʀ(ə) | traité | tʀete |
| social | sɔsjal | traitement | tʀɛtmɑ̃ |
| société | sɔsjete | traiter | tʀete |
| solide | sɔlid | transmettre | tʀɑ̃smɛtʀ(ə) |
| sophistiqué | sɔfistike | transporter | tʀɑ̃spɔʀte |
| souffrir | sufʀiʀ | triompher | tʀijɔ̃fe |
| souple | supl(ə) | trivial | tʀivjal |
| source | suʀs(ə) | trombone | tʀɔ̃bɔn |
| souvenir | suvniʀ | tronc | tʀɔ̃ |
| speaker | spikœʀ | trouble | tʀubl(ə) |
| spécial | spesjal | troubler | tʀuble |
| spectacle | spɛktakl(ə) | truculent | tʀykylɑ̃ |
| spectateur | spɛktatœʀ | turbulent | tyʀbylɑ̃ |
| spirituel | spiʀitɥɛl | unique | ynik |
| stage | staʒ | uniquement | ynikmɑ̃ |
| standing | stɑ̃diŋ | urgence | yʀʒɑ̃s |
| strict | stʀikt(ə) | vacance(s) | vakɑ̃s |
| succéder | syksede | vacant | vakɑ̃ |
| suffisant | syfizɑ̃ | valable | valabl(ə) |
| sujet | syʒɛ | valide | valid |
| supérieur | sypeʀjœʀ | veine | vɛn |
| supporter | sypɔʀte | vérifier | veʀifje |
| supprimer | sypʀime | vernis | vɛʀni |
| sûr | syʀ | vers | vɛʀ |
| sûrement | syʀmɑ̃ | versatile | vɛʀsatil |
| surnom | syʀnɔ̃ | version | vɛʀsjɔ̃ |
| surveiller | syʀveje | vertu | vɛʀty |
| susceptible | sysɛptibl(ə) | veste | vɛst(ə) |
| suspecter | syspɛkte | vexer | vɛkse |
| symbolique | sɛ̃bɔlik | vicaire | vikɛʀ |
| sympathie | sɛ̃pati | vice | vis |
| sympathique | sɛ̃patik | vicieux | visjø |
| sympathiser | sɛ̃patize | vilain | vilɛ̃ |
| tank | tɑ̃k | violer | vjɔlɑ̃ |
| tarte | taʀt(ə) | visible | vizibl(ə) |
| taxe | taks(ə) | vivace | vivas |
| tendre | tɑ̃dʀ(ə) | volatil | vɔlatil |
| tension | tɑ̃sjɔ̃ | volontaire | vɔlɔ̃tɛʀ |
| tenter | tɑ̃te | voter | vɔte |
| terme | tɛʀm(ə) | voyage | vwajaʒ |
| terrasse | tɛʀas | vulgaire | vylgɛʀ |
| terrible | tɛʀibl(ə) | zéro | zeʀo |
| terriblement | tɛʀibləmɑ̃ | zeste | zɛst(ə) |
| théâtre | teatʀ(ə) | | |

# TRANSCRIPTION PHONÉTIQUE DES FAUX AMIS ANGLAIS
# PHONETIC TRANSCRIPTION OF THE ENGLISH FAUX AMIS

| | | | |
|---|---|---|---|
| abandon | ə'bændən | alliance | ə'laɪəns |
| absence | 'æbsəns | allusion | ə'luːʒən |
| abuse (n.) | ə'bjuːs | alter | 'ɒltə |
| abuse (v.) | ə'bjuːz | amateur | 'æmətə |
| accede | æk'siːd | amorous | 'æmərəs |
| accept | ək'sept | amputate | 'æmpjʊteɪt |
| access | 'ækses | amuse | ə'mjuːz |
| accident | 'æksɪdənt | amusement | ə'mjuːzmənt |
| accomplish | ə'kʌmplɪʃ | ancient | 'eɪnʃənt |
| account | ə'kaʊnt | angina | æn'dʒaɪnə |
| accuse | ə'kjuːz | angle | 'æŋgl |
| achieve | ə'tʃiːv | animated | 'ænɪmeɪtɪd |
| achievement | ə'tʃiːvmənt | animation | ˌænɪ'meɪʃən |
| acquire | ə'kwaɪə | anniversary | ˌænɪ'vɜːsəri |
| actually | 'æktʃuəli | announce | ə'naʊns |
| actual | 'æktʃuəl | annoy | ə'nɔɪ |
| addition | ə'dɪʃən | antenna | æn'tenə |
| address | ə'dres, (US) 'ædres | antique | æn'tiːk |
| adequate | 'ædɪkwət | antiquity | æn'tɪkwɪti |
| administer | əd'mɪnɪstə | anxious | 'æŋkʃəs |
| advance (n.,v.) | əd'vɑːns | apartment | ə'pɑːtmənt |
| advantageous | ˌædvən'teɪdʒəs | appeal | ə'piːl |
| adventure | əd'ventʃə | appointment | ə'pɔɪntmənt |
| advertisement | əd'vɜːtɪsmənt | appreciate | ə'priːʃieɪt |
| advice | əd'vaɪs | approach | ə'prəʊtʃ |
| advocate (n.) | 'ædvəkət | apt | æpt |
| affair | ə'feə | argument | 'ɑːgjʊmənt |
| affect | ə'fekt | arm | ɑːm |
| affirm | ə'fɜːm | arrange | ə'reɪndʒ |
| affront | ə'frʌnt | arrest (n.,v.) | ə'rest |
| age | eɪdʒ | arrive | ə'raɪv |
| agenda | ə'dʒendə | assassinate | ə'sæsɪneɪt |
| agent | 'eɪdʒənt | assist | ə'sɪst |
| aggravate | 'ægrəveɪt | assistance | ə'sɪstəns |
| agitate | 'ædʒɪteɪt | assorted | ə'sɔːtɪd |
| agonising | 'ægənaɪzɪŋ | assurance | ə'ʃʊərəns |
| agony | 'ægəni | assure | ə'ʃʊə |
| agreeable | ə'griːəbl | attach | ə'tætʃ |
| agreement | ə'griːmənt | attend | ə'tend |
| aid | eɪd | attentive | ə'tentɪv |
| air | eə | attribute (v.) | ə'trɪbjuːt |

| | | | |
|---|---|---|---|
| audience | 'ɔːdiəns | casserole | 'kæsərəʊl |
| avaricious | ˌævə'rɪʃəs | catalogue | 'kætəlɒg |
| avert | ə'vɜːt | catholic | 'kæθəlɪk |
| axe | æks | cave | keɪv |
| bachelor | 'bætʃələ | cemetery | 'semətri, (US) 'semətəri |
| baggage | 'bægɪdʒ | certify | 'sɜːtɪfaɪ |
| balance (n.,v.) | 'bæləns | chain | tʃeɪn |
| ball | bɔːl | chance | tʃɑːns |
| balloon | 'bəluːn | chandelier | ˌʃændə'lɪə |
| bandit | 'bændɪt | chant | tʃɑːnt |
| bank | bæŋk | chapter | 'tʃæptə |
| baptize | bæp'taɪz | character | 'kærəktə |
| bar (n.,v.) | bɑː | charge | tʃɑːdʒ |
| barracks | 'bærəks | charm | tʃɑːm |
| barrier | 'bæriə | chase (n.,v.) | tʃeɪs |
| base | beɪs | chauffeur | 'ʃəʊfə |
| basin | 'beɪsn | chemist | 'kemɪst |
| beef | biːf | chiffon | 'ʃɪfɒn, (US) ʃɪ'fɑːn |
| benefit (n.,v.) | 'benəfɪt | chimney | 'tʃɪmni |
| benevolent | bə'nevələnt | chip(s) | tʃɪp(s) |
| benign | bɪ'naɪn | circulate | 'sɜːkjʊleɪt |
| bizarre | bɪ'zɑː | circulation | ˌsɜːkjʊ'leɪʃən |
| blame | bleɪm | city | 'sɪti |
| blank | blæŋk | clear | klɪə |
| block (n.,v.) | blɒk | clearly | 'klɪəli |
| bomb | bɒm | clerk | klɑːk, (US) klɜːrk |
| bonnet | 'bɒnɪt | client | 'klaɪənt |
| border | 'bɔːdə | collar | 'kɒlə |
| bouquet | 'bʊkeɪ | collect | kə'lekt |
| boutique | buː'tiːk | combine (v.) | kəm'baɪn |
| branch | brɑːntʃ | comfort (n.,v.) | 'kʌmfət |
| brave | breɪv | comic | 'kɒmɪk |
| brusque | bruːsk | command (n.,v.) | kə'mɑːnd |
| brutalize | 'bruːtəlaɪz | commodity | kə'mɒdɪti |
| brutal | 'bruːtl | compass | 'kʌmpəs |
| buffet | 'bʊfeɪ, (US) bə'feɪ | competition | ˌkɒmpə'tɪʃən |
| building | 'bɪldɪŋ | complete | kəm'pliːt |
| button | 'bʌtn | compose | kəm'pəʊz |
| cabinet | 'kæbɪnət | comprehensible | ˌkɒmprɪ'hensəbl |
| cabin | 'kæbɪn | comprehensive | ˌkɒmprɪ'hensɪv |
| cake | keɪk | concern | kən'sɜːn |
| calendar | 'kæləndə | condemn | kən'dem |
| calm (n.,v.) | kɑːm | conductor | kən'dʌktə |
| camera | 'kæmərə | conduct (v.) | kən'dʌkt |
| campaign | kæm'peɪn | conference | 'kɒnfərəns |
| candid | 'kændɪd | confidence | 'kɒnfɪdəns |
| canon | 'kænən | confound | kən'faʊnd |
| capital | 'kæpɪtl | confused | kən'fjuːzd |
| car | kɑː | confusedly | kən'fjuːzɪdli |
| card | kɑːd | congeal | kən'dʒiːl |
| cargo | 'kɑːgəʊ | congestion | kən'dʒestʃən |
| carpet | 'kɑːpɪt | conjugate | 'kɒndʒʊgeɪt |
| case | keɪs | connection | kə'nekʃən |

| | | | |
|---|---|---|---|
| conscience | 'kɒnʃəns | defy | dɪ'faɪ |
| consent | kən'sent | degree | dɪ'gri: |
| consequent | 'kɒnsɪkwənt | delay | dɪ'leɪ |
| conserve (n.,v.) | kən'sɜ:v | deliberate | dɪ'lɪbərət |
| consider | kən'sɪdə | deliberately | dɪ'lɪbərətli |
| consideration | kən‚sɪdə'reɪʃən | delicate | 'delɪkət |
| consistent | kən'sɪstənt | delicious | dɪ'lɪʃəs |
| constitute | 'kɒnstɪtju:t | deliver | dɪ'lɪvə |
| contemplate | 'kɒntəmpleɪt | demand (n.,v.) | dɪ'mɑ:nd |
| content (adj) | kən'tent | demolish | dɪ'mɒlɪʃ |
| contest (v.) | kən'test | demonstrate | 'demənstreɪt |
| continent | 'kɒntɪnənt | demonstration | ‚demən'streɪʃən |
| contrary | (sens 1) 'kɒntrəri, (sens 3) kən'trɛəri | dense | dens |
| | | denture | 'dentʃə |
| control | kən'trəʊl | dependence | dɪ'pendəns |
| convene | kən'vi:n | deport | dɪ'pɔ:t |
| conversation | ‚kɒnvə'seɪʃən | depot | 'depəʊ, (US) 'di:pəʊ |
| conviction | kən'vɪkʃən | deputy | 'depjʊti |
| copy | 'kɒpi | descend | dɪ'send |
| corps | kɔ: | description | dɪs'krɪpʃən |
| corpse | kɔ:ps | design | dɪ'zaɪn |
| correct (n.,v.) | kə'rekt | designate | 'dezɪgneɪt |
| correspond | ‚kɒrə'spɒnd | destination | ‚destɪ'neɪʃən |
| costume | 'kɒstju:m | destine | 'destɪn |
| count | kaʊnt | detail | 'di:teɪl, (US) dɪ'teɪl |
| couple | 'kʌpl | diamond | 'daɪəmənd |
| courageous | kə'reɪdʒəs | difference | 'dɪfrəns |
| courage | 'kʌrɪdʒ | differ | 'dɪfə |
| course | kɔ:s | difficult | 'dɪfɪkəlt |
| crack | kræk | diffuse (v.) | dɪ'fju:z |
| crayon | 'kreɪɒn | digest (v.) | daɪ'dʒest |
| crime | kraɪm | diminish | dɪ'mɪnɪʃ |
| cross | krɒs | direct | daɪ'rekt |
| cry | kraɪ | direction | dɪ'rekʃən |
| cult | kʌlt | director | dɪ'rektə |
| culture | 'kʌltʃə | disagreement | ‚dɪsə'gri:mənt |
| curate | 'kjʊərət | disc | dɪsk |
| cure | kjʊə | discharge (v.) | dɪs'tʃɑ:dʒ |
| current | 'kʌrənt | discotheque | 'dɪskətek |
| damage | 'dæmɪdʒ | discover | dɪs'kʌvə |
| dancing | 'dɑ:nsɪŋ | discuss | dɪ'skʌs |
| date (n.,v.) | deɪt | discussion | dɪ'skʌʃən |
| decade | 'dekeɪd | disorder | dɪs'ɔ:də |
| deceive | dɪ'si:v | dispose | dɪ'spəʊz |
| decent | 'di:sənt | dispute (n.,v.) | dɪ'spju:t |
| deception | dɪ'sepʃən | dissipate | 'dɪsɪpeɪt |
| decide | dɪ'saɪd | distinct | dɪ'stɪŋkt |
| decidedly | dɪ'saɪdɪdli | distinctly | dɪ'stɪŋktli |
| declare | dɪ'klɛə | distract | dɪ'strækt |
| decorate | 'dekəreɪt | distracted | dɪ'stræktɪd |
| defence | dɪ'fens | distracting | dɪ'stræktɪŋ |
| defend | dɪ'fend | distraction | dɪ'strækʃən |
| definite | 'defɪnət | diverse | daɪ'vɜ:s |

| | | | |
|---|---|---|---|
| domicile | ˈdɒmɪsaɪl | exploit (n.) | ˈeksplɔɪt |
| dominate | ˈdɒmɪneɪt | expose | ɪkˈspəʊz |
| donor | ˈdəʊnə | exposition | ˌekspəˈzɪʃən |
| dossier | ˈdɒsɪeɪ | extend | ɪkˈstend |
| double (n.,v.) | ˈdʌbl | extension | ɪkˈstenʃən |
| dramatic | drəˈmætɪk | extenuating | ɪkˈstenjʊeɪtɪŋ |
| drama | ˈdrɑːmə | exterior | ɪkˈstɪərɪə |
| drug | drʌg | extraordinary | ɪkˈstrɔːdnrɪ |
| economic | ˌiːkəˈnɒmɪk | extra | ˈekstrə |
| economise | ɪˈkɒnəmaɪz | extravagant | ɪkˈstrævəgənt |
| economy | ɪˈkɒnəmɪ | fabric | ˈfæbrɪk |
| edition | ɪˈdɪʃən | facade | fəˈsɑːd |
| editor | ˈedɪtə | face | feɪs |
| educate | ˈedjʊkeɪt | facile | ˈfæsaɪl, (US) ˈfæsəl |
| education | ˌedjʊˈkeɪʃən | facility | fəˈsɪlɪti |
| effective | ɪˈfektɪv | faculty | ˈfækəltɪ |
| effectively | ɪˈfektɪvlɪ | false | fɔːls |
| effect (n.,v.) | ɪˈfekt | famously | ˈfeɪməslɪ |
| embark | ɪmˈbɑːk | famous | ˈfeɪməs |
| embrace | ɪmˈbreɪs | fantasy | ˈfæntəsɪ |
| emigrate | ˈemɪgreɪt | farce | fɑːs |
| emission | ɪˈmɪʃən | farm | fɑːm |
| emit | ɪˈmɪt | fastidious | fæˈstɪdɪəs |
| energetic | ˌenəˈdʒetɪk | fatally | ˈfeɪtəlɪ |
| enervating | ˈenɜːveɪtɪŋ | fatal | ˈfeɪtl |
| engage | ɪnˈgeɪdʒ | fatigue | fəˈtiːg |
| engineer | ˌendʒɪˈnɪə | fault | fɔːlt |
| engine | ˈendʒɪn | feminine | ˈfemɪnɪn |
| enlarge | ɪnˈlɑːdʒ | fever | ˈfiːvə |
| enterprise | ˈentəpraɪz | fiction | ˈfɪkʃən |
| entry | ˈentrɪ | figure | ˈfɪgə, (US) ˈfɪgjər |
| envy | ˈenvɪ | file | faɪl |
| equal | ˈiːkwəl | finality | faɪˈnælɪtɪ |
| err | ɜː | finally | ˈfaɪnəlɪ |
| essay | ˈeseɪ | final | ˈfaɪnl |
| estimate (v.) | ˈestɪmeɪt | fine | faɪn |
| evade | ɪˈveɪd | finely | ˈfaɪnlɪ |
| evaluate | ɪˈvæljʊeɪt | finish | ˈfɪnɪʃ |
| evasion | ɪˈveɪʒən | flannel | ˈflænl |
| eventual | ɪˈventʃʊəl | float | fləʊt |
| eventually | ɪˈventʃʊəlɪ | folly | ˈfɒlɪ |
| evidence | ˈevɪdəns | football | ˈfʊtbɔːl |
| evidently | ˈevɪdəntlɪ | force | fɔːs |
| evoke | ɪˈvəʊk | formally | ˈfɔːməlɪ |
| exact | ɪgˈzækt | formal | ˈfɔːməl |
| examine | ɪgˈzæmɪn | format | ˈfɔːmæt |
| excited | ɪkˈsaɪtɪd | formidable | ˈfɔːmɪdəbl |
| exciting | ɪkˈsaɪtɪŋ | form (n.,v.) | fɔːm |
| excuse (n.) | ɪkˈskjuːs | fountain | ˈfaʊntɪn |
| exercise | ˈeksəsaɪz | fragile | ˈfrædʒaɪl, (US) ˈfrædʒəl |
| exonerate | ɪgˈzɒnəreɪt | frank | fræŋk |
| experience | ɪkˈspɪərɪəns | fraud | frɔːd |
| expertise | ˌekspɜːˈtiːz | fresh | freʃ |

| | | | |
|---|---|---|---|
| freshly | ˈfreʃli | importation | ˌɪmpɔːˈteɪʃən |
| fuel | fjʊəl | impose | ɪmˈpəʊz |
| function (n.,v.) | ˈfʌŋkʃən | impotent | ˈɪmpətənt |
| furnish | ˈfɜːnɪʃ | impression | ɪmˈpreʃən |
| gain | geɪn | impress (v.) | ɪmˈpres |
| gang | gæŋ | inadmissible | ˌɪnədˈmɪsəbl |
| gâteau | ˈgætəʊ, (US) gæˈtəʊ | incessantly | ɪnˈsesəntli |
| gay | geɪ | incidentally | ˌɪnsɪˈdentəli |
| genial | ˈdʒiːnɪəl | incinerate | ɪnˈsɪnəreɪt |
| gentle | ˈdʒentl | include | ɪnˈkluːd |
| germ | dʒɜːm | inconvenience | ˌɪnkənˈviːnɪəns |
| gesture | ˈdʒestʃə | inconvenient | ˌɪnkənˈviːnɪənt |
| global | ˈgləʊbl | incorrect | ˌɪnkəˈrekt |
| govern | ˈgʌvən | index | ˈɪndeks |
| grade | greɪd | indicate | ˈɪndɪkeɪt |
| grain | greɪn | indicator | ˈɪndɪkeɪtə |
| grand | grænd | indifferent | ɪnˈdɪfrənt |
| grape | greɪp | indifferently | ɪnˈdɪfrəntli |
| gratification | ˌgrætɪfɪˈkeɪʃən | individual | ˌɪndɪˈvɪdʒuəl |
| gratuity | grəˈtjuːɪti | industrious | ɪnˈdʌstrɪəs |
| grave | greɪv | industry | ˈɪndəstri |
| grease | griːs | infamous | ˈɪnfəməs |
| grief | griːf | infection | ɪnˈfekʃən |
| grille | grɪl | inferior | ɪnˈfɪərɪə |
| grill (n.,v.) | grɪl | information | ˌɪnfəˈmeɪʃən |
| gross | grəʊs | inhabit | ɪnˈhæbɪt |
| guard | gɑːd | inhabitant | ɪnˈhæbɪtənt |
| guardian | ˈgɑːdɪən | initiate | ɪˈnɪʃɪeɪt |
| gulf | gʌlf | injure | ˈɪndʒə |
| gum | gʌm | injurious | ɪnˈdʒʊərɪəs |
| haggard | ˈhægəd | injury | ˈɪndʒəri |
| hall | hɔːl | inscribe | ɪnˈskraɪb |
| hazardous | ˈhæzədəs | insist | ɪnˈsɪst |
| hazard | ˈhæzəd | inspire | ɪnˈspaɪə |
| herb | hɜːb | install | ɪnˈstɔːl |
| heritage | ˈherɪtɪdʒ | instantaneous | ˌɪnstənˈteɪnɪəs |
| historic | hɪˈstɒrɪk | instant | ˈɪnstənt |
| history | ˈhɪstəri | instruct | ɪnˈstrʌkt |
| honestly | ˈɒnɪstli | instruction | ɪnˈstrʌkʃən |
| honest | ˈɒnɪst | integral | ˈɪntɪgrəl |
| honour | ˈɒnə | intelligence | ɪnˈtelɪdʒəns |
| host | həʊst | intense | ɪnˈtens |
| human | ˈhjuːmən | interested | ˈɪntrəstɪd |
| humid | ˈhjuːmɪd | interesting | ˈɪntrəstɪŋ |
| humour | ˈhjuːmə | interest | ˈɪntrəst |
| hut | hʌt | interior | ɪnˈtɪərɪə |
| ignorant | ˈɪgnərənt | interpret | ɪnˈtɜːprət |
| ignore | ɪgˈnɔː | interrogate | ɪnˈterəgeɪt |
| image | ˈɪmɪdʒ | intervene | ˌɪntəˈviːn |
| imitate | ˈɪmɪteɪt | intervention | ˌɪnteˈvenʃən |
| immaculate | ɪˈmækjʊlət | interview | ˈɪntəvjuː |
| immaterial | ˌɪməˈtɪərɪəl | intoxicate | ɪnˈtɒksɪkeɪt |
| important | ɪmˈpɔːtənt | intrigue (n.) | ˈɪntriːg |

| | | | |
|---|---|---|---|
| introduce | ˌɪntrə'dju:s | medicine | 'med(ɪ)sən |
| invalid (adj.) | (sens 1) 'ɪnvəlɪ | member | 'membə |
| | (sens 3, 4) ɪn'vælɪd | menace | 'menɪs |
| invalid (n.) | 'ɪnvəlɪd | merit | 'merɪt |
| involuntary | ɪn'vɒləntəri | microbe | 'maɪkrəʊb |
| isolate | 'aɪsəleɪt | military | 'mɪlɪtəri |
| issue | 'ɪʃu: | miserable | 'mɪz(ə)rəbl |
| join | dʒɔɪn | misery | 'mɪzəri |
| joint | dʒɔɪnt | mobile | 'məʊbaɪl |
| journal | 'dʒɜ:nl | mock | mɒk |
| journey | 'dʒɜ:ni | modest | 'mɒdɪst |
| judge | dʒʌdʒ | modify | 'mɒdɪfaɪ |
| just | dʒʌst | moment | 'məʊmənt |
| labour | 'leɪbə | money | 'mʌni |
| lace | leɪs | monument | 'mɒnjʊmənt |
| language | 'læŋgwɪdʒ | mortal | 'mɔ:tl |
| lard | lɑ:d | mundane | mʌn'deɪn |
| large | lɑ:dʒ | mutton | 'mʌtn |
| largely | 'lɑ:dʒli | mystify | 'mɪstɪfaɪ |
| lecture | 'lektʃə | navigate | 'nævɪgeɪt |
| lentil | 'lentl | nervous | 'nɜ:vəs |
| liberal | 'lɪbərəl | noble | 'nəʊbl |
| liberate | 'lɪbəreɪt | notable | 'nəʊtəbl |
| librarian | laɪ'brɛərɪən | notably | 'nəʊtəbli |
| library | 'laɪbrəri, (US) 'laɪbreri | note (n.,v.) | nəʊt |
| licence | 'laɪsəns | notice | 'nəʊtɪs |
| liquidate | 'lɪkwɪdeɪt | nourish | 'nʌrɪʃ |
| liquid (n.,adj.) | 'lɪkwɪd | novel | 'nɒvəl |
| literature | 'lɪtərɪtʃə | nuance | 'nju:ãs |
| | (US) 'lɪtərətʃʊər | nuisance | 'nju:səns, (US) 'nu:səns |
| livid | 'lɪvɪd | nurse | nɜ:s |
| local | 'ləʊkəl | object (n.) | 'ɒbdʒɪkt |
| lodge | lɒdʒ | obscure | əb'skjʊə |
| lot | lɒt | obtain | əb'teɪn |
| loyal | 'lɔɪəl | occasion | ə'keɪʒən |
| lunatic | 'lu:nətɪk | occupation | ˌɒkjʊ'peɪʃən |
| luxury | 'lʌkʃəri | occupy | 'ɒkjʊpaɪ |
| maintain | meɪn'teɪn | offence | ə'fens |
| major | 'meɪdʒə | offer | 'ɒfə |
| malice | 'mælɪs | office | 'ɒfɪs |
| malicious | mə'lɪʃəs | officious | ə'fɪʃəs |
| maniac | 'meɪnɪæk | onerous | 'əʊnərəs |
| mania | 'meɪnɪə | operate | 'ɒpəreɪt |
| manifestation | ˌmænɪfes'teɪʃən | opportunity | ˌɒpə'tju:nɪti |
| march | mɑ:tʃ | oppress | ə'pres |
| mark (n.,v.) | mɑ:k | orator | 'ɒrətə |
| marriage | 'mærɪdʒ | order | 'ɔ:də |
| masculine | 'mæskjʊlɪn | organism | 'ɔ:gənɪzəm |
| mash | mæʃ | oriental | ˌɔ:ri'entl |
| massacre | 'mæsəkə | orientate | 'ɔ:rɪənteɪt |
| materially | mə'tɪərɪəli | pacify | 'pæsɪfaɪ |
| maternity | mə'tɜ:nəti | packet | 'pækɪt |
| measure (n.,v.) | 'meʒə | pain | peɪn |

| | | | |
|---|---|---|---|
| palace | ˈpæləs | prevent | prɪˈvent |
| paper | ˈpeɪpə | primary | ˈpraɪməri |
| pardon | ˈpɑːdn | private | ˈpraɪvət |
| parent | ˈpeərənt | proceed | prəˈsiːd |
| parking | ˈpɑːkɪŋ | process (n.) | ˈprəʊses |
| part | pɑːt | produce (v.) | prəˈdjuːs |
| participate | pɑːˈtɪsɪpeɪt | profane | prəˈfeɪn |
| particular | pəˈtɪkjʊlə | professional | prəˈfeʃənəl |
| partition | pɑːˈtɪʃən | professor | prəˈfesə |
| party | ˈpɑːti | profitable | ˈprɒfɪtəbl |
| passable | ˈpɑːsəbl | profit | ˈprɒfɪt |
| passably | ˈpɑːsəbli | profound | prəˈfaʊnd |
| passage | ˈpæsɪdʒ | progressive | prəˈgresɪv |
| patron | ˈpeɪtrən | project (n.) | ˈprɒdʒekt |
| pearl | pɜːl | project (v.) | prəˈdʒekt |
| penetrate | ˈpenɪtreɪt | promiscuity | ˌprɒmɪsˈkjuːɪti |
| pension | ˈpenʃən | pronounce | prəˈnaʊns |
| perceive | pəˈsiːv | properly | ˈprɒpəli |
| performance | pəˈfɔːməns | proper | ˈprɒpə |
| perfume | ˈpɜːfjuːm | propose | prəˈpəʊz |
| perspective | pəˈspektɪv | prose | prəʊz |
| perverse | pəˈvɜːs | prove | pruːv |
| pest | pest | provision | prəˈvɪʒən |
| petrol | ˈpetrəl | provoke | prəˈvəʊk |
| petulant | ˈpetjʊlənt | provoking | prəˈvəʊkɪŋ |
| phrase | freɪz | prune | pruːn |
| physician | fɪˈzɪʃən | publicity | pʌˈblɪsɪti |
| piece | piːs | public | ˈpʌblɪk |
| pilot | ˈpaɪlət | punctual | ˈpʌŋktʃʊəl |
| pipe | paɪp | puzzle | ˈpʌzl |
| place (n.,v.) | pleɪs | qualified | ˈkwɒlɪfaɪd |
| plant | plɑːnt | qualify | ˈkwɒlɪfaɪ |
| plate | pleɪt | quality | ˈkwɒlɪti |
| plateau | ˈplætəʊ, (US) plæˈtəʊ | question | ˈkwestʃən |
| plunge | plʌndʒ | queue | kjuː |
| pork | pɔːk | race | reɪs |
| port | pɔːt | radio | ˈreɪdiəʊ |
| positive | ˈpɒzɪtɪv | rage | reɪdʒ |
| possess | pəˈzes | raisin | ˈreɪzən |
| post | pəʊst | range | reɪndʒ |
| practically | ˈpræktɪkli | rank | ræŋk |
| practical | ˈpræktɪkəl | rare | reə |
| practice | ˈpræktɪs | realize | ˈrɪəlaɪz |
| practise | ˈpræktɪs | reasonable | ˈriːznəbl |
| precious | ˈpreʃəs | receive | rɪˈsiːv |
| precise | prɪˈsaɪs | reception | rɪˈsepʃən |
| prejudice | ˈpredʒʊdɪs | record (n.) | ˈrekɔːd, (US) ˈrekərd |
| preoccupied | priːˈɒkjʊpaɪd | recuperate | rɪˈkuːpəreɪt |
| presently | ˈprezəntli | recycle | ˌriːˈsaɪkl |
| present (v.) | prɪˈzent | redundant | rɪˈdʌndənt |
| preserve | prɪˈzɜːv | reflect | rɪˈflekt |
| press | pres | refuse (n.) | ˈrefjuːs |
| pretend | prɪˈtend | regard (n.,v.) | rɪˈgɑːd |

753

| | | | |
|---|---|---|---|
| régime | reɪˈʒiːm | sense | sens |
| regular | ˈregjʊlə | sensible | ˈsensəbl |
| regulation | regjʊˈleɪʃən | sensibly | ˈsensəbli |
| reject (v.) | rɪˈdʒekt | sentence | ˈsentəns |
| relation | rɪˈleɪʃən | sentiment | ˈsentɪmənt |
| relative | ˈrelətɪv | serious | ˈsɪərɪəs |
| relief | rɪˈliːf | serve | sɜːv |
| remark | rɪˈmɑːk | service | ˈsɜːvɪs |
| repeat | rɪˈpiːt | severe | səˈvɪə |
| repetition | ˌrepɪˈtɪʃən | shock | ʃɒk |
| report | rɪˈpɔːt | shocking | ˈʃɒkɪŋ |
| representation | ˌreprɪzenˈteɪʃən | signal | ˈsɪgnəl |
| represent | ˌreprɪˈzent | signify | ˈsɪgnɪfaɪ |
| reproach | rɪˈprəʊtʃ | situate | ˈsɪtjʊeɪt |
| resent | rɪˈzent | situation | ˌsɪtjʊˈeɪʃən |
| reserve (n.,v.) | rɪˈzɜːv | sketch | sketʃ |
| resign | rɪˈzaɪn | slip | slɪp |
| resist | rɪˈzɪst | smoking | ˈsməʊkɪŋ |
| respond | rɪˈspɒnd | sober | ˈsəʊbə |
| response | rɪˈspɒns | social | ˈsəʊʃəl |
| rest | rest | society | səˈsaɪəti |
| restore | rɪˈstɔː | solid | ˈsɒlɪd |
| resume | rɪˈzjuːm, (US) rɪˈzuːm | sophisticated | səˈfɪstɪkeɪtɪd |
| résumé | ˈrezjʊmeɪ (US) rezʊˈmeɪ | source | sɔːs |
| | | souvenir | ˌsuːvəˈnɪə |
| resuscitate | rɪˈsʌsɪteɪt | speaker | ˈspiːkə |
| reticent | ˈretɪsənt | special | ˈspeʃəl |
| retire | rɪˈtaɪə | spectacle | ˈspektəkl |
| retreat | rɪˈtriːt | spectator | spekˈteɪtə |
| reunion | rɪˈjuːnjən | spirit | ˈspɪrɪt |
| revise | rɪˈvaɪz | spiritual | ˈspɪrɪtʃuəl |
| rhythm | ˈrɪðəm | stage | steɪdʒ |
| rigorously | ˈrɪgərəsli | standing | ˈstændɪŋ |
| rigorous | ˈrɪgərəs | state | steɪt |
| risk | rɪsk | stranger | ˈstreɪndʒə |
| risqué | ˈrɪskeɪ, (US) rɪˈskeɪ | strangle | ˈstræŋgl |
| river | ˈrɪvə | strict | strɪkt |
| route | ruːt | subject (n.) | ˈsʌbdʒɪkt |
| rude | ruːd | succeed | səkˈsiːd |
| rudely | ˈruːdli | suffer | ˈsʌfə |
| salad | ˈsæləd | sufficient | səˈfɪʃənt |
| salary | ˈsæləri | superior | suːˈpɪərɪə |
| salute | səˈluːt | supple | ˈsʌpl |
| sane | seɪn | support | səˈpɔːt |
| sauce | sɔːs | suppress | səˈpres |
| savage | ˈsævɪdʒ | sure | ʃʊə |
| scene | siːn | surely | ˈʃʊəli |
| scholarly | ˈskɒləli | surname | ˈsɜːneɪm |
| secret (n.,adj.) | ˈsiːkrət | survey (v.) | səˈveɪ |
| security | sɪˈkjʊərɪti | susceptible | səˈseptəbl |
| seduce | sɪˈdjuːs | suspect (v.) | səˈspekt |
| seize | siːz | symbolic | sɪmˈbɒlɪk |
| sensational | senˈseɪʃənl | sympathetic | ˌsɪmpəˈθetɪk |

| | | | |
|---|---|---|---|
| sympathize | ˈsɪmpəθaɪz | turbulent | ˈtɜːbjʊlənt |
| sympathy | ˈsɪmpəθi | unique | juːˈniːk |
| tank | tæŋk | uniquely | juːˈniːkli |
| tart | tɑːt | urgency | ˈɜːdʒənsi |
| tax | tæks | vacancy | ˈveɪkənsi |
| tempt | tempt | vacant | ˈveɪkənt |
| tender | ˈtendə | valid | ˈvælɪd |
| tension | ˈtenʃən | valuable | ˈvæljʊəbl |
| term | tɜːm | varnish | ˈvɑːnɪʃ |
| terrace | ˈterəs | vein | veɪn |
| terrible | ˈterəbl | verify | ˈverɪfaɪ |
| terribly | ˈterəbli | versatile | ˈvɜːsətaɪl |
| theatre | ˈθɪətə | verse | vɜːs |
| theme | θiːm | version | ˈvɜːʒən |
| timid | ˈtɪmɪd | vest | vest |
| tissue | ˈtɪʃuː | vex | veks |
| toboggan | təˈbɒgən | vicar | ˈvɪkə |
| toilet | ˈtɔɪlət | vice | vaɪs |
| tomb | tuːm | vicious | ˈvɪʃəs |
| trace | treɪs | villain | ˈvɪlən |
| transmit | trænzˈmɪt | violate | ˈvaɪəleɪt |
| transport (v.) | trænˈspɔːt | virtue | ˈvɜːtʃuː |
| treat | triːt | visible | ˈvɪzəbl |
| treatment | ˈtriːtmənt | vivacious | vɪˈveɪʃəs |
| treaty | ˈtriːti | volatile | ˈvɒlətaɪl |
| triumph | ˈtraɪʌmf | voluntary | ˈvɒləntri |
| trivial | ˈtrɪvɪəl | vote | vəʊt |
| trombone | trɒmˈbəʊn | voyage | ˈvɔɪdʒ |
| trouble (n.,v.) | ˈtrʌbl | vulgar | ˈvʌlgə |
| truculent | ˈtrʌkjʊlənt | zero | ˈzɪərəʊ |
| trunk | trʌŋk | zest | zest |

# INDEX FRANÇAIS
# FRENCH INDEX

*Les faux amis décrits dans le dictionnaire (ainsi que les numéros des pages où figure cette description) sont imprimés en caractères gras.*

*The faux amis which are the subject of an entry in the dictionary (and the page number of the entry) are printed in bold type.*

abaisser (s') : 211
**abandonner (s')** : **1**, 609
aberrant : 512
abîme : 343
abominable : 695, 696
aborder : 45
aboutir : 675
**absence** : **2**
absent : 718
absolument : 189
absorbé : 536
**abus** : **2**
**abuser (s')** : **3**, 372
acariâtre : 456
**accéder** : **4**
acceptable : 14
**accepter** : **5**, 541
**accès** : **6**
accessible : 685
**accident** : **7**
accolade : 257
accommoder (s') : 161
accompagner : 61
**accomplir (s')** : **7**, 188
accomplissement : 509
accord : 26
accord (d') : 26, 53, 312, 688
accrocher : 59
accueil : 583
**accuser (s')** : **8**, 120
**achèvement** : **9**
**achever (s')** : **9**, **315**
**acompte** : **10**
**acquérir (s')** : **10**, **11**
acquis : 6, 12
actionner : 486
**actuel** : **12**, 174
**actuellement** : **13**, 536
adapter (s') : 491
**addition** : **13**
**adéquat** : **14**, 561, 643
adjoint : 210
adjonction : 13
admettre : 5, 547
administrateur : 225

**administrer** : **15**
adoption : 504
**adresse** : **15**
adresser : 228
affable : 86
**affaire** : **16**, 111, 510, 650
**affecter** : **17**
**affection** : **18**, 216
affilée (d') : 662
affinité : 687
affirmatif : 526
**affirmer (s')** : **19**, 437
**affluence** : **20**
affolé : 236
affreux : 695, 696
**affronter (s')** : **20**
agaçant : 566
agacer : 23, 263
**âge** : **21**
agence : 482
**agenda** : **22**
**agent** : **22**, 520
**aggraver (s')** : **23**
agile : 665
agir : 485
agité : 715
**agiter (s')** : **23**
**agonie** : **24**
agonisant : 25
agrandir : 255, 273
**agréable** : **25**
**agrément** : **26**
**aide** : **27**, 678
aider : 55, 678
aigu : 651
aimable : 339
**air** : **27**
alcool : 269
aliénation : 113
allécher : 639
aller : 61
**alliance** : **28**
allier (s') : 135
allocation : 84
allocution : 16
**allusion** : **29**

**altérer (s')** : **29**
**amateur** : **30**
aménagement : 43
amical : 659
amitiés : 590
amnistier : 495
amorcer : 388
**amoureux** : **31**, 685
**amputer** : **31**
amulette : 121
**amusement** : **33**
**amuser (s')** : **32**
**ancien** : **33**, 39
ancienneté : 40
**angine** : **34**
**angle** : **35**
angoisse : 25, 40
**animation** : **35**
**animé** : **36**
année : 345
annexe : 290
**anniversaire** : **36**
annonce : 70
**annoncer (s')** : **37**
anomalie : 304
antécédents : 360
antédiluvien : 34
**antenne** : 28, **38**
**antique** : **34**, **39**
**antiquité** : **39**
**anxieux** : **40**
apaiser : 491
apercevoir (s') : 192
aperçu (n.) : 656
appareil : 27, 104, 290, 522
**appartement** : **41**
appâter : 639
**appel** : **41**
appliquer (s') : 477
**appointements** : **42**
**apprécier** : **43**, 611
apprêté : 535
**approcher (s')** : **44**
approprié : 561
appuyer : 541, 679
**apte** : **45**

757

ardent : 31
argent : 461
**argument : 46**, 111
arithmétique : 309
**arme : 47**, 648
armée : 322, 455, 647
arpenter : 684
**arranger (s') : 48**
arrestation : 50
**arrêt : 50**
arrêté : 196
**arrêter (s') : 50**
**arriver** : 8, 10, **51**, 675
article : 493, 515
articulation : 415
**assassiner : 53**
assemblage : 619
assidu : 594
assiduité : 384
assiette : 521
**assistance : 54**, 64
**assister : 54**, 61
associer (s') : 135, 688
**assorti : 55**
**assurance : 56**
**assurer (s') : 57**, 565
atroce : 24, 25, 127
**attacher (s') : 58**
atteindre : 9, 10
**attendre (s') : 60**
**attentif** : 61, **62**
attention : 61, 471
attentionné : 62
atténuant : 290
attirer : 51
attrait : 42
attrape-nigaud : 333
**attribuer (s') : 63**, 88
**audience : 64**
auditoire : 64
augmentation : 335
austère : 658
auto : 107
autocar : 107
autorisation : 428
autoriser : 428
**avance : 66**
**avancer (s') : 65**, 442, 547, 557
avantage : 85, 724
**avantageux : 67**
**avare : 67**
**aventure** : 17, **68**, 408
avérer (s') : 564
**avertir : 69**
**avertissement : 69**, 202
avion : 28
**avis** : **70**, 471, 644
**avocat : 71**
**axe : 71**

bâbord : 526
**bachelier : 72**
**bagage : 72**
**bal : 73**
**balance : 73**
**balancer (se) : 74**
**balle : 75**
**ballon : 76**, 321
banal : 460, 710
**banc : 77**, 324
bande : 336
**bandit : 78**, 727
**baptiser : 78**
**bar : 81**, 415
**baraque : 79**, 415
baraquement : 366
barbe : 150
baromètre : 379
barrage : 90
**barre : 80**, 180, 444
barreau : 80
**barrer (se) : 81**, 180
**barrière : 82**
**base : 82**, 294
**bassin : 83**
bassine : 83
bâtiment : 99
beau : 311, 312
beaucoup : 433
**bénéfice : 84**
**bénéficier : 85**
**bénévole : 85**, 730
**bénin : 86**
berge : 77
bête (adj.) : 207, 718
bibliothécaire : 426
bibliothèque : 427
bien (adv.) : 312, 563, 663
bienfaisance : 84, 86
bientôt : 536
bienveillant : 86
billet : 469
bistrot : 81, 415, 431
**bizarre : 87**, 293
bla-bla : 316
**blâmer : 87**
**blanc : 88**
blesser (se) : 390
blessure : 389
bleuâtre : 431
**bloc : 89**
blocage : 90
**bloquer (se) : 90**
boîte : 415
bol : 84
**bombe : 92**
bon (adj.) : 561, 669
**bonnet : 92**
bord : 77
**border : 93**

bordure : 93
bouché : 207
boucher (se) : 91
bouder : 513
**bœuf : 91**
bouge : 415
boule : 76
bouleversant : 127
**bouquet : 94**
boussole : 138
**boutique : 95**
**bouton : 95**
**branche : 96**
bras : 96
**brave : 97**, 186
braver : 195
brigand : 78
brin : 346
briser (se) : 177
bruit : 580
**brusque : 97**
brut : 355
**brutal : 98**, 726
**brutaliser : 98**
**buffet : 98**
**building : 99**
bulle : 77
bureau : 482
but : 475, 476

cabane : 100
**cabine : 100**
**cabinet : 100**, 530
cadavre : 168
cadre : 138
cafard : 456
café : 81, 431
cailler (se) : 152
**cake : 339**
calcul : 309
**calendrier : 101**
calibre : 345
**calme** (adj.) : **102**
**calmer (se) : 103**, 133, 141, 491
**caméra : 104**
**campagne : 104**
candidat : 162
**candide : 105**
**canon : 105**
capable : 254
**capital** (adj.) : **106**
capot : 93
**car : 107**
**caractère : 107**
caractériser : 446
carburant : 334
cargaison : 108
**cargo : 108**
**carpette : 109**

carreau : 220
**carte : 109**
carton : 110
**cas : 110,** 589
caserne : 79
casier : 586
casse-pieds : 474, 506
**casserole : 111**
**cataloguer : 112**
catégorique : 196, 527
catégoriquement : 189
**catholique : 112**
cause : 111
caution : 638
**cave : 113**
caverne : 113
céder : 609
célèbre : 300
célibataire : 72
céréales : 346
cérémonie : 319
cérémonieux : 325
certain : 196, 453, 527, 576
**certifier : 113**
chagrin : 352, 457
**chaîne : 114**
chalumeau : 516
**chance : 115**
**chandelier : 116**
changer : 30
**chanter : 116**
**chapitre : 117**
**charge : 117,** 482, 678, 690
chargement : 108
**charger (se) : 119,** 397
charitable : 86
**charme : 121**
**chasse : 121**
**chasser : 122**
château : 357
**chauffeur : 123**
chef d'accusation : 118
chef de train : 338
chef d'orchestre : 147
**cheminée : 124**
chemise : 724
chic : 186, 663
**chiffon : 124**
chiffre : 309
**chimiste : 125**
**chips : 125**
**choc : 126**
choisi : 663
chômage : 588
**choquant : 127**
chute : 656
chuter : 523
cible : 444
ci-joint : 59
**cimetière : 127**

**circulation : 127,** 413
**circuler : 128**
**cité : 129**
citerne : 689
**clair : 130,** 429
**clairement : 131,** 235
classe : 324
classeur : 310
**clerc : 131**
**client : 132,** 505
clientèle : 530
clignotant (n.) : 380, 383, 653
cloison : 501
coaguler (se) : 152
cocotte : 111
coffre : 711
cohérent : 159
coin : 431, 498
col : 134
**collecter : 133**
collectionner : 133
coller : 541
collet : 420
**collier : 134**
colloque : 148
combinaison : 656
**combiner (se) : 134**
combustible : 333
**comique : 110, 135**
**commande : 137,** 488
commandement : 137
**commander (se) : 136,** 165, 486
commencer : 256
commode : 642
**commodité : 137**
communication : 493
communiquer : 653
**compas : 138**
compassion : 687
compatir : 688
compatissant : 687
compenser : 74, 75
**compétition : 139**
complet : 142, 723
complètement : 527, 563
**compléter (se) : 140**
compliment : 94
comporter : 61
**composer (se) : 140**
composition : 270
**compréhensible : 141**
**compréhensif : 142,** 687
compréhension : 398
comprendre : 43, 224, 375, 383, 579
compromettre : 390
comptabilité : 11
compte : 11
**compter :** 120, **142,** 446

compte rendu : 11, 585
**concerner : 144**
concevoir : 217
concourir : 135
concours : 139
concrètement : 531
concurrence : 139
condamnation : 167
**condamner : 145**
condition : 565, 693
conditionnel : 570
**conducteur : 146**
**conduire (se) : 147**
conduite : 516
confectionner : 550
**conférence : 148,** 424
conférencier : 667
confiance : 149
**confidence : 149**
confidentiel : 546
confiner : 93, 94
conflit : 232
**confondre (se) : 149**
conformiste : 156
**confort : 138, 150**
**conforter : 151**
**confus : 151**
**confusément : 152**
congé : 470
congédier : 470
**congeler : 152**
**congestion : 152**
congrès : 148
**conjuguer (se) : 153**
connaissance : 137
connerie : 76
**connexion : 153**
connu : 385
**conscience : 154**
consécutif : 155
conseil : 70
**consentir :** 26, **155,** 273
**conséquent : 155,** 159
**conservateur** (adj.) **: 156**
**conserve : 156,** 540
**conserver (se) : 157,** 540
considérable : 422
considérablement : 449
**considération :** **157,** 589, 673
**considérer (se) : 158,** 591
**consistant : 159**
consolation : 150
consoler : 151
constamment : 376
constant :160
constater : 192
**constituer (se) : 160,** 326
construction : 99
contact : 288, 409, 424

759

contempler : **161**, 684
contenir : 344, 680
**content** : **161**
contenter (se) : 161
contestation : 232
**contester** : **162**, 232, 572
**continent** (n.) : **163**
continu : 661
continuer : 273, 547, 615
**contraire** (adj.) : **163**
contrariant : 164, 511, 566
contrarier : 180
contrebalancer : 75
contrepoids : 74
contributions : 689
**contrôler (se)** : **164**, 344
**contrôleur** : 146, **165**
convenable : 186, 561
convenablement : 563
**convenir** : 26, 49, 162, **165**, 561, 563
conventionnel : 325
**conversation** : **166**
**conviction** : **166**
convoi : 336
convoquer : 166
**copie** : **167**, 492
copieux : 425
**corps** : **168**
**correct** : 14, **169**
correcteur : 248
correspondance : 153
**correspondre (se)** : **170**
corridor : 503
**corriger** : **170**, 446
corvée : 303
**costume** : **171**
couille : 76
couper : 179
**couple** : **172**
couplet : 722
**courage** : **172**, 254, 269
**courageux** : 97, **173**
**courant** : **174**
courir : 123
couronner : 61
courrier : 529
**cours** : 174, **175**, 424, 477
craintif : 466, 699
**craquer** : **176**
**crayon** : **177**
crédit : 208
créer : 326
creusé : 357
**crier** : **178**
**crime** : **179**
criminalité : 179, 726
critique (n.) : 471
**croiser (se)** : **179**
croquis : 656

cuisiner : 354
culot : 633
**culte** : **181**
**culture** : **181**
**cure** : **182**
**curé** : **183**
curieux : 293
curriculum vitae : 614
cuvette : 83

**dancing** : **184**
danger : 358
dangereux : 358
danse : 184
**date** : **184**
**dater** : **184**
débarrasser (se) : 231
débat : 46
débattre : 232
débilitant : 261
**décade** : **185**
décalquer : 703
décennie : 185
**décent** : **186**, 458
**déception** : **187**
**décevoir** : **187**
décharge : 126
**décharger (se)** : **187**
décharné : 357
déchiffrer : 177
déchirant : 25
**décidé** : **189**, 442
**décidément** : **189**
déclaration : 551
**déclarer (se)** : **190**, 215, 559, 600
décliner : 225
déconcerter : 150
**décorer** : **191**
**découvrir (se)** : **191**, 288
défaut : 304
défectuosité : 304
**défendre (se)** : **193**, 679
**défense** : **194**
défenseur : 71
**défier (se)** : **195**, 463
**défini** : **196**
définitif : 196, 312, 313
définitivement : 314
dégagé : 130
dégager (se) : 192
dégât : 239
**degré** : **196**
dégringoler : 523
dégrisé : 658
**délai** : **197**, 470
**délibéré** : **198**
**délibérément** : **198**
**délicat** : **199**
**délicieux** : **200**

délit : 481
délivrance : 599
**délivrer (se)** : **200**
demande : 201
**demander (se)** : 120, **202**, 572, 714
démarche : 604
démasquer : 288
démentiel : 435
démettre (se) : 609
démission : 470
démissionner : 609
**démolir** : **204**, 231
**démonstration** : **205**, 206
**démontrer** : **206**
dénoncer : 288
denrée : 138
**dense** : **207**
dentelle : 420
dentier : 207, 522
**denture** : **207**
dénuder : 288
dépanneur : 387
**dépendance** : **208**
dépensier : 293
**déporter** : **208**, 709
déposer : 432
**dépôt** : **209**
déprimé : 456
**député** : **210**, 450
dérangement : 378
déranger : 235, 378, 714
dernier : 174
dérober (se) : 275
désaccord : 211, 221, 222
**désagrément** : **211**, 378, 712
descendance : 214
**descendre** : **211**
**descente** : 212, **213**
**description** : **214**
désignation : 43
**désigner** : **215**
désobligeant : 625
**désordre** : **216**
désorienté : 152
desservir : 650
dessinateur : 217
**dessiner (se)** : **217**
**destination** : **218**
**destiner (se)** : **217**, **218**, 228
**détail** : **219**
détaillé : 142
détente : 598
déterminé : 196
déterminer : 345, 459
détonation : 580
détourner : 59, 235
dévaler : 523
développer : 255

déverser : 188
dévoiler : 192, 288
dévorer : 528
dévoué : 434
**diamant** : **220**
**différence** : 211, **220**
différend : 211, 221
**différer** : **221**
**difficile** : **222**, 301
**diffuser (se)** : **223**, 708
**digérer (se)** : **223**, 601
**diminuer (se)** : **224**
dingue : 439
diplôme : 197, 570
**directeur** : **225**, 248
**direction** : **226**
dire (se) : 588, 600, 605
**diriger (se)** : 147, 165, **227**, 485
**discothèque** : **228**
discours : 16
discret : 340
disculper : 285
**discussion** : 46, **229**, 231
**discuter** : **229**, 232
dispendieux : 293
disponible : 718
disposé : 86
**disposer (se)** : 137, **230**
dispositif : 298
disposition : 49, 137, 565
**dispute** : 46, **231**
**disputer (se)** : 162, **232**
**disque** : **233**, 585
dissertation : 270
dissimuler : 680
**dissiper (se)** : **233**
**distinct** : **234**
**distinctement** : **235**
distinction : 363
**distraction** : **235**
**distraire (se)** : **236**
**distrait** : 235, **236**
**distrayant** : **236**
distribuer : 200
distribution : 413
divergence : 221
**divers** : **237**
divertissement : 33
documentation : 220, 430
**domicile** : **237**
**dominer (se)** : **238**, 344
**dommage** : **239**
donateur : 240
**donneur** : **240**
**dossier** : **240**, 310, 556
**double** (n.) : **241**
**doubler (se)** : **242**
doué : 46
douleur : 24, 457, 505

douloureuse (n.) : 239
douloureux : 690
doute : 232, 572
douter : 572
doux : 86, 332, 340
**dramatique** : **243**, 244
**drame** : 243, **244**
**drogue** : **244**
droit (n.) : 428
drôlement : 563
duperie : 187

ébriété : 408
écart : 211
échapper : 275
échelon : 345
éclectique : 112
**économie** : **245**
**économique** : **246**
**économiser** : 157, **246**
écouler (s') : 406
écouter : 61
écraser : 436
écriteau : 471
édifice : 99
**éditer** : **247**
**éditeur** : **247**
**édition** : **248**
**éducation** : **250**
**éduquer** : **249**
**effectif** (adj.) : **250**
**effectivement** : **250**
**effectuer (s')** : **251**
**effet** : 250, **252**
efficace : 250
efficacement : 251
**égal** : **253**, 369, 501
égard : 158, 589
égaré : 236
**élargir (s')** : **254**
élégant : 663
élevage : 307
élire : 731
éluder : 275
**embarquer (s')** : **255**
embêtant : 474
embêter : 263, 511
embouteillage : 153
**embrasser (s')** : **256**, 579, 684
embrouiller (s') : 152
**émettre** : **258**, 317, 708
**émigrer** : **259**
éminent : 468
**émission** : **259**, 413
empêchement : 406
empêcher (s') : 406, 544, 610
emploi du temps : 22
employé : 132
empoisonnant : 506

empreinte : 373
encaisser : 133
enceinte acoustique : 667
encourager : 393, 679, 692
endroit : 518
endurcir : 98
énergétique : 260
énergie : 260
**énergique** : **260**, 442
**énervant** : **261**
énerver : 263
enfin : 313
**engager (s')** : 256, **261**, 388, 414, 547
**engin** : **263**
énigme : 569
enivrer : 408
enjoué : 729
enlacer (s') : 257
ennui : 712
**ennuyer (s')** : **263**, 466
ennuyeux : 474
enrôler (s') : 414
enseignement : 250
entamer : 388
enthousiasme : 734
enthousiaste : 282
entier : 662
entrain : 269, 734
entraînement : 530
entraîner (s') : 533, 639
entrave : 80
**entrée** : **265**, 357
entreprenant : 31, 267
**entreprise** : **266**
entrer : 442
entretenir : 437
**envie** : 41, **267**
envisager : 159
époque : 21
épouvantable : 127, 695, 696
épreuve : 493
équilibre : 73, 75
équilibrer : 75
équipe : 322, 336, 498
équipement : 297, 520
**errer** : **267**, 579
erreur : 268
erroné : 379
érudit : 636
érudition : 636
**esprit** : **268**, 720
esquisse : 656
esquiver : 275
**essai** : **269**
essence : 512
essuyé : 664
estime : 589, 673
**estimer (s')** : 143, **270**
étage : 672

761

étape : 672
**état** : **271**, 586
**étendre (s')** : 255, **272**, 419, 579
étendu : 142
éternité : 21
étouffer : 680
étrange : 87
**étranger** (n.) : **273**
**étrangler (s')** : **274**
étreindre (s') : 257
étude : 158, 249, 556
**évader (s')** : **275**
**évaluer** : **275**
**évasion** : **276**
éveiller : 262
événement : 478
éventer : 288
**éventuel** : **277**
**éventuellement** : **277**
**évidemment** : **278**
**évidence** : **278**
éviter : 69, 275, 276
**évoquer** : **279**
**exact** : 12, **280**, 418, 561
exactement : 13
exagéré : 294
examen : 158
**examiner (s')** : **281**
exceptionnel : 716
exceptionnellement : 716
excessif : 294
**excitant** : **282**
**excité** : **282**
exclure : 81
**excuse** : **283**
exécrablement : 696
exemplaire : 167
**exercer (s')** : **283**, 530, 533
exercice : 284
exhiber : 549
exhibitionnisme : 288
exigeant : 501
exigence : 202
exiger : 203, 392
**exonérer** : **285**
exorbitant : 127
expédier : 231
**expérience** : **285**
**expertise** : **286**
**exploit** : 9, **286**
exploiter : 486
explosif : 729
exposé : 289, 493
**exposer (s')** : **287**
**exposition** : **288**
exprès : 198
expression : 513
expulser : 209
**extension** : **289**

exténuant : 290
extérieur (adj.) : 290
extra (adj.) : **291**
extraordinaire : **292**, 669
**extravagant** : **293**
exubérant : 729

fable : 308
**fabrique** : **294**
**façade** : **295**
**face** : **295**, 591
fâché : 264, 725
**facile** : **296**
**facilité** : 137, **297**
façonner : 327
**faculté** : **298**
faire : 650
faire semblant : 543
falloir : 561
**fameusement** : **299**
**fameux** : **299**, 332
familiariser (se) : 491
**fantaisie** : **300**
fantasme : 300
**farce** : **301**
farouche : 699
fascicule : 497
**fastidieux** : **301**
fastueux : 349
**fatal** : **302**
**fatalement** : **303**
**fatigue** : **303**
**faute** : **304**
**faux** : **305**, 379
faux-fuyant : 276
favorable : 67, 688
feindre : 543
fêler (se) : 177
**féminin** : **306**
ferme (n.) : **307**
fermeté : 313
féroce : 634
fête : 478, 498
fétiche : 121
fiancer (se) : 262
fiche : 110
fichier : 310
**fiction** : **308**
fidèle : 434, 594
**fièvre** : **308**
figé : 152
figer (se) : 152
**figure** : 296, **309**
**file** : **310**, 572
filiale : 96
**fin** (adj.) : **310**
fin (n.) : 476
**final** : 277, **312**
**finalement** : 277, 313
**finalité** : 313

**finement** : **312**
**finir** : 140, 277, **314**
fixer : 49, 59
flagrant : 355
flairer : 685
**flanelle** : **316**
fléau : 474
fleur : 94
fleuve : 623
**flotter** : **316**
**folie** : 293, **318**, 440
**fonction** : **318**, 482
**fonctionner** : **319**, 485, 486
fond : 720
fondé : 719
**fontaine** : **320**
**football** : **321**
**force** : 254, **321**, 455
**format** : **323**
**forme** : 309, 323, **323**, 325
**formel** : 196, **325**, 526, 673
**formellement** : 235, **326**
**former (se)** : **326**
**formidable** : 106, 282, **327**, 349
formulaire : 324
formule : 323
fort (adj.) : 46
fossé : 343
fou : 236, 435, 439, 440
**fournir (se)** : **328**
**fragile** : 199, **329**
**fraîchement** : **330**
**frais** (adj.) : **331**
frais (n.) : 118
**franc** (adj.) : 105, **332**, 362
franchement : 362
franchir : 180
frappant : 468
**fraude** : 276, **333**
frauder : 275
friser : 94
frites : 125
froid : 658
froisser : 21
frôler : 94
**fuel** : **333**
fuite : 276
fumer : 657
fumisterie : 333
furibond : 431
furieux : 431, 442
futile : 710

gagner : 85, 137
**gai** : **334**
**gain** : **335**
**gang** : **336**
gant de toilette : 316
garantie : 638

garce : 72
**garde** (n.f.) : **336**
**garde** (n.m.) : **337**
**gardien** :337, **338**
garer (se) : 496
gaspiller : 293
**gâteau** : **339**
gênant : 236, 378
gencive : 344
généreux : 86, 425, 467
**génial** : **339**
génie : 388
genre : 214, 635, 720
**gentil** : **340**, 467
gérer : 148
**germe** : **341**
**geste** : **341**
gilet : 724
glisser : 541
**global** : **342**
**golfe** : **343**
**gomme** : **343**
gommier : 343
gouffre : 343
gouvernement : 482
**gouverner (se)** : **344**
grâcier : 495
**grade** : **345**, 577
gradins : 695
**grain** : **346**
**graine** : **346**
**graisse** : **347**
**grand** : **347**, 422, 668
grandiose : 243, 349
**grappe** : **350**
**gratification** : **350**
**gratuité** : **350**
**grave** : **351**, 645, 646, 651
graver : 375, 390
gravure : 521
grever : 690
**grief** : **352**
**gril(l)** : **352**
grillade : 352
**grille** : **353**
**griller (se)** : **353**
grilloir : 352
grincheux : 457
griser : 408
grognon : 457
**gros** : **354**, 626
grossier : 366, 625, 626
grotesque : 301
grotte : 113
groupe : 499
grue : 689
guérison : 183
guider : 465
guindé : 325

habileté : 286
**habitant** : **356**
**habiter** : **356**
habitude (d') : 594
habituel : 594
**hagard** : **356**
haineux : 727
**hall** : **357**
**hasard** : 115, **357**
**hasardeux** : **358**
hâte : 198
hausse : 335
hautain : 349
hauteur : 254
haut-parleur : 668
**herbe** : **358**
**héritage** : **359**
heureux : 250
**histoire** : 243, **359**, 510
**historique** : **361**
homosexuel : 334
**honnête** : 186, **361**
**honnêtement** : **362**
**honneur** : **362**
honorable : 662
horloge : 662
**hôte** : **363**
houleux : 715
**humain** : **364**
**humide** : **365**
**hutte** : **365**

ignoble : 384
**ignorant** : **366**
**ignorer (s')** : **366**
illusion : 187
**image** : **367**
imaginaire : 300
imagination : 300
imitation : 373
**imiter** : **368**
**immaculé** : **368**
**immatériel** : **369**
impatient : 40
impeccable : 369
impertinence : 632
impertinent : 332
impie : 550
impoli : 625, 626
importance : 460, 654
**important** : **369**, 422, 438, 668
**importation** : **370**
importer : 369
**imposer (s')** : **370**, 541
imposteur : 333
impôt : 689
**impotent** : **372**
**impression** : **372**, 640, 685
impressionnable : 685

impressionnant : 328
**impressionner** : **374**
imprimer : 374, 375
impuissant : 372
imputer : 60
**inadmissible** : **375**
inattention : 656
incantation : 121
**incessamment** : **375**
**incidemment** : **376**
**incinérer** : **376**
inciter : 692
**inclure** : **377**
inconstant : 729
incontestablement : 189
**inconvenance** : **378**
**inconvenant** : **377**
inconvénient : 378
**incorrect** : **378**
incriminer : 88
incroyable : 293
inculpation : 118
inculper : 120
indéniable : 526
**index** : **379**
**indicateur** : **380**
indication : 226
indice : 379
**indifféremment** : **380**
indifférence : 380
**indifférent** : 369, **381**
**indiquer** : 228, **381**
indiscret : 483
**individu** : 108, **383**
**industrie** : **384**
**industrieux** : **384**
inexact : 379
**infâme** : **384**
infecte : 127
**infection** : **385**
**inférieur** : **385**
infirmière : 475
**information** : **386**, 472
infraction : 481
**ingénieur** : **387**
ininterrompu : 661
initiative : 267
**initier (s')** : **388**, 409
**injure** : 3, **389**
**injurier** : 4, **389**
**injurieux** : **389**
innocenter : 285
inoccupé : 718
inopportun : 378
inouï : 293
inquiéter (s') : 40, 145, 713
inscription : 266
**inscrire (s')** : **390**
insensé : 435
insignifiant : 710

763

insister : **391**, 419, 541
insolent : 332
insolite : 87
**inspirer (s')** : **392**
instable : 729
installation : 297
**installer (s')** : **393**
**instant** : **395**, 459
**instantané** : **396**
instaurer : 389
**instruction** : 226, 250, **396**
**instruire (s')** : **397**
insulte : 3
insulter : 4
**intégral** : **398**
intégrant : 398
**intelligence** : **398**
intelligent : 46
**intense** : **399**, 651
intentionnel : 198
interdire : 81, 680
**intéressant** : **400**
**intéressé** : **402**
**intéresser (s')** : 145, **401**
intérêt : 401
**intérieur** : **402**
interprétation : 509
interprète : 403
**interpréter** : **403**
**interroger** : 281, **403**
**intervenir** : **404**
**intervention** : **406**
**interview** : **407**
**intoxiquer (s')** : **407**
**intrigue** : **408**
**introduire (s')** : **408**
**invalide** : **410**
invité (n.) : 364
inviter : 692
**involontaire** : **410**
irrecevable : 375
irréprochable : 369
irrévocabilité : 313
irrévocable : 313
**isoler (s')** : **411**
**issue** : **412**
itinéraire : 624
ivre : 408
ivresse : 408

jeter (se) : 213, 414, 524
jeu : 569
joie : 734
**joindre (se)** : 60, 135, **413**
**joint** (n.) : **415**
jouer : 144, 486, 543
**journal** : **415**, 493
**journée** : **416**
jovial : 340
jubiler : 710

judicieux : 642
**juger (se)** : **416**
**juste** : **417**

kleenex : 699

**labourer** : **419**
**lacet** : **420**
lancer (se) : 256, 317, 524
**langage** : **420**
langue : 421
lapsus : 656
**lard** : **421**
**large** : 112, **421**
**largement** : **422**
leçon : 396
**lecture** : **423**
léger : 340
lent : 198
lentement : 198
**lentille** : **424**
levée : 133, 529
lever : 564
liaison : 17, 153, 408
**libéral** : **424**, 552
**libérer (se)** : 188, 255, **425**
liberté : 427
**libraire** : **426**
**librairie** : **427**
libre : 717, 718
**licence** : **427**, 428
licencié (n.) : 72
**licencier** : **428**, 470, 588
lien : 153, 597
lieu : 478, 518, 635
ligne : 309
limite : 138
limiter : 165
limitrophe : 93
limpide : 429
**liquide** (adj.) : **428**, **429**
**liquide** (n.) : **428**
**liquider** : 205, 231, **429**
lit : 77
**littérature** : **430**
**livide** : **430**
livrer : 201
**local** (n.) : **431**
localiser : 703
locomotive : 263
locution : 513
**loger (se)** : **432**
logique : 159
loisir : 718
losange : 220
**lot** : **433**, 515
lourd : 484
**loyal** : **434**
lucratif : 553
luge : 700

**lunatique** : **434**
lunettes : 670
lustre : 116
**luxe** : 349, **435**

**mâcher** : **435**
machin : 17
machine : 263
magnifiquement : 312
maillot : 711
**maintenir (se)** : **392**, **436**
maîtriser : 164, 344, 680
**majeur** (adj.) : **437**
majuscule : 106
mal : 505
malade : 410
malfaiteur : 727
malheur : 455, 712
malheureux : 455, 456
**malice** : **438**
**malicieux** : **439**
malle : 711
maltraiter : 4
malveillance : 438
malveillant : **439**, 727
mandat : 693
**maniaque** (n.) : **439**
**manie** : **440**
**manifestation** : 206, **440**
manifeste : 234
manifestement : 131, 278
manifester : 206
manoir : 357
marchandise : 138
**marcher** : **441**, 485
**mariage** : **442**, 560
**marque** : **443**
marqué : 234
**marquer** : **444**, 470
marrant : 110
martyre : 24
**masculin** : **447**
**massacrer** : **448**
massif : 661
matériel (n.) : 520
**matériellement** : **448**
**maternité** : **449**
maussade : 513
mauvais : 410, 439
mazout : 333
mécanicien : 387
mécène : 504
méchanceté : 438
méchant : 439, 634, 726, 727
médaille : 233
médecin : 514
**médecine** : **449**
médicament : 245, 450
médiocre : 381, 386
médiocrement : 381

méditer : 588
méfier (se) : 195
mêler (se) : 145
**membre** : 414, **450,** 650
**menacer** : **451**
mener : 148
mention : 363, 585
mérite : 724
**mériter** : **451**
merveille : 299
**mesure** : 80, **452,** 497
mesuré : 198
**mesurer (se)** : **453**
méthode : 548
méticuleux : 302
métier : 479, 552
**mettre (se)** : 518, 519, 547
metteur en scène : 225
mettre en scène : 228
mettre sur pied : 389
meubler : 329
**microbe** : 341, **454**
**militaire** (n.) : 322, **455**
minutieux : 302
mise à prix : 607
mise en scène : 226
**misérable** : **455**
**misère** : **456**
mitigé : 569
**mobile** (n.) : **457**
mode d'emploi : 226
modéliste : 217
modéré : 156
**modeste** : **458**
**modifier** : 30, **458**
**moment** : **459**
**mondain** : **460,** 659
monde : 672
mondial : 342, 343
**monnaie** : **461**
monotone : 460
montrer : 206
**monument** : 99, **462**
**moquer (se)** : **462**
moral (n.) : 269
morceau : 515
mordu (n.) : 439
mort (n.) : 106
**mortel** : 302, **463**
mortellement : 303
mot : 469
moteur : 263
motiver : 393
mouchoir : 699
mousseline : 125
**mouton** : **464**
moyen : 27
mystère : 569
**mystifier** : **465**

nacre : 510
naissance : 549
naître : 53
navigateur : 465
**naviguer** : **465**
négliger : 366
**nerveux** : **466**
net : 130, 131, 189, 196, 234
nettement : 189
niais : 718
niveau : 345
**noble** : **467**
nombreux : 422
nom de famille : 683
nomination : 43
normal : 250, 594
normalement : 594
**notable** (adj.) : **468**
**notablement** : **468**
**note** : 345, 443, **468**
**noter** : 446, **469**
**notice** : **470**
notoire : 385
**nourrir (se)** : **471**
nouveau : 331
**nouvelle** : **472**
nouvellement : 330
**nuance** : **473**
nuancer : 570
nuire : 18, 390
**nuisance** : **474**
nuisible : 389, 512
nul : 410
numéro : 108, 413
**nurse** : **474**

objectif : 475
**objet** : **475**
**obscur** : **476**
obséder : 528
obstacle : 80
obstiner (s') : 392
**obtenir (s')** : **476**
**occasion** : 115, **478,** 486
**occupation** : **479**
occupé : 262
**occuper (s')** : 33, 61, 145, **479**
octroi : 565
odieux : 127, 384
**offense** : **481**
**office** : **482,** 647
officiel : 325
officiellement : 326
**officieux** : **483**
**offrir (s')** : **483,** 539, 706
offusquer (s') : 611
omnibus : 431
**onéreux** : **484**

opération : 697
**opérer (s')** : **485**
**opportunité** : **486**
**oppresser** : **487**
opprimer : 487
optimiste : 527
orageux : 715
**orateur** : **487,** 667
ordinaire : 460, 594, 710
ordonner : 228, 397
**ordre** : 49, 137, 141, 397, **487**
ordre du jour : 22
ordures : 589
organiser : 49
**organisme** : **489**
**oriental** : **489**
orientation : 226
**orienter (s')** : **490,** 591
original : 716
origine : 214
osé : 623
outré : 294

**pacifier** : **491**
**palace** : **491**
**palais** : **492**
pancarte : 471
panorama : 635
**papier** : **492,** 515, 657
**paquet** : **493**
**pardonner** : **494**
**parent** : **495,** 598
parenté : 154
parenthèse : 376
parfait : 312, 369
**parfum** : **495**
**parking** : **496**
**part** : **497**
**parti** : 175, **498**
participation : 265
**participer** : **499**
**particulier** : 468, **500,** 546
partie : 423, 497
parti pris : 536
partisan : 678
**partition** : **501**
parvenir : 10, 53, 675
**passable** : **502,** 576
**passablement** : **502**
**passage** : **502**
passé (n.) : 360
passer (se) : 547, 605
passe-temps : 33
passion : 440
passionnant : 282
pasteur : 725
patraque : 696
**patron** : **504**

payer : 706
paysage : 672
peindre : 191
**peine : 505,** 643, 714
peiner : 419
pelote : 76
**pénétrer (se) : 506**
pénible : 484, 506
péniblement : 419
**pension :** 432, **507**
**percevoir :** 133, **508**
**performance :** 9, **509**
période : 672, 693
périodique (n.) : 416
péripétie : 244
**perle : 510**
permissivité : 558
perplexe : 89, 465
personnage : 108
personnel : 546
**perspective :** 486, **510**
pertinent : 46
perturbateur : 236
**pervers : 511**
peser : 224
**peste :** 474, **512**
**pétrole : 512**
**pétulant : 513,** 729
peupler : 356
peur : 466
peureux : 699
pharmacie : 125
pharmacien : 125
phase : 672
phénomène : 108
**phrase : 513,** 643
**physicien : 514**
**pièce :** 497, **514**
pièce de théâtre : 244
piètre : 456
**piloter : 516**
**pipe : 516**
pipeau : 516
piquant (n.) : 734
piste : 703
pitié : 687, 688
**place :** 42, **517,** 673
**placer (se) : 518**
plaindre : 688
plainte : 118
planche : 521
planétaire : 342
**plante :** 76, **520**
plaque : 521
plaqué (n.) : 521
**plateau : 522**
**plat** (n.) : 175, **521**
plein : 661
pleurer : 178
pleurnicher : 457

**plonger (se) : 523,** 536
point : 444, 672
polyvalent : 723
pommes frites : 125
pompe : 271
**ponctuel : 524**
**porc : 525**
**port : 525**
portée : 139, 579
porter : 201, 579
porter atteinte : 390
porto : 526
posé : 198
posément : 198
**positif : 526**
position : 74
**posséder (se) : 527**
possibilité : 175
**poste** (n.f.) : **529**
**poste** (n.m.) : 42, 290, **528,** 717
pourboire : 351
poursuite : 122, 547
poursuivre : 123, 547, 615
pourvoir : 329
pousser : 393, 541, 639
pouvoir (n.) : 482
praticable : 502
**pratique** (adj.) : 378, **531,** 642, 643
**pratique** (n.) : 251, **529**
**pratiquement : 532**
**pratiquer (se) : 532**
préavis : 470
**précieux : 534,** 719
précipice : 343
précipiter (se) : 524
**précis** (adj.) : 196, **534**
**préjudice : 535**
préjudiciable : 389
préjugé : 535
prendre : 327, 393, 528
**préoccupé : 536**
préoccuper : 40, 284, 713
présence : 54
présentateur : 667
présentation : 323
**présentement : 536**
**présenter (se) :** 409, 483, **537,** 549, 559
**préserver (se) :** 157, **540**
pressé : 41
pressentir : 45
**presser (se) : 541**
prestation : 509
prestige : 673
**prétendre (se) : 542**
preuve : 278, 564
prévenant : 62
**prévenir :** 470, **543**

**prévention : 544**
prévoir : 49
prévu : 565
**primaire : 545**
primitif : 633
primordial : 545
principal : 438, 545
principalement : 423
**privé : 545**
prix : 309, 693
problème : 412, 712
procédé : 548
**procéder :** 485, **546**
**procès :** 111, **548**
processus : 548
proclamer : 731
procurer : 565
**produire (se) : 548**
produit : 138
**profane : 550**
**professeur : 550**
**profession :** 479, **551**
**professionnel : 552**
profit : 85, 553
**profitable : 553**
**profiter :** 85, **553**
**profond : 554**
programme : 22
progrès : 66
progresser : 66
**progressif : 555**
progressiste : 425, 556
proie : 528
**projet : 556**
**projeter : 557**
prolongation : 290
prolongement : 290
prolonger (se) : 273
promener : 284
**promiscuité : 558**
promouvoir : 66
**prononcer (se) :** 201, **558**
propagation : 289
propos : 376
**proposer (se) :** 483, **559,** 730
**propre : 560**
**proprement :** 12, 562, **562**
prosaïque : 460
**prose : 563**
prostituée : 689
protection : 195
prothèse : 207
**prouver : 564**
**provision : 564**
**provocant : 566**
**provoquer : 566**
prudent : 156
**prune : 567**
pruneau : 567

psalmodier : 116
**publicité** : 70, **568**
**public** (n.) : 64, **567**
pudique : 458
pur : 362
purger : 650
**puzzle** : **569**

**qualifié** : **569**
**qualifier (se)** : **570**
**qualité** : 345, **571**, 676, 724
quelconque : 381
quelques : 172
question : 412, 413, 572
**questionner** : **572**
**queue** : **572**
quitter : 188

**race** : **573**
radiographie : 574
**radio** (n.f.) : 28, **574**
**radio** (n.m.) : **574**
raffiné : 294, 663
**rage** : **575**
ragoût : 111
raie : 498
**raisin** : 350, **575**
raison : 478, 576
**raisonnable** : **576**, 642
ralentissement : 198
ramasser : 133
ramener : 613
**rang** : **577**
rangée : 577
**ranger (se)** : 49, **578**
ranimer : 612
**rapport** : **579**, 585, 597
rapporter (se) : 459
**rare** : **581**
rassemblement : 619
rassembler (se) : 133
ration : 413
rattacher : 59
ravagé : 357
réaction : 603
réagir : 603
réalisable : 531
réalisateur : 225
réalisation : 9
**réaliser** : 228, 507, **582**
réanimer : 612
receler : 585
**réception** : 319, **483**, 498
receveur : 146
**recevoir (se)** : **583**
recherché : 294
réciter : 116
réclamation : 202
réclame : 70
réconfort : 150

réconforter : 151
reconnaissant : 43
**record** : **585**
rectifier : 171
recueillir : 133
**récupérer** : **586**
**recycler (se)** : **587**
rédacteur : 247, 248
rédaction : 270, 698
**redondant** : **588**
redonner : 613
redoutable : 328
réel : 12, 527
réellement : 189
réfléchir : 159, 224, 588
**refléter (se)** : **588**
réflexion : 158
refouler : 680
refuge : 365
**refus** : **589**
**regard** : **589**
**regarder (se)** : **590**
**régime** : **591**
région : 498
régir : 344
réglage : 592
règlement : 592
réglementation : 593
régler : 228, 231
**régulation** : **592**
**régulier** : **593**
réintégrer : 613
**rejeter (se)** : 88, **595**
rejoindre : 414
relâche : 662
relâcher : 255
**relatif** : **596**
**relation** : 153, **597**
relayer : 599
relever : 133
**relief** : **598**
remarquable : 312, 468
remarque : 600
**remarquer (se)** : 120, 469, **599**
remblai : 77
remède : 183
remettre (se) : 201, 519, 539, 615
remonter : 703
remontrance : 424
remplaçant : 210, 607
remplir : 140, 188
remporter : 10
rendez-vous : 42, 184
rendre : 613
rendre compte (se) : 43, 192, 582
renfermé : 616
renflouer : 317

renfrogné : 714
renseignement : 220, 386, 399
rentable : 246, 553
renvoi : 601
réparateur : 387
repasser : 541
**répéter (se)** : **600**
**répétition** : 530, **601**
replacer : 613
replier (se) : 616
**répondre** : **602**
**réponse** :**603**
reprendre (se) : 133, 171, 615
**représentation** : 84, 509, **604**
**représenter (se)** : **604**
réprimer : 680
**reprocher (se)** : 87, **606**
réputation : 108
**réserve** : **606**
réservé : 546, 616
**réserver (se)** : 273, **608**
réservoir : 688
**résigner (se)** : **609**
**résister** : **609**
résolument : 189
résoudre : 177
respectable : 662
respectif : 597
responsabilité : 88
responsable : 165
**ressentir** :**611**
ressource : 175
**ressusciter** : **611**
**restaurer (se)** : **612**
**reste** : **613**
restituer : 613
restreindre : 165
résulter : 155
**résumé** : **614**
**résumer (se)** : **615**
rétablir (se) : 587, 612, 613
retard : 197
retenir (se) : 51, 262, 610
**réticent** : **615**
**retirer (se)** : 85, **616**
retoucher : 30
retracer : 703
**retraite** : 508, 617, **618**
retransmettre : 708
retrouvailles : 619
**réunion** : **619**
réunir (se) : 166
réussi : 251
réussir : 675
rêve : 300
revêche : 456, 714
révéler (se) : 288, 564
revendication : 202

767

revendiquer : 203
**réviser : 620**
réviseur : 248
révision : 648
revue : 416
richesse : 20
rigolade : 301
rigolo : 110
**rigoureusement** : .621
**rigoureux : 620,** 651
risque : 115, 358, 622
**risqué : 623**
**risquer : 621**
rive : 77
**rivière : 623**
rôder : 579
rôle : 497
roman (n.) : 308, 473
rompre : 315
rôti (n.) : 415
rouler : 547
**route : 623**
**rude : 624,** 651
**rudement : 626**
rumeur : 580
**rythme : 627**

sacré : 332
sage : 642, 643
sagement : 643
saignant : 581
**sain : 627**
saindoux : 421
**saisir (se)** : 224, 257, **628**
**salade : 630**
**salaire : 630**
sale : 456
salle : 64, 357, 697
**saluer (se) : 631**
saoul : 658
satisfaction : 350
satisfaire (se) : 161
**sauce : 632**
sauterie : 498
**sauvage : 633**
savant (adj.) : 636
savoir : 382
savoir-faire : 286
savoir-vivre : 663
scabreux : 625
scandaleux : 127
scander : 116
**scène : 634,** 672
**scolaire : 635**
sculpter : 327
secours : 599
**secret** (adj.) : 399, **637**
**secret** (n.) : **636**
secte : 181
**sécurité : 637**

**séduire : 638**
sembler : 685
**sens** : 399, **639**
sensation : 640, 641
sensationnaliste : 641
**sensationnel** : 349, **641**
sensé : 642
**sensible : 641,** 685, 690
**sensiblement** : 235, 449, **642**
**sentence** :**643**
**sentiment** : 640, **644**
sentimentalité : 644
sentir : 375
série : 90, 114
**sérieux** : 189, 400, **645,** 658
sermon : 424
serrer (se) : 257, 541
**service** : 399, 586, **646**
**servir (se)** : 66, 247, **648**
**sévère : 651,** 673
sévice : 3
siècle : 21
signal : 653
**signaler** : 382, **652**
signe : 278, 652
**signifier : 653**
silhouette : 309
simple : 594
simuler : 542
singer : 463
singulier : 293
**situation : 654**
**situer (se)** : 519, **655**
**sketch : 656**
**slip : 656**
**smoking : 657**
**sobre : 657**
**social : 658**
**société : 659**
soigné : 325
soigner : 61, 705
solde : 74
**solide : 660,** 719
solliciter : 45
somptueux : 349
**sophistiqué : 662**
sort : 433, 434
sorte : 214
sortir : 185, 284, 549, 659
sosie : 241
souci : 145
soucier (se) : 589
souffrance : 24, 457
**souffrir** : 18, **663,** 714
soulagement : 598
soupçonner : 685
**souple : 665**
**source** : 320, **666**
souscrire : 688

soutenir : 392, 437, 678, 679
soutenu : 325
**souvenir** : 590, **666**
**speaker : 667**
**spécial** : 293, **668**
**spectacle** : 669
spectaculaire : 243
**spectateur** : 64, **670**
**spirituel** : 671
stade : 672
**stage : 671**
standard : 594
**standing : 673**
stationnement : 496
**strict** : 362, **673**
strictement : 326
strophe : 722
style : 720
subir : 664
**subtil** : 663
subvenir : 329, 437, 678
**succéder (se) : 674**
succursale : 96
suffire : 14
**suffisant** : 14, **675**
suggérer : 317
sujet (adj.) : 685
supercherie : 187
**supérieur** : 552, **676**
suppléant : 210
supplément : 292
supplémentaire : 292
supplice : 457
support : 27
**supporter (se) : 677**
**supprimer (se) : 679**
**sûr** : 527, **680**
**sûrement : 682**
**surnom : 682**
surpeuplement : 153
surplomber : 557
surtout : 423
**surveiller : 683**
**susceptible : 684**
susciter : 280
**suspecter : 685**
**symbolique : 686**
**sympathie : 686**
**sympathique : 687**
**sympathiser : 688**
syntagme : 513
système : 298

tabac : 657
tabagisme : 657
tacher (se) : 446
taille : 254
taire : 680
talus : 77
**tank : 688**

tapis : 109
tapisser : 191
tarif : 118, 693
**tarte** : 339, **689**
**taxe** : **689**
technicien : 387
technique (n.) : 548
téléspectateur : 64
témoignage : 278
tendance : 46, 226, **687**
**tendre** (adj.) : **690**
tenir : 41, 344, 392
tenir compte : 366, 589, 591
tension : 244, **691**
**tenter** : **691**
**terme** : **693**
terminer : 140
**terrasse** : **694**
**terrible** : **697**
**terriblement** : **696**
tête : 165, 613
texte : 497
théâtral : 243
**théâtre** : 244, 672, **697**
**thème** : 563, **698**
**timide** : **698**
timoré : 699
tirage : 128
tiré : 357
**tissu** : 293, **699**
titre : 197, 638
**toboggan** : **700**
**toilette** : **700**
**tombe** : **701**
tombeau : 701
tomber : 213
ton : 324
torturer : 25
toucher (se) : 18, 93
toupet : 633
trac : 466
tracasser : 713
**trace** : 278, 585, **702**, 703
**tracer** : **703**
traditionaliste : 156
traduire : 403
train : 456
**traité** : **704**
**traitement** : **704**
**traiter** : **705**
traître : 727

trajet : 624
tranquille : 546
**transmettre (se)** : 653, **707**
**transporter** : **708**
travailler : 419, 530, 533
travailleur (adj.) : 384
traversée : 503
traverser : 178, 180
treillis : 304
trimestre : 693
**triompher** : **709**
triste : 456
**trivial** : **710**
**trombone** : **710**
trompe : 711
tromperie : 187
tromper (se) : 187, 268, 275
**tronc** : **711**
trou : 2
**trouble** : 216, **712**
**troubler (se)** : **713**
truc : 17, 635
**truculent** : **714**
**turbulent** : **715**
tuteur : 338
type : 108

unanime : 661
uni : 662
**unique** : **715**
**uniquement** : **716**
unir (s') : 135
**urgence** : **716**
usine : 520

**vacance(s)** : **717**
**vacant** : 717, **718**
**valable** : 410, **718**, 719
valeur : 44, 410, 719
**valide** : 410, **719**
valoir : 477, 557
varier : 579
vaste : 142
**veine** : **720**
vendeur : 132
vendeuse : 132
vendre (se) : 137, 231
**vérifier (se)** : **720**
véritable : 527, 561, 594
**vernis** : **721**
**versatile** : **722**, 729

verset : 722
**version** : **723**
**vers** (n.) : **722**
vertigineux : 243
**vertu** : **723**
**veste** : **724**
vestibule : 357
**vexer (se)** : 21, **724**
**vicaire** : 183, **725**
**vice** : **725**
**vicieux** : 726, **726**
vieux : 34
vigueur : 477
**vilain** (n.) : **727**
ville : 129
violacé : 431
violence : 3
violent : 651, 726
violenter : 4
**violer** : **727**
viril : 447
virulent : 634
visage : 296
viser : 228
**visible** : **728**
visiblement : 278
vitalité : 260
vitrine : 101
**vivace** : **729**
voir : 159
voiture : 107
**volatil** : **729**
**volontaire** (adj.) : **730**
volontairement : 198
volontiers : 682
**voter** : **730**
vouloir : 392, 611
voulu : 198
**voyage** : 416, **731**
vrai : 594
vraiment : 13, 189, 235, 562, 563
vulgaire : 355, **732**

wagon : 107

zèle : 384, 483
**zéro** : **733**
**zeste** : **734**
zut : 150.

769

# INDEX ANGLAIS
# ENGLISH INDEX

Les faux amis décrits dans le dictionnaire (ainsi que les numéros des pages où figure cette description) sont imprimés en caractères gras.

The faux amis which are the subject of an entry in the dictionary (and the page number of the entry) are printed in bold type.

**abandon (oneself)** : **1**
abate : 103, 104
abiding : 729
able-bodied : 719
abolish : 679
above : 676
above board : 594
abroad : 274
abrupt : 97
**absence** : **2**
absent-minded : 236
absent-mindedness : 235
absolute : 332, 674
absolutely : 562, 674
abstemious : 657
**abuse** (n.) : **2**, 389
**abuse** (v.) : **3**, 389
abusive : 389
academic : 635
**accede** : **4**
accentuate : 8, 217, 391, 445
**accept** : **5**
accepted : 12
**access** : **6**
**accident** : **7**
accommodate : 432
accompany : 56
**accomplish** : **7**
**account** (n.) : **10**
accurate : 418, 535
**accuse** : **8**, 606
ache (n.) : 456
**achieve** : **9**, 52, 477, 582
**achievement** : **9**, 287
acknowledge : 631
acquaintance : 597
**acquire** : **11**
act (n.) : 697
act (v.) : 405, 697
action : 406, 548
active : 250
**actual** : **12**, 250
**actually** : **13**, 250, 313
add : 414
add (to) : 140
add up : 13

**addition** : **13**
**address** (n.) : **15**, 238
**adequate** : **14**, 169, 361, 675
adjust : 490
**administer** : **15**
admission : 265
admit : 165, 584, 664
admittance : 265
**advance** (n.) : **66**
**advance** (v.) : **65**
advantage : 553, 554
**advantageous** : **67**
**adventure** : **68**
ad(vert) : 568
advertise (for) : 37, 203
**advertisement** : **69**, 568
advertising : 568
**advice** : **70**
advisable : 165, 382
advise : 261, 397
adviser : 101
**advocate** (n.) : **71**
aerial : 38
**affair** : **16**, 68, 360, 408
**affect** : **17**, 29, 144, 374, 401
affected (adj.) : 534, 662
**affection** : **18**
**affirm** : **19**
affirmative : 526
**affluence** : **20**
affront (n.) : 481
**affront** (v.) : **20**
**age** : **21**
agency : 38, 482
**agenda** : **22**
**agent** : **22**
**aggravate** : **23**
**agitate** : **23**
agitation : 712
**agonizing** : **25**
**agony** : **24**
agree : 4, 165, 442, 678
**agreeable** : **25**
**agreement** : **26**, 48, 399
agriculture : 182

ahead : 65, 238
**aid** (n.) : **27**
aid (v.) : 649
aim (v.) : 227
**air** : **27**
alert : 62
alien (n.) : 274
alive : 62
allay : 103, 234
all-embracing : 342
alley : 503
**alliance** : **28**
allocate : 18, 63
allow : 5, 143, 664
allow (for) : 143
**allusion** : **29**
**alter** : **29**, 48
alumnus : 34
**amateur** : **30**
amazing : 715
**amorous** : **31**
amount (v.) : 615
ample : 423
amply : 423
**amputate** : **31**
**amuse (oneself)** : **32**
**amusement** : **32**
**ancient** : **33**, 39
angina : 34
**angle** : **35**, 511
**animated** : **36**
**animation** : **35**
**anniversary** : **36**
**announce (oneself)** : **37**
announcement : 70
announcer : 667
**annoy** : 263
annoyance : 211
annoying : 261
answer (n.) : 602
answer (v.) : 170, 602
answer back : 602
**antenna** : **38**
anticipate : 544
antiquated : 39
**antique** (adj.) : 33, **39**

771

antique (n.) : 40
**antiquity** : **39**
**anxious** : **40**
**apartment** : **41**
apology : 283
apparent : 217
**appeal** (n.) : **41**
appeal (v.) : 639, 692
appear : 391, 539, 549
appearance : 503
apply (oneself) : 59
apply (for) : 202, 538
appoint : 18, 215
**appointment** : **42,** 529
appreciable : 468, 642
appreciably : 468, 642
**appreciate** : **43,** 270, 642
approach (n.) : 6
**approach** (v.) : **44,** 38
appropriate : 14, 418
appropriateness : 486
approval : 26
approve : 731
approximately : 642
**apt** : **45**
aptitude : 297
**argument** : **46,** 229, 231
arise : 405
arm (n.) : 96
**arms** : **47**
aroma : 496
arouse : 282, 566
**arrange** : **48,** 230, 566, 578
arrangement : 48
**arrive** :**51,** 405
article : 475, 493
artificial : 662
ask : 119, 202, 203, 404
ask (for) : 202
aspect : 288, 289
**assassinate** :**53**
assault (v.) : 4
assemble : 619
assembly : 619
assembly line : 114
assert (oneself) : 19
assess : 43, 275, 453, 454
assessment : 286
asset : 571
assign : 18, 63
**assist** : **54**
**assistance** : **54**
**assorted** : **55**
assume : 11
**assurance** : **56**
**assure** : 19, **57,** 113
astonishing : 641
astound : 150
astute : 311

**attach (oneself)** : **58**
attack (n.) : 6
attempt (n.) : 270
attempt (v.) : 692
**attend** : 55, **60**
attend (to) : 480
attendance : 54, 530
attendant (n.) : 338
attention : 62, 599
**attentive** : **62**
attorney : 71
attract : 638, 639
attractive : 67, 400
**attribute** (v.) : **63**
**audience** : 54, **64,** 567, 568, 670
available : 230, 539
**avaricious** : **67**
**avert** : **69**
await : 60
award (v.) : 63
awareness : 154
awfully : 299, 626
awkward : 199
**axis** : **71**

baccalaureat : 72
**bachelor** : **72**
back (n.) : 241, 573
background : 72
bacon : 421
bad : 355
**baggage** : **72**
**balance** (n.) : **73**
**balance** (v.) : **74**
balance sheet : 654
balcony : 694
bale : 76
**ball** : **73, 75,** 76, 442
**balloon** : **76**
**bandit** : **78**
**bank** : **77**
**baptise** : **78**
**bar** (n.) : **79, 80,** 452
**bar** (v.) : **81**
bargain : 16, 478
**barracks** : **79**
barrel : 106
**barrier** : **82**
barrister : 71
**base** (n.) : **82**
basic : 545
**basin** : **83**
basis : 83
batch : 433
beach hut : 100
bead : 346
bear (v.) : 484, 664, 677, 678
bear out : 721
beard : 134

bearings : 490
beat up : 204
**beef** : **91**
begin : 53, 262, 315
beginning (n.) : 265
behave : 147
belongings : 17
bench : 77
bend (n.) : 420
beneficial : 553
**benefit** (n.) : **84,** 335, 553, 554
**benefit** (v.) : **85,** 554
**benevolent** : **85**
**benign** : **86**
bequeath : 63
bias (v.) : 544
big : 348, 349, 354, 355, 370
bill : 14, 469
billow (v.) : 317
bind (v.) : 59
binding (adj.) : 261
birth : 573
birthday : 37
**bizarre** : **87,** 293
blade : 96
**blame (oneself)** (v.) : 8, **87,** 606
**blank** : **88**
blatant : 569
bless : 78
**block** (n.) : **89**
block up : 146
**block** (v.) : **90,** 81
blood pressure : 691
blow (v.) : 209, 354
blunt : 98
blur (v.) : 713
board (v.) : 255
board and lodging : 507
boarding school : 508
body : 168
bogus : 306
**bomb** (n.) : **92**
**bonnet** : **92**
bonus : 350
book (v.) : 608
bookseller : 426
bookselling : 427
bookshop : 427
boot (n.) : 74
booth : 100
**border** (v.) : **93**
bore (n.) : 464
bore (v.) : 264, 533
boring : 301, 464
boss (n.) : 136, 504
bother (v.) : 263, 264, 713, 714
bottom (adj.) : 386

bottom (n.) : 573
**bouquet** : **94,** 496
bout : 6
**boutique** : **95**
brainwash : 407
**branch** : 39, **96**
brand (n.) : 443
**brave** (adj.) : **97,** 173
brave (v.) : 20
break (v.) : 176, 728
break down : 176, 204
breakdown : 219
break-even : 89
break in (on) : 405
break out : 190
breathe in : 393
breed (n.) : 573
brief (n.) : 240
bright : 334
brilliant (adj.) : 339
bring about : 485
bring back : 612
bring down : 212, 213
bring forward : 65
bring in : 209
bring out : 616
bring up : 249, 279
brisk : 260
broad (adj.) : 421
broadcast (n.) : 259
broadcast (v.) : 223, 258
broaden (out) : 254, 255
broad-minded : 422
broil : 353
broiler : 352
**brusque** : **97**
brusquely : 625
**brutal** : **98**
**brutalize** : **98**
bud : 95
buddy : 96
**buffet** : **98**
bug (n.) : 454
build (up) : 140, 141, 160
**building** : **99,** 462
bullet : 75
bullet hole : 76
bullock : 92
bully (v.) : 98
bump off : 212
bumptious : 675
bunch (n.) : 94, 350, 574
bundle (n.) : 493
bunkum : 360
burden : 117
burn (v.) : 354
burn out : 354
bury (oneself) : 523
bus : 107

business : 16, 17, 266, 360, 384, 590
bustle : 35
busy : 32, 36, 480, 503
**button** (n.) : **95**
buy (v.) : 484

**cabin** : **100**
**cabinet** : **100**
**cake** : 339, **339**
calculating (adj.) : 402
**calendar** : **101**
call (n.) : 42
call (v.) : 78, 79, 544, 570, 706
call box : 100
call (for) : 371
**calm** (adj.) : **102**
**calm (oneself)** : **103**
**camera** : **104**
**campaign** : **104**
can (n.) : 156
can (v.) : 52, 684
candelabra : 116
**candid** : **105**
candlestick : 116
**cannon** : **105**
cap (n.) : 92
capable : 45, 684
capacity : 298, 571
**capital** (adj.) : **106**
captivate : 639
**car** : **107**
car park : 496
**card** : **109**
career : 552
careful : 62
care (n.) : 62, 119, 336, 480
**cargo** : **108**
**carpet** : **109**
carry : 708
carry out : 7, 251, 532, 547
cart off : 256
**case** : 16, **110,** 715
cash (n.) : 428
**casserole** : **111**
cast out : 595
cast up : 595
casualty : 717
**catalogue** (v.) : **112**
catch (v.) : 583, 629
**catholic** : **112**
cause (v.) : 566
caution : 69
**cave** : **113**
cell(s) : 89, 210
cellar : 113
**cemetery** : **127**
ceremony : 441
certain : 681

certainly : 682
**certify** : **113**
**chain** (n.) : **113**
challenge (v.) : 195
chambers : 101
champion (v.) : 193
**chance** : **115,** 357, 358, 376
**chandelier** : **116**
change (n.) : 461, 503
change (v.) : 458
changeable : 723
changeover : 503
channel : 38, 114
**chant** (v.) : **116**
**chapter** : **117**
**character** : **107,** 383
characteristic : 108, 500, 561
**charge** (n.) : **117,** 480
charge (v.) : 8, **119,** 143, 203, 533
**charm** (n.) : **121**
charm (v.) : 638, 639
charming : 200
**chase** (n.) : **121**
**chase** (v.) : **122**
chat (v.) : 230
**chauffeur** : **123**
check (v.) : 58, 164, 720, 721
cheerful : 334
**chemist** : **125**
chew : 435
chief (adj.) : 437
**chiffon** : **124**
chilly : 331
**chimney** : **124**
chink (n.) : 126
**chip(s)** : **125**
choice (adj.) : 311, 467
choke (v.) : 274
christen : 78, 79
chuck in : 74
chuck out : 74
church : 181
churchyard : 127
chute : 700
**circulate** : **128,** 223
**circulation** : **127**
**city** : **129**
claim (n.) : 201, 542
claim (v.) : 63, 542
clang (n.) : 126
clash (n.) : 126
class (n.) : 175
clean (adj.) : 560
**clear** (adj.) : **130**
clear (v.) : 188, 192, 233
**clearly** : **131**
clergy : 183
**clerk** : **131**
clever : 311

773

cleverly : 312
**client : 132**
climb (down) : 213
clink (n.) : 126
clip (n.) : 689
close (adj.) : 418
close (v.) : 81
close off : 146
clothes : 252, 700, 701
cloud (v.) : 713
cluster (n.) : 350
coach : 107
coarse : 355, 710
cobblers : 630
coin : 461, 515
coincide : 149
coincidence : 358
cold (adj.) : 331
**collar : 134**
**collect (oneself) : 133,** 509
collect (v.) : 584, 586, 617, 619
colossal : 462
colourful : 714
combination : 28
**combine** (v.) : **134,** 414, 615
come : 52, 518, 584
come about : 485
come along : 38, 65
come down : 211, 212
come down (to) : 615
come in : 506, 584
come out : 559
come out (with) : 650
come round (to) : 578
come true : 7, 721
come up (against) : 20
come up (to) : 44, 52, 602
comedy : 135
**comfort** (n.) : **150,** 137, 138
**comfort** (v.) : 55, **151**
**comic** (adj.) : **135**
**command** (n.) : **137,** 137
**command** (v.) : **136**
commercial (n.) : 568
commit (oneself) : 261, 262
**commodity : 137**
common (adj.) : 174, 732, 733
common or garden : 732
commonplace : 710, 733
commotion : 35
communicate : 170
company : 659, 660
comparative : 596
**compass : 138**
competent : 719
**competition : 139**
complaint : 19
complement (v.) : 140

complete (adj.) : 398
**complete** (v.) : **140,** 251
completion : 9
complicity : 399
comply (with) : 4
component : 514
**compose (oneself) : 140**
**comprehensible : 141**
**comprehensive : 142,** 342
compromise (v.) : 141
conceited : 675
concentration camp : 208
concern (n.) : 16
**concern** (v.) : **144,** 401, 402, 590, 591
concerned (adj.) : 536
concerning : 597
concourse : 357
**condemn :** 87, **145**
**conduct (oneself) : 147,** 227
**conductor : 146**
**conference : 148**
**confidence : 149**
confirm : 151, 721
conflict (n.) : 126
conflicting : 20, 163
**confound : 149**
confront : 20
confuse : 149
**confused : 151**
**confusedly : 152**
confusion : 216, 712
**congeal : 153**
**congestion : 152**
**conjugate : 153**
connect : 170
**connection : 153,** 579, 598
**conscience : 154**
conscientious : 645
conscientiously : 154
consciousness : 154
consent (n.) : 26
**consent** (v.) : **155**
**consequent : 155**
**conservative** (adj.) : **156,** 425
**conserve** (n.) : **156**
**conserve** (v.) : **157**
**consider (oneself) : 158,** 271, 417, 453
considerable : 155, 369, 370, 645
considerate : 199
**consideration : 157**
consist (of) : 140
**consistent :** 155, **159**
**constitute : 160**
constructive : 526
consulting room : 101

contact (n.) : 45, 598
contact (v.) : 414
contact lens : 424
**contemplate : 161**
contend :19
**content** (adj.) : **161**
**contest** (v.) : **162**
**continent** (n.) : **163**
contraption : 263
**contrary : 163**
contribute : 499
contribution : 118
contrive : 49
contrived : 663
control (n.) : 137, 238
**control (oneself) :** 137, **164,** 238
**controller : 165**
**convene : 165**
convenience : 137, 138, 150
convenient : 48, 165, 531
convention : 324
**conversation : 166**
convey : 708
convict (v.) : 146
**conviction : 166**
convince (oneself) : 507
cool (adj.): 330, 331
**copy** (n.) : **167,** 241
corner : 35
corps : 168
**corpse : 168**
**correct** (adj.) : **169,** 280, 418, 594, 721
**correct** (v.) : **170**
**correspond : 170,** 602
costly : 484
**costume : 171**
could : 622
count (on) : 12
**count** (v.) : **142**
counterfeit (adj.) : 305
country : 105
countryside : 105
**couple** (n.) : **172**
couple (v.) : 242
**courage : 172**
**courageous : 173**
**course :** **175,** 265, 498, 521, 672
cox (v.) : 81
**crack** (v.) : **176**
crash : 126
**crayon** (n.) : **177**
crazy : 293, 318
creak (v.) : 176, 178
credit (n.) : 363
cremate : 376
**crime : 179**
cripple (v.) : 274

crippled : 372, 410
crisps : 125
criticism : 606
criticize : 87, 606
crook : 78
crop (n.) : 182
**cross (oneself)** : 81, **179**
cross out : 81
crossword : 353
crowd (n.) : 20
crowd (v.) : 558
crowded : 20
crucial : 106
crude : 545, 710
cruise (v.) : 180
crunch (v.) : 176
**cry** (v.) : **178**
cry (out) : 178
cubicle : 100
**cult** : **181**
cultivation : 182
**culture** : **181**
cup (n.) : 93
**curate** : **183**, 725
**cure** (n.) : **182**
cure (v.) : 171
currency : 461
**current** (adj.) : 12, **174**, 533
currently : 13
curt : 97
curve (n.) : 324
custody : 337
customer : 132
cut (v.) : 224
cut back : 31
cut off : 411
cut out : 31, 679

**damage** (n.) : **239**, 535
damp : 365
dance (n.) : 73
dance hall : 184
**dancing** : **184**
danger : 287, 451
dark : 476
**date** (n.) : **184**, 693
**date** (v.) : **184**
day : 416
dazed : 356
deadline : 197
deadly : 463, 464
deal : 16
deal (with) : 480, 706
dealer : 240
death : 24
**decade** : **185**
deceitful : 306
**deceive (oneself)** : 4, **187**
**decent** : 97, **186**, 361, 594

decently : 362
**deception** : **187**
decide (on) : 51
**decided** (adj.) : **189**
**decidedly** : **189**
decisive : 445, 446
**declare (oneself)** : **190**, 559
decline (v.) : 225
**decorate** : **191**
decrease (v.) : 224
dedicate : 78
deep : 351, 554, 555
deep-rooted : 729
defect (n.) : 725
**defence** : **194**
**defend** : **193**
defer : 221, 608
**definite** : **196**, 325, 332, 681
definitely : 682
deftness : 15
**defy** : **195**
**degree** : **196**, 345, 427
**delay** (n.) : **197**, 716
delegate (v.) : 187
delete : 679
**deliberate** (adj.) : **198**, 730
**deliberately** : **198**
**delicate** : **199**, 311, 329, 330, 467, 690
**delicious** : **200**
delightful : 200
**deliver** : **200**, 558
delivery : 583, 647
delude oneself : 4
**demand** (n.) : **201**, 203
**demand** (v.) : **202**
demo : 441
**demolish** (v.) : **204**
**demonstrate** : **206**
**demonstration** : **205**, 440, 441
denomination : 181
denote : 215
**dense** : **207**
**denture** : **207**
deny : 162, 194
department : 647
depend (on) : 12, 142, 680
dependable : 681, 645
**dependence** : **208**
dependency : 208
depict : 605
**deport** : **208**
deposit (n.) : 10, 209
**depot** : **209**
depraved : 511
deprive (of) : 32, 617
**deputy** : **210**
derive : 617
**descend** : **211**

**descent** : **213**
describe : 217, 570, 605
**description** : **214**
deserve : 451, 452
**design** (v.) : **216**, 219
**designate** : **215**
desire (n.) : 267
desk : 77
**destination** : **218**
**destine** : **218**
destroy : 10, 204, 205
**detail** (n.) : **219**
determined (adj.) : 189, 198, 730
device : 263
devious : 726
dexterity : 15
diagram : 309
dial (v.) : 141
**diamond** : **220**
diary : 22, 415
dictate (to) : 136
diddle : 49
die : 25
die down : 104
diet (n.) : 182, 592
**differ** : **221**
**difference** : **220**, 473
different : 237, 668
**difficult** : 199, **222**
difficulty : 505
**diffuse** (v.) : **223**
**digest** (v.) : **223**
dim : 476
**diminish** : **224**
dinner jacket : 657
dip (v.) : 523
**direct** (v.) : **227**, 382, 490, 582
**direction** : **226**, 470, 640
directive : 396
**director** : **225**
directory : 380
disabled : 372
**disagreement** : **211**, 229
disappointed : 187
disappointment : 187
**disc** : **233**
**discharge (oneself)** : **187**, 426, 557, 595
disclose : 192
**discotheque** : **228**
discourteous : 377, 378
**discover** : **191**
discus : 233
**discuss** : **229**
**discussion** : **229**
disease : 19
disgrace (n.) : 375
disgraceful : 375

775

disgusting : 384, 385
dish : 521
dishonest : 378
dismiss : 123, 428, 653
**disorder** : 19, **216,** 712
dispel : 122, 123, 234
disperse : 233
display (n.) : 288, 291
display (v.) : 288
disposal : 230
**dispose** : **230**
**dispute** (n.) : **231**
**dispute** (v.) : 162, 230, **232**
disregard (v.) : 462
disrupt : 713
disruptive : 715
**dissipate** : **233**
dissipation : 216
dissoluteness : 216
**distinct** : **234,** 728
distinctive : 500
**distinctly** : **235,** 642
distort : 29
**distract** : 32, 234, **236**
**distracted** : **236**
**distraction** : **235**
distribute : 223
distrust (v.) : 195
disturb : 713
disturbance : 216, 712
dive (v.) : 523
**diverse** : **237**
do : 7, 49, 252
do away (with) : 679
do for : 205
do in : 212
do up : 48
dock (n.) : 83
dock (Jur.) : 77
document : 514
**domicile** : **237**
**dominate** : **238**
donate : 1
**donor** : **240**
doomed : 218
doormat : 109
**dossier** : **240**
**double** (n.) : **241**
**double** (v.) : **242**
doubtful : 615
down (v.) : 213
downright : 332
down-to-earth : 526
draft :556
**drama** : 243, **244,** 697
**dramatic** : **243**
drastic : 260
draw (v.) : 217, 258, 703
drive (n.) : 260, 624
drive (v.) : 147, 261, 516

drive away : 122, 123
drive back : 595
driver : 124, 146
drop (v.) : 212
**drug** : **244**
dub : 242
dubious : 112, 378
dump (n.) : 79, 95, 127
duplicate (n.) : 241
durable : 661
duster : 124
duty : 318, 319, 336, 647
dwell : 356, 392
dweller : 364
dynamic : 260

earmark (v.) : 219, 608
earnings : 335
ease (n.) : 137, 297
ease off : 104
easily : 297
easiness : 297
eastern : 490
easy : 296
easygoing : 296
eat : 471
ebb (v.) : 212, 617
eccentric : 293
**economic** : **246**
economical : 67, 246
economics : 245
**economize** : **246**
**economy** : **245**
edge (n.) : 466
edge (v.) : 93
**edit** : **247**
**edition** : **248**
**editor** : **247**
editorship : 226
**educate** : **249,** 397
**education** : **250,** 396
**effect** (n.) : **252,** 485
**effect** (v.) : **251,** 485, 582
**effective** : **250**
**effectively** : **250**
effort : 505
eject : 595
elaborate (on) : 273
eliminate : 679
**embark** : **255,** 262
embarrassed : 151, 264
embarrassment : 712
embossed : 598
**embrace** (v.) : **256**
embryo : 341
emerge : 371
emergency : 717
**emigrate** : **259**
**emission** : **259**

**emit** : **258**
emphasis : 391
emphasize : 8, 391, 445
employ (v.) : 481
employer : 504
empty (v.) : 188
enclose : 377, 414
end (n.) : 313, 315, 573, 693
end (v.) : 10, 314, 315
end up : 315
endure : 677, 678
enduring : 661, 729
**energetic** : **260,** 466
**enervating** : **261**
**engage** : **261,** 480
**engine** : **263**
**engineer** (n.) : **387**
enjoy : 85, 554
enjoy (oneself) : 32, 236
enjoyment : 26
**enlarge** : **254,** 273
enough : 675
enrol : 391
ensure : 57, 58
enter : 262, 391, 506, 507, 538, 539
**enterprise** : **266**
entertain (v.) : 236, 584, 706
entertainment : 669
entrance (n.) : 6, 265
entree : 266, 409
**entry** : **265**
**envy** (n.) : **267**
equable : 253
**equal** (adj.) : **253,** 322
eraser : 343
**err** : **267**
error : 304
escape (n.) : 276
escape (v.) : 275
escapism : 276
**essay** (n.) : **269**
essential (adj.) : 106, 371
establish (oneself) : 19
esteem (n.) : 158, 159
**estimate** (v.) : 43, **270,** 276
**evade** :**275**
**evaluate** : **275**
**evasion** : **276**
even (adj.) : 253, 593
event : 139, 441
**eventual** : **277**
**eventually** : **277,** 313, 315
everyday : 174, 733
**evidence** : 118, **278**
evident : 278
**evidently** : **278**
evil (adj.) : 511
**evoke** : **279**
ex- : 33

**exact** (adj.) : **280**, 418, 534, 535
exactly : 535
**examine** : **281**, 404
excel : 710
excessive : 3
excite : 576
**excited** : **282**, 466
**exciting** : **282**
**excuse** (n.) : **283**
excuse (v.) : 494
execute (v.) : 252
exempt (v.) : 285
**exercise** (v.) : **283**
exert : 283, 284
exhausting : 290
exhibit (v.) : 288
exhibition : 205, 288
exit (n.) : 412
**exonerate** : 188, **285**
expand (v.) : 273
expect : 60, 61, 143, 202, 203
expel : 123, 595
expense(s) : 118
expensive : 484
**experience** (n.) : 68, **285**, 367, 530
experiment (n.) : 285, 286
experimentation : 286
expert(n.) : 286
**expertise** : **286**
explain : 288, 537
**exploit** (n.) : **286**
expose (oneself) : 149, 192, 374
**exposition** : **288**
exposure : 289
express (v.) : 258, 564
expression : 28, 443, 589
exquisite : 311
**extend** : 254, **272**
**extension** : 197, **289**, 529
extensive : 370, 421
**extenuating** : **290**
**exterior** (adj.) : **290**
external : 291
**extra** (adj.) : **291**
**extraordinary** : **292**, 293
**extravagant** : **293**
exuberant : 513
exult : 710
exultant : 710
eye (n.) : 683, 589
eyewash : 360

**fabric** : **294**
**façade** : **295**
**face** (n.) : **295**, 309

face (v.) : 20, 288, 289, 490, 591
**facile** : **296**
**facility** : 138, **297**
factory : 294
**faculty** : **298**
fade : 29
fail : 52
fair (adj.) : 169, 340, 361, 417, 418, 434
fairly : 362
fake (adj.) : 305
fall (v.) : 51, 212
fall (for) : 442
fall in (with) : 578
**false** : **305**
**famous** : **299**
**famously** : **299**
fanatical : 439
fancy (v.) : 116
fantastic : 292, 293, 328, 339, 641, 695
**fantasy** : **300**
far (adv.) : 422
**farce** : **301**
fare : 132, 517
**farm** (n.) : **307**
farmhouse : 307
fast (adj.) : 66
fasten : 59
**fastidious** : 222, **301**
fat (adj.) : 354
fat (n.) : 347
**fatal** : **302**, 463
**fatally** : **303**
fated : 218, 302
**fatigue** : **303**
**fault** (n.) : **304**, 606, 725
faulty : 378
favour (n.) : 647, 649
favourable : 67, 526
feat : 287, 509
feature : 108
feed (v.) : 471, 472
feel (v.) : 611
feel (like) : 692
feeling (n.) : 373, 644
feign : 305
fellow (n.) : 383
female (adj.) : 306, 307
**feminine** : **306**
fence : 82
fetch (v.) : 586
**fever** : **308**
**fiction** : **308**
fidget (v.) : 24
field (n.) : 96
fiendish : 511
fight (v.) : 232
fighter : 122

**figure** (n.) : **309**
**file** (n.) : 240, **310**
fill (v.) : 480
**final** (adj.) : **312**
finale : 94
**finality** : **313**
**finally** : **313**
**fine** (adj.) : **310**
**finely** : **312**
finicky : 222
**finish** (v.) : 9, 10, **314**
finish off : 10, 429, 430
fireplace : 124
firm (adj.) : 198, 260, 661
firm (n.) : 16, 266, 384
fishy : 112
fit (adj.) : 45, 719
fit (n.) : 6
fit (v.) : 14, 170, 261, 432
fix (n.) : 331
fix (v.) : 48, 51, 57
flan : 689
**flannel** : **316**
flat (n.) : 41, 521
flatten : 204
flavour (n.) : 496
flexible : 665
flick (v.) : 24
flimsy : 330
fling (v.) : 557
**float** (v.) : **316**
flow (down) : 212
flowing : 665
fluent : 297
fluff (n.) : 464
fluid (adj.) : 665
fluid (n.) : 428
fluster (v.) : 713
fly (v.) : 465, 516
foible : 440
follow : 674, 675
following (n.) : 64
**folly** : **318**
fool (n.) : 463
fool (v.) : 465
**football** : **321**
footstep : 702
forbid : 193
**force** (n.) : **321**, 455
force (v.) : 371
forceful : 260
forecast (v.) : 37
forefinger : 379
foreign : 291
foreigner : 274
foreshadow : 36
forestall : 543
foreword : 69
forge (v.) : 368
forgive : 494

777

form (n.) : **323**, 325
form (v.) : 160, 217, **326**
formal : **325**
formally : **326**
format : **323**
former : 33, 34
**formidable** : **327**
fortunate : 115
fortune : 358
forward (v.) : 707
foul : 384, 385
foundation : 83
**fountain** : **320**
foyer : 357
**fragile** : **329**
fragrance : 495, 496
franc : 76
**frank** : **332**
**fraud** : **333**
free (adj.) : 426
free (v.) : 200, 425, 426
freedom : 298
freeze (v.) : 91, 152
freighter : 108
**fresh** : **331**
**freshly** : **330**
friend : 688
friendly : 686, 687
frighten : 374
front (n.) : 295
frontage : 295
fruitful : 553
**fuel** (n.) : **333**
fulfil : 7
fulfil (oneself) : 582
full : 398
fun : 32,334, 462
**function** (n.) : **318**
**function** (v.) : **319**
fundamental : 106
funny : 87, 135, 136
furnish : 191, **328**
fuss (n.) : 360
fussy : 222, 439

**gain** (n.) : **335**
gain (v.) : 11, 66, 617
**gang** : **336**
gangster : 78
gate : 82, 353
gate money : 265
**gâteau** : **339**
gather (v.) : 619
gathering (n.) : 619
**gay** : **334**
gaze (at) : 159, 161
gem : 510
generous : 422
generously : 423
**genial** : **339**

genius : 339
**gentle** : **340**
germ : **341**, 454
**gesture** : **341**
get : 85, 476, 477, 583, 584, 629
get along : 688
get back : 586, 587
get down : 211
get in : 506
get off : 212
get on : 52, 65, 688
get out : 212
get (to) : 51, 52
gift : 484
give : 1, 15, 268, 328, 382, 484, 608, 610
give off : 258
give (oneself) up : 1, 51, 146
give way (to) : 1
glad : 161
glass : 76
glimpse (v.) : 191
**global** : **342**
go : 55, 128, 231, 265, 441, 442
go (about) : 485
go (down) : 211, 212, 213, 617
go off : 188, 251, 256
go on (at) : 178
go out : 212, 617
go (over) : 600, 601
go (through) : 354, 600, 601
go (with) : 55
good : 97, 340, 355, 418, 526, 645, 719
gorgeous : 200
**govern** : 227, **344**
government : 591, 592
grab (v.) : 628, 629
**grade** (n.) : 197, **345**
grade (v.) : 555
gradual : 555
graduate (v.) : 555
**grain** : **346**
**grand** : **347**
grant (v.) : 155
**grape** : **350**, 575
grasp (n.) : 399
grasp (v.) : 629
grass (n.) : 240, 358, 359, 464
**gratification** : **350**
gratuitousness : 351
**gratuity** : **350**
**grave** (adj.) : **351**
grave (n.) : 701
gravestone : 701
graveyard : 127

gravy : 632
**grease** (n.) : **347**
great : 292, 328, 334, 339, 348, 349, 625, 641, 645, 695
greatly : 422
greet (v.) : 630, 631
grid : 353
**grief** : **352**
grievance : 352
**grill** (n.) : **352**
**grill** (v.) : **353**
**grille** : **353**
**gross** : **354**
group (n.) :89
group (v.) : 91
grow : 554
grown-up : 348
guarantee (v.) : 58, 113
guard (against) : 543
**guard** (n.) : **336**, 338
**guardian** : **338**
guest : 132, 364
guide (v.) : 227, 490
**gulf** : **343**
**gum** (n.) : **343**
gun : 47, 106

habit : 440
hack (v.) : 448
**haggard** : **356**
hail (v.) : 632
half-hearted : 699
**hall** : 265, **357**
halt : 50
hand down : 707
hand in : 209
hand on : 707
hand over : 707
hand round : 129
handle (v.) : 706
handy : 531, 649
hang (v.) : 317
hang (off) : 317
hang up/out : 272
hangnail : 267
happen : 376
happen (to) : 52, 53, 549
happy : 161, 334
hard (adj.) : 222, 625, 661, 664
hard (adv.) : 626
hardwearing : 661
hard-working : 173
harm (n.) : 239
harmless : 86
harsh : 621, 625, 651
harshly : 626
hash : 448
hat : 92

have : 49, 53, 85, 143, 230, 284, 527, 584
have on : 630
havoc : 448
**hazard : 357,** 474
head (n.) : 399
head (for) : 228, 441
healthy : 628
heap (n.) : 493
hear : 417, 508
hearing (n.) : 64
heart : 173
hearty : 625
heavy : 348, 354, 355
hefty : 661
helm : 80
help (n.) : 27
help (v.) : 54, 55, 650
herald (v.) : 37, 38
**herb : 358**
**heritage : 359**
hesitant : 699
highly strung : 466
high-rise (block) : 99
hint (n.) : 29
**historic : 361**
historical : 361
**history : 359**
hold (v.) : 157, 284, 584, 610
hold out : 65
hold up : 90, 436
hole : 79
holiday : 717
**honest** : 97, **361,** 434, 561, 594
**honestly : 362**
**honour** (n.) :**362**
hopeless : 733
**host** (n.) : **363,** 435
hotel : 491
house-trained : 561
housing estate : 129
housing project : 129
hover : 268, 317
howl (v.) : 178
howler : 510
**human** (adj.) : **364**
humane : 364
humble (adj.) : 458, 476
**humid : 365**
hunt (n.) : 122
hunt (v.) : 122
hunting : 121
hurry (n.) : 541
hurry (v.) : 541
**hut** : 79, **365**

identical : 249
**ignorant** : **366,** 367, 550
**ignore** : **366,** 462

illegal : 633
ill-mannered : 250
ill-treat : 98
illustration : 309
**image** : **367,** 374, 673
imagery : 367
imagine : 417, 605
**imitate : 368**
imitation : 368
**immaculate : 368**
**immaterial** : **369,** 381
immerse : 523
impair : 29
imperative (adj.) : 371
imply : 653
impolite : 377, 378
import (n.) : 370
**important : 369**
**importation : 370**
impose (on) : 3
**impose (oneself) : 370**
**impotent : 372**
**impress** (v.) : 371, **374**
**impression** : 252, **372,** 374, 644
improper : 377
impropriety : 378
**inadmissible : 375**
inappropriate : 377
**incessantly : 375**
**incidentally : 376**
**incinerate : 376**
incline (v.) : 230
**include : 377**
**inconvenience** (n.) : 211, 378
**inconvenient** : 377
**incorrect** : **378,** 726
increase (v.) : 11, 273
incredible : 328, 715
indecent : 377
indeed : 251
**index** (n.) : **379**
index finger : 379
**indicate** : 215, **381,** 652
**indicator : 380**
indict : 8
**indifferent : 381**
**indifferently : 380**
indiscriminately : 380
indistinctly : 152
**individual** (n.) : **383**
indoctrinate : 407
induce : 566
industrial : 659
**industrious : 384**
**industry : 384**
ineradicable : 729
inevitable : 302, 303
inevitably : 303

**infamous : 384**
**infection : 385**
**inferior : 385**
inform : 69, 397, 544, 652, 653
**information : 386**
informer : 380
ingenious : 384
ingenuous : 105
**inhabit : 356**
**inhabitant : 356**
inhale : 393
inheritance : 359
inhibit : 91
**initiate** (v.) : **388**
**injure (oneself) : 389**
**injurious : 389**
**injury** : 239, **389**
inland (adj.) : 402
inner : 402
innocent : 105
insanity : 318
**inscribe : 390**
insecure : 330
insert (v.) : 261, 409
inside (adj.) : 402
**insist** : **391,** 437, 542
insistent : 391
inspect : 164
inspiration : 720
**inspire : 392**
**install (oneself) : 393**
instant (adj.) : 396
**instant** (n.) : **395**
**instantaneous : 396**
**instruct** : **397,** 470
**instruction : 396**
instrument : 253, 263
insulate : 412
insult (n.) : 389, 481
insult (v.) : 389
insurance : 56, 57
insure : 57
**integral : 398**
intellect : 399
**intelligence : 398**
intend : 143, 218, 219, 543, 559
**intense : 399**
intentional : 730
intercede : 405
intercourse : 580
interest (n.) : 401
**interested : 402**
**interesting** : **400,** 668
interfere : 405, 713
**interior : 402**
internal : 402
**interpret : 403**
**interrogate** : **403**

779

intersect : 179
**intervene : 404**
**intervention : 406**
**interview : 407**
intimidate : 374
intolerable : 375
**intoxicate : 407**
**intrigue** (n.) **: 408**
introduce (oneself) : 388, 537, 538
introduction : 406, 409
**invalid** (adj.) **: 410**
invest : 519
investigation : 387
invigilate : 683
**involuntary : 410**
involve : 256, 262, 538, 605
involved : 144, 402
irregular : 378
irritating : 261
irritation : 456
**isolate : 411**
isolated (adj.) : 524
**issue** (n.) : 117, 200, 241, 259, **412**
issue (v.) : 258
item : 529

jacket : 724
jail (n.) : 210
jam (v.) : 91, 610
jigsaw (puzzle) : 569
job : 119, 517, 529, 654
job lot : 433
join (n.) : 415
**join** (v.) : 265, 391, **413**
join (in) : 499
**joint : 415**
joke (n.) : 301
jolly (adv.) : 626
jolt (n.) : 126
**journal : 415**
**journey : 416,** 624, 731, 732
jubilant : 710
**judge** (v.) : 43, **416**
judgement : 50
judgment : 643
jump (v.) : 354
**just** (adj.) **: 417**
just (adv.) : 716
justifiable : 418
jut out : 66

keen (adj.) : 311, 641
keen (on) : 32
keep (v.) : 157, 284, 436, 578, 608
keep up : 436
keeper : 337, 338
kick (v.) : 419

kick out : 74
kind (adj.) : 199, 340
kind (n.) : 488
kiss (v.) : 257
knickers : 656
knock about : 98
knock down : 204, 679
know (v.) : 367, 528, 653

label (n.) : 112
label (v.) :112
**labour** (v.) **: 419**
**lace** (n.) **: 420**
lack : 2
laissez-faire : 425
lake : 83
land (v.) : 585
landing (n.) : 583
lane : 310
**language : 420**
**lard** (n.) **: 421**
**large** : 348. 354, 355, 369, 370, **421**
**largely : 422**
laugh (at) : 462
launch (v.) : 78
lavatory : 101
law court : 492
lawsuit : 548
lawyer : 71
lay (v.) : 272, 596
lay off : 428
lay out : 262
layman : 550
lead (n.) : 66
lead (v.) : 147, 227
leadership : 226
learn : 397
leave (n.) : 632
leave (v.t.) : 1
leave (v.i.) : 231
leave (to) : 63
lecherous : 726
**lecture** : 148, 175, **423**
leftover : 613
leftovers : 598, 613
leg : 96
legacy : 359
legal : 594
lens : 424
**lentil : 424**
lessen : 103
lesson : 175
let down : 212
let in (for) : 261
let off : 494
let out : 254
lethal : 463
lettuce : 630
level (adj.) : 253

level (n.) : 80, 594
levy (v.) : 509
**liberal** (adj.) **: 424**
**liberate (oneself) : 425**
libra : 73
**librarian : 426**
**library : 427**
**licence** (n.) **: 427**
**license** (v.) **: 428**
lie (v.) : 272
lie down : 272
life : 35
lifestyle : 673
light (adj.) : 130
like (v.) : 32, 686, 687
likeable : 686
likely : 561, 622, 684
limb : 450
limited : 453, 545, 596, 597
line (n.) : 71, 80, 310
line (v.) : 93, 242, 640, 722
line up : 578
link : 579
link (v.) : 170
**liquid** (adj.) **: 429**
**liquid** (n.) **: 428**
**liquidate : 429**
list (v.) : 112
literally : 449
**literature : 430**
lithe : 665
live (v.) : 356
live (on) : 472
lively : 36
**livid : 430**
living (n.) : 183
load (n.) : 117
load up : 119, 256
lobby (n.) : 357
**local** (n.) **: 431**
localized : 524
locate : 655
location : 654
lock (v.) : 91
**lodge** (v.) : 209, **432**
loner : 633
long : 348, 354, 421
longing (n.) : 267
longwearing : 661
loo : 101
look (n.) : 281, 589
look (v.) : 38
look (after) : 480
look (at) : 159, 281, 590
look (for) : 203
look out (over) : 591
lookout : 62
loss : 535
**lot : 433**

780

loud : 348
love (n.) : 31, 733
lovely : 200
lover : 30, 31
loving : 690
lower (adj.) : 386
lower (v.) : 212
lowly : 458, 476
**loyal : 434**
luck : 115, 720
lucky : 115, 720
luggage : 72
lukewarm : 615
**lunatic : 434**
lust (n.) : 575
**luxury : 435**

machine (n.) : 263
mad : 318, 626
madness : 318
main : 437
main road : 71
mainland : 163
**maintain** : 19, 157, **436**
**major** (adj.) : 106, **437**
majority : 438
make (n.) : 443
make (v.) : 582, 617
make do (with) : 49
make up : 141, 160, 326, 586
male (adj.) : 447
**malice : 438**
**malicious : 439**
man (n.) : 447
manage : 49, 52, 227
management : 226
manager : 225, 504
manhandle : 98
**mania : 440**
**maniac : 439**
manifest (adj.) : 728
**manifestation : 440**
mantelpiece : 124
map : 109
**march** (v.) : **441**
**mark** (n.) : 80, **443**, 445, 469, 702
**mark** (v.) : 170, **444**, 470, 652
mark out : 215, 218, 703
**marriage** : 28, **442**
marvellous : 292, 299, 334
**masculine : 447**
**mash** (v.) : **435**
masquerade (v.) : 306
mass (n.) : 699
**massacre** (v.) : **448**
match (n.) : 139, 498
match (v.) : 55, 56

mate (n.) : 96
material (adj.) : 250
material (n.) : 699
**materially : 448**
**maternity : 449**
matter (n.) : 16, 17, 117
matter (v.) : 381
mature (adj.) : 438
may : 684
mean (adj.) : 67
mean (v.) : 219, 543, 605, 653
meaning (n.) : 639, 640
**measure** (n.) : **452**
**measure** (v.) : **453**
measurement : 452
mediation : 406
**medicine : 449**
meet : 539
meeting (n.) : 619
melody : 28
**member : 450**
member of parliament : 210
membership : 450
memento : 666
memo(randum) : 469
memory : 667
**menace** (v.) : **451**
mention (v.) : 279
menu : 109
mercurial : 722
merge : 149
**merit** (v.) : **451**
merry : 334
mess : 48, 49, 124, 216, 448, 630
mess up : 448
**microbe** : 341, **454**
might (v.) : 277, 622, 684
migrate : 259
mild : 86
**military** (n.) : **455**
mincemeat : 448
mind (n.) : 268, 269, 279, 399, 605
mind (v.) : 263, 381
mindful : 62
minor (adj.) : 86
minute (n.) : 395
mischief : 438
mischievous : 439
mischievousness : 438
misconduct (n.) : 304
**miserable : 455**
miserly : 67
**misery : 456**
misfortune : 456
mishap : 7
miss (v.) : 264
mistake (n.) : 304

mistake (for) : 149
mistrust (v.) : 195
mix up : 149, 256
mob (n.) : 574
**mobile** (n.) : **457**
**mock** (v.) : **462**
moderation : 452
**modest : 458**
**modify** : 18, **458**
moist : 365
**moment** : 13, 395, **459**, 536
**money** : 428, **461**
monotonous : 300
**monument : 462**
monumental : 462
monumentally : 462
moody : 434
**mortal** (adj.) : **463**
motherhood : 449
motive : 457
move (v.) : 65, 128, 491, 708
move along : 129
move up : 65
movement : 342
muddle (n.) : 216, 630
**mundane** : **460**, 733
murder (n.) : 179
murder (v.) : 54, 448
**mutton : 464**
**mystify : 465**

nag (v.) : 178
naive : 105
name (n.) : 371
name (v.) : 78
nanny : 474
nasty : 726
natural : 467
naturally : 278
nature : 488
naughty : 727
**navigate : 465**
neat : 488, 560
neatly : 562
necessitate : 371
neck : 66
necklace : 134
need (v.) : 202
negotiate : 706
nerve (n.) : 466
**nervous : 466**, 713
nervy : 466
news : 387, 416, 472
newscaster : 667
newspaper : 416
newsreader : 667
next : 676
nice : 25, 97, 340, 687
nickname (n.) : 682
nickname (v.) : 79

781

nil : 733
**noble** (adj.) : **467**
nod (v.) : 631
nominal : 686
nominate : 559
**notable** (adj.) : **468**
**notably** : **468**
**note** (n.) : 445, **468**, 470, 474
**note** (v.) : **469**
note down : 390, 445, 470
noteworthy : 468
**notice** (n.) : 70, **470**, 599, 653
notice (v.) : 469, 599
noticeable : 468, 599, 642
noticeably : 468, 642
nought : 733, 734
**nourish** : **471**
nourishment : 471
**novel** : **472**
nowadays : 13
**nuance** : **473**
**nuisance** : **474**
nurse (n.) : 336, **474**

**object** (n.) : **475**
**obscure** (adj.) : **476**
obsession : 440
obstruct : 81
**obtain** : **476**
obvious : 130, 278, 728
obviously : 278
**occasion** (n.) : **478**
occasional : 525
occupancy : 479
**occupation** : **479**, 551
occupational : 552
**occupy** : 356, **479**
occur : 485, 549
occurrence : 110
odd : 87, 668
odds and ends : 475
odious : 384
**offence** : 304, **481**, 725
offend : 724, 725
offensive : 389
**offer** (v.) : **483**, 538, 539, 560
offertory box : 711
**office** : 38, 101, 118, 319, 431, **482**
offices : 406
**officious** : **483**
offload : 188
offshoot : 39
oil (n.) : 333, 512
old : 33, 34, 348
one-off : 524
**onerous** : **484**

one-shot : 524
onlooker : 671
only : 715, 716
open (v.) : 262
open out : 272
open up : 703
**operate** : 405, **485**
operation : 320, 407
opinion : 70, 644
opportuneness : 486
**opportunity** : 297, 478, **486**
opposing : 163
opposite : 163
**oppress** : **487**
opt (for) : 227
**orator** : **487**
**order** (n.) : 136, 137, **487**, 594
order (v.) : 136, 137
ordinary : 732
organise : 134
**organism** : **489**
organization : 489
**oriental** : **489**
**orientate (oneself)** : **490**
originality : 300
ounce : 346
outbuilding : 208
outburst : 6
outclass : 238
outcome : 412
outer : 290
outfit : 701
outline (v.) : 217, 703
outside (adj.) : 290, 291
outstrip : 354
outward : 291
overall (adj.) : 342
overcome : 151
overdo : 120
over-elaborate : 663
overhaul (v.) : 620
overindulgence : 3
overload (v.) : 120
overlook : 523
oversee : 683
over-sophisticated : 662, 663
overtake : 242
overuse (v.) : 3
overwhelmed : 151
own (adj.) : 501, 561
own (v.) : 527
owner : 504
ox : 91

pace (n.) : 627
**pacify** : **491**
pack (n.) : 493
**packet** : **493**
pad (n.) : 89

**pain** (n.) : **505**
paint (v.) : 605, 703
pair : 172
**palace** : **491, 492**
pale (adj.) : 88, 430
pallid : 430
pan : 111, 522
panties : 656
pants : 656
**paper** : 167, 416, **492**
paperclip : 711
par : 322
paramount : 106
parcel (n.) : 494
**pardon** (v.) : **494**
**parent** : **495**
parish : 183
parish priest : 183
park (v.) : 578, 579
**parking** : **496**
parking lot : 496
**part** (n.) : **497**, 499, 514, 532
partake (of) : 500
**participate** : **499**
**particular** (adj.) : **500**
**partition** : **501**
**party** : **498**
pass (v.) : 180, 242, 584, 707, 731
pass down : 707
pass on : 707
pass round : 129
**passable** : **502**
**passably** : **502**
**passage** : **502**
passenger : 132
passion : 575
pastel (adj.) : 690
pastime : 235
pastry : 339
patch : 514
pathogen : 341
**patron** : 132, **504**
patron saint : 504
pattern : 504
pay (n.) : 630, 631
pay (v.) : 143, 429
peace : 491
peaceful : 102
**pearl** : **510**
peculiar : 87, 668
peculiar (to) : 561
peel (n.) : 734
pelvis : 84
pencil : 177
**penetrate** : **506**
**pension** : **507**, 618
**perceive** : **508**
perceptible : 642
perceptive : 311

782

perennial : 729
perfectly : 674
perform : 7, 252, 403, 532, 547, 549, 605
**performance** : **509**, 549, 604
**perfume** (n.) : **495**
perhaps : 277
permit (v.) : 664
person : 383
**perspective** : **510**
**perverse** : **511**
perversion : 726
perverted : 511
**pest** : **512**
**petrol** : **512**
petroleum : 512
**petulant** : **513**
photography : 367
**phrase** (n.) : **513**
physically : 448
**physician** : **514**
physicist : 514
pick up : 120, 617
picture (n.) : 367
picture (v.) : 605
pie : 689
**piece** : **514**
piecemeal : 524
pig (n.) : 525
pigeonhole (v.) : 112
pigskin : 525
pile (n.) : 493
**pilot** (v.) : **516**
pimple : 95
pin (v.) : 519
pin down : 655
**pipe** (n.) : **516**
pit (oneself) : 454
pity (n.) : 239
**place** (n.) : 431, **517**, 518, 519, 549, 655
**place** (v.) : **518**, 655
plague (n.) : 512
plan (n.) : 556
plan (v.) : 134, 143, 557
**plant** (n.) : **520**
**plate** : **521**
**plateau** : **522**
play (n.) : 515
play (v.) : 32, 232, 268, 317, 403, 532
play about/around : 32
play-acting : 697
pleasant : 25
pleased : 161
pleasure : 26
pledge (v.) : 261
pliable : 665
plot (n.) : 360, 408

plot (of land) : 433
plough (v.) : 419, 703
plum : 567
**plunge** (v.) : **523**
point (n.) : 571, 650
point (v.) : 215, 227, 382
point out : 215, 382, 605
poison (v.) : 407
police station : 529
policeman : 22
polish off : 430
polite : 169
pond : 83
poor : 456
popular : 733
**pork** : **525**
**port** : **525**
portray : 605
pose (v.) : 306
position (n.) : 571, 654, 655
**positive** : 19, 325, **526**
positively : 326
**possess** : **527**
possibility : 298
possible : 277
possibly : 277
**post** (n.) : 318, 319, **528**, 654
post (v.) : 18
postpone : 221
potential (adj.) : 277
potty-trained : 561
poverty : 456
power(s) : 298
**practical** : 526, **531**
**practically** : **532**
**practice** : 101, 244, **529**, 532
**practise** : 283, 284, **532**, 601, 602
**precious** : **534**
**precise** : 280, **534**
precisely : 535
predicament : 264
predict : 37
predispose : 544
predominant : 239
predominate : 239
pregnancy : 449
**prejudice** (n.) : **535**
prejudice (v.) : 544
premises : 431
**preoccupied** : **536**
prepare : 231
prepare (for) : 490
prepared :230
presbytery : 182
present (adj.) : 12, 55
present (n.) : 536
**present** (v.) : **537**
**presently** : **536**

**preserve** (v.) : 157, **540**
**press** (v.) : 261, 391, **541**
pretence : 305
**pretend** (v.) : **542**
pretty (adv.) : 502
prevail : 709
**prevent** : **543**
previous : 33
price (n.) : 175, 631
**primary** : **545**
primitive : 632
print (v.) : 373
**private** : 500, **545**
prize (n.) : 433
problem : 240
**proceed** : 485, **546**
proceedings : 548
**process** (n.) : **548**
process (v.) : 704, 705
proctor (v.) : 683
**produce** (v.) : 327, 329, **548**, 566
production line : 114
**profane** (adj.) : **550**
**profession** : **551**
**professional** : **552**
professor : 550
profit : 84, 335
**profit** (v.) : **553**
**profitable** : 67, **553**
**profound** : **554**
programme : 102, 259
progress (n.) : 65
progress (v.) : 65
**progressive** : **555**
**project** (n.) : 266, **556**
**project (oneself)** : **557**
**promiscuity** : **558**
promise (v.) : 261
**pronounce (oneself)** : **558**
proof (n.) : 564
prop up : 436
**proper** : 186, **560**, 594
**properly** : **562**
property : 724
**propose** : **559**
propriety : 324
**prose** : **563**, 698
prospect (n.) : 511
prospective : 277
protect (oneself) : 540
protest (v.) : 162
prove : 206
**prove (oneself)** : **564**
provide : 57, 58, 328, 329, 472
provide (for) : 57, 472
**provision** : **564**
provocative : 566
**provoke** : **566**

783

provoking : **566**
**prune** (n.) : **567**
**public** (n.) : **567**
publication : 248
**publicity** : **568**
publish : 247
publisher : 248
pull in/up : 579
pull out : 616
pull over : 579
pull up : 65
punch (v.) : 419
**punctual** : 280, **524**
pure : 89
purpose : 218
push (n.) : 74
push back : 595, 596
push off : 81
put : 518, 519, 537, 655
put aside : 608
put away : 578
put down : 390, 391
put down (to) : 63
put forward : 65, 66, 258
put in : 393, 394
put off : 221, 713
put on : 66, 630
put through : 664
put up : 432, 538
put up (with) : 5, 223, 677, 678
**puzzle** (n.) : **569**
puzzle (v.) : 713

qualification : 473
**qualified** : **569**
**qualify** : **570**
**quality** : 292, 311, **571**
quarrel (n.) : 229, 231
quarrel (v.) : 232
quench : 103
question (n.) : 17, 241
**question** (v.) : 230, 404, **572**
**queue** (n.) : 310, **572**
quiet : 102, 103
quirk : 440

rabies : 575
**race** (n.) : 139, **573**
racy : 714
**radio** (n.) : **574**
rag : 124
**rage** (n.) : **575**
raid (n.) : 214
raid (v.) : 212
railing : 353
rain (v.) : 317
raise (v.) : 258, 611
**raisin** : **575**
range (n.) : 114

range (oneself) : **578**
**rank** (n.) : 345, **577**
rank (v.) : 143, 577, 578
rank and file : 83
rape (v.) : 728
**rare** (adj.) : **581**
rascal : 78
rash (adj.) : 66
rate (n.) : 175, 627
rate (v.) : 470
rather : 502
ratio : 580
ration (v.) : 246
rational : 576
reach (v.) : 4, 5, 52, 212
read : 382, 423
readership : 64
reading (n.) : 423
reading matter : 423
real : 250, 299, 645
**realize** : **582**
really : 189, 250, 361
rear (n.) : 573
**reasonable** : 67, 361, **576**
reasonably : 362
recall (v.) : 279, 605
recede : 617
receipt : 583
**receive** : 85, 509, **583**
**reception** : 64, **583**, 585
reckon (on/with) : 143
recollection : 667
**record** (n.) : 233, **585**
record library : 229
recover : 586
rectory : 182
**recuperate** : **586**
recur : 600
**recycle** : 586, **587**
reduce : 53, 224
**redundant** : 428, **588**
refer : 629
reference : 29
**reflect** : **588**
reflection : 158, 368
refresher course : 587
refusal : 589
**refuse** (n.) : **589**
refuse (v.) : 5
**regard** (n.) : **589**
**regard** (v.) : 159, 270, **590**
**régime** : **591**
register (n.) : 42
register (v.) : 8, 190, 382, 445, 446
**regular** : **593**
**regulation** : 592, **592**
rehearsal : 601
rehearse : 601
reign (v.) : 709

reinforce : 151
**reject** (v.) : **595**
relating (to) : 597
**relation** : 495, 579, 580, **597**
relationship : 579, 597
**relative** (adj.) : **596**
relative (n.) : 495
relax : 236
release (v.) : 200, 255, 426
reliable : 645, 681
**relief** : **598**
relieve : 103, 187, 200
relinquish : 1
rely (on) : 142
remain : 436
remains (n.) : 598, 613, 614
**remark** (v.) : **599**
remind : 279
remnant : 614
remove (v.) : 616, 679
renovate : 48
rent (n.) : 693
reopen : 620
**repeat** (oneself) : 242, **600**
**repetition** : **601**
reply (n.) : 602
reply (v.) : 602
**report** (n.) : **579**
report (v.) : 190, 652
**represent** (oneself) : **604**
**representation** : **604**
representative : 210
reprimand (n.) : 87
reprimand (v.) : 87
**reproach** (oneself) : **606**
request (n.) : 201
require : 202, 371
requisite (n.) : 475
resemble : 279
**resent** : **611**
reservation : 607, 615
**reserve** (n.) : **606**
**reserve** (v.) : **608**
residence : 238
**resign** (oneself) : **609**
**resist** : **609**
resit (v.) : 605
resolute : 198
respect (v.) : 158, 270
**respond** : 602
**response** : **603**
responsibility : 118
responsible : 602, 645
responsive : 466
**rest** (n.) : **613**
restless : 24
**restore** : 612, **612**
result : 412
**résumé** : **614**
resume : **615**

resurrect : 612
**resuscitate** : **611**
retail (n.) : 219
retain : 157
retainer : 565
retake (v.) : 605
**reticent** : **615**, 637
**retire** : 1, **616**
retirement : 618
retrain : 587
**retreat** (n.) : **618**
retrieve : 586
return (n.) : 580
return (v.) : 603
**reunion** : **619**
reveal : 192
revenue : 580
review (v.) : 620
**revise** : 91, **620**
revive : 279, 612
revolting (adj.) : 384, 385
reward (v.) : 631
**rhythm** : **627**
rid (v.) : 171
riding hat : 92
right (adj.) : 165, 169, 186, 418
right (n.) : 298
right wing : 425
rigid : 675
**rigorous** : **620**
**rigorously** : **621**
rind (n.) : 734
rise (v.) : 611
risk (n.) : 622
**risk** (v.) : 287, **621**
**risqué** : **623**
**river** : **623**
road : 623, 624
roast (v.) : 354
robust : 625, 661
rock (v.) : 74
roll call : 42
roll out : 272
room : 431, 515, 517
rough : 24, 98, 624
roughly : 625, 626, 642
**route** : **623**
rove (v.) : 267, 317
row (n.) : 577
rubber : 343
rubbish (n.) : 116, 360
**rude** : 378, **624**
**rudely** : **626**
rug : 109
rugged : 625
ruin (v.) : 204, 205, 448
rule (v.) : 227
rumbustious : 715
run (v.i.) : 129, 320, 441

run (v.t.) : 227, 232
runny : 429
runt : 454
rush (n.) : 541
rush about : 24
rustle (v.) : 176

safe (adj.) : 622, 681
safely : 682
safety : 638
sail (v.) : 465
**salad** : **630**
**salary** : 42, **630**, 705
**salute** (v.) : **631**
salvage (v.) : 586
**sane** : **627**
satisfactory : 675
satisfy : 103
**sauce** : **632**
saucepan : 111
**savage** (adj.) : **633**
save (oneself) : 246, 586, 608, 609
saving(s) : 245, 335
say : 37, 74, 382, 445, 542, 558
scale (n.) : 353
scales : 73
scar (n.) : 702
scar (v.) : 445
scarce : 581
scare (v.) : 374
**scene** : **634**, 697
scent (n.) : 495
schedule (n.) : 102, 353
scheme (n.) : 556
**scholarly** : **635**
school (n.) : 77, 635
schoolteacher : 551
score (n.) : 443, 501
scrap (n.) : 613
scrapyard : 127
scream (v.) : 178
screech (v.) : 178
scrutinize : 281
seat (n.) : 77, 517, 518
secondhand : 478
secrecy : 636
**secret** (adj.) : **637**
**secret** (n.) : **636**
secretive : 637
secular : 550
secure (adj.) : 661
secure (v.) : 58, 59
**security** : **637**
sediment : 209
**seduce** : **638**
see : 192, 508, 584
see (about) : 480
see (to) : 119, 480

seed : 341, 346
**seize** : **628**
select (v.) : 141
self-assurance : 56
self-confidence : 56
self-evident : 278
self-important : 67, 370, 675
self-importantly : 676
self-imposed : 730
selfish : 402
self-seeking : 402
sell : 519
sell off : 430
send : 227
send on : 707
send out : 258, 557
senior (adj.) : 676
sensation : 373, 641
**sensational** : **641**
**sense** (n.) : 373, **639**, 644
**sensible** : 576, **641**
**sensibly** : **642**
sensitive : 311, 641, 642, 690
**sentence** (n.) : 505, 513, **643**
sentence (v.) : 146
**sentiment** : **644**
series : 675
serious : 351, 354, 355, **645**
seriously : 348
**serve** (v.) : 7, 480, **648**
**service** (n.) : 181, 482, **646**, 649
service (v.) : 620
services : 455
set (n.) : 522, 529, 647
set (v.) : 655
set down : 605
set out : 288, 537
set up : 160
settle (v.) : 48, 160, 394, 395, 429
settle down : 579
settlement : 592
**severe** : 621, 625, **651**, 674
sex (n.) : 580, 597
sexual : 580
sexy : 282
shack : 79
shade (n.) : 473
shade of meaning : 473
shady : 112, 561
shake : 23
shame (n.) : 239
shape (n.) : 217, 323
shape up : 38
share (n.) : 433, 497
share (v.) : 499
shark : 78
sharp : 98, 311

785

shed : 79
sheep : 464
sheepskin : 464
ship (v.) : 256
shoal : 77
**shock** (n.) : **126**
shock (v.) : 629
shoelace : 420
shoot down : 213
shooting : 121, 122
shop (n.) : 95
shop (v.) : 75, 329
shopping : 565
shortly : 375
short story : 473
shot (n.) : 75
shout (v.) : 178
show (n.) : 206, 289, 440, 669
show (v.) : 8, 9, 147, 206, 382, 409, 445, 446, 484, 538, 557, 564, 599, 611
show business : 669
show off : 217
show round : 516
show up (v.t.) : 8
shrewd : 311
shrewdly : 312
shut off : 146
shy (adj.) : 698
side (n.) : 96, 649
side (v.) : 578
sideboard : 99
sight (n.) : 599, 669, 670
sign : 37
**signal** (v.) : 37, **652**
**signify** : **653**
silence (v.) : 149
simple : 658
simply : 449
sing : 116
single (adj.) : 715
sit : 141, 518
sit down : 394
sitting (n.) : 647
**situate** : **655**
**situation** : **654**
size : 323
sizeable : 155, 645
**sketch** (n.) : **656**
sketch in : 382
skid (v.) : 123
skilful : 384
skill : 15, 16
slack : 103
slash (v.) : 419
slaughter (v.) : 448
sleepless : 88
slender : 311

slide (n.) : 700
slight (adj.) : 86
slim : 311
**slip** (n.) : **656**
slope (n.) : 213
slow : 103
smart (adj.) : 260
smash : 126
smell (n.) : 495
**smoking** : **657**
snare (n.) : 420
**sober** : **657**
soccer : 321
**social** : 460, **658**, 673
socialite : 460
**society** : **659**
soft : 665, 690
soldier : 455
sole (adj.) : 715
sole (n.) : 520
solely : 716
solemn : 351
solicitor : 71
**solid** : 159, **660**
solitary confinement : 636
solution : 412
soothe : 103
**sophisticated** : **662**
sore (adj.) : 641
sorrow : 505
sorry : 494
sort out : 48
sound (adj.) : 627, 628, 660
soundproof : 412
**source** : **666**
**souvenir** : **666**
space (n.) : 517
sparing : 68, 658
sparse : 581
speak : 532, 558
**speaker** : 487, **667**
**special** : 500, **668**
specifically : 562
**spectacle** : **669**
**spectator** : 567, **670**
speech : 407
speed (n.) : 592
spell (n.) : 121
spin (n.) : 252
**spirit** (n.) : **268**
**spiritual** : **671**
split (v.) : 176
spoon-feed : 435
sporadic : 525
spot (n.) : 95
spot (v.) : 192
spotless : 368
spray (n.) : 92, 350
spread (n.) : 289
spread (v.) : 223, 272, 289

spread out : 272
spring (n.) : 320, 666
sprout (n.) : 341
square (n.) : 517
squeak (v.) : 178
squeal (on) : 75
squealer : 240
squeeze (v.) : 541
staff : 101
**stage** (n.) : 522, 635, **671**, 697
stagger : 150
stake (n.) : 401
stalk (n.) : 572
stand (v.) : 483, 518, 655, 664, 677, 678
stand aside : 579
stand (by) : 437
stand in (for) : 242
stand out : 217
stand up (for) : 193
stand up (to) : 610
standard (n.) : 322
**standing** (n.) : **673**
standpoint : 655
standstill : 50, 90
stare (at) : 159
start (n.) : 265
start (v.) : 190, 262
starter : 265
**state** (n.) : **271**, 288
statement : 271
station : 38
status : 673
stay (v.) : 212, 432, 436
steady (adj.) : 253, 593
steady (oneself) : 57
steal : 242
steer (n.) : 92
steer (v.) : 81, 227, 344
steering (n.) : 226
stench : 385
step (v.) : 441
step aside : 579
step in : 405
stereo : 114
stick (v.) : 59
stick (to) : 437
stiff (adj.) : 625
stimulant : 282
stock (n.) : 565, 606
stock (v.) : 56
stockroom : 607
stoke (up) : 119, 472
stomach (v.) : 223
stoolie : 464
stoolpigeon : 464
stoop (v.) : 211
stop (n.) : 50
stop (v.) : 50, 51, 680

store (n.) : 607, 608
story : 360, 630
straight : 594
strain (n.) : 691
strange : 87, 668
**stranger** : **273**
**strangle** : **274**
strapping (adj.) : 625
straw : 94
stray (v.) : 268
stream out : 316
strength : 321, 322
strengthen : 151
stress (n.) : 391, 691
stress (v.) : 391
stretch (v.) : 254, 272
**strict** : 325, 620, 621, **673**
strictly : 562
strike (v.) : 176, 629
stringent : 260, 620
stroke (n.) : 80
strong : 260, 660, 661, 719
stuck : 91
stuff (n.) : 433
stuffing (n.) : 301
stunned : 356
sturdy : 661
subject (n.) : 117, 475, 698, 706
submit : 538, 629
subsist (on) : 472
substantial : 159, 661
**succeed** : 52, **674**
succeed (to) : 4
succour (v.) : 55
sucker : 177
sudden : 97, 98
**suffer** : **663**, 678
**sufficient** : **675**
suggest : 279, 559
suicide : 679
suit (n.) : 171, 368
suit (v.) : 48, 165
suitable : 14, 165
suited (to) : 45
sum up : 615
summarize : 615
summary (n.) : 614
superb : 291, 299
**superior** : **676**
supervise : 683
supervision : 226
**supple** : **665**
supplement (v.) : 140
supply (n.) : 565, 606
supply (v.) : 328, 329, 472
**support** (v.) : 55, 193, 436, 437, **677**
**suppress** : **679**
**sure** : **680**, 682

surely : **682**
surface (n.) : 722
surgery : 101, 584
**surname** : **682**
surveillance : 683
**survey** (v.) : **683**
**susceptible** : 642, **684**
**suspect** (v.) : **685**
swallow (v.) : 442
swap (n.) : 241
swear (to) : 19
sweat (v.) : 664
swing (v.) : 74
swipe : 256
**symbolic** : **686**
**sympathetic** : 364, **687**
**sympathize** : **688**
**sympathy** : **686**
symptom : 712
system : 489, 591, 592

table (v.) : 209
tactful : 199
tail (n.) : 572
take (v.) : 5, 141, 147, 202, 251, 252, 284, 584, 677, 678, 708
take advantage (of) : 3
take away : 616, 617, 680
take back : 617
take down : 212, 214
take in : 4, 256, 465, 528
take off : 617
take on : 11, 119
take out : 616
take place : 7, 485
take (to) : 688
take up : 3, 257, 480
taker : 30
talk (n.) : 166
talk (v.) : 116, 230, 279
tall : 347
tamper (with) : 29
**tank** : **688**
**tart** (n.) : **689**
task : 87, 118
**tax** (n.) : 371, **689**
tax (v.) : 371
teach : 396, 397
teacher : 551
tedious : 301
telephone box : 100
tell : 37, 190, 382, 544, 652
tell (on) : 611
temperature : 308
tempo : 627
**tempt** : **691**
tend : 491
**tender** (adj.) : 641, **690**
**tension** : **691**

**term** (n.) : 597, **693**
term (v.) : 570
**terrace** (n.) : **694**
**terrible** : 625, **695**
**terribly** : 299, 626, **696**
terrific : 292, 327, 328, 339, 641, 695
terrifically : 299, 696
test (n.) : 610
test (v.) : 404, 572
textbook : 175
**theatre** : **697**
**theme** : **698**
thick : 159, 354
thin (adj.) : 130, 311, 429, 581
thing : 17, 68
think (v.) : 271, 417, 557
think up : 135
thirst : 575
thirsty : 29
thoughtful : 199
threaten : 451
thrive : 554
throw (v.) : 209, 557, 595
throw back : 596
throw out : 74, 123
ticket : 265, 517
tidily : 562
tidiness : 488
tidy (adj.) : 340, 488, 560, 578
tidy away : 578
tidy up : 578
tie (v.) : 59
tie up : 59
tight : 418
time (n.) : 197, 452, 459
time limit : 197
timeliness : 486
timetable (n.) : 102, 380
**timid** : **698**
tin : 156
tipsy : 334
tiredness : 303
tiresome : 301
tiring : 303
**tissue** : **699**
titch : 454
toast (v.) : 354
**toboggan** (n.) : **700**
**toilet** : 101, **700**
toilet-trained : 561
token (adj.) : 325, 686
tolerate : 677
**tomb** : **701**
tombstone : 701
toneless : 89
tonsillitis : 34
tooth : 207

787

top (adj.) : 676
topical : 12
topography : 598
torso : 711
toss back : 596
total (adj.) : 342, 674
touch (n.) : 346, 414
touch (v.) : 642
touch (on) : 279
touchy : 685
tough (adj.) : 625, 661, 664
tower (above) : 238
tower (block) : 99
**trace** (n.) : **702**
**trace** (v.) : **703**
track (n.) : 702
trade (n.) : 271, 551
traffic : 128
tragedy : 244
tragic : 243
trail (n.) : 702
train (v.) : 249, 283, 327, 397
train (on) : 227
training : 587, 671
**transmit** : 259, **707**
**transport** (v.) : 208, **708**
travel (n.) : 732
travel (v.) : 732
tray : 522
treacherous : 726
treasure (n.) : 510
**treat** (v.) : 704, **705**
treat (oneself) (to) : 484
treatise : 704
**treatment** : 182, **704**
**treaty** : **704**
tremendous : 327, 328
trespass (n.) : 481
trial : 270, 548
trick : 301
tricky : 199
trifle (n.) : 456, 457
trip (n.) : 731, 732
trite : 710
**triumph** (v.) : **709**
**trivial** : **710**
**trombone** : **710**
**trouble** (n.) : 7, 211, 264, 360, 505, **712**
**trouble** (v.) : 263, **713**
**truculent** : **714**
true : 280, 418
trunk : **711**
trunk road : 71
trust (v.) : 306
trustworthy : 681
try (n.) : 270
try (v.) : 417, 454, 692
tuck in/up : 93
tune (n.) : 28, 418

**turbulent** : **715**
turmoil : 712
turn (v.) : 261, 490
turn out : 327
turn up : 539
tusk : 194
tuxedo : 657
twist (n.) : 420
twist (v.) : 420
two-faced : 306
typical : 561

unabridged : 398
unacceptable : 375
unauthorized : 633
unaware : 367
unbelievably : 462
uncivilised : 633
uncommon : 581
unconsummated : 89
uncontrolled : 633
uncover : 191, 192
uncut : 398
underlying : 555
underpants : 656
understand : 629
understandable : 142
understanding (adj.) : 142, 364
understanding (n.) : 398, 399
undertake : 119, 261
undertaking (n.) : 266
uneventful : 300
unexpected : 300
unfounded : 351
unimaginative : 635
unintentional : 411
union : 28, 619
**unique** : **715**
**uniquely** : **716**
unit : 89, 452
unload : 187, 188
unmask : 149
unofficial : 483
unregulated : 633
unrest : 712
unruly : 234, 715
unseemly : 377, 378
unseen (n.) : 723
unsophisticated : 635
unsuitable : 377
untidiness : 216
untidy : 488
untrue : 305
unusual : 500, 581
unwitting : 411
upbringing : 250
upper : 676, 709
upset (v.) : 374, 724, 725
urge (v.) : 261, 391

**urgency** : **716**
use (n.) : 650
use (v.) : 231, 532, 533, 649, 650
useful : 531, 534, 649
useless : 733
usual : 174
utter (v.) : 258, 558

**vacancy** : **717**
**vacant** : **718**
vacation : 717
vague : 476
vaguely : 152
**valid** : 718, 719, **719**, 594
**valuable** : 534, **718**
valuation : 286
value (n.) : 67
value (v.) : 42, 270, 275
valued : 534
valuer : 286
varied : 237
various : 237
**varnish** (n.) : **721**
vast : 348
**vein** : **720**
veneer : 721
venture (n.) : 266
venture (v.) : 558
verdict : 643
**verify** : 164, **720**
**versatile** : **722**
**verse** : **722**
**version** : **723**
**vest** : **724**
**vex** : **724**
**vicar** : **725**
vicarage : 182
**vice** : **725**
**vicious** : **726**
view : 511
viewer : 670
viewpoint : 511
vigorous : 260, 466
vile : 384
**villain** (n.) : **727**
**violate** : **727**
violent : 98, 625
violently : 626
virtually : 532
**virtue** : 571, **723**
**visible** : **728**
visit (v.) : 503, 709
visualize : 605
vital : 106, 371
**vivacious** : 513, **729**
vivid : 714
vocational : 552
**volatile** : 722, 723, **729**
voltage : 691

**voluntary** : 85, **730**
vomit (v.) : 595
**vote** (v.) : **730**
vouch : 603
**voyage** (n.) : **731**
**vulgar** : 710, **732**
vulnerable : 330

wag (v.) : 24
wage (n.) : 631
wait (for) : 60
wait (on) : 649
walk (v.) : 441
wander (v.) : 267, 268, 317
want (v.) : 203
warden : 337
warder : 337
warehouse : 607
warn : 69, 544
warning (n.) : 69, 652
warped : 726
wash (n.) : 700
wash (v.) : 700
wash up : 595
washstand : 700
watch (n.) : 62, 683
watch (v.) : 590, 683, 684
water jump : 623
wave (v.) : 23, 316
way : 38, 262, 409, 624, 640
weak : 329
weaken : 224
wealth : 435
weapon : 47
wear (v.) : 703

wear off : 103
wear out : 205
wedding : 443
wedding ring : 28
weigh up : 453
weighing machine : 73
welcome (v.) : 584, 631, 632
well (adv.) : 423
well-established : 661
well-mannered : 250
well-meaning : 97
wet : 365
while (n.) : 395, 459
whim : 300
whip (v.) : 256
whisk (v.) : 24
white : 88
white horses : 464
whitecap : 464
wholesome : 628
wicked : 511
wide : 421, 422
widely : 422
widen : 254, 255, 273
wild : 293, 633, 715
will (n.) : 173
willing : 203, 230
win (v.tr.) : 12, 335, 477
wind (v.) : 420
winnings : 335
wipe (v.) : 448
wit : 269
withdraw : 411, 680
withstand : 610, 616, 617, 678

witness (v.) : 55
witness box : 77, 80
witness stand : 77, 80
witty : 671
woe : 456
woman : 307
wonder (v.) : 203, 404
wonderful : 292, 299, 334
work (n.) : 552
work (v.i.) : 319, 320, 441, 485
work (v.tr.) : 485
work out : 48, 49, 134
worried (adj.) : 264, 536
worry (v.) : 264
worsen : 23
worship (n.) : 181
worth (adj.) : 451
worthwhile : 719
wreck (v.) : 204
wretched : 455
wriggle about : 24
write : 140, 141, 299
write down : 390, 445, 470
wrong (adj.) : 305, 378, 606

x-ray : 574

yell (v.) : 178
yield (v.) : 549

**zero** : **733**
**zest** : **734**

# TABLE DES MATIÈRES

| | |
|---|---|
| Avant-propos | IX |
| Introduction générale | XIII |
|   1. Les faux amis | XIII |
|   2. L'objectif | XIV |
|   3. La méthode | XIV |
| Guide d'utilisation du dictionnaire | XXI |
|   1. Les trois sections | XXI |
|     1.1. Section I | XXI |
|     1.2. Section II | XXII |
|     1.3. Section III | XXIII |
|   2. Les exemples | XXIV |
|     2.1. Contexte clair et approprié au registre | XXIV |
|     2.2. Le trait oblique / | XXV |
|     2.3. Parenthèses ( ) et crochets [ ] | XXVI |
|   3. Les sens | XXVII |
|     3.1. Chiffres arabes 1,2,3... et gloses explicatives (= ·····) | XXVII |
|     3.2. Le signe de renvoi ⇨ | XXVII |
|   4. Les sigles grammaticaux | XXVIII |
|   5. Les marques d'usage | XXIX |
|     5.1. Niveaux de langue | XXIX |
|       5.1.1. L'astérisque * et la pastille blanche ° | XXIX |
|       5.1.2. Autres marques de niveau | XXX |
|     5.2. Fréquence d'emploi | XXX |
|     5.3. Domaines | XXXII |
|     5.4. Variétés géographiques | XXXII |
|     5.5. Autres marques d'usage | XXXIII |

      6. Les notes ........................................... XXXIII
          6.1. Fonction ..................................... XXXIII
          6.2. Le losange ◊ ................................. XXXIV
          6.3. Collocations et gloses explicatives ................ XXXIV
      7. Les sous-entrées ................................... XXXV
      8. Les index ......................................... XXXVI
          8.1. La prononciation des faux amis .................. XXXVI
          8.2. Index des faux amis et des équivalents de traduction XXXVI

PRÉSENTATION SCHÉMATIQUE D'UN ARTICLE TYPE .............. LIII

TABLEAU DES SIGNES CONVENTIONNELS ET ABRÉVIATIONS DU DICTIONNAIRE ........................................... LVII

DICTIONNAIRE DES FAUX-AMIS A-Z ........................ 1

ALPHABET PHONÉTIQUE FRANÇAIS ......................... 735

ALPHABET PHONÉTIQUE ANGLAIS .......................... 736

TRANSCRIPTION PHONÉTIQUE DES FAUX AMIS FRANÇAIS ......... 737

TRANSCRIPTION PHONÉTIQUE DES FAUX AMIS ANGLAIS .......... 747

INDEX FRANÇAIS ....................................... 757

INDEX ANGLAIS ........................................ 771

# CONTENTS

| | |
|---|---|
| FOREWORD | XI |
| GENERAL INTRODUCTION | XVII |
|   1. Faux amis | XVII |
|   2. Our aim | XVIII |
|   3. Our method | XVIII |
| USER'S GUIDE TO THE DICTIONARY | XXXVII |
|   1. The three sections | XXXVII |
|     1.1. Section I | XXXVII |
|     1.2. Section II | XXXVIII |
|     1.3. Section III | XXXIX |
|   2. The examples | XL |
|     2.1. Clear and appropriate examples | XL |
|     2.2. The slash / | XLI |
|     2.3. Brackets ( ) and square brackets [ ] | XLII |
|   3. The senses | XLIII |
|     3.1. Arabic numerals and explanatory glosses | XLIII |
|     3.2. The cross-reference ⇨ | XLIII |
|   4. Grammatical labels | XLIV |
|   5. Usage labels | XLV |
|     5.1. Register | XLV |
|       5.1.1. The asterisk * and the circle ° | XLV |
|       5.1.2. Other register labels | XLVI |
|     5.2. Frequency of use | XLVI |
|     5.3. Field labels | XLVIII |
|     5.4. Geographical varieties | XLVIII |
|     5.5. Other usage labels | XLIX |

| | |
|---|---|
| 6. Notes | XLIX |
|     6.1. Purpose | XLIX |
|     6.2. The diamond ◊ | L |
|     6.3. Collocations and explanatory glosses | L |
| 7. Sub-entries | LI |
| 8. The indexes | LII |
|     8.1. Pronunciation of the faux amis | LII |
|     8.2. Index of faux amis and their translational equivalents | LII |
| LABELLED EXAMPLE OF A DICTIONARY ENTRY | LV |
| LIST OF ABBREVIATIONS, FIELD LABELS AND STYLE LABELS USED IN THE DICTIONARY | LXI |
| DICTIONARY OF FAUX AMIS A-Z | 1 |
| FRENCH PHONETIC ALPHABET | 735 |
| ENGLISH PHONETIC ALPHABET | 736 |
| PHONETIC TRANSCRIPTION OF THE FRENCH FAUX AMIS | 737 |
| PHONETIC TRANSCRIPTION OF THE ENGLISH FAUX AMIS | 747 |
| FRENCH INDEX | 757 |
| ENGLISH INDEX | 771 |

*Ce volume a été composé en Times et Univers
et achevé d'imprimer le 25 octobre 1991
sur les presses de la Nouvelle Imprimerie Duculot à Gembloux*